本書受全國高校古籍整理研究工作委員會資助指導

古籍研究

《古籍研究》編輯委員會　編

總第81輯

CSSCI來源集刊

2025年上

鳳凰出版社

圖書在版編目（CIP）數據
古籍研究. 總第81輯 / 《古籍研究》編輯委員會編.
南京 : 鳳凰出版社, 2025. 7. -- ISBN 978-7-5506
-4570-7
Ⅰ. G256
中國國家版本館CIP數據核字第2025GR7270號

書　　名	古籍研究(總第81輯)
編　　者	《古籍研究》編輯委員會
責任編輯	陳曉清
裝幀設計	陳貴子
責任監製	程明嬌
出版發行	鳳凰出版社(原江蘇古籍出版社)
	發行部電話025-83223462
出版社地址	江苏省南京市中央路165號,郵編:210009
照　　排	南京凱建文化發展有限公司
印　　刷	安徽省天長市千秋印務有限公司
	安徽省天長市鄭集鎮向陽社區邱莊隊真武南路168號,郵編:239300
開　　本	787毫米×1092毫米　1/16
印　　張	25.75
字　　數	564千字
版　　次	2025年7月第1版
印　　次	2025年7月第1次印刷
標準書號	ISBN 978-7-5506-4570-7
定　　價	118.00圓

(本書凡印裝錯誤可向承印廠調换,電話:0550-7964049)

《古籍研究》主辦單位

安徽大學文學院

安徽大學古籍整理研究所

安徽省古籍整理出版辦公室

淮北師範大學安徽文獻整理與研究中心

安慶師範大學人文學院

安徽師範大學中國詩學研究中心

目　録

文史專論

目録與版本

■文史專論

《莊子》與其他典籍中的惠子差異論説

劉東方

摘　要: 惠子是先秦時期的著名人物,與莊子交往頗多。《莊子》一書將惠子塑造成庸俗、無知的政客和開口不休的辯者。通過鈎稽《戰國策》《荀子》《韓非子》《吕氏春秋》《淮南子》《説苑》等典籍中關於惠子的載述,可知惠子是魏惠王至魏哀王時期靈活、務實的政治家,他積極吸收法家思想,主張去尊、偃兵,還曾製定法律條文,深得民心,與《莊子》中的惠子形象差異顯著。造成這種差異的原因當包括三個方面:一是惠子是《莊子》表達思想所借用的"質";二是《莊子》對惠子的塑造有明顯的虚擬性;三是《莊子》爲了批判名家學術思想而批評惠子。

關鍵詞: 惠子;《莊子》;名家

惠子,又稱惠施、惠公(惠又寫爲慧),是先秦時期的著名人物,其生平事迹與作品流傳較少。《史記》對惠施没有任何記載,《漢書》對惠施的記載僅有兩處:一是《古今人表》將"惠施"列爲第六等"中下";二是《藝文志》著録"《惠子》一篇",附注曰:"名施,與莊子并時。"①《隋書·經籍志》《舊唐書·經籍志》對《惠子》均無著録。正史之外,關於惠子的記載主要散見於《莊子》《戰國策》《荀子》《韓非子》《吕氏春秋》《淮南子》《説苑》等典籍中,其中《莊子》的記載最多,尤其是《莊子·天下》保存了不少惠子學説的内容。在《戰國策》等典籍中,惠子是一位靈活、務實的政治家。但在《莊子》一書中,惠子是一個庸俗、無知的政客和開口不休的辯者,與其他典籍中記載的惠子有較大差異。

由於莊子與惠子生活時代相近,且有過密切的交往,故而當前學界研究惠子的哲學思想時多依據《莊子·天下》中保存的《惠子》内容,對惠子的總體評價也受《莊子》一書的影響,忽視了惠子作爲政治家的身份及相關記載,對《莊子》與其他典籍中的惠子形象差異更是鮮少涉及②。有鑒於此,本文擬通過全面鈎稽關於惠子的文獻資料,

作者簡介: 劉東方,西北師範大學文學院博士生,主要從事先唐文學文獻研究。

① (漢)班固撰,(唐)顔師古注:《漢書》,北京:中華書局,1962 年,第 1736 頁。

② 當前學界對惠子的研究,重點關注的是其作爲名家代表人物及其哲學思想。舉其要者,論文如陳孟麟:《論先秦智者學派的主要人物——惠施學説》,《山東師大學報(社會科學版)》,1998 年第 2 期,第 14—18 頁;尤煒、趙山奎:《論惠施的"歷物十事"及其學術風格》,《貴州社會科學》,2003 年第 2 期,第 47—50 頁;温海明、鄒昱州:《惠施"歷物之意"探微》,《吉林師範大學學報(人文社會科學版)》,2021 年第 6 期,第 31—37 頁。專著如楊俊光:《惠施公孫龍評傳》,南京:南京大學出版社,1992 年;董英哲:《先秦名家四子研究》,上海:上海古籍出版社,2014 年;許抗生:《先秦名家研究》,北京:中國書籍出版社,2021 年。

儘量還原歷史上多面、立體的惠子,并探討《莊子》與其他典籍中的惠子形象差異的成因。

一、《莊子》中塑造的惠子

《莊子》對惠子的記載共有 13 處:《逍遥遊》2 處,《齊物論》1 處,《德充符》1 處,《秋水》2 處,《至樂》1 處,《徐無鬼》2 處,《則陽》1 處,《外物》1 處,《寓言》1 處,《天下》1 處。這 13 處分布於 10 個篇目之中,在内篇、外篇、雜篇中都有。

《惠子》在《隋書》成書時已經散佚,若無新材料的發現,其全貌已難以恢復。《莊子·天下》較多地引録了《惠子》的内容,其中的"惠子"一章單列成文,顯然是刻意爲之。胡適指出:"惠施的學説,如今所傳,盡在《莊子·天下》篇中。"[①]李凱認爲:"今《天下》篇評論惠施的一部分應當就是原《莊子》古本中的《惠施》篇,後人在删削《莊子》時,將其并入了《天下》篇,馬叙倫、譚戒甫、張默生、孫道昇、王叔岷等學者均持此觀點。這種觀點雖無確鑿的證據支持,但也不無道理。"[②]以上學者都指出《莊子·天下》是研究惠子學説的重要文獻。但是,《莊子》一書對惠子頗有微詞,評價不高。誠如聞一多所言:"莊子一開口便和惠子抬杠,一部《莊子》,幾乎頁頁上有直接或間接糟蹋惠子的話。"[③]綜合考察《莊子》一書對惠子的載述,主要有以下特點:

首先,《莊子》認爲惠子缺乏足够的智慧,不能體悟無用之用的價值。《莊子·逍遥遊》載惠子謂莊子曰:"魏王貽我大瓠之種,我樹之成而實五石,以盛水漿,其堅不能自舉也。剖之以爲瓢,則瓠落無所容。非不呺然大也,吾爲其無用而掊之。"(第 40—41 頁)[④]又曰:"吾有大樹,人謂之樗。其大本擁腫而不中繩墨,其小枝卷曲而不中規矩,立之塗,匠者不顧。今子之言,大而無用,衆所同去也。"(第 45 頁)惠子認爲大瓠、大樹是"大而無用",進而認爲莊子的學術主張虚無縹緲,不切實際,聽起來是宏大的構想,但是没有實際用處,必然得不到重用。莊子指出"夫子固拙於用大矣"(第 42 頁),認爲惠子拙於用大而强調實用是無知的表現,并提出自己的意見:"今子有大樹,患其無用,何不樹之於無何有之鄉,廣莫之野,彷徨乎無爲其側,逍遥乎寢卧其下。不夭斤斧,物無害者,無所可用,安所困苦哉!"(第 46 頁)莊子提出將看似無用的大樹種植在廣漠的原野之中,可以彷徨、逍遥其下。莊子更深層的含義是自己的學術主張看似無用,其實是修身全體的長久之道,是至高無上的真理。相形之下,惠子是拙於用大的無知者。

其次,《莊子》認爲惠子是貪戀權位的庸俗政客。《莊子·秋水》載:"惠子相梁,莊子往見之。或謂惠子曰:'莊子來,欲代子相。'於是惠子恐,搜於國中三日三夜。"(第

---

① 胡適:《中國哲學史大綱》,北京:商務印書館,2011 年,第 183 頁。

② 李凱:《惠施的"萬物畢同"思想淺論——以"歷物十事"爲考察中心》,《天中學刊》,2017 年第 5 期,第 28 頁。

③ 聞一多:《聞一多全集·莊子編》,武漢:湖北人民出版社,1993 年,第 6 頁。

④ (清)郭慶藩撰,王孝魚點校:《莊子集釋》,北京:中華書局,2012 年。本文所引《莊子》文皆爲此版本,後文直接標頁碼。

604 頁)惠子本是梁國的相,莊子前來拜訪。惠子却因爲别人的一句話,就對莊子大加懷疑,并大搜於國中,企圖阻止莊子取代自己,可謂是貪戀榮華的庸俗政客。惠子僅僅關注自己的權位,缺乏對朋友足够的瞭解。在造訪惠子之前,莊子釣於濮水,楚王使大夫傳達“願以境内累君”之意,莊子持竿不顧,以“吾將曳尾於塗中”爲由拒絶了楚王的徵召。在惠子、莊子生活的時代,楚國的實力在魏國之上,如果莊子有入仕之念的話,做楚相定然要優於做魏相。所以,莊子主動往見惠子,并以非梧桐不止、非練實不食、非醴泉不飲的鵷雛自喻,而將惠子喻爲食腐鼠的鴟,説明莊子根本不會考慮做梁國之相。而惠子却害怕莊子來搶奪相位,將其作爲假想敵,甚至不惜搜捕莊子,顯得更爲庸俗。

復次,《莊子》認爲好辯是惠子的天性。惠子的哲學思想屬於名家學派,名家之所以被稱爲名家,與他們“專决於名而失人情”[①]有關。惠子被歸入名家,主要因其好辯論名理。其他典籍雖然也認爲惠子是名家的代表人物,是靠與人辯論來標榜自己學派的,但是《莊子》認爲惠子天性好辯,而非善辯,并不能真正將名理談説清楚。《莊子·齊物論》曰:“昭文之鼓琴也,師曠之枝策也,惠子之據梧也,三子之知幾乎,皆其盛者也,故載之末年。”(第 80 頁)昭文善鼓琴,師曠知音律,惠子談名理,都希望通過自己之所長來證明自己,可是他們智慧有限并未達到目的,反而因爲急於展示長處而暴露了短處。結果三人疲累不堪,只能杖策假寐或者憑几而瞑。莊子還指出三人尚處於少盛時期,等其末年力竭,所受困頓將會更加嚴重。可見,莊子認爲惠子并非真正善辯,而僅僅是好辯。

在《莊子》一書中,惠子是一位爲辯而辯的辯者,有術無道。先秦百家争鳴的時代,各個學派都通過辯論來宣揚自己的學術主張,“然惠施之口談,自以爲最賢,曰天地其壯乎!施存雄而無術。南方有倚人焉曰黄繚,問天地所以不墜不陷,風雨雷霆之故。惠施不辭而應,不慮而對,遍爲萬物説,説而不休,多而無已,猶以爲寡,益之以怪。以反人爲實而欲以勝人爲名,是以與衆不適也”(第 1105 頁)。惠子自以爲在天地之間談論名理者,没有能超過自己的,其實是意在勝人而無道術。當南方的方外之人黄繚致問時,惠子不加思考而對答,不知休止,還增益奇怪之説來彰顯己能。惠子這麽做是爲了證明自己能够辯勝别人,以屈人之口爲目的,故不能與人和諧相處。在這裏,惠子是一位以辯論勝過他人爲目標的辯者,而非爲了宣揚名家學術主張的辯者,僅能屈人之口而不能服人之心。因此,莊子評價惠施説:“惜乎!惠施之才,駘蕩而不得,逐萬物而不反,是窮響以聲,形與影競走也。悲夫!”(第 1106 頁)他認爲惠施有才學無道術,如果用惠子的方法來宣揚學説,簡直是背道而馳,所以連用“惜乎”“悲夫”來感嘆自己的這位朋友。

總之,《莊子》一書對惠子整體評價不高,將惠子塑造成了庸俗、無知的政客和詭辯、偏執的辯者,與其他典籍中記載的惠子有較大差異。

---

① (漢)司馬遷撰,(南朝宋)裴駰集解,(唐)司馬貞索隱,(唐)張守節正義:《史記》,北京:中華書局,2014 年,第 3997 頁。

二、其他典籍中記載的惠子

有關惠子的記載還散見於《戰國策》《荀子》《韓非子》《吕氏春秋》《淮南子》《説苑》等典籍之中。這些典籍中記載的惠子是一位靈活、務實的政治家，與《莊子》中的記載大相徑庭。總體來看，《戰國策》等典籍中記載的惠子文獻，可分爲生平事迹和政治思想兩類。

(一) 惠子的生平事迹

因文獻不足，關於惠子生平經歷中的重要問題，學界尚有争議。僅惠子是哪國人，就有多種説法：謝無量認爲惠子是楚國人①，也有學者認爲他是魏國人②，聞一多、蔣伯潜、錢基博、錢穆、王利器、許維遹、董英哲等先生認爲他是宋國人③。結合莊子、惠子交往密切而莊子長期生活於宋國的史實，确定惠子是宋國人更符合實際情況。

惠子出身於社會下層，有參與治國理政的志向與才能。《吕氏春秋·不屈》載惠子拒絶魏王讓國時云："今施，布衣也，可以有萬乘之國而辭之，此其止貪争之心愈甚也。"④匡章指責惠子不耕而食時，惠子對曰："今之城者，或者操大築乎城上，或負畚而赴乎城下，或操表掇以善睎望。若施者，其操表掇者也。"⑤惠子自稱布衣，且熟悉役夫、工女、木匠、農夫的工作内容，可知其出身不會太高。《説苑·雜言》載："梁相死，惠子欲之梁。渡河，而遽墮水中。……船人曰：'子居船楫之間而困。無我，則子死矣。子何能相梁乎?'惠子曰：'子居艘楫之間，則吾不如子。至於安國家，全社稷，子之比我，蒙蒙如未視之狗耳！'"⑥船夫嘲笑惠子居舟楫之間尚且不能自保，有什麽能耐來治理國家呢？惠子從術業有專攻的角度進行反駁，既承認了船夫的才能，也評價了自己的長處。這反映出惠子有入仕的志向，對自己治國理政的才能也有清晰的認知。

惠子長期在魏國爲官。齊魏馬陵之戰後不久，惠子已經在魏國擔任要職。《史記·魏世家》載："太子果與齊人戰，敗於馬陵。齊虜魏太子申，殺將軍涓，軍遂大破。"⑦魏惠王曾就此事召惠子問對，惠子建議魏王折節朝齊，借助楚國力量報仇，魏王稱善。據《史記·六國年表》記載，齊魏馬陵之戰發生在魏惠王三十年(前341)。

---

① 謝無量：《南北學術與文學之異同》，《蜀學》第七輯，成都：巴蜀書社，2012年，第276頁。

② 詳參(清)馬國翰：《玉函山房輯佚書》卷七十二《惠子》，長沙嫏嬛館光緒九年刻本；嵇文甫：《春秋戰國思想史話》，北京：北京出版社，2014年，第81頁；《惠施公孫龍評傳》，第14頁。

③ 詳參《聞一多全集·莊子編》，第6頁；蔣伯潜：《諸子通考》，北京：中華書局，2016年，第238頁；錢基博著，傅宏星主編、校訂：《子部論稿》，武漢：華中師範大學出版社，2014年，第323頁；錢穆：《先秦諸子繫年》，北京：商務印書館，2015年，第396頁；王利器、王貞珉著，喬仁誠索引：《漢書古今人表疏證》，濟南：齊魯書社，1988年，第579頁；許維遹撰，梁運華整理：《吕氏春秋集釋》，北京：中華書局，2009年，第493頁；《先秦名家四子研究》，第247頁。

④ 《吕氏春秋集釋》，第494頁。

⑤ 《吕氏春秋集釋》，第496頁。

⑥ (漢)劉向撰，向宗魯校證：《説苑校證》，北京：中華書局，1987年，第416頁。

⑦ 《史記》，第2231頁。

惠子能够就此事爲魏惠王出謀劃策，應當已經在魏國擔任要職。至魏襄王[①]元年（前334）魏齊相王之時，惠子依然是魏國重要的謀臣，巧妙地回擊了匡章的諷刺。

惠子因張儀入魏爲相而受到排擠，經楚國至宋國，後又返回魏國執政。張儀爲秦相在秦惠王十年（前328），相魏在魏襄王十三年（前322）。惠子因主張與齊楚合縱以抗衡秦國受到張儀排擠而去魏之楚，但是未能在楚國立足，被送到了宋國。《戰國策·楚策》載："張儀逐惠施於魏。惠子之楚，楚王受之。馮郝謂楚王曰：'……王不如舉惠子而納之於宋……'楚王曰：'善。'"[②]惠子在魏哀王元年（前318）前返回魏國，再次執政。《戰國策·楚策》載："五國伐秦。魏欲和，使惠施之楚。楚將入之秦而使行和。"[③]五國共擊秦在魏哀王元年，此時，惠子已經爲魏國使楚，則其返回魏國不會晚於此年。

典籍中所見惠子事迹最晚在魏哀王五年（前314）。《戰國策·趙策》載："齊破燕，趙欲存之。……令淖滑、惠施之趙，請伐齊而存燕。"[④]齊破燕是指燕王噲讓國於子之，齊國乘其亂伐之。魏哀王令惠子出使趙國請伐齊存燕，是典籍對惠子晚期事迹的明確記載。至魏哀王九年（前310），楚相昭魚談及魏相候選人時已不提及惠子，《史記·魏世家》載："（魏哀王）九年，與秦王會臨晋。張儀、魏章皆歸於魏。魏相田需死，楚害張儀、犀首、薛公。楚相昭魚謂蘇代曰：'田需死，吾恐張儀、犀首、薛公有一人相魏者也。'"[⑤]

（二）惠子的政治思想與主張

首先，惠子爲政深受法家思想的影響。惠子"不法先王，不是禮義"[⑥]，反對因襲先王的典章制度，具有法家改革的精神。《吕氏春秋·淫辭》載："惠子爲魏惠王爲法，爲法已成，以示諸民人，民人皆善之。"[⑦]《淮南子·道應訓》的記載與此相同。惠子所製定法律的具體條款，史籍缺載，但從這兩處記載可以推知是受百姓歡迎的務實之舉。惠子曾自稱"施而乃治農夫者也"，因此，他所製定的法律中有符合下層民衆利益的條款也不無可能。但是受所處時代的影響，惠子爲法的最終目的仍是富國强兵，而不是維護下層民衆的利益。惠子政治思想中摻雜有"勢"的内容，"置猿於柙中，則與豚同"[⑧]是因爲勢有不便，造成了二者同樣的處境。這些文獻記載都體現了惠子作爲一個政治家，吸收了當時法家的思想主張。

其次，惠施主張去尊。關於去尊的確切含義，學術界存有争論。嵇文甫認爲："也

① 按：據《竹書紀年》載魏惠王立三十六年，改元稱後元元年，改元後十七年卒。《史記》分惠之世爲惠、襄二王之年數。爲行文統一，本文以《史記》爲準。

② （漢）劉向集録，（南宋）姚宏、鮑彪等注：《戰國策》，上海：上海古籍出版社，2015年，第319—320頁。

③ 《戰國策》，第320頁。

④ 《戰國策》，第407頁。

⑤ 《史記》，第2237頁。

⑥ （清）王先謙撰，沈嘯寰、王星賢點校：《荀子集解》，北京：中華書局，2013年，第110頁。

⑦ 《吕氏春秋集釋》，第493頁。

⑧ （清）王先慎撰，鍾哲點校：《韓非子集解》，北京：中華書局，2013年，第198頁。

許'去尊'就是不要尊奉誰爲'王',就是不要'王'的意思。"[①]郭沫若認爲:"'去尊'譯成現代的話當是無政府主義。"[②]馮友蘭認爲:"'去尊'含有去掉特權和要求平等的意義。"[③]其中,嵇説最爲合理。惠子曾謀劃魏齊"徐州相王",這與去尊的主張相互矛盾。因而齊國大臣匡章曾就這個問題質問惠子。"匡章謂惠子曰:'公之學去尊,今又王齊王,何其到也?'惠子曰:'今有人於此,欲必擊其愛子之頭,石可以代之。'匡章曰:'公取之代乎?其不與?''施取代之。子頭所重也,石所輕也,擊其所輕,以免其所重,豈不可哉!'……惠子曰:'……今可以王齊王,而壽黔首之命,免民之死,是以石代愛子頭也,何爲不爲?……利民豈一道哉?當其時而已矣!'"[④]魏國在馬陵之戰中慘敗,次年,又遭到齊、秦、趙三國夾攻,元氣大傷,經過數年都没有恢復。魏襄王不得已采納惠子的策略,與齊王會於徐州,并相互承認對方爲王。顯然,徐州相王只是惠施的權宜之計,"去尊"纔是其長期主張。可以看出惠施懂得審時度勢,是一位靈活、務實的政治家。

此外,惠子還主張偃兵。《韓非子·内儲説上》曰:"張儀欲以秦、韓與魏之勢伐齊、荆,而惠施欲以齊、荆偃兵。"[⑤]在國力日削的形勢下,惠子主張以齊、楚爲援,抗衡秦國的東進,達到兵戈不興的目的。可惜,因魏王任用張儀爲相,惠子被貶出走,其主張被棄而不用。

綜而觀之,惠子爲宋人,一生主要仕於魏國。惠子積極吸收法家政治思想,主張去尊、偃兵。在齊魏之仇未解的前提下,勸魏惠王折節事齊,促成兩國相王;多次出使燕、趙等國。説明惠子是一位靈活、務實的政治家,有一定的政治才幹和能力。《吕氏春秋·不屈》載魏王欲讓國於惠子,也從側面證明惠子才能卓著,深得國人之心。通過對比,可知《莊子》一書與其他典籍中記載的惠子形象有較大的差異,存在有意貶詆的因素。

三、《莊子》貶詆惠子的原因

惠子不僅是莊子多年的好友,而且是莊子哲學論辯的對手,對莊子思想的形成與表達有不可估量的影響。但與《戰國策》《荀子》《韓非子》《吕氏春秋》《淮南子》《説苑》等典籍的記載相比,《莊子》對惠子頗有微詞,多處都體現着貶詆與譏諷。這裏就有一個疑問:既然惠子在莊子現實生活和學術思想闡發方面非常重要,且其他典籍記載的惠子又是靈活務實的政治家,深受魏王重用和國人愛戴,《莊子》爲什麼要將惠子塑造成庸俗無知的政客和開口不休的辯者呢?筆者認爲主要有以下三個方面的原因:

第一,惠子是《莊子》假借的"質",即辯論的虛擬對象。惠施不僅是莊子多年的好友及辯友,而且是莊子述説自己思想的一個"質",具有特殊的意義。當莊子想要表達

① 《春秋戰國思想史話》,第86頁。
② 郭沫若:《先秦天道觀之進展》,《青銅時代》,北京:中國人民大學出版社,2005年,第40頁。
③ 馮友蘭:《中國哲學史新編》,北京:人民出版社,1998年,第441頁。
④ 《吕氏春秋集釋》,第595—597頁。
⑤ 《韓非子集解》,第235頁。

自己的學術思想時,往往假設惠子提出與自己相反的觀點,然後通過反駁惠子達到輸出自己觀點的真實目的。比如當莊子想要闡釋無用之用時,就假借惠子之口說出了大瓠之堅不能自舉、大樹臃腫蜷曲無用等大而無用的論點。當莊子想要表達人固無情的觀點時,就假借惠子之口說出“人而無情,何以謂之人”(第 226 頁),莊子據此生發出無是非無好惡纔能全身養性的自然之道。惠子在《莊子》中經常以莊子思想的對立面出現,是其批駁的對象,客觀上導致了惠子的無知與庸俗化。

如果没有惠施這個特殊的、獨一無二“質”的辯難和啓發,莊子表達思想時就失去了一個支點。惠施既歿,莊子嘆息自己的“質”已失去。《莊子·徐無鬼》載:“莊子送葬,過惠子之墓,顧謂從者曰:‘……自夫子之死也,吾無以爲質矣,吾無與言之矣。’”(第 836 頁)正如郢人在其質死後,再也不能“運斤成風”了一様,惠子去世後,莊子没有了可以對話的人,也就失去了輸出自己觀點的支點。《淮南子·脩務訓》曰:“惠施死而莊子寢説,言見世莫可爲語者也。”[①]《説苑·談叢》也説:“惠施卒,而莊子深瞑不言,見世莫可與語也。”[②]惠子死後,莊子就不再表達新的學術思想了。

第二,《莊子》對惠子的塑造有明顯的虚擬性。莊子爲了準確地表達思想,會使用虚擬的藝術手法,其對惠子的記載并不能認爲是實録。《史記·老子韓非列傳》説莊子“著書十餘萬言,大抵率寓言也”[③]。《莊子·寓言》中還有一段話實際上道出了《莊子》一書寫作的基本立場和方法:“寓言十九,藉外論之。親父不爲其子媒。親父譽之,不若非其父者也;非吾罪也,人之罪也。與己同則應,不與己同則反,同於己爲是之,異於己爲非之。”(第 940 頁)明確指出,要講清道理就必須“藉外論之”,采取“寓言”的辦法。《莊子》有大量寓言成分,正所謂“至於管仲晏嬰相問答,莊周魯哀相唯諾,寓言無實,亦有然者”[④]。魯迅先生在《漢文學史綱要》中説莊子“著書十餘萬言,大抵寓言,人物土地,皆空言無事實”[⑤],這一論述揭示了《莊子》貶詆惠子具有藝術的虚擬成分,與二人現實中的交往無關。縱觀莊子、惠子論辯的場景、過程,完全符合寓言的手法。

事實上,《莊子》對惠子的塑造有明顯的虚擬成分,完全是爲了莊子思想表達的需要。《莊子》一書中記載惠子多達十三處,但僅有《莊子·天下》一篇中稱其爲“惠施”,其余十二處均稱“惠子”,暗示出“惠子”是莊子爲表達自己哲學思想而虚擬的批駁、辯論對象,而“惠施”才是莊子現實生活中真正的朋友。换言之,“惠子”與“惠施”稱呼的差異,説明《莊子》中作爲論辯對象的惠子與現實生活中的惠施并不能等同,一個是虚擬的人物,一個是真實的惠施。

第三,《莊子》要批判名家辯者的學術思想,必然以其代表人物惠子爲標靶。在戰國時代,各個學派之間相互批評辯難實屬常事,《荀子·非十二子》對當時各個學派都評價不高,認爲名家“好治怪説,玩琦辭,甚察而不惠,辯而無用,多事而寡功,不可以

① 何寧:《淮南子集釋》,北京:中華書局,1998 年,第 1355 頁。
② 《説苑校證》,第 406 頁。
③ 《史記》,第 2608 頁。
④ 《先秦諸子繫年》“自序”,第 43 頁。
⑤ 魯迅:《漢文學史綱要》,《魯迅全集》第 9 卷,北京:人民文學出版社,2005 年,第 375 頁。

爲治綱紀"[①],指出他們好爲怪説,長於論辯而缺乏實用效果。莊子生活於"百家争鳴"的時代,必然會對其他學派做出批評以突出自己的學術主張。莊子在《天下》篇中首先指出"天下之治方術者多矣,皆以其有爲不可加矣"(第1060頁),説明各家學説自以爲是。接着指出天下大亂,百家各爲一言,道術爲天下裂,爲了讓後世學者見天地之純,而對各家學説做出批評。如批評墨翟、禽滑釐"不與先王同,毁古之禮樂"(第1067頁),就不可簡單地視爲對墨子、禽滑釐個人的批評,而應當看作對墨家學派的批評。

莊子對名家評價不高,對其代表人物惠子批評尤多。《莊子·天道》説:"故書曰:'有形有名。'形名者,古人有之,而非所以先也。古之語大道者,五變而形名可舉,九變而賞罰可言也。……驟而語形名賞罰,此有知治之具,非知治之道;可用於天下,不足以用天下;此之謂辯士,一曲之人也。"(第477頁)在這條材料中,莊子對名家的具體主張語焉不詳,但是以古書爲據批評名家之學乃治學之末流,學名家者也不過是見識短淺的辯士,對名家評價較低。惠子作爲名家的代表人物,受到莊子的批評也就是自然之事了。

結　語

在《戰國策》《荀子》《韓非子》《吕氏春秋》《淮南子》《説苑》等典籍中,惠子是一個頗有才幹的政治家、思想家,他積極吸收法家思想,主張去尊、偃兵,活躍於諸侯紛争的政治舞臺,影響頗大。而莊子作爲惠子的至交好友,却在《莊子》一書中將惠子塑造成了一個庸俗、無知的政客和詭辯、偏執的辯者,究其原因,主要有以下幾個方面:一是惠子是《莊子》表達思想所借用的"質",二是《莊子》對惠子的塑造有明顯的虚擬性,三是《莊子》批判名家的學術思想,惠子作爲名家學派代表人物首當其衝。

惠子作爲客觀存在的歷史人物,其形象是立體的、豐富的,全面系統地還原歷史中的惠子,應當依據衆多典籍的記載。如果拘泥於《莊子》一書的載述,以此爲依據來評價惠子,可能會得出與史實相去甚遠的結論。章太炎先生認爲百家九流皆言道,而"言心莫眇於孫卿,言因莫遠於莊周,言物莫微於惠施"[②],就以惠子與莊子、荀子同等并列,没有貶詆惠子,是客觀公正的評價。

① 《荀子集解》,第110頁。
② 章太炎:《國故論衡》,北京:商務印書館,2010年,第177頁。

从《諫起上林苑》到《七諫》
——東方朔文諫策略的轉變及其晚年人格的升華

羊凌霄

摘　要:東方朔的文諫策略存在前後期之别,《七諫》作爲這一轉變的標志,未引起前人足够重視。前期由於對朝局總體持肯定態度,東方朔的諫言多局限於具體而微的隨機事件。後期創作的《七諫》則展現出更强烈的批評意識,使"楚辭體"得以醇化。在政治局勢及輿論環境極劇惡化的漢武後期,東方朔選擇勸誡意味更强的《七諫》死諫漢武帝,展現出捨生忘死的無畏精神,使其人格得以升華。

關鍵詞:東方朔;文諫策略;《七諫》;醇化;人格

在東方朔近五十年的從政生涯中,文諫是貫穿始終的主軸,其平生政治得失、文學成就及人格評價幾乎全繫於此①。其"正諫似直"的特點引起學界廣泛關注,但由於已有研究未充分意識到東方朔文諫策略的變化,各種觀點呈現出兩極分化的矛盾狀態:持正面態度者,認爲東方朔之諫展現了其獨立操守與政治遠見;更多學者持反面態度,認爲其諫與軍國大政無關且收效甚微,其未獲重用的根本因素是自我定位偏離了漢武帝的用人政策。

事實上,東方朔的創作以《答客難》《非有先生論》爲界,大致可分爲前後兩期,在漢武帝後期,積壓已久的社會矛盾以政治鬥爭的形式集中爆發,東方朔所面對的輿論環境急劇惡化。其針對新的形勢,採取異於以往的文諫策略,進《七諫》《青蠅》,對當時糜爛的政局展開深刻批評,致使武帝有"東方朔多善言"的觀感。此一轉向關乎東方朔後期的文體之變、文諫之變及人格之變,對重新理解東方朔的文諫性質及人格精神有重要意義,部分史實亦可借此厘清。

一、東方朔前期文諫的特點與缺陷

自建元元年(前 140)東方朔憑藉上書自薦得以待詔公車後,進諫便成爲其向武

作者簡介:羊凌霄,安徽大學文學院博士生,主要從事漢魏六朝文學研究。

基金項目:安徽大學大自然文學協同創新中心 2023 年重點課題"秦漢方士群體的自然觀念與自然書寫"(ADZWZ23-07)。

① 以政治論,東方朔的諫言對武帝朝政有所小補;以文學論,《答客難》《非有先生論》等文諫之作堪稱佳構,奠定了東方朔的文學地位;以人格論,從"諫起上林"到"臨終諫天子"的十餘次"正諫",樹立起東方朔的正面形象,使其避免徹底淪爲"倡優"的尷尬境地。

帝表達意見的主要方式,僅據《史記》與《漢書》記載,就有《公車上書》《諫起上林苑》《化民有道對》《上書陳計》《答客難》《非有先生論》《臨終諫天子》七篇諫文,此外又有“戲侏儒”“賀誅昭平君”及“諫止董偃”等諫言活動,故班固稱“朔雖詼笑,然時觀察顔色,直言切諫,上常用之”①。“詼笑”與“正諫”遂成爲把握東方朔諫言特質的關鍵,如龍文玲指出東方朔“既要能賦予作品以一定政教意義,又要能使人主閱讀時感到愉快,這就促使他在著文時必然關照到文筆的諧趣婉曲”②。

除《臨終諫天子》外,這些諫言基本出現於天漢二年(前99)以前,頗具“正諫”之風,故夏侯湛稱其“傲世不可以垂訓也,故正諫以明節”③,張溥亦云其“諫起上林,面責董偃,正言嶽嶽,汲長孺猶病不如”④,極盡溢美之辭。然仔細考察這些諫言,其實大都未被武帝採納,其所諫内容亦無關宏旨,此點歷史學家看得更爲透辟,指出東方朔“上言多不關國政要事,且實際被採納無多”⑤。

文諫力度的疲弱與勸諫效果的不足,與東方朔文諫策略的選擇密切相關,其前期的諫言均圍繞孤立的事件展開,具有較强的片面性。如《諫起上林苑》歷數“三不可”,所欲諫者不過是武帝“欲除以爲上林苑”的具體事件;向武帝諫“董偃有斬罪三”,所針對的僅是武帝“使謁者引内董君”之事,認爲宣室乃“先帝之正處也,非法度之政不得入”;即便是應對武帝“吾欲化民,豈有道乎”這類政策性問題時,其落脚點依舊放在“陛下以城中爲小,圖起建章”的宫殿營建問題上。此外,“戲侏儒”“賀誅昭平君”等所針對者也是一些具體而微的事件。

當其諫言完全圍繞事件展開時,事件就成爲局限其視野的巨大障礙,因爲事件的發生具有隨機性,其何時發生、發生於何地、將會波及哪些人,均難以預測,因此東方朔之諫往往是在事件突發時憑藉靈機一動的倉促應對,難以做出更爲深刻的反思,故其《諫起上林苑》衹爲阻止上林擴建,没有充分意識到此時武帝有急於培養親信勢力鞏固自身地位的意圖;“諫止董偃”亦止於禁止董偃入宣房,未能進而對“公主貴人多逾禮制”的結構性難題展開深刻討論;《化民有道對》面對“天下侈靡趨末,百姓多離農畝”這樣複雜的社會問題,提出的解决方案也僅是“推甲乙之帳燔之於四通之衢,却走馬示不復用”,將其簡化爲道德示範問題。這種局限使其難以挖掘出隱藏在事件背後的深層社會矛盾,也無法對漢帝國的發展做出整體性的戰略規劃,此即班固稱“朔、皋不根持論”的根本。此其一。

其二,東方朔的諫言多圍繞時事展開,具有極强的時限性。如建元二年其向武帝言“朱儒飽欲死,臣朔飢欲死”,在其剛欺詒侏儒後;賀誅昭平君則在武帝誅殺胞妹之子“哀不能自止”時。此外,《諫起上林苑》作於上林苑將起之際,《答客難》作於“宫下

---

① (漢)班固著,(唐)顔師古注:《漢書》,北京:中華書局,1962年,第2860頁。本文所引東方朔作品及背景信息出自《史記·滑稽列傳》及《漢書·東方朔傳》者,除大段引用外,不再出注。

② 龍文玲、魯洪生:《漢武帝對東方朔〈答客難〉影響考論》,《濟南大學學報(社會科學版)》,2008年第2期,第42頁。

③ (梁)蕭統編,(唐)李善注:《文選》,上海:上海古籍出版社,1986年,第5册,第2117頁。

④ (明)張溥:《東方大中集題辭》,《漢魏六朝百三名家集》,南京:江蘇古籍出版社,2002年,第1册,第77頁。

⑤ 孫聞博:《東方朔西遊與武帝新政——兼論山東士人的地域流動》,《史林》,2019年第3期,第53頁。

博士諸先生與論議,共難之"時,《化民有道對》作於建章宫營建之初。均以就事論事居多,故一旦時過境遷,諫言的意義也隨之喪失,使原本就起因不一的各種事件,得不到有效的歸類與解釋,這些現實經驗始終分散在零散破碎的事件中,無法形成連貫的思想體系。

最後,雖然東方朔早期諫言旨在爲武帝"匡補小過",但若陳説得當亦頗有助益。然而除"戲侏儒""諫止董偃""賀誅昭平君"三事外,其諫文無一獲武帝採納。造成這種狀況的原因,主要是其進諫内容與自身行爲存在較大反差。王繼訓將東方朔的思想概括爲儒家的"仁政安民"與"美俗化民",表現爲反對奢侈擾民、淫亂非禮與徇情枉法。[①] 但其自身却很大程度上違反了這幾項基本原則,《史記·滑稽列傳》載:

> 朔初入長安……徒用所賜錢帛,取少婦於長安中好女。率取婦一歲所者即弃去,更取婦。所賜錢財盡索之於女子。人主左右諸郎半呼之"狂人"。[②]

其將"所賜錢財盡索之於女子",可謂奢侈無用。"取婦一歲所者即弃去"反與其所抨擊的"敗男女之化,而亂婚姻之禮"如出一轍。此外,其拔劍割肉、小遺殿上等事均有違禮法,而誆騙侏儒、智鬥郭舍人時展現出"變詐鋒出"的行事風格,與其自詡的"廉若鮑叔,信若尾生"相去甚遠。故武帝稱東方朔"無爲是行"則諸郎"安能及之",桑弘羊更直接批評"東方朔自稱辯略,消堅釋石,當世無雙;然省其私行,狂夫不忍爲"[③]。

此外,東方朔仕宦帶有很强的功利性,追求的是"飽食安步,以仕易農"。這一價值取向反映在其諫言中,便是爲己謀利,如"戲侏儒"是欲使武帝改善自身的經濟條件,《上書陳計》是"自訟獨不得大官,欲求試用",《答客難》雖是"用位卑以自慰諭",然實亦"欲求試用"。當東方朔的諫言僅關乎個人功利時,其價值也就更低,此時其所追求的是"可以爲天子大臣",導致他無法將個人命運跟大衆命運聯繫起來,缺乏介入時代宏大命題的魄力,終歸祇能對武帝朝局有所小補。

二、《七諫》:文諫策略轉向的標志

東方朔前期諫言多局限於日常事件,與興立儒學、外事四夷等軍國大政無關,故而武帝對其整體態度是"以朔口諧辭給,好作問之",但這種態度在武帝晚年却大爲扭轉。《史記·滑稽列傳》載:

> 至老,朔且死時,諫曰:"《詩》云:'營營青蠅,止于蕃。愷悌君子,無信讒言。讒言罔極,交亂四國。'願陛下遠巧佞,退讒言。"帝曰:"今顧東方朔多善言?"怪之。居無幾何,朔果病死。[④]

以"青蠅"喻奸佞,表達出東方朔對國家前途的極大擔憂,武帝因此産生"東方朔多善

---

① 王繼訓:《一個不應該被忽視的儒者:東方朔》,《齊魯學刊》,2002年第3期,第104頁。

② (漢)司馬遷撰,(南朝宋)裴駰集解,(唐)司馬貞索隱,(唐)張守節正義:《史記》,北京:中華書局,2014年,第3893—3894頁。

③ 王利器:《鹽鐵論校注》(定本),北京:中華書局,1992年,第242頁。

④ 《史記》,第3896—3897頁。

言”的觀感。

“善言”是一種直觀印象,東方朔不加掩飾的勸諫內容,與其早期風格産生强烈對比,標志着其文諫策略已發生轉變。但《臨終諫天子》僅有寥寥數句,與武帝“多善言”之“多”的觀感不符,“多”則意味着此類諫言并非個别現象,察檢東方朔存世之作,可發現《七諫》的文諫基調與此完全相同。《七諫》過去多被忽略,一方面由於《史記·滑稽列傳》與《漢書·東方朔傳》均未載此文,導致天漢二年至東方朔去世之間,除《臨終諫天子》外不見其他文諫作品,而《史》《漢》對東方朔的評價,均是在《七諫》缺席的情况下做出,由此産生了關鍵的事實缺環;另一方面,《七諫》雖被王逸與洪興祖收録,但據朱熹所言,《七諫》“故雖幸附書尾,而人莫之讀”[①],可知其長期爲人忽視。而王逸、洪興祖在收録此文時未注明年代,遂使其無所依歸[②]。

褚少孫稱《臨終》一諫“人之將死,其言也善”,《七諫》的情感指向正與此相同,首章《初放》已將“死志”袒露無疑,其稱:

> 死日將至兮,與麋鹿同坑。塊兮鞠,當道宿。舉世皆然兮,余將誰告?斥逐鴻鵠兮,近習鴟梟……往者不可及兮,來者不可待。悠悠蒼天兮,莫我振理。竊怨君之不寤兮,吾獨死而後已。[③]

此已明言“死日將至”“獨死而後已”,寄予了東方朔對生命消逝與國政昏亂的無限遺憾,這種情愫在《七諫》中摭拾皆是,如《沈江》曰“懷沙礫而自沈兮,不忍見君之蔽壅”,《自悲》云“冰炭不可以相并兮,吾固知乎命之不長”,等等。

過去一般將《七諫》視爲“代屈原設言”的代言體之作,文中所寫均爲屈原的經歷,東方朔的觀點衹能通過與屈原情感的共鳴而隱微曲折地傳達出來。熊良智指出《七諫》對《離騷》《惜誦》《涉江》《哀郢》《抽思》《惜往日》《悲回風》《遠遊》《九辯》《惜誓》與《哀時命》的辭句多有因襲[④],而《九辯》“恐余壽之弗將”等辭亦述“死志”,故其辭的真實性值得懷疑,恰如力之師所言,以擬騷“考屈原的事蹟,或未能全是;而以之考作者的生平,則盡失”[⑤]。然王逸已明言《七諫》的批判有着明確的現實指向,《楚辭章句》稱:“東方朔追憫屈原,故作此辭,以述其志,所以昭忠信,矯曲朝也。”[⑥]所謂“矯曲朝”即指向武帝朝堂,意味着東方朔對總體人事布局與政治走向感到極大不滿。細察《七諫》亦非純爲“設言”,很多内容已超離“楚辭”的語境,如《謬諫》言“怨靈脩之浩蕩兮,夫何執操之不固?悲太山之爲隍兮,孰江河之可涸”,“太山”一詞在《楚辭》中僅見於《七諫》,其山位於齊魯之間,自古被視作天子封禪之所,與楚王及屈原毫無牽連,相反

---

① (宋)朱熹:《楚辭集注》,上海:上海古籍出版社,2001年,第168頁。

② 《七諫》的主旨是“昭忠信,矯曲朝”,而非洪興祖所言“自薦”,因此不能以“自薦”爲依據繫年。謝天鵬指出《七諫》承襲《屈原列傳》實多,應作於《史記》成書後,定其年代爲征和二年(前91)至後元元年(前88)。見謝天鵬:《東方朔〈七諫〉承襲〈屈原列傳〉考論》,《雲夢學刊》,2021年第5期,第81頁。

③ 黄靈庚:《楚辭章句疏證》,北京:中華書局,2007年,第2243—2253頁。

④ 熊良智:《擬騷作品的接受與傳播》,《四川師範大學學報(社會科學版)》,2010年第4期,第76—78頁。

⑤ 力之:《從〈楚辭〉成書之體例看其各非屈原作品之旨》,《四川大學學報(哲學社會科學版)》,2000年第2期,第68頁。

⑥ 《楚辭章句疏證》,第2234頁。

漢武帝自元封元年封禪後，又於元封五年、太初三年、天漢三年、太始四年及征和四年五次至泰山修封，泰山無論在武帝心中或是漢帝國禮祀系統裏均占有極大分量，是象征武帝文治武功的一座恒久豐碑，故王逸注爲"言太山將頹爲池，以喻君且失其位"，這一隱喻對熟讀"楚辭"的漢武帝來説，是相當醒目的批評。

此外，《七諫》的亂辭更將此意展露無遺：

> 亂曰：鸞皇孔鳳日以遠兮，畜鳧駕鵝。鷄鶩滿堂壇兮，鼃黽游乎華池。要褭奔亡兮，騰駕槖駝。鉛刀進御兮，遥棄太阿。……甂甌登於明堂兮，周鼎潛乎深淵。自古而固然兮，吾又何怨乎今之人！[①]

在收束全篇時，東方朔特意提到"明堂"與"周鼎"，"明堂"又見《謬諫》章"直士隱而避匿兮，讒諛登乎明堂"。漢人視"明堂"爲天子布政之所，如趙岐注"明堂"爲"周天子東巡狩朝諸侯之處"[②]。"周鼎"亦爲天子之物，吾丘壽王稱"德澤上昭，天下漏泉，無所不通。上天報應，鼎爲周出，故名曰周鼎"[③]，秦皇、孝文時亦有周鼎將出的傳言，可知周鼎出世乃王者興起之兆。

無論是"明堂"抑或"周鼎"，都與天子有關而與楚王無關，因此也不見於屈原之作與《七諫》前的擬騷作品，可見此處已變爲東方朔與武帝的直接對話，因設立明堂與獲賜周鼎恰是象徵武帝功業的兩件大事。武帝即位伊始就欲興明堂，但到元封二年纔得修明堂於汶上，并"祠太一、五帝於明堂上坐"[④]，此後武帝改行"太初曆"，亦先"建於明堂"以使"諸神受紀"，明堂的興立意味着基於禮樂制度的天下秩序得以實現。"周鼎"則是元鼎四年汾陰巫錦掘出的大鼎，當時"群臣皆上壽賀曰：'陛下得周鼎。'"[⑤]方士公孫卿爲此上《札書》與《鼎書》，以爲"寶鼎出而與神通"[⑥]，可借此封禪登天，故有司依此瑞追認年號爲"元鼎"。"太山""明堂""周鼎"等辭對武帝而言是相當醒目的，因爲其正是西漢以來首個真正登封太山、建立明堂與獲賜周鼎的帝王，東方朔却稱太山將頹、周鼎已潛、明堂充斥讒諛，無疑是對武帝最嚴厲的警示與批評。

三、東方朔的"死諫"與楚辭體的"醇化"

東方朔文諫策略的轉變首先體現在文體選擇上，東方朔前期常以賦進諫，如《答客難》《非有先生論》[⑦]被班固譽爲"朔之文辭，此二篇最善"，但諷諫效果并不理想，故劉勰稱："東方、枚皋，餔糟啜醨，無所匡正，而詆嫚媟弄，故其自稱爲賦，乃亦俳也。"[⑧]

---

① 《楚辭章句疏證》，第2381—2388頁。

② （漢）趙岐注，（宋）孫奭疏：《孟子注疏》，北京：北京大學出版社，2000年，第55頁。

③ 《漢書》，第2798頁。

④ 《史記》，第1682頁。

⑤ 《漢書》，第2797頁。

⑥ 《史記》，第1674頁。

⑦ 《文選》將二文歸入"對問"與"設論"，但如大雷師所言："《文選》有'對問'與'設論'兩類，一般也把這兩類不以'賦'稱的作品視作賦。"參見胡大雷：《中古賦學研究》，桂林：廣西師範大學出版社，2011年，第275頁。

⑧ （梁）劉勰著，詹鍈義證：《文心雕龍義證》，上海：上海古籍出版社，1989年，第531頁。

恰如大雷師所言:"賦"之一體"是不適合針對帝王行爲、朝廷行爲進行'諷諭'的,人們不能超越形式去追求内容。"①東方朔吸取司馬相如等人"作賦以諷"的教訓後,意識到賦體的缺陷,最終選擇了勸諫意味更强的"楚辭體"。

"楚辭體"專指《楚辭》收録的屈原作品與後世擬騷之作,其共同點是以屈原的視角進行創作,彼此共享着屈原的歷史世界與情感體驗,故"楚辭"之諫也與一般漢賦的諷諫不同,班固稱:

> 大儒孫卿及楚臣屈原離讒憂國,皆作賦以風,咸有惻隱古詩之義。其後宋玉、唐勒,漢興枚乘、司馬相如,下及揚子雲,競爲侈麗閎衍之詞,没其風諭之義。是以揚子悔之,曰:"詩人之賦麗以則,辭人之賦麗以淫。"②

揚雄以"詩人之賦"與"辭人之賦"認識"楚辭"與賦體,班固則從"風諭之義"區别二者。從文體功能的角度來説,前賢雖直觀地感受到"楚辭體"的勸諫意味要强於"賦",但對其具體的文體表現未能細究。實際上騷、賦二體在諫言性質、言説模式與期待視野上均有明顯不同,東方朔在吸收"楚辭體"這些優勝之處時又有所融汰,自成一格,對擬騷之作有"定體"之功。

漢賦之"諷諫"重在以"微辭"感人,多期待勸諫對象自寤改過,其弊則如揚雄所説"恐不免於勸也"。"楚辭"之諫則不然,其本質是表明一種决裂的態度,辭人對朝政的絶望在進諫前已吐露在作品中,如《離騷》之"亂"稱:"已矣哉! 國無人莫我知兮,又何懷乎故都? 既莫足與爲美政兮,吾將從彭咸之所居。"③早已預言了失敗的結局,可見其是通過"死諫"宣告與亂世徹底决裂。《七諫》的性質與此完全契合,《沈江》稱"懷沙礫而自沈兮,不忍見君之蔽壅",借"沈江"遠離楚王;《哀命》稱"哀高丘之赤岸兮,遂没身而不反",憑"水解"遁去;《謬諫》言"列子隱身而窮處兮,世莫可以寄托",則以"隱居"避世。東方朔將"沈江""遊仙"與"隱世"三種决裂方式統一起來,延續了屈原辭作的文諫情境,以彰顯其對抗亂政的堅定意志,是以"决裂"精神行"死諫"。

"楚辭體"的言説模式是"勸一諷百"的直諫,通篇洋溢着對朝臣、君王甚至時代的批評,唯一正面的内容是肯定君王的知遇之恩,如《九辯》所言"願銜枚而無言兮,嘗被君之渥洽"。《七諫》繼承這種直諫模式,從三個角度對時政展開批評。首先是痛個人之不遇。《初放》以"王不察其長利兮,卒見棄乎原壄"開篇,直接陳説怨憤之情,不管是佞臣的"諛毁",還是君王的"斥逐",最終損害的是君臣間的信任。其次是悲賢臣寥落與恨奸佞盈朝,即《怨思》稱"賢者蔽而不見兮,讒諛進而相朋",《謬諫》言"賢良蔽而不群兮,朋曹比而黨譽"。如果説《答客難》反映的是東方朔個人的不遇,其對武帝任用的群臣總體上持"誠得天下賢士,公卿在位咸得其人"的觀點,《七諫》的態度則轉爲消極,以致點出"讒諛登乎明堂"這種徹底否定朝臣的話語。最後是對國家崩潰的擔憂,前引"悲太山之爲隍兮"諸言,已暗示漢帝國存在土崩瓦解的危機。總之,"勸"的内容已基本消失。

---

① 胡大雷:《中古賦學研究》,桂林:廣西師範大學出版社,2011年,第29頁。

② 《漢書》,第1756頁。

③ 《楚辭章句疏證》,第547—550頁。

“楚辭體”的期待視野接近於絶望，《非有先生論》中保留的對君王能“正明堂之朝，齊君臣之位”的期待，在《七諫》中完全消失，試舉數例如下：

竊怨君之不寤兮，吾獨死而後已。（《初放》）
懷沙礫而自沈兮，不忍見君之蔽壅。（《沈江》）
痛楚國之流亡兮，哀靈脩之過到。（《哀命》）
怨靈脩之浩蕩兮，夫何執操之不固？（《謬諫》）①

缺乏期待的“死諫”一般用於危難時刻，如李斯《獄中上書》、枚乘《獄中上梁王書》等，用必死之志求一綫希望，以期有扭轉乾坤之效。“楚辭體”的這些特點使《七諫》的批判力度與勸諫意味均遠超同期賦作，甚至達到不留情面的地步，勢必帶給武帝極大衝擊。

《七諫》雖在總體上取法“楚辭”，但又有所提煉擇取，此過程可稱爲“醇化”。“醇化”一詞始見於《鶡冠子》“醇化四時”，有純厚、化生之意②。《七諫》對“楚辭”的擇取，首先體現在對篇目的選擇上，據前引熊良智之説，東方朔主要取法《楚辭》之《離騷》《九章》《九辯》《遠遊》，這些作品的内容以屈原對楚王的控訴爲主，以屈原受讒流放至懷忿沈江的悲劇命運爲主綫，從個人的視角揭露并抨擊各種社會亂象。與此無關的篇目則被捨棄，如《天問》爲問神之作，《九歌》爲祠神之曲，《招魂》《大招》爲招魂之辭，這些作品未嘗没有諷諫之義，如王逸注《九歌》乃“托之以風諫”，《招魂》是“諷諫懷王”，《大招》是“因以風諫”。但這些“風諫”意涵即使存在，也需要多重解讀纔能被發現，不利於諷諫功能的實現，故《七諫》不採。

其次，即便是《離騷》《遠遊》諸篇的内容，《七諫》也多有刊落。劉勰曾指出《楚辭》不合經典者有四：

至於托雲龍，説迂怪，豐隆求宓妃，鴆鳥媒娀女：詭異之辭也。康回傾地，夷羿彃日，木夫九首，土伯三目：譎怪之談也。依彭咸之遺則，從子胥以自適：狷狹之志也。士女雜坐，亂而不分，指以爲樂；娛酒不廢，沉湎日夜，舉以爲懽：荒淫之意也。摘此四事，異乎經典者也。③

四事中先爲《七諫》所棄者便是“求女”，即《離騷》“求宓妃之所在”“見有娀之佚女”等内容；而所舉康回、土伯等“譎怪之談”與“侍女雜坐”“娛酒不廢”的“荒淫之義”，也無一見於《七諫》。唯“狷狹之志”被保留，《怨思》稱“子胥諫而靡軀兮，比干忠而剖心”，《謬諫》云“棄彭咸之娛樂兮，滅巧倕之繩墨”，對伍子胥、彭咸的死諫精神與孤直人格表示肯定。

此外，《七諫》的遊仙歷程也與屈原有很大區别。首先，《七諫》没有過多渲染浩大的遊仙場面與遊仙經歷，不像《離騷》既上訴四方靈祇，又有群神尾隨，這種遊仙之樂與獵奇欲望冲淡了文章的勸諫意味。《七諫》唯有“見韓衆而宿之兮，問天道之所在”

① 《楚辭章句疏證》，第 2253、2282、2343、2347 頁。
② 黄懷信：《鶡冠子校注》，北京：中華書局，2014 年，第 217 頁。
③ 《文心雕龍義證》，第 148 頁。

時，拜訪了仙人"韓衆"，此外均是獨自遊歷。其次，《七諫》最終回歸的是"仙隱"傳統，與《遠遊》進入"與泰初而爲鄰"的超脱境界不同，其對遊仙歸屬的描寫有兩處：一處是《自悲》章"飲菌若之朝露兮，構桂木而爲室。雜橘柚以爲囿兮，列新夷與椒楨。鵾鶴孤而夜號兮，哀居者之誠貞"，這種餐風飲露的生活與隱士無異；另一處是《哀命》章"處玄舍之幽門兮，穴巖石而窟伏。從水蛟而爲徒兮，與神龍乎休息""哀高丘之赤岸兮，遂没身而不反"[①]。"屈原"先在水中蟄伏，最後遠離楚地、隱没不見，整個遊仙過程充滿"賢士之怨"與"隱者之憂"，勸諫意味更强烈。

總之，相較於屈原、宋玉等人構建的充滿想象力與浪漫情懷的"楚辭"世界，東方朔的《七諫》顯得更爲平實而純粹，那些浪漫的想象與激烈的情感自白幾乎全部被捨棄，而凡是反映"殷勤之意，忠厚之節""昭忠信，矯曲朝"的内容則多被保留，甚至進一步放大。换言之，東方朔放棄了"楚辭"最富文學感染力也最令讀者賞心悦目的部分，以追求勸諫功能的最大化實現，是以漢武譽作"善言"而朱熹以爲"詞氣平緩""强爲呻吟"，楚辭"醇化"的結果就是文學性減弱，由此略見"諫"與"文"之分途。

四、輿論環境的惡化與東方朔的人格升華

歷來討論東方朔文諫者，多未注重輿論環境問題。實際上，自建元三年進《諫起上林苑》至武帝末年上《臨終諫天子》的近五十年間，朝堂的輿論環境發生了翻天覆地的變化。"文、景之際，建元之始，大臣尚有争引守正之義。自此之後，多承意從欲，少敢直言面議而正刺，因公而徇私。"[②]

武帝即位之初，西漢國勢正隆，輿論環境較爲寬鬆，此期能言極諫者如申公、轅固、汲黯、董仲舒、徐樂、嚴安、卜式、狄山等，的確展現出文、景以來"大臣争引守正之義"，東方朔此期并不算突出，其諫多指向微末的單一事件，帶有較强局限性。但寬鬆的輿論環境至武帝後期已發生轉變，一方面如龍文玲所説，漢武帝"對人才并不甚珍惜"，如韓安國、主父偃、張湯、嚴助、朱買臣、李延年等均因事被誅，董仲舒、司馬遷、汲黯等人亦或繫牢獄、或被疏遠[③]。正諫力量的大量流失，是輿論環境惡化的標志之一。

另一方面，武帝後期大力拔擢方術士與任法吏，這些勢力致力於迎合上意，打壓異見，導致輿論環境進一步惡化。方士善於操縱言論，如公孫卿獻《鼎書》稱"黄帝且戰且學仙。患百姓非其道者，乃斷斬非鬼神者"[④]，鼓動武帝施行嚴厲的言論政策；又如丘子明"以卜筮射蠱道，巫蠱時或頗中。素有眦睚不快，因公行誅，恣意所傷，以破族滅門者，不可勝數。百僚蕩恐，皆曰龜策能言"[⑤]，借"巫蠱"誅殺百僚，使群臣恐懼

---

① 《楚辭章句疏證》，第 2330、2334—2335、2339、2346 頁。

② 《鹽鐵論校注》，第 401 頁。

③ 龍文玲、魯洪生：《漢武帝對東方朔〈答客難〉影響考論》，《濟南大學學報(社會科學版)》，2008 年第 2 期，第 39 頁。

④ 《史記》，第 1674 頁。

⑤ 《史記》，第 3918 頁。

皆稱"龜策能言"。酷吏之臣更唯上是從,如張湯"所治即上意所欲罪,予監史深禍者;即上意所欲釋,與監史輕平者"①,中尉王温舒面對"有埶家,雖有奸如山,弗犯;無埶者,貴戚必侵辱"②。是以江充掀起巫蠱之禍時遂肆無忌憚,率領胡巫"輒收捕驗治,燒鐵鉗灼,强服之。民轉相誣以巫蠱,吏輒劾以大逆亡道,坐而死者前後數萬人"③,當整個政法系統全部依照皇帝的意志來運行時,違背統治者的意願將承擔極大風險,是以縱觀《史記》《漢書》記載,幾無一人針對武帝晚年重用方士、酷吏的行爲做出過有力批駁。

司馬遷對此惡劣的輿論環境有深刻認識,其曾爲"李陵遊説",但最終結果是"因爲誣上,卒從吏議。家貧,財賂不足以自贖,交遊莫救,左右親近不爲壹言",周遭竟無一人敢違逆武帝之意爲己仗義執言,這使司馬遷感到一種近乎窒息的沉寂,故在任安"抱不測之罪"有求於己時,史遷終未選擇再次"卬首信眉,論列是非",而是反問任安:"夫人情莫不貪生惡死,念親戚,顧妻子,至激於義理者不然,乃有不得已也……少卿視僕於妻子何如哉?"④可見惡劣的輿論環境使人的正常感情遭到極大壓抑。

但在萬馬齊喑的時代,也并非没有例外,在黑暗世道中挺身而出的正是東方朔。早在太初元年東方朔就批評武帝"以城中爲小,圖起建章",而建章宫的營建計劃爲越巫勇之提出,内除神明臺與鳳闕外,尚有太液池,池中"有蓬萊、方丈、瀛洲、壺梁,象海中神山龜魚之屬"⑤,這些地點均爲巫祝方士的活動場所,此諫無疑已站到這些勢力的對立面。

《非有先生論》的批評則變得更嚴厲,稱:

> 直言其失,切諫其邪者,將以爲君之榮,除主之禍也。今則不然,反以爲誹謗君之行,無人臣之禮……是以輔弼之臣瓦解,而邪諂之人并進……遂往不戒,身没被戮,宗廟崩阤,國家爲虚,放戮聖賢,親近讒夫。《詩》不云乎?"讒人罔極,交亂四國",此之謂也。⑥

已指出"邪諂之人并進"的問題,但從後文吴王"正明堂之朝,齊君臣之位"等辭藴含的殷切期待來看,小人盈朝的趨勢才初現苗頭。

然至《臨終諫天子》時,武帝身邊已徹底爲小人包圍,險些導致漢帝國由盛轉衰的"巫蠱之禍"應在此前發生,瀧川資言引明末徐孚遠之言"武帝末年有巫蠱之禍,東方生所言,蓋指此也"⑦,林春香進而發現東方朔所進《青蠅》與"巫蠱之禍"後向武帝冒死上書的壺關三老完全相同,僅詳略有别⑧。值得注意的是,此時喪生的太子劉據與

---

① 《史記》,第 3811—3812 頁。

② 《史記》,第 3822 頁。

③ 《漢書》,第 2178 頁。

④ 《漢書》,第 2726—2733 頁。

⑤ 《史記》,第 1683 頁。

⑥ 《漢書》,第 2869—2870 頁。

⑦ (漢)司馬遷撰,[日]瀧川資言考證,[日]水澤利忠校補:《史記會注考證附校補》,上海:上海古籍出版社,1986 年,第 2008 頁。

⑧ 林春香:《東方朔及其文學形象研究》,福建師範大學博士學位論文,2012 年,第 20 頁。

東方朔交集頗深,《漢書·枚皋傳》載:"武帝春秋二十九乃得皇子,群臣喜,故皋與東方朔作《皇太子生賦》及《立皇子禖祝》,受詔所爲,皆不從故事,重皇子也。"[1]東方朔不僅曾爲劉據祝禖,還一路見證了太子成長,這或是促成其"死諫"武帝的心路之一。《七諫》全篇對小人得勢、賢人遭戮的現象大加撻伐,對君王也感到徹底失望,《非有先生論》中的殷切期待徹底消失了[2]。

抨擊朝局、痛斥讒人,意味着與武帝及其信任的方士、酷吏站在對立面,將承擔極大的政治風險。在輿論環境如此惡劣時,東方朔置生死於度外,毅然進楚辭《七諫》與《青蠅》之詩死諫武帝,反映出其大無畏精神與偉岸人格,可見其《答客難》所説"安可以不務修身乎哉"并非一句虚言。東方朔晚年在體認儒家"修身待時"的道德精神之際,在追模屈原"九死不悔"的偉大人格之時,展開了一系列捨生忘死的文諫實踐,標志着其文諫策略轉向的同時,也使其人格得到徹底升華。明白於此,便知桓譚《新論》"太史公造書,書成,示東方朔,朔爲平定,因署其下"[3]的説法并無疑義,東方朔晚年文諫之舉,勢將帶給司馬遷極大震撼,真可謂"行人所不能行",正是平定《史記》的不二人選,劉勰以其"彼實博徒,輕言負誚"[4]的早年經歷來否定《新論》記載缺乏根據。是以除褚少孫補《滑稽列傳》外,現存《史記》竟無一字提及東方朔,若非文獻流散所致,便是欲留待後人定評。

---

① 《漢書》,第2366—2367頁。

② 此外《史記正義》引《漢武故事》載元鼎五年東方朔"言欒大無狀"與《資治通鑒》載元封元年東方朔諫止武帝"自浮海求蓬萊"二事,雖是極佳的證明材料,但不見於《史記》《漢書》以及其他早期權威史料,缺乏明確史源,故宜先懸置不論。

③ 《史記》,第587頁。至於《新論》其後稱"太史公者,皆朔所加之者也",學界尚有疑義,然朔曾爲史遷平定《史記》則當可信。

④ 《文心雕龍義證》,第1842頁。

讖緯語境中的《戰城南》新解

王　軼

摘　要:《戰城南》是國家爲“兵死者”舉行的祭祀活動中,用於交通精魂、娱樂降神的歌曲。詩歌全部爲掌祀之巫所唱,旨在勸諫主人公接受饗祀,早日返回陰間,“有所歸依”,并表達對他們的贊頌、懷思之情。讖緯不僅賦予了南、北、烏、馬、禾黍等關鍵意象特殊的含義,其“天人感應,比類象喻的思維方式”也賦予漢代詩歌天人相通、打破一切限制的想象力和多層次的藝術聯想力。詩歌上半部分的戰場暮景圖是對漢畫像水陸攻戰圖“格套”的再現、模仿,“梁築室”句是由這一景象引起的聯想、想象,“禾黍”句是在此基礎上再次的聯想、想象,以勸告亡魂儘早接受祭祀,返回陰間。

關鍵詞:兵死者;讖緯;漢畫像水陸攻戰圖“格套”;梁築室;禾黍

漢樂府名篇《戰城南》在主旨、本事、用途、樂曲形態等方面存在諸多難解之謎,針對這首詩的研究,大都圍繞“梁築室,何以南? 梁何北”幾句的解讀展開:或採用訓詁的方式,考釋“梁”等字、句,繼而解讀詩意;或探尋本事;或用民俗學、文學地理學等方法解釋《戰城南》歌詞和漢鐃歌的性質;或採用“二重證據法”,利用考古發現探究詩歌主題、功能①。研究雖頗多創見,却難以令人完全信服,究其原因,上述研究主要從文本外部尋找證據解決問題,忽略了文本内部信息。“讀懂文本爲一切學問之關鍵”,詩歌的解讀必須從文本本體出發,不能過分依賴外部證據。文學也是社會結構的組成部分,是“思想史和哲學史的一種記録”,作爲漢代社會結構中最重要的一個組成部分,讖緯對漢代文學的影響是廣泛而又深刻的,僅就詩歌而言,據統計兩漢時期涉及讖緯的詩歌有 100 首左右,讖緯深刻影響了兩漢詩歌的内容、體式、創作傾向、思維方式等②。漢鼓吹《鐃歌十八曲》中就多有讖緯之作。因此,我們必須從讖緯語境及其影響下的漢詩特徵和《戰城南》文本出發,考察《戰城南》的用途、主題及詩意解讀等問題。

作者簡介:王軼,女,安徽師範大學文學院講師,文學博士,主要從事先秦漢魏六朝文學研究。

① 孫海洋《〈戰城南〉本事考釋》在總結歸納歷代關於《戰城南》本事諸説的基礎上,提出該詩本事爲漢景帝時梁國抵禦吴楚叛軍的睢陽大戰;温瑜《〈戰城南〉主旨考辨及源流影響》從地理位置、氣候狀況和古代房屋建築規律等出發,考證“梁”字含義繼而解析詩歌主旨;互倉英美《漢鐃歌〈戰城南〉考——并論漢鐃歌與後代鼓吹曲的關係》從“英靈鎮撫祭祀”的角度考察《戰城南》歌詞和漢鐃歌的性質;曾智安《漢鼓吹曲〈戰城南〉新釋——以考古發現材料爲證》利用考古發現漢代墓葬畫像解讀“梁築室”數句及詩歌主題、功能。

② 張峰屹《讖緯思潮與漢代文學思想》、吴從祥《讖緯與漢代文學》、孫蓉蓉《讖緯與文學研究》等著作及筆者論文《文體學視域下的漢代讖謡及其文學史意義》對上述問題作了較爲詳細的研究和探討。

一、“兵死者”與《戰城南》的用途、主旨、樂曲形態

從《戰城南》首三句來看,主人公剛剛戰死,屍骨不全,没有喪葬、祭祀儀式,他的鬼魂没有返回陰間,四處遊蕩,也不能直接與生人交流,屬於無所歸依的“兵死者”。漢代承襲了先秦以來人死爲鬼,鬼爲人生前之精魄化成并要回歸地下的觀念。如《禮記·祭義》曰:“衆生必死,死必歸土,此之謂鬼。”①但是,一些“非自然”死亡(指死亡的年齡、所在的處所、終結的方式等“異常”)的鬼魂,或死後的喪葬、祭祀之事未得妥善處理的“非常”之鬼,或是“非自然”死亡又不得“正常”善後者,往往會成爲厲鬼爲害人間②。其中,“兵死者”尤善爲祟。兵死又稱强死,指死於兵械的人或死於戰争的人。兵死者因不得其死、屍體不完整或戰死沙場無法安葬等原因,而不能埋入家族墓地,得不到完整的葬禮和祭祀,“無所歸依”,甚至帶給世人疾病、災異。如《周官·春官·冢人》曰:“凡死於兵者,不入兆域。”③高誘曰:“兵死之鬼,善行病人,巫能祝劾殺之。”④《戰城南》主人公屬於兵死者中的“爲國捍難禦侮,爲寇所殺者”⑤。

漢代重視軍功,厚賞立功將士,甚至罪人、奴婢也能以軍功賜爵、復家,建立不朽功業的勳臣,死後可配食於先王,而《戰城南》主人公雖爲國捐軀,却立功較少或没有立功,在死後無所歸依,這與爲國效死、“事死如生”的觀念相悖,因此,朝廷通常通過國家祭祀來安撫、補償,使其有所歸依。鄭玄注《禮記·曲禮下》“死寇曰兵”曰“異於凡人,當饗禄其後”⑥,即爲國殉難者不同於其他死者,應由國家負責安葬、祭拜等事宜,并禄恤其子孫。又如《左傳》《禮記·檀弓》所載汪踦衛國的事蹟,童子汪踦因“死君事國”而被魯國以“成人之喪”斂葬⑦。而對於兵死者變成厲鬼爲祟的情況,則通過祭祀平撫、攻解或儺祭等化解、禳除。一方面,國家定期舉行各類祭典加以安撫和祭祀,如《禮記·祭法》所載祭厲,王、諸侯、大夫分别要按時祭祀“泰厲”“公厲”“族厲”等厲鬼;另一方面,針對某個具體的、已發生的厲鬼爲祟的情況,也通過祭祀加以平息。如湖北江陵九店楚簡:

> □敢告□綸之子武夷:爾居復山之基,不周之野。帝謂爾無事,命爾司兵死者。今日某將欲食,某敢以其妻□妻汝,聶幣芳糧,以量犢某於武夷之所:君昔受某之聶幣芳糧,思某來歸食故。⑧

就是請求掌管兵死者的武夷君在接受君某妻子的聶幣芳糧後,讓兵死者君某歸鄉饗

---

① (漢)鄭玄注,(唐)孔穎達疏:《禮記正義》卷四十七,(清)阮元校刻:《十三經注疏》,北京:中華書局,1980年,第1595頁。

② 林富士:《孤魂與鬼雄的世界——北臺灣的厲鬼信仰》,臺北:臺北文化中心,1995年,第15—16頁。

③ (漢)鄭玄注,(唐)賈公彦疏:《周禮注疏》卷二十二,(清)阮元校刻:《十三經注疏》,北京:中華書局,1980年,第786頁。

④ 劉文典撰:《淮南鴻烈集解》卷十七,北京:中華書局,1989年,第567頁。

⑤⑥ 《禮記正義》卷五,第1269頁。

⑦ 《禮記正義》卷十,第1311頁。

⑧ 湖北省文物考古研究所、北京大學中文系編:《九店楚簡》,北京:中華書局,2000年,第50頁。

食的祭禱辭。此外，還可以通過攻解、儺等巫術儀式驅除厲鬼。如戰國楚簡中多次出現關於兵死者的禱辭："思攻解於詛與兵死。"（包山 241 簡）[①]張衡《東京賦》："爾乃卒歲大儺，毆除群厲。方相秉鉞，巫覡操茢。侲子萬童，丹首玄製。桃弧棘矢，所發無臬。"[②]卒歲大儺是漢代最盛大的、專爲"驅除群厲"舉行的儺禮，由方相氏主持，《後漢書·禮儀志·大儺》對其儀式過程做了詳細記載。

在巫風大暢、鬼道愈熾的漢代，上述祭祀、占卜、下神、降神等交通、侍奉鬼神之事均由巫覡承擔。在舉行各類祭祀儀式時，巫的首要職責是交通鬼神，由於鬼不與人語、無形、居處不同空間等特點，鬼不能直接與人交流，因此，巫需要通過降神、下神等方式讓鬼神附於身上，代其言行。王充《論衡》曰"鬼神用巫之口告人"；"世間死者，今生人殄，而用其言，及巫叩元絃，下死人魂，因巫口談"[③]。又如《漢書·武五子傳》載漢昭帝時女巫李女須爲廣陵王劉胥降神之事："始，昭帝時，胥見上年少無子，有覬欲心。而楚地巫鬼，胥迎女巫李女須，使下神祝詛。女須泣曰：'孝武帝下我。'左右皆伏。言'吾必令胥爲天子'。胥多賜女須錢，使禱巫山。"[④]

巫者的職責是以歌舞娛神、事神。"古代之巫，實以歌舞爲職，以樂神人者也。"[⑤]漢代國家舉行的祀典中，歌舞娛神是必備環節。如前述卒歲大儺，由主持儺祭的巫師方相氏頭戴面具，身披獸皮，率領由"侲子""十二獸"等組成的隊伍，擊鼓吹號，高唱驅儺歌，跳"方相舞"和"十二獸舞"，以驅逐惡鬼："大儺，謂之逐疫。其儀……方相氏黄金四目，蒙熊皮，玄衣朱裳，執戈揚盾。十二獸有衣毛角……以逐惡鬼於禁中……作方相與十二獸儛。嚾呼，周遍前後省三過，持炬火，送疫出端門。"[⑥]

綜上，《戰城南》的主人公是兵死者中的"爲國捍難禦辱，爲寇所殺者"，他們屍骨不全、没有喪葬和祭祀，四處遊蕩，是"無所歸依"的孤魂野鬼。《戰城南》就是在國家爲這類鬼魂舉行的祭祀活動中，用於交通精魂、娛樂降神的歌曲。通過國家祀典將他們納入到宗法祭祀的系統，擺脱無所歸的身份、境遇，享受祖先類人鬼的饗祀。其樂曲形態全部爲掌祀之巫所唱，旨在勸"歸"和贊頌，即勸諫主人公接受饗祀，早日返回陰間，"有所歸依"，并表達對他們的贊頌、懷思之情。因此，《戰城南》後來被引申爲凱樂、賞賜有功諸侯，并用於某些功臣的喪葬儀式，顯然也是合情合理的。

二、讖緯語境中的"南""北""烏"與"豪""食"

"南""北""烏"及"且爲客豪""禾黍"句等是解讀《戰城南》的關鍵字句，其含義究竟爲何？當統一置於讖緯語境中加以解析。

---

① 《包山 2 號墓簡册·卜筮禱祠記録》，陳偉等：《楚地出土戰國簡册（十四種）》，北京：經濟科學出版社，2009 年，第 95 頁。

② （梁）蕭統編，（唐）李善注：《文選》卷三，上海：上海古籍出版社，1986 年，第 123 頁。

③ 黄暉：《論衡校釋》，北京：中華書局，1990 年，第 1083、876 頁。

④ （漢）班固撰，（唐）顔師古注：《漢書》卷四十九，北京：中華書局，2005 年，第 2086 頁。

⑤ 謝維揚、房鑫亮主編：《王國維全集》第 3 卷，杭州：浙江教育出版社，2009 年，第 4 頁。

⑥ （晋）司馬彪撰，（梁）劉昭注補：《後漢書·禮儀志中》，北京：中華書局，1965 年，第 3127—3128 頁。

在"天人感應,陰陽五行"學説中,南、北分别象徵生、死兩個世界。"死者北首,生者南鄉",南方屬陽,北方屬陰,死人歸陰,生人歸陽,死生異路,陰陽别氣。如《陳刻敬瓦缶鎮墓文》曰:"生人上就陽,死人下歸陰。生人上就高臺、死人深自藏。生人南、死人北。生死各自異路。"[①]西漢11位皇帝中有9位皇帝的帝陵坐落於渭河北岸的咸陽塬上,渭河以南則是皇宫等,"宫殿[以及大市、武庫和太倉]坐落在渭河以南,與生相關;陵墓建在渭河以北,與死相關"[②]。總之,《戰城南》兩次出現的"南""北"方位意象,不能簡單的以互文視之,它們既符合"生人南、死人北"的觀念,也暗示了主人公雖爲國捐軀,死狀慘烈,但終會靈魂有歸。

作爲漢代詩歌中的經典意象,在讖緯語境中,烏主要有兩種含義,一是"孝烏",《春秋元命苞》曰:"火流爲烏。烏孝烏,何知孝烏?陽精,陽天之意,烏在日中,從天以昭孝也。"[③]二是溝通天人、預測禍福吉凶的使者。據洪邁《容齋續筆·烏鵲鳴》:"世有傳《陰陽局鵶經》,謂東方朔所著,大略言凡占烏之鳴,先數其聲,然後定其方位,假如甲日一聲,即是甲聲,第二聲爲乙聲,以十干數之,乃辨其急緩,以定吉凶,蓋不專於一説也。"[④]可見,以烏占卜來溝通天人、預測禍福吉凶在漢代十分普遍。烏可以是吉兆,如漢人普遍認爲"烏鵶報喜,始有周興",《尚書緯》曰:"火者陽也,烏有孝名。武王卒成大業,故烏瑞臻。"[⑤]烏也可以是凶兆,屬於《五行志》中的"羽蟲之孽",可以預測戰争結果,如《漢書·五行志》連續記載了兩則烏鵶預測戰争結局的事例:景帝三年十一月,白頸烏與黑烏群鬥,白頸烏不勝,預示楚王劉戊參與吴王劉濞謀反,兵敗身死;昭帝元鳳元年,烏與鵲鬥,烏墮池死,預示燕王劉旦謀亂失敗[⑥]。《焦氏易林》中亦有烏爲災禍徵兆的記載:"城上有烏,自名破家。招呼鴆毒,爲國患災。"[⑦]因此,烏自古以來就是巫師在"祭祀活動中溝通天地的使者","在靈魂升天的路上起到了阻撓魑魅魍魎并保護墓主人順利升天的作用"。在《戰城南》中,烏就是巫者祭祀活動的助手,它負責引導亡靈接受祭祀返回地下。

"且爲客豪"通常被解爲"爲死者招魂"[⑧],但招魂復魄必須以完整的屍身爲憑藉,如孔穎達説:"若因兵而死,身首斷絶不生者,應無復法。若身首不殊,因傷致死,復有可生之理者,則用矢招魂。"[⑨]身首異處甚至是一種阻止死者復生、鬼魂爲祟的巫術行爲。如廣川王劉去曾多次虐殺寵姬後毁屍:"掘出屍,皆燒爲灰。……椓杙其陰中,割其鼻脣,斷其舌。……與去共支解,置大鑊中,取桃灰毒藥并煮之。"欲借此達到"使不能神"的目的[⑩]。《戰城南》的主人公因兵而死,野死不葬,屍骨不全,顯然不能行招魂

---

① 周建姣:《東漢碑文語法研究》,北京:商務印書館,2014年,第276頁。
② 巫鴻:《中國古代藝術與建築中的"紀念碑性"》,上海:上海人民出版社,2009年,第202頁。
③ [日]安居香山、中村璋八輯:《緯書集成(中)》,石家莊:河北人民出版社,1994年,第638頁。
④ (宋)洪邁撰,穆公校點:《容齋隨筆(上)》,上海:上海古籍出版社,2015年,第173頁。
⑤ 《緯書集成(上)》,第391頁。
⑥ 《漢書》卷二十七,第1152頁。
⑦ 尚秉和撰,常秉義點校:《焦氏易林注》,北京:光明日報出版社,2005年,第13頁。
⑧ 余冠英:《樂府詩選》,北京:中華書局,2012年,第22頁。
⑨ 《禮記正義》卷六,第1278頁。
⑩ 《漢書》卷五十三,第1851—1852頁。

之禮。"且爲客豪"當爲"哭"。"哭"是秦漢喪禮、祭祀儀節之一,據《禮記》《儀禮》《周禮》等記載,"哭"可用於喪禮中的各個過程,對於哭之形式、位置、時間、動作等亦有明確的規定,即以不同的哭法對不同身份、親疏關係的人表示哀悼之情。"哭"還可以用來感通天人,告哀於天,祓禳災異。如據《漢書·王莽傳》,王莽末年,兵患四起,崔發建言曰:"《周禮》及《春秋左氏》,國有大災,則哭以厭之。故《易》稱'先號咷而後笑'。宜呼嗟告天以求救。"王莽遂至南郊,仰天"搏心大哭","諸生小民會旦夕哭,爲設飧粥"①。"哭"亦用於戰敗之禮及兵死者的安葬、祭祀中,以示哀戚、懷念,交通人鬼。如秦晋崤之戰時,秦軍戰敗,三將被俘,秦穆公"素服郊次,鄉師而哭",文公三年秦穆公率兵伐晋取勝後,"繆公乃自茅津渡河,封殽中屍,爲發喪,哭之三日"②。"且爲客豪"前後四句通過語言描寫展現了祭祀中降神、下神場景,由巫代附身之鬼發言,請求迎接自己的使者——烏來"哭",大意是我已降臨祭祀現場,請先用"哭"來感通天人,告哀於天。

"禾黍"句以往的研究重點多放在"禾黍"一詞上,并產生了"禾黍而獲君何食"還是"禾黍不獲君何食"的句式上的爭議。從考古發現來看,該句的解讀重點當爲"食"。嶽麓秦簡《占夢書》曰:"夢見彭者,兵死、傷(殤)欲食。"③加之前引九店楚簡《禱武夷》,可知"食"是祭獻、享祀兵死者的核心内容。漢人"事死如事生",認爲神鬼與凡人一樣需要飲食,"非飲食而致孝乎鬼神"④。奉獻"飲食"不僅是"禮之始",也是祭祀和喪葬的核心内容,是鬼獲得飲食的唯一途徑,而黍稷等穀物更是必備的祭品。《孝經援神契》曰:"燔燎掃地,祭牲繭栗,或象天酒旗坐星,厨倉具黍稷布席,極敬心也。"⑤鄭玄曰:"粢盛者,祭祀之主也。今國遭大喪,若雲此黍稷不馨,使鬼神不逞於王。"⑥此外,五穀也是漢代驅除厲鬼的巫術厭勝物之一,《漢舊儀》曰:"方相帥百隸及童女,以桃弧、棘矢、土鼓,鼓且射之,以赤丸、五穀播灑之。"⑦總之,鬼通過生人祭祀享食,無所歸之鬼是得不到食物的,只有接受祭祀,纔能有所歸依,獲得饗食。"禾黍"句當爲"禾黍而獲君何食",是巫對兵死者的勸告,當儘早接受祭祀,擺脱無所歸的身份、遭遇,否則禾黍收穫了也無法獲得饗食。

三、漢畫像水陸攻戰圖"格套"與戰場暮景圖的創設

戰場屍横遍野,烏鴉盤旋哀嚎,戰場旁的小河清澈幽深,蒲葦昏暗,駿馬戰鬥而死,駑馬徘徊悲鳴,《戰城南》上半部分描繪了一幅"奇絶"之景,厘清這幅戰場暮景圖的含義和作用,是正確解讀"梁築室"乃至全詩的關鍵問題。這幅圖景圍繞烏、河水、

① 《漢書》卷九十九,第3071頁。
② (漢)司馬遷:《史記·秦本紀》卷五,北京:中華書局,1959年,第193—194頁。
③ 陳松長主編:《嶽麓書院藏秦簡(壹—叁)》(釋文修訂版),上海:上海辭書出版社,2018年,第70頁。
④ 《緯書集成(中)》,第1006頁。
⑤ 《緯書集成(中)》,第969頁。
⑥ 《周禮注疏》卷四,第663頁。
⑦ 《後漢書·禮儀志中》,第3128頁。

馬三個意象展開,再聯繫下文的"梁築室"句,可見其構圖與漢畫像水陸攻戰圖"格套"十分相似①,是對漢畫像水陸攻戰圖"格套"的再現、模仿。

圖文互仿、互文是漢代圖像與文學關係最重要的特點之一,如漢畫中的"人事故事""神話故事""祥瑞故事"是模仿"以往典籍的文字記載"創作而成②,漢畫與"'神話''史傳'與'詩賦'的文學文本所昭示之文學主題"是"互仿與共生的性質"③;而以祠堂畫像爲素材作歌而成的《張公神碑歌》和摹寫壁畫而成的《魯靈光殿賦》,則是漢代文學摹寫圖像的經典作品。可見,圖文統覺共享已經是漢代一種較爲普遍的創作思維。水陸攻戰圖是漢代經典的戰争圖象,涉及胡漢交戰、七女爲父報仇、械鬥等主題類型,見於墓葬或祠堂中。畫像由河、橋、烏、馬等核心元素構成,河、橋居於畫像的中心位置,戰争雙方或騎馬、或駕車、或步行,在河、橋上激烈厮殺,烏在橋上下或畫面空隙處飛翔,有些圖中還有戰死的士卒、戎馬倒卧於地,身首異處,屍身、首級散落橋塊。其中,河是現實人間世界與地下鬼魂世界的分界和障礙,橋則是冥界、人間、仙界的連接和通道④。馬在漢代是"兵甲之本,國之大用",也是經典的災祥徵象,具有溝通天人、預測禍福吉凶的作用。如睡虎地秦簡《日書》《十二支害殃》《十二支死咎》等及天水放馬灘秦簡《十二支占盜》等中均以馬爲預測吉凶的重要徵兆之一。在"車馬升天、騎馬升天的大傳統"中,馬是在彼岸世界供亡靈驅使和亡靈升天的工具,"它的出現是要解決墓主死後靈魂的歸宿問題","使之進入墓主生前嚮往的彼岸世界"⑤。在戰争圖中馬就是供亡靈騎乘,并引導亡靈接受祭祀後返回地下世界甚至升天的工具。烏是引導靈魂升仙的使者,在戰争圖中它以烏爲原型、參照,甚至可以説它就是烏。《風俗通》載王吉《射烏辭》本事曰:"明帝東巡,有烏飛鳴乘輿上,虎賁王吉射之,作辭云云。帝賜錢百萬,遂令亭壁皆畫烏。"⑥可見,烏是漢代軍中常見的繪畫元素。另山東微山兩城山漢墓樹木射烏圖,畫面與《烏生八九子》情節極其相似,榜題中有"烏生"二字,將射烏圖中題爲"烏生"的烏與戰争圖中的烏及漢畫中的金烏對比,它們的造型幾乎完全一致。

總之,水陸攻戰圖是在天人感應、陰陽五行思想主導下,按照縱貫天地神人的宇宙觀安排畫面結構佈局、以災祥物象爲元件構成了一種"格套",是漢人心目中關於戰争場景的集體程式化記憶,具有"感應天神從而使死者的魂魄升天并起到降神祭祀的

① 邢義田《畫爲心聲——畫像石、畫像磚與壁畫》(中華書局,2011年,第69頁)説:"漢代的畫像有一定的格套,不同的内容會依一定的格式化的方式呈現,因此觀者只要熟悉這些格套,不需要文字榜題的幫助,就能够瞭解畫像的内容。"

② 張道一:《漢畫故事》,重慶:重慶大學出版社,2006年。

③ 許結:《漢代文學與圖像關係敘論》,《社會科學》,2017年第2期,第160—172頁。

④ 信立祥《漢畫像石綜合研究》(文物出版社,2000年,第331頁):"全部宇宙世界由天帝和諸神的天上世界、以昆侖山爲代表的西王母仙人世界、現實人間世界、地下鬼魂世界四部分組成,現實人間世界與其他三個宇宙構成部分之間都有難以逾越的分界綫,……其中,現實人間世界與諸神天上世界的分界綫,就是一條流淌在天際、被稱爲雲漢、天河或銀河的大河,……成爲人神交往的最大障礙。"

⑤ 葉舒憲:《怎樣從大傳統重解小傳統——玉石之路、祖靈牌位和車馬升天意象》,《思想戰綫》,2013年第5期,第23—28頁。

⑥ 逯欽立輯校:《先秦漢魏晋南北朝詩》,北京:中華書局,1983年,第164頁。

圖一　微山漢墓射鳥圖(邢義田摹本)①

功能”。

戰場暮景圖就是巫者本着娱神降神的目的,就近取譬,套用了在祠堂、墓室中常見的水陸攻戰圖格套,將“圖像”轉換成“語象”,將“圖説”的意義轉换成“言説”,一方面“大象其生以送其死”,再現主人公昔日戰爭的慘烈場景,充分表達對受祭者的緬懷、贊頌;另一方面,造成“統覺共享”的境界,將“圖説”的故事情境及其象徵意義帶入到詩歌中,描繪了一幅在使者引領下,亡靈騎乘車馬經過河橋前往仙界的情景,以此娱悦、勸告亡靈,引領亡靈升天的使者早已來臨,供亡靈驅使、騎乘的車馬已經齊備,要儘快接受祭祀,擺脱無所歸依的狀態,早日升天。以這兩種情境和象徵意義爲中心,《戰城南》通過情景叙事的方式,構成了雙重叙事,主人公的不幸遭遇和無所歸的兵死者的身份信息與戰争的慘烈是顯性情節,下神、娱神及下文中奉獻飲食、送神等兵死者祭祀活動環節是詩歌的隱性進程,兩者穿插、并行,完成了對主人公戰死後的經歷、遭遇及祭祀活動的叙述。

圖二　山東沂南北寨漢畫像石墓胡漢交戰圖②

①　邢義田:《畫爲心聲:畫像石、畫像磚與壁畫》,北京:中華書局,2011年,第153頁。

②　曾昭燏等:《沂南古畫像石墓發掘報告》,北京:文化部文物管理局,1956年,圖版24。

圖三　山東蒼山向城鎮胡漢交戰圖①

圖四　山東嘉祥武氏祠前石室六之七女爲父報仇圖②

四、“天人感應,比類象喻的文藝思維方式”與下半部分詩意解讀

《戰城南》下半部分詩意解讀除了關涉“梁築室”“食”等關鍵字句外,還要顧及漢詩構思模式、創作心理等深層結構特點。清陳本禮評《鐃歌十八曲》説:“其造語之精,用意之奇,有出於三百、楚騷之外,奇則異想天開,巧則神工鬼斧。”(陳本禮《漢詩統箋》)這種“異想天開”的想象力是漢詩典型特徵之一,它源於讖緯“天人感應,比類象喻的思維方式”③。簡言之,就是在天人感應、陰陽五行的話語體系中比類取象。在這種思維方式中,宇宙是一個陰陽平衡、相互流轉、彼此聯繫的整體,天象、陰陽、五行、四季、倫理、人情等萬物逐層分類、精緻對應。天地間一切皆可爲象,與人事相互關聯、對應,以象溝通人與天地。象與人事的關聯、類比相對固定,是“一套早有共識

① 蔣英炬、高文:《中國美術全集》繪畫編 18(畫像石畫像磚),上海:上海人民美術出版社,1988 年,圖 182。

② 朱錫禄:《武氏祠漢畫像石》,濟南:山東美術出版社,1986 年,第 24 頁。

③ 張峰屹:《讖緯佚文的文藝觀念》,《文學遺産》,2014 年第 6 期,第 6 頁。

的相似性和關聯性”，一方面一切想象、聯想都必須在這套“共識”中展開①，另一方面，這套“共識”打破了物類、時空、理性等一切思維限制，讓想象、聯想更爲自由。

這種思維方式落實到文學書寫上，就表現爲一種天人相通，打破物類、時空、理性思維等限制的想象力。如：“西漢大賦作家的想象主要表現爲‘想到什麽便寫什麽’，賦家可以打破時節與地域限制，盡其所能地鋪陳羅列。”“漢賦作家們就是這樣通過類推式、彌散式思維完成了由思想觀念到藝術表現的轉换，形成了漢賦引人注目的表現手段——想象。”②漢詩也表現出同樣非凡的想象力和俯仰天地的宏闊視野。如《枯魚過河泣》，死去的魚乾過河哭泣并寫信告誡魴鱮要出入謹慎，打破了生死、物類的界域，《上邪》則排比羅列了一系列的自然災象，將人類愛情的命運與天象、山川、河嶽、氣候等連接起來，用自然現象感應天意，表達熾烈情感，“局奇筆横”。

這種非凡的想象力在漢代文學中更多的表現爲借由各類自然物象、事象觸發多層次的藝術聯想和多重思想情感。如趙敏俐《中國詩歌通史》在論及漢詩抒情手法時説，漢詩通過“因事生情”“見景生情”“借物抒情”的抒情手法進行“多層次的藝術聯想”，“由甲及乙，由乙及丙，由近及遠，由表及裏，層層深入”，改變了“《詩經》中簡單的物我之間情感的單方面聯繫”和“單層次的藝術聯想”③。僅以前述《烏生八九子》爲例，通過對烏不幸遭遇的描寫揭示人生無常、禍福難測的人生哲理，由烏的個別現象聯想到個别的人事遭遇和變故，省略了對個别人事的描述，以簡馭繁，繼而又聯想到白鹿、黄鵠、鯉魚相同的遭際，由個人的不幸聯想到人生無常，抒寫了社會中飽受迫害、蹂躪者的悲慘命運。最後兩句“人民生各各有壽命，死生何須復道前後”，又“透過一層”，故作曠達，彌見沉痛。最擅於引人聯想的是《古詩十九首》，十九篇或感物生情、或觸事興詠，通過對物象或事象的叙述、描摹，引發多層的聯想。如“明月皎夜光”首八句寫天象物候的變化，由天象到動物，由動物到星象，再到時節、動物，由實到虚，從視覺、聽覺、觸覺和不同的時空構成對“秋”的多重感知，再“感物興情”，由物及人，撫今追昔，聯想到個人遭朋友離棄的不幸遭遇，再由己及人，擴展到對整個社會、人生命運、人生價值的思考。

詩歌上半部分通過模仿漢畫像水陸攻戰圖格套的方式創設圖景并造成“統覺共享”的境界，就是運用了這種藝術思維方式。“梁築室”句就是在此基礎上由河、馬、烏等主要意象構成的戰場暮景圖引發的聯想、想象，由文中圖景聯想到漢畫像格套，再聯想到假如在橋上蓋房子，亡靈就無法返回陰間。“禾黍”兩句則緊承上文，由眼前所見祭品進一步引申聯想，如果鬼魂不能或不肯通過橋樑回到陰間，即使禾黍收穫了，也無法享用祭品，甚至變成厲鬼，爲害人間。繼而再由人到國，聯想到士卒戰死，亡魂遊蕩，必然導致家國之悲，無人祭祀，再也不能被稱爲忠臣。勸告亡魂儘早接受祭祀，返回陰間。最後四句由聯想回到現實，是巫對亡靈的贊頌、緬懷，暗示亡靈接受饗祀，返回陰間，總結、收束全文。

---

① 鄭毓瑜：《引譬連類：文學研究中的關鍵字》，上海：上海三聯書店，2017 年，第 186 頁。

② 葛成民、鄭明璋：《論漢大賦中的想象》，《學術論壇》，1998 年第 3 期，第 81 頁。

③ 趙敏俐：《中國詩歌通史・漢代卷》，北京：人民文學出版社，2012 年，第 529 頁。

結　語

詩歌解讀必須立足於文本本身,過於依賴外部證據反而會距離“真相”越來越遠。《戰城南》的主人公是“兵死者”中的“爲國捍難禦侮,爲寇所殺者”,“兵死者”因“不得其死”而“無所歸依”,尤善爲祟,朝廷一般通過國家祭祀安撫、補償,使其有所歸;對於已經變成厲鬼爲祟的,則通過祭祀平撫或攻解、儺祭等巫術儀式化解、禳除。由主人公的身份特徵入手,《戰城南》的主旨、用途、樂曲形態等關鍵問題迎刃而解。《戰城南》就是在國家爲戰死者舉行的祭祀活動中,用於娱樂降神的歌曲,通過國家祀典將他們納入宗法祭祀的系統,擺脱無所歸的身份、境遇,享受祖先類人鬼的饗祀。全詩由掌祀之巫演唱,旨在勸“歸”和贊頌,即勸諫主人公接受饗祀,早日返回陰間,“有所歸依”,并表達對他們的贊頌、懷思之情。

首3句交代主人公的不幸遭遇和無所歸的兵死者的身份信息,暗示祭祀的目的、對象,同時也創造了悲壯沉鬱的氛圍,爲下文做好鋪墊。4—7句爲巫者代附身之鬼所説。“我”就是附身之鬼借巫之口自稱,前已述及鬼必須借巫之口發聲,與人交流,巫者在降神過程中自稱和代言均使用第一人稱,“客”爲兵死者自稱,在祭祀中相對於主祭者而言,他就是遠行在外、被邀請受招待的人,“子”指烏。這四句大意是:請替我告訴前來引導我們接受祭祀、返回陰間的烏鴉,爲我們這些爲國捐軀的兵死者哀哭,戰死郊野想必得不到安葬,屍體哪能從你們嘴中逃走?這四句是祭祀活動中降神、下神環節的再現,在叙述主人公的身份、遭遇和描寫戰場之景的上下文中穿插語言,再次由鬼魂親自叙説“野死不葬”的遭遇,讓受衆對主人公“無所歸”的不幸遭遇有了更形象、直觀的認識,更富感染力。8—11句模仿漢畫像水陸攻戰圖格套,描繪戰場景色,叙寫戰争慘烈,表達對受祭者的緬懷、贊頌,同時,將“圖説”的故事情境和象徵意義帶入詩歌中,以此娱悦、勸告受祭者,引領亡靈升天的使者早已來臨,供亡靈驅使、騎乘的車馬已經齊備,要儘快接受祭祀,擺脱無所歸依的狀態,早日升天。“梁築室”三句是由祭祀場所所見圖像及詩中的戰場暮景圖引發的聯想、想象,接着巫者就近取譬,由祭品再次引發“禾黍”句的聯想、想象,勸告亡魂儘早接受祭祀,返回陰間。最後四句由聯想回到現實,以對亡靈的贊頌、緬懷收束全文。

從叙事層面來説,《戰城南》通過情景叙事的方式,構成了雙重叙事,主人公的不幸遭遇和無所歸的兵死者的身份特徵與戰争的慘烈是顯性情節,下神、娱神、奉獻飲食、送神等兵死者祭祀活動環節是詩歌的隱性進程,兩者以戰場暮景圖爲核心穿插、并行,完成了對主人公戰死後經歷、遭遇及祭祀活動的叙述。

綜上,《戰城南》後來被引申爲凱樂、賞賜有功諸侯,并用於某些功臣的喪葬儀式,顯然是合情合理的。現有研究成果均未能徹底解决《戰城南》用途與歌辭乖離的問題,除了忽略了文本本身的信息外,僅從文本層面探究關鍵字句的含義、象徵意義,對詩歌構思模式、創作心理等深層結構及其源頭的研究重視不够,是其主要原因。本文在讖緯語境中解讀《戰城南》的方法,或可爲相關研究提供一些思路。

家族教育與文學:謝安與謝氏文學傳統的形成及其意義考論

王　蕊

摘　要:魏晋南北朝士族重視文史之學,東晋之後,文學也漸成士族之家學,謝安則是開此風氣的關鍵。謝安是東晋重要的政治人物,又富於文學才華,重視文學教育對家族的意義。通過講論文義、摘句欣賞、遊賞宴集等方式,謝安將謝氏子弟組織到文學活動中來,培養謝氏子弟的文學表現力和鑒賞力,促使謝氏家族湧現出一大批文學之士,建立了謝氏家族的文學傳統。在體物藝術、山水文學等方面,謝氏家族均有引領風氣之功,推進了晋宋的詩歌變革。深入考察謝安的文學觀和文學教育,可爲探討謝氏文學乃至東晋南朝文學發展,提供一個重要視角和切入點。

關鍵詞:謝安;文學教育;家族;體物;詩歌變革

魏晋以來家族與學術文化有很深的關係,陳寅恪論漢末以來學術的發展云:"東漢以後學術文化,其重心不在政治中心之首都,而分散於各地之名都大邑。是以地方之大族盛門乃爲學術文化之所寄托。中原經五胡之亂,而學術文化尚能保持不墜者,固由地方大族之力,而漢族之學術文化變爲地方化及家門化矣。故論學術,衹有家學之可言,而學術文化與大族盛門常不可分離也。"[①]家族是承載學術文化的主體,文化學術則是家族重要的追求目標,兩者構成魏晋南北朝文化突出的特點。錢穆進一步指出文史之學是魏晋士族家學的重要内容[②]。因此,魏晋南北朝以來出現了諸多的文學家族,陳郡謝氏就是其中重要的代表。謝氏之所以能形成具有鮮明特色的文學傳統,進而促進晋宋之際的詩歌變革,與謝安注重在家族内部進行文學教育有密切關係。目前學界對謝安文學教育及其與謝氏家族文學傳統的形成和意義缺乏關注,因此有必要加以探討,并進一步解釋其與晋宋詩歌變革之間的内在關係。

一、謝安的文學創作與文學觀

謝安是東晋重要的政治家,但又富有文學才華,其文學創作和文學教育,爲謝氏

作者簡介:王蕊,福建師範大學助理研究員,主要從事教育學研究。

① 陳寅恪:《崔浩與寇謙之》,《金明館叢稿初編》,北京:生活·讀書·新知三聯書店,2001 年,第 147—148 頁。

② 錢穆:《略論魏晋南北朝學術文化與當時門第之關係》,《中國學術思想史論叢》卷三,合肥:安徽教育出版社,2004 年,第 159 頁。

發展成爲重要的文學家族奠定了基礎,同時對東晉文學産生重要的影響,促進晉宋之際的詩歌變革。

《晉書》記載謝安未仕前寓居會稽:

與王羲之及高陽許詢、桑門支遁遊處,出則漁弋山水,入則言詠屬文。[①]

"言詠屬文"即清談與文學創作的并稱,文學創作是謝安等人交往中的重要内容,這是玄學貴遊集團第一次兼有文學集團的性質。永和九年著名的蘭亭雅集中,謝安、王羲之、孫綽等人所作詩歌藝術成就較高,正是"言詠屬文"活動的延續和結果。如謝安《蘭亭詩》其二:

相與欣佳節,率爾同褰裳。薄雲羅陽景,微風翼輕航。醇醪陶丹府,兀若遊羲唐。萬殊混一理,安復覺彭殤。[②]

這首詩的山水描寫只有"薄雲羅陽景,微風翼輕航"兩句,但已脱品鑒式語言,體現出生動的寫景藝術。詩的後四句雖涉玄理,但不做枯淡的玄理演繹,而是以吟詠抒懷的方式出之,注重玄理與山水的結合,頗可見謝安的藝術水準。

山水遊賞、清談、文學寫作,是謝安隱居生活的重要内容,《世説新語》劉孝標注引《續晉陽秋》謂謝安:"優遊山水,以敷文析理自娱。"(第526頁)[③]在此基礎上,謝安形成了山水與文學結合的觀念。如《世説新語·賞譽》記載謝安稱:"司州可與林澤遊。"(第536頁)司州即王胡之,他長於清談,又"善屬文辭"[④]。謝安有《與王胡之詩》六章,其第五章寫山澤之遊、第六章寫清談,可見所謂的"林澤遊",實際上包含了山水遊賞、清談與文學創作等豐富内容。《世説新語·容止》記載謝玄評價謝安:"遊肆復無乃高唱,但恭坐捻鼻顧睞,便自有寢處山澤間儀。"(第691頁)這是謝氏子弟對謝安山水氣象的直觀感受,這種"山澤間儀"即通過山水的審美、意興及山水文學寫作體現出來。至孫綽乃更進一步提出"此子神情都不關山水,而能作文"(第528頁),將山水審美作爲文學創作的關鍵要素,某種意義上可視爲對謝安文學觀的進一步提煉,這一文學觀開啓了東晉後期詩歌發展的方向。

清談與文學的融合,是謝安另一個重要的觀念,"言詠屬文""敷文析理"即是這一觀念的直接體現,因此謝安的清談也頗近文學創作。如《世説新語·文學》載:

支道林、許、謝盛德,共集王家。謝顧謂諸人:"今日可謂彦會,時既不可留,此集固亦難常。當共言詠,以寫其懷。"許便問主人有《莊子》不?正得《漁父》一篇。謝看題,便各使四坐通……謝後粗難,因自叙其意,作萬餘語,才峰秀逸。既自難干,加意氣擬托,蕭然自得,四坐莫不厭心。支謂謝曰:"君一往奔詣,故復自佳耳。"(第261—262頁)

---

① (唐)房玄齡等:《晉書》,北京:中華書局,1974年,第2072頁。

② 逯欽立輯校:《先秦漢魏晉南北朝詩》,北京:中華書局,2017年,第906頁。

③ (南朝宋)劉義慶撰,(梁)劉孝標注,余嘉錫箋疏:《世説新語箋疏》,北京:中華書局,2016年。本文所引《世説新語》文皆出自此書,後文直接標注頁碼。

④ 熊明輯校:《漢魏六朝雜傳集》,北京:中華書局,2017年,第970頁。

這段材料有兩點值得注意，一是以清談爲抒寫情懷之法，二是清談注重才情辭藻。這兩方面使謝安的清談幾與文學創作無異。《賞譽》篇記載王濛與王修評價謝安的清談“向客亹亹，爲來逼人”（第513頁），鍾嶸《詩品》評張協詩歌“詞彩葱蒨，音韻鏗鏘，使人味之，亹亹不倦”①，“亹亹”即辭藻聲音之可觀，可見謝安清談富有文學性，可以説謝安推進清談向審美化、文學化的發展，對東晋詩歌的發展具有直接的促進作用。

謝安還有比較豐富的文學批評，體現他獨到的文學見解。如《世説新語·文學》：

庾仲初作《揚都賦》成，以呈庾亮。亮以親族之懷，大爲其名價云：“可三《二京》，四《三都》。”於此人人競寫，都下紙爲之貴。謝太傅云：“不得爾。此是屋下架屋耳，事事擬學，而不免儉狹。”（第284頁）

庾闡雖在東晋頗有文名，《揚都賦》也被認爲“邈絶當時”，但“人人競寫，都下紙爲之貴”的盛況，主要是地位尊顯的庾亮鼓吹的結果。從此賦現存的殘篇看，顯係模仿班固等人的京都賦。謝安在時人普遍的贊揚中，批評《揚都賦》“屋下架屋，事事擬學”，這一批評眼光顯然比時人更爲客觀，也更加犀利獨到。對庾闡《揚都賦》的批評，體現了謝安對文貴獨創的文學觀的追求。

謝安又對文學的嚴肅性、真實性極爲關注，體現了不同流俗的文學觀。《世説新語·文學》載：

袁彦伯作《名士傳》成，見謝公。公笑曰：“我嘗與諸人道江北事，特作狡獪耳！彦伯遂以著書。”（第299—300頁）

名士間的清談在玄理之外，還可以是史書、軼事、人物品評等廣泛的内容，謝安所説的“與諸人道江北事”，即談論西晋的人物軼事，但謝安認爲這種人物軼事的談論僅是朋友間的遊戲娱樂而已，有時不免帶有玩笑諧謔，將這些内容寫成書，就未免不够莊重了。謝安視文學爲嚴肅之事，實際上正是對文學的重視。

又如《世説新語·輕詆》：

庾道季詫謝公曰：“裴郎云：‘謝安謂裴郎乃可不惡，何得爲復飲酒？’裴郎又云：‘謝安目支道林，如九方皐之相馬，略其玄黄，取其儁逸。’”謝公云：“都無此二語，裴自爲此辭耳！”庾意甚不以爲好，因陳東亭《經酒壚下賦》。讀畢，都不下賞裁，直云：“君乃復作裴氏學！”於此《語林》遂廢。今時有者，皆是先寫，無復謝語。（第931頁）

這是文學史上的一段公案，《語林》在東晋極爲流行，本篇記載庾龢在謝安面前談《語林》中所記的兩條關於謝安的言論，他的本意是借這部當時極爲流行的書籍來推重謝安，没想到謝安完全否認這些言論的真實性，而謂《語林》所載是裴啓的虚構僞造，世人據此認爲謝安的個人愛憎造成了裴啓《語林》的失傳，實際上，謝安對裴啓《語林》的態度，關鍵在於此書所記内容的不實。余嘉錫説：“乃俗語不實，流爲丹青。工珣既因之以作賦，裴啓又本之以著書。於草野傳聞，不加考辨，則安石之深鄙其事斥爲裴郎學，非過論也。”（第932頁）這是比較公允的評價。從這一點來看，謝安不認可當時極

① （梁）鍾嶸著，曹旭集注：《詩品集注》（增訂本），上海：上海古籍出版社，2011年，第185—186頁。

爲流行的《語林》,并非出於個人好惡,而是源自對真實、嚴肅文學觀念的堅持。東晉前中期,文學雜以諧謔嘲戲的風氣頗爲盛行,謝安注重嚴肅、真實的文學觀,體現出他對文學有比時人更高的認識,這對提高文學的地位,促進文學的發展具有積極的意義。

謝安的文學創作和文學觀,顯示了他對文學有超出時流的深刻認識,這是他能够對謝氏子弟進行卓有成效的文學教育,并奠定謝氏家族文學傳統的基礎。

二、謝安與謝氏家族的文學教育

魏晉以來士族與學術文化有很深的關係,陳寅恪即指出:“所謂士族者,其初并不專用其先代之高官厚禄爲其唯一之表徵,而實以家學及禮法等標異於其他諸姓。”[①]因此,加强文化教育,形成文化積澱和優勢,對提高整個家族的地位具有重要的意義,文學在這方面的作用尤其顯著。在門閥士族政治背景下,謝安尤爲重視文學對家族文化建設和家族成員素養提升的意義。如《世説新語·言語》載:

謝太傅寒雪日内集,與兒女講論文義。俄而雪驟,公欣然曰:“白雪紛紛何所似?”兄子胡兒曰:“撒鹽空中差可擬。”兄女曰:“未若柳絮因風起。”公大笑樂。(第143頁)

“文義”與才辭、清談、審美相關,可以説是東晉以來玄學清談與文學走向融合,并從這種關係中概括總結出來的一個概念,就其大端而言,包含了文學和義理兩方面。謝安組織謝氏子弟“講論文義”,即有意對子弟進行義理和辭章方面的訓練培養。

值得注意的是,魏晉以來,士族士人浸染玄學清談,對文學則較爲隔閡,但隨着東晉時期清談與文學走向融合[②],這一點得到了轉變,在某些情況下,對文學的重視甚至超過了義理,劉師培總結南朝文學特徵時,專門有“士崇講論,而語悉成章”一條:“自晉代人士均擅清言,用是言語、文章雖分二途,而出口成章,悉饒詞藻……晉、宋之際,宗炳之倫,承其流風,兼以施於講學。宋則謝靈運、瞻之屬,并以才辯辭義相高。”[③]劉師培對“文義”的理解即明顯偏向文學辭章。朱自清也認爲:“南朝史書多‘文義之士’的稱謂,大概是指作詩的人……‘文義’與‘文學’意思差不多,不過‘文義’較重‘文’,而‘文學’較重‘學’。”[④]亦注意到東晉南朝人對“文義”中“文”的重視。

謝安與子弟講論文義,其内容比較廣泛,義理、文學都包含其中,但當謝安提出“白雪紛紛何所似”之問時,他們的講論就完全轉向文學了,這是一種即興式的言談,接近於口頭的文學創作。謝安遇到這樣一場催發詩興的大雪,乘興進行現場教學,以“白雪紛紛何所似”之問,激發子弟的文學興致,有意培養他們細致觀察描摹對象的能力,這種教育方式頗接近於孔子啓發弟子們“各言其志”之法。抒情和體物是文學藝

① 陳寅恪:《隋唐制度淵源略論稿·唐代政治史述論稿》,北京:商務印書館,2011年,第259頁。

② 參見蔡彦峰:《從“得意忘言”到“言盡意”——論玄學“言意之辨”的發展及其詩史意義》,《國學研究》第31卷,第244頁。

③ 劉師培撰,程千帆等導讀:《中國中古文學史講義》,上海:上海古籍出版社,2019年,第103頁。

④ 朱自清講授,劉晶雯整理:《朱自清中國文學批評研究講義》,天津:天津古籍出版社,2004年,第136頁。

術的兩端,陸機《文賦》說:"賦體物而瀏亮。"這是"賦"的本義,謝朗的"撒鹽空中"和謝道韞的"柳絮因風起",都是着眼於對落雪的描寫,就體物而言各有所得,後人對此雖有不同評價,謝安則頗爲贊許子弟們的體物能力,其"大笑樂"即在於其文學教育取得了效果。

《世説新語·文學》還記載謝安組織的另一次文學品評活動:

謝公因子弟集聚,問《毛詩》何句最佳?遏稱曰:"昔我往矣,楊柳依依;今我來思,雨雪霏霏。"公曰:"訏謨定命,遠猷辰告。"謂此句偏有雅人深致。(第 259 頁)

這是謝安對子弟進行文學品鑒方面的教育。謝玄所言數句出自《小雅·采薇》最後一章,寫久戍的戰士於歸家途中的所思所見,方玉潤《詩經原始》云:"此詩之佳,全在末章:真情實景,感時傷事,别有深情,非可言喻。"①這幾句的確千古傳誦,謝玄以之爲《詩經》最好的句子,體現出他優秀的文學修養和詩歌鑒賞能力。謝安所言兩句出自《大雅·抑》,意謂宏偉的計策、審定的政令、遠大的謀劃要及時告知民衆。謝安認爲這兩句最能體現政治家深遠的謀略和高雅的趣尚。相比於謝玄,謝安更注重從政治的角度來理解《詩經》。《晉書·謝道韞傳》也記載了這次活動:"叔父安嘗問:'《毛詩》何句最佳?'道韞稱:'吉甫作頌,穆如清風。仲山甫永懷,以慰其心。'安謂有雅人深致。"②這幾句出自《大雅·烝民》,尹吉甫和仲山甫都是周宣王時的大臣,這幾句詩的確富有政治内涵,符合謝安説的"雅人深致"。《詩經》是詩歌經典,故謝安以之考察子弟的文學鑒賞力,這是謝安文學教育的重要内容。

文學表現力和鑒賞力是文學素養最重要的内涵,因此也是謝安文學教育的主要内容,尤其是在東晉士族整體上與文學較爲隔閡的背景下,謝安突出了文學教育在謝氏家族教育中的意義。謝氏家族成爲東晉南朝重要的文學家族,尤其在山水文學史上具有開創之功,謝安的文學教育起到了重要的推動作用。

三、謝安的文學教育與謝氏文學傳統的形成及其意義

家族文學的形成有賴於家族成員個體的文學素養和創作實績,但如何將家族的文學創作發展爲一種傳統,成爲家族文化的標志,則需要家族具有明確的文學教育觀和延續性的教育方法。謝安的文學教育貫徹了他的文學觀,對謝氏家族文學傳統的形成産生了重要的影響。謝安以來,謝氏家族湧現了諸多文學之士,謝萬、謝道韞、謝玄、謝朗、謝重、謝混、謝瞻、謝靈運、謝莊、謝惠連、謝朓等人皆富有文才,文學成爲謝氏家族的一個重要的標志,這固然根植於個人的天資才性,但與後天的教育也有密切的關係。

謝安的文學教育對謝氏家族文學的表現範疇和方式皆有直接的影響。如謝安與子侄講論文義時提出"白雪紛紛何所似"之問,《世説新語》僅記載了謝朗和謝道韞二人的回答,但是可以想見的是,當時諸多謝氏子弟皆有關於"白雪紛紛"的描摹,這些

① (清)方玉潤撰,李先耕點校:《詩經原始》,北京:中華書局,1986 年,第 341 頁。
② 《晉書》,第 2516 頁。

雖被謝道韞"詠絮"的才名所掩未能流傳下來,但對白雪的描寫似乎成了謝氏家族文學的一個持續興趣。如謝靈運《歲暮》:"殷憂不能寐,苦此夜難頹。明月照積雪,朔風勁且哀。運往無淹物,逝年覺易催。"①此詩或非完篇,但其三四句"明月照積雪,朔風勁且哀",以善狀積雪之景而廣爲傳唱,鍾嶸即以之爲"直尋"詩美觀的代表②。清代沈德潛《古詩源》也説:"愚於漢人得兩語曰:'前日風雪中,故人從此去。'於晋人得兩語曰:'傾耳無希聲,在目皓已潔。'於宋人得一語曰:'明月照積雪。'爲千古詠雪之式。'"③謝靈運這兩句詩寫景自然,且景中含情、富有風調,與其祖父謝玄舉《小雅·采薇》"昔我往矣,楊柳依依。今我來思,雨雪霏霏"爲《毛詩》最佳的詩學精神實有潛通之處。此外,謝靈運《苦寒行》《折楊柳行》也都描寫了下雪之景,這與謝氏家族的文化記憶或不無關係。謝靈運堂弟謝惠連更以《雪賦》而著稱。《雪賦》采用漢賦主客陳説的方式寫景抒情言理,開頭一段叙作賦之緣起:

> 歲將暮,時既昏,寒風積,愁雲繁。梁王不悦,遊於兔園,乃置旨酒,命賓友,召鄒生,延枚叟。相如末至,居客之右。俄而,微霰零,密雪下。王乃歌《北風》於衛詩,詠《南山》於周雅。授簡於司馬大夫,曰:"抽子秘思,騁子妍辭,侔色揣稱,爲寡人賦之。"④

其情景與謝安集子侄講論文義遇雪驟而賦極相類似,遇雪而賦是謝氏家族極爲重要的集體記憶,謝惠連在寫作《雪賦》時,很顯然會想起這一情景,某種意義上可以説,《雪賦》以文學的方式再現了謝安對子侄進行文學教育的場景。

文學的表現範疇決定了文學的藝術,謝安"白雪紛紛何所似"之問本質上是對物象的關注,其中藴含了一個重要的藝術原則,也就是"賦"。在東晋玄言詩玄理演繹造成詩歌困境的背景下,對物的觀察描寫是詩歌重新獲得發展的重要方向。從表現範疇到表現藝術,可以説謝安爲謝氏乃至東晋文學的發展指明了方向。謝安命子弟賦雪所"似",即强調了體物的藝術能力。余嘉錫《世説新語箋疏》引宋代陳善《捫虱新話》:"撒鹽空中,此米雪也。柳絮因風起,此鵝毛雪也。然當時但以道韞之語爲工。予謂詩云:'相彼雨雪,先集維霰。'霰即今所謂米雪耳。乃知謝氏二句,當各有謂,固未可優劣論也。"(第 144 頁)從風調上看,謝道韞所詠的確更符合文學審美,這也是"詠絮"之喻千古傳唱的原因,但是如果從"巧構形似"來講,謝朗以撒鹽空中比擬落雪之狀,似乎更加接近謝安提出的"何所似"之問。

謝安之後,追求"形似"的風氣得到進一步的發展,"巧構形似"成爲詩歌發展的重要方向,劉勰《文心雕龍·物色》闡述這一特點:"自近代以來,文貴形似,窺情風景之上,鑽貌草木之中。吟詠所發,志惟深遠;體物爲妙,功在密附。故巧言切狀,如印之印泥,不加雕削,而曲寫毫芥。故能瞻言而見貌,印字而知時也。"⑤强調精細刻畫需

① 顧紹柏校注:《謝靈運集校注》,臺北:里仁書局,2004 年,第 34 頁。
② 《詩品集注》(增訂本),第 220 頁。
③ (清)沈德潛選:《古詩源》,北京:中華書局,2006 年,第 163 頁。
④ (清)嚴可均校輯:《全上古三代秦漢三國六朝文》,北京:中華書局,1958 年,第 2623a 頁。
⑤ (梁)劉勰著,范文瀾注:《文心雕龍注》,北京:人民文學出版社,1958 年,第 694 頁。

要有高超的體物藝術。謝靈運、顔延之、鮑照等人的詩歌都有“巧構形似”的特點,尤以謝靈運詩歌的山水刻畫最具代表性。但是追溯東晋至劉宋時期詩歌從“淡乎寡味”到“巧言切狀”的變革,還有一位謝氏詩人值得提出來,就是組織謝靈運等人進行“烏衣之遊”的謝混,沈約《宋書·謝靈運傳論》即指出:“仲文始革孫、許之風,叔源大變太元之氣。”[①]黄侃《詩品講疏》進一步將陶淵明、謝靈運納入這一詩史變革中來:

孫許玄言,其勢易盡,故殷謝振以景物,淵明雜以風華,浸欲復規洛京,上繼鄴下。康樂以奇才博學,大變詩體……要皆取法中朝,辭禁輕淺。雖偶傷刻飾,亦矯枉之理也。夫極貌寫物,有賴於深思;窮力追新,亦資於博學。將欲排除膚語,洗蕩庸音,於此假塗,庶無迷路。[②]

黄氏在論述晋宋詩史發展進程時,指出殷仲文、謝混、陶淵明、謝靈運等幾位詩人具有重要意義,其中謝氏家族的子弟有謝安的孫子謝混及族曾孫謝靈運,他們也正是推進晋宋之際詩歌由玄言轉向體物的重要詩人。謝氏家族之所以在晋宋詩歌變革中處於如此重要的地位,謝安的“白雪紛紛何所似”之問,即在某種意義上奠定其詩學淵源和家族文學的發展方向。謝安、謝萬的《蘭亭詩》皆以寫景著稱,謝道韞、謝朗以賦“落雪”而聞名,而謝混、謝靈運、謝惠連、謝莊、謝朓等謝氏子弟皆以體物寫景藝術而著稱於文學史,由此可以比較清楚地看到謝安的文學教育在謝氏家族文學傳統形成上的特殊意義。

謝安對謝氏家族文學另一個重要影響是重視文學集會,這是促使謝氏家族文學傳統形成的重要因素。謝安好雅集,他在隱居東山時即屢與王羲之、孫綽、許詢、支遁等人進行山水之遊和清談吟詠,這種風氣也被帶到家族内部。《世説新語》等文獻記載了謝安組織謝氏子弟的多次集會,除了上文提到的雪日集會、賞評《毛詩》集會之外,《世説新語》還記載:“晋武帝每餉山濤恒少。謝太傅以問子弟。”(第150頁)“謝太傅問諸子侄:‘子弟亦何預人事,而正欲使其佳?’”(第160頁)“謝公與時賢共賞説,遏、胡兒并在坐。”(第581頁)這些都是謝安有意組織子弟的集會。《晋書》載謝安隱居東山時,“於土山營墅,樓館林竹甚盛,每携中外子侄往來遊集”[③],“遊集”即遊賞、宴集,包括山水遊賞和清談賦詩等活動,這與謝安“漁弋山水,言詠屬文”相似,而“每”字更透露了這種活動的經常性。群體之間的欣賞、切磋、批評,對個人文學藝術能力的發展非常重要。南朝劉宋王微《以書告弟僧謙靈》回憶兄弟之間的文學活動時説:“一字之書,必共詠讀;一句之文,無不研賞。”[④]此數句移以概括謝安組織下的謝氏文學活動亦頗爲恰當。

值得注意的是,謝安組織謝氏家族進行的這種山水遊賞、言詠屬文,不僅成爲謝氏家族内部的重要活動,而且被謝安的後輩繼承下來,并進一步發展爲文章賞會。如《宋書·謝弘微傳》載:“(謝)混風格高峻,少所交納,唯與族子靈運、瞻、曜、弘微并以

① (梁)沈約:《宋書》,北京:中華書局,1974年,第1778頁。
② 《文心雕龍注》,第92頁。
③ 《晋書》,第2075頁。
④ 《全上古三代秦漢三國六朝文》,第2538b頁。

文義賞會。嘗共宴處,居在烏衣巷,故謂之烏衣之遊,混五言詩所云'昔爲烏衣遊,戚戚皆親侄'者也。"[1]謝混組織的這種"文義賞會"更傾向於文學的談論、切磋,又因謝混是謝安之後謝氏家族的重要領袖,也是改變東晉玄言詩風的重要詩人,所以他繼承乃祖謝安組織家族内部的文學活動,對謝氏家族引領晋宋之際的詩風變革具有重要的意義。又如當年參與謝混"烏衣之遊"、深得謝混賞識的謝靈運,在辭永嘉太守後"與族弟惠連、東海何長瑜、潁川荀雍、泰山羊璿之,以文章賞會,共爲山澤之遊,時人謂之四友"[2],謝靈運組織的"文章賞會",繼承了謝氏家族山水遊賞與文學創作相結合的傳統,尤其是在山水詩寫作上具有很重要的開創意義,成爲謝氏文學一個突出的特點,追溯其源,則是從謝安、謝混代代相承下來的家族傳統,與謝安的文學教育有重要的關係。

四、結　語

家族文學是魏晋南北朝文學史一個突出的現象,家族文學的形成需要家族内部文才相繼,并在文學創作和觀念上形成自己的特點,而這些都需要家族的文學教育。謝氏是東晋南北朝具有代表性的文學家族,但目前學界對謝氏家族文學傳統的形成原因和意義,還缺乏深入的研究。深入分析可以發現,謝氏家族文學在藝術和觀念上,都具有比較明顯的群體性和延續性,這與謝氏家族的文學教育有内在的關聯,尤其是謝安在這方面具有開啓之功。謝安重視文學教育對家族的意義,通過講論文義、摘句欣賞、山水遊賞等方式,將謝氏子弟組織到文學活動中來。在文學表現範疇、表現藝術等方面,謝安爲謝氏文學奠定了體物的傳統,其影響至爲深遠。更以他的"山水間儀",也就是與山水審美密切相關的文學氣象,潛移默化地建構了謝氏與山水文學之間的密切關係。謝氏成爲東晋南朝重要的文學家族,尤其是在晋宋詩歌變革、體物藝術、山水文學等方面具有引領之功,與謝安的文學教育是有直接關係的,這是探討謝氏文學乃至東晋南朝文學發展一個重要的視角和切入點。

---

① 《宋書》,第1590—1591頁。
② 《宋書》,第1774頁。

梁武帝蕭衍文學雅集述略

羅建倫

摘　要:梁武帝蕭衍統治南梁達四十七年,是南朝諸帝中在位時間最長的皇帝。他才思敏捷,博通文史,清代學者趙翼認爲"歷觀古帝王,藝能博學,罕或有焉"。蕭衍才思敏捷,博通文史,又善音律,精書法。稱帝後,他經常招聚文人學士,以賦詩爲樂。在其宣導下,南梁的文學藝術得到了長足發展。本文就梁武帝蕭衍組織的文學雅集活動作簡單考論,以冀拋磚引玉。

關鍵詞:梁朝;梁武帝蕭衍;文學雅集;賦詩作文

南朝諸帝中,尤以梁武帝父子熱愛文學爲最。如武帝蕭衍、昭明太子蕭統、簡文帝蕭綱、元帝蕭繹,都以作文爲能事。梁代的文人群體也多集中于蕭衍、蕭統、蕭綱、蕭綸等宗室周圍,聲勢頗大,成就也高。正如《南史・文學傳序》中說:

> 自中原沸騰,五馬南度,綴文之士,無乏於時。降及梁朝,其流彌盛。蓋由時主儒雅,篤好文章,故才秀之士,焕乎俱集。①(卷七十二,第 1762 頁)

這些都和蕭衍的提倡和引導分不開。《梁書》本紀稱其"少而篤學,洞達儒玄。雖萬機多務,猶卷不輟手,燃燭側光,嘗至戊夜。……天情睿敏,下筆成章,千賦百詩,直疏便就,皆文質彬彬,超邁今古。"②(卷三,第 96 頁)在學術上,蕭衍以經學、史學的研究最爲精擅。天監初年,蕭衍曾下詔制禮作樂,提倡儒術。他還親撰《春秋答問》等書,解答大臣們的疑問,示範了良好的向學風氣。蕭衍的詩賦文才,也有過人之處。早年他是齊竟陵王蕭子良門下"竟陵八友"之一,登基後更是以自己的力量宣導文學,招攬人才。如《梁書・文學傳序》載:"高祖聰明文思,光宅區宇,旁求儒雅,詔採異人,文章之盛,焕乎俱集。每所御幸,輒命群臣賦詩,其文善者,賜以金帛,詣闕庭而獻賦頌者,或引見焉。"(卷四十九,第 685 頁)即是例證。蕭衍召集的文學性聚會活動很多,以下就可考者進行考查:

1. 梁武帝製《春景明志》詩

《梁書・王僧孺傳》載:

> 是時,高祖製《春景明志》詩五百字,敕在朝之人沈約以下同作,高祖以僧孺詩爲

作者簡介:羅建倫,南通大學文學院教師,文學博士,主要從事文學雅集研究。

① (唐)李延壽:《南史》,北京:中華書局,1975 年。本文所引《南史》文皆出自此書,其出處直接標注在正文中的引文後,下同。

② (唐)姚思廉:《梁書》,北京:中華書局,1973 年。本文所引《梁書》文皆出自此書,其出處直接標注在正文中的引文後,下同。

工。(卷三十三,第470—471頁)

王僧孺,山東郯城人,南朝梁詩人、駢文家。南齊時,以善辭藻游于竟陵王蕭子良門下,交往甚密。因爲學識淵博和文才出衆,被舉薦出仕爲太學博士,後出任爲治書侍御史、錢塘令。梁時先後任南海太守、御史中丞、蘭陵太守等職。僧孺好典籍,藏書萬餘卷,與沈約、任昉并爲當時三大藏書家。

《南史·王僧孺傳》和《太平御覽》卷五九一均載有此事,大體與《梁書》記叙相同。《梁書·王僧孺傳》和《南史·王僧孺傳》均記事在天監初,具體時間不詳。曹道衡、劉躍進《南北朝文學編年史》記王僧孺在天監二年(503)出任南海太守[①](第358頁),其後至天監七年之間的事蹟未記,恐也是史料不詳的原因。據《梁書·王僧孺傳》,王僧孺在出任南海太守之後又相繼擔任過中書郎、尚書左丞、御史中丞等職,後以公事降爲雲騎將軍,兼職如故(卷三十三,第470頁)。此次集會應該就在天監二年之後不遠。已知參與者有沈約、王僧孺等人,作品均不傳。此次集會賦詩形式爲典型的"同題共作"。

2. 梁武帝詔到洽等賦二十韻詩

《梁書·到洽傳》載:

天監初,沼、溉俱蒙擢用,洽尤見知賞,從弟沆亦相與齊名。高祖問待詔丘遲曰:"到洽何如沆、溉?"遲對曰:"正清過於沆,文章不減溉,加以清言,殆將難及。"即召爲太子舍人。御華光殿,詔洽及沆、蕭琛、任昉侍宴,賦二十韻詩,以洽辭爲工,賜絹二十匹。高祖謂昉曰:"諸到可謂才子。"昉對曰:"臣常竊議,宋得其武,梁得其文。"(卷二十七,第404頁)

到洽,字茂公,彭城武原(今江蘇邳州西北)人。少年成名,時謝朓文名甚盛,見到洽後,很賞識他。任昉見到他後,也歎曰:"此子日下無雙。"後到洽累遷御史中丞,出爲尋陽太守。著有文集十一卷,《隋書·經籍志》傳於世。

此次集會賦詩應在天監元年至天監二年四月之間。因據《梁書·到洽傳》,賦詩時到洽爲太子舍人,天監二年洽即遷司徒主簿,直待詔省,敕使抄甲部書(卷二十七,第404頁)。參與此次賦詩活動的有蕭衍、到洽、到沆、蕭琛、任昉。賦詩均不詳。

3. 梁武帝宴華光殿賦詩

《梁書到沆傳》載:

天監初,(沆)遷征虜主簿。……東宫建,以爲太子洗馬。時文德殿置學士省,召高才碩學者待詔其中,使校定墳史,詔沆通籍焉。時高祖宴華光殿,命群臣賦詩,獨詔沆爲二百字,三刻使成。沆於坐立奏,其文甚美。(卷四十九,第686頁)

到沆,字茂瀣,彭城武原人。《梁書》本傳載他自幼聰敏,勤學,善屬文,工篆隸。與當時名士任昉、范雲都是好朋友。梁天監初,爲太子洗馬,遷太子中舍人,後遷北中郎諮議參軍,卒於任。沆著有詩賦百餘篇,行於世。

---

① 曹道衡、劉躍進:《南北朝文學編年史》,北京:人民文學出版社,2000年。本文所引《南北朝文學編年史》文皆出自此書,其出處直接標注在正文中的引文後,下同。

《南北朝文學編年史》記此事在天監二年(第 359 頁)。據《梁書·昭明太子傳》:"天監元年十一月,(蕭統)立爲皇太子。時太子年幼,依舊居於内,拜東宫官屬,文武皆入直永福省。"(卷八,第 165 頁)據此,文德殿置學士省應是天監元年末或天監二年的事。又因天監三年到沆遷爲殿中曹侍郎(卷四十九,第 686 頁),故此次集會應在天監元年末至二年之間。到沆詩不存。其他參加賦詩之人不詳。

4. 梁武帝著《連珠》詩

《南史丘遲傳》載:

時帝著《連珠》,詔群臣繼作者數十人,遲文最美。坐事免,乃獻《責躬》詩,上優辭答之。(卷七十二,第 1763 頁)

連珠,文體名。起於漢代,其體不直説事情,借譬喻委婉表達其意,文辭華麗,歷歷如貫珠,故名。《文心雕龍·雜文》曰:"夫文小易周,思閑可贍。足使義明而詞浄,事圓而音澤,磊磊自轉,可稱珠耳。"①可知此種文體之特點。

丘遲,字希範,吴興烏程(今浙江湖州)人。初仕齊,入梁後官司空從事中郎。丘遲能詩,工駢文,辭采逸麗。鍾嶸評價説:"丘詩點綴映媚,似落花依草。故當淺于江淹,而秀于任昉。"②詩文傳世者不多,其《與陳伯之書》是當時駢文中的優秀之作。文章文辭委婉,情深義明,切中要害,特别是最後一段"暮春三月,江南草長,雜花生樹,群鶯亂飛",情景交融,清新明麗,文中所描寫的江南風物觸動了陳伯之的故國之思,立即率部歸降了梁朝,丘遲的文學水準可見一斑。

《南史》本傳未載此次作詩記年,《南北朝文學編年史》載其事於天監二年(503)條下。據《南史·文學傳》叙次,武帝踐祚,丘遲遷中書郎,待詔文德殿。武帝作《連珠》就在此後,故作詩事應在天監元年或天監二年之間。梁武帝《連珠》詩及"繼作者"和作不存。

5. 梁武帝賜謝覽、王暕詩

《梁書·謝覽傳》載:

覽爲人美風神,善辭令,高祖深器之。嘗侍座。受敕與侍中王暕爲詩答贈,其文甚工。高祖善之,仍使重作,復合旨。乃賜詩云:"雙文既後進,二少實名家;豈伊止棟隆,信乃俱國華。"(卷十五,第 265 頁)

《南史·謝覽傳》亦載:

天監元年,(謝覽)爲中書侍郎,掌吏部事,頃之即真。嘗侍坐,受敕與侍中王暕爲詩答贈,其文甚工,乃使重作,復合旨。帝賜詩云:"雙文既後進,二少實名家,豈伊爾棟隆,信乃俱國華。"(卷二十,第 562 頁)

謝覽,字景滌,陳郡陽夏(今河南太康)人。入梁後,歷官中書侍郎、吏部尚書、吴興太守,武帝深器之,以廉潔稱。

---

① (梁)劉勰著,范文瀾注:《文心雕龍》卷三,北京:人民文學出版社,1958 年,第 256 頁。
② (梁)鍾嶸著,曹旭集注:《詩品集注》,上海:上海古籍出版社,1994 年,第 312 頁。

王暕,字思晦,琅邪(今山東臨沂)人。天監中,任吏部尚書,領國子祭酒。家世顯貴,與物多隔,不能留心寒素,衆謂爲刻薄。以左僕射致仕。

《梁書·王暕傳》未載此事。《南北朝文學編年史》記在天監元年。據《梁書·王暕傳》,王暕在天監元年(502)入爲侍中,不久出爲寧朔將軍、中郡長史。《梁書·謝朏傳》和《南史·謝覽傳》皆稱"侍中王暕",又據《南史·謝覽傳》,可知此事在天監元年。謝覽和王暕詩皆不存。

6. 柳惲和梁武帝《登景陽樓》詩

《梁書·柳惲傳》載:

> 惲立行貞素,以貴公子早有令名,少工篇什。始爲詩曰:"亭皋木葉下,隴首秋雲飛。"琅邪王元長見而嗟賞,因書齋壁。至是預曲宴,必被詔賦詩。嘗奉和高祖《登景陽樓》中篇云:"太液滄波起,長楊高樹秋。翠華承漢遠,雕輦逐風遊。"深爲高祖所美。當時咸共稱傳。(卷二十一,第331—332頁)

柳惲,字文暢,河東解州(今山西運城)人。柳惲少有志向,才華出衆,遠近聞名。齊竟陵王蕭子良聞其才識,召爲法曹行參軍。蕭衍建梁後,柳惲爲侍中,與沈約等共同定新律。歷任散騎常侍、持節、都督、仁武將軍、廣州刺史等職。曾兩次出任吴興太守,爲政清廉。

景陽樓位於南京古雞鳴寺山巔昆侖正殿東北角處,登樓遠眺,巍巍鍾山、粼粼玄武湖盡收眼底。南京同泰寺觀音樓上有一副對聯云:"雞籠山下,帝子臺城,振起景陽樓故址;玄武湖邊,胭脂古井,依然同泰寺舊觀。"形象地描繪出景陽樓的位置及勝景。而南京盛名之山、水、林、城在柳惲詩中也表現得一覽無餘。

武帝《登景陽樓》詩不存。《梁書·武帝紀》未記此次武帝登景陽樓事,《梁書》及《南史》柳惲本傳亦未記武帝《登景陽樓》詩及柳惲和作的年月,《南北朝文學編年史》於天監元年(502)下收此事。依《梁書》及《南史》柳惲本傳叙次,應在天監初。武帝登樓時應還有其他大臣文士隨從賦詩,但已不可考。

7. 臧盾之飲,蕭介之文

《梁書·蕭介傳》載:

> 介性高簡,少交遊,唯與族兄琛,從兄眆素及洽、從弟淑等文酒賞會,時人以比謝氏烏衣之遊。初,高祖招延後進二十餘人,置酒賦詩,臧盾以詩不成,罰酒一斗,盾飲盡,顔色不變,言笑自若;介染翰便成,文無加點,高祖兩美之曰:"臧盾之飲,蕭介之文,即席之美也。"(卷四十一,第588頁)

蕭介,字茂鏡,南蘭陵(今江蘇武進區北)人。蕭介少年時就比較聰穎,有器量和識見,博覽經史,揮筆成文。梁武帝賞識其才華,每逢軍國大事,必先徵詢方略。

臧盾,字宣卿,東莞莒(今山東莒縣)人。盾自幼從琅邪諸葛璩授《五經》,通章句。諸葛璩有學徒數十百人,但看到他覺得與衆不同,長歎説他有輔佐帝王之才能。

《梁書》及《南史》臧盾本傳未記此事,蕭介本傳亦未記年歲。據《梁書·劉苞傳》:"自高祖即位,引後進文學之士,苞及從兄孝綽、從弟孺、同郡到溉、溉弟洽、從弟沆、吴郡陸倕、張率并以文藻見知,多預宴座,雖仕進有前後,其賞賜不殊。"(卷四十九,第

688 頁)則事在"高祖即位"後,應爲天監初年。既然"高祖招延後進二十餘人,置酒賦詩。"想見賦詩的不會只有蕭介一人,只不過蕭介"染翰便成,文無加點",才思敏捷罷了。"臧盾以詩不成,罰酒一斗"。又可見西晉金谷之集、東晉蘭亭之會對後世文會組織形式之影響。

蕭介及其他人賦詩不存。

8. 梁武帝宴飲劉苞等受詔詠詩

《南史·劉苞傳》載:

(劉苞)及從兄孝綽等并以文藻見知,多預宴坐,受詔詠《天泉池荷》及《採菱調》,下筆即成。(卷三十九,第 1008 頁)

劉苞,字孝嘗,彭城(今江蘇徐州)人。自少好學,能屬文。起家爲司徒法曹行參軍,不就。天監初,以臨川王妃弟,起家征虜主簿,歷任中軍功曹,累遷丹陽郡丞、尚書殿中郎、南徐州治中等,以公事免。天監中起爲太子洗馬,掌書記,侍講壽光殿。苞與從兄劉孝綽、從弟劉孺并以文才見稱。

《南史》敘事常未有紀年,但《梁書》本傳有載,引文見前,可知此事在蕭衍即位後。又據《南北朝文學編年史》,當時與苞一起"并以文藻見知,多預宴座"的到沆卒於天監五年(506),故當爲天監元年至五年之間。劉苞詩今不存。受詔賦詩的其他人與作品亦不可考。

9. 梁武帝賜張率詩

《梁書·張率傳》載:

天監初,臨川王已下并置友、學。以率爲鄱陽王友,遷司徒謝朏掾,直文德待詔省。敕使抄乙部書,又使撰婦人事二十餘條,勒成百卷。使工書人琅邪王深、吴郡范懷約、褚洵等繕寫,以給後宫。率又爲《待詔賦》奏之,甚見稱賞,手敕答曰:"省賦殊佳。相如工而不敏,枚皋速而不工,卿可謂兼二子於金馬矣。"又侍宴賦詩,高祖乃别賜率詩曰:"東南有才子,故能服官政。余雖慚古昔,得人今爲盛。率奉詔往返數首。其年,遷秘書丞,引見玉衡殿。高祖曰:"秘書丞天下清官,東南胄望未有爲之者,今以相處,足爲卿譽。"其恩遇如此。(卷三十三,第 475 頁)

《南史·張率傳》亦載:

梁天監中,爲司徒謝朏掾,直文德待詔省,敕使抄乙部書,又使撰古婦人事。使工書人琅邪王琛、吴郡范懷約等寫給後官。率取假東歸,論者謂爲傲世,率懼,乃爲《待詔賦》奏之,甚見稱賞。手敕答曰:"相如工而不敏,枚皋速而不工,卿可謂兼二子於金馬矣。"又侍宴賦詩,武帝别賜率詩曰:"東南有才子,故能服官政。余雖慚古昔,得人今爲盛。"率奏詩往反六首。(卷三十一,第 815 頁)

張率,字士簡,吴郡吴縣(今江蘇蘇州)人。起家著作佐郎,遷秘書丞,後出爲新安太守。與同郡陸倕及任昉、沈約交往。所著《文衡》十五卷,文集三十卷,行於世。

《梁書》本傳記此事在天監初,《南史》本傳記在天監中,《南北朝文學編年史》記此事在天監二年。據《梁書·武帝紀》,天監二年六月,"以新除左光禄大夫謝朏爲司徒、尚書令"(卷二,第39頁)。而謝朏天監四年十二月,"以所生母憂,去職"(卷二,第42頁)。天監四年,張率亦因父憂去職(卷三十三,第478頁)。則此事應在天監二年六月至天監四年十二月之間。此次集會參與者有蕭衍和張率等,其他人不詳。武帝《贈張率詩》存留,張率回詩六首不存。

10. 梁武帝禊飲華光殿,詔作《舞馬賦》

《梁書·張率傳》載:

> 四年三月,禊飲華光殿。其日,河南國獻舞馬,詔率賦之……時與到洽、周興嗣同奉詔爲賦,高祖以率及興嗣爲工。(卷三十三,第475—478頁)

《梁書·周興嗣傳》亦載:

> 其年,河南獻儛馬,詔興嗣與待詔到沆、張率爲賦,高祖以興嗣爲工。(卷四十九,第698頁)

據《梁書》和《南史》張率傳,此事在天監四年(505)三月。同賦者有到沆、到洽、周興嗣等人,蕭衍認爲張率和周興嗣賦作的最好。

舞馬,就是會跳舞的馬。經過馴馬師的調教,馬可以按照音樂節拍跳躍起舞。此次河南國所獻的即是這種舞馬。從張率的《舞馬賦》來看基本上還屬應制之作。

周興嗣,字思纂,陳郡項(今河南項城)人。武帝時,周興嗣爲安成王國侍郎,官終給事中。蕭衍經常讓興嗣爲文,每奏輒稱善。興嗣撰有《皇帝實録》《皇德記》《起居注》《職儀》等百餘卷,又作有文集十卷,傳於世。但流傳最廣、最久遠的,還是其編纂的《千字文》。

周興嗣和到洽《舞馬賦》均不存。

11. 梁武帝命沈約、任昉、劉孝綽等言志賦詩

《梁書·劉孝綽傳》載:

> (劉孝綽)遷太子舍人,俄以本官兼尚書水部郎,奉啓陳謝,手敕答曰:"美錦未可便製,簿領亦宜稍習。"頃之即真。高祖雅好蟲篆,時因宴幸,命沈約、任昉等言志賦詩,孝綽亦見引。嘗侍宴,於坐爲詩七首,高祖覽其文,篇篇嗟賞,由是朝野改觀焉。(卷三十三,第480頁)

劉孝綽,本名劉冉,字孝綽,小字阿士,彭城(今江蘇徐州)人。父親劉繪、舅舅王融皆當時知名學者和詩人。孝綽幼聰敏,七歲能屬文,號爲"神童"。時孝綽兄弟及群從諸子侄有七十人,并能屬文,彬彬之盛,近古未有。孝綽爲昭明太子"東宫十學士"之一,曾參與《昭明文選》的編輯。

《梁書》本傳未記此次賦詩時間,《南北朝文學編年史》未收此事,《中古文學史料叢考》作《劉孝綽年表》記此事在天監五年(506):"(劉孝綽)二十六歲。是年前後,遷太子舍人,俄以本官兼尚書水部郎,時預宴幸,與沈約、任昉等賦詩應制。"[①]據《梁書》本傳,此次賦詩時孝綽爲太子舍人。天監元年蕭統被立爲太子,置東宫官屬,天監五

---

① 曹道衡、沈玉成:《中古文學史料叢考》,北京:中華書局,2003年,第533頁。

年蕭統出居東宫，此爲東宫有實職僚屬之始。因此應在天監五年左右。

孝綽應制詩頗多，此七首詩已不可辨别。沈約、任昉等詩皆不詳。

12. 梁武帝華光殿宴飲連句，曹景宗醉賦"競""病"二韻

《南史・曹景宗傳》載：

> 景宗振旅凱入，帝於華光殿宴飲連句，令左僕射沈約賦韻。景宗不得韻，意色不平，啓求賦詩。帝曰："卿伎能甚多，人才英拔，何必止在一詩？"景宗已醉，求做不已，詔令約賦韻。時韻已盡，唯餘競病二字。景宗便操筆，斯須而成。其辭曰："去時兒女悲，歸來笳鼓競。借問行路人，何如霍去病。"帝歎不已，約及朝賢驚嗟竟日，詔令上左史。（卷五十五，1356 頁）

曹景宗，字子震，新野（今河南新野）人。他出身將門，其父曹欣曾爲劉宋征虜將軍。曹景宗追隨蕭衍南征北戰，爲梁朝的開國功臣。據《梁書》本傳所載，天監六年（507）正月，北魏元英與平東將軍楊大眼率數十萬大軍攻打鍾離，三月，曹景宗在淮水兩岸大敗北魏軍，斬敵二十余萬，淮水爲之不流。又俘虜五萬余，元英單騎逃回梁城。此是劉宋以來對北魏作戰的第一次大捷，景宗振旅凱旋入朝，進爵爲公，詔拜侍中、領軍將軍，給鼓吹一部（卷九，第 180—181 頁）。此次宴飲聯句即是這次大捷之後的一次慶功宴，應是在天監六年三月。

曹景宗這首詩，質樸平實，激昂豪邁，頗有武將之風，令人拍案叫絶。此例和劉宋沈慶之的例子相近，只不過沈慶之"口不知書，眼不識字"[①]，而曹景宗雖爲武將，而兼得風雅也，故《太平御覽》收此事于"儒將"。其他人賦詩不存。

13. 梁武帝詔作《籍田詩》

《梁書・劉孝綽傳》載：

> 孝綽免職後，高祖數使僕射徐勉宣旨慰撫之，每朝宴常引與焉。及高祖爲《籍田詩》，又使勉先示孝綽。時奉詔作者數十人，高祖以孝綽尤工，即日有敕，起爲西中郎湘東王諮議。（卷三十三，第 482 頁）

"籍田"，亦稱"藉田"。是古代吉禮的一種，源于原始社會春初部落首領帶頭耕種，然後才開始大規模春耕生産的古俗。應劭《風俗通義》説："古者，使民如借，故曰籍田。"[②]它是"祈年"（祈求豐收）的禮俗之一，又稱"親耕"，寓有重視農耕之意。自周、漢以下，各代多行之，由天子率領諸侯以及百官進行。

《南北朝文學編年史》記此次籍田之集于梁普通七年（526）。此時到洽與其反目，以"携少妹于華省，棄老母於下宅"之罪名奏劾劉孝綽，孝綽遂被免官（卷三十三，第 480—481 頁）。《梁書》本傳還載有蕭繹寫信安慰他被罷官之事："時世祖出爲荆州，至鎮與孝綽書曰"（卷三十三，第 481 頁）等等。蕭繹在普通七年出爲荆州刺史，可知

---

① 據《宋書・沈慶之傳》，宋孝武帝劉駿明知沈慶之是武將，一字不識，而故意戲弄，"逼令作詩"。"手不知書，眼不識字"的沈慶之竟然就作出了一首絶妙的好詩。此事可見（梁）沈約《宋書》卷七十七，北京：中華書局，1974 年，第 2003 頁。

② （漢）應劭撰，王利器校注：《風俗通義校注》，北京：中華書局，1981 年，第 353 頁。

劉孝綽被免官事在此前不久。據此,作《籍田詩》之事當在天監七年、八年之間。據《梁書・武帝紀》,梁武帝在普通四年(523)還有一次籍田作詩之舉(卷三,第66—67頁),蕭衍《籍田詩》及蕭綱和詩皆存。

本次和詩中孝綽詩已佚。已知作詩者還有數十人,詩皆不存。此次集會中可以看到孝綽以一事廢,又以一詩起,在當時作好詩能關乎到人的升遷和命運的改變,由此可觀梁武帝對文學之熱愛和重視的程度。

14. 梁武帝宴壽光殿戲題劉孺手板詩

《梁書・劉孺傳》載:

> 後侍宴壽光殿,詔群臣賦詩,時孺與張率并醉,未及成,高祖取孺手板題戲之曰:"張率東南美,劉孺雒陽才,攬筆便應就,何事久遲回?"其見親愛如此。(卷四十一,第591頁)

《南史・劉孺傳》亦載:

> 後侍宴壽光殿。詔群臣賦詩。時孺與張率并醉,未及成。帝取孺手板題戲之曰:"張率東南美,劉孺洛陽才,攬筆便應就,何事久遲回?"其見親愛如此。(卷三十九,第1006—1007頁)

劉孺,字孝稚,彭城人。劉孝綽從弟,自幼能文,起家爲中軍法曹行參軍。後來沈約聽到他名聲,引爲主簿,後累遷少府卿、司徒左長史、御史中丞等職。又爲都官尚書,領右軍將軍。大同中,入爲侍中、領右軍、吏部尚書。孺少好文章,性又敏速。武帝甚稱賞。今存詩二首并與何遜聯句,見《先秦漢魏晋南北朝詩》。

《梁書》和《南史》本傳對劉孺的早年事迹多未著年月,故此次壽光殿群臣賦詩時間不詳。但據《梁書・張率傳》,率於天監七年、八年、十二年在建康(卷三十三,第478頁),此事當在此三年中。作品僅餘武帝蕭衍此詩,其他參與者不詳。

15. 九日朝宴蕭子顯,受梁武帝旨賦詩

《梁書・蕭子顯傳・自序》云:

> 天監十六年,始預九日朝宴,稠人廣坐,獨受旨云:"今雲物甚美,卿得不斐然賦詩?"詩既成,又降帝旨曰:"可謂才子。"(卷三十五,第512頁)

蕭子顯,字景陽,南蘭陵(今江蘇武進區北)人,齊高帝蕭道成孫。歷任太子中舍人、國子祭酒、侍中、吏部尚書等職,後遷吴興太守。博學能文,好飲酒,愛山水,不畏鬼神,恃才傲物。

此次集會在天監十六年(517)。《梁書》稱"九日朝宴",但不知何月。"稠人廣坐"指參加宴會的人數之多,已不可考。蕭子顯此次賦詩不存。

16. 梁武帝令沈衆爲《竹賦》

《陳書・沈衆傳》載:

> 衆好學,頗有文詞,起家梁鎮衛南平王法曹參軍、太子舍人。是時,梁武帝製《千字詩》,衆爲之注解。與陳郡謝景同時召見于文德殿,帝令衆爲《竹賦》,賦成,奏,帝善之,手敕答曰:"卿文體翩翩,可謂無忝爾祖。"(卷十八,第243頁)

沈衆,字仲師,吴興武康人。是齊梁著名文人沈約的孫子。故武帝看了他寫的《竹賦》之後説以你的文采,可謂繼承了你祖父的衣鉢。此次賦事《陳書》本傳未載記年,《梁書·武帝紀》未載武帝製《千字詩》時間,《南北朝文學編年史》收此事於梁普通四年(523)。時沈衆爲南平王法曹參軍。依《陳書》叙次,應是。

沈衆《竹賦》不存。

17. 梁武帝詔群臣同用五十韻賦詩

《梁書·王規傳》載:

(普通)六年,高祖於文德殿餞廣州刺史元景隆,詔群臣賦詩,同用五十韻,規援筆立奏,其文又美。高祖嘉焉,即日詔爲侍中。(卷四十一,第582頁)

此事在普通六年(525)。《梁書·王規傳》稱高祖于普通六年餞廣州刺史元景隆,但據《梁書·武帝紀》:"(普通六年)三月己巳,(武帝)以魏假平東將軍元景隆爲衡州刺史,魏征虜將軍元景仲爲廣州刺史。"(卷三,第69頁)又,《梁書·元法僧傳》載元景隆出爲使節、都督廣、越、交、桂等十三州軍事、平南將軍、平越中郎將、廣州刺史。但未記任廣州刺史年月。《梁書·元法僧傳》又載:"大同中,徵(元景仲)侍中、左衛將軍。兄景隆後爲廣州刺史。"(卷三十九,第554頁)可知元景隆任廣州刺史當在大通中後。則《梁書》記事前後失次,《梁書·王規傳》似有誤,梁武帝應是餞衡州刺史元景隆或廣州刺史元景仲。

王規,字威明,琅邪人。王儉之孫。八歲居母喪,有至性,稱孝童。既長,好學有口辨。舉秀才,襲封南昌縣侯。天監中,太極殿功畢,規獻《新殿賦》,其辭甚工。除中書黄門侍郎,與殷鈞、王錫等同侍東宫,俱爲昭明太子所禮。王規及群臣賦詩不存。王規以"其文又美","即日詔爲侍中"。又可印證梁武帝對文學之重視。

18. 梁武帝武德殿餞魏中山王元略賦詩三十韻

《梁書·文學傳下·謝徵》載:

徵與河東裴子野、沛國劉顯同官友善,子野嘗爲《寒夜直宿賦》以贈徵,徵爲《感友賦》以酬之。時魏中山元略還北,高祖餞於武德殿,賦詩三十韻,限三刻成。徵二刻便就,其辭甚美,高祖再覽焉。(卷五十,第718頁)

謝徵,字玄度,出身陳郡謝氏。幼時聰慧,好學善屬文。初爲安西安成王法曹,遷尚書金部三公二曹郎、豫章王記室,兼中書舍人。

元略,字俊興,北魏宗室。元熙起兵時元略與其書信往來,失敗後元略奔梁,封中山王,任宣城太守。

《梁書》及《南史》謝徵本傳未記此事年月,《梁書·武帝紀》亦未記元略返北魏時間。《魏書·元略傳》載:"略之將還也,(蕭)衍爲置酒餞别,賜金銀百斤,衍之百官,悉送别江上,遣其右衛徐確率百餘人送至京師。"[①]亦未提年月。蕭華榮《魏晋南北朝詩話》注曰:"(元略)普通七年(526)還北魏,官至尚書令。"[②]

---

① (北齊)魏收:《魏書》卷十九,北京:中華書局,1974年,第507頁。

② 蕭華榮:《魏晋南北朝詩話》,濟南:齊魯書社,1986年,第167頁。

謝徵賦詩不存,其他參與者及詩作不可知。

19. 梁武帝宴樂游苑,詔褚翔與王訓爲二十韻詩

《梁書·褚翔傳》載:

中大通五年,高祖宴群臣樂游苑,别詔(褚)翔與王訓爲二十韻詩,限三刻成。翔於坐立奏,高祖異焉,即日轉宣城王文學,俄遷爲友。時宣城友、文學加它王二等,故以翔超爲之,時論美焉。(卷四十一,第586頁)

《南史·褚翔傳》亦載:

中大通五年,梁武帝宴群臣樂游苑,别詔(褚)翔與王訓爲二十韻詩,限三刻成。翔於坐立奏,帝異焉,即日補宣城王文學,俄遷友。時宣城友、文學加正(“正”應該爲“它”)王二等,翔超爲之,時論美焉。(卷二十八,第755頁)

褚翔,字世舉,陽翟(今河南禹州)人。初任秘書郎,累遷太子舍人、宣城王主簿。爲高祖愛賞,轉宣城王文學。後出任義興太守,勤政愛民。及任期滿,轉爲吏部郎。離郡之時,百姓追送出郡,涕泣拜辭。還侍中,領羽林監。後遷吏部尚書。

王訓,字懷範,琅邪人,王暕之子。文章之美,爲後進領袖。

據《梁書》《南史》本傳,事在中大通五年(533)。《梁書》《南史》王訓本傳均未記此事。已知參加者有褚翔、王訓及“群臣”,詩均不存。

20. 梁武帝幸樂游苑,製《武宴》詩

《梁書·羊侃傳》載:

大同三年,車駕幸樂游苑,侃預宴。時少府奏新造兩刃矟成,長二丈四尺,圍一尺三寸。高祖因賜侃馬,令試之。侃執矟上馬,左右擊刺,特盡其妙,高祖善之。又製《武宴詩》三十韻以示侃,侃即席應詔,高祖覽曰:“吾聞仁者有勇,今見勇者有仁,可謂鄒、魯遺風,英賢不絶。”(卷三十九,第559頁)

羊侃,字祖忻,泰山梁父(今山東泰安東南)人。梁末著名大將。少而雄偉,稚愛文史,博涉書記,尤好左氏春秋及孫吴兵法,可謂文武雙全。年青時在北魏,後遵其父遺志,率領部衆南歸梁朝。大通三年(531)到達建康,被授予徐州刺史,封高昌縣侯。侯景之亂中,羊侃受命禦敵,用各種方法打退侯景進攻,後城破,在戰斗中病死。

蕭衍所制《武宴詩》三十韻及羊侃和作不存。

21. 梁武帝製《述懷詩》

《陳書·江總傳》載:

梁武帝撰《正言》始畢,製《述懷詩》,(江)總預同此作。帝覽總詩,深降嗟賞。[①](卷二十七,第343頁)

江總,字總持,濟陽考城(今河南蘭考)人。十八歲即爲宣惠武陵王府法曹參軍,累遷尚書殿中郎。所作詩篇深受梁武帝賞識,官至太常卿。陳後主時,官至尚書令,

① (唐)姚思廉:《陳書》,北京:中華書局,1972年。

故世稱“江令”。隋文帝開皇九年(589)陳滅後,江總入隋爲上開府,後放回江南,去世于江都。江總是宫體詩的代表詩人之一。

《陳書》本傳記《述懷詩》作于梁武帝完成《孔子正言章句》的編寫之後。又據《陳書·袁憲傳》:“大同八年,武帝撰《孔子正言章句》,詔下國學,宣制旨義。”(卷二十四,第312頁)可知製《述懷詩》事在大同八年(542)。

梁武帝《述懷》詩及江總和作不存。

22. 梁武帝幸京口登北顧樓,到藎賦詩

《梁書·到藎傳》載:

嘗從高祖幸京口,登北顧樓賦詩,藎受詔便就,上覽之以示(到)溉曰:“藎定是才子,翻恐卿從來文章假手於藎。”因賜溉《連珠》曰:“研磨墨以騰文,筆飛毫以書信。如飛蛾之赴火,豈焚身之可吝。必耊年其已及,可假之於少藎。”其見知賞如此。(卷四十,第569—570頁)

《梁書·武帝紀》載:

(大同十年春三月)己酉,(武帝)幸京口城北固樓,改名北顧。(卷三,第88頁)

京口地處長江下游,是六朝長江下游的軍事重鎮。北臨大江,南據峻嶺,形勢險要,爲兵家所重。其地爲江南運河的北口,過長江與江淮運河相聯。宋武帝劉裕發跡於此,故宋時稱爲“北京”,故城在今江蘇鎮江市。北固樓在今鎮江市北固山上。晉蔡謨首起樓其上,以貯軍實,謝安後加以修葺。日久又崩壞。頂猶有小亭,登降甚狹。梁蕭正義擴建其路。大同十年(544)三月,梁武帝登臨久望之,敕曰:“此嶺不足須固守,然京口實乃壯觀。”於是改名曰“北顧樓”(卷五十一,第1279頁)。并作《登北顧樓》詩。隨從人等亦有賦詩。

《南北朝文學編年史》收此事曰:“蕭衍于本年三月輿駕幸南蘭陵,謁建陵、修陵。作《還鄉》詩。又至京口,登北固樓,改北固樓爲北顧樓。作《登北顧樓》詩。”(第507頁)又記:“到藎亦有《奉和登北顧樓》詩,今已不存。”(第508頁)其他人賦詩不存。

從以上事例可見,梁武帝以帝王身份多次下詔令文士大臣創作詩文,優秀的給予獎勵,很多人因此擢升官階。這樣的集體創作活動,對當時文學創作的刺激是極大的。由於梁武帝的積極提倡,愛好文學、詩歌已成爲一種社會風尚,梁代文學之盛與人才之盛均爲南朝之冠。

百濟樂師味摩之與日本宫内廳書陵部藏《天感樂外妓樂譜》

[韓]申東城

摘　要:日本《天感樂外妓樂譜》記載了百濟樂師味摩之所傳《妓樂》曲譜,學術價值頗高。但學界尚未利用該譜探索其在南朝散樂東傳中的作用。考察味摩之生平與百濟音樂演變之關係,分析《妓樂》與南朝散樂、百濟音樂的關聯,可知味摩之早年赴吴習樂,晚年爲謀生赴日并受倭王禮遇;其創作的《妓樂》融合南朝散樂雜戲與百濟歌曲形成多元文化交融的假面戲。

關鍵詞:味摩之;妓樂;百濟;散樂;傳播

近日,筆者蒙神户大學早川太基先生賜教,瞭解到日本宫内庁書陵部藏《天感樂外妓樂譜》(伏見宫家本第 1170),抄録此譜的時間推定爲鎌倉時期。樂譜分爲三個部分:第一部分爲《天感樂》《曹婆》二曲樂譜;第二部分爲《妓樂》樂譜,載有《獅子》《吴公》《金剛》等十首曲子之演奏法;第三部分則是《鳳聲樂》《龍勝樂》《武媚娘》《和風樂》等古曲樂譜。不少學者把後半部分的《妓樂》樂譜當做是百濟樂師味摩之傳於日本之樂譜,如實記載了百濟宫廷所用之樂。然而,筆者認爲《妓樂》樂譜乃南朝清樂東傳朝鮮、日本之證,而非百濟固有之樂。爲了深入考察中古時期中國音樂的東傳問題,本文擬從百濟、日本與中國之文化交流入手,考察《妓樂》樂譜在音樂文化交流史上的意義。

一、百濟樂師味摩之“赴吴學樂”

“日本”一名初見於《舊唐書·日本傳》:“日本國者,倭國之别種也。以其國在日邊,故以日本爲名。……日本舊小國,併倭國之地。其人入朝者,多自矜大,不以實對,故中國疑焉。”①雖寥寥數語,卻較好地反映出“倭”與“日本”之關係。古時“倭”是指弥生人在九州、本州等地建立的小國,他們大多來自歐亞大陸東部地區,且善作歌,好聲樂,創造出了“上調”“下調”“擊口鼓”一類的唱法②。到了公元 5 世紀,聲樂主導

作者簡介:申東城,北京大學中文系中國古代文學專業博士,現任香港浸會大學孫少文伉儷人文中國研究所副研究員,主要從事南北朝文學研究。

① (後晉)劉昫:《舊唐書》,北京:中華書局,1975 年,第 5340 頁。

② “擊口鼓”是指用手拍擊張開的嘴,發出一種類似擊鼓之音。如,《古事記·應神天皇紀》記載:“吉野之國主等瞻大雀命之所佩御刀……獻其大御酒之時,擊口鼓爲伎……。”詳見:[日]安萬侶著,李濯凡譯:《古事記》,長春:吉林出版集團股份有限公司,2017 年,第 188 頁。

的樂壇形勢發生了根本性的變化。此時,以畿内爲中心的“倭五王”政權,通過一系列的軍事擴張,建立起一個横跨朝鮮海峽到遠州灘的征服王朝。爲了顯示王權的至高無上,同時滿足貴族集團的藝術需求,倭人漸漸接受新羅、百濟等地的音樂文化。如《日本書紀·允恭天皇紀》:“新羅王聞天皇既崩,驚愁之,貢上調船八十艘及種種樂人八十……泊于難波津,則皆素服之,悉捧御調,且張種種樂器。”①同書《雄略天皇紀》:“(雄略天皇)十一年……有從百濟國逃化來者,自稱名曰貴信。又稱,貴信吴國人也。磐余吴琴彈墹手屋形麻吕等,是其後也。”②雖然《日本書紀》未指明“貴信”的出身,但考慮到當時不少漢人雜居百濟,這位百濟“逃來者”應是多年定居百濟的華人③。且從貴信之苗裔屋形麻吕的“吴琴彈墹手”樂師身份來推,貴信亦有可能是一名樂師。

貴信的例子説明樂師群體的遷移促進了外來音樂文化的傳播,從而帶動了日本音樂藝術的發展。如《隋書·倭人傳》記載:“樂有五弦、琴、笛。”④這表明公元 6 世紀倭人已備五弦、琴、笛等器樂之聲。其中,較引人注意的是“五弦”。五弦,又名五弦琵琶,其始源可追溯至美索不達米亞的潘多拉琴(πανδοῦρα)。公元 2 世紀,潘多拉琴傳入中原,經中原地區樂師改良後,演變爲五弦。⑤ 這種樂器一般用於《西涼伎》《龜兹伎》《疏勒伎》《安國伎》等胡人音樂演奏,《隋書·倭人傳》所見之五弦印證了胡人音樂文化,以朝鮮半島爲介體,傳入日本之事實。

隋大業八年(612),百濟樂師味摩之歸化日本。《日本書紀·推古天皇紀》記載:

> 又百濟人味摩之歸化曰:“學于吴,得妓樂儛。”則安置櫻井,而集少年,令習妓樂儛。於是真野首弟子、新漢齊文二人,習之傳其儛。⑥

有關味摩之的身世,我們只知道他是一位百濟人,曾在江東(吴)學習樂舞。文中“吴”指的是江東地區,《日本書紀》常用來指南朝政權。如《日本書紀·應神天皇紀》:“(應神天皇)三十七年春二月戊午朔,遣阿知使主、都加使主於吴,令求縫工女……高麗王乃副久禮波、久禮志二人爲導者,由是得通吴。吴王於是與工女兄媛、弟媛、吴織、穴織四婦女。”⑦同書《雄略天皇紀》亦云:“(雄略天皇)十四年春正月丙寅戊寅,身狹村主青等共吴國使,將吴所獻手末才伎,漢織、吴織及衣縫兄媛、弟媛等,泊於住吉津。”⑧這裏的“吴”常被日本人用於代指江東政權,是故,味摩之“吴地求樂”事件不可能發生在隋滅陳之後,而是發生於南朝中後期。

---

① [日]舍人親王:《日本書紀》,成都:四川人民出版社,2019 年,第 181 頁。

② [日]舍人親王:《日本書紀》,成都:四川人民出版社,2019 年,第 199 頁。

③ 《隋書·百濟傳》記載:“百濟之先,出自高麗國……其人雜有新羅、高麗、倭等,亦有中國人。”詳見:(唐)魏徵、令狐德棻:《隋書》,北京:中華書局,1973 年,第 1817—1818 頁。

④ (唐)魏徵、令狐德棻:《隋書》,北京:中華書局,1973 年,第 1826—1827 頁。

⑤ 琵琶分直項、曲項二種,直項琵琶多五弦,曲項琵琶大多爲四弦。從時間上,直項琵琶傳入中國的時間早於曲項琵琶。《風俗通義·聲音》云:“批把……近世樂家所作,不直誰也。”足見琵琶在東漢中後期傳入中國。今朝鮮地區亦演習古制,把五弦直項琵琶稱“鄉琵琶”,四弦曲項琵琶稱“唐琵琶”。詳見:(東漢)應劭著,吴樹平校釋:《風俗通義校釋》,天津:天津人民出版社,1980 年,第 245 頁。

⑥ [日]舍人親王:《日本書紀》,成都:四川人民出版社,2019 年,第 310 頁。

⑦ [日]舍人親王:《日本書紀》,成都:四川人民出版社,2019 年,第 144 頁。

⑧ [日]舍人親王:《日本書紀》,成都:四川人民出版社,2019 年,第 200—201 頁。

自武寧王(501—523)、聖王(523—554)執政以來,百濟"累破句驪""更爲强國"[①]。軍事上的勝利及其帶來的財富積累,使百濟權貴能够把更多的精力投入到文化建設上。爲了提高已國之文化水平,百濟曾多次向蕭梁請求傳授文化。

中大通六年、大同七年,累遣使獻方物;并請《涅盤》等經義、《毛詩》博士,并工匠、畫師等,敕并給之。[②] (《梁書·百濟傳》)

陸詡少習崔靈恩《三禮義宗》,梁時百濟國表求講禮博士,詔令詡行。[③] (《陳書·儒林傳》)

上述例子證明,百濟在梁武帝時期曾積極接受江南地區的宗教、禮樂文化。此時向蕭梁請求傳授文化之人,正是百濟的中興之主——聖王。《三國史記》稱他"智識英邁,能斷事"[④],《日本書紀》亦云"明王,名主也"[⑤],足見當事人對聖王的評價甚高。梁大同四年(538),聖王遷都泗沘,改國號爲"南扶餘",並推行一系列强化王權的改革舉措,如:整官制,廢檐魯,立五方等。從這些舉措便可知,聖王吸取江東文化,並非單純出於對文化的摯愛,而是利用中國文化凸顯貴賤有序的等級性,震懾不受制約的地方勢力。在聖王的大力推進下,百濟積極吸收南朝文化,將之化爲已用。考慮到這一特殊的時代背景,味摩之赴吴學樂之事當發生於南朝後期,其目的應是利用南朝系音樂所帶有的政治宣傳功能,樹立百濟國君至高無上的形象。

據《日本書紀》記載,味摩之赴日事件發生於皇極天皇元年(612)。史料未詳載他渡海赴日的原因,但從當時東亞政治格局變化來看,隋王朝的征遼之役影響了百濟的對外關係與文化,從而使味摩之等人陷入生存困局,最終選擇離鄉。隋開皇九年(589),隋軍攻陷金陵,結束了長達四百多年的南北分爭,統一中國。是年,隋行軍總管燕榮率領的水軍南下太湖時,有一艘戰艦漂流到百濟的屬國耼牟羅(今濟州島)。百濟威德王召見這些隋軍後,獲悉隋已平定江東一事,於是遣使上表,恭賀隋軍滅陳[⑥]。此後,流行中國北部的胡樂(龜兹樂)、胡化的漢樂(西凉樂)等北朝系音樂逐漸傳入朝鮮半島。

新樂的傳播必然會對百濟音樂的結構性産生影響,這種影響體現在百濟人所演奏的樂器中。有關早期百濟音樂使用之樂器,《隋書·百濟傳》云:"有鼓角、箜篌、箏、竽、箎、笛之樂。"[⑦]從樂部結構論之,除鼓角外,其他樂器均可見於隋《九部伎》之《清商伎》,尤其是"箎",除了百濟音樂外,只有《清商伎》用此樂器,這些現象無疑證明了清樂對百濟前期音樂的影響。然而,唐代以後百濟音樂發生了一些微妙的變化,《舊唐書·音樂志》云:"《百濟樂》,中宗之代,工人死散……樂之存者,箏、笛、桃皮篳篥、

---

① (唐)姚思廉:《梁書》,北京:中華書局,1973年,第804頁。

② (唐)姚思廉:《梁書》,北京:中華書局,1973年,第805頁。

③ (唐)姚思廉:《陳書》,北京:中華書局,1972年,第442頁。

④ [高麗]金富軾:《三國史記》,長春:吉林大學出版社,2015年,第313頁。

⑤ [日]舍人親王:《日本書紀》,成都:四川人民出版社,2019年,第269頁。

⑥ 《隋書·百濟傳》:"平陳之歲,有一戰船漂至海東耼牟羅國,其船得還,經于百濟,昌資送之甚厚,并遣使奉表賀平陳。"詳見:(唐)魏徵、令狐德棻:《隋書》,北京:中華書局,1973年,第1819頁。

⑦ (唐)魏徵、令狐德棻:《隋書》,北京:中華書局,1973年,第1818頁。

箜篌、歌。”[①]與《隋書·百濟傳》所載之樂器相比,《舊唐志》之百濟樂未出現較大的變化,但“篳篥”的出現令人深思。篳篥是一部典型的西域胡人管樂器,始於北朝,盛行於唐宋,《樂府雜録》云:“篳篥者,本龜兹國樂也,亦曰‘悲栗’,有類於笳。”[②]篳篥的出現意味着胡樂、胡化的漢樂開始在百濟得到統治階級的青睞,成爲一時之風尚。

新樂的流行,使舊樂失去原有的受衆。加之,隋文、煬二帝的遼東征伐,進一步加劇了朝鮮半島的政治不穩定。如,隋開皇十八年(598),威德王聽到隋文帝征伐高麗後,“遣使奉表,請爲軍道”[③]。大業三年(607),百濟武王遣使朝貢,並請求隋煬帝討伐高麗。當隋煬帝討伐高麗時,武王向隋朝遣使朝貢,希望配合隋軍征遼;同時,又嚴守國境,並秘通高麗,以備不測。[④] 舊樂的退勢與動蕩的國際局勢使味摩之意識到需要移至穩定之地以謀生計。而此時的日本推行一系列的政治改革,並禮遇來自朝鮮半島的“渡來人”。如,百濟博士王仁來到日本之後,“太子菟道稚郎子師之,習諸典籍於王仁,莫不通達”[⑤];百濟達率日羅到達日本之後,敏達天皇不但數次問政於日羅,且“營館於阿斗桑市,使住日羅,供給隨欲”。[⑥] 在這樣的時代背景下,味摩之選擇渡海赴日,應是出於無奈。

二、《妓樂譜》與南朝散樂、百濟歌曲之關係

抵達日本後,味摩之安頓於櫻井,並在此集聚少年,傳授妓樂。有關味摩之傳授的樂曲,《大日本史·禮樂志》記載如下:

> 《妓樂》,又云《吴樂》。推古朝百濟味摩之傳之,其器用横笛、腰鼓。凡四月八日佛生會、七月十五日妓樂會奏之。先舞獅子,次奏《吴公》《迦樓羅》《婆羅門》《崐崘》《力士》《大孤》《醉胡》《武德樂》,合曰《十妓樂》。後世東大、興福二寺,猶存此曲。[⑦]

上述曲目中,最爲引人注目的是《婆羅門》(黄鐘商)。此曲又名《波羅門》,是開元年間西凉都督楊敬述獻給唐玄宗的曲子。《津陽門詩》“卻到人間迷是非”云:“葉法善引上入月宫……會西凉都督楊敬述進《婆羅門曲》,與其聲調相符,遂以月中所聞爲之散序。”[⑧]

---

① (後晉)劉昫:《舊唐書》,北京:中華書局,1975年,第1070頁。

② (唐)段安節撰,亓娟莉校注:《樂府雜録校注》,上海:上海古籍出版社,2015年,第104頁。

③ 《隋書·百濟傳》記載:“開皇十八年,昌使其長史王辯那來獻方物,屬興遼東之役,遣使奉表,請爲軍導。”詳見:(唐)魏徵、令狐德棻:《隋書》,北京:中華書局,1973年,第1819頁。

④ 《隋書·百濟傳》:“大業三年,璋遣使者燕文進朝貢……然璋内與高麗通和,挾詐以窺中國。七年,帝親征高麗,璋使其臣國智牟來請軍期。帝大悦,厚加賞錫,遣尚書起部郎席律詣百濟,與相知。明年,六軍渡遼,璋亦嚴兵於境,聲言助軍,實持兩端。”(唐)魏徵、令狐德棻:《隋書》,北京:中華書局,1973年,第1819頁。

⑤ [日]舍人親王:《日本書紀》,成都:四川人民出版社,2019年,第141頁。

⑥ [日]舍人親王:《日本書紀》,成都:四川人民出版社,2019年,第283頁。

⑦ [日]德川光圀:《大日本史》,卷三百三十八,禮樂第十五,日本國會圖書館藏本,第48—49頁。鏈接:https://dl.ndl.go.jp/pid/1911848/1/50(檢索日:2025年4月20日)

⑧ (清)彭定求等編:《全唐詩》,北京:中華書局,1960年,第6563頁。

天寶十三載,此曲改名《霓裳羽衣》,被後人認爲是象征開元盛世的文化符號。① 而這首曲子最早也要等到開元年間方傳入華夏,與味摩之生活之年代相差甚遠,因此後者不可能有機會習得此曲。鑒於此,筆者認爲《妓樂》樂譜中《婆羅門》等内容系後人所寫,是《妓樂》在後世補改之證。

《婆羅門》曲的存在揭示了《妓樂》諸曲並非全部由味摩之所傳之事實,但亦不可因此斷言《妓樂》與味摩之無關。因此,在不清楚《妓樂》之表演次序、曲子旋律、音調等情況下,我們無法考察《妓樂》與清樂之關係。從這個意義上,《天感樂外妓樂譜》中的《妓樂》部分(下文作"《妓樂譜》")爲我們提供了寶貴的信息。這卷樂譜中,如實記載了《妓樂》的表演次序、曲子旋律,詳見下表:

《妓樂》樂譜所載《妓樂》表演次序與調式

<table>
<tr><th rowspan="2">序號</th><th rowspan="2" colspan="2">曲名</th><th colspan="2">音調</th><th rowspan="2">注文</th><th rowspan="2">備考</th></tr>
<tr><th>笛</th><th>琵琶</th></tr>
<tr><td rowspan="3">1</td><td rowspan="3">獅子</td><td>前舞</td><td>壹越調</td><td>雙調</td><td></td><td></td></tr>
<tr><td>後舞</td><td>雙調</td><td>楓香調</td><td>打三度拍子。</td><td></td></tr>
<tr><td>襛</td><td>同上</td><td>同上</td><td></td><td></td></tr>
<tr><td>2</td><td colspan="2">吴公</td><td>般涉調</td><td>平調</td><td>不用大鼓,竿笙以二鼓合。今世用三鼓打三度拍子。</td><td></td></tr>
<tr><td>3</td><td colspan="2">金剛</td><td>同上</td><td>同上</td><td></td><td></td></tr>
<tr><td>4</td><td colspan="2">迦樓羅</td><td>同上</td><td>同上</td><td>又號毛蘭</td><td>《教訓抄》:"拍子十三,可吹三返,而近代唯有别曲吹《還城樂·破》也。"</td></tr>
<tr><td>5</td><td colspan="2">崑崙</td><td>同上</td><td>同上</td><td>又號唐女</td><td>《教訓抄》:"拍子十,可吹三返,壹越調吹之。"</td></tr>
<tr><td>6</td><td colspan="2">力士</td><td>壹越調</td><td>雙調</td><td></td><td></td></tr>
<tr><td>7</td><td colspan="2">波羅門</td><td>平調</td><td>黄鐘調</td><td>又號徒子舞</td><td>《教訓抄》:"拍子十一,可吹三返,壹越調音吹之。"</td></tr>
<tr><td>8</td><td colspan="2">大孤</td><td>壹越調</td><td>雙調</td><td></td><td>《教訓抄》:"又名絶子,平調音吹之。"</td></tr>
<tr><td>9</td><td colspan="2">醉胡</td><td>盤涉調</td><td>平調</td><td></td><td>《教訓抄》:"又醉胡王云,刀祢云。"</td></tr>
<tr><td>10</td><td colspan="2">武德樂</td><td>壹越調</td><td>雙調</td><td></td><td></td></tr>
</table>

《妓樂譜》用琵琶音符記録曲調旋律,曲子旋律多輕快、柔和,溢洋著歡愉之情。表演時,舞者頭戴人形面具,做出滑稽、詼諧的表情或動作。這些面具或以百濟君主(吴公假面,N-210)、粟特商人(醉胡王假面,N-219)、華人貴婦(吴女,N-211)等外族人

① 《唐會要·諸樂》記載:"天寶十三載七月十日,太樂署供奉曲名,及改諸樂名……黄鐘商……《婆羅門》改《霓裳羽衣》……。"詳見:(宋)王溥:《唐會要》,上海:上海古籍出版社,2006 年,第 718—720 頁。

爲原型，或根據神魔鬼怪進行創作，爲《妓樂》增添了幾分詼諧色彩[①]。

由於《妓樂》是味摩之在南朝散樂的基礎上，進行部分修改而成，故在表演内容與細節上，存在一定的"本土化"因素。如，《妓樂》中出現不少女性形象：《金剛》又名"前妻""唐女"[②]，《崑崙》由五名女性舞者出演[③]，《大孤》則由扮演"老女婆"與兒子的伎人出演等[④]。這些女性形象基本不見於"三朝設樂"爲代表的南朝散樂。南朝散樂有一定的政治宣傳性，其所表演者，大多爲仙人下凡、外夷祝壽、瑞獸獻技等宣傳帝王功德之内容。雖不能説中國沒有以女性爲敘事主體的樂舞作品，但這些大多側重於展現女性獨有的柔和之美，較少給女性形象賦予一種丑角性。與此相比，味摩之《妓樂》中出現的女性形象，並非羅曼蒂克情史之女主。她們用詼諧的語言或是滑稽的動作，傾瀉個體對個别男性敷衍塞責的不滿。這類醜化的婦女角色，可能與百濟地區民間藝術中出現的"叱夫"女性形象有關。《高麗史·樂志》記載：

新羅末，盗賊大起，據此山，良家子女多被擄掠，長日縣之女亦在其中，作此歌以諷其夫不即來救也。[⑤]（《方等山》）

求禮縣人之女有姿色，居智異山，家貧，盡婦道。百濟王聞其美，欲内之。女作是歌，誓死不從。[⑥]（《智異山》）

雖然《高麗史·樂志》僅記録了百濟地區舊曲本事，但這並不妨礙我們對百濟歌曲的主題與内容。《方等山》《智異山》二曲中出現的女性角色，皆因不可抵抗的外力，身陷困局，而本保護他們的男性卻未能盡責，甚至迫害女性做出違背道德的事情。於是這些女性用幽默詼諧的語言，責怪、諷刺男性的軟弱或荒淫無度。由於這類"叱夫"婦女形象在中國散樂傳統中並不多見，因此，《妓樂》的"前妻""老女婆"等形象應另有他因，或許是南朝系散樂在百濟逐漸走向"本土化"的有力證據。

從音樂演奏上，《妓樂》的一部分曲子可重複演奏。《妓樂譜》未載與曲子演奏相關的内容，僅言《獅子》《吴公》二曲的音樂節奏爲"三度拍子"，而《教訓抄》記載《吴公》《迦樓羅》《崑崙》《婆羅門》《大孤》等曲子可"吹三返"。這也許是《教訓抄》誤抄《妓樂譜》所致，卻給我們不少啓發：它向我們展現出南朝時期流行重奏疊唱之可能。在南朝時期吴聲西曲作品中，已見有疊詞、疊句等與"一曲多詞"相應的語言現象[⑦]，但截

---

① 本文所提及的《妓樂》面具均藏於日本東京博物館，文物圖像可參考 e 國寶網站（emuseum. nich. go. jp）。

② ［日］狛近真《教訓抄》："次《金剛》，可吹散返，盤涉調音吹也。或假蘭、前妻、唐女等名有之。是不知可尋也。"［日］九州大學文學部藏本，卷第四。鏈接：https://kokusho. nijl. ac. jp/biblio/100023735/120? ln=ja。

③ 《教訓抄》："老女婆也。子各二人ノ如シテ、腰シオサシ、膝ツウタセテ……。"［日］狛近真：《教訓抄》，［日］九州大學文學部藏本，卷第四。鏈接：https://kokusho. nijl. ac. jp/biblio/100023735/120? ln=ja（檢索日：2025 年 4 月 20 日）

④ 《教訓抄》："先五女燈爐前立ツ。其後、舞人二人出テ、舞終ニハ扇ヲツカヒ、マカケヲ指テ、五女之内二人ヲケサウスルヨシス。"［日］狛近真：《教訓抄》，［日］九州大學文學部藏本，卷第四。鏈接：https://kokusho. nijl. ac. jp/biblio/100023735/120? ln=ja（檢索日：2025 年 4 月 20 日）

⑤⑥ ［朝鮮］鄭麟趾等：《高麗史》，重慶：西南師範大學出版社；北京：人民出版社，2013 年，第 2253 頁。

⑦ 如，鮑照《吴歌三首》就有疊句現象："夏口樊城岸，曹公却月戍。但觀流水還，識是儂流下"，"夏口樊城岸，曹公却月樓。觀見流水還，識是儂淚流。"詳見：（南朝·宋）鮑照著，丁福林、叢玲玲校注：《鮑照集校注》，北京：中華書局，2012 年，第 642—643 頁。

止今日仍未找到與重複演奏相關的實證。若把《教訓抄》所載《妓樂》之"吹三返"視作重複演奏某段旋律,則可解釋吴聲西曲所出現的疊詞、疊句等語言現象與音樂之關係。但《妓樂譜》中未見與重複演奏相關的内容,且《教訓抄》的成書年代又略晚於《妓樂譜》,因此《教訓抄》中"吹三返"一類的内容係後世樂工在修改《妓樂》古曲時所加。

《妓樂》的龍笛音調也值得我們深思。十二曲的龍笛音調中,般涉調占41.7%,遠高於其他調式(壹越調33.3%、雙調16.7%、平調8.3%)。《妓樂》是樂舞結合的滑稽藝術,音樂的風格與表演之間存有對應關係,因此,般涉調的主導地位應從這一關係中得以解釋。"般涉"又名"般贍",源於天竺七種自然調式之一的第五式(即pañcama調)①,具有"拾掇坑塹"的特徵。② 值得一提的是,天竺樂學理論家婆羅多早在其代表作《舞論》中,對第五式的使用做出如下規定:

中令和第五應該用於滑稽味和艷情味。③

"味"是指戲劇傳給讀者的感情效果,滑稽味是其中的一種類型④。婆羅多認爲滑稽味的戲劇以"情笑爲特徵",其表演應"通過不合適的服裝或裝飾、冒失、貪婪、爭吵。言不及義、顯示肢體缺陷和指出缺點等情由産生。"⑤由於第五式曲子能傳達出輕快、喜慶之感,婆羅多規定在滑稽味戲劇中使用第五式音調曲子。而《妓樂》中般涉調曲子的占比顯示,南朝散樂中也有與之類似的現象,於是部分學者主張天竺樂學可能對南朝音樂産生一定影響。考慮到蘇祇婆於北周保定五年(565)抵達長安⑥,這一現象只能證明後人對《妓樂》進行編改時,用唐代通用的製曲方式進行了補充。

三、結　論

以上是筆者對《妓樂譜》的初步分析,從樂譜所載内容來看,此譜未能保留南朝清樂雜戲之原貌。味摩之在南朝《散樂》的基礎上,結合百濟藝術固有的題材、形象,創作出了新的樂舞戲。日本皇極天皇即位之時,味摩之渡海赴日,《妓樂》也傳至日本宫廷。然而,筆者對比《妓樂譜》與中古音樂文獻之内容後,發現《妓樂》竟有《婆羅門》等唐代歌舞戲,又因《妓樂譜》與《教訓抄》在音樂演奏方面的區别,表明《妓樂》傳入日本後,再度被日本樂師修改。因此,在利用《妓樂》進行中古音樂研究時,應充分考慮文獻所固有的特殊性與文化多元性因素。

---

① 《隋書・音樂志》云:"先是周武帝時,有龜兹人曰蘇祇婆……聽其所奏,一均之中間有七聲。因而問之,答云:'父在西域,稱爲知音。代相傳習,調有七種'……六曰'般贍',華言五聲,即羽聲也。"詳見:(唐)魏徵、令狐德棻:《隋書》,北京:中華書局,1973年,第345—346頁。

② (元)陶宗儀:《南村輟耕録》,北京:中華書局,1959年,第336頁。

③ 黄寶生編:《梵語詩學論著彙編》,北京:中國社會科學出版社,2019年,第200頁。

④ 黄寶生《印度古典詩學》指出:"味論是婆羅多戲劇學的理論核心……味是指戲劇藝術的感情效應,即觀衆在戲劇時體驗到的審美快感。"詳見:黄寶生:《印度古典詩學》,北京:北京大學出版社,1993年,第48頁。

⑤ 黄寶生編:《梵語詩學論著彙編》,北京:中國社會科學出版社,2019年,第60—61頁。

⑥ 《隋書・音樂志》云:"先是周武帝時,有龜兹人曰蘇祇婆,從突厥皇后入國,善胡琵琶。"可知蘇祇婆同阿史那皇后抵達長安。詳見:(唐)魏徵、令狐德棻:《隋書》,北京:中華書局,1973年,第345頁。

宋代士人交遊與石門、西狹銘刻經典化析論

楊耀斌　劉雁翔

摘　要:歐陽修等北宋士大夫的金石學撰作活動,帶動北宋士人對石門西狹銘刻信息的交流和關注,使得相關銘刻得到廣泛傳播與閱讀。靖康之變後,南宋士人在石門、西狹原有石刻基礎上,根據他們的理解衍生出新的石刻文本。不同群體的現場石刻閱讀,帶動相應文本衍生。訪碑者以石刻爲媒介向後之來者宣示着自己對此類活動的參與,構建着南宋文人士大夫階層之間的文化認同。王炎幕府僚佐群體政事之餘的載酒訪碑活動,記録了諸人交遊的綫索,爲石門諸銘刻的"經典化"及石刻衍生增添了濃墨重彩的一筆。洪适著作中有關石門、西狹銘刻的跋文,隱含着川陝臣僚與洪适之間密切的交遊關係。士人訪碑及交遊過程中以現場題記、拓片題跋抑或著録校正表達讀後感的方式,既促進了石刻文本的生長,亦是讀者學術成熟與銘刻經典化的過程。

關鍵詞:宋代士人;石門;西狹;銘刻;經典化

石門、西狹銘刻指位於今陝西漢中及甘肅隴南成縣的摩崖石刻群。其中以《石門頌》《西狹頌》等最爲著名。這些銘刻在清代及之後的金石學及書法史中地位顯赫。但從二地現存歷代銘刻的實際情況及歷代金石學著作著録情況來看,石門、西狹兩地六至十世紀所存題記渺渺,亦不見文獻著録。至大水一朝,石門、西狹銘刻開始進入金石學家視野并産生諸多士人遊宦題記。學界對此主要從金石文獻整理及書法史角度展開研究①。但從銘刻本身在宋代的傳播與閱讀角度來看,這背後反映出宋代士人交遊的衆多綫索。因此,從金石學著作的著録題跋及士人的宦遊題記入手分析宋代士人的交遊網絡、梳理金石學著作中石門、西狹銘刻的信息來源以及二地銘刻在士人交遊中如何走向經典化是本文的主要面向。

作者簡介:楊耀斌,西北師範大學歷史文化學院博士生,主要從事宋史研究;劉雁翔,天水師范大學歷史文化學院教授,碩士生導師,主要從事中國古代史及地域文化研究。

① 參見蔡副全:《南宋隸書的覺醒——以隴南、陝南遺存的刻石隸書爲例》,《中國書法》2011 年第 4 期;朱海林:《金石學視野下的南宋隸書觀念——以〈隸释〉〈隸續〉爲中心》,《中國書法》2019 年第 6 期。除此之外,陶喻之先後發表《南宋褒斜石門題名蜀人事跡考》(《四川文物》1990 年第 1 期)、《两宋蜀士題刻校補》(《四川文物》2005 年第 4 期)等文章,對石門題記中所涉人物生平進行了考辯。

一、石門西狹銘刻在北宋的著録與閲讀

在北宋中期復古思潮影響下,出土三代銅器及秦漢以來石刻成爲士大夫群體重新構建新經説的依據材料。對前代金石的收藏、研究與著録之風開始興起,導致金石學的發軔。歐陽修等北宋士人在金石學著作中對石門西狹銘刻的著録考證,帶動了《石門頌》《西狹頌》等文本及相關信息在北宋的傳播和閲讀。

宋代士人的石刻收藏及研究對象主要是碑石拓片,原石數量較少。因此之故,遠在京畿的金石學人如何搜獲相關石刻信息,成爲撰作金石學著作的前提條件。《西狹頌》鎸刻完成後至於天水一朝,未見文獻著録。曾鞏首次披露相關信息,爲其撰作題跋。史載:"漢武都太守漢陽阿陽李翕西狹頌……又有嘉禾、甘露、木連理之祥瑞。皆圖畫其像,刻石在側。"此則跋文是曾鞏獲得《西狹頌》拓片之後的初步認知。曾鞏詳細記述了獲得拓片的經過,其文謂:

蓋嘉祐之間,晁仲約質夫爲興州。還京師,得《郙閣頌》以遺余,稱析里橋郙閣……而"翕"字殘缺不可辨得,歐陽永叔《集古録目跋尾》以爲李會,余亦意其然。及熙寧十年,馬城中玉爲轉運判官於江西,出成州,所得此頌以視余,始知其爲李翕也。①

細繹此文,曾鞏的記述指明了石門西狹石刻群中《西狹頌》與《郙閣頌》的相關信息。首先,晁仲約曾在仁宗嘉祐年間饋贈曾鞏《郙閣頌》拓片②,但因部分文字漫漶殘缺,導致曾鞏與最早著録《郙閣頌》信息的歐陽修一樣,將《郙閣頌》中李翕之"翕"釋讀爲"會";其次,在成州爲官的"馬城中玉"在轉官江西轉運判官時,將《西狹頌》拓片贈與曾鞏,此後曾氏通過以碑校碑的方式,校正了歐陽修與曾氏自己對《郙閣頌》的誤釋。此則跋文告訴我們,歐陽修、曾鞏等宋代金石學人的交遊網絡,是其搜集金石拓片及相關信息的保障之一。在石門、西狹石刻所在地爲官的士人,轉任付闕時携帶《石門頌》《西狹頌》等銘刻拓片贈送友人,帶動相關銘刻文本的傳播與閲讀。

歐陽修《集古録跋尾》的著録對《石門頌》在北宋士人間的傳播與閲讀具有開創之功。《石門頌》鎸刻完成於東漢建和二年,北魏酈道元注《水經》時著録此石刻謂:"漢明帝永平中,司隸校尉犍爲楊厥之所開……琢石頌德,以爲石牛道。"③此後未見著録。至歐陽修撰《集古録》,始見著録部分文字及題跋④。此後,《石門頌》拓片開始廣泛流傳于北宋士人群體中,并且在興元府爲官者有實地訪碑活動。時爲知興元府的文同作詩謂:"灔灔清波瀉石門,茂林高巘夾煙昏。何當畫舫載明月,共醉江

① (宋)曾鞏:《漢武都太守漢陽阿陽李翕西狹頌跋》,曾鞏撰,陳杏珍、晁繼州點校:《曾鞏集》卷五〇,北京:中華書局,1984年,第687頁。

② 有關《郙閣頌》在宋代的流傳與閲讀,參見馬强:《論〈郙閣頌〉在宋代的流傳與認知》,《陝西理工大學學報》,2021年第5期。

③ (北魏)酈道元撰,陳橋驛校證:《水經注校證》卷二七《沔水》,北京:中華書局,2007年,第645頁。

④ (宋)歐陽修:《後漢司隸楊君碑跋》,歐陽修撰,李逸安點校:《歐陽修全集》卷一三五,北京:中華書局,2001年,第2105頁。

心白玉盆。”[①]此詩作記載了文同遊覽石門的經歷，雖未言及關於《石門頌》的信息，但歐陽修《集古録跋尾》關於《秦度量銘》的跋文載：“余之得此二銘也，乃在秘閣校理文同家。同蜀人，自言嘗遊長安，買得二物，其上刻二銘，出以示余。”（第 2080 頁）文同出資購買秦代度量的舉動，顯見其對金石銘刻之嘉好。基於此，文同在興元府任上的訪碑活動合乎情理。

趙明誠在閱讀前輩金石著作及銘刻原拓基礎上，以《石門頌》銘文參校史事。趙氏《金石録》叙述其撰作緣起謂：“余自少小喜從當世學士大夫訪問前代金石，刻詞以廣異聞。後得歐陽文忠公《集古録》，讀而賢之，以爲是正訛謬，有功于後學甚大。”[②]（第 1 頁）趙明誠的金石閱讀，首先在於少小時跟隨士人的訪碑活動，其次在於閱讀歐陽修所撰《集古録》。其關於《石門頌》的跋文謂：

右漢司隸楊厥開石門頌。余嘗讀范曄《後漢書》鄧隲傳，有云：時遭元二之災，人士飢荒。章懷太子注以爲，元二即元元也……今此碑有曰：“中遭元二，西戎虐殘，橋梁斷絶。”若讀爲“元元”，則爲不成文理，疑當時自有此語，《漢書注》未必然也。（第 268 頁）

趙氏此條跋文的意義，在於運用以碑證史的手段，對前輩學者確證的觀點提出質疑。趙氏的高質量讀碑活動，帶動了石門銘刻在士人群體中更加廣泛的閱讀與傳播。如南宋時洪适及洪邁對“元二”之意的考證，就是在趙氏此論基礎上的深究[③]。

要之，歐陽修等北宋士大夫的金石學撰作活動，帶動了北宋士人對石門西狹銘刻信息的交流和關注。當地爲官士人實地訪碑，在遷轉過程中携帶《石門頌》《西狹頌》等銘刻拓片贈送友人，使得相關銘刻得到廣泛傳播與閱讀。歐陽修《集古録》及趙明誠《金石録》對金石文獻著録考證開創的典範，深刻影響着南宋士人對於金石學的研究。是以洪适爲代表的南宋金石學人整理輯録金石的基礎[④]。

二、南宋士人訪碑活動與石門西狹石刻的衍生文本

靖康之變後，官私金石收藏喪失一空，在中興宋室的語境下，南宋朝野更加熱衷於對古器物的收藏著録。《石門頌》《西狹頌》等漢代銘刻所在之階州、成州、興元府尚在宋境，由此，儘管地處宋金邊境綫，士人依然熱衷於在此訪碑。《語石》謂：“由褒斜

---

① （宋）文同撰：《丹淵集》卷一五《寄褒城宰》，《景印文淵閣四庫全書》，臺北：商務印書館，1986 年，第 1096 册，第 644 頁。此外，據《石門石刻大全》記載，北宋時在石門實地訪碑的還有掌禹錫、賈公直等人，此數人是否在興元府爲官，史無記載，但他們在石門的題記反映了北宋中後期士人在石門的實地訪碑情況。參見郭榮章：《石門石刻大全》，西安：三秦出版社，2001 年，第 52、86 頁。

② （宋）趙明誠撰，金文明校證：《金石録校證》序，北京：中華書局，2019 年。本文所引《金石録》内容皆出自此書，其出處直接標注在正文中的引文後，下同。

③ 按《隸釋》卷四載：“趙氏云此碑有曰：“中遭元二，西戎虐殘，橋梁斷絶。”若讀爲“元元”，則不成文理。疑當時自有此語，《漢注》未必然也。予按漢刻如《北海相景君》及《李竣夫人碑》之類，凡重文，皆以小“二”字贅其下。此碑有“烝烝”“明明”“蕩蕩”“世世”“勤勤”亦不再出上一字，然非若“元二”，遂書爲大“二”字也。關於此問題的考證，參見陸路：《試析東漢文獻中的“元二”之意》，《江漢論壇》2017 年第 10 期。

④ 洪适：《隸釋序》，曾棗莊主編《宋代序跋全編》卷三十，濟南：齊魯書社，2015 年，第 801 頁。

入蜀,天梯石棧,閣道雲連,石門、析里之間,宋時士大夫入蜀者,莫不濡毫於此。"[①]士大夫登臨濡毫,爲二地遺留諸多南宋士人的訪碑宦遊記録[②]。從記録内容來看,銘刻閲讀者爲雅好翰墨的文人和當地主政者,因爲二者着眼點不同,訪碑記録所呈現出的文本亦有差距。

成州知州卑牧等登臨西狹觀賞題刻,在於風追前人、借以自勉。淳熙十四年(1187),成州知州卑牧同前金州知州田世雄等人一同跋山涉險,登臨西狹觀賞題刻。題記載:"漢李翕守西康,黄龍、白鹿、嘉禾、木連理同爲一時祥瑞。摩崖大刻,至今稱之,後之繼者無聞也。"[③](第 268 頁)。由題記内容來看,卑牧此行是觀賞留存於西狹的漢代銘刻——《五瑞圖》,《五瑞圖》的目的是爲李翕頌德[④]。結合題記"摩崖大刻,至今稱之,後之繼者無聞"的記載,可以看出卑牧是在借《五瑞圖》以自勉。希望通過自己的一系列爲政措施,也有類似《五瑞圖》的祥瑞顯現。

《王子直甘露頌》等文本的出現,對提高成州地方官員的爲政聲望及循吏形象塑造意義重大。記文載:"有宋乾道八年,歲在壬辰暮春之月,甘露降於成州仙崖之下,野夫來告,邦人聚觀。咸曰:太守王公逾年政成,訟無留庭……與漢武都守李翕所紀頗同。"(第 235 頁)通过王子直的系列爲政措施,天降龜蛇、甘露祥瑞,以肯定王子直惠安一方的功績。據學者跋語(第 236 頁),《甘露頌》之創造,是王康等人在閲讀《西狹頌》基礎上催生的在形式及内容上與其直接相關的"衍生文本"[⑤]。再如王正嗣《西狹題記》所載王正嗣等人面對《五瑞圖》所發之"良二千石,豈獨專美於漢耶(第 273 頁)"的感歎,均顯示《西狹頌》所贊頌的李翕是當時成州地方官員所标榜的對象。甚至此類"瑞應"的出現,在南宋地方官眼中是恢復中原之吉兆。如出土於四川的《樊敏碑》碑陰載有時爲縣令的程勤題記:

> 皇上勵精更化,以揚祖宗之大烈。屬當西京父老流涕太息,思欲復見漢官威儀之時……乃得建安十年巴郡太守樊君故碑於荒山榛莽間……是爲聖天子恢復中原之兆,觀者宜有取焉。[⑥]

按石刻碑誌的出土本爲平常之事,但却被視爲"恢復中原"的祥瑞之兆,這其中透露出的正是南宋朝廷士人對重建"漢官威儀"的殷切盼望。前引卑牧等西狹題名亦當隱含着對"恢復中原"的想象。

---

① (清)葉昌熾撰,柯昌泗評,陳公柔、張明善點校:《語石·語石異同評》卷五,北京:中華書局,1994 年,第 351 頁。

② 學者指出,石門在 6—11 世紀衹有 4 則銘文刻記,而宋代大量題記被刻鑿出來,受到了宋代士人精英地方化現象的影響。石門題記中所出現的當地低層官員及未出仕者以現場訪碑及刻石題記的形式,構建着文人階層之間的相互認同。參見[美]韓文彬著,王磊、霍司佳譯:《銘石爲景:早期至中古中國的摩崖文字》,北京:北京大學出版社,2024 年。

③ (宋)卑牧:《西狹題記》,蔡副全編著:《隴南金石題壁萃編》,北京:中華書局,2021 年。本文所引西狹銘刻内容皆出自此書,其出處直接標注在正文中的引文後,下同。

④ 龔世學:《論〈五瑞圖〉與〈西狹頌〉的圖文關係》,《文藝評論》2015 年第 7 期,第 78 頁。

⑤ 有关石刻文本的衍生現象,參見程章燦《石刻的現場閲讀及其三種樣態》(《文獻》2021 年第 4 期,第 5 頁)。

⑥ 高文編:《四川歷代碑刻》,成都:四川大學出版社,1990 年,第 70—72 頁。

與西狹等銘刻類似，石門諸銘刻亦吸引諸多文士慕名前來，并因此存留爲數衆多的題記。如趙公茂等《南宋慶元題名》載："慶元丙辰暮春前止餘三日，趙公茂、宋子志、張壽卿、宋咏道□公茂二子符掞同來觀漢刻，三酌於此。"[①]（第50頁）於政事之暇載酒觀賞漢刻，已成爲當地士人文化生活中之重要部分。石門現存吴玠詩碑（第116頁），映證山河堰所在之褒谷一帶亦是川陝統帅登臨題詩抒懷之地。閱讀石刻之后，遊觀者以題記形式直抒其實際情思，於原有石刻基礎上衍生出記載其活動的新文本。

另外，對雅好翰墨的文人來説，他們跋山涉險觀賞石門、西狹諸銘刻，是爲了賞翰墨之華章，習漢隸之風韻。《馬義夫題記》載："郡守馬義夫，倅吕義甫，率郡文學掾王德潤、客王鼎光、費子淵訪古至此。倅之子仿侍行，同谷尉王信之先一日爲除道。"（第254頁）時爲成州知州的馬義夫携友朋至西狹訪古，并且同年之内多次到訪此地。《馬琥題名》載："崆峒馬琥……之子仿……渥潯江王輝，眉山費昌辰、馮翊王彦誠偕來。"（第255頁）按學者之跋語，郡守馬義夫即爲馬琥，两處題記雖僅提及馬琥訪古事，但題記的書體則完全脱胎於《西狹頌》，可見馬琥等對《西狹頌》的師法之深。前引《王正嗣題記》雖爲王氏閱讀銘刻後援引故事解釋近事的心得，但史載：

王正嗣，宋重和時進士，好學博古，不慕荣利，晚年尤好碑帖……淳熙戊申仲春月，同侄芝偕馮翊郭英往同谷，自峽躡石沿溪觀《天井》《耿君》二碑，徘徊不忍去，因書壁以紀之。[②]

由此可見《天井》《耿君》等西狹漢隸銘刻對王正嗣的吸引力，雖然年老力衰，但仍不憚跋涉的劳苦與危險，欣然結伴撫石履荒，目驗手追，賞書法之盡美。

王正嗣等人登危探壑，撫石履荒的最終目的，是要將漢隸作爲師法對象，以使其書"得漢法"。從這一角度來説，遺留於今隴南、陝南等地的南宋刻石隸書作品[③]，是以另一種形式衍生的新文本。如南宋淳熙年間晏袤對《鄐君開通褒斜道摩崖》所作之释文（第81頁）。田克仁於紹定三年（1230）對《郙閣頌》進行的重新仿刻。田氏記其事曰：

漢武都太守李翕修析里郙閣碑，在今沔州西二十里之金堂閣。歲久昏蝕，殆不可讀。克仁開禧間得舊墨本於京口，勘之歐陽公《集古録》、洪氏《隸釋》及郡志所載，亡缺差少。來守是邦，因勒諸靈岩寺之石壁，以永其傳。[④]

對《郙閣頌》的重新仿刻，完全可以視之爲這一石刻的重新生長，因爲自此之後石刻所處的現場以及人們觀賞石刻的距離、視角、方式等與前相比已大不相同。除受南宋隸

---

① （宋）趙公茂：《南宋慶元題名》，郭荣章編著：《石門石刻大全》，西安：三秦出版社，2001年。本文所引石門銘刻相關内容皆出自此書，其出處直接標注在正文中的引文後，下同。此外，同書所載《李彦粹等南宋建炎題名》亦記載了李彦粹與王師顔、李師古等人遊石門、登玉盆的記載，又《王師顔墓志銘》載其"工駢儷，月書季孜，衮然稱首"，可知李彦粹等人此行亦是爲觀賞漢刻而來。

② 朱綉梓撰：《重修西和縣新志》，内部刊行，2006年，第266頁。

③ 關於南宋刻石隸書的統計，參見朱海林《金石學視野下的南宋隸書觀念——以〈隸釋〉〈隸續〉爲中心》第117頁。但此表有缺漏，如陝西略陽靈岩寺南宋《楊光辅、胡達孝遊靈岩寺題記摩崖石刻》以隸書上石銘刻，結字頗具《西狹頌》氣象，另有《吴公崖刻》亦爲隸書刻石作品。

④ （宋）田克仁：《仿刻〈郙阁頌〉記》，石志剛：《南宋興州風雲》，西安：三秦出版社，2020年，第523頁。

書觀念影響外，上述石門、西狹留存的諸多題記及刻石隸書的産生，與諸多訪碑者置身銘刻閱讀現場有感而發關係密切。豐富多樣的題記（包括題名、詩作、題跋等）提供了當時士人交遊及銘刻收藏的衆多綫索。

三、王炎幕僚群體的石門訪碑活動

石门銘刻提供了當時官僚群體交遊的綫索。銘刻所在之興元府因是利州路都統司駐扎之地，有諸多帅臣及其幕府僚佐來此駐節。因地利之便，政事之餘，帅臣及其僚佐載酒於石門訪碑搴字成爲一時風氣。因此圍繞石門形成了諸如“石門十八段”“玉盆題名十二段”的宋人題刻。其中以王炎幕府僚佐群體最爲典型。王炎（1115—1178），字公明，相州安阳（今河南安阳）人，乾道五年（1169）三月十九日除爲四川宣撫使。王炎上任後照依前例，招納陸游、章森、閻蒼舒等十四五人在幕府帷幄中參議軍事[①]。

對山河堰的整修是南宋歷代川陝帥臣任上的重要政事，因地利之便，訪漢碑是其政事之餘的主要活動。如石門銘刻有南宋題記載：“王還嗣、范䢼、李師章、郭拱，因修堰事來遊。”（第48頁）是對修堰之後訪碑遊覽的真實記載。乾道七年（1171），王炎上奏重修興元府荒廢的山河堰，并開墾荒田九十三萬三千亩有奇。《重修山河堰記》記其事曰：

> 一日，行堰上，顧視慨然，乃命知興元府利州路安撫使御前諸軍都統制吴倓拱商度之。圖以獻曰：謹酌民言，堰敗，自當外增二垠；渠垤，當盡力通之。（第115頁）

因山河堰廢棄和灌渠堵塞，王炎命吴拱負責重新修復疏浚山河堰及水渠，記文之作者閻蒼舒亦參加山河堰修筑工程，記文載：“蒼舒以諸从事辱公命，是役皆所經見，於是書之無愧辭。”（第115頁）按閻蒼舒，字才元，蜀州晋原人。閻氏雅好金石文字，書文并茂，城固縣現有其手書漢李固墓神道碑[②]，研究者指出，此碑筆力遒勁，頗有漢隸風韻，足與“石門十三品”中晏袤之書相媲美[③]，從閻蒼舒對《石門頌》等漢隸的師法之深及“是役皆所經見”的記載，可以想見閻氏及其他王炎幕僚的石門訪碑活動。

石門銘刻題記中“章德楙”之題名（第108頁），記録了同爲王炎幕僚章德茂（森）的訪碑活動。章德楙，即章森，字德楙（茂），廣漢綿竹人，陳亮稱其爲“西州之英，負一時之望，漢廷諸公莫之敢先”[④]。王炎幕散后，又於紹熙五年（1194）知興元府，并與南鄭縣令晏袤等督視修築山河堰，工程完工，晏袤作《山河堰落成記》記録修堰始末（第85頁）。葉昌熾謂此銘刻“尤不失漢法”，莫友芝評價謂：“宋人乏佳分書，唯晏袤山河堰記雄逸有漢人意象。”[⑤]要之，晏袤等人以經眼漢代銘刻爲師法對象，創作出具有南

---

① （宋）陸游：《跋劉戒之東歸詩》，《陸游文集校注》，杭州：浙江古籍出版社，2016年，第16册，第10頁。
② 陳顯遠編著：《漢中碑石》，西安：三秦出版社，1996年，第130頁。
③ 陶喻之：《南宋褒斜石門題名蜀人事跡考》。
④ （宋）陳亮撰，鄧廣銘點校：《陳亮集》卷二七《與章德茂侍郎》，北京：中華書局，1987年，第314頁。
⑤ （清）莫友芝撰，張劍點校：《宋元舊本書經眼録》，北京：中華書局，2008年，第193頁。

宋風格的隸書作品。師法及重新創作的過程帶動了相關刻石的閱讀與傳播。修堰之餘,晏袤與章森、范仲藝等在石門訪碑,發現《漢鄐君開通褒斜道摩崖》[①]。錢大昕《潛研堂金石文跋尾》謂:“右碑歐、趙、洪三家俱未著録。宋紹熙末,南鄭令臨淄晏袤始得之,爲文記其事……晏令作記後六百餘年,罕有津逮而摹搨者……東京分隸傳於今者以此爲最先焉。”[②]錢氏此論,指明了《漢鄐君開通褒斜道摩崖》與章德茂及晏袤等南宋士人之間的關係,在這一群體的推動下,此漢隸名品進入金石學著作[③],開始經典化之路,至清時形成“東京分隸傳於今者以此爲最先”的認知。晏袤又於其旁作《釋漢鄐君開通褒斜道摩崖》,清人畢沅評價晏袤此作謂:“碑叙漢鄐君及楊孟文開石門之事,文醇雅可觀,字亦深得漢人法意,宋人隸書中出色者。”[④]從南宋士人對《漢鄐君開通褒斜道摩崖》的拓印、師法、著録、箋釋等流程中,可見《漢鄐君開通褒斜道摩崖》原石及其衍生文本《釋漢鄐君開通褒斜道摩崖》在南宋士人中間及之後金石學發展史中的傳播力度及影響力。

王炎幕府僚佐群體的在幕經歷既爲王炎出謀劃策,就具體的邊防事務提供切實可行的建言,又爲他們入朝積累了經驗[⑤]。政事之暇,幕僚之間以及幕僚與名士之間的交遊唱和及載酒訪碑活動,更推動了相關金石銘刻從遺落荒榛走向士人案几,開啓了歷代金石學家對相關金石銘刻的著録與考釋,進而聲名遠播。如前揭閻蒼舒發現的《鄐君開通褒斜道摩崖》,就同爲發現者的晏袤來説,作爲南鄭知縣,本來聲名不顯,却因爲對此銘刻加以釋録(第 81 頁),使其身份發生改變,其不再只是《漢鄐君開通褒斜道摩崖》的觀覽者,亦成爲後世寫作石門文本歷史的參與者。士人交遊過程中對石門、西狹等刻石的著録、考辯及拓印與翻摹,使得相關銘刻進入金石學著作,成爲士人關注的焦點。

四、洪适與川陝帥臣交遊及石門西狹銘刻的著録

洪适撰著《隸釋》《隸續》過程中石刻文字的來源隱藏着其龐大的交遊網絡。從《隸釋》《隸續》中洪适對石門西狹銘刻的跋語來看,川陝帅臣就任期間的實地探訪及收藏,爲洪适提供了重要的資料。

員興宗實地探查蜀地两漢石刻,考核原委,爲《隸釋》的撰著提供了有關石門西狹等漢刻的詳細信息。員興宗(? —1170),字顯道,號九華,陵州(四川仁壽)人。撰有《九華集》行世。員興宗在蜀地時,洪适曾向其詢問川陝地區二十五種两漢石刻的分

① (宋)娄機撰:《漢隸字源》卷一,《景印文淵閣四庫全書》,台北:台灣商務印書館,1986 年,第 225 册,第 830 頁。

② (清)錢大昕撰:《潛研堂金石文跋尾》卷一,陳文和主編:《嘉定錢大昕全集》,南京:鳳凰出版社,2016 年,第 6 册,第 13 頁。

③ 翁方綱《兩漢金石記》記此事謂:“宋紹熙甲寅,帥章德茂始得此刻。故婁氏字原載之而隸續不及載也。”參見(清)王昶《金石萃編》卷五(《石刻史料新編》第一輯,台北:新文豐出版公司,1977 年,第 1 册,第 97 頁)。

④ (清)畢沅撰:《關中金石記》卷六,《石刻史料新編》第二輯,台北:新文豐出版公司,1979 年,第 14 册,第 10698 頁。

⑤ (清)徐松輯,劉琳等校點:《宋會要輯稿》職官 32 之 49—50,上海:上海古籍出版社,2014 年,第 3837 頁。

佈情況。經一番搜检之後,員氏向洪适作了回信。具體如下:

郡所發之碑,皆漢故物也……自《司隸校尉楊厥開石門碑》《武都太守李翕析里桥郙閣銘》,石門者,興元旱山之東也。今厥碑在褒城斜谷前……《析里桥郙閣銘》,在利州西路興州趋武道上,武都漢白馬氏之地,今階州即武都也。碑立於波夷江對,至今猶儼然。[①]

在信中,員興宗詳細地回復了洪适向他詢問的二十五通(處)漢碑的地理所在及存佚狀況,對於《石門頌》及《郙閣頌》的信息著録甚詳。就洪氏未見而員興宗在訪碑過程中發現的新見碑銘,員氏亦一一细述其出土地点及銘刻形式,表達自己實地閱讀銘刻後的感受,此處可窺見員興宗的金石學造詣。學者在討論宋人對《郙閣頌》的著録與考釋時指出,員興宗此文的草就,是其在大量實地調查基礎上回復丞相洪适問碑的回信[②]。因此,信中所涉銘刻所在之處,雖未見員興宗題名,但此信真實还原了其訪碑的行跡。清代四庫館臣評價此事謂:"洪适撰《隸釋》時,嘗咨以漢碑數事。興宗爲之考核原委,具見精博。今答書一通,具在集中,學問淹雅,亦未易及。[③]"員興宗於《隸釋》《隸續》成書之功,於此顯見。

胡世將、陸游、范成大等人慷慨贈予金石原物及拓片,對《隸釋》《隸續》的成書有助益之功。在前述員興宗提供的川陝地區漢隸銘刻信息之外,《隸釋》著録了西狹銘刻有關《天井道記》的信息,其文載:"近歲武都樵人斬刈藤蔓,始見石上有'天井'刻字,倚崖縛架椎拓甚艱,寺僧或以惡木蔽晦,日後碑恐有此患。"[④](第9册第6799頁)關於新獲《天井道記》的信息爲誰提供,洪适未曾説明,但《隸釋》《隸續》中著録的其他川陝地區碑銘跋文提供了綫索。跋文記載顯示,胡世將、陸游、范成大等蜀地仕宦提供此消息的可能性甚大[⑤](第9册第6795頁,第10册第7096、7170、7175頁)。可見洪适的龐大交遊網絡,是其能够獲得趙明誠未見之近歲新出者三十餘金石刻的重要保證。

總之,對吉金樂石的共同嘉好,將洪适與南宋川陝臣僚以及未見諸史籍的南宋金石學家們紧密聯繫在一起。通過他們的訪碑活動,使得有關石門西狹銘刻的信息更加準確的進入金石學著作。洪适在《隸釋》序言中謂:"自中原厄於兵,南北壤斷,遺刻耗矣。予三十年訪求,尚闕趙録四之一。"(第9册第6749頁)戰亂之後,古器物流散嚴重,加之南北隔絶,碑銘收藏及信息的獲取更加難得。《清波雜誌》載:"紹興九年,虜歸我河南地。商賈往來,携長安秦漢間碑刻,求售於士大夫,多得善價。"[⑥]可見南

---

① (宋)員興宗:《九華集》卷一二《答洪丞相問隸碑書》,《景印文淵閣四庫全書》,台北:台灣商務印書館,1986年,第1158册,第99—100頁。

② 馬强:《論〈郙閣頌〉在宋代的流傳與認知》,第5頁。

③ (清)永瑢等撰:《四庫全書總目》卷一六〇,北京:中華書局,1965年,第1378頁。

④ (宋)洪适撰:《隸釋》,《石刻史料新編》第一輯,台北:新文豐出版公司,1977年。本文所引《隸釋》内容皆出自此書,其出處直接標注在正文中的引文後,下同。

⑤ (宋)洪适撰:《隸續》,《石刻史料新編》第一輯,台北:新文豐出版公司,1977年。本文所引《隸續》内容皆出自此書,其出處直接標注在正文中的引文後,下同。

⑥ (宋)周煇撰,劉永翔、許丹整理:《清波雜誌》卷七《無字碑》,《全宋筆記》,鄭州:大象出版社,2019年,第56册,第77頁。

宋士大夫對碑石收藏之热衷。在洪适與前揭川陝臣僚的交往中，他們通過實地訪碑并摩挲研玩金石拓本，一方面獲得了與“古”交流的樂趣，一方面爲《隸釋》《隸續》的撰著提供了重要的史料來源。

五、結　語

綜上所述，歐陽修等北宋士大夫的金石學撰作活動，帶動了北宋士人對石門西狹銘刻信息的交流和關注。當地爲官士人實地訪碑，并在遷轉過程中携帶《石門頌》《西狹頌》等銘刻拓片贈送友人，使得相關銘刻由山野荒榛走向京畿胜地，得到廣泛的傳播與閱讀。靖康之變後，在南宋“中興”的時代背景下，金石鑒藏之風在士大夫間依然盛行。《西狹頌》《石門頌》等漢代銘刻所在之地留存的諸多南宋題記的典型性在於，它們不僅是訪碑者現場閱讀碑銘後直抒胸臆的情感表達，亦爲厘清他們之間的交遊網絡提供了綫索。訪碑者以石刻爲媒介向後之來者宣示着自己對此類活動的參與，構建着南宋文人士大夫階層之間的文化認同。

宋代士人群體的載酒訪碑活動，爲石門西狹諸銘刻的“經典化”及石刻的衍生增添了濃墨重彩的一筆。章森、晏袤等人對石門等刻石的著録、考辯及釋文與翻摹，使得相關銘刻進入金石學著作，他們因此不再只是銘刻的觀覽者，亦成爲後世寫作石門文本歷史的參與者。川陝臣僚在諸碑銘的收集過程中實地探訪、心追手摹，以金石拓片互贈，爲洪适金石學著作的撰著提供了碑銘的資料來源，甚至以實物相贈，在當時“舊刻不可復得”的情况下，更顯彌足珍貴。此種訪碑及交遊過程中以現場題記、拓片題跋抑或著録校正表達讀後感的方式，促進了石刻文本的生長，帶動了相關文本的傳播與閱讀。

論《古賦辯體》與宋代楚辭學的關係
——以晁補之、朱熹爲中心

程紫丹

摘　要:元人祝堯編纂的《古賦辯體》在選文定篇、“六義”批評、屈騷評價等方面皆導源於宋人晁補之、朱熹編纂的楚辭專書,可以説,晁、朱楚辭學是《古賦辯體》成書的學術内因。祝堯在承續中亦寓新變,其在選文上從楚辭拓展到古賦,在品評上運用“六義”評賦以尊古、在文統上確立“祖騷”内涵,建構起從楚辭到古賦的文學譜系,既是對晁、朱楚辭學的超越,也拓開了後世賦學批評的新局面,具有深遠的文學史意義。

關鍵詞:祝堯;《古賦辯體》;晁補之;朱熹;祖騷

元人祝堯編纂的《古賦辯體》(以下簡稱《辯體》),集選、論、評爲一體,是一部重要的賦學理論著作。關於《辯體》一書的生成背景,論及較多的是元代考賦制度的影響①。但若考察《辯體》成書的學術语境,會發現其與宋代楚辭學有着緊密的聯繫,尤其與晁補之、朱熹二人編纂的楚辭專書有着明顯的承續關係。

北宋晁補之著有《重編楚辭》《續楚辭》《變離騷》(以下簡稱《重編》《續》《變》),南宋朱熹著有《楚辭集注》《楚辭辯證》《楚辭後語》(以下簡稱《集注》《辯證》《後語》),是宋代楚辭學研究的重要成果,兩者都對祝堯編纂《辯體》有直接的影響。就顯明處言,《辯體》的選文定篇、作品題解以及具體評價對晁、朱楚辭專書多有承襲。可以説,晁、朱二人的楚辭專書是《辯體》成書的學術内因。鄧國光先生曾指出:“《辯體》的編纂誘導於晁、朱的楚辭學,而作爲明、清兩代賦論的原始,這一過度和轉移實堪重視。”②學界對於《辯體》與晁、朱楚辭學的關係探討未深,仍有問題尚待發覆。本文擬從選文定篇、批評方式、屈騷評價等方面探究《辯體》與宋代楚辭學的關係,抉發祝堯編纂《辯體》承續晁、朱楚辭學的具體路徑及其理論新變。

一、從楚辭到古賦:選文定篇的延續與拓展

《辯體》一書收録先秦至宋總 61 人 114 篇辭賦作品。其中,與晁、朱楚辭專書重

作者簡介:程紫丹,安徽師範大學中國詩學研究中心講師,主要從事賦學文獻研究。

基金項目:國家社會科學基金重大項目“辭賦藝術文獻整理與研究”(17ZDA249)。

① 參見李新宇《論〈古賦辯體〉出現的原因》,《山西大學學報》2005 年第 4 期;李新宇《論元代考賦制度的變遷》,《文學評論》2009 年第 1 期。

② 鄧國光:《祝堯〈古賦辯體〉的賦論》,《故宫學術季刊》,第 12 卷第 1 期,第 129 頁。

合者達 55 篇[①],占比近五成。就選文觀之,《辯體》對晁、朱楚辭專書既有兼收并取之處,亦有所側重。就定篇觀之,晁、朱二人對作品的評價也影響了祝堯《辯體》選文的取捨。具體情形,論述如下。

細察三者篇目的重合之處,可以發現《辯體》對於晁、朱楚辭專書進行了吸收與整合。就楚辭作品的選録而言,《辯體》吸收了晁、朱二人的研究成果。相較於《楚辭章句》,晁、朱對於楚辭篇目的删減是宋代楚辭研究的一大特色。《重編》中,晁補之恪守劉向輯録《楚辭》十六卷的原貌,且認爲《九思》"視向以前所作相闊矣"[②],將其删去。其後,朱熹認爲《七諫》《九懷》《九歎》三篇"雖爲騷體,然其詞氣平緩,意不深切,如無所疾痛而强爲呻吟者"[③],進而删去。在《辯體》卷九收録歷代祖述楚語的"後騷"中,亦未收録晁、朱二人删去的四篇作品,暗含了祝堯對晁、朱調整楚辭篇目的接受。

就晁、朱選目的差異處而言,祝堯以兼收并取的態度對兩者進行了整合。朱熹《後語》在晁氏《續》《變》基礎上删補而成。晁書中選録的文章,朱書中有所删減,如荀卿《禮》《知》《雲》《蠶》《箴》五賦、司馬相如《子虛》《上林》二賦、揚雄《甘泉》《羽獵》二賦、鮑照《蕪城賦》、杜牧《阿房宫賦》、蘇軾《屈原廟賦》《前赤壁賦》《後赤壁賦》等。以上諸篇,均爲"以賦名篇"之作,《續》《變》中均選録。但朱熹出於重騷情的楚辭觀念,秉持"必其出於幽憂窮蹙、怨慕凄凉之意"[④]的選録原則,將上述諸作删去。而祝堯《辯體》中則依晁書所録,將以上賦作悉數選入。此外,《後語》對《續》《變》亦有增補。祝堯《辯體》亦從朱熹增補的作品中選録了王安石《寄蔡世女》、黄庭堅《毁璧》、邢居實《秋風三迭》、蔡文姬《胡笳》四篇入外録之中,且此四篇的題解均引用了《後語》中朱熹的題解之語,承襲之跡甚明。

《辯體》作爲賦總集,選文中心自然在賦作。就賦作的選録而言,祝氏將晁氏所録而朱熹汰除的賦作復而收之,體現出在賦作選録上從晁棄朱的傾向。晁氏從文體演變角度觀照賦體文學的發展,其在《離騷新序上》中云:"自《風》《雅》變而爲《離騷》,至《離騷》變而爲賦……蓋《詩》之流,至楚而爲《離騷》,至漢而爲賦。"[⑤]將賦視爲楚辭之變體與延續。由此觀念出發,《續》《變》二書對賦作多有選録。如《變》書中因荀卿五賦"類《離騷》而少變"[⑥],故而選録,體現出的是一種辯體意識。祝堯選録荀卿五賦亦是突出其變體的意義,《禮賦》題解中云:

卿賦五篇一律全是隱語,描形寫影,名狀形容,盡其工巧,自是賦家一體,要不可廢。然其辭既不先本於情之所發,又不盡本於理之所存。若視風騷所賦,則有間矣。

---

① 關於晁補之《續》《變》二書篇目鈎稽,可參看莫礪鋒《朱熹楚辭學略説》,《求索》1983 年第 3 期;李大明《晁補之〈重編楚辭〉三種目録論考》,《四川師範大學學報》1996 年第 3 期;郭建勛、楊賽《晁補之的辭賦學論略》,《中國文學研究》2004 年第 3 期;劉真倫《晁補之〈續楚辭〉〈變離騷〉作者、篇目及佚文輯存》,《古籍研究》總第 57—58 卷。本文對於《續》《變》二書篇目的統計,取劉真倫文所考訂的一百三十六篇。統計時,屈原《九歌》《九章》各算一篇。

② 曾棗莊、劉琳主編:《全宋文》,上海:上海辭書出版社,2006 年,第 126 册,第 118 頁。

③ (宋)朱熹撰,黄靈庚點校:《楚辭集注》,上海:上海古籍出版社,2022 年,第 232 頁。

④ 《楚辭集注》,第 273 頁。

⑤ 《全宋文》,第 126 册,第 116 頁。

⑥ 《全宋文》,第 126 册,第 123 頁。

(第119頁)[①]

祝堯進一步指明了荀賦與屈賦的差異,但因其爲"賦家一體",故而選入。可以説,這是對晁氏選文的延續,均表現出"因體録文"的選録傾向。相較於晁、祝二人,朱熹《後語》中僅選録荀卿的《成相》《佹詩》,而未選録五賦。《辯證》"晁録"條云:"如荀卿子諸賦,皆高古,而《成相》之篇,本擬工誦箴諫之詞,其言奸臣蔽主擅權,馴致移國之禍,千古一轍,可爲流涕。"[②]朱熹選録荀卿的作品,是從義理角度選文,而非從文體角度選文,體現的是"因義録文"的選録傾向。《辯體》前八卷正録中,除楚辭作品外,所録皆爲"以賦名篇"之作;後二卷外録中收録類賦之作,皆是分體編排。可以説,"因體録文"是祝堯編纂《辯體》的選録原則,而這一選録原則的確定則又體現出祝堯對晁、朱二人的吸收與揚棄。

《辯體》除了收入《續》《變》中的相關賦作之外,在其基礎上亦有所拓展。晁氏《變離騷序上》云:"至於京都、山海、宫殿、鳥獸、笙簫衆器,指事名物之作,不專於古詩惻隱規誨,故不録。"[③]祝氏《辯體》所選録的賦作,則拓展到晁氏未收的部分,選録了班固《西都賦》《東都賦》的京都賦,孫綽《天臺山賦》的山海賦,謝惠連《雪賦》、謝莊《月賦》等物色賦,禰衡《鸚鵡賦》、張華《鷦鷯賦》等鳥獸賦。選賦範圍的拓展,體現出祝堯在宋代楚辭學的基礎上,構建楚辭與古賦文學譜系的目的。

晁、朱楚辭專書對《辯體》的影響,不僅表現在選文上,二人對於賦作的評判,也影響祝堯對作品的取捨。如晁氏《變》書中收録了司馬相如的《大人賦》,《辯體》中未收録。祝堯在《遠遊》題解交待了緣由,其云:"大抵用賦體也,後來賦家爲闡衍鉅麗之辭者,莫不祖此。司馬相如《大人賦》尤多襲之。然原之情非相如所可窺也,《大人賦》因不復録。"(第90—91頁)此處,祝堯對《大人賦》的評價承襲自朱熹《集注》的論斷,朱熹云:"司馬相如作《大人賦》,多襲其語。然屈子所到,非相如所能窺其萬一也。"[④]由此可見,朱熹之論影響了祝堯對賦作的取捨。

除了對具體作品評價的因襲,對於某一時期賦作的評價也影響祝堯賦作的選録,如《辯體》對於建安七子賦作的選取即是一例。《辯體》卷五序云:

> 建安七子,獨王仲宣辭賦有古風。歸來子曰:"仲宣《登樓》之作,去楚騷遠,又不及漢。然猶過曹植、陸機、潘岳衆作,魏之賦極此矣。"誠以其《登樓》一賦不專爲辭人之辭,而猶有得於詩人之情,以爲風、比、興等義。(第245—246頁)

祝氏此處襲用晁氏對建安七子賦作的比較評價,於建安七子賦中獨取《登樓賦》,在選文上落實了晁氏的批評主旨。

《辯體》的編纂,在選録面向和定篇指向兩個維度對晁、朱楚辭專書既有承續又有

---

① (元)祝堯撰:《古賦辯體》,影印明嘉靖十六年江西贛州康河刻本,蹤凡、郭英德主編:《歷代賦學文獻輯刊》,北京:國家圖書館出版社,2017年,第1册。本文所引《古賦辯體》文皆出自此書,其出處直接標注在正文中的引文後,下同。

② 《楚辭集注》,第266頁。

③ 《全宋文》,第126册,第123頁。

④ 《楚辭集注》,第149頁。

開拓。《辯體》前八卷將騷賦合并,後兩卷又將辭、後騷視爲賦之支流,實則是將晁氏楚辭三書、朱氏《集注》《後語》的獨立成書,以賦總集的形式進行了整合,從而進一步呈現出楚辭與古賦的承遞關係,構建起從楚辭到古賦的文學譜系。

二、從尊屈到尊古:"六義"批評的借鑒與改造

在《辯體》的題解中,祝堯運用詩之"六義"品評賦作,是對朱熹以"六義"品評楚辭的承襲。朱熹在《詩集傳》中以"六義"品評《詩經》。在《集注》中,朱熹將這一方法遷移至楚辭的品評之中。《集注》卷一《離騷》注云:

賦則直陳其事,比則取物爲比,興則托物興詞。……誦詩者先辯乎此,則三百篇者若綱在綱,有條而不紊矣。不特詩也,楚人之詞亦以是而求之,則其寓情草木,托意男女,以極遊觀之適者,變風之流也。其叙事陳情,感今懷古,以不忘乎君臣之義者,變雅之類也。至於語冥婚而越禮,攄怨憤而失中,則又風雅之再變矣。其語祀神歌舞之盛,則幾乎頌,而其變也,又有甚焉。[1]

朱熹闡釋了"六義"之内涵,并將楚辭視爲風、雅、頌之變體,從而在理論上構建起"六義"與楚辭之聯繫,將"六義"引入楚辭批評。祝堯《辯體》卷一"楚辭體"序中援引了朱熹的此段論述,并進一步指出屈原"本詩之義以爲騷"(第28頁),强調"能賦者要當復熟於此,以求古詩所賦之本義"(第29頁)。理論上的認同,使得祝堯在《辯體》中自覺地以"六義"爲準則去評價賦體演變及辭賦創作,從而將"六義"引入賦學批評。

祝堯將"六義"引入賦學批評,并不是簡單的遷移運用,而是在承襲中寓新意,表現出與朱熹不同的旨趣。朱熹以"六義"評楚辭是出於"尊屈"的考量,其用意是將"流於跌宕怪神、怨懟激發,而不可以爲訓"[2]的楚辭納入到儒家的批評體系,揭示楚辭具有"增夫三綱五典之重"[3]的政教意義,以表屈原"忠君愛國之誠心"[4]。祝堯以"六義"評賦,則是爲了實現《辯體》"尊古"的目的。祝堯視"六義"爲古賦的關鍵,并反復申説之:

右屈宋之辭家,傳人誦尚矣。刪後遺音莫此爲古者,以兼六義焉爾。(第116頁)
然賦之爲古,亦觀六義所發何如爾。(第180頁)
賦也。末段自步棲遲以徙倚之下,則兼風比興義,故猶有古味。(第250頁)
古賦所以可貴者,誠以本心之情,有爲而發,六義之體,隨寓而形。(第327頁)

從上引諸説可見,祝堯將"六義"作爲評判古賦的重要原則,認爲古賦的關鍵在於兼有"六義",如若失去"六義"的内涵,賦體的發展將會偏離古賦而入歧途。由"尊屈"到"尊古"的轉變,亦成爲"六義"批評由騷入賦的關捩所在。

祝堯基於"尊古"的目的,將朱熹"六義"批評引入賦學批評,爲其"祖騷宗漢"的賦學思想構建提供了重要支撑。在卷三"兩漢體"序中,祝堯云:

---

① 《楚辭集注》,第8—9頁。
②③④ 《楚辭集注》,第4頁。

間如《上林》《甘泉》極其鋪張,終歸於諷諫,而風之義未泯。《兩都》等賦極其眩曜,終折以法度,而雅頌之義未泯。《長門》《自悼》等賦,緣情發義,托物興辭,咸有和平從容之意,而比興之義未泯。……古今言賦,自騷之外,咸以兩漢爲古,已非魏晋以還所及。心乎古賦者,誠當祖騷而宗漢,去其所以淫而取其所以則可也。(第134—135頁)

祝堯認爲漢賦雖有鋪張眩曜之失,但"古詩之義"未泯,故將漢賦視爲古賦。可見,祝堯"六義"評賦之法催生出"宗漢"之説,是其構建"祖騷宗漢"理論的重要基礎。

除了旨趣上有"尊屈"與"尊古"之别,在"六義"批評的具體運用中,祝堯亦有改造,大略表現在以下諸端:

其一,批評范围的差異。朱熹在《集注》中,并未對所有選録之文進行品評,其中隱含了朱熹視楚辭爲"獨馳騁於變風、變雅之末流"[①]的偏見。在《辯體》中,祝堯則對所有選録的文章進行品評。同時,在論及賦體演變、賦家批評時,亦將"六義"作爲其重要的批評原則。祝堯一以貫之的使用"六義"批評,其目的在於以"六義"尊古體。此外,在科舉試古賦的時代背景下,祝堯以"六義"品評賦作,也有爲科舉士子習作古賦提供指導的考量。

其二,批評方式的差異。朱熹由於不滿前人注釋方法的重複、繁碎,仿照《詩集傳》的體例,以韻分章,每章先注釋字音或校勘,然後以"六義"品評該章節的創作手法,呈現出的是"每章各系以興比賦字"[②]的隨文注釋模式。祝堯運用"六義"評賦時,是將選文全篇看做一個整體,以篇章爲單位,在每篇選文的題解中用"六義"進行品評,變朱熹的隨文注釋爲隨篇品評。相較於朱熹將"六義"品評雜於文中注的繁碎和隱蔽,祝堯將"六義"品評移至篇名之下,更爲明晰的展現出"六義"與選文之關係。

其三,"六義"側重的不同。就賦比興三緯論,朱熹重比興,而祝堯重賦。《集注》中評語常爲"比也""興也""比而比""比而興"等,是以比、興爲評價中心。而祝堯則以賦爲本,兼及比興,其評語中出現頻率最高的是"賦也""賦而比""賦兼比興",是以賦爲評價中心。祝堯有意突出賦義,其目的是推揚古賦,雖然難免有牽强偏頗之處,但僅從評賦方法而言,是對前人的一種突破。

就風雅頌三經論,朱熹《集注》中鮮有語涉風雅頌之處,而祝堯則將風雅頌引入其中。對此,祝堯有自覺的理論認識,其在卷三"兩漢體"序中云:

爲賦,爲比,爲興,而見於風雅頌之體,此情之形乎辭者,然其辭莫不具是理。爲風,爲雅,爲頌,而兼於賦比興之義,此辭之合乎理者,然其理本不出於情。(第131—132頁)

祝堯認爲賦比興與風雅頌是互爲依存的,六義相兼,方能情理相合。正是對六義有此種理論建構,故其在具體的品評之中,常將賦與風雅頌相結合。如卷一《東君》題解:"賦也,似不兼别義,却有頌體。"(第56頁)卷五《籍田賦》題解:"要之篇末雖是頌

---

① 《楚辭集注》,第4頁。

② (清)紀昀、陸錫熊、孫士毅等著,四庫全書研究所整理:《欽定四庫全書總目》,北京:中華書局,1965年,第2632頁。

而篇中純是賦，賦多頌義少，當曰賦。馬、揚之賦終以風，班、潘之賦終以頌，非異也。”(第 270 頁)卷八《大禮慶成賦》題解：“賦而雜出於雅頌其間。”(第 429 頁)由此可見，祝堯注重賦與風雅頌關係的探討，體現出向司馬遷“風諫”説、班固“雅頌之亞”等主張的復歸。

祝堯以“六義”評賦，在方法上承襲自朱熹，但在理論闡發與具體運用中實現了由楚辭批評向賦學批評的轉變，并成爲其“祖騷宗漢”理論建構的重要環節。正如許結先生所云：“以朱熹爲代表的楚辭研究，兼合其《詩集傳》對詩之‘六義’的規範化批評，其對元代祝堯《古賦辯體》的影響，連接并構建起宋、元辨體思維下的‘祖騷宗漢’的理路。”[①]故而在探討“祖騷宗漢”賦學理論時，不能脱離《辯體》中“六義”評賦的具體實踐。

三、從道統到文統：“祖騷”内涵的演變與確立

“祖騷宗漢”是祝堯賦學理論的主旨所在，其中“祖騷”一端，將屈騷定爲賦祖，與晁、朱對於屈原的推崇和騷學的揚舉有關。然而，若將晁、朱二人對屈騷的評價與祝堯“祖騷”説相對比，其内涵却又大相徑庭。前者是在道統上塑造屈騷之精神，後者則是在文統上定屈騷爲賦祖。

宋以前，關於屈騷的評價集中於對屈原言行的褒貶争論。降至宋代，在現實處境的影響下，宋人對於屈原的評價重在對其人格精神的重新塑造。朱熹《集注》序云：

> 原之爲人，其志行雖或過於中庸，而不可以爲法，然皆出於忠君愛國之誠心。原之爲書，其辭旨雖或流於跌宕怪神、怨懟激發，而不可以爲訓，然皆生於繾綣惻怛、不能自已之至意。……然使世之放臣、屏子、怨妻、去婦抆淚謳吟於下，而所天者幸而聽之，則於彼此之間，天性民彝之善，豈不足以交有所發，而增夫三綱五典之重。[②]

朱熹從理學家“誠”意的角度出發，以儒家所提倡的忠君、愛國道德理念塑造屈原的人格精神，有限度地將屈騷納入到儒家的道德體系之中，提升了屈騷的地位。

與朱熹以醇儒的身份塑造屈騷精神不同，晁氏在《變離騷序下》中，博考諸子，論證屈原生年處在孟子與荀子之間，從而指出屈原并非異端。晁氏的論證實際上接續了韓愈《原道》篇中對儒家道統的梳理，其用意亦是將屈原納入儒家道統之中，从而提升屈原的歷史地位。對於屈騷的認可，晁氏也通過對詩文的考辨，將屈騷與儒家經典建立起聯繫。其在《離騷新序上》云：“《離騷》，遭憂也。‘終窶且貧。莫知我艱’，《北門》之志也。‘何辜於天，我罪伊何’，《小弁》之情也。以附益六經之教，於《詩》最近。”[③]晁氏以《詩經》中的“《北門》之志”“《小弁》之情”來解釋《離騷》的旨意。在《變離騷序下》中，晁氏亦從文辭的相近入手，論證了屈騷之辭與《孟子》《荀子》之間的聯繫，其云：

---

① 許結：《中國辭賦理論通史》，南京：鳳凰出版社，2016 年，第 389 頁。

② 《楚辭集注》，第 4 頁。

③ 《全宋文》，第 126 册，第 115 頁。

《孟子》載《孺子歌》曰:"滄浪之水清兮,可以濯我纓。滄浪之水濁兮,可以濯我足。"孔子曰:"清斯濯纓,濁斯濯足,自取之也。"而原辭曰:"漁父莞爾而笑,鼓枻而去,乃歌曰:'滄浪之水清兮,可以濯吾纓。滄浪之水濁兮,可以濯吾足。'遂去,不復與言。"則原此歌,蓋沿孟子事也。《漁父》篇曰:"新沐者必彈冠,新浴者必振衣。安能以身之察察,受物之汶汶者乎?"而荀子《不苟篇》曰:"故新浴者振其衣,新沐者彈其冠。其誰能以己之僬僬,受人之掝掝者哉?"則卿此書,蓋因原辭也。①

從晁氏在統序上的論證,到朱熹的"忠君愛國"説,都是將屈騷納入儒家道統的軌道。反觀祝堯"祖騷"思想的内涵,其創見在於從楚辭到古賦的文學譜系中去觀照屈騷,即從文統的層面樹立起屈騷爲辭賦之祖的地位。雖然祝堯生於晁、朱之後,難免受到宋人對屈原人格精神塑造話語的影響,如在卷一選録屈宋楚辭後的按語中云:

右屈宋之辭家,傳人誦尚矣。删後遺音莫此爲古者,以兼六義焉爾。賦者,誠能雋永於斯,則知其辭所以有無窮之意味者,誠以舒憂泄思,粲然出於情,故其忠君愛國,隱然出於理。(第116—117頁)

固然祝堯此處隱括了朱熹的"忠君愛國"説,但却將其歸於情、理兩端,將此作爲文學創作的思想内涵來看待,巧妙消解了朱熹"忠君愛國"説將屈原道德化的傾向。

在對屈騷作品的具體評價中,祝堯更顯著地表現出其"祖騷"内涵與朱熹的異趣。如關於屈原《遠遊》的理解,清晰地呈現出道統建構與文統定祖的不同指向。朱熹注解《遠遊》云:"屈原謂修身念道,得遇仙人,托與俱遊,周曆萬方,升天乘雲,役使百神,而非所樂,猶思楚國,念故舊,欲竭忠信以寧國家,精誠之至,德義之厚者也。"②此段注釋,朱熹重在表彰屈原的忠信、精誠、德厚,是從道統的層面對作品做出評價。其在《遠遊》文末又云:"司馬相如作《大人賦》,多襲其語。然屈子所到,非相如之所能窺其萬一也。"③雖然朱熹從文辭襲用的角度,察覺到司馬相如《大人賦》與《遠遊》的關係,但其所謂"屈子所到"相如不能窺其萬一,指的便是前述從道統層面對屈原人格精神的贊揚,故此處特意稱屈原爲"屈子"。《辯體》卷二《遠遊》題解云:"大抵用賦體也,後來賦家爲闡衍鉅麗之辭者,莫不祖此。司馬相如《大人賦》尤多襲之,然原之情非相如所可窺也。"(第90—91頁)顯而易見,祝堯此段評價有隱括朱熹注語之處,但其將《遠遊》作爲賦家"闡衍鉅麗之辭"之祖,是從文辭角度建立起騷與賦的聯繫。值得注意的是,祝堯雖然與朱熹都認爲《遠遊》非司馬相如可窺,但祝堯將"子"改稱爲"原","到"改爲"情",體現出祝堯是從作品的思想内涵上比較《大人賦》與《遠遊》的差異,而非强調道德上的差距。

此外,祝堯還注重從體制上揭示屈騷與賦體之間的聯繫,并借此確立其"祖騷"的文統内涵。如:

洪景盧云:"自屈原詞賦,假爲漁父、日者問答之後,後人作者悉相規仿。司馬相

① 《全宋文》,第126册,第126頁。
② 《楚辭集注》,第147—148頁。
③ 《楚辭集注》,第149頁。

如《子虛》《上林》,以子虛、烏有先生、亡是公。揚子雲《長楊賦》以翰林主人、子墨客卿,班孟堅《兩都賦》以西都賓、東都主人,張平子《兩京賦》以馮虛公子、安處先生,左太冲《三都賦》以西蜀公子、東吴王孫、魏國先生,皆改名换字,蹈襲一律,無復超然新意,稍出於規矩法度者。"愚觀此言,則知詞賦之作莫不祖於屈原之騷矣。(第98—99頁)

古今賦中或爲歌,固莫非以騷爲祖,他有誶曰、重曰之類,即是亂辭。中間作歌,如《前赤壁》之類用倡曰、少歌曰體,賦尾作歌,如齊梁以來諸人所作,用此篇體。(第101—102頁)

上引兩例,一是强調賦之問答體源自屈騷,一是强調賦中作歌與屈騷亂辭的關聯性,皆是從體制的角度構建起屈騷到賦體的文學發展譜系,凸顯其"祖騷"内涵重文統的色彩。祝堯從文統層面確立"祖騷"之内涵,是對宋代楚辭學的超越,爲元人的辭賦創作確立明確的導向,也打開了後世賦學批評的新局面,具有深遠的理論意義。

四、餘 論

綜上所述,從晁補之的《續》《變》,到朱熹的《後語》,再到祝堯的《辯體》,呈現出宋代楚辭學研究推動元明賦學研究的學術發展路徑。關於這一學術路徑的探討,一方面能够深化認識晁、朱楚辭專書的學術價值,另一方面亦能對元明賦學復古的成因有更深刻的學理認識,從而豐富賦學理論發展史的研究。同時,《辯體》作爲一部重要的辭賦總集,其對晁、朱楚辭專書的承續與新變,反映出賦集編纂與楚辭專書編纂有密不可分的聯繫,從而在作品結集的角度彰顯出賦體文學"拓宇於楚辭"①的源流關係,爲理解辭、賦關係提供了一個新的視角。此外,《辯體》與晁、朱楚辭專書的關聯性,啓示我們在開展文學總集的研究時,除了關注時代、制度、文化等外部因素外,也需從學術發展流變的角度去分析文學總集的産生背景,進而發現潛藏在總集編纂背後有價值的學術問題。

① (南朝梁)劉勰著,周振甫注:《文心雕龍注釋》,北京:人民文學出版社,1981年,第80頁。

李攀龍的《左傳》接受考論

張　覓

摘　要:李攀龍的創作深受《左傳》影響。一方面,運用聯屬剪裁法將今事比附古語,在遣詞造句、佈局謀篇上大量仿襲《左傳》文辭;另一方面,貼近《左傳》敘議兼備的風格,議論上持論簡當、以敘代議,敘事上尚簡、尚奇。他的復古途徑極具現實針對性,是對文壇習氣的反叛和扭轉,從而遭致掇拾餖飣、深文奥義的訾詬。但復古思潮成果并未隨後學的非議而湮滅,反而潛移着後世的文學趨向。

關鍵詞:李攀龍;《左傳》;復古;模擬

《左傳》以"高峻嚴整,古雅藻麗"[①]的特徵燭照壇坫,以秦漢文爲宗法的明復古派成員均將之奉爲聖典,後七子領袖李攀龍的推崇更近乎狂熱。本文嘗試在對讀《左傳》和《滄溟集》的基礎上,探究《左傳》影響下李攀龍的具體創作踐履,及其師法秦漢的理論取向。

一、行文技法:聯屬剪裁

李攀龍對《左傳》的取法集中體現在修辭層面,運用聯屬剪裁法將今事比附古語,遣詞造句、佈局謀篇上皆效仿鮮明。

首先,是語辭的借鑒。後世鮮用的《左傳》僻字,李攀龍仍予擇用。如《送泉州袁推官序》"恐其翫已"(第517頁)[②]的"翫"字出自僖公五年"寇不可翫"(第448頁)[③],《戲爲絶謝茂秦書》"躩足以遊"(第683頁)的"躩"字出自昭公二十六年"鑿而乘於他車"(第1473頁)[④]。《滄溟集》衆多詞語摘自《左傳》,句子亦多襲成句,或在語序、語詞上稍加調整。借鑒處可形象化爲下表:

作者簡介:張覓,中國社會科學院大學文學院博士生,主要從事明清文學研究。

① 汪超宏編:《屠隆集·由拳集》,杭州:浙江古籍出版社,2012年,第287頁。

② 包敬第校:《滄溟先生集》,上海:上海古籍出版社,2014年。本文所引李攀龍文皆出自此書,其出處直接標注在正文中的引文後,下同。

③ 楊伯峻:《春秋左傳注》,北京:中華書局,2009年。本文所引《左傳》文皆出自此書,其出處直接標注在正文中的引文後,下同。

④ 楊伯峻注:《説文》"鑿"下引作"躩"。

表 1 《滄溟集》與《左傳》詞句對比

《比玉集序》	匹夫以賈害,則焉用此	桓公十年	吾焉用此,其以賈害也
《歷城尹張公德政碑記》	用克有經,共匪無藝	宣公十二年 昭公十六年	政有經矣 若大國令,而共無藝
《歷城令賈君記》	民聽不惑,而後用之	僖公二十七年	——
	子實生我,而浚我以生乎	襄公二十四年	毋寧使人謂子"子實生我",而謂"子浚我以生"乎
	其無乃撤其寧宇,而翦爲逋逃	襄公二十二年	其無乃不堪任命,而翦爲仇讎
《肥城縣修城碑記銘》	錢君則慮事,授司徒,量功命日,略基趾,分財用,具餱糧,三月而集,不愆於素	宣公十一年	使封人慮事,以授司徒。量功命日,分財用……略基趾,具餱糧,度有司,事三旬而成,不愆於素
《内丘縣學田記》	廢禮,由群邪也	桓公二年	國家之敗,由官邪也
	風俗之道,士爲政	宣公二年	今日之事,我爲政
《明故封太安人許氏墓誌銘》	何以間執慝口	僖公二十八年	願以間執讒慝之口
《徐給事中墓表》	精物亦大矣	昭公七年	其用物也弘矣,其取精也多矣
	美先盡矣	昭公元年	——
《與吳明卿書》	投袂而起,屨及於窒皇,策及於寢門之外,車及於鞍山之麓	宣公十四年	投袂而起,屨及於窒皇,劍及於寢門之外,車及於蒲胥之市

同篇中更有似集句之段落。《青州兵備副使王君城顔神碑記》:"必曰:'疆埸之事,一彼一此,棄命廢職,其若父老何? 我必不然。不佞之業,在《烝民》之七章矣。'中丞傅公謂御史段君曰:'以余觀於大夫,才可使無徵役百姓,而義不可使衆爲政。夫固謂一人慮始,而榮施不可有也。不然,夫豈不知淄、萊、新、益之間,嗷嗷者以時詘爲解也? 大夫實云畏此璽書,即有後事,安可言勿與知也?'"(第 553—554 頁)可在《左傳》桓公十三年、僖公二十六年、襄公十年、昭公元年、昭公三十二年中找到對應出處[1]。

典故的使用常同語辭的借鑒相交織。如《青州府志序》"升葵丘壯冠裳之會"(第 466 頁)指齊盟諸侯於葵丘(第 326 頁),"大哉制辭"(第 477 頁)即周襄王爲管仲舉享禮(第 342 頁)。《李淑人大節解》"孰與效以大畢之爲成仁也"(第 691 頁)句的"大畢"指追隨晉獻公的魏國先祖畢萬,用"畢萬之後必大"(第 259 頁)之典。部分典故更反復提及。如隱公十一年"使營菟裘,吾將老焉"(第 79 頁)的告老還鄉之語,《劉母茹太孺人序》《劉公樂峴亭記》《何李公傳》皆有見。他亦反用原典。昭公二十三年"今吳是懼而城於郢,守己小矣……土不過同,慎其四竟,猶不城郢。今土數圻,而郢是城,不

① 昭公元年"疆埸之邑,一彼一此,何常之有?"僖公二十六年"豈其嗣世九年,而棄命廢職? 其若先君何? 君必不然。"昭公三十二年"俾我一人無徵怨於百姓,而伯父有榮施。"襄公十年"爲書以定國,衆怒而焚之,是衆爲政也。"桓公十三年"不然,夫豈不知楚師之盡行也?"昭公三十二年"雖有後事,晉勿與知可也。"

亦難乎”(第1448頁),指“城於郢”的弊病,而《肥城縣修城碑記銘》却稱“邑中丞自父母之邦守不爲小,按察使周公慎其四境云爾。而肥是城,有味乎王公設險之義乎”(第566頁),誇贊“城於肥”之高明。有時則需對讀,相映成趣。《歷城尹張公德政碑記》“庶新多制”(第560頁),以昭公六年“國將亡,必多制”(第1276頁),影射鼎革之際的亂象。《送陳郎中守彰德序》“民安得不在鼎也”(第514頁),結合宣公三年“在德不在鼎”(第669頁),意爲“民安得不在德也”。

其次,是行文佈局的借鑒。李攀龍常套用《左傳》的句式結構。如《送袁履善郎中讞獄廣西序》“虔劉我人民”(第502頁)及《青州兵備副使王君城顔神碑記》“荼毒我百姓,焚蕩我廬舍”(第553頁)語,皆用成公十三年“芟夷我農功,虔劉我邊陲”(第864頁)之句式。《青州兵備副使王君城顔神碑記》“不然,夫豈不知淄萊新益之間嗷嗷者以時詘爲解也”(第554頁)及《劉公樂峴亭記》“不然,夫豈不知鹿門之可以老也”(第563頁)句,句式本桓公十三年“不然,夫豈不知楚師之盡行也”(第137頁)。

章節佈置上,《戲爲絶謝茂秦書》述與謝榛的交往經過,己方的施恩、對方的背信、友人的報訊以及結尾的警誡,均按成公十三年“吕相絶秦”的結構排布,就連語句順序也如出一轍:

《戲爲絶謝茂秦書》:

> 尔亦悔過之,延使以命我,曰:“同好棄惡,復修舊德。”……爾又不祥,惡聲滋至……其在二三兄弟,則同心之賦,而亦爾所不能爲妬口者。爾有二心於吴生,曰:“……”吴生固甚憎爾,是用告我。元美惡爾之二三其德,亦來告我曰:“‘昊天上帝,虞《九歌》、周《二雅》,余雖與于鱗出入,余惟利是視。’不佞惡其無成德,是用宣之,以懲不一。”二三兄弟備聞此言,是用痛心疾首。(第684—685頁)

《左傳》:

> 君亦悔禍之延……使伯車來,命我景公曰:“吾與女同好棄惡,復修舊德,以追念前勳。”……君又不祥,背棄盟誓。白狄及君同州,君之仇仇,而我之昏姻也……君有二心於狄,曰:“……”狄應且憎,是用告我。楚人惡君之二三其德也,亦來告我曰:“秦背令狐之盟,而來求盟於我,昭告昊天上帝、秦三公、楚三王曰‘余雖與晋出入,余唯利是視’。不穀惡其無成德,是用宣之,以懲不一。”諸侯備聞此言,斯是用痛心疾首。(第864—865頁)

此節意指謝榛之陽奉陰違同於秦穆公。秦國遣使修好,謝榛亦派人求和;秦穆公挑撥鄰邦與晋國的關係,謝榛亦在吴國倫、王世貞處對李攀龍大肆詆毁;吴、王二人痛恨謝榛棄信告以實情,仿白狄、楚人來告;結尾均是爲對方的卑劣深感痛惜。兩相對讀,脉絡無二。又《重修肥城縣孝里鋪記》(第564頁)記按察使周公道經肥城勸誡縣令修繕孝里鋪,仿“子産壞晋館垣”(第1186—1188頁)子産的辭令結構。《左傳》以晋文公經營諸侯館舍之用心,反襯如今晋平公之敷衍。李攀龍同用此法,將孝里鋪“今且廢矣”與“崇大兹館”的今昔情狀對照,凸顯廢棄前業的失當,爲表達重修之願鋪墊。段末均交待結局,爲子産所勸服,趙文子重築諸侯之館;在周公的告誡下,縣令亦重修孝里鋪。

二、叙述風格：持論則短，叙事則奇

李攀龍對《左傳》文風也頗有借鑒，具體呈現爲“叙事則奇，持論則短”[①]。

一是持論簡明。二者皆擅以作者議論評判人事。《左傳》慣以“君子曰”作結，簡明精到。李攀龍的志傳文也常以史著“論贊”體文末發論，既有對傳主事蹟的評價，如“于鱗氏曰：季公之賢也……”（第586頁）“李于鱗氏曰：余觀所論次隱君者……”（第590頁）；又有宕開一筆至世風世相，如“余惟世之君子，重與人爲善也”（第584頁）“余觀程嬰、杵臼之烈，殺身相勸也，托孤爲難焉”（第591頁），亦屬簡當。

與冗論相比，《左傳》重以叙代議，藉助人物的口吻呈現褒貶，言談對話亦在《滄溟集》中占相當篇幅。《劉公樂峴亭記》《歷城令賈君記》以大夫之言論結撰全篇，前述《重修肥城縣孝里鋪記》與《范君暨配宜人楊氏合葬墓誌銘》特綴以行人辭令，“屬北虜旁塞，君欲乘余威驅之，乃遣百户李堂齎牛酒，往風其王俺答不亥曰……”（第596—597頁），仿擬之意更爲鮮明。他常因境設辭，聲氣各異。如記侍宦爲德王謀劃應對使臣之策，先設問以使者之出言，再告以應答之辭，展現宦者“履鞮之智，荀息之忠”（第551頁）的品格。爲龔彪所撰墓銘，圍繞其任俠豪縱，以記言形式層層鋪展。先記其道旁拾遺，旁人勸他私昧，他却馳追失主歸還，一句“貫得無朽哉”便超乘而去，數筆勾勒出廉仁、灑脱之性格。後又載其痛斥巫祝迷信之言：“彪安能以八尺軀磬折於前，甘令其恐喝數切不敢仰視，已而操吾豚蹄斗酒以往哉！”進一步凸顯其人剛烈不羈。（第609—610頁）同以拾金不昧一事爲材，筆下杜常之形象與龔彪迥然有別，“亡者捐十金謝長公，長公曰：‘十金孰與五十金爾？豈以我無所置之也？’遽辭而往”（第591頁），杜常廉仁、謙和的形象躍然紙上。同爲廉仁之士，一俠者氣象，一儒者風度，皆形神畢肖。

二是叙事簡約。孫鑛稱《左傳》“净而色濃，簡而味腴”[②]，李攀龍的志傳頗得左筆文約意長之妙。如表現王詔與民休戚、共治水患，未對其奔波勞形作過多正面渲染，僅一句“百餘里雲舉，各自以爲常見公”（第601頁）便烘托辛勤之貌。尤其戰争書寫上，李攀龍多法《左傳》。記王忬之謀略：“淞江守告急，公曰：‘吾向所請掎角者，非此乎？’以別將盧鏜掩擊，大破之。”（第571頁）此處用襄公十四年“譬如捕鹿，晋人角之，諸戎掎之”（第1006頁）典，“掎角”一詞便澄明首尾夾擊之策。李攀龍在材料安排上并非一味簡省，而是詳略得當，有所側重。叙范瑟與羌軍經年之交戰，略寫戰况和戰果，將重點落於范氏的謀算之上。如詳述他對戰争動向的判斷：“道遇暴風，起於車東，入於其西。謂諸將曰：‘是何祥也？羌豈舍掌吉而就紅厓乎？’乃趨紅厓，羌果至。”又如從對方視角着筆，以敵軍之慌錯，反襯其智謀，“君輒出莊浪，則虜在焉，然業已疑君有伏兵，則走黄羊。抵黄羊，則君在焉，虜乃引去。”（第596—597頁）

三是叙事尚奇。《左傳》“其事奇衺”[③]，存在大量記夢、記異和預言，取材上也偏

---

① 羅仲鼎編：《藝苑卮言校注》，北京：人民文學出版社，2021年，第398頁。

② （明）孫鑛評：《春秋左傳》，吴興閔氏朱墨套印刻本，北京：國家圖書館藏。

③ 胡益民、余國慶校：《太函集》，合肥：黄山書社，2004年，第489頁。

好奇聞趣事,如南宫長萬之死(第192頁)、子南與子晳争妻(第1212頁)。李攀龍爲文同樣作意好奇。一方面,常於現實事件點染以奇幻筆墨。如兆示羌兵行軍動向的"暴風"(第596頁),又如歸葬途中"中流有光屬於舟""索舟中諸非常物爲解"(第586頁)的異狀。《劉處士墓表》叙劉紹箕爲父求醫一事,通過對孝感鬼神的記載,凸顯其孺慕之情。一是記他遍索藥材,自禱三日不得即刲股入藥,而三日後果然得覓;二是記他夜雨憑河,洪流即將滅頂之際,有大木從上流來,助他安然渡河(第644頁)。宣公三年燕姞"夢天使與己蘭"(第673頁),李攀龍亦載預言生子事。如有術士稱汪次公將得子,但其子渡奈何橋時跌傷左乳,孩子出生果真左乳懸疣(第618頁);又有魏孺人"夢受金爐置笥中"(第637頁)後生子,其子果登金榜,光耀門楣。另一方面,選材時擇取奇趣之事。如寫陳孺人捕賊事,妙趣横生。劉公大醉、盜賊逞凶之際,陳孺人"服公衣而冠,操刃以出",扮成丈夫的模樣嚇退衆賊,盜賊被擒而"公猶未之覺也"(第616頁)。《長興徐公敬之傳》一文更集中展現了李攀龍的奇趣取向。全文圍繞徐公"當效魯仲連布衣而排患解紛,令千里誦義"之志,叙其生平衆趣事。如里中少年欺其妻家,他便搜羅對方陰事,迫使其人奉金致歉。他又將所得錢財盡數置酒,遍邀鄉鄰高會,言語間更盡奚落之能事:"里中少年,豈不多豪?然無奈此牛酒共具我何?"又記邑有豪强欺辱百姓,徐公出言相誡反遭詆辱,佯裝無事,一日忽袖四十斤鐵椎,謂之曰"不聞信陵客椎殺晋鄙事乎",當即令豪强畏服(第579—580頁)。徐公狂狷的形象,就在這一樁樁過人之行、驚人之語的記叙中,得以生動勾繪。

三、李攀龍復古途徑的後世影響

藉由對《左傳》的取法,可見李攀龍文論中最致力者,乃"修辭"統攝下聯屬剪裁秦漢成辭之法。這是對持論太過、采藻俗淺的文壇時風的反叛。

明中葉訓詁、記誦之學盛行,學壇、文壇先輩已憂惕於此。王守仁云:"六經之學其不明於世,非一朝一夕之故矣……習訓詁、傳記誦,没溺於淺聞小見以塗天下之耳目,是謂侮經。"[①]何景明云:"德日新而道廣,此實聖聖傳授之心也。後世俗儒,專守訓詁,執其一説,終身弗解,相傳之意背矣。"[②]陽明以心學救之,李、何以復古救之,雖影響深遠,然皆未能摧廓宿弊。以至嘉靖,李攀龍所面臨的形勢仍未轉圜:俗儒爲普及學説以俚語解經,乃至"取合流俗,相沿竊譽"(第492頁);士人不事世務,徒取淺鄙之文"坐帷中日夜呻其占畢"(第579頁)。與之相應,步趨李、何的復古運動轉入低潮,秦漢文辭再次爲文壇所疏遠,"猥以不便於時制,徒敝精神,何乃有此不可讀之語"(第492頁),《左傳》更首當其衝被奚落爲"佚離"語。李攀龍僅"間側弁而哦若古文辭者"[③],即被諸生諷爲"狂生",可見時風之偏廢。

此時李攀龍標舉秦漢,正出於用古奥生新之語滌蕩流俗的目的。如沈懋孝所評:

---

① 吴光編:《王陽明全集》上,上海:上海古籍出版社,1992年,第255頁。

② 李淑毅校:《何大復集》,鄭州:中州古籍出版社,1989年,第576頁。

③ 《弇州四部稿》卷一百二十八《李于鱗先生傳》,《景印文淵閣四庫全書》,第1280册,臺北:商務印書館,2008年,第301頁。

"其意欲一語不入近代彀中,滌塵剖璞,蜕羽换膚,以我之神合古作者之神,揀練特造,自立一副生新硬辣盤空直上語,以洗彼摹形圖貌者之陋。"[①]其嶄向不止於文風之挽回,而在於"使舍所學而從我"(第492頁)的變革,以秦漢辭章主盟壇坫。他高揚"秦漢以後,無文矣"(第766頁)的旌纛,非意在抹殺六朝唐宋文章,而是"慷慨揚奇聲"(第114頁),故作驚人語。這更類似一種引人耳目的宣傳策略,旨在從根本上革除當下文風,所謂"矯枉者初必過正,蓋不過不得其正"[②]。因此,他常發"慕左氏、司馬子長文辭,與世枘鑿不相入"之論,無視嘉靖文壇衆聲紛紜的複雜狀况,涇渭分明地將時風與秦漢文風相對峙,用非黑即白的一元論邏輯,引導文壇另擇新路。

李攀龍破舊立新的鋭意,遭致了後學的非議。其中,他所傾心的聯屬剪裁之法和秦漢古奥文風,正成爲後世集矢的兩大靶點。一是認爲字比句儗的取法途徑,實是對古人的剿襲。他本人被斥爲盜賊,張謙宜稱他"剽竊字句"[③]以欺世,其文也被詆爲集句,黄宗羲云"滄溟之文集句而成"[④]。二是認爲模擬生新廉悍的秦漢文風,反使文章淪入棘澀一途。王世懋評:"李文辭多繳繞紆曲,固其體欲艱深,亦繇才短,故不能詞達其意,猶口吃人終日諄諄,聽之者第覺難解。"[⑤]石韞玉曰:"若滄溟之文,則如醉人語,如夢中人囈語,讀之十過,初不知其於意云何。"[⑥]

但李攀龍輩的影響并未隨着評價轉下而消彌。他們繼李、何餘緒,進一步冲决了理學思維模式籠罩下"馳騖於晋江、毗陵之文,而詩或爲台閣也者,學或爲理窟也者"[⑦]的格局,使審美特質高調重回文壇視野。在晚明、清代的批評場域,李攀龍們雖披挂惡名,然末五子、復社、幾社對復古主張的擁躉,使得復古思潮仍同其他思潮一道在文壇各自成局。

復古群體内部,後學紹繼"丘明修辭,古之國工"(第24頁)的觀點,進一步揭櫫《左傳》的文學意義。如末五子之一胡應麟稱"《詩》《書》《春秋》雖聖筆,然猶文與事也",左氏更乃"工於變者"[⑧]。幾社領袖夏允彝更盛贊李攀龍"句字崇飾"的復古踐履,認爲先儒經典"皆古人飾字而爲之"[⑨]。派内雖發生思想修正、轉向,但對《左傳》文學價值的重視始終一以貫之。王世懋雖不滿李文"繳繞紆曲"[⑩],却認爲韓、柳文章

---

① (明)沈懋孝:《長水先生文鈔》續編《曾王二集選粹示家塾子叙》,《四庫禁毁書叢刊》,北京:北京出版社,1997年,集部第16册,第212—213頁。

② 彭君華校:《田間文集》,合肥:黄山書社,1998年,第280頁。

③ (清)張謙宜:《絸齋論文》卷六《初學入手》,《續修四庫全書》,上海:上海古籍出版社,2002年,第1714册,第462頁。

④ (清)黄宗羲:《明文授讀》卷四十,《四庫全書存目叢書》,濟南:齊魯書社,1997年,集部第401册,第274頁。

⑤⑩ (明)胡應麟:《少室山房集》卷一百零六《書二王評李于鱗文語》,《景印文淵閣四庫全書》,第1290册,第774頁。

⑥ (清)石韞玉:《獨學廬稿》卷二《明八家文選序》,《續修四庫全書》,第1467册,第92頁。

⑦ (明)王世懋:《王奉常集》卷五《賀天目徐大夫子與轉左方伯序》,《四庫全書存目叢書》,集部第133册,第267頁。

⑧ 胡應麟:《詩藪》外編一,上海:開明書店,1936年,第167頁。

⑨ (明)艾南英:《天傭子集》卷二《答夏彝仲論文書》,《四庫禁毁書叢刊補編》,北京:北京出版社,2005年,第72册,第209頁。

皆脱胎《左》《史》,古文當以精研《左傳》爲門徑[①]。劉鳳雖批駁李氏"化裁與同"(第24頁)的做法,稱"美好者其骨法相近,而精彩神色則不可同也……豈必混一塗哉"[②],却未反對李氏從辭章角度觀照典籍的文學本位立場,仍視《左傳》爲辭章蔚若之典範[③]。

對《左傳》文辭的關注,也開啓了後世評騭《左傳》的潮流。《左傳》的選録雖可追溯至南宋《文章正宗》,但長處沉寂,明初僅見《文翰類選大成》數部,并與《文章正宗》選文理念同出於"明義理,切世用"[④]宗旨,文辭非其重心。直至二李倡率,從文學角度選録《左傳》才成爲有明文壇的一時風潮。解讀文法者如《周文歸》《天下才子必讀書》,載録辭令者如《書記洞詮》《文府滑稽》。唐宋派主將唐順之亦沐此風,對《左傳》文辭頗爲推重。嘉靖三十五年(1556)他纂輯《文編》,選録不少秦漢文章,或可歸因於由唐宋溯源秦漢的研習路徑;然《左傳》在全書所選秦漢文中篇幅幾近泰半,則清晰表明《左傳》在其文論體系中占據要位。可見儘管改棄前轍,"始尊秦漢,頗效空同"[⑤]的早年經歷,仍對其文學取向起着潛濡默被的作用。而這正是復古思潮浸染下明中後期文人的縮影,即他們在摒棄前、後七子的同時,却也無法抛却復古思潮席捲下的烙印。

李攀龍輩仿擬秦漢文辭的復古習法,更深刻影響了清代古文。桐城派即對此多有取法,繼軌"以文視經"的理路,將《左傳》奉爲古文典範。方苞視《左傳》爲古文正脉而義法最精[⑥],作《左傳義法舉要》探其奥區。劉大櫆稱先秦典籍"文辭炳然如日月之光,照耀中天而流傳於萬世"[⑦],籠罩後之文士。他們也視"模擬—脱化"爲研習的重要進路。劉大櫆不諱言模擬,自云"欣然有慕乎作者之能事,間亦盗剽仿效擬作以自娱嬉"。姚鼐更點明"學詩文不模擬,何由得人",需遍擬名家臻至"熔鑄古人,自成一體"之境[⑧]。由此觀之,復古思潮成果并未隨着後世非議而湮滅,而是匯入新的潮流中潛移着後世文學趨向。

---

① 《王奉常集》卷五十三《秇圃擷餘》,《四庫全書存目叢書》,集部第133册,第744頁。

② (明)劉鳳:《讀李于鱗集》,黄宗羲:《明文海》卷二百四十九,《景印文淵閣四庫全書》,第1455册,第777頁。

③ 劉鳳:《劉子威集》卷五十《寄湯博士》,《四庫全書存目叢書》,集部第120册,第648頁。

④ (南宋)真德秀:《文章正宗》,《景印文淵閣四庫全書》,第1355册,第1頁。

⑤ 許逸民、林淑敏校:《列朝詩集》丁集第一,北京:中華書局,2007年,第3965頁。

⑥ 劉季高校:《方苞集》,上海:上海古籍出版社,2008年,第613頁。

⑦ 吴孟復校:《劉大櫆集》,上海:上海古籍出版社,1990年,第74頁。

⑧ 盧坡編:《惜抱軒尺牘》,合肥:安徽大學出版社,2014年,第129頁。

《封神演義》"共和"神學論發微

李　川

摘　要:《封神演義》對民族精神的浸潤是潛移默化的,它雖非真正的史傳作品,却充當了史傳叙事的功能;它雖非現代學術意義上的神話經典,却是中國古典語境下的特殊"神話"。"三教共議封神榜"顯然是個關於共和的神學或神話。但三教共和或玉虚宫所宣導的"王道"政治理想并没有推進封神事業的成功。封神的成功反倒是以破壞"三教簽押封神榜"的"共和"協議而實現的。《封神》世界的"共和"神學論因此呈現出自我解構的特質。

關鍵詞:《封神演義》;三教;共和;儒易

儒易學以"二元三維,大道儒易"思想爲其學術架構,成爲其理解世界和宇宙的基本思維結構模式①。儒易學主張"觀儒取象,察變尋異"。此乃就《易經·繫辭》"立象以盡意"闡發,較早用《易》案例莫若《左傳》②,"易者,象也;象者,像也",《易經》遵循比附推論的邏輯方法③,充分體現了中國傳統科學範疇感性成分與理性成分相互滲透的特點,强調直觀體驗④,是華夏文化源始邏輯的經典表述⑤。儒易學主張,物質位移産生精神質變,神話學、民俗學等現代學科手段對古典文教傳統的介入,古典問題就有了古今觀念儒易的面相。儒易學反思科學—人文之現代問學方式的簡單二元論劃分,而宣導知識融通的手段來應對被分科割裂得過於破碎的世界"⑥,此是一種通觀的學術態度。儒易學能否有效介入文學研究?本文即嘗試緊貼《封神演義》(後文簡稱《封神》)的叙事邏輯,作一初步探索。

神魔小説中,《封神》影響甚或在《西遊記》之上。《西遊記》的影響主要在文藝領

作者簡介:李川,文學博士,中國社會科學院外國文學研究所副研究員,主要研究方向爲神話學、古典學等。

① 葉儁:《變創與漸常:儒易學的觀念》,北京:北京大學出版社,2014年,第17—20頁。

② 《左傳·昭公十二年》彭家屏批註:"《左傳》卦占之法,亦各不同。有看本卦及之卦之全體者,如畢萬筮仕於晋是也。有看兩卦全體兼看互卦者,如周史之爲陳占是也。有先看動爻後看全體者,如晋侯之占納王是也。有全卦不變即看卦義者,如鄢陵之戰是也。有五爻皆動,仍看之卦全體,而占彖辭者,如穆薑之徙居東宫是也。有略看卦變之由,而歸重於動爻者,如陳文子斷崔杼之占娶棠薑是也。有專看動爻者,如邲之役知莊子之占楚師,及南蒯欲去季氏而占遇坤之比,皆是也。……大底古人隨事起義,故占各不同。"(李衛軍編著,《左傳集評》,北京:北京大學出版社,2017年,第1666頁。)

③ 于春海:《論取象思維方式——易學文化精神及其現代價值討論之一》,《周易研究》2000年第4期,第79頁。

④ 王前:《中國傳統科學中"取象比類"的實質和意義》,《自然科學史研究》1997年第2期,第299頁。

⑤ 李川:《儒易釋象:現代性反思與華夏源始邏輯芻議》,《江蘇師範大學學報》2017年第2期,第33頁。

⑥ 葉儁:《作爲系統結構的儒易遊戲——答范勁、杜心源君》,《上海文化》2020年第6期,第116頁。

域,而《封神》却更廣泛地參與到民俗領域中。財神趙公明、東嶽大帝黄飛虎、送子娘娘三霄等金身廟宇遍及各地。《封神》對民族精神的浸潤是潛移默化的,它雖非真正的史傳作品,却充當了史傳叙事的功能;它雖非現代學術意義上的神話經典,却是中國古典語境下的特殊"神話"。《三國演義》在某種程度上因關羽崇拜可被稱作神話——講史之作,《封神》庶幾與之相似。儘管此書"較《水滸》固失之架空,方《西遊》又遜其雄肆"[①],它在市井坊間却取得巨大成功。《封神》的成功,在很大程度上彌補了民間信仰的需要,它是中國神話文化、民俗文化集大成作品之一。

魯迅、孫楷第等前輩學者根據現存最早刊本有名金閶輪載陽本判定,《封神》小説成書年代在明末隆慶、萬曆年間。這一時期,是西方海權擴張的時期,西方傳教士相繼來華,帶來了全新的觀念,西學東漸之風愈演愈烈。《大秦景教流行中國碑》的出土、《坤輿萬國全圖》的編訂、曾鯨"波臣派"在繪畫上的革新等都顯示潛移默化的文化新變。《封神》雖然不是"新文化"的時代表徵,却是世界文化僑易互孳的產物。《封神》一書的核心觀念,除了本土傳統的儒家、道家以及已經中國化的佛教文化(漢傳佛教)之外,在某種程度上也帶有藏傳佛教的質素[②],甚至還有中亞一代的祆教文化因素。比如,火神羅宣就是祆教與中國本土火神文化融合的一個產物[③]。本文試圖進入《封神》,分析其在叙事意象、創作結構和思想觀念方面的僑易特質。

一 僑象:封神榜與《黄庭經》

《封神》故事國人耳熟能詳,大略以人間的武王伐紂和神界的闡截之争爲綫索,以"斬將封神"爲叙事紐帶。"斬將封神"依據的是"封神榜","封神榜"不僅預示小説人物的性格和命運,同時還制約了叙事内容表達、推動故事情節的發展。理解《封神》的思想體系,不能不由封神榜入手。"封神榜"的由來,第十五回"昆侖山子牙下山"言之最晰:

> 話説昆侖山玉虚宫掌闡教道法元始天尊因門下十二弟子犯了紅塵之厄,殺罰臨身,故此閉宫止講;又因昊天上帝命仙首十二稱臣,故此三教并談,乃闡教、截教和人道三等,共編成三百六十五位成神。分八部,上四部雷、火、瘟、鬥,下四部群星列宿、三山五嶽、行雲布雨和善惡之神。此時成湯合滅,周室當興;又逢神仙犯戒,元始封神,姜子牙享將相之福,恰逢其數,非是偶然。所以'五百年有王者起,其間必有名世者',正此之故。[④]

這套觀念是《封神》的理論緣起和歸依,它是一套宇宙論和人生觀體系,雜糅了不同時代、不同文化的觀念,帶有僑易學之"混沌構序"性質。其主要思想是道家的,然

① 魯迅:《中國小説史略》第十八篇,《魯迅全集》第九卷,北京:人民文學出版社 2005 年,第 176 頁。

② 劉彦彦:《〈封神演義〉與密宗》,《寧夏黨校學報》,2008 年第 6 期,第 56—59 頁。

③ 劉海威:《也論祆教與火神之融合——以小説〈封神演義〉爲例》,《世界宗教研究》2012 年第 3 期,第 169 頁。

④ 陸西星著,鍾伯敬評点:《封神演義》,臺北:三民書局,1991 年,第 139 頁。以下引文皆出此書,不更注。

"犯戒"的觀念、"八部"神明的劃分，則顯露出佛家之説的印跡，而"五百年"之論又是點化《孟子》的觀點。"封神榜"作爲叙事意象，是當時或前此各時代、各文化思潮儒動的産物。由儒動文化所得之叙事意象，本文姑且名之爲儒象。儒象觀念起於《易》"象"，"設卦觀象"爲《易學》構成的方式之一。《易》象以卦畫爲其"形式"，故談象不能脱離八卦。儒象即據《周易》"觀象"原則而推衍。由《易》"象"而儒象，拓展了取象原則的使用範圍。關注宇宙萬有之間的象之關聯，從源始邏輯上説明華夏文化特質之殊異[①]。"封神榜"這一儒象之前賦文化來源複雜，且置勿論。這一"混沌"的、當下的"儒象"封神榜在全書具有重要的叙事學意義。

此處説的是立封神榜的首要緣由：十二神仙有"紅塵之厄"，"殺罰臨身"，所謂"神仙犯戒"即是。封神榜中，"犯戒"具有宇宙論意義——"神仙一千五百年犯了殺戒，乃年積月累，天下大亂一場，然後復定"（第十一回，第 108 頁），關乎天下秩序。大亂一復定表達的是某種歷史哲學。"一治一亂"的歷史觀察至晚可追溯到東周，臧孫辰所謂"其興也勃焉、其亡也忽焉"（《左傳・莊公十一年》）、孟子所謂"五百年必有王者興"（《孟子・公孫丑下》），皆是。治亂、興亡爲華夏歷史核心命題。封神榜儒象中，"治亂"觀和佛教的"劫波"觀粘合爲一，成爲"運生世治，劫生世危"（《紅樓夢》第二回）世運論，此論或直接導源於邵雍哲學。

《封神》突出神仙犯"殺戒"，似又與《陰符經・神仙抱一演道章》"天發殺機，龍蛇起陸。人發殺機，天地反覆。天人合發，萬變定機"[②]有關。"殺罰"二字爲理解"神仙犯戒"的鈐鍵。"神仙犯戒"，主要因爲玉虚宫十二大弟子未能"斬却三屍"，需"降生人間"以完劫數（第十三回）。"劫"源於佛教，"數"出自儒家，此處以劫數爲道家學説。神仙"降生人間"是"發殺機"而"應劫"，姜子牙所謂"完天地之劫數，成氣運之遷移"（第五十八回，第 550 頁）。神仙犯戒、降世臨凡背後，是天地迴圜一人世更迭的大背景。神佛下凡救世爲明清説部文學的常套（比如《説岳全傳》《濟公傳》等），顯系中土與印度文化儒動的結果。《封神》引入封神榜這一儒象，將因果報應俗套改寫爲具有歷史哲學意義的運一劫或治一亂模式，從而對全書結構有制約作用、對人物命運有預示功能。理解封神榜在全書的作用，需弄清楚"斬却三屍"所指。

"三屍"爲道家重要觀念，《抱樸子内篇・微旨》："《易内戒》及《赤松子經》及《河圖記命符》……言身内有三屍，三屍之爲物，雖無形而實魂靈鬼神之屬也。……每到庚申之日，輒上天白司命，道人所爲過失。又月晦之夜，灶神亦上天白人罪狀。"[③]知三屍之"屍"與"尸位素餐"的屍字含義相當，意即司掌。三屍猶言三司，爲駐於人身的監察之神，其職爲司察人過。三屍理論至宋代而體系化，《雲笈七籤・庚申部》有"上清元始譜録太真玉訣""三屍篇"等目。其中"三屍三惡門"分别爲上、中、下三屍，對應色欲、愛欲、貪欲。三屍"常居人身之中，塞人三關之口，斷人三命之根，遏人學仙之路，

① 李川：《儒易釋象——現代性反思與華夏源始邏輯芻議》，《江蘇師範大學學報》2017 年第 2 期，第 37 頁。

② 《陰符經集注》，北京：中國書店，2013 年，第 304 頁。

③ 王明：《抱樸子内篇校釋》，北京：中華書局，1985 年，第 125 頁。

抑人飛騰之魂。"[1]由於三屍對修仙構成障礙,所以有斬却三屍之法,即"守庚申":"常以庚申日徹夕不眠,下屍交對,斬死不還;復庚申日徹夕不眠,中屍交對,斬死不還;復庚申日徹夕不眠,上屍交對,斬死不還。三屍皆盡,司命削去死籍,著長生録,上與天人遊。"(第1858頁)據《抱樸子》,三屍只是司過之神,而張君房將其視爲求真成仙的障礙,以守庚申之法對付之。守庚申理論源於葛洪三屍以"庚申日"上天的説法。《封神》"一千五百年不曾斬却三屍"意味着,諸仙未能真正超脱死亡、獲得長生之道,故需降臨紅塵歷劫。不能斬却三屍僅僅説的是闡教神仙,截教似乎不在其列。截教子弟有斬却"三屍"的法門,那就是朗誦《黄庭經》。

《黄庭經》是與書中"歷劫"叙事息息相關的僑象,《封神》一書提及此典達十餘次之多。姜子牙和聞仲都有讀《黄庭》的興趣(第三十七回,第342頁;第四十一回,第385頁;第四十三回,第400頁)。《黄庭》是闡截二教共用的經典。碧遊宫門上貼有一聯:"緊閉洞門,静誦《黄庭》三兩卷;身投西土,封神台上有名人"(第三十八回廣法天尊轉述,第354頁;第四十七回雲霄轉述,第445頁),"净誦《黄庭》緊閉洞,如染西土受災殃"(第四十六回,第429頁),封神台爲張挂封神榜、神明魂歸之所,其地點在西岐;洞府則是神明自在逍遥的所在地。二者互相對應。由此,《黄庭經》和"封神榜"相對。封神榜是關於殺罰的僑象,《黄庭經》的寓意可以逆推。

《黄庭經》繼承《管子·心術》《黄帝内經》《老子想爾注》《太平經》等經典的養生思想,發揚傳統中醫的臟腑經絡理論,提倡養性存神、長生久視的養生觀,爲道教上清派的經典。《雲笈七籤》"黄者,二儀之正色;庭者,四方之中庭。近取諸身,則脾爲主;遠取諸象,而天理自會。"(第282頁)"正""中""天理"等用語,明確《黄庭經》的積極作用。《雲笈七籤》收有《上清黄庭内景經》《上清黄庭外景經》兩部,其中《内景經》被譽爲"學仙之要妙,羽化之根本"。十二大弟子"三屍不斬,六氣爲吞,空用工夫千載"(第五十回,第475頁),而《黄庭經》恰恰引導修仙者斬却三屍的修真之經:

> 閉塞三關握固停,含漱金醴吞玉英,遂至不饑三蟲亡,心意常和致欣昌。注:"經云:口爲天關精神機,手爲人關把盛衰,足爲地關生命扉。又臍下三寸爲關元,亦曰三關。(第227—228頁)

三屍"塞人三關之口",如果三關生機勃勃,則"三蟲亡"。三蟲即謂三屍,亦名三毒。《黄庭經》能够斬却三屍,恰與封神榜相應。封神榜挂在封神台上,是關於死亡的叙事意象;《黄庭經》則在洞府中朗誦,是長生不死、逍遥自在的標誌。"使調三魂,制煉六魄,除去三屍,安和六府,五臟生華,色返孩童,百病不能傷,災禍不得干……此不死之道也。"(《雲笈七籤》第191頁)元始天尊正是依靠"《黄庭》兩卷度群迷"(第五十回,第474頁),昆侖山"講動《黄庭》方入聖,萬仙總領鎮東方"(第六十三回,第606頁),"鎮東方"説的是(東)昆侖景致,《封神》另有西昆侖。

綜上可知,作爲僑象的《黄庭經》代表清静無爲、神明澄澈。《黄庭經》之於"封神"故事的意義,猶如《心經》之於《西遊記》,是典中之典。

---

① (宋)張君房:《雲笈七籤》,北京:中華書局,2003年,第1841頁。下引皆用此書,只註明頁碼。

就其儒象意義而言，封神榜與《黄庭經》構成一組二元關係，它指向封神故事犯戒—清净的二元叙事結構，這個二元叙事結構對人物性格、叙事態勢皆有暗示和制約功能。但封神榜和《黄庭經》作爲二元儒象，却非簡單對立。封神上有名人也有誦讀《黄庭》之願(如聞仲)，而一心誦《黄庭》的也會成爲封神榜上人(如雲霄)，二者構成陰陽相須式的儒易結構。這種儒易結構指向的是生死循環的"大道"，指向通觀的、大化流行的儒易叙事空間。封神榜、《黄庭經》是《封神》一書溝通生與死、連接天與人的兩個儒象。它們代表了《封神》兩種不同的命運，是天道於穆不已的象徵。理解這兩個儒象的象徵意義，還需剝開《封神》叙事意象的外殼，逐步追尋其叙事的邏輯綫索。

二、三教僉押:古典共和論的觀念儒易

"封神榜"神譜來源於"三教共議"，"只因五事相湊，故命子牙下山:一則成湯氣數已盡;二則西岐真主降臨;三則吾闡教犯了殺戒;四則姜子牙該享西地福禄，身膺將相之權;五則與玉虚宫代理封神"(第三十八回，第354頁)。此乃文殊的理解，他羅列的是封神事業的一些表層事象，可歸爲三條，其一是朝代更迭，人間權力中心變化(一、二兩條);其二是仙界内部自我更新和完善(三、四條);第三是宇宙秩序的重新確立(第五條)。要言之，最終目的在於重整乾坤、重回清明有序的世界秩序。《封神》具有神學目的論的質素，爲了實現這一目的，書中反復提及"三教僉押封神榜"。"共議"在字面上體現了契約、協商的精神。書中對此宇宙大事件并未直接交代，而是通過出場人物轉述。

比如第四十七回，雲霄提及"三教共議"，即前文所引"三教并談"，共議、并談含義相當，即互相協商、互相討論。其言還透露出三點意思。第一，封神榜僉押地點在截教碧遊宫，而非昆侖山。第二，截教門下上榜的弟子獨多，但并不清楚哪些人上榜，因此榜採取密封形式。第三，犯戒的是闡教，而截教"實是逍遥"，只要不踏上紅塵，便可躲過。封神榜的彌封特質，正是天道幽微難測的象徵，也暗示命運的不可預知。

三教是宇宙—人間三股最大的政治勢力，從政治神學的立場審視封神榜故事，"三教共議封神榜"顯然是個關於共和的神學或神話。將《封神》視爲共和神學或神話，就有必要從儒易學的角度審視共和觀念。共和觀念并非是一被給定的、西方意識形態的現代制度設計，而是世界古典文化儒動的産物。《封神》中的三教僉押，是華夏歷史文化中的共和觀在説部作品中發展的結果。

共和首先不是一種刻意的制度設計，尤其不是現代制度設計，而是人類古典政治德性的自然産物。古籍言及"共和"思想即甚夥，比如世界史家林志純(日知)對"共和"觀念的考據。《史記·周本紀》及《世表》《年表》、諸《世家》及《秦本紀》皆有"共和"之名，其究爲制度還是人名，乃古今争議的焦點。據《史記·周本紀》，國人逐厲王，"召公、周公二相行政，號曰共和"，《三代世表》則曰"大臣共和行政"，至《漢書·古今人表》《竹書記年》等則以"共和"爲共伯和，故歷來聚訟不已。反對的理據，主要來於《漢書》，林説從文字學入手，指出"共伯"之共讀"恭"，而段玉裁謂"《史記》之恭敬字無作共者"，故共(恭)伯和是人名、爵名，共和是政治制度，二者不得互换。繼之，林氏指

出“共和”的兩種含義。其一,《國語·周語上》韋昭注“公卿相與和,而修政事”,其二是《史記·晋世家》張守節正義:“周召和其百姓行政。”從古典政治的角度看,前者是貴族共和,後者則是民主共和。林氏并謂此乃世界史上第一次共和,周邦亦是世界史第一共和國[①]。林氏條分縷析,論證極詳,且進一步從世界歷史的角度,剖析了中國歷史上的“公卿執政時代”,指出民主政治是世界政治發展史上的普遍現象[②]。

林説是符合實際的。儒家經傳不乏“共和”思想,如召公(《國語·周語上》)、師曠(《左傳·襄公十四年》)所陳“天子聽政”制度,聽取各個階層的意見而後才决斷,其實就是一種“虚君共和”的思想,“共和”觀念出自於“天工人代”的思想,因人民乃天所生,天子特代天而已,《尚書·召誥》“皇天上帝,改厥元子,兹大國殷之命”,孔疏引鄭玄:“凡人皆云天之子,天子爲之首耳。”[③]“共和”觀念來自於人民皆爲天之子(所謂“齊民”)的古典平等論。共和觀念是“和”的思想在政治領域的運用,史伯所謂“和實生物”(《國語·鄭語》)、晏嬰所謂調和五味(《左傳·昭公二十年》)、穀梁赤所謂“三合然後生”(《穀梁傳·莊公三年》)等,先秦典籍不絶於書。要言之,中國歷史上“民主”“共和”思想不僅有充分的理論準備,而且也曾有長期的政治實踐。這種實踐在明清封建制度强化之前,仍是大多數儒生所奉行的最高政治理想,劉邦克咸陽,“與父老約,法三章耳”(《漢書·高帝紀》)[④],“與父老約”猶如此處之“共議”。中國古典政治體系中,天子施政需通過百官公卿的“博議”方可定奪。宋仁宗與“士大夫共治天下”即其一例。凡此種種,都在某種程度上反應出民主協商和契約精神,而且這種精神也落實到政治制度上,史有明文。

《封神》之“封神榜”恰是在吸納了古典政治品性基礎上的偉大創造。這種創造的思想象徵意義是極爲深刻的,它是明代商業經濟的發達、從而思想漸趨開放、言論相對自由的大環境的折射。至於其是否和西方政治制度之間有僑動關係,尚待進一步考察。《封神》所謂“法者乃爲天下而立,天子代天宣化,亦不得以自私自便”(第七回,第63頁),實乃古典“共和”精神在《封神》世界僑易的迴響。現代學者以所謂科學主義立場來看待共和問題,將共和問題視爲古今斷裂之後西方文化的獨得之秘,顯然偏頗。實則,如果考慮到史前草原之路、玉石之路、絲綢之路等物質文化交流因素,如果將文化東漸西輸視爲人類文明共存的常態,如果破除西方單綫進步論觀念——换言之,如果將人類視爲一個僑易文化共同體,東西之分、古今之辯,進步落後之争等支離破碎之論,庶幾可以避免。華夏文化自來受惠於域外世界,世界文化亦得華夏文化沾溉。共和、博愛、孝道等思想西漸,兩千年之後乃反哺中國,亦絶非無可能。從共和論神學的角度,或者吾人能够重審此書在神話史上的意義。

封神榜源於“三教共議”,其神明體系亦頗獨特,分爲八部,上四部的雷、火、瘟、鬥,鬥部神明又佔據大半江山。這種神明體系的依據何在,不得而知。下四部之神則包括星宿、山川河流以及善惡之神。《封神》的體系既有自然神,也有倫理之神,二者

---

① 林志純:《釋共和》,載《〈日知文集〉》,北京:高等教育出版社,2012年,第309—315頁。
② 林志純:《中西古典民主政治》,載《〈日知文集〉》,北京:高等教育出版社,2012年,第251—260頁。
③ (唐)孔穎達:《尚書正義》,《十三經注疏》本,上海古籍出版社,1997年,第212頁上欄。
④ 《漢書》,北京:中華書局,1962年,第23頁。

又不作區分。魯迅所謂:"歷來三教之争,都無解決,互相容受,乃曰同源,所謂義利邪正善惡是非真妄諸端,皆混而又析之。"①《封神》的神明體系正是一種"互相容受""混而析之"的狀態。此種狀態,是共和神學的體現,是三教勢力制衡的結果。

"共立封神榜"的三教,乃闡教、截教、人道,書中言之甚明。書中頻繁宣揚三教一家的思想(如《封神》第四十七、第六十五回)。但具體場合,三教所指又各不相同,或謂"儒冠道履白蓮花"(《封神》第四十七回,第440頁),白蓮花就是書中的西方教,而西方教顯然就是佛教無疑。或又將截教排斥在外,如在萬仙陣"這壁厢三教聖人行正道,那壁廂通天教主涉邪宗"(第八十四回,第814頁)。三教聖人指道教的老子、元始天尊和西方教的准提。

三教中闡教的代表元始天尊、截教的領袖通天教主,唯人道語焉不詳。通天教主曰:"姜尚乃是奉吾三教法旨,輔佐應運帝王。這三教中都有在'封神榜'上的。"(第七十三回,第695頁)子牙亦稱"封神榜乃三教聖人所定"(第五十八回,第550頁),但這個三教聖人中的老子,對待封神榜問題却不像元始、通天那麽熱衷,除了在誅仙、萬仙陣助力之外,老子門下似未有一人入封神榜,故所謂"三教僉押封神榜"實則只是闡、截二教的話語權争奪戰。闡、截二教却又并非教規嚴格的教派,而包含有諸多非本教的異質因素。韓升受法戒萬刃車,被視爲"截教中惡物",而法戒却是一個"頭陀"(第七十六回,第729頁);是截教中有西方教的因素。西昆侖散人陸壓"白雲深處頌《黄庭》",共用闡截兩教的經典(第六十四回,西昆侖度厄真人弟子李靖收服羅宣,亦作歌云"閑寫《黄庭》字",第466頁),在其被混元金鬥收取之時,有歌謡謂他"闡教門人盡受災"(第四十九回,第616頁),陸壓自稱"野人""散人""閒人",與玉虚宫并無授受關係,他對趙公明説"也非仙,也非聖",其非闡教中人甚明。闡教中包含有西昆侖的因素。這説明闡截兩教門户并不甚嚴格。這種開放和模糊的教派特點,正是明清之際三教一家思潮的折射。

三、人心天道:古典"王道"論的觀念僑易

《封神》宣揚三教一家,理據何在?從歷史上説,三教一家是佛教入華以來"三教論衡"的理論産物。《封神》中闡教與西方教有過"論衡",廣成子反駁接引道人"與貴道不同"的論點,宣稱:"道雖二門,其理合一。以人心合天道,豈得有兩?南北東西共一家,難分彼此。如今周王是奉玉虚符命,應運而生,東西南北,總在皇王水土之内。道兄怎言西方不與東南之教同?古語云:'舍利金丹同仁義,三教元來是一家。'"(《封神》第六十五回,第610—120頁)這裏表達的意思是,所謂儒(仁義)釋(舍利)道(金丹)三教之分僅僅是表像,要而言之,其旨歸有兩點:第一是哲學層面,無非人心、天道兩端。换言之,"究天人之際"是各教共同面臨的問題。第二是政治層面,"溥天之下,莫非王土;率土之濱,莫非王臣"(《詩經·小雅·北山》),天下一家。也就是説,普世主義的大同世界、"天下體系"是不同教派共同的目標。廣成子的"一理""一家"主張,

① 魯迅:《中國小説史略》第十六篇,《魯迅全集》第九卷,北京:人民文學出版社,2005年,第160頁。

不是簡單的一元論,而是系統的一元論。一元論是一種同質論、均質論,而廣成子的言辭中顯然包含了異質因素。“以人心合天道”,核心在天人相交的那個“際”。“際”者,相摩相蕩之謂,生生不已之謂。廣成子“東西南北,總在皇王水土之内”的政治表白,照應玉虚門下“稱臣”的選擇,可視爲玉虚宫的政治宣言。

廣成子理論有深厚的政治土壤,即自三代以來的天下論或王道政治。三代以來的“共和”政治是奠基於王道政治之上,《説文》所謂“一貫三爲王”,王者通觀天地人三才而言,爲政教之開端。《尚書·洪範》“天乃賜禹洪範九疇,彝倫攸叙”鄭注以爲“盡得天人陰陽之用”[①],王爲天之“元子”,此義見於上文。王道本於天道,乃世俗政治權威的來源,青銅銘文,恒以“王若曰”爲開始,猶如《尚書·堯典》之“粤若稽古”,正是政治權威的暗示。王道是公正的表徵,故《洪範》云:“無偏無黨,王道蕩蕩;無黨無偏,王道平平;無反無側,王道正直。”注引《吕氏春秋》:“昔先聖王之治天下也,必先公,公則天下平矣。”[②]王道—天下實則互爲表裏,爲上古“天下爲公”(《禮記·禮運》)政治理論的構想方案。儒家之學,以内聖外王爲其皈依,故王道衰而《春秋》作,要之爲“臨天下”的普世主義表述。廣成子的理論,是三代“王道”理論在《封神》世界的回光返照。就玉虚宫來説,“共和”政治未必是最理想的政治,而是次好的、也是無奈的選擇,玉虚宫的理想是“以人心合天道”的政治。但廣成子宣言未能真正踐行,因爲要實現“稱臣”昊天上帝的廣成子理想,就得依照元始天尊“絶此一種”的意圖剷除截教。時移世易,《封神》中的玉虚宫政治理想,面臨着三大挑戰,因而誘發了闡截之争。闡截之争,就其根本而言是人心—天道之争。

闡截之争首先是教派理念之争,通天教主勢力所以龐大,是其推行大衆啓蒙的教育理念的結果。“羽毛禽獸亦不擇而教,一體同觀”(第七十七回,第741頁),這是一種“泛愛萬物,天地一體”的、近於佛家的教育論,是一種威爾遜式的修仙主義。修仙的大衆化、普遍化以降低神仙的修爲爲代價,因被黄龍真人批評爲“一意濫傳,遍及匪類”(第八十二回,第794頁),元始天尊左袒其門下,也委婉地批評通天教主“不擇是何根行,一意收留”(第七十七回,第741頁),儘管聞仲、雲霄等人品行修爲不在玉虚弟子之下。而闡教門下推行的是精英主義教育,自然是擇“根行”的,雖然十二大弟子一千五百年尚未斬却三屍。由於擇“根行”而教,玉虚門下除了十二大弟子,不過另加上姜子牙、申公豹、雲中子數人而已。申公豹因不滿而背叛師門(《武王伐紂平話》卷下“太公水淹五將”,有申屠豹,爲豹尾神,或其原型。如此,則亦被毛戴角之類),另外身份不明的燃燈、西昆侖散人陸壓也被闡教默許爲門人。闡截兩教的精英教化和大衆啓蒙的路綫之争,是實踐廣成子宣言面臨的第一個觀念衝突。

闡教門人大多居於仙山洞府,而截教弟子大多居住於洲渚海島。昆侖山玉虚宫和蓬萊碧遊宫是闡截兩教的聖地。洞天福地和海島仙山本來是修仙了道的佳居之所,《封神》中却隱約呈現對峙之局。但截教是一種非政治的生存狀態,“逍遥”是截教的現實生態。玉虚門下與此相反,十二仙首“稱臣”,融入到天庭的政治生活之中。

① 皮錫瑞:《今文尚書考證》,北京:中華書局,1989年,第242頁。
② 《今文尚書考證》,第259頁。

《封神》成書的時代，是世界大航海突飛猛進的時代，產生了汪大淵、鄭和等航海大家，後者爲説部《三寶太監西洋記通俗演義》的靈感來源（主人翁爲金碧峰長老）。本土海洋壯舉的歷史記憶猶在。明末倭寇入侵，海事爲當時政治文化的重要因素之一。截教與海洋的關係，或朦朧反映出某種海權意識。闡截之争，被視爲道教内部全真派和正一派之争；截教之名，或以爲乃正一之快讀[①]；亦有主張截教之截源自於《詩・商頌・長發》"海外有截"等，爲海外教派[②]；諸説關於截教得名雖有争論，然其具有"海外"特點，信而有征。闡截之争，或是對元明以來雖不凸顯却已暗流湧動的陸權與海權矛盾的暗示，包含有地緣政治競争的意味。這也反映了華夏文化深層兩種文明取徑的内在張力。昆侖—内陸的王道保守主義（王道樂土是一種植根於大地之上的理想）和蓬萊—海洋的開放主義構成一對緊張關係。陸海之争是實踐廣成子宣言需要面對的第二個問題。

此外，實踐廣成子宣言還需要應對第三個難題，即作爲王道政治理想代表的闡教、截教如何協調和其他教派的關係。老子乃僉押封神榜的三人之一，但老子的身份却如昊天上帝、燃燈、陸壓、法戒等人一樣，難以確指。三教并談，闡、截、人道。闡截二教之外，老子似乎是"人道"的代表。然老子一氣化三清，長耳定光仙暗忖"好一個闡教，來的畢竟正氣"（第七十七回，第 746 頁），又以老子爲闡教。老子助闡教，此點確然無疑。至於闡教和西方教關係，則尤爲詭秘。封神榜本是三教的高級機密，"榜中之姓名，三教内俱有，彌封無影，死後見明"（第四十七回，第 440 頁）；"況有彌封，只有死後方知端的"（第七十二回，第 690 頁）；而西方教准提度化馬元，乃謂"'封神榜'上無馬元名諱"（第六十一回，第 579 頁），西方教主如何知曉作爲三教高級機密的封神榜？

三教之中，通天教主勢力最大。其門下不僅弟子衆多（如趙公明、三霄娘娘、多寶道人、龜靈聖母等人），而且法寶威力極大（如定海珠、金蛟剪等皆令玉虚門下束手無策），且有調動九曜二十八宿（第八十三回）甚至有"再立'地水火風'，换個世界"的本領（第八十四回，第 817 頁）。而闡教元始天尊門下僅有十餘名弟子，第三代亦不過十數人。截教就勢力而言遠較闡教强大。封神榜需要三百六十五位正神，將闡教所有人算上都不够數，因此所謂"三教僉押封神榜"的共和論神學，實際説來就是分割截教的勢力。這是最明顯的矛盾。

這些矛盾和疑竇，不能簡單地套用歷代累積型作品闡釋，那樣就將矛盾掩蓋了。《封神》既然首尾完整，則無由將其拆爲餖飣。"共和"乃不得已而爲之，"王道"乃政治理想，二者并無矛盾。"三教僉押封神榜"的共和主張、廣成子宣言的王道理想，在具體實施過程中格調突降，三教不再恪守達成的共和協議、也不遵守傳統理想（即"以人道合天心"），一變而爲激情（鴻鈞之所謂"邪欲"）主義的暴力革命。這場革命的實際領導者是元始天尊，其實質是將那些化外不"稱臣"的"逍遥"派，納入到昊天上帝建構的政治秩序之中。但這個政治秩序是以殺戮爲代價的，因此遂有玉虚門人"犯戒"之

① 胡文輝：《〈封神演義〉的闡教和截教考》，《學術研究》1990 年第 2 期，第 49 頁。

② 李亦輝：《〈封神演義〉闡教、截教論考》，《明清文學與文獻》2019 年第八辑，第 298 頁。

類的話。

要完成封神使命,必須採取"斬將封神"的形式。人道自在闡教掌控之中,關鍵在於對付截教。元始天尊藉此内結老子、外通西方教,在理念上批判截教的大衆啓蒙主義,在行動上吞并截教勢力完成神界地緣政治的變更,而對外則讓渡一部分權利給西方教。《封神》故事畢竟距離現在近五百年,有些叙事細節難以現代倫理衡量。李靖縱子爲非(第十二回)、太乙縱徒行兇(第十三回),哪吒剜腸剔骨還於父母償三太子之命,因其爲天宫正神;太乙火燒石磯僅因"根源淺薄,道行難堅"而"天數已定"(第十三回,第127頁),試問石磯何罪?實則這完全是闡教以"天數"爲名對截教的挑釁。王道理想、共和主張下淪爲暴力衝突,這正出乎鴻鈞所"意"之外(第八十四回,第818頁)。激情革命是通過"人道"來實現的,"斬將封神"完成的是一場確立新神譜的神學革命。這場神學革命披上了正邪之辯的僞裝。

闡截之争在《封神》中表現爲正邪之辯。闡教"揚太上之正教"(第五回,第42頁)、爲"順天行事"(第七十八回,第753頁);闡教自詡正教而稱截教爲"邪宗","通天教主涉邪宗"(第八十四回),等等。正邪是個道德判斷,道德主張是傳統話術,所謂"明德惟馨"(《尚書·君陳》)、"鬼神非人實親,惟德是依"(《左傳·僖公五年》)。然闡教行事不盡正當,而截教并非皆邪惡之徒。如前文所舉哪吒、太乙的例子,師徒難免有仗勢欺人、胡作非爲的嫌疑。而截教中門下聞仲、雲霄等一則忠於國家、一則義於兄長,不得簡單視爲邪惡。魯迅以爲"當時的思想,是極模糊的,在小説中所寫的邪、正……單不過是含糊的彼此之争"①。魯迅之説大抵符合《封神》的實際,而正邪善惡的判斷根據,是所謂順逆"天數"與否,也就是人心是否"合"於天道。截教"强逆天道,扶假滅真"(第四十七回,第443頁)。是否順應天道仍視個人修爲而定,闡教一方大略更重内修,如土行孫遁地術、楊戩的八九玄功,截教一方大略更重法寶,諸如定海珠、金蛟剪、萬刃車、六魂幡之類,兩教之間似有内外丹之争的面影,兹不具論。根本之點在於,闡教以"三教共議"爲旗號、掌握了此次争鬥的話語主導權。"三教共議封神榜"的意圖在於建立一個對各方而言相對公平的共和神權政體,而廣成子宣言則將此一"共和"政體升格爲王道政治,但無論是三教所達成的共和理想,還是玉虚宫宣稱的王道政治,具體實踐層面終究淪爲闡截争霸的暴力鬥争。

要之,《封神》叙事可以三重觀念解讀之。第一重,即外部的封神榜和《黄庭經》僑象,兩重僑象指向全書的僑易結構。第二重,進入該二元僑象,由三教僉押封神榜可以觀察到共和傳統、王道傳統的古今觀念之僑易,這種僑易引向《封神》深層的叙事邏輯,即如何理解"天人之際"("以人道合天心")的問題。第三重,《封神》所設定的廣成子主張、共和論政治架構僅僅在理論上、制度層面是可能的,《封神》的實際叙事邏輯中,三教共和或玉虚宫所宣導的王道皆屬於理想主義,理想主義并没有推進封神事業的成功。封神的成功反倒是以破壞"三教簽押封神榜"的"共和"協議而實現的。《封神》世界的"共和"神學論因此呈現出自我解構的特質。

① 《中國小説的歷史的變遷》,《中國小説史略》附,北京:人民文學出版社,2006年,第335頁。

選詩與改詩:盧世㴶《宋人近體分韻詩鈔》與陸詩接受

林雨鋆

摘　要:清代宋詩選本是反映清代詩壇唐宋詩争的一面鏡子,宋詩選本數量的激增體現了宋詩熱的復興,其種類的多樣化也是清人對宋詩細緻研讀的折射。清代的宋詩選本與詩壇的主流詩學思潮緊密相聯,陸游詩歌在清代各類宋詩選本中始終佔據重要地位。盧世㴶《宋人近體分韻詩鈔》在衆多選本中獨具特色,選陸游詩歌數量多,且出現了摘句、集句、改詩現象,呈現選家詩學觀念的同時,對陸詩進行了再創作。盧世㴶是清代詩家中陸游接受的典型案例,其人其作,均爲研究清代陸游詩歌接受的重要環節。

關鍵詞:宋詩選本;改詩;陸詩接受

清代陸游詩歌接受與傳播的重要刊本有兩種,一是毛晋汲古閣刊本《劍南詩稿》,它是宋詩經歷長期冷落之後,清代士人重新審視陸游作品的第一個視窗。二是楊大鶴《劍南詩鈔》,是清代最流行的陸游詩集,對清人認識陸游詩歌有重要作用。

明末清初自錢謙益始,宗宋風氣抬頭[①]。康熙十年(1617)吴之振《宋詩鈔》問世,此書以"當朝詩人未見宋詩"爲編選原由,高舉反對尊唐貶宋的大旗。加上吴之振親自赴都贈予多人,影響很大。順康雍朝許多宋詩選本均以《宋詩鈔》爲底本;乾嘉道朝的宋詩選本,也多以補《宋詩鈔》不足爲編選動機。自此,清代宋詩選本進入繁榮期。宋詩選本中陸游詩歌入選數量常位居榜首,是清代陸游接受史上的重要現象[②]。

陸次雲(1636—1704)於康熙二十六年(1687)刻《五朝詩善鳴集》,其中《宋詩善鳴集》選陸詩最多。陸次雲對陸游律詩尤爲重視,選七律 31 首,五律 14 首。集中曰:"七律爲諸體所難,余于放翁獨選至三十首,亦云盛矣,然割愛者正多。"[③]吴曹《宋詩選》成書於康熙二十六年(1687),選陸詩 305 首,其中五言 76 首,七律 186 首,七古 43 首。同爲康熙三十二年(1693)出現的《宋四名家詩選》與《宋十五家詩選》,都是主張學詩無分唐宋的宋詩選本。二選本專選宋詩,足見其爲宋詩正名的態度,且選陸游

作者簡介:林雨鋆,北京師範大學文學院博士後,主要從事唐宋文學研究。

① 蔣寅:《清代詩學史》,北京:中國社會科學出版社,2012 年,第 543 頁。

② 關於清代宋詩選本詳細情況,參見謝海林《清代宋詩選本研究》(上海古籍出版社 2011 年)、謝海林《清人宋詩選與清代文化論稿》(人民出版社 2018 年)、申屠青松《清初宋詩選本研究》(南京大學 2008 年博士學位論文)、王友勝《歷代宋詩總集研究》(北京大學出版社 2021 年)。

③ 陸次雲:《五朝詩善鳴集》,康熙三十七年(1698)桀江懷古堂刻本。

詩最多。總體來看,順康雍朝宋詩選本的繁榮和陸詩在選本中的地位顯而易見。盧世漼《宋人近體分韻詩鈔》在衆多選本中脱穎而出,集選詩與改詩爲一體,充分體現了作者在勘定選本過程中的審美旨趣、詩學觀念,其中的改詩現象,尤其值得關注。

一、盧世漼《宋人近體分韻詩鈔》

盧世漼(1588—1653),字德水,又字紫房,號南村病叟,是明末清初重要學者,與錢謙益交遊甚密。詩學觀念方面,奉杜甫爲師,讀杜、抄杜逾四十年,讀杜集四十遍,編著《杜詩胥鈔》《讀杜私言》。李源評:"蓋先生之詩實沉酣于老杜,觀其《大凡》《餘論》,深入少陵之堂奥,而與之寤寐依而水乳合者也。"(第 340 頁)[①]盧世漼酷愛藏書、抄書,其《毛子晋刻十三經》曰:"余生而有書癖,見古集善本必齋戒以將之,危坐以進之,鼓歌以舞之,流略摩挲,不啻彝鼎。"(第 470 頁)豐富的藏書、抄書經驗爲他編撰選本夯實了良好的學術基礎。臺灣"中央圖書館"藏朱筆批校底稿本《宋人近體分韻詩鈔》,收録宋人五、七言近體詩五百餘首,按韻編排,無序,無凡例。是書爲海内孤本,有一定的文獻價值。其中選陸詩 248 首,有評點,多改詩現象,是清代陸游接受史上頗具特色的宋詩選本。

《宋人近體分韻詩鈔》不分卷,共選 35 家詩:蘇軾、孔平仲、陸游、王禹偁、孔仲益、蘇舜欽、范成大、劉克莊、林景熙、周必大、歐陽修、陳造、王安石、王令、陳師道、范浚、徐積、戴復古、梅堯臣、林逋、楊萬里、韓琦、惠洪、余靖、張耒、秦觀、方岳、晁補之、劉子翬、袁宏道、孫覿、王阮、汪元量、張詠、晁沖之。其中選詩數量排名前五位是:陸游 266 首,蘇軾 199 首,范成大 28 首,歐陽修 8 首,陳師道 8 首。由此可見,該選本雖名爲《宋人近體分韻詩鈔》,但基本以選陸游、蘇軾詩爲主,詩家入選詩歌數量差距很大,是一本選家衆多但偏向性明顯的宋詩選本。

盧世漼存詩四百餘首,律詩居多。他讀杜、注杜的方法深得錢謙益贊許,毛氏汲古閣將二人論著含刻爲《錢盧兩先生讀杜合刻二種》刊印。由於盧世漼讀杜、研杜、學杜均十分精深,故而《宋人近體分韻詩鈔》中所選大部分是律詩。陸游以律詩名世,那麼盧世漼的選本中陸游詩歌占比最高,并非偶然。

《宋人近體分韻詩鈔》最具特色的地方,不僅在按韻編排,更在於它將選詩與改詩相結合。由於此本無序、無凡例,該書的編選緣由與選詩宗旨已無從知曉,但從選本内部看,是融選録詩歌與創作詩歌爲一體的選本,疑爲家塾課本。

首先值得注意的是集陸詩的創作與摘句成詩現象。盧世漼所選陸詩中,有三首是集陸詩:第一首《擬歸》,首聯出自陸游《子聿欲暫歸山陰見乃翁作惡遂不行贈以此詩》《幽居春晚》,頷聯爲《歲晚幽興》,頸聯與尾聯出自《子聿欲暫歸山陰見乃翁作惡遂不行贈以此詩》。第二首《閑遊近村》,首聯出自陸游《閑遊所至少留得長句》,頷聯出自《晚晴出行近村閑詠景物》,頸聯與尾聯出自《閑遊所至少留得長句》。第三首《郊

① (明)盧世漼:《尊水園集略》,《續修四庫全書》第 1392 册,上海:上海古籍出版社,2013 年。本文所引《尊水園集略》文皆出自此書,其出處直接標注在正文中的引文後。

行》，首聯出自陸游《九月初郊行》《晚飯罷小立門外有作》，頷聯、頸聯、尾聯均出自《九月初郊行》。

這三首詩所集陸游詩句，都是首聯出自陸游原詩的首聯，頷聯、頸聯出自陸游原詩的頷聯、頸聯，尾聯亦同此理。盧世潅選在詩中位置不變的前提下，重組詩章，構建新的詩歌意境，以此成詩。集句詩發展到清代已相對成熟，清人轉變了宋人集句詩的那種遊戲、炫技的創作風格，轉而將其作爲自己詩學入門的練習[①]。另外，清代集句詩對詩句和詩意的選擇也更加規範和嚴格，例如《宋人近體分韻詩鈔》收録的這三首集陸詩，首聯必須出自首聯，其他聯也一一對應，使詩歌佈局更加工整，體現了集句作者的詩歌創作的嚴謹態度和深厚功力。七律通常首聯破題、頷聯寫景、頸聯記事、尾聯抒情，盧世潅集陸游詩句，每一聯都選擇原詩相對應的位置，已經超越了以往集句詩僅追求平仄合律的基本要求，在詩歌佈局上、詩境詩意上，都力求工整，同時也反應了他對陸游詩作的稔熟於心。

再看絶句的集句。清代衆多陸詩選本與清詩話中，都出現不少對陸詩的摘句現象。根據詩話作者自述，主要原因是陸游以律詩稱，而陸詩數量太多，礙於篇幅，不能盡選，只能割愛，將陸游律詩中對仗工麗，尤其值得後輩學詩之人揣摩的詩句摘抄録下，以供學詩者翻閱。相比之下，《宋人近體分韻詩鈔》中對陸詩摘句成詩的現象比較特别，《宋人近體分韻詩鈔》選陸詩共 266 首，絶句只有 38 首，其中有五首是根據陸游七律節選而來：《劍南詩稿》卷三十四《幽居初夏》、卷八《和范舍人書懷》、卷五十七《久雨》、卷九《即席》、卷六十八《曉寒》。這五首詩的共同特點是節選陸游律詩的首、尾兩聯組成一首絶句選入選本。在絶句"截取律之半"的詩學傳統下，盧世潅將陸游七律詩首、尾聯截取，并入所選陸詩絶句中。

盧世潅不僅對陸游律詩進行摘句，而且通過重新編排佈局使它們成爲新的絶句，足見盧世潅對陸游詩歌了然於胸，以此種形式對前人詩歌進行摘句，在清代宋詩選本中别具一格。

二、盧世潅對陸詩的接受與再創作

除了集陸詩和對陸游詩歌進行摘句重組，盧世潅運用多種詩歌創作方法對陸詩進行改動，主要體現在煉字、煉句、襲句三方面。論及改詩，首先需要討論的就是盧世潅《宋人近體分韻詩鈔》使用的是哪個版本的問題，因存書無序，無凡例，已無法從選本中得知相關信息。關於《劍南詩稿》版本，陳振孫《直齋書録解題》卷二十，詩集類(下)著録："《劍南詩稿》二十卷、《續稿》六十七卷，陸游務觀撰。初爲嚴州，刻前集稿，止淳熙丁未。自戊申以及其終，當嘉定庚午，二十餘年，爲詩益多，其幼子遹復守嚴州，續刻之。篇什之富以萬計，古所無也。"[②]

---

① 關於集句詩，參見張明華、李曉黎《集句詩嬗變研究》(中國社會科學出版社 2011 年)，宗廷虎、李金苓《中國集句史》(山東文藝出版社 2009 年)，裴普賢《集句詩研究續集》(臺北：學生書局，1979 年)，林雨鋆《清代集陸詩》(江西人民出版社 2022 年)。

② (宋)陳振孫：《直齋書録解題》，上海：上海古籍出版社，1987 年，第 603 頁。

清代的陸游詩集按時間順序有毛晋汲古閣《劍南詩稿》、楊大鶴《劍南詩稿》、四庫本《劍南詩稿》。明末毛晋汲古閣刻《陸放翁全集》,包括了《劍南詩稿》八十五卷與《渭南文集》五十卷、《放翁逸稿》二卷、《南唐書》十八卷、《老學庵筆記》十卷。楊大鶴《劍南詩鈔》刻於康熙二十四年(1685),是清代最流行的陸詩通行注釋本,後經多次翻刻[①]。盧世漼在世時楊大鶴版尚未刊行,由此推論,盧世漼讀的很可能是毛晋汲古閣版《劍南詩稿》。將盧世漼《宋人近體分韻詩鈔》中所選陸詩與毛晋汲古閣《劍南詩稿》,四庫本《劍南詩稿》進行對照,可以發現:

盧世漼運用的改詩方法中,以煉字最多。錢鍾書先生認爲:"蓋唐人詩好用名詞,宋人詩好用動詞。"[②]盧世漼常巧换陸游原詩的詞性,如將"映空初作繭絲微"改爲"漫空",使畫面更爲宏大;將"酒薄不禁如許寒"改爲"暮雨寒",加重對寒意的表達;將"書卷如曾隔世觀"改爲"掩卷如同",强化恍如隔世的情感抒發;將"開頭擊鼓萬人看"改爲"開帆",將"小紅初試手栽花"改爲"石盆花",增添畫面的動態效果;將"窮空養老亦蔬餐"改爲"齋空",將"莫怪胸懷抵無寬"改爲"海寬",將詩意表達具體化、物象化。

煉字的第二個表現是個别字詞的替换,大致可分實詞替换與虚詞替换。虚詞替换的表意比較單一,爲增强抒情意味。如將"耄及光陰古更稀"改爲"耄大",將"鄰曲今稱又有年"改爲"大有年",將"歎衰憂死却成癡"改爲"總成癡",將"芳潤園林不似貧"改爲"不作貧",將"不如净掃茅齋地"改爲"終朝",將"平地閑生爾許愁"改爲"如許",將"白首自憐心爲灰"改爲"猶憐"等等。借助更改虚字强化詩句的原本意思,對陸詩原句意義進行深化、語氣進行强化是盧世漼改動虚字的基本宗旨。《文心雕龍》言:"引而申之,則兩句敷爲一章。"[③]通過對詩意的擴寫與升華,使得詩句意象更豐富,意藴更濃厚。

實詞的替换則相對複雜。有的是近義詞的替换,如將"一川新稻已離離"改爲"新黍",將"讀易論詩跡未疏"改爲"事爲疏",將"空垣破灶逃祖屋"改爲"租户",將"窗黑書虧半日功"改爲"窗黯",將"與人多忤讒消骨"改爲"銷骨",將"迢迢桑野策驢還"改爲"野徑",都是近義詞的替换。將"緑樹陰陰小嶺西"改爲"陰森",將"桑柘陰陰一徑斜"改爲"陰森",兩處都將"陰陰"改爲"陰森"。

實詞替换的第二種情况是將表達的空間與時間進行改變。如將"行路八千常是客"改爲"半生",陸詩表達的是地理空間的長度,而盧世漼改爲了對人生經歷的描述;將"夜闌坐起聽城笳"改爲"中宵坐起",將表達的時間具體化;將"酒醒遥夜孤窗雨"改爲"孤舟",將陸詩中描繪的書齋空間改成了户外的廣袤天地;將"落魄巴江號放翁"改爲"巴山",是從山景到水景的改動。

實詞替换的第三種情况是通過改字來擴大或縮小語意。如將"卧聽宫漏下宫城"改爲"高城",將"人家遠火林間見"改爲"人間",是語意的擴大;將"人稀幽徑長新苔"改爲"客稀",將"曉聽清露滴林梢"改爲"松梢",是語意的縮小;將"漁扉正對荻洲開"改爲"蓼花開",將"天宇淡青成卵色"改爲"天雨",將"淺碧細傾家釀酒"改爲"甕釀

① 張毅:《陸游詩傳播、閲讀專題研究》,上海:復旦大學出版社,2014年,第53頁。
② 錢鍾書:《談藝録》,上海:三聯書店,2015年,第598頁。
③ (南朝梁)劉勰:《文心雕龍》卷三十二,北京:中華書局,2013年,第244頁。

酒”,將“清詩分韻地爐紅”改爲“酒爐”,是語意的具化。

實詞替换的第四種情况是通過改字使畫面更具有動感。將“挈提裘領喟然歎”改爲“挈提起坐”,將“朝書牛券拈枯筆”改爲“弄枯筆”,將“採藥歸來見暮鴉”改爲“數暮鴉”,將“卧看微香起瓦爐”改爲“坐看”,把静態的畫面改爲動態;將“花藏密葉多時在”改爲“多時睡”,通過一字之差對植物進行擬人化描繪,更爲傳神。

值得注意的是,盧世漼改字常襲他人詩句。如將“催唤兒童掃緑苔”改爲“跛奚”,批注:“跛奚,奴之跛者,山谷有跛奚□。”此處改詩應是從黄庭堅《跛奚移文》出。又如《舟行》前兩聯:“淋漓牛酒起檣幹,健艣飛如插羽翰。破浪乘風千里快,開頭擊鼓萬人看”。將“檣幹”改“檣竿”,將“開頭”改爲“開帆”。批注:“杜詩‘起檣必椎牛,挂席集衆功’。”此處應依杜甫的《三韻三篇》而改。又如將“安得長江化濁醪”改爲“白醪”,批注:“‘安得長江化白醪’,蘇詩‘恨我無佳句,時蒙致白醪’。”此處改詩則從蘇軾的《次韻張安道讀杜詩》出。

選本中還存在其他改字情况,例如有些地方改字是爲了避免句意的重複。如將“山程三月尚春寒”改爲“輕寒”,三月已然是春天;又如將“蜀苑妓圍欺夜雪”改爲“夜月”,批注:“‘蜀苑妓圍欺夜雪’,唐申王苦寒,令宫女密圍而坐,曰妓圍。”有一類特殊情況,比如將“胡床移就菊花畦”改爲“匡床”,則是因當時政治背景做出的改動。

盧世漼運用的改詩方法中,煉句也十分普遍。首先體現在對句式進行變换,這種例子在入選的陸游律詩中比比皆是。第一類是單句變换句式。如將“垂緑笋梢風正惡”改爲“垂緑柳梢風正颺”,將急風吹笋的景象改成了細風拂柳,使初夏景色變得柔和;將“月上忽看梅影出”改爲“月上斜穿梅影現”,使静謐的月夜之景與高潔的梅花之影相映成趣;將“青天脉脉映明河”改爲“碧天珠門映明河”,變空曠的蒼穹爲星星滿天的夜空。有的是根據古人詩進行改换,如將“吴中三月尚春寒”改爲“枝頭梅子已含酸”。批注:“歐詩‘花葉新成蜜滿脾’,應從歐陽修《暮春書事呈四舍人》出。”有的純粹爲了改變句意,如將“渡頭照影聞征雁”改爲“樓頭横字聞征雁”,將“午醉初醒倚釣軒”改爲“午夢初回倚釣軒”,將“瘦减帽圍覺頭寬”改爲“瘦减腰圍覺頻寬”等。

其次是對整聯句式進行改動,大部分改動的都是頷聯與頸聯。如將“喜投禪榻聊尋夢,懶爲啼猿更斷魂”改爲“喜投禪榻尋詩夢,懶爲啼猿斷醉魂”;將“文編似是他人作,書卷如曾隔世觀”改爲“窺編似是他人作,掩卷如同隔世觀”;將“供家米少因添鶴,買宅錢多爲見山”改爲“供家米少因添口,買宅錢多爲愛山”;將“不辭疾步登重閣,聊欲今生識偉人”改爲“不辭疾步登高閣,却欲今生識偉人”等。盧世漼一生專注於律詩,對陸游律詩頷聯、頸聯的改動,呈現了他對陸詩二次創作後的詩學風貌,在摘選陸游詩歌的同時融入了自己的律詩寫作技巧。

襲句方面有三種情况,即用陸詩襲句、用古人詩襲句與用盧世漼本人的詩襲句。用陸詩襲句的例如選本中所選《劍南詩稿》卷六十八詩《湖村》,頸聯“渴鹿出林窺藥井,馴鷗掠水傍棋軒”,盧世漼替换成了“旋摘甘取青帶蔓,新笋玉醴碧浮樽”,此聯出自陸游《露坐小飲》。又如《曉坐》(卷四),尾聯“悠然忽記幽居日,下榻先開水際門”,替换爲“悠然忽記幽居日,斷角殘鐘半啓門”,此聯出自陸游《十二月初一日得梅一枝絶奇戲作長句今年於是》。再如《八十三吟》(卷七十),尾聯“桑苧家風君勿笑,它年猶得作荼神”,替換爲“留得餘年須痛飲,黄雞緑酒聚比鄰”,末句出自陸游《夏日》頸聯。再如《歸雲門》(卷十),尾聯“微官行矣閩山去,又寄千岩夢想中”,替换爲“收身老向農桑社,聊付餘生一笈中”,分别出自陸游《追憶征西幕中舊事四首》其一和《夏日五首》其二的尾聯。再如《秋懷》(卷六十九),尾聯“石帆山下孤舟雨,借問君如此老何”,替換爲“東塗西抹非無意,皺面朱鉛奈老何”,出自陸游《山房》尾聯。

用古人詩襲句例如選本中所選《南堂晚興》其二(卷七十二),頷聯爲“燕欲委巢雛盡去,扇猶在手意先疏”,盧世㴶替换成了“入社惟懷占樂歲,趨朝無路達公車”,自注“二句借入”,應出自元代貢性之《城南耕隱》頸聯“入社有懷占樂歲,趨朝無夢候公車”。

盧世㴶用自己的詩襲句的情况在選本中時常出現,集中體現在對頸聯和尾聯的襲句。在所選陸詩中,用自己的詩進行襲句出現了二十餘處。

三、以唐例宋:盧世㴶對唐宋融合的推崇與影響

除了選詩與改詩,《宋人近體分韻詩鈔》亦有許多批注,基本呈現以唐例宋的傾向,集中體現在對陸游閑適詩近唐人風貌方面。例如評《野饋》:“‘黄耳蕈生齋鉢富’,稻米。韓詩‘淅玉炊香粳’。”評《豐歲》:“‘羊腔酒擔争迎婦’,韓詩‘雌聲吐款要,酒壺掇羊腔’。”對陸詩與杜甫相似處,盧世㴶的闡發更爲精深。例如評《臘初得梅一枝戲作》:“‘夜寒皴玉倩誰温’,皴,皮細起也。杜詩‘手脚凍皴皮肉死’。”評《萬州放船過下堰小留》:“杜詩‘我有一匹好東絹,重之不減錦繡段’。”

盧世㴶專于杜學,攻於律詩,推崇陸游,其《宋人近體分韻詩鈔》選陸最多,充分體現了盧世㴶對陸詩,尤其是律詩的重視。盧世㴶的由杜入陸的詩學路徑絶非個例。

例如張謙宜,其師楊師亮主張學詩應從學杜入,對他影響很大。但是在讀杜、研杜、學杜的過程中,張謙宜發現了陸游與杜甫的相似之處,認爲陸游是學杜最成功的詩家。因此,張謙宜逐漸在對陸詩煉字、句法、謀篇方面效仿陸詩,還創作了數量不少的學陸詩①。又如越中七子之首王霖,從二十一歲開始創作集杜詩,他的詩學道路也是從杜甫入的,至五十一歲才開始集陸詩的創作,專集陸游七律,到六十歲開始集陸絶句的創作。從時間跨度來看,王霖集杜近三十年,集陸時間相對較短。但數量上,王霖創作的集句詩共 1824 首,其中集杜詩 697 首,而集陸七律 554 首、集陸絶句 573 首,集陸詩共 1127 首,是其集杜詩的 1.6 倍②。可見,王霖的詩學路徑也由杜入陸的,他晚年對陸詩的關注,遠遠超過他前期對杜詩的學習。

類似的例子俯拾皆是,這樣的現象反應出陸詩在清代備受關注的深層原因。實際上,唐宋詩争貫穿整個清代詩壇,無論是尊唐黜宋的詩家,還是推崇宋詩的詩家,又或者是唐宋兼容的詩家,其詩話作品、詩歌選本、甚至於詩歌創作,都多少與陸游有千絲萬縷的聯繫。很多尊唐的詩家學詩由杜甫入,結果發現學杜甫最成功的案例就是陸游,繼而晚年創作呈現出學陸的詩風。即便是對陸游言辭批評的朱彝尊,其晚年詩

① 林雨鎣:《由杜入陸——張謙宜對陸游詩學的解讀與接受》,《中國詩學》第 34 輯,第 236—242 頁。

② 《清代詩文集彙編》編纂委員會:《清代詩文集彙編》第 245 册,上海:上海古籍出版社,2010 年,第 6—27 頁。

歌創作也逐漸出現由唐轉宋的趨勢。

清代詩人由貶陸到崇陸再到學陸的過程，與其所處的時代背景、文壇風貌、地域文化、家學師承、詩藝交遊、個人生平有密切聯繫，其中宋詩選本的廣泛傳播功不可没。盧世潅《宋人近體分韻詩鈔》疑爲家塾課本，在教授學人詩學觀念、詩歌創作技巧、詩歌品鑒等方面都産生一定影響。

順康雍朝是宋詩選本的高潮期，也是陸游詩歌接受的繁榮時期，這一時期的宋詩選本數量衆多、種類多樣、編選形式也各不相同，但共同特點是選陸游詩歌居多，在宋代詩家中排名很靠前。例如柴升、周之麟《宋四名家詩鈔》選陸游詩歌近千首，爲四家之最。陳訏《宋十五家詩選》選陸游詩歌四百餘首，爲十五家之最。再有陸次雲《宋詩善鳴集》選詩 640 首，選詩家 93 位，平均每位六首，但選陸游詩 64 首。因此，從數量上來看，陸游詩歌往往占絶對優勢。

順康雍朝的宋詩選本數量很多，種類各異，選詩宗旨也各不相同，但大多將陸游擺在重要的位置，足見在這一時期的陸游詩歌得到了清初士人的廣泛認同和普遍肯定，無論是他對仗工麗的律詩，還是他忠憤愛國的恢復之志，都在某一個切入點上迎合了清初士人的審美趣味和順康雍朝詩壇的詩歌風格趨向，甚至是清初文人的文化心態。這麽看來，陸游頻繁地在各個宋詩選本中位居第一也就不難解釋。

直至乾嘉道期，宋詩選本依舊很甚，尤其是乾隆期，是社會經濟與政治發展的鼎盛期，也是清代文壇的集大成時段。乾嘉道時期的宋詩選本，不再像順康雍朝那樣試圖尋找宋詩中的唐詩淵源以拔高宋詩地位，而是出現了一批直指宋詩自有特點的宋詩選本。相較順康雍朝的陸詩選本大都關注陸游律詩，尤其是七律的現象，乾嘉道時期，陸游詩歌中那些想象豐富、寫景奇絶的古體詩，説理而不近腐的閑適詩，表現儒家正統人格的忠憤之作更受選家們的青睞。

總體而言，清代是宋詩選本極其繁榮的時期。陸游作爲宋代詩人之翹楚，在整個清代宋詩選本中佔有重要的地位。就詩歌分體討論來看，陸游的律詩在清初爲各個選家所推崇，陸游七律中的對仗工麗、煉字之妙使他經常在宋詩選本中位居榜首；而陸游古體詩中想象奇怪絶、擅寫眼前景的特點也爲許多選家所重視；就連專選宋詩絶句的選本，陸詩都是重中之重。就詩歌題材來看，陸游愛國詩歌中的激憤志義與拳拳報國之心，引起了清初遺民詩人的共鳴；而他晚年閑居的閑適之作，又契合了文化高壓統治下無意指點政事的清代詩人的審美趣味；陸詩中明白如話之作也十分適合初學寫詩者作爲私塾教材使用，還有陸游的詠梅詩、海棠詩、記夢詩，都倍受清人喜愛。就詩學品格來看，許多選家在收録陸游詩歌時不把他當做一個純文學的詩人來看待，而從人品的角度將陸游與杜甫相提并論。加之清代是一個異族統治的時代，統治者需要通過詩教宣揚來更好地服務王朝的政治統治，於是陸游詩歌中那些藴含愛國忠君思想的部分被頻繁選入宋詩選本中，陸游也成爲了統治者爲清代士人樹立的一位精神領袖。統治者通過提高陸游的文學史地位，使得唐詩中的杜甫、宋詩中的陸游，在清代正統儒家詩教思想的引導下，順利完成了它們的經典化。

論魏禧詩學傾向與明末清初詩風敝極還淳

韓文濤

摘　要:魏禧散文歷來爲海内所重,但其詩歌却較受冷落。然而,魏禧表現出的三個明顯詩學傾向,一定程度上推動了明末清初詩風的"敝極還淳":第一,遠紹詩騷,以詩騷爲啓蒙與楷範,得詩法之正;第二,尊史崇杜,以修史精神和實録筆法創作詩歌,使其承擔起"補國史之憾"的重任;第三,援道入詩,以訪道求仙、返樸歸真爲外在特徵,以亡國之痛爲情感内核,以棄虚從實爲詩學訴求。探索魏禧詩學傾向與明末清初詩風敝極還淳的關係,可以豐富明清易代之際的詩學研究,揭示我國傳統詩學自詩騷以來的迭代路綫與演進軌跡。

關鍵詞:魏禧;詩學傾向;敝極還淳;遠紹詩騷;尊史崇杜

明遺民魏禧是"清初三大家"之一,其散文創作歷來受到重視,如《四庫全書總目提要·堯峰文鈔》曰:"古文一脉,自明代膚濫於七子,纖佻于三袁,至啓禎而極敝。國初風氣還淳,一時學者,始復講唐宋以來之矩矱。而(汪)琬與甯都魏禧、商邱侯方域稱爲最工。"[①]可知魏禧對明末清初文風的"敝極還淳"産生過重要作用[②],而魏禧詩歌則長久被遮蔽,時常可見"詩非專家"[③]"詩有佳作,但非所長"[④]"甯都三魏,詩皆拙劣"[⑤]等否定評價。雖然近年來有學者從不同角度肯定過魏禧詩歌創作[⑥],但仍未完全揭示魏禧的詩學貢獻。我們擬從遠紹詩騷、尊史崇杜、援道入詩三方面論述魏禧的詩學傾向,揭示其在推動明末清初詩風敝極還淳中的作用,豐富明清易代之際的詩學研究,完善我國傳統詩學自詩騷以來的迭代路綫與演進軌跡。

一、遠紹詩騷

《詩經》和楚辭是學詩者的啓蒙與楷範,魏禧早年學詩不成,其後沉浸詩騷,終於

作者簡介:韓文濤,江蘇師範大學文學院講師,主要從事古代文學研究。

基金項目:國家社科基金後期資助項目"道教文化與唐代詩歌關係研究"(22FZWB021)。

① (清)永瑢等:《四庫全書總目提要》(第 34 册),上海:商務印書館,1931 年,第 9 頁。

② 温世亮:《清初文風"還醇"之典型個案——徐枋散文理論與創作實踐論》,《蘇州科技學院學報》(社會科學版),2014 年第 2 期,第 56 頁。

③ 徐世昌:《晚晴簃詩匯》,北京:中華書局,1990 年,第 273 頁。

④ 柯愈春:《清人詩文集總目提要》,北京:北京古籍出版社,2001 年,第 171 頁。

⑤ 朱庭珍:《筱園詩話》,郭紹虞《清詩話續編》,上海:上海古籍出版社,1983 年,第 2351 頁。

⑥ 參考文獻作者包括但不限於武海軍、馬將偉、董曉慧、王珂珂、周婷等學者。

折服衆人(第 1199 頁)[①],因而其推動明末清初詩風敝極還淳的首要途經便是“遠紹詩騷”,即在創作中化用詩騷、在審美上宗尚詩騷。

(一) 化用詩騷

在創作中直接取用詩騷,可營造出底蘊深厚、朴茂蒼古、風雅深情的藝術特色,最宜對抗明末空疏之風,推動詩風敝極還淳。

魏禧四言詩尤喜化用《詩經》,如《景行五章爲門人曾師庠作》121 字(第 1213—1214 頁)化用 13 處[②],《冠已四章爲門人曾宗憼作》45 字化用 4 處,《桂頌》44 字化用 3 處,《傷懷詩》化用 3 處,《擬鐘建新婚詩》《區區行》等篇也有多處化用。魏禧 40 餘首四言詩,明確化用《詩經》原句將近 40 處,且對四部分均有涉及,没有偏廢,其數量之多,比例之高,着實驚人。

對於《楚辭》,魏禧也多有化用,如《申園雜興》:“閨人勸我遊,佩之蘭與芷”,(第 1285 頁)《己亥八月懷曾止山在吴》:“念汝洞庭將木葉,隨波離合一愁予”(第 1348 頁)等等,此外,《季芈答詩》《葉烈婦誄》等詩對於節婦的贊揚,頗有《楚辭》香草美人的象徵意味。

化用原句之外,魏禧還將《詩經》重章疊唱的句法和《楚辭》鋪排叙述的賦法結合,落實到各體詩歌創作中,如《大風》連用兩次“哀汝北鄉之人兮”,(第 1309 頁)《上江行》連用兩次“噫嘻! 風波反覆在頃刻”,(第 1318 頁)這使其在回環往復、一唱三歎之外,節奏更加緊凑,情感更加濃厚,藝術水準大爲增强。

(二) 宗尚詩騷

宗尚詩騷,即在審美上以詩騷爲終極典範,包括創作時的藝術理念與點評時的衡量尺度,此兩點魏禧詩集兼而有之。

1. 魏禧秉持本於詩騷的藝術理念,《醉者歌序》:“會當白雪,彼有旨酒,酌《二雅》而秉《五經》”,(第 1222 頁)表達了對《詩經》的推崇;《三愁詩序》:“昔靈均放亡,魂慮散分。其徒宋玉、景差作賦招之,……余今乃作《三愁詩》,多征古意,各有至云爾。”(第 1227 頁)可知其對屈原抱有極大同情,對楚辭持有自覺借鑒與繼承的態度。

2. 師友點評魏禧詩歌以詩騷爲衡量尺度,弟魏禮評《己亥七夕》云:“意新語古,比興深妙。”(第 1365 頁)姊婿邱邦士評《乙巳清明日懷伯兄季弟因寄示諸子世傑》云:“真意結絡,便是古意結絡。此二《雅》之遺也,不可多得。”(第 1289 頁)師友眼中,魏禧長於《詩》法,力追二《雅》;好友彭士望贊《四愁詩》云:“補《春秋》之創書,成《離騷》之變徵,……詩不任聲,讀難終幅,爲《三百篇》風、雅變聲,另開一境。”邱邦士則曰:“渾深古佚,真《楚辭》也。”(第 1229 頁)彭氏强調其繼承詩騷并勇於創新,邱氏則從精神氣質、文學風貌層面,點明其對楚辭的熔煉吸收。兩人合詩騷而論,一致肯定魏禧

---

① 魏禧著,胡守仁等校點:《魏叔子文集》,北京:中華書局,2003 年。本文所引《魏叔子文集》文皆出自此書,其出處直接標注在正文中的引文後,下同。

② 王先謙:《詩三家義集疏》,北京:中華書局,1987 年,第 780 頁。其餘 12 處頁碼不再一一標註。

對詩騷精神的繼承。

魏禧 14 歲學詩不成,24 歲勤勉發奮,精研詩騷,不出數年即能令衆人折服,(第 1198 頁)其對《詩經》《楚辭》的化用與宗尚,使詩作呈現出遠紹詩騷的傾向,呼應并繼承了錢謙益、吴偉業等人對詩騷的重視,這對扭轉明末空疏之風,推動清初詩風敝極還淳,有着重要意義。

二、尊史崇杜

詩騷之外,杜甫是學詩的又一楷范。明清易代,迫使魏禧等遺民深切體悟了杜甫的人生經歷,故而推崇杜詩成爲易堂諸子的詩學共識,魏禧詩歌更是表現出明顯的尊史崇杜[①]傾向,這在很大程度上推動了明末清初詩風敝極還淳。

(一) 尊史

"尊史",即心懷前明的遺民詩人,以修史精神與實録筆法,觀照"史所不及紀,與忌諱而不敢紀者",最終達到"以詩補史"(第 539 頁)的目的。

易堂諸子的歷史使命感極爲强烈,《乙巳正月雪中送門人熊頤歸清江》曰:"天地多憾所,吾黨焉辭責。"(第 1288 頁)魏禧亦以修史精神與實録筆法,記録下國祚易鼎、生靈塗炭的慘烈現實。

1. 國祚易鼎

最讓人感慨國祚易鼎之地,莫過舊都南京。永曆十六年(1662)南明朝廷覆滅,詩人來到南京,寫下《登雨花臺恭望》:詩題著一"恭"字,已含無盡悲思;首聯,化用杜詩"麻鞋見天子,衣袖露兩肘"[②],然而故京依舊,天子何在? 思之令人徹骨生悲;頷聯,追問大好河山與太祖陵寢毁于兵燹的原因,感慨昔日繁華終究難復;頸聯,"新草"二字含黍離之悲,而前朝舊卿優遊終日之狀,更使英雄氣短,悵然滿懷;尾聯,寫景筆調頓挫沉鬱,頗得杜詩神髓,其情感之濃、悲慨之深,令人難以釋懷。魏禧還有許多詩作描述了國祚易鼎的現實,如《高郵九日奉懷伯兄將自燕都出塞》《拜楊文正公墓》等,不再贅引。

2. 生靈塗炭

易代之際,魏禧四處奔走,屢次組織抗清活動,因此廣泛接觸社會底層,深刻瞭解社會現實,遂以卓越筆力記録下生靈塗炭的現實。例如,永曆三年(1649),起義軍率衆佔據甯都,知縣被殺,縣丞、典史逸去。雖然三魏曾與其合作抗清,但面對地方癱瘓、人民死傷的現實,魏禧也不得不沉痛地寫下政治紀事組詩《擁被》五首,前兩首云:

寥寥冬夜寒,不敢解衣宿。擁被覆頭面,手足猶拳曲。蒙難有餘安,處樂苦不足。亂兵薄四野,中夜相牽匿。颼瑟寒風鳴,長道恒蹴踖。非無衣與被,倉卒不及覓。冬夜苦夜長,殷勤望朝日。朝日出東山,又恐兵至索。(第 1237—1238 頁)

---

① "尊史"與"崇杜",既互爲途徑,又互爲歸宿,交融映襯。

② 仇兆鰲:《杜詩詳注》,北京:中華書局,1979 年,第 358 頁。

其一，前四句細節描摹真實生動，末二句情思幽微，非親歷者説不出。

其二，首四句，大亂之下，落難之人四處藏匿，夜風凜冽，脚步蹣跚，緊湊凝練，細緻入微；次二句，禍起突然，不及携帶衣被，承上啓下；末四句，生動地刻畫了詩人的矛盾與焦灼，而我之窘迫恰是萬千百姓之窘迫，讀之不能不令人生出悲慨憐憫之心。

其餘三首，魏禧也詳細記録了行兇兵卒的猖獗難制與落難百姓的艱難窘迫，整首組詩可謂一篇亂世流民小傳。此外，還有如《再過赤溪呈鄧元白》《死守詩贈天寧巨公》等，皆以寫實筆法，記録下易代之際底層人民的深創巨痛，頗有杜詩風範。

魏禧讀史、尊史、補史并非僅爲文學創作，其《題友人採桑圖》曰："春蠶食桑葉，吐之成經綸。志士讀書史，豈爲資浮文。"（第1303頁）可知其目的相當明確，而將國祚易鼎、生靈塗炭的慘烈現實寫進詩作，已然觸及大量"史所不及紀，與忌諱而不敢紀者"，這使後人于正史之外，得窺鮮活的歷史斷面。這既符合儒家傳統詩學理念，更體現出作爲前朝遺民的魏禧，在易代之際"直足補國史之憾"（第1277頁）的責任擔當。

（二）崇杜

"崇杜"，即尊杜甫爲詩學典範，在詩歌創作中予以實踐，在詩學理論中予以弘揚，最終達到推動明清詩風嬗變的目的。

易堂諸子生逢亂世，與杜甫的時代境遇相合，易堂最長者李騰蛟曾歎道："今日之亂，甚于安史。"[①]故而尊杜便成爲諸子共識，具體表現爲詩歌創作與詩學理論兩個方面。

1. 詩歌創作

易堂詩人在詩歌創作方面尊杜，典型作品當屬"出郭九行"，包括魏禧6首：《出郭行》《入郭行》《從征行》（第1255—1257頁）《賣薪行》《孤女行》《孤兒》（第1273—1275頁），合稱"前六行"，兄魏際瑞3首：《猛虎行》《將軍行》《恩官行》，合稱"後三行"。

二魏組詩處處體現着對杜甫"詩史"精神的闡揚光大。魏禧六行創作時，南明政權仍固守滇黔一帶。爲儘快統一，清軍一面鎮壓各地起義，一面極力劫掠百姓，整個社會因此遭難。魏禧以沉痛細膩的筆調記録下贛州百姓的艱難處境，如最後一首《孤兒》：首四句，實景兼帶起興，堪稱漢樂府《戰城南》的實況再現；此後，轉入正面描寫，"鄰里""更復""粥墓"一波三折十八句，感情沉鬱、筆力頓挫，可見杜甫"三吏""三别"的深刻影響，然而又能精准地表達獨屬魏禧及其同時人的深沉悲痛。只此一首，便可約略看出魏禧遠紹詩騷，旁及漢魏樂府，尊史崇杜的詩學成長路徑。

六行之外，魏禧還有相當數量的詩作，從創作動機、詩語化用等方面體現出對杜甫的尊崇：

（1）創作動機，《役人歌序》云："杜甫有言：……余讀《傳》内悲，作《役人之歌》。"（第1230頁）可見魏禧對杜集的熟稔與重視。

（2）詩語化用，魏禧"有弟客東粤，有兄客燕京"（第1286頁），"在昔家猶稱畏友，只今兄已是嚴君"（第1349頁），"不知故國幾男子，剩有乾坤一腐儒"（第1361頁），

---

① 李騰蛟：《讀杜小言序》，沈乃文《明别集叢刊》（第5輯第85册），合肥：黄山書社，2015年，第579頁。

“兩岸蓼花紅有淚,一江秋水濇無聲”(第1364頁)等作,明顯化自杜甫《月夜憶舍弟》《贈衛八處士》《江漢》《春望》等詩,且精神相承、氣脉貫通。

創作之外,師友點評魏詩時亦以杜詩爲參照,如邱邦士評《再過赤溪呈鄧元日》:“是絶好杜詩,……何必不作杜詩看,亦何必即作杜詩看?”(第1271頁)彭士望評《獨行山閣見落梅歸命筆墨即樹下賦》:“末二語杜老‘惱不徹,只顛狂’,遜其閑遠。”(第1329頁)邱邦士評《過劉氏竹園同林確齋駱樵客江玉仲》:“欲與老杜何氏園林比勝。”(第1337頁)已然將杜詩作爲魏禧的藝術標杆。

綜上可知,魏禧在詩歌創作上對杜詩極度尊崇,充分繼承并熱烈弘揚了杜甫的“詩史”精神。

2. 詩學理論

明季文風膚淺疏廓,至有复古派“文必西漢,詩必盛唐,大曆以後書勿讀”[①]等偏頗觀點,這導致詩作遠離現實。至明清之際詩風愈弱,終入“纖佻”之途。以魏禧爲代表的,經歷明清鼎革又心懷故國的易堂諸子,提倡詩歌直面現實,積理練識,以救時弊。崇杜,便成爲魏禧等人推動詩風嬗變的理性選擇。

作爲江西詩派“一祖”,杜甫對江西詩風影響深刻。至明清之際,易堂提倡積極有爲、直面現實,杜詩恰好多引同時人事,絶不袖手旁觀;易堂提倡理識以對抗空疏詩風,杜詩恰好富於理識。易堂崇杜,有效地補救了明代复古派的消極影響,爲詩風嬗變奠定了理論基礎。彭士望《魏叔子詩集序》(第1197頁)對此論之甚詳,魏禧《紀事詩鈔序》(第539頁)則强調聖人以史續詩,杜甫以詩補史,後代如我易堂諸子般有心之士,應該繼承“詩史”精神,務必使所作詩歌記録歷史之闕,承擔起應有的歷史責任。這爲明清之際的詩風嬗變,指明了具體方向。

然而,崇杜絶非是以杜詩爲鐵律,不越雷池一步,而應是在充分借鑒杜詩的基礎上更新創造,魏禧《魏叔子詩集自叙》總結道:“古人之詩適己之意,而後人之詩必求適於人,然後稱適於己,詩詞日工,而意則已遠矣。……興屬而辭工,作之傳之,不必合古人也。……詩不必不求工,工者自工,拙者自拙。”(第1200頁)尊杜學杜又要保留本真天性,即可達到無限趨近老杜風味的同時,又能保持自家面目,任其工拙,方得杜詩精神的神髓。

以魏禧爲代表的易堂諸子,表現出明顯的尊史崇杜傾向,與持有相似立場而年代較早的錢謙益、吴偉業、黄宗羲、杜濬、顧炎武等人形成合力,使明清之際的詩作更加敢於直面現實、關注民生,積理練識、經世致用,有效推動了詩風的敝極還淳。

三、援道入詩

魏氏兄弟主要活躍於江西東南部,此地宋代以來,佛道之風熾盛。明亡後,其父魏兆鳳削髮爲僧,隱居翠微峰。兆鳳歿後,易堂諸子奔走以圖恢復。然而復國無望的現實,促使諸子文風詩風發生轉變。儘管魏禧没有明確的宗教信仰,但面對絶望定

① (清)張廷玉等撰:《明史》,北京:中華書局,1974年,第7381頁。

局，心境落差巨大，參與宗教活動以緩解内心焦灼與無奈，便是一種可得的慰藉。這反映到詩學傾向上，即是援道入詩。涉道詩歌向以超越世俗爲主旨，空靈虚逸、玄妙高遠，然而魏禧此類作品雖在内容上亦有訪道求仙，但藝術追求上却旨在返樸歸真，落於實處。魏禧援道入詩却又不離現實的詩學傾向，便是在極虚處推動明末清初詩風斂極還淳。

(一) 訪道求仙

訪道求仙的淵源，可追溯到魏禧青年時期對隱居之地的選擇上，據《翠微峰記》(第 723 頁)可知，其地山勢險要，僻遠難及，即使天下暴亂，也更易保全家族。金精山爲道家七十二福地之一[①]，西漢仙女"張麗英"曾在此修行[②]，道風相當濃郁。由此可知，選擇翠微峰爲隱居之地，既有現實因素，又有文化考量。

魏禧的决定得到舉家認可，其妻謝秀孫作《自翠微山望金精》[③]，夫妻同沐道風之樂躍然紙上。嶺南三大家之一的屈大均亦作詩贊賞，《寄魏處士》云："女中高士金精卧，君亦狂歌在上頭"[④]，已將魏禧視作神仙。魏禧本人更是圍繞金精山，接連創作了二十餘首詩歌，字裏行間充盈着道風道韻，如《金精曲十一首》："借問桃源客，仙人誰者賢？……吐納足饔飧，呼吸有夫婦。……各讀《神仙傳》，明朝學辟穀"，(第 1258—1259 頁)《金精七絶句》："仙女原來天上住，偶然遺跡在人間"(第 1370 頁)等等，飄逸自然，極富想象。

圍繞訪道求仙，魏禧創作了諸多詩歌：《諸子世傑既冠詩以示之》："安樂不可嘗，水滿器不受"，(第 1251 頁)《勺庭示諸生雜得十二首》："爲德不福先，當亦非禍首"(第 1276 頁)等，顯示其對道典道經熟稔於心；《青門歌贈王滄厓》："我行拂衣歸雲煙。此中頗有胡麻飯，君來食之壽千千"，(第 1319 頁)《贈謝子實》："莫説腰纏無長物，籠中饒有活丹砂"(第 1376 頁)等，顯示其對道教煉養展開實踐運用；《梓潼帝君贊》《題湘潭王山長三教小像》(第 1233—1234 頁)等，顯示其對宫觀神像興趣濃厚。諸篇皆道風濃郁，縹緲高遠，頗具本色。

然而父亡之後，魏禧漸感復國無望，又因久沐道風，故而創作大量沉鬱的遊仙詩以排遣情緒，代表作爲《遊仙詩》八首，其一曰：

> 仙人凌高空，雲霞爲衣裳。天風垂虹霓，文章參玄黄。翩然來塵埃，山川回輝光。靈芝紛幽遐，甘泉渟荒唐。(第 1291—1292 頁)

看似典型遊仙，實則蘊含深沉的故國之思，關鍵即在"虹霓"二字。自《詩經》《楚辭》而至《逸周書》《後漢書》，"虹霓"作爲陰陽失序、君主失度、婦人作亂的負面意象得以徹底固定。結合魏禧的遺民身份，不難看出此"虹霓"暗指明朝即將被清朝顛覆，故滚滚塵埃即是洶湧清軍，山川回光寓意"江山復明"。然而復國確已無望，我等遺民志士便

---

① 見《洞天福地嶽瀆名山記》《雲笈七簽》等。

② 見《稽神録》《太平廣記》等。

③ 王延梯輯：《中國古代女作家集》，濟南：山東大學出版社，1999 年，第 663 頁。

④ 屈大均著，陳永正主編：《屈大均詩詞編年箋校》(上)，廣州：中山大學出版社，2000 年，第 136 頁。

如僻静荒遠的靈芝甘泉一般,毫無用武之地。那麽反觀首句以仙人離去起興,便暗涵着國祚轉移、天命不再的悲哀。

魏禧此類遊仙詩在集中十分常見,如《賦得老驥伏櫪志在千里》:"高高者天,欲上階捐。仙人授我,朱藥兩丸。"(第1213頁)仙人授藥而肉身飛升,實乃熟套語。然而遍檢魏集,可知其同題之作分佈在四言、五言、五古之中,多達十餘首。曹操《龜雖壽》意在老當益壯、積極進取,可見魏禧故國之思的强烈。然而魏禧只能以求仙作結,其間巨大的情感落差,令人難以卒讀。

綜上可知,魏禧詩作訪道求仙内容十分豐富,一方面得益於道風濃郁的地方文化,另一方面也是其逃避現實、排解苦悶的主動訴求,反映在詩歌創作上,便是既飄逸自然,充滿仙風道蕴,又落寞深沉,隱含故國之思,藝術含量和情感濃度均得到大幅提升。而魏禧這種在遊仙詩中寄托深沉情感的以實濟虚的手法,對於推動明末清初詩風斂極還淳,具有示範意義。

(二) 返樸歸真

隨着求仙訪道、久潤道風,魏詩如《申屠子龍》《火一章爲孔正叔壽》恰切化用易老莊三玄者愈發常見,説明魏禧對道家哲學(尤其是道家核心概念"樸""真")的理解與認同逐步加深,反映在藝術追求上即落於實處,返樸歸真。

1. 返樸

魏禧對於樸的理解既深刻又通達,如《火一章爲孔正叔壽》"形朴於木,志貞于石"(第1218頁),將外形敦樸與内性堅貞等而視之;"樸"與"璞"通,《爲宋錦含銘硯》:"汝方其外而去其棱角,因其自然而不琢其璞,斯文章所由作",(第1232頁)從器物形制延伸到處世法則,再歸結于作文途徑,"返樸"傾向確認無疑。

創作之外,魏禧的"返樸"傾向在各種評點内亦得到相當重視。魏禧《漱芳詞序》云:"才儉而不能豪,情樸而不能艷。"(第462頁)雖是自謙,但對"樸"的推崇是確定的,而其在《唐邢若詩序》熱烈稱贊對方:"温醇朴雅,自發真意,意盡則止",(第468頁)已將"樸"視爲詩學最高境界之一,結合前篇可見其"返樸"傾向之强烈;魏禮評《季芈答詩》云:"格力渾古,而意思纏綿,錘煉到極處,愈煉愈樸,真絶調也",(第1205頁)魏書評《擁被》云"古樸敦厚,真追《三百》"(第1238頁)等,都明白無誤地點明魏禧詩歌重在"返樸"的特點。

2. 歸真

"真"是道家道教核心概念之一,衍生出天真、清真、真情、真性、真氣等,在文學理論體系内産生了深遠影響。

魏禧對"真"極爲重視,如《林確齋四十又一詩以贈之》:"愛我意氣真,因之出悃愊",(第1250頁)《贈温聞衣五十》:"見我意思真,一字無忌諱"(第1305頁)等等,甚而在《廣陵别塗子山》中宣稱:"老狂病語出天真,心長身短知者希",(第1318頁)將其作詩的動力,完全歸功於"真"。

正因如此,魏禧才極度痛心於"真"的缺失,《覆沈甸華》云:"天下文章,最苦無真氣;有真氣者,或無特識;有特識者,或不合古人法度;合古法者,又或行跡拘牽,不能變化。故天下能者甚多,求其超逸絶群,足與古作者馳騁,便爲少有。"(第 351 頁)魏禧强調若無真氣,則文章難以出類拔萃,與古同遊。《唐邢若詩序》云:"不假學問而能工,意真也。人無真意,而求工於詩,辟猶附塗而粉澤之,施以繪彩,則幾何其能久也。……天下能詩者多,而真詩絶少。"(第 468 頁)魏禧强調無真意而求工詩,猶如皮不存毛難附。《許士重詩叙》又云:"雖工於句字,侈于文,而真意消亡,無復可以言詩。"(第 489 頁)魏禧强調如果真意不存,即便句字再工整、文辭再侈麗,亦是徒勞。總而言之,存真則遠紹詩騷,失真即天下無詩,可見魏禧對於"真"的極度重視與回歸意識。

易堂諸子對魏禧的"歸真"傾向皆有高度評價,歐陽世傑《魏叔子詩集序》:"細至山水花木游燕之作,天真爛然,綽然其自得也。"(第 1199 頁)彭士望《魏叔子詩集序》(第 1198 頁)則强調了魏禧爲人爲詩皆以悠然獨得、保持真性爲基礎,論詩評詩則以本質本性、真氣真意爲歸宿,真可謂真氣充盈、真意盎然。魏禧則自我總結道:"詩不必不求工,工者自工,拙者自拙,吾之天懷與元聲固攸然而自得已。"(第 1200 頁)可以説,"天懷元聲"是魏禧"歸真"詩學傾向的最好概括。

援道入詩是魏禧詩學的一大傾向,既是地方文化的外部浸潤,也是詩人自身的主動選擇。面對明清鼎革,以魏禧爲代表的遺民詩人,因不願接受故國難復的現實轉而訪道求仙,詩作内容雖然發生新變,但蘊含的故國之思却更爲深沉。魏禧等人進而通過追尋道家道教的兩大核心概念,在詩歌創作方面返樸歸真,恰是在最空虚處加速了明清之際詩風"斂極還淳"的進程。

結　語

魏禧在明清之際的詩壇上表現出幾個值得注意的詩學傾向:第一,"遠紹詩騷",以詩騷爲啓蒙與楷範,得詩法之正,最終取得"四言絶調""長漢魏人一格"的詩學成就;第二,"尊史崇杜",以修史精神和實録筆法創作大量詩歌,在易代之際發揮"補國史之憾"的責任擔當;第三,"援道入詩",以訪道求仙、返樸歸真爲外在特徵,以亡國之痛爲情感内核,以棄虚從實爲詩學訴求。可以説,魏禧以自己的詩歌創作和詩學思想,與錢謙益、吴偉業等人形成合力,加速了易代之際詩風的"斂極還淳"。探究魏禧的詩學傾向,不但可以豐富明清詩學的研究,更可以清晰揭示我國傳統詩學自詩騷以來的迭代路綫與演進軌跡,故而魏禧的詩歌創作和詩學思想應該獲得學界持續關注。

《鼓山志》序跋文體特徵論略

邱蔚華

摘　要:《鼓山志》序跋作品既有豐富的史料價值,又有重要的文學價值,這與其獨特的文體特徵有密切關係。概言之,其文體特徵有四:作品構成類型複雜、主題内容豐富、文體種類多樣與組合形式靈活及"標其崖略"的文體風貌等。這些特點是文體發展演變過程中非常值得關注的現象,在文學發展史上有著重要的意義。

關鍵詞:《鼓山志》;序跋;文體特徵

《鼓山志》雖名爲山志,實爲寺志。誠如清《四庫全書》玉牒館總裁永瑢所云:"《鼓山志》十二卷(兩淮鹽政采進本)……大旨以佛刹爲主,名爲山志,實則寺志耳。"《鼓山志》集方志與寺志於一體,故而前賢時彥多重《鼓山志》之寺志屬性,即把《鼓山志》看作地方佛教史料①,對其序跋文章亦多作如是觀。實際上,《鼓山志》中的序跋文章不僅有重要的史料價值,而且有很高的文學價值,而學界對後者却鮮有檢討。筆者擬從作品構成類型複雜、主題内容豐富、文體種類多樣與組合形式靈活及"標其崖略"的文體風貌等方面檢討其文體特徵及其具有的獨特價值。

一、作品構成類型複雜

所謂《鼓山志》序跋作品構成類型複雜,是指其分類標准不單一及其不同的分類標准之下的類型多樣。具言之,大體如下:

首先,依據《鼓山志》序跋作品的文獻屬性可分兩類:一是爲《鼓山志》撰寫的序跋作品,另一是《鼓山志》收録的其他詩文集或詩文作品的序跋(通常置於"藝文"類目下)。前者其題多爲《鼓山志序》,同題撰寫者有釋興隆、黄任、李拔、余文儀、沈廷芳、吴嗣富、葉觀國、汪新、釋元賢等,另有釋善緣《靈源集序》、趙世顯《鼓山舊志序》和德福《叙》也都是爲《鼓山志》撰寫的序跋文章;後者主要有《興聖國師〈元要集〉序》《塹仙庵序》《遍照禪師語録序》等《鼓山志》收録的與鼓山相關(如鼓山紀遊、交遊唱和和鼓

作者簡介:邱蔚華,龍岩學院師範教育學院教授,文學博士,主要從事中國古代文學研究。
基金項目:福建省社會科學規劃一般項目"福建歷代佛寺志'藝文類'作品研究"(FJ2019B057)。

① 從已有研究成果看,或檢討鼓山涌泉寺之宗派傳承演變,如王國榮《虚雲法師的法系構建:福州鼓山涌泉禪宗曹洞、臨濟并傳》(《普陀學刊》,2017年第2期);或考述其版本著録,如阿平《〔乾隆〕〈泉州府志〉〈鼓山志〉經眼録》(《東南文化》,1990年第3期);或揭櫫其文獻價值,如紀華傳《永覺元賢〈鼓山志〉及其文獻價值》(《世界宗教研究》,2008年第2期)等。

山湧泉寺僧作品集等)的序跋文 27 篇。以上兩類序跋作品合計 39 篇。

其次,從序跋涉及的主體内容看,《鼓山志》序跋作品可粗分爲十種類型。兹列表 1 概述如下:

類型	代表性作品篇名
年譜序	《遍照禪師年譜序》
版本目録序/跋	《鼓山湧泉禪寺經板目録序》《福州鼓山庋藏經板目録序》《鼓山湧泉禪寺經板目録後跋》
佛經序	《鼓山湧泉禪寺〈千佛大戒録〉序》
語録序	《遍照禪師語録序》
詩序	《〈鼓山紀遊詩〉序》《遊鼓山詩録序》《遊鼓山(五首)并序》
文序	《〈遊鼓山〉序》《〈仰止亭銘〉有引》《〈鼓山無異大師衣缽塔銘〉有序》
詩文集序/跋	《興聖國師〈元要集〉序》《〈遊鼓山集〉序》《增訂鼓山列祖聯芳集序》《〈鼓山志·藝文志〉總序》《靈源集序》《〈列祖列芳集〉後序》《〈鼓山禪院列祖記〉後序》《跋石鼓清遊小卷》
事序[①]	《九日鼓山遊宴序》《蟄仙庵序》《僧智瀾上人住持鼓山寺序》《遊鼓山序》《仰膏序》《遍照禪師壽序》[②]《遍照和尚行由原叙》
贈序/跋	《送了心上人還鼓山序》《題鼓山僧贈黄學庵檢校口[③]後》
方志(寺志)序	釋興隆、黄任、李拔、余文儀、沈廷芳、吴嗣富、葉觀國、汪新、元賢等撰寫的《鼓山志序》及趙世顯《鼓山舊志序》和德福《叙》

再次,從題寫者的身份看,《鼓山志》序跋文章的作者既有俗家子弟,亦有禪僧釋子,還有道教徒。因此其作品可分三類,即僧撰序跋、文人序跋和道士序跋。爲清眉目,兹列表 2 概述如下:

類型	作者	代表性作品
僧撰序跋	釋興隆	《鼓山志序》
	釋元賢	《鼓山志序》《〈鼓山無異大師衣缽塔銘〉有序》
	紹孜	《興聖國師〈元要集〉序》
	藥山	《〈鼓山禪院列祖記〉後序》
	惠深	《〈列祖列芳集〉後序》
	善緣	《靈源集序》

① 所謂事序是指專門爲某件事而寫的序,如爲遊玩而作序《九日鼓山遊宴序》《遊鼓山序》等;爲祈雨而作的序(亦可稱祝禱序)《仰膏序》;爲祝壽而作的序(亦稱壽序)《遍照禪師壽序》;爲某個重要事件或記録高僧德行而作的序,前者如《蟄仙庵序》《僧智瀾上人住持鼓山寺序》等,後者如《遍照和尚行由原叙》。

② 《鼓山志·藝文志》所收的《遍照禪師壽序》有兩篇,其作者分别爲有"天下第一流人物"美譽的清代理學家雷鋐和曾任清代福建巡撫的余文儀。

③ "口"爲原題缺省的字。下同,不再贅述。

續表

類型	作者	代表性作品
僧撰序跋	觀本	《鼓山湧泉禪寺經板目録後跋》
	虚雲	《鼓山湧泉禪寺經板目録序》《增訂鼓山列祖聯芳集序》
	圓瑛	《鼓山湧泉禪寺〈千佛大戒録〉序》
	弘一	《福州鼓山庋藏經板目録序》
文人序跋	黄任、李拔、徐文儀、沈廷芳、吴嗣富、葉觀國、汪新	《鼓山志序》
	趙世顯	《鼓山舊志序》《〈遊鼓山〉序》
	德福	《叙》
	王恭①	《送了心上人還鼓山序》
	王佐	《僧智瀾上人住持鼓山寺序》
	何喬新	《〈鼓山紀遊詩〉序》
	龔用卿	《跋石鼓清遊小卷》
	徐熥	《〈遊鼓山集〉序》
	徐𤊹	《九日鼓山遊宴序》
	高兆	《題鼓山僧贈黄學庵檢校口後》
	徐景熹	《仰膏序》
	李拔	《〈仰止亭銘〉有引》《遍照禪師語録序》
	孟超然	《遍照禪師年譜序》
	謝章鋌	《遊鼓山詩録序》
	王惲	《遊鼓山(五首)并序》
道士序跋	白玉蟾	《蟄仙庵序》

由上觀之,《鼓山志》序、跋題寫者身份複雜,含括僧、俗、道三界。這些題寫者既有高僧大德,如明之釋元賢大和尚、清之遍照興隆禪師、現代之虚雲、弘一法師等;亦有仕宦之人,如歷任長陽、鐘祥、宜昌、江夏知縣,福寧、福州、長沙知府和湖北荆宜施道台的李拔,曾調知臺灣府事、出任福建巡撫及先後任刑部侍郎、尚書等職的余文儀,官至湖北巡撫的汪新等;也有頗具詩文才情的文人士子,如被譽爲"閩中十才子"之一的明人王恭,負才淹蹇、肆力詩歌的明之徐熥,詩以輕清流麗爲時人所稱、七絶尤負盛名并著有《秋江集》《香草箋》的清代著名詩人黄任,乾隆年間善作風土雜詠之詩并在詞學上被列爲"清詞百家"之一的葉觀國,工詩詞并有《賭棋山莊集》傳於世的清之謝章鋌;

① 原作"王褒",當爲"王恭"之訛誤。王恭(1343—?)爲閩中十才子之一。結合了心上人(善緣)生平及二人交往事,該序當爲明代福建長樂人王恭所撰。

還有善詩工書畫的北宋道教徒白玉蟾等等，不一而足。

綜上，《鼓山志》序跋文章構成類型複雜，不同的劃分標準其類型不盡相同，這一方面與《鼓山志》本身的體裁（既是方志又是寺志）有關，另一方面也與序、跋本身是一種自由靈活的文體關係密切。

二、主題内容豐富

《鼓山志》序跋文章内容主要包括述書籍主旨和編纂緣由、“衡文，述身世，陳友情，考版本”①、繪風景與述傳承等六方面。兹略述如下：

1. 闡釋書籍主旨和編纂緣由。叙述創作、編纂之主旨和緣由是大多數序跋的主要内容之一，這在《鼓山志》可謂俯拾即是，如釋興隆《鼓山志序》云：

晨昏誦祝，朔望呼嵩，且名賢之探奇巖阿，鎸刻石壁，其勝蹟流風，豈可任其湮没而不志哉？②（第2—3頁）

顯然，釋興隆修《鼓山志》是爲了讓鼓山獨特的自然風光和深厚的人文景觀流傳後世。與之類似的又如黄任《鼓山志序》云：

吾閩之鼓山，去城三十里，而近至唐而始顯。僧神晏象教繼興；宋蘇才翁、蔡君謨、朱晦翁諸君子備有題詠；而名人韻士之流連景光、發爲歌吟者又不以計數也。然則山志可任其殘脱不修乎？（第10—11頁）

除《鼓山志》序跋文外，收録在此志書中的其他詩文集序跋也主述創作或編纂主旨，如唐代紹孜作《興聖國師〈元要集〉序》重在叙説興聖國師之宗觀和《元要集》的體例；又如孟超然《遍照禪師年譜序》以遍照禪師用功之勤爲中心介紹遍照及爲其作序的緣由；再如宋至和（1054—1055）年間福建藥山僧人所撰《〈鼓山禪院列祖記〉後序》則詳述編修《鼓山禪院列祖記》的經過等。可見，序跋之文主旨内容豐富多樣，并不整齊劃一。

2. 衡文。所謂“衡文”，即品評文章，它包括品作家和品作品。品作家者，如《鼓山志·藝文志》總序引蘇軾觀點概述了山川古蹟對文人創作的影響：“然蘇子由謂太史公歷覽天下名山大川，故其文疏宕有奇氣；柳子厚至柳州後文乃益奇，是山水亦有功于文人也。”（第97册第319—320頁）又如李拔《鼓山志序》認爲遊歷名川大山使司馬遷“學乃大進”（第97册第19頁）、使杜甫“老去漸於詩律細”（第19頁），而騷客文人登鼓山則“以山之高，臨海之深，必能澡浴精神，縱横志氣。”（第20頁）品評詩文者，如善緣《靈源集序》充分肯定了自然山川給予詩歌情感的滋養：“……故見於詩歌有若良金美玉錚然其聲者；有若吴綾蜀錦郁然其華者；又有若長江、巨海汪洋無際者；又有若嚴霜、積雪瑩然無埃者，是皆襟懷之豪放者也。”（第376—377頁）除此而外，

① 祝尚書：《宋集序跋彙編·前言》，北京：中華書局，2010年，第2頁。

② （清）黄任：《鼓山志》（乾隆二十六年刊本），白話文、張智編：《中國佛寺志叢刊》第97册，揚州：廣陵古籍刻印社，1996年。本文所引《鼓山志》文如無特别標註皆出自此書，其出處直接標註在正文中的引文後，下同。

《鼓山志》序跋品評作品還關涉不同文體藝術特徵的比較，如趙世顯《鼓山舊志序》開篇云：

古今之爲志者，遷、固其選矣。他如《博物》《述異》，衹以炫奇，《夷堅》《虞初》徒資談噱，然猶古之遺也。晚近有作，匪考之弗實，則語焉弗詳，甚至附會蕪雜，荒唐謬悠，吾無取焉。(第 366 頁)

作者認爲，雖同爲志書，只有司馬遷《史記》、班固《漢書》信實詳細，而像《博物志》《述異記》《夷堅志》《虞初志》等志怪小説則虚妄不實、玄奇怪誕、内容粗略，指出了史書與小説的區别，見解頗爲精到。

3. 述身世。在文中敘述人物的身世，王恭《送了心上人還鼓山序》可爲代表，其文云：

吾鄉了心緣公，俗姚氏，閩大族也。幼性勿邇葷肉，骨格若夙定。遂入鼓山拜藍田禪師而師之。僧臘未再，頭角嶄然出衆上，咸推其先覺也。無何，藍田師付以衣鉢，遜丈室而居之。永樂四年秋，詔選天下高僧，大建廣薦法會。了心率其衆，首應明詔，留京師半載矣。時從翰林、諸縉紳遊，情洽甚。將歸，第惜其别。(第 357—358 頁)

上文詳述了心上人(即善緣)的出身、師承法脉及其與文人墨客之郊遊等。另外，有些序還帶有人物傳記的性質，如釋元賢《〈鼓山無異大師衣鉢塔銘〉有序》對博山無異禪師的生平經歷可謂考述周詳，頗有傳記的特點。

4. 陳友情。《鼓山志》序跋之"陳友情"有三類：一是結伴交遊之誼。如何喬新在《〈鼓山紀遊詩〉序》(第 368—370 頁)中敘述了自己與友陳肩輿、劉叔榮、錢廷珍等七位友人結伴登山、賞景、共飲、賞樂、賦詩等其樂融融的景象。其他如趙世顯之"宅憂之暇，爰與朋輩東窺艻崱，遍尋古迹"(第 366—367 頁)；徐熥之"陳振狂、王玉生、謝在杭、仲弟唯起將買舟遊，邀予同往，適予與陳汝大有于山登高之約，不果，語在振狂記中""兹遊也，翩翩同調，唱和詩文爛然成帙，足以不朽，而餘複不得與，怏然於懷"(第 371 頁)；徐𤊹之"山半衹林遺故坵，樵夫舉火燒殘，借宿虚龕，對高僧參禪演偈；采真深洞，與坐客酬酒賦詩"(第 373 頁)等篇章也對此有所涉及。二是僧俗兩界互動交遊之誼，如王佐叙述自己與智瀾上人的交往："覽勝之余，造上人方丈，因與交好，相與談論，見其性質不凡，精於明心見性之理，謂其能闡揚其教，求予文以贈之。"(第 359—360 頁)有的篇章不僅叙交往，還叙友情之深，如王恭《送了心上人還鼓山序》有"時從翰林、諸縉紳遊，情洽甚。將歸，第惜其别""了心笑而謝曰：'先生其知我矣，請序其言，以爲南歸之貺'"(第 358 頁)諸句，雖寥寥數語，却可謂紙短情長。與之相似的還有高兆《題鼓山僧贈黄學庵檢校□後》、孟超然《遍照禪師年譜序》等。三是僧人之誼。如釋元賢《鼓山志序》就簡述了元賢獲贈釋興隆所收集的鼓山歌詠如獲至寶的喜悦心情："且遊屐日衆，歌詠日繁，興公複采而集之者二卷。及餘自浙東歸，興公以所集見付曰：'𤊹老矣，精力弗逮，師其卒成之！'余頂受如獲瑾璧……"(第 381 頁)可見，叙寫友情是《鼓山志》序跋作品的重要内容之一。

5. 考版本。考述版本之變化也是《鼓山志》序跋常見的内容之一，如觀本《鼓山湧泉禪寺經板目録序》、虚雲《福州鼓山庋藏經板目録序》、弘一《鼓山湧泉禪寺經板目録後跋》等都是以考述鼓山湧泉寺所藏佛經本子爲主旨的。此外,《鼓山志》序跋還很重視考述志書版本的源流演變,如黄任《鼓山志序》叙述了該志修纂的源流始末:“考舊志始末,僧善緣著《靈源集》,黄用中改爲《鼓山志》。後謝在杭、徐興公、僧元賢相繼纂輯,及今復百餘年矣。”(第11頁)再如,釋興隆《鼓山志序》描述了鼓山志百餘年修纂的歷史發展過程和自己修纂此志的經過,清晰地勾勒出《鼓山志》版本的演繹變化:

兹山古無志。明永樂間,住山善緣裒《靈源集》始。萬曆戊申謝方伯與布衣徐興公再爲纂輯。國初,永覺老人以真儒度世,複承徐公以續稿見付,志乃大備。迄今百餘年已。隆駑鈍固陋,承乏住持十有三載,每思黽勉續修,奈緣時事不偶。戊寅春,制府楊公以勸農之便入山,問:“敕賜禦書藏經會編入志否?”隆慚謝無以對。由是録文獻,剔苔蘚,搜古今名賢之遺文剩字。彌月稿就,延郡紳纂修,三年編葺成書。山僧一言莫措,惟汲汲典餅缽,鍥棗梨。竊自幸曰:“永祖百餘年,不了之公案,今日完矣。”(第3—5頁)

此外,釋善緣《靈源集序》、趙世顯《鼓山舊志序》和德福《叙》都對《鼓山志》修纂版本演變有所考述,充分體現了序跋“揆其源流”的獨特功能。

6. 繪風景與述傳承。如前所述,《鼓山志》既是方志,也是寺志。因此其序跋抒寫的内容既重地域特色,又彰顯宗教色彩,前者主要體現爲在序跋文中描繪閩地鼓山獨特的自然風景,如趙世顯《〈遊鼓山〉序》盛贊鼓山自然、人文風光,全文以四六言爲主,又頗具駢文的特色;後者則主要在序跋文中陳述宗派的傳承演變,如虚雲《鼓山湧泉禪寺經板目録序》一文考述佛教自東晋以迄六朝及李唐以降的演變後,着重叙述了鼓山禪脉的演變。

由上觀之,《鼓山志》序跋文章既保存了僧俗兩界鼓山之游的詩文創作,又提供了豐富的佛教典籍史料。前者如《〈鼓山紀遊詩〉序》《遊鼓山詩録序》《遊鼓山(五首)并序》《〈遊鼓山〉序》《〈遊鼓山集〉序》等,這些作品不僅描繪了鼓山獨特的自然風光,而且藝術地再現了詩文作者微妙複雜的心靈世界與僧俗兩界交遊互動的生動圖景;後者如《鼓山湧泉禪寺經板目録序》《福州鼓山庋藏經板目録序》《鼓山湧泉禪寺經板目録後跋》等叙述了鼓山湧泉禪寺經藏版本、目録的大體情況;而《〈鼓山禪院列祖記〉後序》《〈列祖列芳集〉後序》兩文則載録了鼓山禪院歷代禪宗祖師傳承之編集情況;另外,《鼓山湧泉禪寺〈千佛大戒録〉序》《遍照禪師年譜序》《遍照禪師語録序》《興聖國師〈元要集〉序》等文則分别提供了湧泉寺佛經書録、遍照禪師年譜和語録資料及興聖國師著述史料等。總之,這些作品内容豐富,既有一般序跋文章常見的主題,也有反映其作爲方志與寺志兼屬所具有的獨特内容,具有重要的史料價值。

三、文體種類多樣與組合形式靈活

序跋是一種形式靈活、内容豐富且多依附于文章或典籍前後的文辭。從這個意義上説序跋所依附的典籍或文章的文體即爲主文體。就《鼓山志》序跋文章而言,其主文體包括年譜、語録、詩、文、方(寺)志等。可見,其涉及的文體種類繁富多樣。細

繹《鼓山志》序跋各篇,不難發現,這些文體種類豐富的序跋文章在形式上亦具有獨特性,要之有二:

(一) 不少篇章用别名代稱

衆所周知,所謂"序",又稱爲"叙"。其别名繁多,如"前言""引言""前記""序志""序言""考""弁言""題記""小引""志""題詞"等。另有些卷首語、出版説明,其功能與前言同,亦可等視爲序。序者,通常用來説明文章或書籍著述的撰寫緣由、寫作意旨、編次體例以及對作家作品的評論等,也有的是用以記録事件之始末。作爲文章或書籍著述的序,通常置於著作正文或文章之前。所謂"跋",别名亦多,如"後叙""文後""書後""題後""後語""後記""卷後語"等。同"序"一樣,"跋"一般也用來評介作品、文章或講述寫作緣起、過程,但它常置於書末或文尾。《鼓山志》序跋文章除了冠之以"序""跋"之名外,也有用其他别名代稱的,如《〈仰止亭銘〉有引》在銘文之前概述作銘之動機;《遍照和尚行由原叙》記載遍照和尚之行曆緣由;《題鼓山僧贈黄學庵檢校□後》則爲崇禎諸生高兆贈詩之序。這些篇章分别以"有引""原叙""題……後"之名來代稱,其功能與序、跋相似。

(二) 主文體與附屬文體組合形式多樣

《鼓山志》所收序文與主文體組合的形式多種多樣,具言之,主要有:(1)"詩+序",如前述之《遊鼓山(五首)并序》《〈鼓山紀遊詩〉序》《遊鼓山詩録序》等;(2)"年譜+序",如《遍照禪師年譜序》;(3)"語録+序",如《遍照禪師語録序》;(4)"志+序",如前述諸篇《鼓山志序》;(5)"銘+序",如《〈仰止亭銘〉有引》和《〈鼓山無異大師衣缽塔銘〉有序》等。以上所述各類序跋作品主附文體組合的形式有兩個特點:一是序跋主述的思想内容或感情常常與主文體(如詩、語録、年譜、銘等)的思想内容或感情互爲映照或補充。二是有些主附文體的組合在形式上也構成前後對照或呼應,比如"銘+序"型中,銘是一種題於器物上鑒戒和頌德的古老文體。劉勰曾指出:"銘兼褒贊,故體貴弘潤;其取事也必核以辨,其摛文也必簡而深,此其大要也。"[①]這表明"銘"這種文體最大的特點在於"旨深辭潤",即言簡義豐是其形式上重要的特點。而附屬文體序或跋以散文爲主、篇幅相對冗長、語言相對平實的形式恰恰構成對照。現以《〈鼓山無異大師衣缽塔銘〉有序》爲例略加探討。此塔銘之文不足百字,其詳如下:

> 其銘曰:寶鏡三昧,露隱塵蒙。壽昌崛起,如日湧東。吾師繼之,厥化彌隆。圓照無外,赫赫日中。雲包雨笠,萬派朝宗。公孤以降,靡不景從。揀魔辨異,祛惑破夢。唯師一人,壯哉釋雄。岃崱岧嶢,勢壓群峰。衣缽斯藏,高入穹隆。説法音聲,海濤天風。於載之下,式此遺封。[②]

由上引文不難看出,元賢爲博山無異大禪師所撰銘文主要是贊美博山佛法修行之高及其對鼓山禪宗發展的貢獻,思想情感藴藉厚重,文辭簡約却不失典雅莊重。而此銘

① (南朝梁)劉勰撰,范文瀾注:《文心雕龍注》,北京:人民文學出版社,1958年,第195頁。

② 張天禄:《鼓山藝文志》,福州:海風出版社,2001年,第565頁。

之序文却以近兩千字詳述博山無異禪師的生平經歷，除在内容上將銘文深邃的主旨具體化以外，其散體化的語言和自由的體式也與銘文短小精悍的通篇四言互爲映照，既各顯千秋，又相得益彰。

總之，序跋對於詩、文而言，屬於附屬文體，但從上面的組合方式看，這種附屬文體可與多種文體配合，形式活潑多樣，在其發展演變過程中，其文體功能由最初單一的“序其篇章之所由作”[①]擴展到多方面，與詩、文或補充、或互文，從而使詩文内容得以豐富，主旨得以突出。

四、“標其崖略”的文體風貌

所謂“標其崖略”是指簡略叙述梗概。序跋文章往往概述文章或書籍著述的内容、簡評作家、作品或略述事件始末等。就《鼓山志》序跋文章而言，“標其崖略”主要有兩類：

第一，典籍之序跋。這類序跋主要是概述詩文集作品的概貌。前者如《靈源集序》《〈鼓山志·藝文志〉總序》《〈遊鼓山集〉序》《增訂鼓山列祖聯芳集序》《〈鼓山禪院列祖記〉後序》《跋石鼓清遊小卷》等都扼要叙述了這些詩文集作的概貌；後者如從《興聖國師〈元要集〉序》《〈列祖列芳集〉後序》等文側重在序中介紹詩文集作者的生平事蹟、著述情況。值得一提的是，有些文集不見了，但其留存下來的序記載了它大體的風貌，如善緣《靈源集序》通常把它看作方志（即鼓山志），然我們細讀該序會發現，與其説《靈源集》是鼓山志書，不如説它也是文人騷客的詩歌作品集。正如善緣自序云：

> 然歷年既久，詩文浩淌，有已刻千石者，則苔封鮮侵，觀者艱於覽誦；有未刻于石者，則時移人換，久而散佚失傳。故予不揣，并而集之，名之口《靈源詩集》，一以使後人之題詠，續此源源而不絶也。昔李太白作《麻姑山賦》，而麻姑之名隨重千天下，矧鼓山爲閩南之甲，峰巒特聳，蹤蹟異常，梵宇壯麗，而得名公鉅卿，文人墨客倡和之盛，其名豈不益重哉？是爲序。（第377頁）

由上不難看出，《靈源集》似乎專録題詠，并非嚴格意義上的方志。是集如今已亡佚，其收録詩文作品的詳情我們已無從獲知，但善緣《靈源集序》却描述了是集收録之文的大體概貌，其文獻價值不言自明。

第二，詩歌或文章之篇序。這類序文主要是簡述詩文篇章的創作動機、内容思想、藝術成就等。值得一提的是，詩序與文序相比，又有自己的獨特之處。衆所周知，詩歌和頌、銘、箴等文體由於受句式、格律、音韻等限制，容量有限，一些事實（史實）、場面、人物及細節需借助不受韻律、篇幅限制的散文體來抒寫，而爲詩而作的序跋作爲附屬文體恰好彌補了主文體“詩”的這一缺憾。如詩序《遊鼓山（五首）并序》所録五詩之前的序文[②]叙述了作者遊鼓山的起因（“鼓山在閩中爲特秀”“王事鞅掌，未遑登覽”“天平參政獻子、大都李郎中德昌、御史聊城師彦貞、居延藺實臣、提刑東原曹仲

① 徐師曾：《文體明辨序説》，北京：人民文學出版社，1962年，第135頁。

② （元）王惲：《秋澗先生大全文集》卷二十，《四部叢刊》本。

明、憲幘張遂良、程舜臣、何舜卿來游”)、遊覽經過(詳述遊望州亭、白雲寺、西寮、屴崱峰、靈源洞、喝水岩、天風海濤亭、紫陽遺刻等鼓山名勝的經過)及作序、爲詩之緣由(“至元歲月,不可以不紀,詩亦不當無也。明日探囊,得唐律五詩,俾刻諸亭上,以爲山中故事”)等。序文雖不長,但所述與組詩相互映衬,彌補了詩之不能的局限。與之類似的還有《〈鼓山紀遊詩〉序》和《遊鼓山詩録序》等。

清人王懋功曾從“文章用世”的角度給予序跋相當高的評價:“概論詩文當先文而後詩。專以文論,又當先序而後及他文……自古迄今,文章用世,惟序爲大,更無先於此者。”的確,《鼓山志》序跋因其獨特的文體特徵彰顯出獨特的“用世”價值:一方面,其保存的鼓山地理風貌、寺院興廢、宗教活動等豐富資訊具有重要的史料價值,填補了歷史空白;另一方面,其文字優美,或駢散結合,或質樸自然;或蘊含深刻哲理,或飽含真摯情感;或生動勾勒鼓山秀麗風光,或條理講述鼓山人文軼事等,凡此種種,不僅是瞭解鼓山的重要文獻,更是古代文學寶庫中頗具特色的篇章。

古籍書訊

《劉開詩文集》(《安徽古籍叢書》第二十九輯)

(清)劉開撰,彭君華整理,李霜琴編輯,黄山書社2025年9月版。

劉開(1784—1824),字明東,又字方來,號孟塗,清代安徽桐城人。與同鄉方東樹、姚瑩,上元管同、梅曾亮並稱爲姚鼐及門五大弟子。劉開詩作題材多様,馳驟暢達,陽剛健舉。其散文氣積勢盛,縱橫排宕。其駢文引據繁富,造語新奇,情理兼勝,辭采華美。劉開爲文尊崇桐城家法,但又不拘於繩尺,力求集衆家之美而得其大成。劉開認爲,駢文與散文異派同源,殊途合轍,但可相成,不宜偏廢,主張文章寫作應駢散結合,這在桐城古文陣營裏可謂異軍特起,格外醒目,與常州派、陽湖派的理論相通相融,順應時勢。

《劉開詩文集》包括《孟塗前集》十卷、《孟塗後集》二十二卷、《孟塗先生遺集》二卷、《孟塗文集》十卷、《孟塗駢體文》二卷,共五種。整理本以檗山草堂本爲底本,校以掃葉山房本、《孟涂初集》等,附録劉開有關傳記資料十六則。

劉文典《莊子》思想研究
——以劉文典批校《莊子集釋》手稿爲中心

蒲章臻

摘　要:劉文典是近代《莊子》研究的著名學者,因校勘考證《莊子》并著成《莊子補正》爲人們所熟知,其對《莊子》義理亦多有解讀。通過劉文典批校的《莊子集釋》手稿,可以全面瞭解其《莊子》思想。劉文典對《莊子》的主旨要義有獨到見解,并形成系統論述;繼承章太炎以佛學治《莊子》的思路,加以取捨後形成自己的觀點;用《莊子》溝通中西文化,援引西學解讀《莊子》、探究中西思想異同,且用《莊子》解讀國内外時局民生。

關鍵詞:劉文典;《莊子》;批校《莊子集釋》手稿

劉文典是近代著名學者,對中西方文化皆有深刻研究。劉文典尤精古籍校勘且成果卓越,所著《淮南鴻烈集解》《説苑斠補》《三餘札記》等對學界皆有較大影響。劉文典對《莊子》亦多有研究,且對自己學問極其自信,曾言世間懂莊子的有兩個半,一個是莊子本人,一個是他自己,另外半個爲其他學者,《莊子補正》便是其治學《莊子》的總結性成果。然《莊子補正》是校勘學著作,重考證訛誤,而輕義理闡述,其中少有劉文典《莊子》思想的表述。現今對劉文典治學《莊子》的研究主要依托《莊子補正》,多論述其對《莊子》的校勘考證,而少有對劉文典《莊子》思想的完整論述①。近些年,劉文典批校《莊子集釋》手稿的發現爲劉文典《莊子》研究帶來新的史料,手稿中有許多對《莊子》思想的闡述,本文旨在以手稿爲中心,對劉文典《莊子》思想做詳細解讀。

一、對《莊子》主旨要義的闡述

《莊子》是我國幾千年來影響最爲深遠的經典古籍之一,自成書流傳以來,歷代學者對其思想的闡述研究便從未停止,并形成自己的認知與解讀。當然,《莊子》有其主旨要義,歷代學者的解讀亦多圍繞此些要義展開。唐代大儒陸德明就曾做簡單概括,“莊生獨高尚其事,優遊自得,依老氏之旨,著書十餘萬言,以逍遥、自然、無爲、齊物而已”②,熊鐵基對此深表贊同,認爲“無論古代學者或近代學者都已把它們當作《莊子》

作者簡介:蒲章臻,安徽大學歷史學院博士生,主要從事歷史文獻學研究。

① 僅有少數論文著作簡略涉及劉文典《莊子》思想研究,如寇蔻:《劉文典與〈莊子補正〉研究》,華中師範大學碩士論文,2014年;黄偉:《劉文典文獻學成就研究》,安徽大學博士學位論文,2015年;馬仁杰、黄偉、劉偉:《劉文典研究》,合肥:安徽大學出版社,2019年;馬仁杰:《劉文典評傳》,北京:學苑出版社,2024年。

② 謝祥皓、李思樂輯校:《莊子序跋論評輯要》,武漢:湖北教育出版社,2001年,第7頁。

的主要思想，衹不過闡釋不同罷了”[①]，劉文典對《莊子》思想的闡述亦是如此。

劉文典認爲“重精神，輕形質”是《莊子》主旨思想，亦是道家哲學要義。《莊子》中有關精神與形質的論述頗多，其中圍繞“逍遥”的闡述最直觀的反映了這一要義。“逍遥”實質是對自由的追求，《莊子》不僅主張外在形質上的自由，更看重精神上的自由。在《莊子》的表述中，“逍遥”與“遊”密切相關，而所謂的“遊”也更多是精神上的活動而非外在的，可見《莊子》對精神之重視。

《秋水》篇“以功觀之，因其所有而有之，則萬物莫不有；因其所無而無之，則萬物莫不無。知東西之相反而不可以相無，則功分定矣。”劉文典言此段便體現了道家“重精神、輕形質”的思想：

> 《淮南子·俶真》篇“夫秋豪之末，淪於無間，而復歸於大矣。蘆苻之厚，通於無垠而復反於敦龐，若夫無秋豪之微，蘆苻之厚，四達無境，通於無圻，而莫之要禦夭遏者，其襲微重妙，挺挏萬物，揣丸變化，天地之間，何足以論之！”最足以見道家“輕形質”之意。[②]（第5册第47頁）

劉文典認爲《秋水》此文與《淮南子·俶真》一段文義相同，主旨都爲“重精神、輕形質”，其中《淮南子·俶真》表述更爲通俗易懂，借由秋毫之末、蘆葦之厚與無形之“道”對比，得出“無形而生有形亦明矣”這一結論，進而點明“重精神、輕形質”這一主旨。

劉文典對《莊子》中“自然(nature)”與“宇宙”多有論述。首先需要言明，劉文典所言的“自然”并非陸德明所言的“自然”。陸德明所言《莊子》中“自然”更接近“自然而然、不加外力”之意，而劉文典所言爲西方“nature(自然界)”之意。“在中國古代思想中，涉及自然界(nature)的觀念包括天、天道、宇宙等”[③]。《莊子》中便多用“宇宙”表述“自然(nature)”。

劉文典闡述宇宙的廣闊無限，如《齊物論》“夫大塊噫氣，其名爲風。”其言：

> 風，喻宇宙之總。（第1册第68頁）

認爲此處的“風”藴含世間萬物，代表的便是無限的宇宙。解讀宇宙起源問題，還是上文提及的《秋水》“以功觀之，因其所有而有之……”一段。劉文典言：

> 此Being生於non-Being之義也。《庚桑楚》篇“以有形者象無形者而定矣！出無本，入無竅，有實而無乎處，有長而無乎本剽，有所出而無竅者有實。有實而無乎處者，宇也；有長而無本剽者，宙也。”有之生於無，《淮南子·俶真》篇言之最爲詳盡。（第5册第47頁）

劉文典認爲《莊子》多處講“有之生於無”，論述的是宇宙起源問題，即宇宙萬物皆誕生於“無”，“無”是不可知的，因而宇宙没有開始與結束，是一直循環往復的。

劉文典認爲《莊子》中“無爲而治”的思想極爲突出。《莊子》對“無爲”的解讀是多

---

① 熊鐵基主編，劉國盛、肖海燕、熊鐵基著：《中國莊學史》，北京：人民出版社，2013年，上册第24頁。

② 劉大偉、張昌山主編：《劉文典批校〈莊子集釋〉影印本》，昆明：雲南美術出版社，2020年。本文所引劉文典對《莊子集釋》的批校均出自此書，其出處直接標注在正文中的引文後，下同。

③ 劉笑敢：《析論〈莊子〉書中的兩種“自然”——從歷史到當代》，《哲學動態》2019年第12期，第43頁。

層次的，“不僅是講個人，也講社會政治，乃至於整個宇宙萬物。”[①]劉文典對“無爲”的解讀亦然。

劉文典對《莊子》“無爲”的闡述由“宇宙之無窮”引出，如《天運》篇。劉文典言：

《養生主》篇“吾生也有涯，而知也無涯。以有涯隨無涯，殆已”；《秋水》篇“計人之所知，不若其所不知”與此文之“目知窮乎所欲見，力屈乎所欲逐”意義并同，莊生蓋深有見於人生之至小，宇宙之無窮，不欲以有涯之生逐無涯之知耳。彼自以爲盡知天地之情、古今之變者，實以指測河、以管窺天也。（第 4 册第 142 頁）

劉文典認爲《莊子》多言宇宙無窮，世間萬物無限，而人是渺小的，認知與生命有限，是在宣導不應用有限生命去探究無限的宇宙，應當順應自然、保持無爲。又如《秋水》“五帝之所連，三王之所争，仁人之所憂，任士之所勞，盡此矣！”劉文典言：

道家之 agnosticism（不可知論），與儒家者不同，儒家以其無益於治下，爲無用之辯，不急之察，明之不如其已也，故亦如《莊子・齊物論》所云“六合之外，存而不論”，此種見解具見於《荀子・天論》篇中。至《莊子》一書，既非出於一時一人之手，其言自不能一致，然大要則以爲“宇宙之大無窮，吾人之生有涯，不欲以有涯之生逐無窮之知也”。（第 5 册第 37 頁）

道家認爲即便偉岸如三皇五帝，與萬物相較亦微不足道，因此對待“不可知”，主張自然無爲。儒家與道家則不同，面對“不可知”，追求的是盡力而爲，主張探索思考。

劉文典認爲“絶對的而非相對的”亦是道家與《莊子》要義，即“齊物”思想。《莊子》言世間的對立是相對的，自宏觀角度觀之，世間萬物是齊平無差别、絶對統一的。

劉文典解讀“齊物”思想，亦從“絶對的而非相對的”展開論述，如《逍遥遊》“北冥有魚，具名爲鯤。鯤之人，不知其幾千里也。”劉文典案：

《爾雅・釋魚》“鯤，魚子也”；《國語・魯語》“魚禁鯤鮞”韋（昭）注同，是鯤之爲小魚，審矣。莊生固明知，之所以故言其大不知幾千里者，特假以破世人“小大”之成見爾。《庚桑楚》篇“夫尋常之溝，巨魚無所還其體，而鯢鰌爲之制”；《左（傳）・宣（公）十二年傳》“取其鯨鯢而封之”，注“鯨鯢，大魚名”。鯤、魚子，而莊子以爲大；鯢、大魚，而莊子以爲小，斯實其“等小大、齊壽夭”之眇誼所在，未可墨守古訓以釋之也。方密之（方以智）能明此誼，是其識見高超處，章句之儒何足以知之。（第 1 册第 15 頁）

方以智通過考證《爾雅》與《國語》，得出鯤實爲小魚的結論[②]，劉文典贊同其説法，并認爲《莊子》這樣表述是有意爲之，目的是爲了破除世人對“大小”相對性的成見，使人們認識到事物的絶對統一性，以達到“齊物”的境界。此外，劉文典對價值、有無、是非亦有類似解讀。

① 《中國莊學史》，上册第 34 頁。

② （明）方以智著，中國書店影印：《通雅》，北京：中國書店，1990 年，第 577 頁。

二、對章太炎"以佛解莊"的揚棄

自佛教傳入中國以來,中國僧俗便竭盡所能對其進行本土化改造,以期被中國民衆接受。在佛教本土化過程中,曾融合老莊學説以推動融入的進程,佛教思想與道家思想就此産生聯結。此後歷經佛道儒三教合一,三教思想相互吸收借鑒,佛教思想與道教思想聯繫進一步加深,部分思想義理實現共通。自此用佛學解讀道家經典的狀况多有發生,《莊子》便是其一。南宋大儒林希逸曾以儒家、禪宗思想闡釋《莊子》并著成《莊子口義》。其曾言"是必精於語、孟、中庸、大學等書,見理素定,識文字血脉,知禪宗解數,具此眼目,而後知其言意一一有所歸著"①,認爲《莊子》内容晦澀難懂,治學需精通儒學,亦需知禪宗解數。近代亦有章太炎、楊文會、馬其昶等學者用佛學解讀《莊子》,其中章太炎會同佛莊,用佛教法相宗教義解讀《齊物論》并著成《齊物論釋》,對《莊子》"齊物"思想進行系統闡述。

劉文典1909年赴日本求學,曾師從章太炎,期間章太炎講學《莊子》《説文》。劉文典曾回憶:"他講《説文》,我還能懂一點,他講《莊子》,我就不大懂,再加上佛學,那就更莫明其妙了。"②(第415頁)因當時未經過系統性學習,劉文典未能完全吸收章太炎的講學内容,但對章太炎"以佛解莊"的治學思路印象深刻,此後其治學《莊子》對佛學亦加以借鑒,但與章太炎思路又有所區别。

劉文典多援引佛教術語解讀《莊子》,如《齊物論》"未成乎心而有是非,是今日適越而昔至也",劉文典言:

> 莊生此文蓋謂,是非之見由於成心,無成心而有是非者,未嘗有也。今日適越而昔至者,喻因果先後顛倒,爲事理所必無耳。故下文云"是以無有爲有",注云"理無是非,而惑者以爲有,此以無有爲有也。"非其指矣。《天下》篇"今日適越而昔來"亦謂其説之難持也。(第1册第85頁)

劉文典認爲《莊子》此段闡述的是"成心"與"是非"的關係。因爲"成心"的存在,世間才有了各種"是非"。没有"成心"但却出現"是非",就如同今天出發去越國,昨天就到達了一般,是不可能發生的。劉文典引用佛教用語"因果"詮解此意,説没有"成心"而有"是非"便是顛倒了"因果",一語中的。章太炎對此亦有解讀,認爲此段論述的是佛教"藏識"中的"種子",便援引"藏識""種子"等佛教術語來解讀"成心"與"是非"。"藏識"即法相宗"八識"中第八識,爲含藏一切種子之識。章太炎認爲"其他有無是非,自共合散成壞等相,悉由此七種子支分觀待而生"③(第74頁),"是非"皆因"種子"而生,"成心即是種子"(第74頁)。又如《齊物論》"以指喻指之非指,不若以非指喻指之

---

① (宋)林希逸:《莊子口義》,《景印文淵閣四庫全書》,臺北:商務印書館,1986年,第1056册,第357頁。

② 諸偉奇、劉平章主編:《劉文典全集》第5册,合肥:安徽大學出版社,2013年。本文所引該書文皆出自此書,其出處直接標注在正文中的引文後,下同。

③ 上海人民出版社編:《章太炎全集》第6册,上海:上海人民出版社,1986年。本文所引章太炎文皆出自此書,其出處直接標注在正文中的引文後,下同。

非指也；以馬喻馬之非馬，不若以非馬喻馬之非馬也。天地一指也，萬物一馬也。"劉文典言：

指與非指猶是"名相"，以非指喻之，是并"名相"而超脱之矣。（第1册第93頁）

《莊子》此段大意爲：用拇指來證明拇指并非指頭，不如用其他指頭證明；以白馬來論證白馬不是馬，不如用其他顔色的馬證明。自萬物齊平的角度來看，世間萬物并無區别，因而天地爲一指，萬物爲一馬。劉文典引用佛教"名相"的概念解讀此文，"耳可聞者曰名，眼可見者曰相"，"名相"是一切事物名稱與相狀的結合，佛教用"名相"來表述事物現象的特徵與表像。劉文典言拇指與其他指頭皆爲"名相"，用其他指頭來驗證，是突破了"名相"的束縛，達到佛家所言的超脱，也即《莊子》的"齊物（道通爲一）"。而章太炎言"指馬之義，乃破公孫龍説"（第18頁），側重論述《莊子》對公孫龍的駁斥。

劉文典援引佛教思想義理與《莊子》進行比照，如《齊物論》："是以聖人不由而照之於天，亦因是也。"劉文典言：

此照之於天，猶《心經》"照見五藴皆空"之"照"也。（第1册第91頁）

《莊子》此段言：聖人不會走已經劃分是非正確的道路，而是觀察思考自然事物的本質。劉文典援引佛教經典《心經》與之對照，其中"五藴"包括色藴、受藴、想藴、行藴、識藴，佛教認爲衆生萬物皆由其積集而成。"照見五藴皆空"是佛教修行追求的最高境界，即洞悉世間萬物之本質。劉文典認爲《莊子》此段内容與《心經》中"照見五藴皆空"所表達的思想類似，皆是主張不應被事物的外在所迷惑，應當洞察事物本質。章太炎側重言"聖人無常心，以百姓心爲心，故不由而照之於天"（第17頁）。其援引《老子》文"聖人常無心，以百姓之心爲心"[①]解讀此段文意。又如《齊物論》："有始也者，有未始有始也者，有未始有夫未始有始也者。有有也者，有無也者，有未始有無也者，有未始有夫未始有無也者。"劉文典言：

此即世尊（佛陀）所謂第一義諦，第一義空也。詳《南本大般涅槃經》卷三十六《憍陳如品第二十五》佛告須跋陀羅語。（第1册第107頁）

《大般涅槃經》原文爲："一切諸法皆是虚假，隨其滅處，是名爲實，是名實相，是名法界，名畢竟智，名第一義諦，名第一義空。"[②]其中"第一義諦"指至高無上圓滿究竟之真理。世尊明確開示，諸法實相（各種現象的真實面目）是"第一義諦"。劉文典認爲佛陀所説的"第一義諦"，與《莊子》此文所言"有無"實爲一意，即"有生於無，萬物皆空"。章太炎此段重點論述"言"與"義"的關係，其援引《荀子》與《攝大乘論》進行論證，對"有無"并未重點闡釋（第25頁）。

三、用《莊子》溝通中西文化

在鴉片戰争後，中國被迫與西方開展全面交流，期間西方科學文化傳入我國。面

① （春秋）老子著，陳徽譯注：《道德經》，上海：上海古籍出版社，2023年，第176頁。

② （北梁）曇元讖譯，林世田等點校：《涅槃經》，北京：宗教文化出版社，2001年，下册第765頁。

對西學衝擊,中國學者積極吸收西方科學文化,中西文化的交流融合成爲當時最爲顯著的學術特徵。其中用西方思想解讀中國文化是當時的潮流,作爲道家經典的《莊子》亦是如此。嚴復、胡適等便用西學解讀《莊子》,以期探尋中西方學術與思想的共通點。劉文典對西方文化亦有深入瞭解,其自幼習讀外文,後又留學日本,期間翻閲大量西方社會科學著作,全面且系統地學習過西方思想文化,回國後擔任《新青年》雜志英文編輯,長期從事翻譯事宜。劉文典曾對東西文化的根本異同進行總結:

Oriental(東方的),subjective(主觀的);idealistic(理想主義的);symbolical(象徵性的)。

Occidental(西方的),objective(客觀的);realistic(現實的);mimetical(模仿的)。(第 8 册第 174 頁)

可見其對中西文化理解之深刻。劉文典治學《莊子》,亦注重對《莊子》與西方思想文化進行比照,用《莊子》溝通中西文化。

用西方術語解讀《莊子》思想。嚴復曾用西方術語解讀《莊子》,如言"依乎天理,即歐西科哲學家所謂 We must live according to nature"①,劉文典亦是如此,如謂:

天鈞、天均、天倪之義,與西洋人所謂自然之均衡 Natural balance 正同。休乎天鈞者,即任自然之義也,注疏解天鈞皆得其誼。(第 1 册第 99 頁)

又如上文所提及的"此 Being 生於 non-Being 之義也""道家之 agnosticism(不可知論)"等。《莊子》等古籍經典晦澀難懂,用國文解讀其思想主旨較爲困難,而西方術語的引入則使解讀簡單直白,更利於對《莊子》等典籍的理解。

肯定《莊子》與西方思想相合之處。認識具有共通性,就如同生物學中的"趨同進化"一般,即便中西方學者没有交際,但却會對某些事物現象産生相似的認識。劉文典對此持肯定態度,并對《莊子》與西方思想的共通處多有論述,如其曾言《天下》中"一尺之棰,日取其半,萬世不竭"的闡述,與希臘哲學家 Zeno(芝諾)"龜與天神競走説"類似(第 152 頁);《養生主》中"庖丁解牛"的典故,希臘哲人柏拉圖作品 Phaedrus(《斐德羅篇》)中便有相似叙述(第 157 頁)。此外,柏拉圖有"天地萬物皆吾心"的觀點,有學者贊嘆其言語博大宏偉,認爲此言如同佛教"無上正覺"一般。劉文典言:

其言可謂閎美矣,然亦不過等於莊生"天地一指,萬物一馬"之説耳。(第 1 册第 93 頁)

認爲柏拉圖之言不過如此,《莊子》中有類似論述。對於古代先哲超前的思想,劉文典亦不吝贊美,如《庚桑楚》:"有實而無乎處,有長而無乎本剽。"劉文典言:

《莊子》此文以空間、時間説 being 與 non-being,微妙深美,直奪近世歐洲哲學家之席。幼讀此書未盡通解,稍治哲學之後,重讀之,遂多神悟,它日學業倘能增進,當精思著文以詮釋之也。(第 7 册第 32 頁)

---

① 王栻主編:《嚴復集》,北京:中華書局,1986 年,第 4 册第 1108 頁。

認爲《莊子》此文義理深奥,與近代西方哲學家理論相較亦不遑多讓。又如《天下》:“以爲無益於天下者,明之不如已也。”劉文典言:

此頗似美國James(威廉・詹姆斯)、Dewey(約翰・杜威)所倡導之實用主義Pragmatism,以有無實用定是否真理也。(第8册第166頁)

肯定了《莊子》此文義理與近代美國實用主義的相似性,彰顯了《莊子》的超前性。當然,劉文典也意識到中西方文化的這種相合是有限度的,認爲并不能將其完全等同,衹能互相參證。

否定强加於《莊子》與西方文化的聯繫。在中西文化交流碰撞的過程中,部分學者對於我國舊學迷信過深,便利用西學來反證我國文化的博大精深。他們對於西方思想文化仍有偏見,便言説部分西方科學的原理在中國古代已經被發現提出。劉文典對此持反對態度,認爲“見到提出不就算能研究能解決,零零碎碎的知識,比不得有統系組織的學問”(第152頁),中西方思想認識有共通處,但并不能將中國古代這種認識等同於近現代西方系統而嚴密的自然科學。就《莊子》而言,近代諸多學者將西方“進化論”與其聯繫在一起,胡適就曾在《中國哲學史大綱》中言《莊子》對“進化論”已有所表述①。劉文典雖與胡適關係密切,但仍對其觀點進行駁斥,如對胡適將《寓言》“萬物皆有種也”、《至樂》“種有幾”中的“種”論述爲“種類”表示反對。劉文典認爲莊子曾經見過生物進化的現象,但也衹是見過,而非像達爾文等學者那般“推求出原理來,建立成系統來,提得出確實的證據,下得了不移的結論”(第154頁),二者有本質區别。

用《莊子》解讀國内外局勢。劉文典不僅對西方思想文化瞭解頗深,對西方國家存在的社會問題亦有深切認識。在《軍國主義》一文中,其引用《莊子・則陽》中蠻氏、觸氏之争的故事,認爲兩國争鬥便是近代所言軍國主義影響的結果。其進一步解讀軍國主義産生的原因,言稱“求生意志乃世界之本原,競存争生實進化之中心,國家者,求生意志所構成,軍國主義者,競存争生之極致也”(第129頁),認爲求生意志是軍國主義的本原。近代以來,各國往來密切,競争日趨激烈,爲追求國家的生存,因而軍國主義普遍産生。劉文典言日本便是如此,日本猶如昔日蠻氏一般侵略他國,并希望將中國滅國夷種,而中國應像觸國那般奮起抗争。又如《徐無鬼》中有“愛民,害民之始也;爲義偃兵,造兵之本也”。大意爲:所謂愛民,其實是害民的開始;爲義而制止戰争,亦是在製造新的戰争。劉文典言:

今之爲政者日言愛民,而民之生機愈不堪問,恨未能以莊生之言諭之。(第7册第57頁)

認爲當時國内外的局勢便如《莊子》所言那般,統治者的無能致使民生愈加疾苦,其對此深感痛惜。劉文典又言:

今歐美日本之裁兵會議、非戰公約,倡言和平而日尋干戈,禍之所極,直將盡殺人

① 胡適:《中國哲學史大綱》,上海:上海古籍出版社,1997年,第187—191頁。

類,盡毁文明,皆由未達莊生斯指爾。(第 7 册第 57 頁)

各國聲稱爲和平而制止戰争,但却因此不斷製造新戰争,亦如《莊子》千年前所言那般。《莊子》警示在前,至今已過千年,但今日之景象一如往昔,致使劉文典深感無力。正如黑格爾所言,"人們慣以歷史上經驗的教訓,特别介紹給各君主、各政治家、各民族國家。但是經驗和歷史所昭示我們的,却是各民族和各政府没有從歷史方面學到什麽,也没有依據歷史上演繹出來的法則行事。"①

四、結　語

通過劉文典批校《莊子集釋》手稿,可以對劉文典《莊子》思想有全面深入的認識,劉文典無愧莊學大家之名。首先,可知劉文典對《莊子》進行細緻解讀并形成系統的論述,對《莊子》主旨要義做了獨到總結。劉文典對《莊子》的治學是全面而深刻的,這也是其自詡爲當世最懂莊子之人的底氣所在。其次,明確了劉文典對章太炎"以佛解莊"治學思路的揚棄。受章太炎影響,劉文典援引佛教術語與思想治學《莊子》,且"以佛解莊"亦基本圍繞《齊物論》開展。但劉文典有自己的思考與獨到見解,并未全盤接受章太炎的思想,因而與章太炎對某些問題的論述側重點有所不同。此外,劉文典對佛學的引用相對淺顯,解讀闡述較少,更未如其師一般構建完整的理論體系。最後,劉文典學貫中西,對東西方文化有較爲深刻的認識,其引用西學解讀《莊子》,對中西方文化相通點給予肯定,但亦反對盲目地進行比較聯結。在西學的衝擊下,劉文典始終保持着理性思考,這體現了其獨立的學術精神與嚴謹的治學態度。另外,劉文典還用《莊子》來解讀國内外問題與局勢,并意圖從中找到救國救民之策,其不僅專研學術,亦關注時政民生,這也是近代大變革的時代背景下,中國學者整體狀況的縮影。

① [德]黑格爾著,王造時譯:《歷史哲學》,上海:上海書店出版社,2001 年,第 6 頁。

■目録與版本

“劉向纂輯《楚辭》十六卷本并不存在”説辨證
——兼論《漢志》無《楚辭》否定不了其非劉向撰

力　之　劉珊珊

摘　要:支撑“劉向纂輯《楚辭》十六卷本并不存在”這一觀點的理由主要有三:一,漢人“不可能將屈、宋作品與漢人‘代屈’的擬作合以‘楚辭’稱之,更不可能有類此以‘楚辭’爲名的總集存在”;二,“王逸‘劉向典校經書分爲十六卷’……這‘分爲十六卷’是對《離騷》一篇而言,與《離騷》以外的其他作品毫不相干”;三,“如果劉向真曾纂輯過‘楚辭’總集,則必定會在《詩賦略》中著録出來”。這三大理由無一能成立,故被支撑者自然同樣不可能成立。吕祖謙謂“王逸嘗言劉向典校,分《離騷》爲十六卷”,純爲誤讀所致,而非“獨具慧眼”。

關鍵詞:劉向;《楚辭》十六卷;王逸;《楚辭章句》

著名學者黄靈庚説:“館臣以集《楚辭》十六卷者劉向,而注《楚辭》十七卷者爲王逸。此乃自古至今通論。非也。”①就大致的客觀事實層面言,“至今通論”云云極是。黄先生乃一學養殊爲深厚之純粹學者,其對“《楚辭》學”尤其是於《楚辭》文獻方面所作之貢獻甚巨,而向爲筆者所景仰。然其“非也”之具體支撑——漢人“不可能將屈、宋作品與漢人‘代屈’的擬作合以‘楚辭’稱之,更不可能有類此以‘楚辭’爲名的總集存在”“王逸‘劉向典校經書分爲十六卷’……這‘分爲十六卷’是對《離騷》一篇而言,與《離騷》以外的其他作品毫不相干”與“如果劉向真曾纂輯過的‘楚辭’總集,則必定會在《詩賦略》中著録出來”②諸説,雖或有引出新問題而推進本研究之功,却是難以成立的——王逸“劉向典校經書分爲十六卷”者“對《離騷》一篇而言”説,非是;而在王逸是説没有問題之前提下,由於《漢書·藝文志》(後或省作“《漢志》”)并非著録當時之“一切書”,故據《漢志》不著録《楚辭》是否定不了其非劉向所撰的。即此“非也”之判斷未爲得。今鑒於這些問題本身,關涉到《楚辭》成書的殊爲重要之基本問題,故甚

作者簡介:力之,廣西師範大學文學院教授,主要從事唐前文學研究;劉珊珊,廣西師範大學文學院古代文學專業博士生,主要從事“《文選》學”研究。

基金項目:國家社科基金一般項目“《文選》五臣李善二家注論衡”(19BZW061);廣西壯族自治區研究生教育創新計劃(YCBZ2022058)。

① 黄靈庚疏證:《楚辭章句疏證》增訂本,上海:上海古籍出版社,2018年,第1册,《增訂版前言》第2頁。

② 黄靈庚:《〈楚辭〉十七卷成書考辯》,《復旦學報》(社會科學版)2008年第3期,第3—4頁。

有進一步研討之必要。而迄今爲止,尚未見有學者對此作過系統而細緻的辨析①,故筆者不揣識淺見窄而陳管見於此。下面,擬分三部分以説之。不當處,祈黄先生與海内外之方家不吝以斧之。

一、漢人"不可能將屈、宋作品與漢人'代屈'的擬作合以'楚辭'稱之,更不可能有類此以'楚辭'爲名的總集存在"説辨證

黄先生據《史記·酷吏列傳·張湯傳》之"(朱)買臣以'楚辭'與(莊)助俱幸"和《漢書》的《朱買臣傳》之"説《春秋》,言'楚詞'"與《嚴安傳》(引者按:當作《王褒傳》)之"宣帝……徵能爲'楚辭'九江被公"中之"楚辭/楚詞",而云:"這個名爲'楚辭'的東西,是否即指屈原、宋玉等人的辭賦類的作品?恐怕要好好研究,不可武斷。"②"不可武斷"云云甚是;然據《史記·屈原賈生列傳》之"屈原既死之後,楚有宋玉、唐勒、景差之徒者,皆好辭而以賦見稱"與《漢書·地理志》相關之説(參下文的黄先生所引),筆者認爲:説這"楚辭"主要是"指屈原、宋玉等人的辭賦類的作品"應是没有什麽問題的,關鍵在其性質如何——是純粹的楚人作品?還是王逸《楚辭章句》所本《楚辭》之雛形?即其中之非屈原作品均代屈原設言。

接着,黄先生又據《漢書·地理志》之"始,楚賢臣屈原被讒放流,作《離騷》諸賦以自傷悼。後有宋玉、唐勒之屬慕而述之,皆以顯名。漢興,高祖王兄子濞於吴,招致天下之娱遊子弟,枚乘、鄒陽、嚴夫子之徒興於文、景之際。而淮南王安亦都壽春,招賓客著書。而吴有嚴助、朱買臣,貴顯漢朝,文辭并發,故世傳'楚辭'"説而云:

據此,漢人所稱"楚辭",雖與屈、宋作品有關係,但是有所區别。漢人一般稱屈、宋之作爲"賦",稱類似或摹擬屈、宋的漢人之作爲"辭"。《史記·屈原列傳》:"屈原既死之後,楚有宋玉、唐勒、景差之徒者,皆好辭而以賦見稱。"有人居然以"好辭"之"辭"爲"楚辭"之"辭"。……這顯然是一大誤解。《史記》"好辭"之"辭"是文辭、辭章,"以賦見稱",則是對宋玉等人的作品特定名稱,即統稱之以"賦"。事實上,後人祇對劉安、東方朔、王褒、莊忌、劉向等漢人"追憫屈原"、代屈原"舒憂瀉憤"的作品,才冠之以"楚辭"。所以,漢世所稱"楚辭",并不包括先秦之世屈原、宋玉等人的詩賦,尤其對那些内容與屈原遭憂無關的漢世辭賦,如司馬相如《大人賦》、張衡《思玄賦》等,雖然形式上完全相同,仍然似不得以"楚辭"稱之。既然如此,漢人就不可能將屈、宋作品與

① 陳鴻圖《重論王逸〈楚辭章句〉與劉向〈楚辭〉的關係》(《東華漢學》第27期〔2018年6月〕)一文有《劉向編纂〈楚辭〉之説平議》一節(此蓋本自作者博士論文《論王逸〈楚辭章句〉的形成》〔香港中文大學2010年9月〕第二章第二節《劉向編纂〈楚辭〉之説平議》)。陳先生之"平議"見功力,然或因"平議"文所限,没有過多的展開。另外,未涉及黄先生的相關觀點。紀曉建《劉向編輯〈楚辭〉考論》(《南通大學學報》〔社會科學版〕2013年第3期)頗見功力,然其對"當代楚辭學者黄靈庚先生以吕祖謙、趙希弁論斷爲據,認爲'劉向纂輯《楚辭》十六卷本并不存在'"與《漢志》未録《楚辭》之因等雖有辨析,不過其更着力的是"劉安編輯《楚辭》真相探微"(今按:紀先生將"劉向"筆誤作"劉安")。

② 《〈楚辭〉十七卷成書考辯》,第3頁。

漢人"代屈"的擬作合以"楚辭"稱之,更不可能有類此以"楚辭"爲名的總集存在。[①]

於此,"有所區别"云云近是,"顯然是一大誤解"云云得其大者;僅就漢代之作品言,説衹對劉安[②]、東方朔、王褒、莊忌、劉向等人"'追憫屈原'、代屈原'舒憂瀉憤'的作品,才冠之以'楚辭'",亦可謂八九不離十——這裏的關鍵是"代屈原'舒憂瀉憤'";説"漢人一般稱屈、宋之作爲'賦'",的然;説"漢人……稱類似或摹擬屈、宋的漢人之作爲'辭'",則非爲圓照——《史記·太史公自序》之"作辭以諷諫,連類以争義,《離騷》有之"[③]、班固《離騷贊序》之"《離騷》者,屈原之所作也。……明己遭憂作辭也"[④]之"辭"與王逸《七諫序》之"東方朔追憫屈原,故作此辭"[⑤]、《哀時命序》之"(嚴)忌哀屈原受性忠貞,不遭明君而遇暗世,斐然作辭"[⑥]之"辭"有何本質之差異?况王逸《招隱士序》有"小山之徒,閔傷屈原……故作《招隱士》之賦"説[⑦]。又,"漢世所稱'楚辭',并不包括先秦之世屈原、宋玉等人的詩賦,尤其對那些内容與屈原遭憂無關的漢世辭賦,如司馬相如《大人賦》……雖然形式上完全相同,仍然似不得以'楚辭'稱之"之"尤其"云云,甚是;然斷其"并不包括先秦之世屈原、宋玉等人的詩賦",則殊未爲得——就今存《楚辭章句》考察,可知"《楚辭》一書,從某種意義上説,可謂'屈原集'。它收録了屈原的全部作品,而所選録的非屈原作品,均代屈原設言"[⑧],此其一;其二,《漢志·詩賦略》之"賦"著録的固然主要是賦,然《孫卿賦》類内著録有《李思孝景皇帝頌》十五篇、《客主賦》類内著録有《成相雜辭》十一篇與《隱書》十八篇,即"《漢志》詩賦一略,實包舉一切純文學之篇章"[⑨]而非純是"賦"也;其三,上述黄先生據《史記》的"買臣以'楚辭'"之"楚辭"(《漢書》的"楚詞"同之)與《漢書》的"能爲'楚辭'九江被公"之"楚辭",其是否包含有漢人之作還是一大問題;其四,據王逸《九辯序》之"屈原……作《九歌》《九章》之頌,以諷諫懷王。……宋玉者,屈原弟子也。閔惜其師,忠而放逐,故作《九辯》以述其志。至於漢興,劉向、王褒之徒,咸悲其文,依而作詞,故號爲《楚詞》"[⑩]説,可知漢人所説之"楚詞/楚辭"必包括"先秦之世屈原、宋玉等人"的相關作品。李大明先生云:"劉向則認爲:屈原作品是'楚辭',宋玉以下、尤其是漢人的作品在内容上要與屈原有關,文體上要擬騷才叫'楚辭'。"[⑪]是可謂得其大者矣。另外,即使"事實上,後人衹對劉安……劉向等漢人'追憫屈原'、代屈原'舒憂瀉憤'的作品,才冠之以'楚辭'",亦無法證明"漢世所稱'楚辭',并不包括先秦之世屈原、宋玉等人的

---

① 《〈楚辭〉十七卷成書考辯》,第3頁。

② 筆者認爲此處用"劉安"不如用"淮南小山"更恰當。

③ (漢)司馬遷:《史記》,北京:中華書局,1982年,第3314頁。

④ (宋)洪興祖:《楚辭補注》,北京:中華書局,1983年,第51頁。

⑤ 《楚辭補注》,第236頁。

⑥ 《楚辭補注》,第259頁。

⑦ 《楚辭補注》,第232頁。

⑧ 力之:《從〈楚辭〉成書之體例看其各非屈原作品之旨》,《四川大學學報》(哲學社會科學版)2000年第2期,第63頁。

⑨ 程千帆:《閑堂文藪》,濟南:齊魯書社,1984年,第249頁。

⑩ 《楚辭補注》,第182頁。

⑪ 李大明:《漢楚辭學史》(增訂本),北京:中國社會科學出版社//華齡出版社,2004年,第190頁。又,這裏的"要與屈原有關"似不如作"代屈原設言"更爲切合《楚辭》一書之實際。

詩賦”的。因爲那是“後人”之事,而與“漢世”如何無必然聯繫。況且,“後人祇對”云云顯然是不符合實際的,這蓋學養殊爲深厚的黄先生之一時疏忽。“後人”引屈原作品與宋玉《九辯》《招魂》而稱《楚辭》者比比皆是。如後漢應劭的“《楚辭》云:‘鸞凰爲余先戒兮’,‘後飛廉使奔屬’,‘雲師告余以未具’”(按:此出《離騷》)①;晋人劉淵林注《吴都賦》“雖有石林之岝崿,請攘臂而靡之;雖有雄虺之九首,將抗足而跐之”的“《楚辭·天問篇》曰……《楚辭·招魂》曰……”②;《藝文類聚·天部上·月》的“《楚辭》曰:‘夜光何德,死而又育。……’又曰:‘何泛濫之浮雲,欻擁蔽於明月……’”③(前者出《天問》,後者見《九辯》);等等。

總而言之,“漢人就不可能將屈、宋作品與漢人‘代屈’的擬作合以‘楚辭’稱之,更不可能有類此以‘楚辭’爲名的總集存在”説,未得其實也。

二、關於王逸説“劉向典校經書,分爲十六卷”者之所指問題

王逸《楚辭章句叙》(或稱《離騷章句後叙》)云:

屈原履忠被譖,憂悲愁思,獨依詩人之義而作《離騷》……遂復作《九歌》以下凡二十五篇。④ 楚人高其行義,瑋其文采,以相教傳,至於孝武帝,恢廓道訓,使淮南王安作《離騷經章句》,則大義粲然。後世雄俊,莫不瞻慕,舒肆妙慮,纘述其詞。逮至劉向,典校經書,分爲十六卷。孝章即位,深弘道藝。而班固、賈逵復以所見改易前疑,各作《離騷經章句》。其餘十五卷,闕而不説。又以“壯”爲“狀”,義多乖異,事不要括。今臣復以所識所知,稽之舊章,合之經傳,作十六卷章句。⑤

細看這段話,其文脉甚爲清晰:“楚人……瑋其文采”與“纘述其詞”之“其文采”與“其詞”,均指屈原之“二十五篇”。故“劉向……分爲十六卷”者,毫無疑義的包括屈原全部之“二十五篇”作品在内而斷非祇《離騷》一篇。然黄先生引此中之“楚人高其行義”以下文字而云:

王逸“劉向典校經書分爲十六卷”云云,這大概是後人以劉向集《楚辭》十六卷的文獻依據。事實上,王逸這段話前後祇是説《離騷》,并没有涉及《離騷》以外的其他作品。他説,淮南王劉安作《離騷經章句》雖是“大義粲然”,可是没有分卷,至劉向則“分爲十六卷”。這“分爲十六卷”是對《離騷》一篇而言,與《離騷》以外的其他作品毫不相干。⑥

① (漢)班固:《漢書》,北京:中華書局,1962年,第3520頁。

② (梁)蕭統編,(唐)李善注:《文選》,北京:中華書局,1977年,第91頁。

③ (唐)歐陽詢等:《藝文類聚》,上海:上海古籍出版社,1982年,第8頁。

④ 朱東潤《楚歌及楚辭:〈楚辭〉探故之一》説:“王逸《楚辭章句叙》稱:‘……而屈原……獨依詩人之義而作《離騷》……遂復作《九歌》以下凡二十五篇。’此言屈原作《離騷》之外,復作《九歌》以下二十五篇,大凡二十六篇,與《藝文志》所載屈原賦二十五篇者不合,此其可疑者二。”(氏著:《朱東潤文存》,上海:上海古籍出版社,2014年,第634—635頁)此可謂“疑”非所當疑,“凡”者含《離騷》。

⑤ 《楚辭補注》,第48頁。

⑥ 《〈楚辭〉十七卷成書考辯》,第4頁。

其實,即使僅就黄先生所引的"楚人高其行義……作十六卷章句"一段文字言,其"前後衹是説《離騷》"云云亦顯非圓照。因爲若"這'分爲十六卷'是對《離騷》一篇而言,與《離騷》以外的其他作品毫不相干",則"班固、賈逵復以所見,改易前疑,各作《離騷經章句》。其餘十五卷,闕而不説"之"其餘十五卷"如何解釋?不錯,黄先生後文有云:

《後叙》接着[①]説,"班固、賈逵復以所見,改易前疑,各作《離騷經章句》。其餘十五卷,闕而不説"。這裏"其餘十五卷,闕而不説",不正是《九歌》至《九歎》十五卷麽?確實如此,但是,這并不能説明劉向曾輯《楚辭》十六卷,如果真有一個《楚辭》十六卷本,其極有可能爲王逸所爲。但是王逸衹注了十一卷,《七諫》以下未注(説詳下)。同時,必須注意到,《後叙》"十五卷"下,洪興祖《楚辭補注》本有一條很重要的異文:"卷,一作篇。"庚案:據《漢書·藝文志》統計詩賦用"篇"不用"卷"的通例,《後叙》"其餘十五卷",原本應作"其餘十五篇",是指《離騷》以外、《九歌》至《九歎》十五篇作品。這條異文正好是保留了王逸《後叙》的原貌。未知何時訛改"篇"爲"卷",以至使《離騷》十六卷與《楚辭》十六卷相互混淆,造成誤解。[②]

問題是,既然黄先生認爲王逸的"各作《離騷經章句》。其餘十五卷"之"十五卷"者"正是《九歌》至《九歎》",那麽《離騷》便衹有一卷,何來"《離騷》十六卷"?此其一。其二,據"如果真有一個《楚辭》十六卷本"云云,恐黄先生亦意識到難以否定王逸之"逮至劉向,典校經書,分爲十六卷"説不是指"《楚辭》十六卷"的,衹是認爲"王逸衹注了十一卷,《七諫》以下未注"罷了。然而,"王逸衹注了"云云是難以成立的[③]。又,"極有可能爲王逸所爲"云云同樣未爲得——黄先生以《隋書·經籍志》之"後漢校書郎王逸集屈原已下,迄於劉向"爲據,雖或可説"魏徵亦以集《楚辭》十六卷者爲東漢王逸,非西漢劉向"[④],却説明不了任何實質性問題[⑤]。因之,既然黄先生認爲這"正是《九歌》至《九歎》十五卷",那麽就無法否定這"説明劉向曾輯《楚辭》十六卷"。其三,黄先生所據洪興祖的"卷,一作篇"這一異文,是證明不了以"篇"爲是的——説到底,這一異文對證明王逸原文本來如何并無什麽實質性之價值可言:一,王逸在此叙之前文既説

---

① "接着"當爲筆誤,因爲"班固、賈逵復以所見……闕而不説"乃其上文所引。

② 《〈楚辭〉十七卷成書考辯》,第4頁。

③ 參力之、岑貞霈:《王逸"所作〈楚辭章句〉衹有十一卷"説辨證》,《中南民族大學學報》(人文社會科學版)2022年第3期。

④ 黄靈庚:《楚辭與簡帛文獻》,北京:人民出版社,2011年,第49—50頁。

⑤ 比之王逸《楚辭章句叙》所説之"逮至劉向典校經書,分爲十六卷"而細究之,便知此"集"字不當。這或類《隋志》"子·雜"類著録"《吕氏春秋》二十六卷",原注"秦相吕不韋撰";然而,《漢志》"雜家類"著録是書,原注本作"秦相吕不韋輯智略士作"。另外,還可與下者比觀:《〈隋志〉序》云:"阮孝緒……《七録》:……四曰《文集録》,紀詩賦。"又云:"遠覽馬史、班書,近觀王、阮志、録,挹其風流體制,削其浮雜鄙俚,離其疏遠,合其近密,約文緒義,凡五十五篇,各列本條之下,以備《經籍志》。"今按:據阮孝緒《七録序》,《文集録》内篇四分爲"楚辭部""别集部""總集部"與"雜文部",何止"紀詩賦"?而"馬史",無類"班書"之《藝文志》者。再説,就"本地風光"言,《隋志》"集·《楚辭》"類著録的"《楚辭》十二卷"與"《楚辭》三卷"後分别有自注云:"後漢校書郎王逸注";"梁有《楚辭》十一卷,宋何偃删王逸注"。即説"王逸注"而非"王逸集"。因之,《隋志》"王逸集屈原已下"之"集"衹能是其著者之疏忽。

"屈原……作《離騷》……復作《九歌》以下,凡二十五篇",其後文之"各作《離騷經章句》。其餘十五卷"的"其餘十五卷",便不可能如黄先生所説的"原本應作'其餘十五篇',是指《離騷》以外、《九歌》至《九歎》十五篇作品",何况,其前有"分爲十六卷"之説——這説明洪氏所説之作"篇"者,忽乎就整體以觀部分而未免想當然之嫌;二,黄先生并未能證明"《漢書·藝文志》統計詩賦用'篇'不用'卷'的通例"完全不適用於《漢志·詩賦略》之外者,而例以黄先生斷王逸説劉向所"分"的是"《離騷》十六卷"而非"《離騷》十六篇",便可證這一"通例"在劉向那裏是無法"通"得起來的(詳後)。

黄先生又云:

《後叙》又云,"今臣復以所識所知,稽之舊章,合之經傳,作十六卷《章句》",承劉向"分爲十六卷"來,其所舉例,"以壯爲狀",衹見於《離騷》,與《離騷》以外他篇没有關係。王逸的"作十六卷《章句》",以《離騷》一篇,細分爲十六章。王逸的《後叙》根本没有説過劉向集《楚辭》十六卷的話。在劉宋時期,果若有《楚辭章句》十六卷本或者十七卷本,范曄也當於《王逸傳》載言"著《楚辭章句》十六篇"或"著《楚辭章句》十七篇"。[①]

於此,"承劉向'分爲十六卷'來"云云,極是;然由"'以壯爲狀',衹見於《離騷》,與《離騷》以外他篇没有關係"一事,根本上是證明不了"王逸的'作十六卷《章句》',以《離騷》一篇,細分爲十六章"的。王逸《楚辭章句叙》説得清清楚楚,班固、賈逵各衹"作《離騷經章句》。其餘十五卷,闕而不説",故"以壯爲狀",自然"衹見於"班固、賈逵之《離騷經章句》(或二者均如此,或僅其中一家的如此)。即這對證明"王逸的《後叙》"是否"説過劉向集《楚辭》十六卷的話"無任何意義可言。至於"在劉宋時期,果若有"云云,蓋一時疏忽所致也——范曄《後漢書》説到傳主注書往往不説多少篇[②],故其在《後漢書·王逸傳》不説明《楚辭章句》如何是正常不過的。簡言之,斷"王逸的《後叙》根本没有説過劉向集《楚辭》十六卷的話",誤也。

總而言之,黄先生之上述理由無法否定"其餘十五卷"乃獨立於班固、賈逵所"作《離騷經章句》"者,而"今臣……作十六卷章句"之"十六卷"即"劉向,典校經書,分爲十六卷"之"十六卷"説。况且,"楚人高其行義"前,王逸還説過"屈原……作《離騷》……復作《九歌》以下,凡二十五篇"。即"王逸這段話前後"均非如黄先生所説的"衹是説《離騷》"。易言之,這再清楚不過地説明"劉向,典校經書,分爲十六卷"之"十六卷"包含這"二十五篇";而《楚辭章句序》(即黄先生説的"大叙")正如黄先生所説的"蓋其'總説'或是'通論'"[③]而非止於説《離騷》一篇。

除了上述理由,爲了證明劉向典校經書所"分爲十六卷"者爲《離騷》而非《楚辭》,黄先生又云:

南宋趙希弁《讀書附志》卷下《楚辭類》録吕祖謙《離騷章句》一卷,其著録説:"左吕成公所分也。以《離騷經》一篇爲十六章。公謂王逸嘗言劉向典校,分《離騷》爲十

① (漢)王逸撰;黄靈庚點校:《楚辭章句》,上海:上海古籍出版社,2017年,《前言》第3頁。

② 如黄先生《〈楚辭〉十七卷成書考辯》所引范曄《後漢書·馬融傳》之"注《孝經》、《論語》、《詩》、《易》、三《禮》、《尚書》、《列女傳》、《老子》、《淮南子》……",均不説多少卷/篇,即是明證。

③ 《楚辭章句疏證》,《增訂版前言》第10頁。

六卷。班固、賈逵各爲《離騷章句》,惟一卷傳焉,餘十五卷闕而不録。今觀屈平所作凡二十有五,各有篇目,獨此一篇謂之《離騷》。竊意劉向所分此篇,猶一篇之中有數章焉。故嘗因逸之言,即《離騷》之一篇。反復求之,考其文之起伏、意之先後,固有十六章次第矣。因而分之爲十六章。"吕氏獨具慧眼,以《離騷經章句》十六卷爲十六章,没有誤解王逸《後叙》的原意。……後人多未詳審,因逸之《後叙》,謂劉向"典校經書分爲十六卷"者,乃指《楚辭章句》十六卷,且定劉向集《楚辭》十六卷説法始於王逸《楚辭章句》,誣也。這實在是一大千古冤案。①

據前述理由,趙氏轉述若無誤,則吕氏之"王逸嘗言劉向典校,分《離騷》爲十六卷"説,顯然是誤讀所致,而非緣乎"獨具慧眼"②。

綜上所述,黄先生否定"劉向典校經書,分爲十六卷"者爲《楚辭》與認爲其指的是《離騷》之種種理由,均難以成立。毫無疑問,這"十六卷"是就《楚辭》言而斷非僅指《離騷》一篇。

三、關於"如果劉向真曾纂輯過的'楚辭'總集,則必定會在《詩賦略》中著録出來"説

黄先生説:

《漢書·藝文志》中有《詩賦志》(引按:原文如此。下同),原本出於劉向、劉歆父子《七略·詩賦略》。劉向父子所集《楚辭》,衹以"賦"見稱,一概以"篇"總其數。如除"《屈原賦》二十五篇"外,别有"《唐勒賦》四篇"、"《宋玉賦》十六篇"、"《趙幽王賦》一篇"、"《莊夫子賦》二十四篇"、"《賈誼賦》七篇"等③,皆不以"卷"爲稱。王逸《離騷後叙》、《天問後叙》亦皆稱"《屈原賦》二十五篇",與劉氏《七略》、班固《藝文志》相同。若劉向果有集《楚辭》十六卷,《詩賦志》必見著録,而王逸必稱《屈原賦》七卷,《後叙》豈得别稱爲"屈原賦二十五篇"?④

目力所及,以《漢志》不著録《楚辭》,從而懷疑或否定劉向曾纂輯過是書乃民國年間始。如鄭賓于《中國文學流變史》第二章第二節之"(一)《楚辭》名稱的討論及其淵源"有云:

當劉向在天禄閣時,凡有典校題名等事,歆必親見親聞;如向果有裒集屈、宋以下諸人之作而定名《楚辭》之事,則劉歆不能完全不知!既然是知道了,則在他的《七略》

① 《〈楚辭〉十七卷成書考辯》,第4頁。

② 吕祖謙是説所以誤之因較爲複雜,故需另文細加辨證。不過,《離騷》總373句,而若平分16份則每卷僅23.3句。即憑常識,便可知吕説實誤。

③ "劉向父子所集《楚辭》……除'《屈原賦》二十五篇'外,别有'《唐勒賦》四篇'……'《賈誼賦》七篇'等"云云——將此中漢人之賦全歸入《楚辭》與"劉向父子所集《楚辭》"之表述,均未的。另外,或以"《屈原賦》之屬"/"屈原以下二十家賦"稱作"《楚辭》",亦非圓照。

④ 《楚辭章句疏證》,增訂版《前言》第2頁。

裏便應著録。[1]

又,王雲渠説:

如果十六卷《楚辭》全係劉向親手校集,班固在《劉向傳》和《藝文志》中,也不應對劉向校集《楚辭》一段事實,一字不提。[2]

其後,朱東潤於1951年3月17日的《光明日報》上發文云:

王逸《楚辭章句》題:"漢護左都水使者光禄大夫臣劉向集。"此書如出劉向所集,其後向子劉歆作《七略》,班固復本《七略》作《漢書·藝文志》,皆不應不收入。今《漢書·藝文志》無此書,此其可疑者一。……至於題稱劉向所集,也許王逸假以自重,也許還是王逸以後的妄人所作,都是無從考訂了。[3]

再其後至上世紀末,郭建勳認爲源於《楚辭章句》的《四庫提要》之"裒屈宋諸賦,定名楚辭,自劉向始也"説,"似成定論。然細加考察,猶有不少疑問存在"。其"疑問"凡六,今摘其二"要"如下:

劉歆的《七略》承劉向《别録》而來,班固《藝文志》以《七略》爲本,若劉向果曾編《楚辭》,《藝文志》何以不載? 此其二也。……《詩賦略》將"賦"分爲四類,其表述方式爲"某人賦若干篇"……這種表述方式傳達了兩個重要信息:其一是劉、班的時代,習慣上衹以作者個人風格爲依據區分類别,而不是以作品體裁歸類的;將不同作者的同類體裁作品抽出來編成一個總集,不僅劉、班時絶無他例,也不符合當時"詩賦"分類的原則[4]。其二是《詩賦略》載録詩賦的單位一律爲"篇"……《藝文志》中"經"有稱"卷"者,而"詩賦"却無一稱"卷"[5],那麽,劉向焉得編《楚辭》十六"卷"? 此其五也。……

近人鄭賓于、王雲渠、朱東潤等人亦有類似的質疑,這裏不過補充數處疑問,以證其説而已。[6]

不過,郭先生同時亦承認:

説最早的《楚辭》總集非劉向所輯,當然遠非定論,推理的成分較多,但疑問的提出有助於我們换一個角度進行思考,對進一步的研究不無好處。[7]

---

① 鄭賓于:《中國文學流變史》上,上海:北新書局,1931年,第108頁。

② 王雲渠:《楚辭十六卷是劉向所校集的麽(一)》,《北平晨報》1931年11月24日,第9版。

③ 朱東潤:《楚歌及楚辭:〈楚辭〉探故之一》,《朱東潤文存》,第634—636頁。"至於題稱劉向所集,也許王逸假以自重"云云,未免"憑虚"之嫌,而毫無根據。

④ 於此,説者似没有注意到《楚辭》一書性質之獨特(參《從〈楚辭〉成書之體例看其各非屈原作品之旨》)。而明乎阮孝緒(479—536)在《七録·文集録》中將僅一部的《楚辭》置爲獨立之"部",即以之與"别集""總集""雜文"并列爲"四",則"不符合"云云之非,思過半矣。

⑤ 今按:《易》乃"六藝"之首,《漢志》稱《書》《詩》《禮》《樂》《春秋》五者,"蓋五常之道,相須而備,而《易》爲之原"(第1723頁);儒家則爲諸子之首,《漢志》稱其"於道最爲高"(第1728頁)。

⑥ 郭建勳:《漢魏六朝騷體文學研究》,長沙:湖南教育出版社,1997年,第23—24頁。

⑦ 《漢魏六朝騷體文學研究》,第24頁。

"疑問的提出有助於"云云,甚是。不僅如此,郭先生在十年後還説:

> 《楚辭》本指屈、宋辭作[①],最早以單篇流傳,劉向合時賢所作,編訂成書,輯爲十六卷。[②]

綜觀以上各家之説,有一點是共同的,即據《七略》與《漢志》(或包括《漢書・劉向傳》)不著録/提及《楚辭》而疑其非劉向"所集"/"纂輯";有一點是郭、黄二先生相同的,即郭先生之"《詩賦略》載録詩賦的單位一律爲'篇'"云云與黄先生之"劉向……所整理的'楚辭'作品……一概以'篇'總其數……未見以'卷'爲稱的"[③]説。然據這二者,同樣無法否定劉向編集《楚辭》説。

就前者言,《藝文志》與《劉向傳》(《楚元王傳》附)同出《漢書》,然劉向《世説》見於前者而後者未提及;《漢書・律曆志(上)》説"劉向……作《五紀論》",然《藝文志》無之。另外,《七略》原無劉向《稽疑》與《五紀論》,而班氏於《藝文志》僅補入前者;等等。可見,《藝文志》無《楚辭》,而《楚辭》爲劉向所集亦無可疑者。如前所述,《漢志》并非著録當時之一切書[④]。

就後者看,儘管《漢志》之《詩賦略》全用"'篇'總其數"而無一"以'卷'爲稱"者,然據此同樣無法否定《楚辭》爲劉向所集——就《漢志》整體觀之,"篇""卷"之用,甚爲複雜。以《六藝略》爲例,純用"篇"者有"《易》""《樂》""小學";純用"卷"者有"《詩》";"篇""卷"混合者有"《書》""《禮》""《春秋》""《論語》""《孝經》"(僅"《爾雅》三卷二十篇"之一"卷"字),而其小結則一概作"凡……篇"。另外,《漢志》"儒家""道家"二類分别著録"劉向所序六十七篇""劉向《説老子》四篇",而"《書》"類則云"劉向《五行傳記》十一卷"[⑤](參上第二大部分)。

餘論

綜上所述,本文之結論如下:

一,漢人可將楚人屈原與楚人宋玉、景差(?)及漢人的代屈原立言之作合而以"楚辭"稱之,其結果便是有以"楚辭"爲名之書的存在;

二,王逸《楚辭章句叙》説的"逮至劉向,典校經書,分爲十六卷",乃指《楚辭》十六卷,而斷非吕祖謙認爲的是分《離騷》一篇"爲十六卷";

三,"如果劉向真曾纂輯過的'楚辭'總集,則必定會在《詩賦略》中著録出來"所以

---

① 此説未盡然也——《楚辭》所録宋玉之作,僅限於代屈原立言者。

② 郭建勳;楊賽:《晁補之的辭賦學論略》//中國屈原學會編:《中國楚辭學》第十二輯,北京:學苑出版社,2009年,第172頁。

③ 《〈楚辭〉十七卷成書考辯》,第3頁。

④ 至於《漢志》何以不著録《楚辭》,可參力之《〈楚辭〉研究二題》(《雲夢學刊》1999年第1期)。另外,郭玥《〈漢書・藝文志〉不録〈楚辭〉辨説》之"《詩賦略》中不見《楚辭》絶非劉向未經手此書的編輯,而是結合實際的文獻學考量和對不同文獻性質的深刻認識作出的選擇"(《歷史文獻研究》總第48輯,揚州:廣陵書社,2022年,第200頁)説,亦可謂一家言。不過,其説《楚辭》爲書之性質則未的。

⑤ 同一書,《漢書》劉向本傳作"《洪範五行傳論》"而説"凡十一篇"。又,《漢書・揚雄傳》有"又旁《惜誦》以下至《懷沙》一卷"説。是亦可啓吾人之思矣。

未爲得,乃因説者没有注意到《漢志》并非著録當時之"一切書"所致。

而據上述三者,可證"劉向纂輯《楚辭》十六卷本并不存在"説不能成立。

《復旦學報》2008 年第 3 期"中國文學演變與實證研究"專欄重點推出黄先生的《〈楚辭〉十七卷成書考辯》一文,章培恒、陳思和二先生在"主持人的話"中云:

> 關於《楚辭》的編者,黄先生認爲并非劉向。其主要的證據是:《漢書・藝文志》不載劉向所編《楚辭》。《漢書・藝文志》是據劉向、劉歆父子所撰《七略》編成的;若《楚辭》爲劉向所編,不應不見於《七略》,也就不可能不載於《漢書・藝文志》。此外,在黄先生論文的結束處還引了《隋書・經籍志》的如下一段話:"後漢校書郎王逸集屈原已下,迄於劉向,逸又自爲一篇,并叙而注之,今行於世。"黄先生雖然并未對這段話中所提供的《楚辭》編者的信息加以説明,但明眼人不難由此理解,王逸《楚辭章句》中的自屈原以至劉向之作,都是他自己"集"起來的,而不是劉向所"集"。這也就意味着在《隋書・經籍志》編成的唐代初期,尚無劉向編集《楚辭》、王逸衹是爲其作章句并附以己作《九思》之説。
>
> 至於《楚辭章句》的卷數,黄先生據《隋書・經籍志》的著録,考定其直到隋代還衹有十一卷。這也就是説今本《楚辭章句》十七卷中應有六卷爲後來所加,并非王逸《楚辭章句》所原有。①
>
> 這兩點對於《楚辭》研究本就十分重要,而且,如果黄先生的考據可以成立,還將引出一系列更爲嚴重的問題。

"這兩點對於《楚辭》研究"確是"本就十分重要"。問題是,文獻根柢殊爲深厚,且尤精於"《楚辭》學"之黄先生於此未免"百密一疏"。即其關於"這兩點"的考據,均是難以成立的。因之,"還將引出一系列更爲嚴重的問題"云云,便無從説起。

於此,儘管筆者不同意黄先生之説,然對先生爲在更堅實的層面上求是之勇氣、努力與熱誠,深表敬意。

---

① 黄先生此説之未爲得,參《王逸"所作〈楚辭章句〉衹有十一卷"説辨證》。

《唐李推官披沙集》版本考論

程　强

摘　要:晚唐詩人李咸用爲安徽宣城李氏一脉始遷之祖,他的詩歌深受楊萬里與陸游推崇。其詩集《唐李推官披沙集》,是其八世孫李兼遞輯録的宣城李氏家傳别集,最早刊本是南宋陳起刊刻的書棚本,後世衍生的各種六卷傳本即源於此。現存各種傳本中,刻本《唐百家詩》本是一重要傳本,在源流傳承上,它不僅是《十家唐詩》刻後增刻本與《唐音戊籤》本的分體所依底本,而且又是清代《中晚唐詩紀》本與《唐人五十家小集》本的承襲源頭。在涉及《唐李推官披沙集》的系統辨别上,清編《全唐詩》本成書尤特殊。該本編纂祖本,最早應溯至《中晚唐詩紀》本。其成書過程,主要是在彭定求等編纂諸臣批校季振宜《唐詩》正本所收三卷本《李咸用詩》的基礎上完成的。

關鍵詞:李咸用;詩集;版本;《唐李推官披沙集》

李咸用,字可交,號再梅,江西吉州(今屬吉安)人。中唐名將李晟曾孫,又是安徽宣城李氏一脉[①]的始遷之祖[②]。咸通年間,曾爲宣州刺史李璋屬下推官。有詩集《唐李推官披沙集》存世。晚唐時,已“著詩名當時”[③]。楊萬里贊許其詩爲“國風之遺音,江左之異曲”[④],陸游推崇其詩“極鍛錬之妙”[⑤]。

關於《唐李推官披沙集》的編纂及宋以後的刊刻傳抄情况,前輩學者已有論及。然因該集在宋以後刊刻和傳抄的本子頗多,前賢對各本間的源流傳承、系統辨别等問題尚未詳考。主要表現在以下三點。其一,對若干重要版本的遺漏,如《唐詩書目總録》著録分體詩集爲“明萬曆畢懋謙刻《十家唐詩》增刻本”[⑥],未録《唐音戊籤》分體本。其二,未能指出確切的源流傳承,如明朱警輯所刻《唐百家詩》本,龔賢《中晚唐詩

作者簡介:程强,上海師範大學人文學院博士生,主要從事唐宋文學研究。

① 宣城李氏一脉追摹先祖李咸用,投身詩業,遞代綿延相續。戴表元《王敬叔詩序》言:“異時宛陵有李咸用詩種,子孫世其業數百年。”(《剡源集》卷一一,陸曉冬、黄天美點校:《戴表元集》,杭州:浙江古籍出版社,2014 年,上册,第 236 頁)特别是李兼,楊萬里稱他“殊有推官公句法”(《唐李推官披沙集序》,《唐李推官披沙集》,宋臨安府陳宅書籍鋪刻本,第 2a 頁)。

② 關於李咸用字號、世系,參韓元吉《左朝請大夫致仕李公墓誌銘》(《南澗甲乙稿》卷二〇,武英殿聚珍版叢書活字印本,第 5b—9b 頁)、宣城李氏家族編修《宛西李氏家譜》(宣城李氏家傳本,第 1 頁)。

③ 《左朝請大夫致仕李公墓誌銘》,《南澗甲乙稿》卷二〇,第 6a 頁。

④ 《唐李推官披沙集序》,《唐李推官披沙集》,宋臨安府陳宅書籍鋪刻本,第 1b 頁。

⑤ 涂小馬校注:《渭南文集校注》卷一五,錢仲聯、馬亞中主編:《陸游全集校注》,杭州:浙江教育出版社,2011 年,第 9 册,第 391 頁。

⑥ 陳伯海、朱易安編撰:《唐詩書目總録》(增訂本),上海:上海古籍出版社,2015 年,下册,第 776—777 頁。

紀》本、江標《唐人五十家小集》本等傳本源從其出,然《唐集叙録》①《中國古代詩文名著提要·漢唐五代卷》②《唐五代别集叙録》③等重要文史著述却未指出。其三,未能釐清清編《全唐詩》本的成書過程及其系統辨别,該本遠承《中晚唐詩紀》本,是在季振宜《唐詩》正本基礎上,經彭定求等人修訂而成。故本文結合歷代書志題跋,爬梳李集各種傳本,尤其是尚未披露的珍本,對《唐李推官披沙集》版本源流問題作一廓清考論。

一、宋代《唐李推官披沙集》的家傳與書棚本的刊行

《唐李推官披沙集》於宋的流佈傳存,先是在李氏家族内部遞傳,其中八世孫李兼貢獻作用最大。他對該集有專門輯編,并請楊萬里爲序。其後,即經陳起刊於臨安府陳宅書籍鋪,行世流佈。

(一)李兼的遞傳輯編與陳起的刊刻行世

楊萬里《唐李推官披沙集序》云:

晚識李兼孟達於金陵,出唐人詩一編,乃其八世祖推官公《披沙集》也。……推官公諱咸用,唐末人也。孟達請予序之後,二年乃能書以寄之。……紹熙四年(1193)十一月既望誠齋野客廬陵楊萬里序。④

可知李咸用詩集是其八世孫李兼所傳家集。關於李兼,需要指出他對家族先輩詩集的搜編頗用心。其先祖李咸用與李孝先的詩集,均由他結集,并分請楊萬里與陸游爲序。陸游《宣城李虞部詩序》言:"唐有李推官,以詩名當代,其家傳遺詩得數百篇,……予得其兩世遺編於虞部之曾孫、臨海太守兼。"⑤可知李兼所傳《披沙集》爲"家傳遺詩"輯本,已非唐時李咸用詩集原本。

楊萬里於紹熙四年十一月爲《披沙集》作序後,該家集即由陳起⑥刊刻行世。

明晰這六卷本的《披沙集》具有家集屬性,該集在宋時的流佈,在李兼遞傳輯編并經陳起刊行前,主要在李氏家族内部遞代傳存,并未流佈於官方傳存一端。有兩點可明顯佐證:其一,宋初官方政府根據秘府搜備的前代文集⑦,組織編纂《文苑英華》這一大型總匯唐人詩文總集時,未收録李咸用詩。其二,從《崇文總目》《秘書省續編到

---

① 萬曼:《唐集叙録》,開封:河南大學出版社,2008年,第436—439頁。

② 郁賢皓主編:《中國古代詩文名著提要·漢唐五代卷》,石家莊:河北教育出版社,2009年,第516—518頁。

③ 趙榮蔚:《唐五代别集叙録》,北京:中國言實出版社,2009年,第456—457頁。

④ 《唐李推官披沙集》,宋臨安府陳宅書籍鋪刻本,第1a—2a頁。

⑤ 《渭南文集校注》卷一五,第391頁。

⑥ 葉德輝言:"臨安書棚陳氏所刻書,……有云'臨安府棚北大街陳宅書籍鋪印行'者:唐李咸用《李推官披沙集》六卷,……以上確爲起所刻。"(葉德輝:《書林清話》卷二,上海:上海古籍出版社,2012年,第46—48頁。)

⑦ 周必大:《文苑英華序》:"所集止唐文章,如南北朝間存一二。"(曾棗莊主編:《宋代序跋全編》卷三三,濟南:齊魯書社,2015年,第2册,第897頁)知《英華》所據前代文集以唐人文集爲主幹。

四庫闕書目》等現存宋代官方藏目看，也未著録《唐李推官披沙集》。

而當陳起刊印後，該集得以流佈，爲世人所見。當時藏書名家陳振孫即有寓目。其《直齋書録解題》著録："《李推官披沙集》六卷。唐李咸用撰。其八世孫兼孟達居宛陵，亦能詩，嘗爲台州，出其家集，求楊誠齋作序。"①

除陳録外，從現存宋時私家藏目看，還有尤氏《遂初堂書目》②著録該集，特殊的是該目直接著録"李咸用"③，以人代稱集名。據楊萬里爲尤袤《益齋藏書目》撰序稱："延之每退則閉户謝客，日計手抄若干古書，其子弟亦抄書，不惟延之手抄而已也。其諸女亦抄書，不惟子弟抄書而已也。"④知尤袤及其子孫尤嗜抄書。尤氏家族手抄古書成因，即爲備以藏存。尤袤本人也正是這樣做的，楊萬里在序中交代他對其言："吾所抄書今若干卷，將彙而目之。"⑤

明晰此點，尤氏《遂初堂書目》著録《李推官披沙集》，不稱集名，直接標以撰集者人名，或是尤袤及其後代子孫的手抄傳本。進一步看，由尤袤後人傳抄，可能性更大一些。

這是因從尤袤（1127—1194）生平看，他於紹熙五年（1194）五月卒⑥。在紹熙五年前，楊萬里於紹熙四年十一月才爲《唐李推官披沙集》撰畢序文，據次年五月尤袤下世，僅半年左右。又《披沙集》刊行時間，遍檢書棚本，亦未言及。該集是否能在這半年内刊行，并經尤袤寓目再手抄，機率實不大。故《遂初堂書目》所録，蓋有可能爲尤袤後人據書棚本傳抄本。

（二）《唐李推官披沙集》的祖本：宋刊書棚本概貌

宋刊書棚本《唐李推官披沙集》六卷，爲宋浙本中坊刻本，今藏臺灣傅斯年圖書館，1函2册。第一册卷前有鄧邦述跋言：

> 此書初爲東瀛所收，鄰蘇老人携以歸國。老人殁後，張菊生前輩欲購藏涵芬樓中，適沅叔同年告余，宜爲三李之合，菊翁慨然允之，遂以歸余。⑦

書棚本裝幀方式爲金鑲玉。版式爲左右雙欄，中縫中題"披沙幾"，下記葉次。行格爲每半葉十行，行十八字。楊萬里序末有刻書題識"臨安府棚北大街陳宅書籍鋪印行"。序後有目録，題"唐李推官披沙集目録"。

此本收録李咸用詩共196首，卷一計19首，卷二計27首，卷三計41首，卷四計31首，卷五計34首，卷六計44首。書棚本是《披沙集》的最早刻本，亦是後世李咸用詩集刊刻和傳抄的祖本。

---

① （宋）陳振孫撰，徐小蠻、顧美華點校：《直齋書録解題》卷一九，上海：上海古籍出版社，2015年，下册，第580—581頁。

② 《遂初堂書目》作者，吴洪澤《〈遂初堂書目〉撰著過程蠡測》指出該目是尤袤後人增補而成。（《宋代文化研究》，2020年第26輯，第25頁。）

③ 《遂初堂書目》，馮平山圖書館藏明沈翰抄本《説郛》傳抄本，第35a頁。

④⑤ 《宋代序跋全編》卷三四，第2册，第912頁。

⑥ 趙維平：《尤袤年譜》，上海：上海三聯書店，2012年，第197頁。

⑦ 《唐李推官披沙集》卷首，宋臨安府陳宅書籍鋪刻本。

二、明代《唐李推官披沙集》的刊刻與傳抄

在書棚本影響下,至明,朱警輯編《唐百家詩》本《唐李推官披沙集》,實屬影響最大的傳本。在該本影響下,遞生了兩種分體詩集本,即《十家唐詩》刻後增刻本與《唐音戊籤》本。

(一)《唐百家詩》本的輯刻與傳抄

《唐百家詩》本《唐李推官披沙集》,屬附總集内的六卷傳本,有刻本與抄本兩形態。

刻本《唐百家詩》本,以書棚本爲據,刊於嘉靖十九年(1540)。版式爲左右雙邊,中縫中題"披沙幾",下記葉次。行格爲每半葉十行,行十八字。楊守敬指出:"明朱警刻《百家唐詩》,稱皆以宋本裒刻,所收咸用詩,即據此本。行款亦同,唯删其卷首總目,其中間有墨丁、訛字。"[①]該本雖源書棚本,然詩篇實存 192 首。卷五闕《春日題陳正字林亭》《送河南韋主簿歸京》《喻道》《山中》4 首,又《山中夜坐寄故里友生》中"行"字後,混入嚴維詩 5 首,即《奉和獨孤中丞游雲門寺》(殘篇)《水精環》《奉和皇甫冉大夫祈雨應時雨降》《贈别劉長卿時起河南嚴中丞幕府》《一題鮑行軍小閣》(殘篇,并混入《山中》殘句"邊蓑笠稱平生。尋思阮籍當時意,豈是途窮泣利名"。)

抄本《唐百家詩》[②]本,版式爲四周雙邊,行格爲每半葉十行,行十八字。該本係從刻本《唐百家詩》本抄出。具體來看,一是詩篇所闕篇目及混羼的嚴維詩,均同刻本;二是該本不僅因襲刻本中誤字與墨釘(抄本用空格代替),而且轉抄中又因疏漏而導致不少筆誤,如《宿隱者居》"竹扉難俺月"[③],"俺"應爲"掩";《題陳正字林亭》"曉煙輕翠佛簾飛"[④],"佛"應爲"拂"。

(二)刻本《唐百家詩》本影響下的分體詩集本

明代形成的分體詩集本《唐李推官披沙集》主要有二:一是《十家唐詩》刻後增刻本;二是《唐音戊籤》本。它們分體所依,皆係據刻本《唐百家詩》本。

《十家唐詩》刻後增刻本,由畢懋謙增刻,刊於萬曆二十年(1592),今藏武漢大學圖書館。該本版式爲四周雙邊,中縫上題"晚唐",中記"李咸用序"、"李咸用目録"、"李咸用",下記葉次。行格爲每半葉九行,行十九字。卷前載有楊序與詩集分體目録。收録李詩,計 1 卷,依次爲五古 17 首;七古 29 首;五律 67 首;七律 70 首,闕《春日題陳正字林亭》《送河南韋主簿歸京》《喻道》《山中》4 首,又《山中夜坐寄故里友生》"行"字後亦混入《山中》殘句;五排 5 首;七絶 4 首;總 192 首。該本有程蟄菴朱批,有跋:"取宋本校讀過一過,篇數、字句大致相同。惟宋本不分體,此本當係畢君自爲分

---

① (清)楊守敬撰,張雷校點:《日本訪書志》卷一四,沈陽:遼寧教育出版社,2003 年,第 228 頁。

② 原爲國立北平圖書館典藏。

③ 《唐李推官披沙集》卷三,抄本《唐百家詩》本,第 5a 頁。

④ 《唐李推官披沙集》卷五,抄本《唐百家詩》本,第 5b 頁。

斷耳。"[①]其言該本當依宋本分體，不確。從所闕詩篇看，分體所依當是刻本《唐百家詩》本。

《唐音戊籤》本，胡震亨輯録，胡氏南益堂刊於清康熙二十六年(1687)。《戊籤》收録李咸用詩，位次"八〇"，卷次爲《統籤》卷七二七至卷七三〇。卷七二七首有胡氏所撰小傳，四卷分體編排，收李詩總 192 首，卷七二七收五古 12 首，七古 26 首；卷七二八收五律 67 首；卷七二九收五排 5 首，七律 45 首；卷七三〇收七律 25 首，《草蟲》後注"以下闕三首有奇"[②]，即闕《春日題陳正字林亭》《送河南韋主簿歸京》《喻道》，另《山中》亦闕，僅有殘句"邊蓑笠稱平生。尋思阮籍當時意，豈是途窮泣利名"；五絶 5 首，另混入喻鳧《驚秋》1 首；七絶 7 首。從該本收録李詩篇目看，所闕詩篇與刻本《唐百家詩》本同。據胡氏《唐音癸籤》言："内晚唐許郴，閏唐孟貫、劉兼三家，出宋刻《百家唐詩》，嘉靖中雲間朱氏重刻。集之晚出而非僞者，故并附。"[③]"朱氏重刻"，即指刻本《唐百家詩》。知胡氏不僅曾有寓目，還有考證，故該本當是胡氏依刻本《唐百家詩》本分體編排。

還要指出，《戊籤》本，何焯曾專門批點。何批本今存上圖，該本不僅存有何氏總評："推官五言近體脱棄凡近，超而又超。七言風調雖清，用意疑其淺薄。十篇之中，求知己者居其三四，風雅之道微矣。"[④]而且，何氏對具體詩篇亦有豐富批語，實爲解讀欣賞李詩津梁。如總覽《巫山高》《公無渡河》等篇，批言："推官歌行宗仰温助教，然殊不能似其婉麗。"[⑤]再如批《途中行》"瘦馬倦行役，斜陽勸着鞭"，言："用'倦'字反激出'勸'字，曲折中情亦得勢。"[⑥]

(三) 明代其餘傳本的流佈

除上述外，明代其餘傳本流佈，單行傳本中六卷形式的傳本，刊本唯有明正德刊本，見録於丁丙《善本書室藏書志》[⑦]，不傳。

抄本則主要有三種：

一是汲古閣景抄宋刻本，見録於天一閣博物館藏抄本《傳書堂善本書目》[⑧]。王國維《傳書堂藏書志》記述該本有宋本、汲古主人、子晋等印[⑨]，知此本導源書棚本，惜未傳。

二是《結一廬書目》著録的明抄本[⑩]，亦不傳。

---

① 參武漢大學圖書館藏本卷末。

② (明)胡震亨：《唐音戊籤》八〇，《統籤》卷七三〇，清康熙二十六年胡氏南益堂刻本，第 6a 頁。

③ (明)胡震亨：《唐音癸籤》卷三〇，上海：上海古籍出版社，1981 年，第 314 頁。

④ (清)何焯批跋：《唐音戊籤》八〇，《唐音統籤》卷七二七，清康熙二十六年胡氏南益堂刻本，第 1a 頁。

⑤ 何批本《唐音戊籤》八〇，《唐音統籤》卷七二七，第 4a 頁。

⑥ 何批本《唐音戊籤》八〇，《唐音統籤》卷七二八，第 6b 頁。

⑦ (清)丁丙著，曹海花點校：《善本書室藏書志》卷二五，杭州：浙江古籍出版社，2016 年，第 1043 頁。

⑧ 蔣汝藻：《傳書堂善本書目》卷九，天一閣博物館藏抄本，第 13a 頁。

⑨ 王國維：《傳書堂藏書志》，國圖藏清末民初稿本，第 5 册，第 32a 頁。

⑩ (清)朱學勤：《結一廬書目》卷四，清宣統元年(1909)番禺沈宗畸《晨風閣叢書》本，第 3a 頁。

三是南圖所藏明抄本,爲汪魚亭藏書。據書前題識稱,該本正合《直齋書録》所記①,知此本亦源書棚本。翻檢此本,其卷次、篇目、各卷收詩均與之同。

單行傳本除六卷形式外,明初《文淵閣書目》曾著録有"《李咸用推官詩》一部一册"②。該本至萬曆年間,張萱等編《内閣藏書目録》即已失録,亡佚不傳。其因,王國維曾據《文淵閣書目》比勘《内閣藏書目録》,作跋指出:"所亡之書,以筆記、詩集爲最多。……筆記、詩集之亡,可由竊書者所嗜解之。"③

而附於總集之内的傳本,則有兩傳本值得注意:

一是祁承爜《澹生堂藏書目》著録的《四唐名家詩集》本④,此本今不傳。

二是國圖藏《唐四十四家詩》抄本《唐李推官披沙集》六卷。該本中楊序與詩集目録均載。版式爲四周雙邊,版心中分題"李詩序""李詩目""李詩幾",下記葉次。行格爲每半葉十行,行廿字,無欄綫。該本與書棚本相較,録詩完整。其分卷、篇目、序次均同書棚本。

三、清至民國《唐李推官披沙集》的刊刻與傳抄

清至民國,在私家編刻、傳抄、遞藏推進下,相繼出現《唐詩百名家全集》本、《中晚唐詩紀》本、《唐人五十家小集》本、《四部叢刊》本等傳本。更爲重要的是,在龔賢與季振宜兩人編纂基礎上,經彭定求等人修訂,《唐李推官披沙集》進入清編《全唐詩》中。所形成《全唐詩》本過程,尤值接櫫。

(一)《唐詩百名家全集》本的編輯與遞刻

《唐詩百名家全集》本《唐李推官披沙集》六卷,席啓宇編輯,初刊於康熙四十一年(1702),今藏國圖。卷前載有楊序,未見詩集目録。序尾末有傅增湘二跋。首跋云:

壬子(1912)十一月,購得楊惺吾所藏南宋書棚本《李推官披沙集》,初印精善,其直銀幣貳百圓,旋以絀於資,遂讓歸張菊生,置之涵芬樓中。北還時,廠賈適以景宋本相寄,即從惺吾本出者,因以賤直留之。取席刻對勘,可以校正譌謬甚多,且有出惺吾所校外。⑤

知傅氏據"景宋本"批校席本。又第二跋稱:"是集既藏之涵芬樓矣,……癸丑(1913)十月,菊生自海上寄《披沙集》來,取此本再校并記顛末。"⑥知傅氏第二次以書棚本批校席本。

此本版式爲左右雙邊,中縫中記"披沙序""披沙集",下記葉次。行格爲每半葉十行,行十八字。又傅氏《影宋本披沙集跋》言:"余壬子夏得之琉璃廠肆,因取席刻對勘

---

① 《唐李推官披沙集》卷首,南圖藏明抄本。

② (明)楊士奇等撰:《文淵閣書目·詩詞集》第1厨,國圖藏清抄本。

③ (明)張萱等編,王國維校跋:《内閣藏書目録》卷八末,《適園叢書》刻本。

④ (明)祁承爜:《澹生堂藏書目·總集》,清錢氏萃古齋抄本,第18a—18b頁。

⑤⑥ 《唐李推官披沙集》卷首,初刊本《唐詩百名家全集》。

一過，席刻版式行格與此悉同，知即從棚本覆木。”[①]知此本源出書棚本，翻檢此本，分卷、篇目、序次均與之同。

《唐詩百名家全集》於康熙四十一年初刊後，該集又有三種遞刻本，分别是康熙四十七年(1708)刊本、光緒八年(1882)席素威於粵東補刊康熙四十七年本、民國九年(1920)上海掃葉山房石印本。其中，前兩本所載《披沙集》卷次、篇目、版式、行格，皆同康熙四十一年刊本。而石印本所載則不分卷次，詩篇次序亦同康熙四十一年刊本。版式爲左右雙邊，中縫中上題“唐詩百名家全集”，中記“披沙集序”“披沙集目”“披沙集”，下記葉次。行格爲每半葉十六行，行四十字。

(二) 刻本《唐百家詩》本的餘響:《中晚唐詩紀》本與《唐人五十家小集》本

《中晚唐詩紀》本《晚唐李咸用詩》一卷，龔賢所輯，刊於康熙年間。《中晚唐詩紀》，美國國會圖書館有藏，計2函16册。輯録詩人集，分張籍等31家“行本”與鮑溶等31家“秘本”。是書所載《晚唐李咸用詩》爲“行本”第31家，版式爲左右雙邊，版心中縫上題“晚唐詩”，間記葉次記字數，中題“李咸用”。行格爲每半葉九行、行十九字。此本無楊序，有“晚唐李咸用詩目”六葉。該本收録李詩，同刻本《唐百家詩》本，實192首，亦闕《春日題陳正字林亭》《送河南韋主簿歸京》《喻道》《山中》[②]四首，蓋據刻本《唐百家詩》本輯編。

《唐人五十家小集》本《唐李推官披沙集》六卷，江標輯，江氏靈鶼閣景刊於光緒二十一年(1895)。《唐人五十家小集》，中國社會科學院有藏，總24册。《唐李推官披沙集》位於第16册，依收録次序爲第27家。版式爲左右雙欄，中縫上記字數，中題“披沙幾”，下記葉次。行格爲每半葉十行，行十八字。該本扉頁右下角標記景印底本爲“宋十行十八字臨安府棚本”，不確。書棚本收録李詩，總196首。而該本卷五闕《春日題陳正字林亭》《送河南韋主簿歸京》《喻道》《山中》4首，又《山中夜坐寄故里友生》中“行”字後亦混人《山中》殘句。所據底本當是刻本《唐百家詩》本，王修跋浙圖藏刻本《唐百家詩》本指出江標“所刻《唐人五十家集》，則確係以朱本重雕，而猥云影宋，則又欺人之甚焉”[③]。比勘該本與刻本《唐百家詩》本，明顯發現，二本不僅闕篇相同，而且該本基本承襲刻本《唐百家詩》本的誤字與墨釘，如刻本《唐百家詩》本中《石版歌》“龍泉功璞青皮皴”[④]，“功”字，該本從之[⑤]。再如《臨川逢陳百年》“利路名‘□(墨釘)’多忌諱”[⑥]，該本亦作墨釘[⑦]。

(三) 清編《全唐詩》本的成書揭秘

清代揚州詩局奉敕編纂的大型唐詩總集《全唐詩》，刊於康熙四十四年(1705)至

---

① 傅增湘:《藏園群書題記》卷一二，上海:上海古籍出版社，1989年，第644—645頁。

② 該本中《山中夜坐寄故里友生》亦混人《山中》殘句。

③ 浙圖藏刻本《唐百家詩》本扉頁。

④ 《唐李推官披沙集》卷一，刻本《唐百家詩》本，第3b頁。

⑤ (清)江標輯:《唐李推官披沙集》卷一，《唐人五十家小集》本，第3b頁。

⑥ 《唐李推官披沙集》卷二，刻本《唐百家詩》本，第5a頁。

⑦ 《唐李推官披沙集》卷二，《唐人五十家小集》本，第5a頁。

四十六年(1707),總900卷。其成書淵源,王國維言:

全唐詩局開於知揚州,曹楝亭通政方爲兩淮鹽政,實主其事。滄葦之書,近在咫尺,不容不入局中。且書成即用其名,則於胡書以外兼本季書可知。[①]

鄭振鐸《求書日録·1940年2月2日》記載:

有《全唐詩集》一部,爲季滄葦稿本,《全唐詩》全竊之,却不説明來歷。如能得此,可證斷三百年前的一重公案。[②]

據王、鄭論斷,知清編《全唐詩》與季振宜《唐詩》關係密切。對官編的"全竊之"行爲,王國維認爲是古代官編圖籍通例。他説:"歷代官書,例多剽竊,……《全唐詩》亦然。"[③]若從編纂本質看,應是官方編纂以私家編纂爲本的實踐結果。

基於上述,清編《全唐詩》輯録的李咸用詩,實際即以季振宜《唐詩》所輯爲基礎,進而增删而成。季振宜《唐詩》所輯,共涉及三種《唐詩》傳本:

其一,《唐詩》底稿本《晚唐李咸用詩》一卷,由錢謙益、季振宜遞輯。

《唐詩》底稿本,今藏臺灣"中央圖書館",總119册,計716卷。所録各家詩集,由季氏廣搜善本,間采《文苑英華》等總集,拼接剪裁而成,各集前附詩人小傳。《唐詩》底稿本所采李詩底本,實爲《中晚唐詩紀》本,其版式、行格、字體、篇目、序次俱同之。集前有楊序,序中有季氏批改。序名前,題"李咸用"三字;并將序名"唐李推官披沙集序"八字删去,替以"咸用,有集曰披沙,宋楊萬里序曰"[④]内容,即修改此序爲李咸用小傳。

其二,《唐詩》正本《李咸用詩》三卷。

《唐詩》正本,今藏國圖,總170册,計717卷[⑤]。有《唐詩目録》五卷。扉頁有三則題識,第二則稱此本爲"原錢牧齋底稿本",不確。據顧崧所述,季氏輯録《唐詩》底稿本後,"隨命書傭繕録正本,將付棗梨,以廣其傳"[⑥]。繕録的正本即指此《唐詩》正本。是書收録李詩,位於第149册卷六〇九至卷六一一,卷六〇九計46首,卷六一〇計67首,卷六一一計79首,總192首。此本版式爲四周雙邊,中縫上鎸"李咸用",中鎸卷次,下鎸葉次。書名"唐詩"據版心。行格每半葉八行,行廿一字。

《唐詩》正本有鄧邦述與章鈺跋語,據鄧跋言,康熙南巡時,下詔刊印《全唐詩》於揚,命曹寅主持,彭定求等十人駐揚編纂校勘。所刊《全唐詩》底本即爲《唐詩》正本。該本葉面天頭、地角間有批校,有的另附紙張出校考之語。鄧跋進一步説:"觀書面朱筆題識,皆出當日編纂諸臣之手。"(《唐詩》正本《唐詩目録》卷五末,第36b頁)所謂"當日編纂諸臣",即指彭定求等人。他們對《唐詩》正本收録的三卷本《李咸用詩》的批校主要表現以下四點:

---

①③ 陳伯海、李定廣編著:《唐詩總集纂要》,上海:上海古籍出版社,2016年,下册,第547頁。

② 鄭振鐸著,陳福康整理:《爲國家保存文化:鄭振鐸搶救珍稀文獻書信日記輯録》,北京:中華書局,2016年,第405頁。

④ 《晚唐李咸用詩》卷首,《唐詩》底稿本。

⑤ 本文所引《唐詩》正本文皆出自此書,其出處直接標注在正文中的引文後,下同。

⑥ (清)顧崧:《書唐詩目録後》,《唐詩》底稿本,第2b頁。

(1) 修改編定李咸用小傳。《唐詩》正本卷六〇九前附有李咸用小傳，録自《唐詩》底稿本中季氏據《唐李推官披沙集序》改寫的小傳。該小傳又經彭定求等編纂諸臣進一步修删，於“咸用”二字前加“李”字，并增補内容：“與來鵬同時，工詩不第，嘗應辟爲推官，有《披沙集》六卷，今編爲三卷。”(第 1a 頁)即成《全唐詩》本小傳内容。

(2) 校正混羼詩篇。《唐詩》正本卷六一一《山中夜坐寄故里友生》“行”字後混入《山中》殘句“邊蓑笠稱平生。尋思阮籍當時意，豈是途窮泣利名。”彭定求等編纂諸臣將該殘句删去，旁校補“藏争不要分明。可憐任永真堅白，净洗雙眸看太平。”(第 7a 頁)

(3) 重新組織編排李詩篇序。《唐詩》正本卷六〇九至卷六一一葉面天頭，彭定求等編纂諸臣批寫有編排李詩次序的小注，見下表所列：

卷次	詩篇名稱	小注内容①
六〇九	《寓意》	《寓意》起至《君子行》七首，寫在《塘上行》後。
	《携手曲》	《携手曲》至《石版》九首，寫在《江南曲》前。
	《古意論交》	此首寫在後《送人》詩後。
	《塘上行》	前有《寓意》等七首，應寫《塘上行》後。
	《江南曲》	前有《携手曲》等九篇，應寫《江南曲》前。
	《寄修睦上人》	後有《讀修睦上人歌篇》一首，應寫在《寄修睦上人》後。
	《送人》	前有《古意論交》一首，應寫在《送人》後。
	《讀修睦上人歌篇》	《讀修睦上人歌篇》一首，寫在前《寄修睦上人》後。
六一〇	《分題雪霽望爐峰》	《分題雪霽》後有《雪十二韻》等五詩，增入詩在末卷。
六一一	《雪十二韻》	《雪十二韻》起至《和殷衙推春霖》等九篇，應寫在前《分題雪霽》後。

(4) 徵引他本，臚列詩句異文。如《謝僧寄茶》“空門少年初志堅”，“志”旁註“一作地”(卷六〇九，第 14a 頁)。再如《讀修睦上人歌篇》“珊瑚高架五雲毫”，“雲”旁註“一作色”(卷六〇九，第 15b 頁)。

其三，《唐詩》抄本《李咸用詩》三卷。

《唐詩》抄本，今藏故宫博物院。前文提到，《唐詩》正本爲清編《全唐詩》的重要底本。鄧邦述指出《全唐詩》付刊時，編纂諸臣又依《唐詩》正本“别寫正本呈進”(《唐詩》正本《唐詩目録》卷五末，第 36b 頁)。即指此《唐詩》抄本②。此書總 717 卷，收録《李咸用詩》位於卷六〇九至卷六一一。版式爲左右雙邊，版心上鎸“李咸用”，中鎸卷次，下鎸葉次。書名“全唐詩”據版心。行格爲每半葉十一行，行廿一字。各卷收録詩數同《唐詩》正本。卷六〇九前有李咸用小傳，即依《唐詩》正本所附小傳轉録。

據前，彭定求等人對《唐詩》正本所收《李咸用詩》有四項批校内容。《全唐詩》本

① 均轉録於《唐詩》正本卷六〇九至卷六一一中各葉面天頭所批。

② 該本輯入《故宫珍本叢刊・清代詩文總集》(第 621—632 册，海南出版社，2000 年)。

所收李咸用詩,即依此四項批校編定。《李咸用詩》位於卷六四四至卷六四六,卷六四四計46首,卷六四五計72首,卷六四六計78首,總196首。版式爲左右雙欄,版心中縫鎸書名“全唐詩”,中題“李咸用”,間記卷次。行格爲每半葉十一行,行廿一字。

還要指出,《唐詩》正本所闕《春日題陳正字林亭》《送河南韋主簿歸京》《喻道》《山中》,《全唐詩》本疑照席本補録。緣自席啓宇曾將《唐詩百名家全集》中“前鎸五十八家恭呈御覽”[①]。《常熟席氏族譜・述祖》亦言:“府君訪羅讎校,頗盡心焉。至是手捧進御,不知塵乙夜之覽久矣。”[②]故彭定求等人得以據席本增補,又《全唐詩》本中某些詩注,如《題王氏山居》“南邊青嶂下”,“南”旁註“一作雨”[③],即從席本。知彭定求等人寓目過席本,據此本增補這四首詩篇,極有可能。

(四) 清代其餘傳本的流佈

除上述外,清代其餘傳本流佈,單行傳本以六卷形式爲主。

刊本可知者,唯有盧文弨“抱經堂”藏六卷刊本《李推官披沙集》,《帶經堂書目》有著録[④]。帶經堂爲陳徵芝藏書樓。《帶經堂書目》由其孫陳樹杓編次。據鄧實言:“陳徵芝蘭鄰以名進士,爲今浙江藏書甚富。孫星村,名樹杓,亦善鑒别,編爲書目五卷。”[⑤]據該目著録,盧氏藏本輾轉藏入帶經堂,陳徵芝得此本後,撰有跋文,以叙該本流傳始末。據陳跋言,盧氏藏本爲六卷,有楊序,蓋亦源出書棚本,惜未傳。

抄本,則有二種值得注意。一是南圖藏清抄本《唐李推官披沙集》六卷。版式爲四周單邊,行格爲每半葉九行,行十八字。此本有蟲蝕,紙張破損較多,楊序與詩目已不見。詩篇抄録有脱漏,如卷六僅抄《廬陵九日》至《寄所知》14首詩。該本相較書棚本,現存詩篇及序次與之基本相同。二是汪遠孫“振綺堂”藏舊抄本《李推官披沙集》六卷。《振綺堂書目》著録該本言:“《李推官披沙集》二册。六卷。唐隴西李咸用撰。宋紹熙四年亡名氏序。”[⑥]知此舊抄亦源書棚本。著録中“亡名氏”誤,當是“楊萬里”。邵懿辰曾寓目該本,其《四庫全書簡明目録標注》有著録[⑦]。

單行傳本外,這一時期還有一種附叢書内的傳本,即《四部叢刊初編》收録的六卷本《唐李推官披沙集》。該本扉頁標有“上海涵芬樓借上元鄧氏群碧樓藏宋刊書棚本景印”。《四部叢刊初編書目》稱“據宋刻書棚本影印”[⑧]。知此本版式、行格、卷次、各卷收詩與書棚本同。

---

① (清)席啓宇:《唐詩百名家全集序》,清康熙四十七年刊本《唐詩百名家全集》,第2a—2b頁。

② (清)席鏊纂修:《常熟席氏族譜》卷下,上圖藏清抄本,第2a頁。

③ (清)彭定求等編:《全唐詩》卷六四五,清康熙四十四年至四十六年揚州詩局刻本,第5b頁。

④ (清)陳樹杓編次,(清)陸心源、周星詒批註:《帶經堂書目》卷四,國圖藏清稿本,第10a頁。

⑤ (清)鄧實:《帶經堂陳氏藏書目序》,《帶經堂書目》,清宣統間《風雨樓叢書》本,第1a頁。

⑥ (清)汪遠孫藏:《振綺堂書目》第1格,國圖藏清抄本,第32b頁。

⑦ (清)邵懿辰撰,邵章續録:《增訂四庫簡明目録標注》卷一五,上海:上海古籍出版社,2000年,第676頁。

⑧ 上海書店重印:《四部叢刊初、續、三編總目》,上海:上海書店,1986年,第17頁。

四、結　論

綜上，關於《唐李推官披沙集》版本考論，總結如下：

第一，《唐李推官披沙集》是其八世孫李兼遞輯的宣城李氏家傳别集，最早刊本是書棚本，由南宋人陳起刊於陳宅書籍鋪。在李兼遞傳輯編并經陳起刊刻行世前，該集主要是在李氏家族内部遞代傳存，并未流佈官方傳存一端。而當陳起刊印後，該集得以流佈，爲世人所見。後世衍生的各種六卷傳本即源出於此，而且多是附總集内的傳本，如刻本《唐百家詩》本、《唐詩百名家全集》本、明抄《唐四十四家詩》本，等等。

第二，現存《唐李推官披沙集》各種傳本中，刻本《唐百家詩》本是一重要傳本。在源流傳承上，它不僅是《十家唐詩》刻後增刻本與《唐音戊籤》本的分體所依底本，而且又是清代《中晚唐詩紀》本與《唐人五十家小集》本的承襲源頭。

第三，在涉及《唐李推官披沙集》的系統辨别上，清編《全唐詩》本的成書尤爲特殊。該本編纂祖本，最早應溯至《中晚唐詩紀本》。其成書過程，主要是在彭定求等編纂諸臣批校季振宜《唐詩》正本所收三卷本《李咸用詩》的基礎上完成的。

附：李咸用詩集版本源流圖

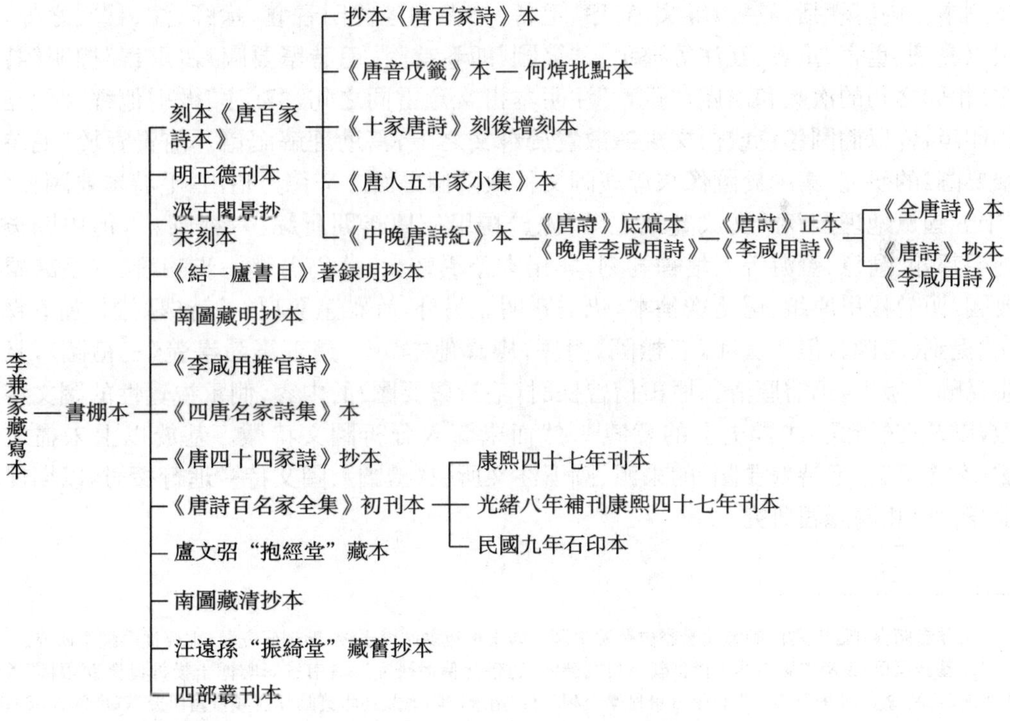

《纂圖互注毛詩》首附《毛詩舉要圖》考論

陳　燕

摘　要: 臺北故宫博物院藏有一部《纂圖互注毛詩》,首附《毛詩舉要圖》,其圖文直接源於國家圖書館藏宋刻袖珍本《六經圖》,此《六經圖》刻本或爲福建俞意、劉游在淳熙四年至七年間編刻。《毛詩舉要圖》圖下釋文所引《禮圖》,乃聶崇義《三禮圖》。《毛詩舉要圖》圖文來源廣泛,部分圖文具有不相應性特徵。通過對《毛詩舉要圖》圖文來源、特徵的探討,對經學圖譜研究具有重要意義。

關鍵詞: 纂圖;互注;《毛詩舉要圖》;《六經圖》

臺北故宫博物院藏《纂圖互注毛詩》二十卷,卷首冠以《毛詩舉要圖》,乃南宋光宗時刻本。内容囊括《詩經》經文、詩序、毛傳、鄭箋和陸德明音義,除經、注、釋文之外,附以纂圖、重言、重意、互注等提示。"纂圖"即卷首附《毛詩舉要圖》,"重言"標明《詩經》相同之句的次數和出處,"重意"注明本書文意雷同之句,"互注"徵引他經文句互爲印證,皆以橢圓墨色或白文規識散置於釋文之下,幫助理解記憶。前賢對於《毛詩舉要圖》的研究,集中於圖像來源與圖文特徵兩個方面。辛德勇指出《毛詩舉要圖》之"十五國風地理圖"和"文武豐鎬之圖"源於楊甲紹興年間所編《六經圖》①,但甲圖後經毛邦翰、俞意、劉游等人增補刊刻,與楊本差異較大,故仍需進一步論證。《毛詩舉要圖》源於楊甲原編、還是增補本,仍需察明。另外,許雅惠發現《毛詩舉要圖》圖下釋文"提到《禮圖》,但無法與《三禮圖》對應,應爲他本"②。是否爲聶崇義《三禮圖》,具體爲哪一版本,仍需厘清。原田信曾探討《毛詩舉要圖》的内容,側重視覺性的圖文特徵,以及在《詩經》注釋史上的意義③,然而未深入分析圖文特徵。基於以上未盡之處,本文擬對《毛詩舉要圖》的來源、圖下注文所引《禮圖》、圖文特徵進行探討,以期促進《詩經》相關議題研究。

作者簡介: 陳燕,雲南師範大學歷史學院中國史博士後流動站博士後,助理研究員,主要從事經學研究。

基金項目: 雲南省彩雲博士後創新項目"《詩經》通俗化傳播研究";雲南省彩雲博士後擇優資助項目"竹添光鴻《毛詩會箋》研究";雲南省哲學社會科學規劃項目"南宋建陽地區刊印纂圖互注類書籍研究"(QN202556);中華詩歌研究院自籌項目(ZHSGYJY—ZC09)。

① 辛德勇:《石室賸言》,北京:中華書局,2014年,第372—373頁。

② 許雅惠:《宋、元〈三禮圖〉的版面形式與使用——兼論新舊禮器變革》,《臺大歷史學報》,2017年第60期,第81頁。

③ 原田信:《〈毛詩舉要圖〉在〈詩經〉注釋史上的意義》,《日本中國學會報》,2012年第64集,第143—152頁。

一、《纂圖互注毛詩》首附《毛詩舉要圖》的來源

宋代禮圖作爲一種直觀展現禮制的方式,備受宋代學者推崇。諸如聶崇義《三禮圖》、陸佃《禮象》、陳祥道《禮書》等著作,均附有詳盡的禮圖,其禮圖學知識爲宋代文人所接受。紹興年間,楊甲參考《三禮圖》等圖文知識,編纂《六經圖》。甲圖影響很大,毛邦翰等人在其基礎上進行增益。值得注意的是,紹興年間(1131—1162)甲圖并未刊刻,曾勒碑昌州郡學。王象之《輿地碑記目》卷四"昌州碑記"載:"《六經圖》碑,在郡學,郡人楊甲鼎卿所著也。"①今未見拓本,無由考其原目。後來毛邦翰補楊甲之本,初刻於乾道元年(1165),明陳仁錫天啓六年刊《八編經世類纂》②收録此刻本。

國家圖書館藏袖珍殘本《六經圖》,亦可能爲宋刻本,僅存部分《毛詩》圖和《春秋》圖。書名、作者及刊刻年代,皆無從考證。傅增湘《藏園群書經眼録》云:"《六經圖》殘本,宋刊巾箱本,高四寸一分,寬二寸七分。存毛詩圖説計一至三十七圖,都三十九葉。……行格不一,十行十七字、十三行二十五字、十五行二十二字不等,四周單欄。宋諱貞、桓缺末筆。"③傅氏記述,描述其尺寸、所存頁數,并定其爲宋本。《北平圖書館善本書目》著録爲:"《六經圖》不分卷,宋楊甲撰,宋末建安刊巾箱本。"④任金城《木刻〈六經圖〉初考》據微缩複製件分析,以爲此袖珍本《六經圖》版式風格,當屬宋元間福建刊本⑤。以上學者皆斷此書爲宋福建刊本。

袖珍本殘本《六經圖》,或爲福建學者俞意、劉游二人所編。陳振孫《直齋書録解題》批注《六經圖》曰:"《六經圖》七卷,東嘉葉仲堪思文重編。案,《館閣書目》有六卷。……福唐俞意掌教建安,同里儒劉游以楊鼎卿所編增益刊之,洪景盧作序。"⑥俞意、劉游二人之事迹,已難詳考。洪景盧即洪邁(1123—1202),字景盧,號容齋,江西鄱陽人。據凌郁之《洪邁年譜》,洪邁於淳熙四年(1177)起知建寧,淳熙七年(1180)秋,罢知建寧,淳熙八年(1181)春,有南昌之行,説明此時洪邁已經離開建寧,淳熙十年(1183)在鄱陽鄉里⑦。故由洪邁作序之《六經圖》,極有可能刊於淳熙四年至七年間。由"福唐俞意掌教建安,同里儒劉游"可知,俞意、劉游所編《六經圖》,刊刻之地位於福建。福唐,宋代大多指福州⑧,宋代建安縣、建陽縣皆屬於建寧府。俞意、劉游所編《六經圖》,極有可能爲建陽書坊刻《纂圖互注毛詩》所取用。然而俞意、劉游所編《六經圖》,具體信息太少,已難深究。

《纂圖互注毛詩》乃福建刊本,刻於光宗之朝。光宗前,《六經圖》僅有乾道元年撫

---

① (宋)王象之:《輿地碑記目》,《景印文淵閣四庫全書》第682册,臺北:商務印書館,1986年,第569頁。

② (明)陳仁錫:《八編經世類纂》卷三,臺北:京華書局,1968年。

③ (清)傅增湘:《藏園群書經眼録》卷二,北京:中華書局,2009年,第95頁。

④ 趙萬里:《北平圖書館善本書目》卷一,北京:人民文學出版社,2011年,第9頁。

⑤ 任金城:《木刻〈六經圖〉初考》,曹琬如主編《中國古代地圖集》(戰國—元),北京:文物出版社,1999年,第63頁。

⑥ (宋)陳振孫:《直齋書録解題》卷三,上海:上海古籍出版社,2015年,第83頁。

⑦ 凌郁之:《洪邁年譜》,上海:上海古籍出版社,2006年,第305—322頁。

⑧ 錢建狀,劉尊明:《一種奇特的詞體——"福唐獨木橋體"考辨》,《古典文學知識》,2002年第3期。

州刻本及俞意、劉游所編之本①。因此,《纂圖互注毛詩》所參考的《毛詩》圖,祇可能源於此二本,國家圖書館藏宋刻袖珍本《六經圖》,具體刊刻時間已無法考證。筆者將《毛詩舉要圖》與乾道元年撫州刻本《六經圖》、袖珍本《六經圖》②之《毛詩》圖圖目,加以比較,發現《毛詩舉要圖》之圖目,與袖珍本《六經圖》之《詩》圖大體一致,而與撫州刻本《六經圖》則多有不同。具體表現爲:第一,《毛詩舉要圖》中多幅插圖圖目,撫州本無。第二,撫州本之圖目,與《毛詩舉要圖》之圖名,多不相合。譬如公劉度夕陽圖,撫州刻本作“公劉相陰陽圖”。第三,《毛詩舉要圖》之圖名,與宋刻袖珍本基本一致,且圖文完全相同。例如公劉度夕陽圖,二者完全一樣,可參看圖 1 和圖 2。圖 3 乃撫州本,其圖名、標注、注文,皆不同於圖 1 和圖 2。

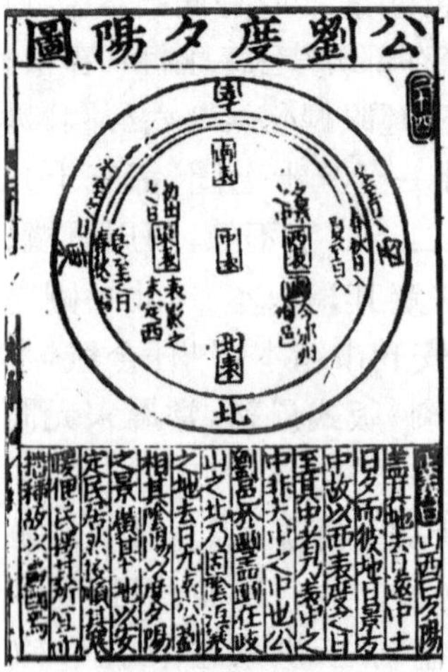

圖 1 袖珍本

圖 2 毛詩舉要圖

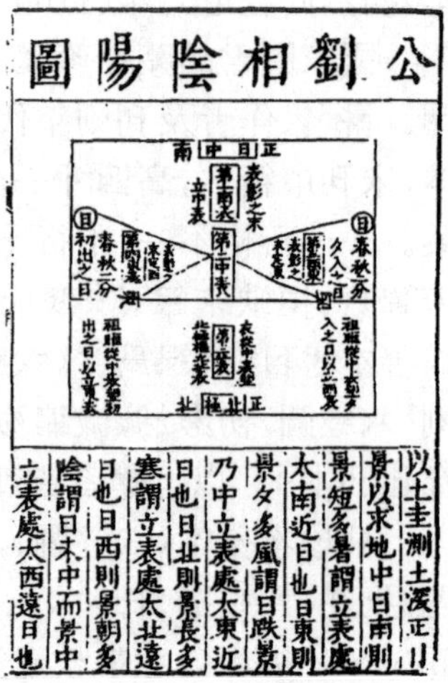

圖 3 乾道元年撫州刻本

袖珍本《六經圖》之《毛詩》圖,現存 9 幅,分別爲三星在天圖、大東總星之圖、七月流火圖、公劉度夕陽圖、楚丘定星中圖、挈壺圖、太王胥宇圖、宣王考室圖、文武豐鎬之圖,與《毛詩舉要圖》完全相同。亡佚的圖目也一一對應,故可以確定《毛詩舉要圖》來源於袖珍本《六經圖》。

二、《纂圖互注毛詩》首附《毛詩舉要圖》所引《禮圖》考辨

《毛詩舉要圖》釋文所引《禮圖》,共 3 處。是否即聶崇義《三禮圖》,尚待確考。許雅惠提及《三禮圖》《禮象》及《禮書》三書對纂圖互注類書籍的影響,該類書籍文本前所附插圖,如《毛詩舉要圖》,“有時提到《禮圖》,但無法與《三禮圖》對應,應爲他本。”③這里揭示了兩個現象,一是《毛詩舉要圖》釋文引書,未標明《三禮圖》,僅云《禮

① 關於《六經圖》的刻本系統,可以參考以下文章:汪前進《石刻〈六經圖〉綜考》,《自然科學史》,1993 年第 1 期。吴長庚、馮會明《〈六經圖〉碑本書本之流傳與演變》,《江西社會科學》,2003 年第 2 期。

② (宋)楊甲:《六經圖》,國家圖書館藏袖珍本。

③ 《宋、元〈三禮圖〉的版面形式與使用——兼論新舊禮器變革》,第 81 頁。

圖》。二是其所引《禮圖》,與許氏所見聶崇義《三禮圖》無法對應。《毛詩舉要圖》所引《禮圖》,爲宋代禮圖之泛稱,抑或特指聶崇義《三禮圖》,可從唐宋學者對《三禮圖》的稱引情況考察。

唐代學者已有徵引《禮圖》的情況。賈公彦《周禮注疏》《儀禮注疏》中引《禮圖》,“不名撰者,經考釋撰者或爲鄭玄,或爲漢代之前的學者”①。唐前的目録書,多著録爲《三禮圖》,且明確標明撰者,張彦遠《歷代名畫記》載:“《三禮圖》十卷,阮諶等撰。又十二卷,隋文帝開皇二十年敕有司撰,左武侯執旗侍官夏侯伏朗畫。”②賈公彦稱引之《禮圖》,是否爲《三禮圖》贊無法確定。

北宋時,則有明確將聶崇義《三禮圖》稱之爲《禮圖》者。沈括《夢溪筆談》卷十九“器用”云:“如蒲、穀璧,《禮圖》悉作草稼之象。”③此處《禮圖》,即指聶崇義《三禮圖》。林光朝(1114—1178)也批評聶圖穀璧、蒲璧之誤,曰:“聂氏《三禮圖》全無來歷,穀璧則畫穀,蒲璧則畫蒲,皆以意爲之。”④南宋學者羅願批評黄目尊時,亦提及《禮圖》,其云:“漢儒以爲黄者,中也;目者,氣之清明者也。言酌於中而清明於外,今禮圖但爲人目而黄之。”⑤“今禮圖”或指《三禮圖》,聶崇義《新定三禮圖》卷十四載黄彝,即畫人目爲飾。由此可知,北宋及南宋學者,皆有以聶崇義《三禮圖》爲《禮圖》之稱。

《毛詩舉要圖》引宋代其他禮書,皆明確標明,所引《禮圖》非宋代禮圖學著述的泛稱,而是特指。如引《禮書》之圖,則標“右陳氏《禮書》舊挈壺圖”(第 9 頁)⑥引陸佃《禮象》,則標“万舞《禮象》”(第 40 頁),故所引《禮圖》,非《禮象》《禮書》之圖的泛稱。《毛詩舉要圖》對《禮象》《禮書》之圖皆有參考,豈會無視流傳更廣影響更大的《三禮圖》。黎晟謂《六經圖》“版式與《三禮圖》相同,但圖像較豐富。雖然有的圖像略有不同,但此書受《三禮圖》的影響却也一目了然,相似之處非常多”⑦。《毛詩舉要圖》直接源於《六經圖》,受《三禮圖》之影響是毋庸置疑的。

宋初有多種《三禮圖》流傳,南宋時幾乎已經亡佚,僅剩聶崇義《三禮圖》。聶圖主要參考前代《三禮圖》修訂而成,四庫館臣以爲所參考《三禮圖》有六種:“鄭元一,阮諶二,夏侯伏朗三,張鎰四,梁正五,開皇所撰六也。”⑧事實上,聶崇義衹參考三種前代《三禮圖》⑨,即舊圖十卷、開皇二十年梁正撰夏侯伏朗畫十二卷、張鎰圖九卷。此三種《三禮圖》,至南宋,或已亡佚。《中興館閣書目》、晁公武《郡齋讀書志》、陳振孫《直齋書録解題》,僅載聶崇義《三禮圖》二十卷。宋前的《三禮圖》,南宋完整保存的可能性很小,且聶崇義《三禮圖》自朝廷頒發以後,被畫於國子監講堂之壁,甚至流傳至郡

① 喬輝:《贾公彦〈周禮注疏〉〈儀禮注疏〉引禮圖考略》,《理論月刊》,2014 年第 9 期。

② (唐)張彦遠:《歷代名畫記》卷三,北京:人民美術出版社,2016 年,第 77 頁。

③ (宋)沈括:《夢溪筆談》卷十九,傅璇琮主編《全宋筆記》,鄭州:大象出版社,2006 年,第 142—143 頁。

④ (清)永瑢等:《四庫全書總日》卷二十二,北京:中華書局,1965 年,第 176 頁。

⑤ (宋)罗願:《爾雅翼》卷三十一,合肥:黄山書社,1991 年,第 310 頁。

⑥ (漢)毛亨傳,鄭玄箋:《纂圖互注毛詩》,濟南:山東人民出版社,2024 年。本文所引《纂圖互注毛詩》皆出自此書,其出處直接標注在正文中的引文後,下同。

⑦ 黎晟:《馬和之〈毛詩圖〉研究》,上海大學博士論文,2014 年,第 78 頁。

⑧ 《四庫全書總目》,第 176 頁。

⑨ 華喆:《聶崇義〈新定三禮圖〉舊本探源》,《藝術工作》,2023 年第 5 期,第 88 頁。

縣一級的學堂中。聶圖流傳既廣,禮圖知識亦爲士大夫所熟知,淳熙四年至七年間,俞意、劉游編《六經圖》時,所參考的《三禮圖》,爲聶圖的可能性較大。

從圖文内容來看,《毛詩舉要圖》所引 3 處《禮圖》之圖文,與聶崇義《新定三禮圖》一定程度上是相符的。《毛詩舉要圖》第一條材料所涉《禮圖》如下,"兵器之圖"之"戈"下云:"戈主於刺,詳見禮圖。"(第 21 頁)毛邦翰乾道元年所補楊甲《六經圖》之"毛詩正變指南圖",載有"釋兵農器名",其中釋"戈"爲勾矛戟,未繪其圖,然云:"已上形制并見二禮圖。"①《毛詩舉要圖》標"詳見禮圖",或即借鑒毛邦翰之體例。

第二條材料《毛詩舉要圖》注文所引《禮圖》與《新定三禮圖》圖注相同。"朝服之圖"之"大球""小球"之下釋文,引《考工記·玉人》云:"'大圭,杼上,終葵首,天子服之。鎮圭,尺有二寸,天子守之。'是也,詳見禮圖。"(第 29 頁)此處既解大圭、鎮圭,又言"詳見禮圖",意謂"禮圖"中有大圭、鎮圭之圖。《新定三禮圖》之玉瑞圖繪有大圭、鎮圭之圖,其"大圭"圖下釋文引《玉人職》云:"大圭,長三尺,杼上,終葵首,天子服之。"②其"鎮圭"圖釋文曰:"鎮圭,長尺有二寸,以鎮安天下。"③《毛詩舉要圖》對大圭、鎮圭的解釋,與《三禮圖》相符,都引《考工記》尺寸爲作圖依據,則"朝服之圖"所提《禮圖》之大圭、鎮圭,與聶崇義《新定三禮圖》的尺寸可以對應。

第三條材料《毛詩舉要圖》引《禮圖》以述"篚"之尺寸,與《新定三禮圖》所引舊圖相同。"器物之圖"中"篚"圖下釋文,引禮圖云:"長三尺,廣一尺,深六寸,足高三寸,盛幣帛爵觶之類。"(第 42 頁)《新定三禮圖》引舊圖曰:"篚,以竹爲之,長三尺,廣一尺,深六寸,足高三寸,如今小車軨。"④《新定三禮圖》所引舊圖"不是一個泛稱,而是指《三禮圖》歷史中的一個特定版本,也是聶崇義能够參考的最早一部禮器圖。"⑤聶氏雖親見舊圖,但已形制闕漏,難以取象,至南宋可能早已不存於世,《毛詩舉要圖》之編纂者,不可能直接參考舊圖,應是參考聶圖所引舊圖材料。

通過以上圖文分析,可以確定《毛詩舉要圖》提及《禮圖》爲聶崇義《三禮圖》,而確切版本則無從稽考。許雅惠言"無法與《三禮圖》對應,應爲他本"⑥,許氏探討的爲鎮江府學刻本《三禮圖》和元成宗大德十一年(1307)所刻《重校三禮圖》,現存宋版《三禮圖》僅有鎮江府學刻本。宋淳熙二年(1175)鎮江府學刻本《新定三禮圖》卷二十目録尾陳伯廣跋稱"始熊君子復得蜀本,欲以刻于學而予至,因屬予刻之。"⑦可知在鎮江府學刻本之前,至少還有一個蜀刻本。從時間上看,淳熙四年至七年俞意、劉游編《六經圖》,鎮江府學刻本和蜀本皆有可能參考。熊君子即熊克,字子復,建寧府建陽縣崇泰里人。乾道五年(1169),出任餘姚縣縣尉。乾道六年(1170),任鎮江府學教授。他在乾道六年三月《跋道德真經注》一文中言及曾任建寧學官,"往歲攝建寧學官,嘗以

① (宋)楊甲著,毛邦翰補:《六經圖》,景印文淵閣《四庫全書》第 183 册,臺北:商務印書館,1986 年,第 261 頁。

② (宋)聶崇義:《新定三禮圖》卷十,杭州:浙江人民美術出版社,2015 年,第 134 頁。

③ 《新定三禮圖》,第 136 頁。

④ 《新定三禮圖》,第 167 頁。

⑤ 《聶崇義〈新定三禮圖〉舊本探源》,第 84 頁。

⑥ 《宋、元〈三禮圖〉的版面形式與使用——兼論新舊禮器變革》,第 81 頁。

⑦ 《新定三禮圖》,第 272 頁。

刊行。"[1]前面提及"福唐俞意掌教建安,同里儒劉游以楊鼎卿所編增益刊之"[2]表明熊克與俞意、劉游也存在交往的可能性。

《毛詩舉要圖》所引《禮圖》,所涉器物有戈、大圭、鎮圭、篚,後三圖尺寸與鎮江府學刻本《新定三禮圖》相符,二者或有共同的底本來源。

三、不相應性:《纂圖互注毛詩》首附《毛詩舉要圖》的圖文特徵

《毛詩舉要圖》凡三十餘幅,含地圖、建築圖、星圖圖式、兵器圖、服飾圖、禮器圖等。或一頁一圖,或一頁數圖,多爲上圖下文,皆以黑白綫條勾勒,注重物體形狀的視覺呈現。這些圖像來源廣泛,圖下注文材料來源,既有傳統注疏,也有宋人之説。原田信謂《六經圖》和《毛詩舉要圖》相同,都是對經書文本的圖解[3]。原田氏從注釋學之視角討論《毛詩舉要圖》,甚有啓發,然而未直接討論其如何注釋《詩經》文本。據前面考辨,《毛詩舉要圖》與國圖藏宋刻袖珍殘本《六經圖》之《毛詩圖》高度相似,則《毛詩舉要圖》的特徵,極可能是《六經圖》之《毛詩圖》的特徵,故下文將通過考察《毛詩舉要圖》與《毛詩》經文、《六經圖》之《毛詩》圖,以及毛《傳》、鄭《箋》的關係,以探求其圖文不相應的特徵。

(一)圖像與注文不相應

《毛詩舉要圖》的注文,非作圖之依據。其圖像來源較廣,所參考禮圖學著作有聶崇義《三禮圖》、陳祥道《禮書》、陸佃《禮象》,王普"蓮華漏圖"等。這些禮圖學著述皆未以《毛詩》文本内容作爲依據,故用以上禮圖闡釋《詩經》,不免有齟齬之處。馮茜研究過纂圖本《周禮》禮圖與禮學之關係,其謂:"《二禮圖》中,注文部分是聶崇義對作圖依據及其合理性的説明,是作圖的宗旨和標準。但在纂圖本禮圖的圖文之間并不存在這種相關性或對應關係,表現在,纂圖本禮圖的不少圖文之問是不相應的。"[4]《毛詩舉要圖》也存在類似情況,編者截取《三禮圖》《禮象》《禮書》中的圖像,圖下注文引《鄭箋》《正義》,這些古注多數未言圖像之尺寸、形制,僅解釋圖像的文化意義,不可作爲作圖之依據。譬如祭器之圖之"璋"下,注文云:"半圭曰璋,王祼以圭瓚,諸侯亞祼以璋瓚助之。"(第38頁)釋文未説明璋的具體尺寸,僅説明適用場合和對象。《毛詩舉要圖》屬於"圖注",與傳統"文注"相結合。以圖釋禮是宋代禮圖的核心目的[5],以圖解經則是《毛詩舉要圖》的主要目的,故此圖像僅作爲示意圖,未必能準確反映器物的實際大小。

部分圖像與圖注不能對應。如"朝服之圖"之"狐裘"之圖,其釋文引《小雅・采

① 曾枣莊、劉琳主編:《全宋文》第225册,上海:上海辭書出版社,2006年,第348頁。

② 《直齋書録解題》,第83頁。

③ 《〈毛詩舉要圖〉在〈詩經〉注釋史上的意義》,第149頁。

④ 馮茜:《宋刻纂圖本〈周禮〉中的禮圖與禮學》,《中國經學》,2018年第1期,第34頁。

⑤ 李卿蔚:《宋代禮圖文獻研究價值及"以圖釋禮"的核心目的》,《中國文化研究》,2024年第1期,第76頁。

菽》篇正義,但《采菽》經文并未提及狐裘。《秦風·終南》有"錦衣狐裘"[①],引用《終南》篇正義,更爲妥帖。此外,圖像中的標注與釋文不相對應。如十五國風地理圖中,毛邦翰增補楊甲之本、宋刻袖珍殘本、《毛詩舉要圖》皆用圓圈表示十五國,實際用圓圈標示的僅有十三國,周南、召南則用方框標示,但宋刻袖珍殘本和《毛詩舉要圖》之圖説,釋十五國時,亦將周南、召南列入其中。成一農推測,十五國風系列地圖的祖本"很可能并不是一幅以'十五國風'爲主題的地圖,而是一幅表示春秋時期地理形勢的地圖。"[②]據鄭玄《詩譜》云:"周、召者,《禹貢》雍州岐山之陽地名。"[③]孔穎達、朱熹等亦以爲周、召位於岐山之南。而毛邦翰乾道元年所刻《六經圖》繪周南、召南於岐山西部,宋刻袖珍本、《毛詩舉要圖》雖引鄭玄《詩譜》注解,却將周南、召南繪於西南方向。

(二)圖像與《毛詩》經文不相應

一部分圖像以注疏爲依據,未必與《毛詩》經文主旨相合。譬如宣王考室圖,以《小雅·斯干》序"宣王考室也"[④]命名,圖中繪有正宫、小宫、路寢、小寢、宗廟。圖下引鄭玄注云:"宣王於是築宫廟群寢,既成而釁之,歌《斯干》之詩以落之。"(第12頁)編纂者繼續説道:"先儒謂釁主於廟,考主於室,夫君子營宫室宗廟爲先,豈宣王考室而不釁廟與?"(第12頁)"君子營宫室宗廟爲先"爲孔穎達之語,鄭玄、孔穎達、宋刻袖珍本《六經圖》、《毛詩舉要圖》皆以爲《斯干》之詩宣王既營居室,又作宗廟,故圖中繪有宗廟。而毛邦翰補楊甲《六經圖》則未繪宗廟圖,并言:"厲王之亂,宫室敗壞,宣王復成之。考者,成室設盛食以樂之,必有稱頌祝禱之言,《斯干》之詩,考室祝頌之辭。"[⑤]此處僅言宣王作宫室,未言作廟。竹添光鴻曰:"鄭玄合釁與落而謂之成室,非訓考即爲落也。但鄭兼言廟,是鄭之誤也。"[⑥]《斯干》經云"似續妣祖"[⑦],鄭玄見"妣祖"便以爲作廟,作廟重而居室輕,《大雅·綿》先言"作廟翼翼"[⑧],後言皋門、應門,而《斯干》經云"築室百堵"[⑨],未云作廟。故宋刻袖珍殘本《六經圖》及《毛詩舉要圖》繪有廟,恐非經文之意。

圖文對《毛詩》文本的闡釋,其提示不甚清晰。《毛詩舉要圖》圖下釋文,博采衆説,尤以《詩經》注疏爲主,有"注云""注曰""箋云"正義云""疏云""正義曰""孔氏謂""禮書云"等字樣,而多未標明《詩經》某篇之注、箋及正義。譬如兵器之圖中,繪有旂、旌、干、戈、殳、矛、具胄等圖,圖下注文未提及《詩經》内容。旟、旄雖標"注云"字樣,亦難迅速識别爲何篇之注。《毛詩舉要圖》之"旟"圖,繪有四斿,而聶崇義《新定三禮圖》則繪七斿,并引《輈人》鄭玄注云:"鳥隼爲旟。鶉火,朱鳥宿之柳,其屬有星,星七星,

① (漢)毛亨傳,鄭玄箋,孔穎達正義:《毛詩正義》卷六,北京:北京大學出版社,1999年,第498頁。
② 成一農:《"十五國風"系列地圖研究》,《安徽史學》,2017年第5期,第21頁。
③ 《毛詩正義》,第10頁。
④ 《毛詩正義》,第795頁。
⑤ 《六經圖》,第255頁。
⑥ 竹添光鴻:《毛詩會箋》卷十一,南京:鳳凰出版社,2012年,第1230頁。
⑦⑨ 《毛詩正義》,第798頁。
⑧ 《毛詩正義》,第1157頁。

故七斿,此亦王者所建。又案《司常》云:'州里建旟,且卿之州長,是中大夫四命。'"[①]《毛詩舉要圖》之"兵器之圖"的"旟"圖下注文曰:"注云'鳥隼曰旟。州里建之,謂州長之屬也。'正義云'有州旟,黨旟、鄙旟、鄰旟。'"(第21頁)此圖注引用《鄘風·干旄》之毛傳、鄭箋和孔疏,《干旄》曰:"孑孑干旟,在浚之都。"[②]《毛傳》曰:"鳥隼曰旟,下邑曰都。"[③]箋云:"《周禮》州里建旟,謂州長之屬。"[④]則《毛詩舉要圖》之"旟"圖,當釋《干旄》之"孑孑干旟"。然《毛詩舉要圖》之"旟"圖圖注,未標《干旄》篇,查詢殊爲費力。張溥《詩經注疏大全合纂》中載"兵器服圖"之"旟"旁注"《出車》",此注解甚明。

雖然《毛詩舉要圖》部分圖文關係不太對應,但大多數還是相關的,一些名物通過圖像得以形象化呈現,促進了《詩經》傳播。

四、結　語

《毛詩舉要圖》直接源於宋末建刻袖珍本《六經圖》,此袖珍本極有可能爲福建俞意、劉游於淳熙四年至七年間所刊,《毛詩舉要圖》所引《禮圖》特指聶崇義《三禮圖》。《毛詩舉要圖》之圖文,集衆説而成,圖文雖有不太相應者,然而爲理解經文提供了獨特的思維方式,促進了《詩經》大衆化傳播,在圖書史上具有一定的價值。纂圖互注類書籍"成爲讀者喜聞樂見的圖書形式,影響了後來的圖書閱讀方式,這種'看圖識字'的教科書形式,直到今天還在沿用。"[⑤]除插圖外,《纂圖互注毛詩》之重言、重意、互注等義例,采用互證的方式在書中添加提示,增强聯想,改變了之前的綫性閱讀模式,在閱讀史上也具有一定的意義。

清代書目、題跋著録《毛詩舉要圖》,與現存傳本,多有不符。朱彝尊《經義考》著録《毛詩舉要圖》凡25幅[⑥],與臺北故宫博物院藏本《纂圖互注毛詩》首附《毛詩舉要圖》,以及日本静嘉堂藏本《毛詩舉要圖》之數不符,今存本皆32幅。朱氏所記"巡守柴望祭告圖",臺北故宫博物院藏本、静嘉堂藏本皆作"告祭","四詩傳校圖",二藏本皆作"傳授",朱彝尊所著録者,非以上所列現存本。徐乾學將《毛詩舉要圖》定爲元版,或爲誤判。徐氏《傳是樓宋元版書目》載:"《毛詩舉要圖》,四本,元板新入。"[⑦]今臺北故宫博物院所藏、周九松所藏、静嘉堂所藏,皆爲宋刻本;國圖藏宋殘本《毛詩詁訓傳》,亦宋刻也。元代科舉以朱熹《詩集傳》爲主,翻刻《毛詩舉要圖》之可能性甚微。清代書目、題跋著録纂圖互注類書籍,是否準確可以進一步探討。此外,纂圖互注類經書文本前所附插圖,來源不甚清晰,本文對《毛詩舉要圖》來源的探討或可提供啓發。《詩經》插圖歷史悠久,本文所討論《毛詩舉要圖》的特徵能爲《詩經》圖譜研究提供借鑒。

---

① 《新定三禮圖》,第125頁。

②③④ 《毛詩正義》,第246頁。

⑤ 薛冰:《中國版本文化叢書·插圖本》,南京:江蘇古籍出版社,2003年,第23頁。

⑥ (清)朱彝尊:《經義考新校》卷一百十,上海:上海古籍出版社,2010年,第2053—2054頁。

⑦ (清)徐乾學:《傳是樓宋元版書目》卷一,國家圖書館藏清道光六年(1880)劉氏味精書屋抄本,第2頁。

李攀龍《古今詩删》編刻考論

張慧子

摘　要:李攀龍《古今詩删》是明代復古詩學的重要選本。在復古運動衰退之時,李攀龍着手編選《古今詩删》,重振復古之勢,并於嘉靖四十二年至四十五年間編成此書。王世貞在隆慶三年前取走《古今詩删》初稿校對時,被館客從中抄録"唐選"部分,刻成《唐詩選》單行本,并在隆慶年間先於《古今詩删》出版,因此,凌濛初《唐詩廣選序》具有可靠性。李攀龍去世後,《古今詩删》由徐中行門人汪時元謀刻出版,汪時元在編刻時私自將 14 首己作刻入《明詩删》,導致後人誤解李攀龍因人情關係選詩,同時亦違背李攀龍樹立典範詩作的初衷。

關鍵詞:李攀龍;《古今詩删》;王世貞;《唐詩選》;汪時元

明代中後期,刻書業發展繁盛,出版家與文人互動頻繁,關係愈發微妙。文人通過編著出版書籍,傳播文學思想,提高自身地位;出版家亦因謀利、留名等功利性,熱衷書籍編刻。李攀龍在嘉靖三十七年(1558)前後辭官歸鄉,家居期間多次與魏裳、張獻翼、汪時元等人合作出版著作集,編選代表復古詩學的重要選本——《古今詩删》,在其去世後由徽州出版家汪時元謀刻出版。但王世貞、吴國倫等人對汪時元的編刻活動多有詬病,認爲李攀龍"托之匪人",因此遭受污名。汪時元與李攀龍、徐中行、王世貞等在隆萬年間交往密切,并在三人去世後,建"三先生祠"。爲什麽王世貞等人既與出版家身份的汪時元交遊互動,却又對協助出版復古派詩文集的汪時元如此不滿?衆多托名李攀龍《唐詩選》的單行本流行於世,其與《古今詩删》之間又存在什麽關係?其中的複雜糾葛,亟需還原李攀龍《古今詩删》編選與刊刻的真實情況。

一、李攀龍《古今詩删》的編選

嘉靖三十七年(1558),李攀龍因病乞歸,家居期間編成《古今詩删》。李攀龍選擇在此階段編選《古今詩删》有其特定的背景與目的。自嘉靖三十三年(1554)復古成員梁有譽即世,復古諸子於次年因楊繼盛一事遭受嚴嵩打壓,相繼離開京城,流散各地,

作者簡介:張慧子,黄山學院講師,主要從事明代文學與徽學研究。

基金項目:中國詩學研究中心黄山學院分中心重點項目"黄山詩歌整理與研究"(sxkfkt2303);黄山學院人文社科重點科研項目"黄山山水詩研究"(2021xhwh008)。

李攀龍《拂衣行答元美》詩云“五子江湖正漂泊，黃鵠摩天慕者誰”①(第五卷第118頁)，已頗有顛沛流離之感。李攀龍家居期間，復古成員宗臣去世，狎主齊盟的王世貞又慘遭家難，久廢吟詠，不問文事。是時，諸子或卒亡，或隱居，或罷歸，或遠任，“後七子”復古氣勢已然衰弱。李攀龍正是在這樣的背景下多次編選出版著作集，重振復古之勢。李攀龍在與徐中行提及《詩删》編選的書中感慨“吾黨漂摇，見復種種”(第三十卷第693頁)，又言“文章大業，是以君子欲及時也”(第三十卷第695頁)，可見，李攀龍認爲此時期的編刻活動正是復古運動的時機所需。嘉靖四十年(1561)，李攀龍開始編選《擬古樂府》，後與許邦才合作編刻《海右倡和集》，同時張獻翼爲李攀龍、王世貞兩人刊《南北二鳴集》，嘉靖四十二年，李攀龍與魏裳合作出版《白雪樓詩集》，之後又爲徐中行編選《青蘿館詩》。這一系列的復古諸子著作集相繼問世，對於低迷的復古運動起到重要作用，也正是在此時期，李攀龍着手《詩删》的編選，欲以樹立代表“後七子”思想的詩學正典。李攀龍編選《詩删》始於古逸，次以漢魏六朝，突出盛唐，唐後繼以明，又唯不及宋元，詩選嚴苛又鮮明，强調“古詩必漢魏，近體必盛唐”“宋元無詩”的復古主張。《四庫全書總目》卷一八九《古今詩删》提要曰：“明季論詩之黨，判於七子；七子論詩之旨，不外此編。”②尤其在明《詩删》的編選上李攀龍取向十分明顯，多擇取“七子派”及其羽翼，并將王世貞、徐中行等“後七子”詩作視爲復古詩學的典範，有“寵光吾黨”之嫌。胡震亨曾論及《詩删》的影響，云“李于鱗一編復興，學者尤宗之”③，而“復興”二字表明李攀龍編選的主要目的。總之，李攀龍在復古勢力衰退之時編選《古今詩删》，有志於樹立復古詩學正典，重振“後七子”復古運動。

關於李攀龍《詩删》的編纂時間，學界多認爲“約在嘉靖三十五年(1556)至隆慶元年(1567)李攀龍因病家居期間”④。實際上，李攀龍很可能是在嘉靖四十年(1561)後才着手準備《詩删》的編選之事。是年，李攀龍所輯選的《擬古樂府》與《詩删》編選密切相關。李攀龍《古樂府序》曰：“古之爲樂府者，無慮數百家，各與之争片語之間，使雖復起，各厭其意，是故必有以當其無有擬之用。有以當其無有擬之用，則雖奇而有所不用也。”⑤李攀龍不僅指出要在衆多古作中選擇範本摹擬創作，做到“無有擬之用”，且其“《古詩删》中所選録樂府詩一半以上都是李攀龍《擬古樂府》的擬作”⑥，李攀龍按照自身創作樂府詩的經驗選定《古詩删》範本，這與王世貞《古今詩删》序中言李攀龍“以楷模後之操觚者”的編選目的相契合，亦或是李攀龍編選《詩删》之肇始。

李攀龍在編選《詩删》的過程中，還曾與許邦才書中探討明詩部分的編選問題，云：

---

① (明)李攀龍：《滄溟先生集》，上海：上海古籍出版社，1992年。本文所引李攀龍詩作及書牘皆出自此書，其出處直接標注在正文中的引文後，下同。

② (清)永瑢等編：《四庫全書總目》卷一八九，北京：中華書局，1997年，第2645頁。

③ (明)胡震亨：《唐音癸籤》卷三一，上海：古典文學出版社，1957年，第270頁。

④ 陳正宏：《明代詩文研究史 1368—1911》，《中國文學研究》第2輯，江西：江西教育出版社，2000年，第72頁。

⑤ (明)李攀龍：《白雪樓詩集》卷首，國家圖書館藏明隆慶年間汪時元刻本。

⑥ 楊焄：《明人編選漢魏六朝詩歌總集研究》，陝西：陝西人民教育出版社，2009年，第106頁。

我朝諸公,選可七八十首,亦未妥愜,適未携至城中,容與拙刻删上。彼中文獻地,雅有藏本,不憚訪録,以備當代之音。近詩二紙,間有古體可采,今呈,欲令殿卿知我輩不遍觀百代,悉索諸家,斯無以集大成,聲金振玉耳。雖然,其中非爾力也,則所望於知己者哉!(第二十九卷第 675 頁)

此書開頭有"不佞杜門六年於此矣"等語,從李攀龍於"戊午,複疾,投劾歸濟南"時推知,此書應寫於嘉靖四十二年(1563)。同時書中又提及魏裳爲其刊刻《白雪樓集》,以及王世貞寄書言"張獻翼刻兩人唱和集"之事,亦可佐證書牘的寫作時間。看來,嘉靖四十二年,李攀龍《詩删》仍在編選中,此時還未成稿。另外,李攀龍多部詩集在此期間相繼梓行問世,亦或是其之後編選明詩部分未選入己作的重要原因。

關於李攀龍《詩删》的成書時間,其與徐中行一封書牘中有所暗示,信中曰:

正欲留質《明詩删》,兼足下爲辭,多詣神品,非假日月,其奥難窺。……元美前云拙稿尚有可留者,失之集中,或存之苑紙,可屬録示。《明詩删》姑無令出,尤懇。大事方殷,百惟自愛。(第三十卷第 694 頁)

此篇書牘提供兩個關鍵信息:第一,李攀龍於嘉靖四十五年(1566)已編成《詩删》初稿。從李攀龍在信中提及"足下至,儼然在衰服之中""使者忽以遷聞"等語可知,徐中行於嘉靖四十四年十月徐母去世之後,曾拜謁李攀龍,爲母乞銘,且徐氏又於嘉靖四十五年起山東按察司僉事,由此推斷,李攀龍回信時間應在嘉靖四十五年,這一時間表明李攀龍在此之前已編成《詩删》初稿。王世貞在《古今詩删序》曰:"李攀龍于鱗所爲《古今詩删》成,凡數年而殁。"①王世貞序中言李攀龍在生前數年已完成詩選,此説法正與上述嘉靖四十五年左右的成書時間相互印證。第二,徐中行等人在李攀龍生前就已見過《詩删》書稿,且有謀劃出版之事。李攀龍在信中請求徐中行暫時不要將《明詩删》出版,説明徐中行不僅見過詩稿,且已被委托謀劃《明詩删》出版一事。此亦與凌氏序言"其完者子與行且校之"相符。因此,李攀龍編選《詩删》的成書時間應在嘉靖四十二年至四十五年間。

李攀龍與友人書牘中多次提及《詩删》的編選問題,王世貞亦曾在《藝苑卮言》中證實李攀龍選詩之事,其有"始見于鱗選明詩,余謂如此何以鼓吹唐音;及見唐詩,謂何以衿裾古《選》;及見古《選》,謂何以箕裘《風》《雅》"②等論,因此,《古今詩删》中的三部詩選確實爲李攀龍所編。但四庫館臣在提及《古今詩删》的同時,又言李攀龍還有《唐詩選》單選本流行於世,《四庫全書總目》卷一八九《古今詩删》提要曰:"流俗所行,别有攀龍《唐詩選》。攀龍實無是書,乃明末坊賈割取《詩删》中唐詩,加以評注,别立斯名。"③但館臣認爲,李攀龍《唐詩選》的單行本爲僞作,是明末坊刻從已出版的《古今詩删》中"割取"唐詩部分,并加"評注"托名而成。

李攀龍在已編選《古今詩删》的前提下,是否存在編訂另一種《唐詩選》單選本的

---

① (明)李攀龍:《古今詩删》卷首,國家圖書館藏汪時元刻本。

② (明)王世貞著,姚大勇等點校:《弇州山人四部稿》卷一百五十《説部・藝苑卮言七》,上海:上海古籍出版社,2020 年,第 3668 頁。

③ 《四庫全書總目》卷一八九,第 2645 頁。同書卷一九二、一九三亦有類似説法。

可能？根據現存文獻資料來看，不太有這種可能性。首先，從王世貞的書牘中確有多次提及李攀龍《詩删》編刻之事，却未曾提及過《唐詩選》。其次，既然李攀龍已編選《詩删》，其中已含有唐詩選部分，很難想象李氏在此期間會再單獨編選一部《唐詩選》。最後，李攀龍自己應該也不可能在《詩删》出版前，將其中的唐詩選部分事先出版。因從李攀龍與徐中行書中所云“正欲留質《明詩删》，兼足下爲辭，多詣神品，非假日月，其奥難窺”等語來看，李攀龍在與王世貞、徐中行等諸子交流中，詩稿還并未成熟，他應該不會在完稿之時就將唐詩選部分事先出版。因此，《唐詩選》單行本是李攀龍親訂的可能性較小。

如果《唐詩選》單行本不是李攀龍親訂，爲什麽會托名於李攀龍？其又與《詩删》的唐選部分有無關係？難道真如四庫館臣所言是後來坊刻托名爲之？還是存在其他情况？解决這些問題首先需要先弄清李攀龍《詩删》成書至出版前的編刊活動。

二、王世貞《古今詩删》編校與《唐詩選》的産生

明末凌濛初在《唐詩廣選序》中曾完整記述《古今詩删》成書後的校刊活動及《唐詩選》的産生過程，序曰：

> 粤自歷下《删》成，元美携其本歸吴中。館客某者潛録之，頗有軼落。他日客複館先君子所，出其本相示。家仲叔欣然授諸梓，而《選》始傳。後元美觀察吾郡，見而語先君子曰：“此尚有漏。其完者子與行且校之”。先君子更從子與所請得其原抄本，則子與時已有手鉛評騭之草，犁然秘之書簏。已而《古今詩删》出，《删》止載子與名，不存其筆。此《選》與《删》各行之始末也。嗣後晋陵蔣仲舒取所爲《選》箋釋之，詮載既詳，揚榷咸備，博雅欣賞，海内家傳户習之。①

凌氏序文透漏出：第一，《唐詩選》單行本是王世貞館客抄録李攀龍《古今詩删》的唐選部分而成；第二，《唐詩選》先於《古今詩删》出版；第三，蔣一葵的箋注本是在凌氏出版的《唐詩選》基礎上加工而成。凌氏與四庫館臣都認爲《唐詩選》單行本不是李攀龍親訂，但在兩者的關係與出版先後上各執一詞，凌氏論述《唐詩選》是王世貞將李攀龍《古今詩删》取回家中校訂時被館客摘録唐選部分而成，且《古今詩删》出版前又在徐中行處校刊。這説明李攀龍《古今詩删》出版前曾有王世貞、徐中行等多人參與編校。

凌氏序文所言是否真實可靠的關鍵在於王世貞取走李攀龍《詩删》校對的大致時間，學界針對凌濛初《唐詩廣選序》一文真實性的争議正是集中於這一點。如以查屏球先生在《“李攀龍〈唐詩選〉”評點本考索》一文對凌序提出質疑爲代表，其認爲：“《古今詩删》刻於李攀龍去世後，在此之前王世貞不可能於隆慶三年(1569)有‘携其本歸’及客抄之事，更無須讓人往徐中行處校對。且此前汪時元曾刻李攀龍詩集，請敘王世

① (明)李攀龍：《唐詩廣選》卷首，美國哈佛燕京圖書館藏凌氏明刻本。此刊本爲七卷本，八行十八字，四周單邊，白口，無魚尾，書眉上刻評。卷首除凌濛初《唐詩廣選序》，依次有“王世貞古今詩删序”“李攀龍選唐詩序”，後附“評詩名家姓字”，目録前有“吴興凌瑞森、凌南榮識”。

貞,并未提及《古今詩删》一事。故《唐詩選》不可能在此前産生。”[①]此後研究者多沿用此説,認爲凌氏序文中“隆慶三年(1569)之前王世貞取走《詩删》以及見過《唐詩選》有違史實”不足信。後又有殷祝勝先生提出肯定凌氏序文的可靠性[②],但在質疑者所提出王世貞何時取走《詩删》的時間問題上仍未給出圓滿的解釋。因爲無論質疑或肯定凌氏序文的研究者似乎都未考慮到李攀龍在生前剛編選成《古今詩删》初稿時,王世貞、徐中行等人就已見過書稿,并取走校對的情况。

既然前文考證出嘉靖四十五年(1566)李攀龍《詩删》已成書。凌氏序言中王世貞在隆慶三年前取走詩稿校對一事也就符合“史實”。首先,凌氏序中敘其仲叔將此書“授諸梓”之事於“元美觀察吾郡”即王世貞爲浙江參政之前,王世貞爲浙江參政是在隆慶三年(1569),李攀龍《詩删》初稿成於嘉靖四十五年。在此期間,王世貞與李攀龍曾多次會面,隆慶元年(1567)十二月,李攀龍在赴浙江按察副使任途中與王世貞兄弟會於吴門,居三日始别;次年六年,李攀龍訪王世貞處,是年八月,王世貞又與徐中行一起同往濟寧[③]。從凌氏序中所述,王世貞可能是在隆慶元年與李攀龍會面時,將《詩删》書稿携於家中校對,又於次年將書稿返還。其次,王世貞此次取走校勘的李攀龍《詩删》初稿本,其中唐詩選部分很可能就是七卷本。王世懋也見到此次取回的《詩删》七卷稿,并在李攀龍已作好前序的基礎上,又爲李攀龍作《唐詩選後序》。王世懋此序很可能與王世貞所作《古今詩删序》時間相近,約完成於隆慶年間《唐詩選》初刻本問世後,《古今詩删》出版之前,也正因如此,王序中有“(唐詩)選至于鱗,卷僅七而終”之論[④],又有與其兄一致的解紛之語。最後,從《弇州山人四部續稿》中王世貞與凌氏及盟鷗館關係來看,兩者交往密切。王世貞在隆慶三年(1569)前帶回《詩删》初稿校對,則完全有可能存在館客從王世貞處得到一手書稿并抄録的情况。因此,嘉靖四十五年(1566)至隆慶三年(1569)間,王世貞完全有可能取走李攀龍《詩删》稿本校對。凌氏序言中“館客在其家抄録《唐詩選》”的説法,自然不是完全無中生有。

如果依據凌氏序言,《唐詩選》不僅刊刻早於《古今詩删》,且在隆慶年間就已出版問世。但《唐詩選》存本中有明確出版時間的最早刻本,是《天一閣藏書經見録》著録的萬曆三年(1575)刊本,載有:“明李攀龍選,萬曆刊,行楷小字似趙體,極精。前有王世懋序,次王穉登序,次李攀龍序,目録末有牌子三行:萬曆乙亥秋七月既望吴興凌氏校刻於盟鷗館。……卷中各體俱備而所選甚少,惟李杜各有二十餘首,餘均數首,且有一二首者。”[⑤]又查《天一閣書目》録:“《唐詩選》七卷刊本,明濟南李攀龍編選并序,吴郡王世懋,王穉登均有序。”[⑥]從兩部文獻的記録來看,確存有李攀龍《唐詩選》萬曆三年盟鷗館凌氏刻本,而此盟鷗館的主人正是凌濛初的叔父凌述知,此亦可證實凌濛

① 章培恒、王靖宇主編:《中國文學評點研究論集》,上海:上海古籍出版社,2002 年,第 255 頁。

② 具體參見殷祝勝:《舊題李攀龍〈唐詩選〉真僞問題再考辨》,《河南師範大學學報(哲學社會科學版)》,2013 年第 1 期,第 121 頁。

③ 周穎:《王世貞年譜長編》,上海:上海三聯書店,2016 年,第 335—346 頁。

④ (明)王世懋:《王奉常集》卷八,天津圖書館藏明萬曆刻本,第 4a 葉。

⑤ 羅振常著,周子美編:《天一閣藏書經見録》,上海:華東師範大學出版社,1986 年,第 196 頁。

⑥ (明)范欽:《天一閣書目》卷四,國家圖書館藏清光緒十五年(1889)刻本,第 29b 葉。

初所言“家仲叔欣然授諸梓”的可靠性。且根據現存《唐選》本王穉登序中“李君之選，夫亦尺箭，群譏之不顧”[①]等語可知，李攀龍《唐詩選》應在萬曆三年前已流行於世，多遭非議。因此，天一閣所藏的萬曆三年刊本可能也不是《唐詩選》的初刻本。

顧起綸曾在《國雅品》中論及李攀龍《唐選》，此選本應是早於天一閣所藏萬曆三年刊本。顧起綸曰：“觀察故有《唐選》行於世，五言乃止於劉長卿，自序謂：‘唐詩盡於是矣。’雖儲韋錢郎并削之，其取指頗示嚴峻。”[②]顧起綸《國雅品》現存刻本出版於萬曆元年(1573)，這説明顧起綸在萬曆元年以前應見過署名爲李攀龍的《唐選》本，或是凌氏隆慶年間出版的李攀龍《唐詩選》初刻本。顧起綸提及選本“五言止於劉長卿”，許建業先生認爲顧起綸此處“五言”指五言律詩[③]，其實顧起綸的“五言”應是包括五言律詩與排律[④]。顧起綸雖在此言後列舉李攀龍的數首五言律詩，但接著在論及“七言”時不僅包括律詩，還列舉七言歌行；并在後續的宗臣篇論“宗之五言”時同時列舉宗臣五言律詩與排律各一首[⑤]。顯然，顧起綸論“五言”亦是包括五言律與排律，因此，其所言李攀龍唐選“五言”止於劉長卿，亦是指最後排律止於劉長卿。通過比勘《古今詩删》汪時元初刊本，雖删去“儲韋錢郎”，但五言部分并不止於劉長卿，可見，顧起綸此處所提并非《古今詩删》中的“唐選”。而校以《唐詩選》萬曆二十一年蔣一葵箋釋本發現，“五言”不僅删去儲韋錢郎，且在五言排律的最後確止於劉長卿。但從現存李攀龍《唐選本》的版本信息來看，都爲箋注本或重校本，出版時間也遲於萬曆二十一年，這顯然并不是顧起綸所提及《唐選》本。即便這些存本可能并不一定是以《唐詩選》早期刻本爲底本，但從“五言止於劉長卿”尚可佐證顧起綸所言萬曆元年前已有《唐詩選》本之實。

但如果早期的《唐詩選》真是摘自《古今詩删》中的唐詩部分，爲何兩者在卷數及所選詩作的編次上存在不少差異？李攀龍自嘉靖末年編成《詩删》初稿至其去世後得以出版，這中間相距數年，詩稿也定會經過多次删選變動。因此，《詩删》與從其摘録《唐詩選》卷數及詩作有所不同的問題可存在以下幾種情況：一是在李攀龍完稿後，詩選在王世貞等人意見下又有所增删，李攀龍與徐中行書中言“留質《明詩删》”，“元美前云拙稿尚有可留者”，“非假日月，其奥難窺”等語，代表完稿後李攀龍自已對此詩稿有過删選。而凌氏序文中提及王世貞言隆慶年間出版的《唐選》本“尚有漏”，因此會與舊稿《詩删》有所不同；二是在《古今詩删》出版前或經過編校者，亦或刊刻者的改動。徐中行等人在出版前參與校訂，還曾爲《詩删》做過評點，正如凌氏所言“其完者子與行且校之”，但出版時只留其名未存其筆。《古今詩删》刻本每卷本題：“濟南李攀龍選，吴興徐中行訂，門人新都汪時元校刻。”因此，徐中行在校讎的過程中或對詩選

① (明)李攀龍：《唐詩選》卷首，美國國會圖書館藏明朱墨印本。此刊本是“唐汝詢蔣一葵注解七卷本，去其注解，而將王穉登等評語刻於眉端”，卷首有“焦竑、王穉登、李攀龍序”。遼寧圖書館藏所藏明刻朱墨套印本以及日本内閣文庫所藏崇禎年間《唐詩選》本，卷首亦有王穉登序，内容同。

② (明)顧起綸：《國雅品》，丁福保輯《歷代詩話續編》，北京：中華書局，1983年，第1119頁。

③ 許建業：《舊題李攀龍〈唐詩選〉的早期版本及接受現象》，《文學遺産》，2018年第5期，第151頁。

④ 李攀龍《唐詩選》在編次上將五言律與排律前後并列，在序文中亦將兩者并論。

⑤ 《國雅品》，第1120頁。

有所編改,出版者汪時元在刊刻前也會存在增删詩選的可能;三是上述情况也可能同時存在。由上可知,先於《詩删》出版的隆慶初年的《唐詩選》并不是完整本,而李攀龍第一次編成的《詩删》選本與其死後汪時元出版的《詩删》亦不同,這中間經過數人數次或增或删的編改。因此,《唐詩選》與《詩删》中唐詩選部分在卷數上定有所出入。

關於《唐詩選》和《古今詩删》的來源與關係也有不同説法。如胡震亨論"李選與《正聲》,皆從《品匯》中采出"[①];許學夷《詩源辯體》亦云:"介子伯仲曰:'向觀于鱗詩選所録,不出《品匯》'[②]。"日本學者平野彦次郎認爲:"《唐詩選》由《品匯》摘出,《古今詩删》在《唐詩選》基礎上增補而成。"[③]平野彦次郎僅是在考證詩選編次上得出以上結論,并未考慮到《唐詩選》與《古今詩删》的先後關係。其實應是李攀龍在起初編選《詩删》的唐選部分時,參照相同復古詩學選本思路的《唐詩品匯》。又因爲《唐詩選》抄録於《詩删》初稿的考論,《唐詩選》也必然與《唐詩品匯》的編次相同,而《詩删》初稿至出版的數年經過編改,導致編次有所差異。因此,李攀龍《詩删》初稿的唐詩選部分摘録於《唐詩品匯》,《唐詩選》又抄録《詩删》初稿,才導致《唐詩選》編次反而與《唐詩品匯》更一致,這與胡震亨和許學夷認爲"《唐詩選》摘自《唐詩品匯》"的説法也并不矛盾。

總之,《唐詩選》的早期版本是摘録於王世貞取回校對的李攀龍《古今詩删》初稿中唐選部分,并早於《古今詩删》出版。凌濛初序言中的説辭與史實及現存《唐詩選》《古今詩删》等文獻并無矛盾之處,具有可靠性;此前四庫館臣的説法自然也就站不住脚;同時,日本學者[④]争論的《唐詩選》真僞問題也隨之明瞭。而李攀龍《古今詩删》自嘉靖四十五年(1566)前成書直至去世後才得以出版問世,在這其中的數年間,必然經過編選者、校讎者甚至是出版者的多次增删修訂。

三、汪時元與《古今詩删》的增改

汪時元作爲明代一個并不起眼的出版家,因師從徐中行,得以與明代復古派諸子交往互動,并在李攀龍去世後,爲其謀刻出版《古今詩删》,因此揚名。汪時元之所以有機會刊刻李攀龍《古今詩删》,既與其師從徐中行并和復古諸子交往密切有關,亦與此前和李攀龍已有出版合作有關。王世貞在《贈别汪惟一序》中述:"(汪惟一)嘗以師禮禮故人徐左使子與,已北走濟上禮李觀察于鱗如子與,已又東走吴禮余如于鱗,余固謝不敢當。"[⑤]汪時元與復古諸子交往密切,并於隆慶二年(1568),通過徐中行紹介,多次拜謁在浙江的李攀龍,李攀龍"訢然賦長律賚之",并委托其出版《白雪樓詩全

---

① 《唐音癸籤》卷三十一,第 270 頁。

② (明)許學夷:《詩源辯體》,北京:人民文學出版社,2001 年,第 368 頁。

③ 蔣寅:《舊題李攀龍〈唐詩選〉在日本的流傳和影響日本接受中國文學的一個側面》,《國學研究輯刊》,2003 年第 12 期,第 9 頁。

④ 蔣寅先生在《舊題李攀龍〈唐詩選〉在日本的流傳和影響日本接受中國文學的一個側面》一文中表示,李攀龍《唐詩選》的真僞問題在日本反而備受關注,并有森瀨壽三先生"得出《唐詩選》確出於李攀龍之手的結論"。

⑤ (明)王世貞:《弇州山人續稿》卷二十七,臺北圖書館藏明萬曆年間吴郡王氏家刻本,第 12b 葉。

集》。汪時元在《詩删》成書後,“三謁”李攀龍,恐怕目的并不是期望刊刻《白雪樓續集》而是爲《古今詩删》的出版權,畢竟此前魏裳已爲其出版過《白雪樓詩集》。王世貞在汪時元刻《白雪樓詩集》卷末作贈詩云“附驥吾何有,登龍世所聞”①,在王世貞看來,汪時元的編刻活動具有明顯的功利性,其也因此次刻書在出版界一時聲名鵲起。汪時元刊刻《白雪樓詩集》,也可能是李攀龍對其出版活動的一次考察,而此次出版合作,亦成爲汪時元後期得以編刻《古今詩删》的重要基礎。

隆慶五年(1571),汪時元謀刻李攀龍《古今詩删》,并求序於王世貞。王世貞《古今詩删序》中云:“李攀龍于鱗所爲《古今詩删》成,凡數年而歿,歿而新都汪時元謀梓之。”②從王世貞序可以確定,此部詩選確是在李攀龍即世後,由汪時元謀刻出版。而汪時元此次“千里求序”的時間也應是在李攀龍去世不久,這説明汪時元拿到《古今詩删》書稿的時間可能更早,這與李攀龍在生前就已與徐中行謀劃《詩删》出版之事有關。關於汪時元出版《古今詩删》的具體時間至今仍無定論,但應遲於隆慶五年出版的《青蘿館詩》以及隆慶六年出版的《滄溟先生集》。王世貞在《答汪惟一》書中曾云:

有説于鱗雖抱高世識,而不能無偏好,其去取甚刻而自負。曰“删”則甚重,世有不得于實者,必借而攻其名。……足下識之,自是天下不甚攻《詩删》矣。……《青蘿館集》完,亦望損數本。于鱗集却附上,不一一。③

王世貞在書中透漏出兩點信息:第一,王世貞在《答汪惟一》書中提到《古今詩删》《青蘿館詩》《滄溟先生集》三部著作集的編刻情况。根據王世貞在書中所言,其完成《古今詩删》序言時,“于鱗集”已校讎完畢,《青蘿館集》處於剞劂竣工前後。從此書看三部著作集的完成進度情况,《古今詩删》應遲於其他二部著作集。且顧起綸在提及隆慶六年出版的《滄溟先生集》與更早出版的《唐選》時,却未提及《古今詩删》,可見,《古今詩删》在萬曆元年前可能還未出版。而根據王世貞於隆慶五年已完成《古今詩删》序文的時間來看,其出版時間不會相距太遠,將汪時元刻成《古今詩删》初刊本的時間定於萬曆初年是比較合理的,具體來説應在萬曆元年至萬曆六年④間。

汪時元所刻李攀龍《詩删》初刊本一經問世,即引起不小争議。王世貞等復古諸子將時人對李攀龍編選之弊推至出版家之責。王世貞與吴明卿書中説:“汪生《詩删》竄入魚目,至上玷于鱗,爲識者唾笑。”⑤明確表達對汪時元編刻的不滿。吴國倫亦言:“有如于鱗《詩删》,托之匪人,徒爲識者姍笑。”⑥他們兩人都認爲《古今詩删》經汪時元私自編改,使得李攀龍名譽受損。

汪時元在編刻過程中確實進行過删改,朱孟震《遊宦餘談》中云:“李于鱗選唐詩,内李憕《奉和聖制從蓬萊向興慶閣道中留春雨中春望之作應制》,因與王維同一詠,附入維詩後,……後刻《詩删》者遂以四首爲憕詩,又删去此首,增入維詩二首,共《櫻桃》

---

① 《白雪樓詩集》卷末。
② 《弇州山人四部稿》卷六十七,第1810頁。
③ 《弇州山人四部稿》卷一百二十八,第3183頁。
④ 王世貞與吴國倫書中詬病汪時元所刻《詩删》問題,這説明此時《詩删》已出版問世。
⑤ 《弇州山人續稿》卷一百九十二,第9b葉。
⑥ (明)吴國倫:《甔甀洞稿》卷五十三,國家圖書館藏明萬曆刻本,第12a葉。

四首,殊爲可笑。"[①]李攀龍附入李憕之作應是沿襲《唐詩品匯》的編次,而查閲現存《古今詩删》汪時元版本確實存在朱孟震所言之誤,顯然,朱氏所言"刻《詩删》者"就是指汪時元。由此來看,汪時元在編刻時不僅没有認真校别,且對唐選詩作進行了删改。

汪時元不僅對唐詩選部分有删改,對明詩選部分的竄改更爲明顯。相比《古今詩删》中唐詩選部分的研究,學界對於明詩删部分的關注度不高,但關於"李攀龍將汪時元的14首詩歌選入《明詩删》"一事,却被研究者作爲李攀龍編選《詩删》之弊而多有論述。學界基本認同"李攀龍是因汪時元是徐中行女婿的人情關係才將其詩作選入"[②]這一説法,目前尚未有研究者懷疑汪時元的這14首詩作是否真的爲李攀龍所選問題。

關於"汪時元是徐中行女婿"的説法,來源於《四庫全書總目》卷一七八《青蘿館詩》提要曰:"明徐中行撰。是集乃隆慶中,其婿汪時元所刻。"[③]四庫館臣認爲汪時元是徐中行的女婿,兩人爲姻親關係,實誤。清代葉德輝在其《郎園讀書志》卷九亦録:"《青蘿館詩》六卷,明徐中行撰。隆慶辛未,其婿汪時元刻。"[④]葉德輝承襲四庫提要的説法,時至今日,研究者對兩人的關係亦沿此誤。據汪道昆《筠丘詩卷序》云:"余忘年而友陳達甫,汪惟一爲達甫甥,遇余海上,凡三上謁,挾策而進曰:'往天目徐先生使江南,善吾舅。頃介吾舅,幸得及先生門'。"[⑤]徽州山人陳有守與徐中行兩人爲好友,汪時元因其舅陳有守得以師事徐中行。因此,汪時元確是徐中行門生,而兩人除師生關係外,是否還存在姻親關係?考《明故通奉大夫江西左布政使天目徐公行狀》中載:"徐公諱中行,字子與,號龍灣。嘗讀書天目山下,又稱天目山人……徐中行生二女,長適候選經歷周文政,次適太學生蔡鼎鉉。"[⑥]從其行狀來看,徐中行的兩個女婿都不是汪時元,這與四庫館臣的説法明顯相抵牾。陳有守《青蘿館詩》卷首序曰:"子婿汪時元,余嘗介之學詩有年,請而刻之,以傳同好。"[⑦]此序中的"子婿"是"子與婿"還是"有守婿"?根據吴子玉《陳山人六水先生行狀》載:"先生名有守,字達甫,生休寧東南隅文昌里……子二,長籥,娶汪氏;次筌,鄉進士,後瑞州公,娶吴氏。女一人,適汪時元。"[⑧]從陳有守行狀可知,汪時元其實是陳有守的女婿。四庫館臣誤將"子婿"理解爲"子與婿",才致此謬誤。因此,徐中行與汪時元并非姻親關係,汪時元僅是徐中行門生。

既然徐中行與汪時元并非姻親關係,那李攀龍就不大可能因人情的緣故將汪時元的詩歌選入如此之多,且王世貞曾指責汪時元在編改中"竄入魚目"之事,汪時元14首詩作或許并不是由李攀龍選入,而是後期出版者加刻。而解決這個問題需要從

① (明)朱孟震:《遊宦餘談》,《四庫全書存目叢書》,濟南:齊魯書社,1997年,子部第104册,第761頁。
② 金生奎:《明代唐詩選本研究》,合肥:合肥工業大學出版社,2007年,第113頁。
③ (清)永瑢等編:《欽定四庫全書總目》卷一百七十八,民國上海大東書局刻本,集部第32册,第1b葉。
④ (清)葉德輝撰,楊洪升點校,杜澤遜審定:《郎園讀書志》,上海:上海古籍出版社,2019年,第447頁。
⑤ (明)汪道昆著,胡益民、余國慶點校:《太函集》卷二十,合肥:黄山書社,2004年,第433頁。
⑥ (明)徐中行:《天目先生集》卷二十一,濟南:齊魯書社,1997年,第822頁。
⑦ (明)徐中行:《青蘿館詩》卷首,明隆慶五年汪時元刻本。
⑧ (明)吴子玉:《大鄣山人集》卷三十九,國家圖書館藏明萬曆刻本,第4b葉。

明詩選部分所録汪時元14首詩作入手，方能發現其中端倪。

首先從格式來看，《明詩删》中汪時元詩作基本位於每卷末，後期排版加刻痕跡明顯；其次，從入選數量來看，《明詩删》中汪時元的詩作入選14首，而徐禎卿僅入選8首，梁有譽5首，張佳胤3首，且汪時元的作品在郡邑詩集中的認可度并不高，但在《古今詩删》中的選入數量如此之多，相當可疑；最後從詩作内容來看，《古今詩删》卷二十七明五言律詩刻有汪時元《襄陽留别尊師徐大夫入滇》，卷三十二明五言排律刻有《鄂渚送别天目先生之雲南參議》，根據《徐中行年譜》子與擢雲南參政是隆慶四年(1570)八月[①]，又據《襄陽留别尊師徐大夫入滇》其二詩云"暮雪飄三楚，春恩動百蠻。南征天更遠，縹緲萬重山"[②]，徐中行赴任雲南當在是年冬。而李攀龍卒於隆慶四年(1570)八月，汪時元此詩是寫於李攀龍去世後，這足以證明，汪時元的詩作并不是李攀龍因人情而選入，亦不是因爲汪時元詩歌品質被李攀龍所認可，而是後期汪時元在編刻《古今詩删》時私自增入。王世貞所謂"竄入魚目"，應是指汪時元詩作入選一事。

出版家汪時元在編刻活動中因功利性對編刻詩集進行删改，又不可避免摻雜自己的詩學思想與選詩傾向，勢必會影響復古諸子完整且準確的復古詩學思想的呈現與流傳。汪時元因編刻李攀龍等人著作，名聲大振，李維楨曾言"李于鱗、王元美兩先生雅重其人，贈之以言，惟一遂有聲三吴間"[③]，汪時元亦有"元資適逢世得附驥尾，其希覯哉"的刊刻意圖，其編刻《古今詩删》時，抱有留名後世的功利之心，在"明詩選"部分私自加入14首己作，使後人對李攀龍的選詩標準産生誤讀，認爲李攀龍因人情選入其詩。汪時元的功利性編刻活動，不僅導致李攀龍選詩標準的嚴謹性遭到質疑，更違背李攀龍"以模楷後之操觚者"的選詩初衷。如汪時元在卷三十四明七言絶句中刻入己作《奉送觀察李徐二師方舟北上二首》，其一詩云："兩岸垂楊綰别愁，長風曉發過揚州。只看雲裹雙帆影，不盡黄河天漢流。"[④]此詩因一味摹古剿襲，顯得生硬呆板，而單純摹擬并不是復古派真正提倡的"師古"路徑，汪時元將這些"痕跡宛露"的詩作刻入詩删中，一定程度上偏離復古的詩學思想。

總之，汪時元以門生及出版家的雙重身份，爲李攀龍出版《白雪樓詩》《古今詩删》等復古派著作集，并借李攀龍、王世貞之言名聲大振；同時，亦因私自竄改編選作品導致李攀龍污名，而遭王世貞、吴國卿等人詬病。但不可否認，汪時元作爲徽州出版家，其編刻的李攀龍《古今詩删》等詩集作品，宣揚復古詩學思想，提升復古派的文學地位，爲明代文學復古思潮的發展與傳播作出重要貢獻。

四、結　語

李攀龍《古今詩删》作爲明代"後七子"詩學思想之正典，其編刻活動與明代復古

---

① (明)徐中行著，王群栗點校：《徐中行集》，杭州：浙江古籍出版社，2012年，第431頁。

② 《古今詩删》卷二十七，第21a葉。

③ (明)李維楨：《大泌山房集》卷一百二十二，日本公文書館内閣文庫藏明萬曆三十九年刻本，第13b葉。

④ 《古今詩删》卷三十四，第17b葉。

詩學的發展傳播關係密切。李攀龍《古今詩删》編選於“後七子”復古運動的低谷時期并不是巧合,尤其李攀龍《唐詩選》單行本的産生,正是在明代復古思潮背景下宗唐詩風的産物。明中後期坊間編刻的各種托名李攀龍《唐詩選》評注本亦是窺視晚明詩學流變的重要“窗口”。自李攀龍《唐詩選》問世以來,坊刻競相翻刻,托名李攀龍本如春笋般湧現,晚明書坊更是製造出衆多托名鍾惺[①]、袁宏道[②]等評注的《唐詩選》本,并在這些“僞書”中摻雜晚明各種文學流派的序文與評注,晚明坊間李攀龍《唐詩選》本的衍變,正反映出明代復古詩學發展之一端。

出版家汪時元因功利性對詩集的私自竄改,影響了李攀龍完整且準確的復古詩學思想的呈現與流傳,因此,王世貞對出版家編刻活動的功利性尤爲痛恨,曾斥道:“不謂二三友生,復取其糠粃,而簸揚之凡。……假令不佞盡出其藏,寧有不掩耳却武者哉。今世所稱爲文,如某某而貴,如某某而傳者,此其效甚。”[③]可見,明代出版業的繁榮,使得文人與出版家的關係頗爲微妙,兩者的互動,多摻雜功利性,從而導致明代刻書業與文學得到發展的同時亦存在諸多問題。但復古思想的根本弊端亦不會因出版家校刻不精或稍加删改等外在問題所遮蔽。當李攀龍《古今詩删》成爲“後七子”詩學正典之時,亦預示文學復古思潮逐漸走向衰落的命運。

① (明)李攀龍選,鍾惺評釋:《鍾伯敬評注唐詩選》,日本内閣文庫藏明刻本。卷首有“鍾惺、劉孔敦、王穉登、李攀龍”序。

② (明)李攀龍選,袁宏道校:《唐詩訓解》,美國哈佛燕京圖書館藏書林居仁堂余獻可萬曆四十六年(1618)刻本。卷首有袁宏道序云:“于鱗之詩不必唐不必不唐,至其評唐詩,則又以一人之心出没於唐人之集,以唐人之心供玩於一人之手。”

③ (明)屠隆:《明代名人尺牘選粹》卷一《王鳳洲先生前集》,北京:國家圖書館出版社,第5册,第72頁。

明劉際遇《重刻切韻指南》述論

李　紅

摘　要:明代劉際遇《重刻切韻指南》對劉鑒《經史正音切韻指南》進行了全面修訂、改編與解析。劉際遇對等韻門法理論的解析,尤其對門法的歸并及分類,使等韻門法理論科學化條理化,促進了等韻學理論的發展。該書在對音韻理論和韻圖的解析中,充分體現了時音與方音的面貌,并通過從實際語音與原韻圖音的對比,反映了"經史正音"的演變,使文獻的層積性與復合性更加突出。

關鍵詞:《經史正音切韻指南》;《重刻切韻指南》;等韻門法;等韻理論

《四庫提要》稱:"然言等韻者,至今多稱《切韻指南》。"元劉鑒《經史正音切韻指南》在等韻文獻中占有重要的地位,尤其所附"門法玉鑰匙"是等韻門法的集大成者[①]。明袁子讓《字學元元》進一步闡述了等韻門法,《四庫全書總目提要》:"是編因劉鑒《切韻指南》所載音和、類隔二十門出切行韻,參差不一,其取字有憑切者、有憑韻者,學者多所轇轕,因爲疏明,使有條理。又廣等子門法爲四十八類,較《玉鑰匙》《貫珠集》諸書頗爲分明。名曰元元,蓋取班固元元本本語也。"《字學元元》是對劉鑒《切韻指南》門法的探討,但對《經史正音切韻指南》進行全面研究的等韻文獻,當爲明代劉際遇校訂的《重刻切韻指南》。

《重刻切韻指南》[②]一册,崇德堂刊本。作者劉際遇,字賡颺,山東濰水(今濰坊)人,生卒年不詳。《重刻切韻指南》将《經史正音切韻指南》卷首及卷尾内容,重新編排,全部置于卷首,并進行了大膽改寫與重新闡釋;韻圖與《經史正音切韻指南》一致,但以眉注、旁注以及符號標記的方式對韻圖語音進行辨析,比較韻圖各韻語音特徵,辨析韻圖列字讀音;韻圖後則辨析了《康熙字典》《等韻切韻指南》十六攝的韻圖順序以及同攝不同等第的同音字現象。

作者簡介:李紅,首都師範大學文學院副教授,主要從事音韻學、文獻學研究。

基金項目:國家社科基金重大項目"漢語等韻學著作集成、數據庫建設及系列專題研究"(17ZDA302);北京社科重點項目:禮思鵬"《等韻音切》韻學兩種"考論(24YYA004)。

① 李新魁:《漢語等韻學》,北京:中華書局,1983 年,第 129 頁。

② (明)劉際遇:《重刻切韻指南》,崇德堂抄本,日本首都大學東京中文系所藏永島榮一郎舊藏。

一、《重刻切韻指南》對《經史正音切韻指南》“門法玉鑰匙”的解釋與辨析

《重刻切韻指南》以《經史正音切韻指南》“門法玉鑰匙”十三門爲基礎，附録真空“直指玉鑰匙門法”中的就形門與開合門，對各門法内容均進行了一定程度的改編，并做以詳細的注解與辨析。

(一) 對劉鑒、真空門法的解釋與辨析

1. 音和

劉鑒“門法玉鑰匙”對音和的解釋即爲反切上下字直接相拼可得被切字音，真空將音和局限於見組牙音聲母，“謂見溪群疑此四母下字爲切隨四等韻去，皆是音和”。對真空的局限，劉際遇指出“大抵音和一門，七音俱備，不止牙音也”。清人方中履《切字釋疑》批評真空的音和“泥于牙音”，明代的劉際遇則認識更早且更爲深刻。

劉際遇對疊韻、雙聲、開合進行了附論，這是對反切原則的進一步認識。反切發展成熟後，被切字的等與開合往往與反切上字相關。“凡同韻有疊韻，韻者行韻之字也。謂出切之字與行韻之字同韻，即取出切之字也。”“同母有雙聲，聲者出切之字也。謂出切之字與行韻之字同母，即取行韻之字。”這就避開某些韻有不同等第、某些聲母分爲兩個聲類的問題。尤其在開合問題上，舉“蒲幹切槃”爲合口，幹爲開口，但反切上字蒲爲合口，則被切字爲合口。這三種特殊的反切，均可稱之爲音和。基於對音和範圍的認識，他指出一、四交互爲音和，則“二三可知，其黜窠、寄韻或憑切不憑韻，總以盡其變也”。這是將“音歸本切”作爲音和的標準，劉鑒的“窠切”“寄韻憑切”直接按聲母所能拼合的等處理就是音和。劉際遇把這些特殊的門法納入到音和中，使得門法變得更爲簡約。

2. 類隔

《直指玉鑰匙門法》只大體説明端組與知組互爲反切上字時，逢二三等切爲知，逢一四等切爲端，“類隔者，謂端透定泥一四爲切，韻逢二三便切知等字；知徹澄孃二三爲切，韻逢一四却切端等字。”劉際遇將“端知類隔”細化區分爲隔二(切一音三)、隔三(切四音二)兩種正法，以及無等隔(切一音二、切四音三)兩變法。“知端類隔”區分爲隔三(切二音四)、隔二(切三音一)兩種正法，以及無等隔(切三音四)一種變法。

3. 窠切

劉鑒所立“窠切”是針對切上字爲知三，下字却列於韻圖四等位，所切字當爲三等的門法。真空謂“知逢影喻精邪四，窠切憑三有定基。”劉際遇基於“切四音三”的知端無等隔變法，認爲“知三出切，精影喻(當含曉匣)四等行韻切知三”，就是“類隔變法”，是“取字乃憑切法”。他將窠切歸爲類隔一類，但囿於舊體，表面上保留了窠切這一門法。基於類隔中“切三音四”這一變法，又將“知三爲切，韻逢精雙喻四，當切第三知等字。今稽開合俱無，却憑韻切第四端等。所謂知二無時，端二尋”，稱之爲“窠切變法”。真空認爲類隔門中“唯有陟邪切爹字，是麻韻不定之切”，單列出“麻韻不定門”；

劉際遇將麻韻不定切亦歸入窠切，認爲此種音切，不僅爲麻韻，還有薺韻、養韻等，將概念擴大爲“窠切不定門”，實際上是將其納入了類隔門。

4. 輕重交互

輕重交互即輕重脣音類隔，在《四聲等子》中本屬類隔，劉鑒將其獨立出來。《切韻指南》後附《玄關歌訣》：“唯有東、尤非等下，相違不與衆同情。重遇前三隨重體，輕逢後一就輕聲。”指出了東尤的特殊性。真空爲此立“直指玉鑰匙門法”第十五門“前三後一”，這被清人認爲是“添足”之舉①。劉際遇又將真空“前三後一”歸并回“輕重交互”，稱之爲“輕重交互不定之切”。此門法爲東、尤二韻不符合輕重交互的特殊反切而立，劉際遇以歌訣進行了歸納：“輕重元來遞互通，東尤二韻却難同。前三（輕）遇一（重）求三上，後一（重）逢三（輕）向一中。”劉際遇没有將此門法歸爲類隔，是囿于劉鑒門法將類隔局限於舌音聲母。

5. 振救

振救，劉鑒只説明若上字爲精組字，下字爲三等字，在韻圖中也要列於四等。真空進一步分爲兩種：“振救者，謂精清從心邪第一等爲切，韻逢諸母第三并切第四，是四二振救。精清從心邪第二爲切，韻逢諸母第三亦切第二。故曰：‘四三還歸四名振，切一韻三四二陳’。”真空“四二振救”實則分爲兩種。劉際遇將兩種振救重新下了定義：反切上字爲精組一等，反切下字爲三等，列於四等位，爲“一三振救”；反切上字爲精組四等，反切下字爲三等，列於四等位，爲“四三振救”。真空術語中“二”指精組四等，“謂精等中爲第二，即等中爲第四也”。劉際遇對術語的改變，捨弃了聲母分類的“二”，不容易引起混淆，是對劉鑒振救概念的有益補充。

6. 正音憑切

正音憑切，是照二出切，三四等行韻，并切照二。真空分爲“正音憑切三”“正音憑切四”，“謂照穿床審禪第一等爲切，即第四等中第二也。韻逢諸母第三并切照一，是正音憑切三。韻逢諸母第四，亦切照一，是正音憑切四。故曰：‘逢三遇四盡歸初，正音憑切成規訓。’”劉際遇繼承了真空的分類與術語，進一步指出此門法是爲“通、止、遇、臻、宕、曾、流、深”而立，這幾攝韻圖中的照二等字均爲假二等，實爲三等。劉際遇基於對《切韻指南》韻圖的分析，將門法與韻圖理論進行結合，但“臻”攝歸入此門法不當。

7. 精照互用

對於精照互用門，劉際遇没有新的見解，只是在舉例時條分縷析。“門法玉鑰匙”只舉“士垢切鯫”“則減切斬”。真空對“精四爲切，韻逢二等，則爲照二”提出了“四二精照互用”，對“照二爲切，韻逢一等，則爲精一”及“精一爲切，韻逢二等，則爲照二”這兩種情況，直稱“精照互用”。在此基礎上，劉際遇在舉例中指出“三江切雙”爲“一二互用”，“心庚切生”爲“四二互用”，在解釋中提出“二一互用”及“二四互用”的術語，發展了真空的門法術語。

8. 寄韻憑切門

門法玉鑰匙“寄韻憑切者，謂照等第二爲切，韻逢一四并切照二。言雖寄於别韻，

---

① （清）方中履：《切字釋疑》，昭代叢書丙集卷三十，世楷堂藏板。

只憑爲切之等也。故曰寄韻憑切。"真空大致相同,只在舉例上有所不同。此爲部分韻中的照組三等出切,一四等行韻,憑切音三等而立的門法。所謂"寄"韻指行韻字與取切字不同韻。劉際遇根據下字不同進行區分,"昌來切犆字""燒火切捨字",反切下字來、火爲一等,故爲"寄韻憑切一";"成携切移字""只寫切者字",反切下字携、寫爲四等字,故爲"寄韻憑切四"。劉際遇認爲該門法是爲"果、假、蟹"三攝而設,其理由是"果假一三不同韻,蟹三四不同韻,故名寄韻,與前正音别也"。雖然這一説法犯了以今律古的錯誤,但也體現了劉際遇對門法使用範圍的思考與界定。

9. 喻下憑切

劉鑒"門法玉鑰匙"提出了覆、仰的概念,真空進一步解釋爲"喻下憑切覆""喻下憑切仰"。劉際遇對爲何名之爲"覆仰"進行了説明,并舉例解釋。真空"直指玉鑰匙"門法,舉"於聿切颶"爲例,李新魁指出"於筆切颶"(版本不同)"這個切語實際上是音和,不應算是'喻下憑切'。"劉際遇改正了這個錯誤,更换爲"余良切陽",修正了真空的錯誤。

10. 日寄憑切

劉鑒、真空、劉際遇對日寄憑切的認識基本一致,劉際遇進一步解釋了日母出切,四等行韻均切三等的原因,即日母只拼三等,"以日母于諸攝中唯三等有字,故獨以憑切立法",并增加了反切舉例。

11. 通廣門

通廣是爲《切韻》系韻書中的重紐而設。"門法玉鑰匙":"通廣者,謂唇牙喉下爲切,以脂支真諄是名通,仙祭清宵號廣門,韻逢來日知照三,通廣門中四上存。所謂通廣者,以其第三通及第四等也,故曰通廣。"真空門法將聲母限定於十五母,比劉鑒"唇牙喉下"少喻母,但没有説明通廣應用的韻的範圍,也没對通廣門的分類進行説明。劉際遇全面説明了通廣的聲韻範圍,其對通、廣韻的分類與劉鑒同,"通"指"脂微真諄"諸韻,"廣"指"仙祭清宵"諸韻。除喻母以外的唇牙喉音十五母出切,通廣韻三等知照來日十一母行韻,取四等音。"第三等通及第四等",劉氏認爲是"此門唇牙喉音四等字多,故憑切切四"。

12. 侷狹門

"門法玉鑰匙":"侷狹者,亦謂唇牙喉下爲切,韻逢東鍾陽魚蒸爲侷,尤鹽侵麻狹中依,韻逢精等喻下四,侷狹三上莫生疑。"同通廣門一樣,真空門法細列聲母無喻母,未説明侷狹門應用的韻的範圍。劉際遇説明侷狹的分類,"侷"指"東鍾陽魚蒸"韻,"狹"指"尤鹽侵麻"韻。以除喻母以外的唇牙喉音出切,以侷狹韻精組喻母行韻,取三等音。其原因,劉際遇解釋爲"侷狹韻三等字多,四等字少"。劉際遇將"創立音和門"歸入此門,稱之爲"侷狹不定切"。所謂創立音和,是爲假攝三等、宕攝三等特殊反切而立的門法。這兩韻三等屬於通廣韻,但以唇牙喉十五聲母出切,以這兩韻三等行韻,不取三等,而取四等。劉際遇認爲"侷狹門中三四等字皆少,故三通切四;又三四在侷狹中皆同韻,故名音和"。

13. 内外門

内外門是指以唇牙喉舌來母出切,照組二等行韻,内轉切三,外轉切二。劉際遇總結了劉鑒立内外門的原因,"唇牙喉舌及半舌齒音在内八轉中皆無二等字可切,故切三等字。在外八轉中二等字俱足,故直切二等字"。

以上十三門法,是劉鑒《經史正音切韻指南》"門法玉鑰匙"所立,後明人真空又增補至二十門法,劉際遇《重刻切韻指南》以劉鑒爲綱,仍取十三門法爲目。但實際上,充分吸收了真空的理論,并將一些真空門法歸并到十三門法之内。劉際遇在十三門法外,不列條目,討論了就形門、開合門,表面上保持劉鑒十三門法面貌,實際將其擴展爲十五門法。

14. "就形門"與"開合門"

真空就形門:"見溪群疑幫滂並明非敷奉微曉匣影喻,此一十六母第三等爲切,韻逢諸母第一宜切出第一等字。今詳前後俱無却切第三,故曰:開合果然無有字,就形必取第三函。"真空即以三十六字母出切,隨韻逢幾等,當按音和法切本等字。本等字無,則可用開合門法,即開於合求,合於開求。"開合者謂見溪群疑乃至來日,共三十六母爲切,韻逢各母本排,只是音和。本眼如無,却切開合,故曰:唯有開合一門絶無憑據,直須於開合兩處韻中較訂,始見分明。"

劉際遇指出就形門爲韓昌黎所立,是指以唇牙喉出切,以一等行韻,切三等韻字的現象,其歌訣爲"唇牙喉切四中三,韻值諸音一上參。開合果然無有字,就形爲取第三函",比真空門法更易理解。對于開合門,劉際遇的歌訣增加了對獨韻的處理,"開合十九門,與常俱不群。唯有兩呼用,獨韻不須論。"這是引用獨韻概念後對門法口訣的改編。

(二) 對等韻門法進行重新歸類

劉際遇對等韻門法進行了大膽地歸并,使門法分類更加合理。

(1)"窠切""寄韻憑切"實爲"音和"。

劉際遇將麻韻不定切歸入窠切,擴展爲窠切不定門。又將窠切納入音和"二三可知,其點窠、寄韻或憑切不憑韻,總以盡其變也"。擴大了音和的外延,歸類更爲合理。

(2) 將真空"前三後一"歸并回"輕重交互",稱之爲"輕重交互不定之切"。

(3) 將"創立音和門"歸入侷狹門,稱之爲"侷狹不定切"。

劉際遇將門法按憑韻、憑切、憑韻兼憑切分爲三類:

(1) 憑韻四門:音和,類隔,輕重交互,精照互用。

(2) 憑切八門:窠切,振救,正音憑切,寄韻憑切,喻下憑切,日寄憑切,通廣,侷狹。

(3) 憑韻兼憑切一門:内外門。

内外門中内三憑切,外二憑韻,所以歸爲憑韻兼憑切門。而就形與開合不定門皆"無字而别取也"。

在"玉鑰匙歌訣玄關入門"後,劉際遇以"憑切門法約言"歌訣的方式對真空"門法玉鑰匙"二十門進行了歸納,并分别對各門法的内容以及具體表現形式進行了説明。

(三)劉際遇門法闡述的特點

劉際遇《重刻切韻指南》對劉鑒《經史正音切韻指南》門法的辨析主要表現在以下幾個方面:

1. 將疊韻、雙聲、開合納入到音和,并將這種觀念貫穿於所有門法。
2. 把劉鑒十三門法與真空理論相結合,對門法進行全面闡釋。
3. 突破劉鑒與真空門法的局限,修正錯誤、更换術語、增加術語、細化分類。

二、《重刻切韻指南》對《經史正音切韻指南》"玉鑰匙玄關歌訣"的辨析

《經史正音切韻指南》"總括玉鑰匙玄關歌訣",劉際遇稱之爲"玉鑰匙歌訣玄關入門"。在原本歌訣及注解的基礎上,劉氏從兩方面進行了注解。

1. 對原本歌訣進行改編,使之更符合自己的認識。

劉際遇將"七音"的概念置于每個歌訣之首,强調聲母的發音部位。牙音原本"切時若用見溪群",改爲"牙音若切見溪群";唇音原本爲"幫非爲切最分明",改爲"唇音幫非切四聲"等等。

對劉鑒歌訣的注解進行了補充,并舉例進行了説明。如"玉鑰匙門法玄關歌訣""舌音"一二句爲"一四端泥二三知,相乘内隔已明之",劉際遇改爲"舌音端知類隔希,一四端泥二三知"。劉鑒歌訣解釋爲"一等四等歸端等,二等三等歸知等。端等一四與知等二三於'玉鑰匙'内已明言之矣"。劉際遇解釋爲"一等四等屬端,二等三等屬知。一四等爲切,韻逢二三,便切知等字。二三爲切,韻逢一四,便切端等字。如都江切樁字,知頸切丁字之類是也"。

劉際遇也去除一些與門法不相關的部分,如原本最末一句"玄妙欲求端的處,五音該盡更無過。"

2. 以通俗簡潔的方式對歌訣内容進行了闡述,對歌訣中所涉及的術語進行了説明。

劉際遇《重刻切韻指南》解釋透徹,尤其是對術語的解釋更加精准。如"牙音"歌訣爲:(1)"牙音若切見溪群,四等音和隨韻臻",劉氏旁注爲"凡牙音出切,隨韻逢各等俱是音和";(2)"照類兩中一作韻,内三外二自然分",劉氏旁注爲"韻逢(照組)二等,内轉取三等字,外轉憑韻切三";(3)"精雙喻四爲其法,偈狹須歸三上親",劉氏旁注爲"韻逢(精喻)四等,取三等字";(4)"來日舌三并照二,廣通必取四爲真",劉氏旁注爲"韻逢三等,取四等字"。這些旁注内容,實際上就是對歌訣所涉及的門法進行了説明。

三、《重刻切韻指南》對其他等韻歌訣的改編及增補

1.《重刻切韻指南》對《經史正音切韻指南》進行了重新編排

《經史正音切韻指南》前有劉鑒自序,分五音、辨清濁、交互音、檢篇韻法、檢篇卷

數捷法。其餘均附於韻圖之後，包括門法玉鑰匙、玄關歌訣、檢韻十六攝内外轉歌訣、辨開合不論、呼吸辨以及鄉談辨括。《重刻切韻指南》進行了全新的佈局，將原韻圖後所附内容全部整合至韻圖前，開篇即爲門法，去除了劉鑒自序。增加了五音分配圖，將發音部位與易卦、五音、五行、五方、五臟等相附會，充分體現了皇極經世思想對明代等韻文獻的影響。增加"三十六字母切脚"，補充了三十六字母的反切(反切有方音)。增加入聲九攝、分等第、半舌半齒論、獨韻篇。去除了檢篇卷數捷法、辨開合不論、呼吸辨以及鄉談辨括。

對具體的内容也進行了改編，將《切韻指南》分五音歌訣進行了改編，去除了邪母和禪母，其他歌訣也有較大的改編。除"玉鑰匙門法"與"玄關歌訣"外，劉際遇將其他辨析等韻理論的歌訣及相關内容也附在卷首進行了説明。如"分五音"歌訣，將舌音端、知組和齒音精、照組，仿唇音輕重的分類法，將端、精組稱爲"重舌""重齒"，知、照組稱爲"輕舌""輕齒"；將溪母注直音"欺"；將"輕唇十韻"改編爲"輕唇歌"："輕唇通攝止與山，咸遇臻攝亦同然。更有宕流皆一體，不該十韻重唇編"。

2. 《重刻切韻指南》增加了對相關語音問題的討論

"玉鑰匙歌訣玄關入門"後，劉際遇列"十八字濁平、濁入不分""四十六字濁入似平歌"，反映了實際語音全濁聲母字讀陽平的特徵，并反映了部分入聲韻與陰聲韻讀音合流的關係。如"匣/遐""滑/華"不分，反映了山咸攝二等入聲與假攝讀音合流；"舌/蛇"不分，反映了山咸攝開口三四等入聲與假攝三等讀音合流；"斛/乎""伏/扶""俗/徐"不分，反映了通攝入聲與遇攝合流；"活/禾"不分，反映了山攝合口一等與果攝合流；"或/回"不分反映了曾攝合口一等與蟹攝合口一等讀音合流；"檄/兮"不分反映了梗攝開口三四等入聲與止蟹攝開口三四等讀音合流。

四、《重刻切韻指南》對《經史正音切韻指南》二十四圖的校訂與注解

《重刻切韻指南》對《經史正音切韻指南》韻圖的校訂與注解有兩種形式：一是墨筆眉注，二是朱筆韻圖批註。眉注主要對各韻圖語音關係、所列入聲韻的語音關係進行説明；批註主要對韻圖聲母分類，部分韻圖列字的四呼、韻母性質等進行批註。此外，韻圖第一欄《經史正音切韻指南》只標攝、轉、通廣、侷狹、開合。劉際遇在此基礎上，將開、合口韻圖分别稱爲前篇與後篇，將前篇第一欄的開口四等改爲"一二等開口呼、三四等齊齒呼"，將後篇合口四等改爲"一二等合口呼，三四等撮口呼"，具有顯著的以明清等韻理論解讀宋元切韻圖的特徵。

1. 對韻圖聲母、四等的分類

卷首"分五音"部分，劉際遇將舌、齒音據唇音的分類方法區分爲重舌、輕舌，重齒、輕齒。"通攝内一獨韻"圖，劉際遇以朱筆標注了各聲母欄五音，并在舌、唇、齒音標注輕舌、輕唇、輕齒。

同樣，劉際遇將韻圖四等亦區分爲輕、重兩類，第二圖"江攝外一獨韻"眉注"一四重韻，二三輕韻"。

2. 對各韻圖語音關係的説明

眉注對相關韻圖讀音關係的説明有兩種情况:一是以韻圖爲對象,一是以所列入聲韻爲對象,這裏分開討論。

《重刻切韻指南》眉注有關韻圖讀音關係列表如下:

韻圖	附注	韻圖	附注
止内二開	三四等與蟹攝前篇同	止内二合	三四等與蟹攝後篇同
臻外三開	一二三四等與深攝全重	山外四開	一二三四等與咸攝前篇全重
梗外七開	一二三四等於曾攝前篇全重	梗外七合	二三四等於曾攝後篇一三等重
曾内六開	一二三四等於梗攝全重	曾内六合	一等三等與梗攝後篇重
深内八獨	四等全重臻前篇	咸外八開	四等全重山前篇

以上相重情况反映了實際語音特徵:

(1) 止攝開合口三四等與蟹攝開合口三四等讀音合流。(2) 臻深攝讀音合流。(3) 山咸攝讀音合流。(4) 曾梗攝讀音合流。

3. 對各韻圖入聲韻關係的説明

入聲韻的語音關係主要是根據不同韻圖所列入聲字來源是否一致進行説明的,列表如下:

韻圖	入聲	附注
江外一獨	江開二入	與宕前編三等入聲略同
遇内三獨	通合三入	三四等入聲與流攝三四等入聲通
蟹外二開	一二等:山開一二入	一二等入聲與山攝前篇一二等入聲同
	三四等:臻開三入	
蟹外二合	一二等:山合一二入	一二等入聲與山攝後篇一二等入聲同
	三四等:臻合三入	
臻外三開	臻開一二三入	止攝臻攝前篇三四等入聲同
臻外三合	臻合一三入	(止攝臻攝)後篇三四等入聲同
山外四開	山開一二三四入	山攝假攝前篇二等三等四等入聲同
山外四合	山合一二三四入	山攝後篇三等入聲與假攝後二(當爲三)等入聲同
效外五獨	宕江開一二三入	一二等入聲與宕攝前篇一等、三等同
果内四開(一等)	宕開一入	一等入聲與宕攝前篇入聲同
果内四合(一等)	宕合一	一等入聲與宕攝後篇入聲同
宕内五開	宕開一三入	一等入聲與果攝前篇入聲同
宕内五合	宕合一三入	一等入聲與果攝後篇入聲同
流内七獨	通合一三入	通攝、遇攝、流攝入聲全重

其中江外一獨圖"與宕前編三等入聲略同",反映了宕江攝二三等入聲韻讀音合流的特徵。

4. 對部分聲母字的實際讀音的説明

劉際遇將韻圖開合口一二等、三四等分别改稱爲開口呼、齊齒呼、合口呼、撮口呼。但部分韻圖二三四等字與實際語音四呼有别,劉際遇以框注加附注的方式進行了説明。主要有兩種情況:

(1) 開口韻圖二等牙喉音讀齊齒呼,如江外一獨、蟹外二開、山外四開、效外五開、假外六開、咸外八開,這六韻圖牙音、喉音聲母欄外均外加框,框内注"齊齒",説明實際語音中,除梗攝之外,開口二等見系均讀齊齒呼。

(2) 止攝内二開口圖,唇音(除平聲滂、并母"披/皮")、舌音(僅開口三等精、章組,不含去聲所列蟹攝開口三等章組)、半舌(止攝開口三等日母)聲母欄外均外加框,框内注"開口",説明實際語音止攝開口三等精章組、日母與莊組字一樣均讀開口呼,止攝開口三等部分唇音字實際語音同樣讀開口,不過與前者讀舌尖元音韻母性質有别。

此外,《經史正音切韻指南》江攝外一圖注"見幫曉喻屬開,知照來日屬合",劉際遇除將牙喉音欄注爲"齊齒呼"之外,其他聲母欄均標注爲"合口呼"。

5. 添列或增列韻首字所反映的實際語音特徵

部分情況下劉際遇在各韻圖四等見母位,即韻首字位有音無字處增添切字,或在韻首字旁增列切字。這些列字也反映了實際語音的特徵。如:

(1) 通攝内一圖四等見母位添列梗攝合口四等字"扃",梗攝外七合口圖二等見母字"觵"旁增列通攝合口一等字"公",曾攝内六合口圖一等平聲見母位"肱"字旁增列通攝合口一等字"公",三等位增列了梗攝合口三四等字,反映了實際語音通攝與曾、梗攝合口韻讀音合流的特徵。

(2) 止攝内二合口圖四等韻首字旁增列蟹攝四等見母字"圭",同時蟹攝外二合口圖一等韻首字"傀"旁亦增列"圭"字,反映了實際語音止蟹攝合口一三四等讀音合流的特徵。

(3) 止攝内二合口圖二等牙、舌、唇第一聲母位平聲添列蟹攝合口二等"乖"等字,反映了實際語音止攝合口三等莊組與蟹攝合口二等讀音合流的特徵。

(4) 果攝内四合口圖三等見母位添列江攝開口二等入聲字"角",反映了實際語音果攝合口三等與江攝開口二等入聲見系讀音合流的特徵。

(5) 宕攝内五開口圖二等見母位平、入聲添列宕攝合口一等字,反映了二等位所列宕攝開口三等莊組讀合口呼的特徵。

(6) 宕攝内五合口圖三等見母位增列宕攝合口一等字"光",反映了實際語音宕攝合口一三等讀音合流的特徵。

(7) 山攝外四開口圖二等見母入聲位"戛"字旁增列"甲",三四等平聲字旁增列"兼",與眉注一樣反映了實際語音山咸攝讀音合流的特徵。

(8) 曾攝内六開口圖一等平聲見母位增列"庚";二等平聲見母位添列"庚/格",照母位添列"争";四等牙、舌、唇音第一聲母位添列梗、臻攝開口三四等字"兢/殛、丁/

的、兵/必”;同樣反映了曾梗攝讀音合流,臻深曾梗攝開口三四等入聲韻讀音合流的特徵。

(9) 深攝内八圖一等平聲見母位添列臻攝一等字“根”,二等平添列臻攝字“根、臻、奔”,入聲添列曾梗攝一二等、三等莊組入聲字“格、側、北”,反映了臻深攝讀音合流,臻深曾梗攝開口洪音入聲讀音合流的特徵。

(10) 咸攝外八開口圖見母一等平聲位增列“干”,三等增列“堅”,一等入聲位增列“葛”,三四等增列“結”,反映了山咸攝開口韻讀音合流的特徵。

(11) 臻攝外三開口圖二等入聲見母位增列梗攝開口二等入聲字“格”,反映了實際語音臻攝與梗攝開口二等入聲讀音合流的特徵。

(12) 臻攝外三合口圖二等牙、舌、唇、喉、半舌齒音第一聲母位平入聲添列曾攝合口一等與臻摄合口三等入聲莊组字“黜”,反映了實際語音曾攝合口一等入聲與臻攝合口一、三等莊组入聲讀音合流的特徵。

(13) 梗攝外七開口圖三等入聲見母位旁增列臻攝開口三等入聲字“吉”,反映了實際語音梗攝開口三四等入聲與臻攝開口三等入聲讀音合流的特徵。

(14) 梗攝外七合口圖三四等入聲見母位增列通攝三等入聲字“菊”,反映了梗攝合口三四等入聲與通攝三等入聲讀音合流的特徵。

《重刻切韻指南》結合韻圖對《經史正音切韻指南》“門法玉鑰匙”與“玄關歌訣”進行了比較詳細地注解與闡述,并將門法區分爲“憑切”“憑韻”以及“憑切兼憑韻”三類。將真空“直指玉鑰匙門法”二十門法的相關内容與“玉鑰匙門法”十三門法結合在一起,指出“直指玉鑰匙門法”所增添的四門法是針對特殊反切而立的,完全可以歸并到其他門法中,這是劉際遇在等韻門法理論闡述方面做出的突出貢獻。劉際遇在校訂《經史正音切韻指南》韻圖的過程中,以明清等韻四呼理論對宋元兩呼四等理論進行了分析,區分了各韻圖所列開合四等的四呼性質;對各韻圖語音關係進行了分析,以注解和添增切字的方式,反映了韻圖音與實際語音的關係。雖然這些分析不符合原韻圖所反映的語音面貌,違背了宋元切韻圖分析反映語音的原則,但溝通了原韻圖音與實際語音,對正確分析理解原韻圖有一定的幫助。這些注解比較真實地反映了清代山東濰坊方言的語音特徵,具有一定的方言語音研究價值。

明吴嘉謨《孔聖家語圖》非“圖按聖迹之遺,文仍王本之舊”考實

張懋學

摘　要:《孔聖家語圖》有初刻與後刻之分,當今的通行本是經過吴嘉謨增改的後刻本。此書的《孔子家語》并非“文仍王本之舊”,實以明隆慶六年陸治補注本爲底本,兼採王廣謀本、何孟春本、黄魯曾本、鄒德溥本等版本而成。此書的《孔子聖迹圖》亦非“圖按聖迹之遺”,實以明弘治十年朱見浚刊《聖迹圖》爲底本,兼采鄒德溥本《聖迹圖》及當時流傳的其他版本而成,圖後序文、按語及《附歷代贊詠》多沿襲《孔聖全書》。

關鍵詞:《孔聖家語圖》;《孔子家語》;《孔子聖迹圖》;辨僞

吴嘉謨輯《孔聖家語圖》(簡稱“《家語圖》”)的《孔子家語》(簡稱“《家語》”)前增《孔子聖迹圖》(簡稱“《聖迹圖》”)一卷并附序文、按語,與諸傳世本《家語》《聖迹圖》都不相同。此書刊刻行世後,爲世所重,多部叢書將其輯入其中,近年來又有將其影印刊行者①。鄭振鐸、孟久麗、沈津、許瑜翎、陳東等多關注此書之圖,將其置於明清《聖迹圖》發展脉絡中進行考察,而從《家語》視閾下系統研究其圖、文者頗鮮。此書雖號稱“圖按聖迹之遺,文仍王(鏊)本之舊”,但其圖、文來源十分可疑,仍需進一步研究。

一、《孔聖家語圖》之刊刻與流行

吴嘉謨《孔聖家語圖》十一卷,首吴嘉謨《孔子家語圖叙》,次王鏊《孔聖家語圖題辭》,首葉版心下方有“黄組鎸”字樣。次王世貞《孔聖家語圖叙》,次《家語圖凡例》,次《孔聖家語圖目録》,後有《附歷代贊詠》,後十卷爲《家語》。次卷一《聖迹圖》,前半葉爲圖,後半葉爲序文及吴氏按語,首幅版畫題作“先聖像”,與《目録》“先師遺像”不同,右下角題“新都程起龍伯陽甫薰沐寫”,左下角題“歙人黄組鎸”,圖後僅具按語而無序文。次卷二《家語》正文,首行題“孔聖家語圖卷之二”,次行題“武林後學吴嘉謨集校”。册尾爲楊士經《孔聖家語圖跋》。其中,吴氏《孔子家語圖叙》是後人瞭解此書編

作者簡介:張懋學,北京第二外國語學院文明闡釋與國際傳播研究中心講師,主要從事中國古典文獻學、出版學研究。

基金項目:國家社科基金重大項目“數字人文背景下的重大歷史典籍版本保護研究”(24&ZD234);北京第二外國語學院科研項目“印刷傳播時代孔子遺説的衍變、出版與傳播研究”(KYZX 25A006)階段性研究成果。

① (明)吴嘉謨:《孔聖家語圖》,鎮江:江蘇大學出版社,2019 年。

纂過程的重要依據,現將此文節録於下:

余按《家語》,……王文恪公嘗録其全而家藏之,余得其本。……歲丁亥(1587),余師澹所楊公捧册魯藩,過闕里,謁孔林,獲所傳《聖迹圖》,歸而授余。……余患目,弗獲赴戊子(1588)省試,養静山房者數越月。因取王氏藏本,按《孔氏全書》與楊師所授圖,考究其概,或不無異同、缺略之差,余遂緝爲一書。圖按聖迹之遺,文仍王本之舊,其先後則以《孔氏全書》爲據,編年則尊周而次及於魯,旁及於列國。……萬曆乙丑歲(1589)孟春人日武林後學吴嘉謨謹叙。

據此,吴氏曾於早年獲王鏊家藏本《家語》,楊士經後又將孔林所獲《聖迹圖》相授。次年,吴氏因"患目,弗獲赴戊子省試,養静山房者數越月",遂取王鏊藏本《家語》,在參考《孔氏全書》與《聖迹圖》的基礎上,編成《家語圖》十一卷,并於萬曆十七年付梓。吴氏從起事至纂成,前後花費僅一年,便完成十一卷巨著,其速度之快,可想而知。

筆者曾在臺灣"國家圖書館"(簡稱"臺圖")檢得另一本《家語圖》,索書號爲"30105328",綫裝凡六册。吴氏《孔子家語圖叙》題作《孔聖家語圖叙》,無王鏊《題辭》、王世貞《叙》。《目録》卷一標題三至七字不等,畫題四至八字不等,且兩者多不相應,如《目録》"麒麟吐玉書",版畫作"麟吐玉書";又如"孔子識肅慎之矢",版畫作"識肅慎之矢"。闕首幅"先聖像"及所附按語,畫題皆爲小字且位置不固定。其餘版式、内容甚至全書字劃皆與通行本一致。

王鏊《題辭》、王世貞《叙》從無至有,原吴氏《孔聖家語圖叙》改作《孔子家語圖叙》以與王世貞《孔聖家語圖叙》相區别,《目録》卷一標題、畫題從字數不等,至整齊的四字聯語,畫題從與《目録》不相對應且位置不定,至位置固定并對應,這顯然經過吴氏統一整理。因而,臺圖藏本應在通行本之前,是明萬曆十七年初刻本,後經吴氏增改,通行本方才刊成。是書刊成後,多有衍生本出現。

二、《孔聖家語圖》之《孔子家語》考

既然《家語圖》有初刻與後刻之分,吴嘉謨後來增補的王鏊《題辭》、王世貞《叙》的來源便越發可疑,吴氏號稱此書"文仍王(鏊)本之舊",亦似不宜輕信。

《家語圖》於萬曆十七年刊竣,而王鏊卒於嘉靖三年,不可能爲此書題辭。王鏊《題辭》又見於《震澤長語》、明嘉靖四十三年陸治稿本及其明隆慶六年刻本(簡稱"陸治本")①,經筆者勘校,此文與陸治本《孔子家語題辭》關係最爲密切。《家語圖》除將"明少傅王鏊題"改作"常熟王鏊題"外,尚有三處訛誤:"乃知《家語》本有不同"之"本"誤作"所","今本爲近世妄庸所删削也"之"删"誤作"册","孔衍謂戴聖以《禮記》不足"之"謂"誤作"爲"。不止如此,《家語圖凡例》共十一條,後六條與陸治本《考證凡例》第二、三、九、十、十二、十三條幾乎一致。此書之《家語》亦多徑襲陸治本,如卷七、卷八、卷十、卷十一凡十六篇,又如《問禮》《辯物》《哀公問政》《顔回》《子路初見》《辯樂解》諸

① 因明隆慶六年陸治刻本較爲易得,故本文僅就此刻本展開論述,關於陸治稿本,詳參拙作《上圖藏清惠棟評點明陸治手稿本〈孔子家語〉價值初探》,《中國典籍與文化》録用。

篇之絶大部分章節。吴氏所謂“王文恪公嘗録其全而家藏之，余得其本”，則吴氏所得，非王鏊於書館所得之王肅注舊本①，實爲經陸治考校、補注之本，所謂“文仍王本之舊”，實以陸治本爲底本。

王世貞雖卒於明萬曆十八年，但其晚年長居南京，恐怕也無法爲此書作叙②。有學者曾指出：“此書值得注意的是王世貞的序亦曾見於吴勉學校勘的《孔子家語》中，二者約略只有一字之差。”③經考，王《叙》確又見於明萬曆間新安吴勉學刊本，然吴勉學本與此書刊刻時間約略相同，無法確知孰前孰後，王《叙》或來源於付梓更早的明隆慶萬曆間喬山堂劉龍田刊劉元卿校正、鄒德溥補注《新鍥臺閣清謁補注孔子家語》（簡稱“鄒德溥本”）之王世貞《孔子家語叙》④。《家語圖》除將末行“琅琊王世貞題”提至次行作“琅琊王世貞譔”外，兩者尚有五處不同：“駢栂枝指”，《家語圖》“栂”作“拇”；“蔫聖經佐也”，《家語圖》“蔫”作“爲”；“儒傳獨奈何輕斥去，顧百也”，《家語圖》闕“儒傳”二字，“百”字下衍“氏宗”二字；“王子宜蔫叙”，《家語圖》“蔫”作“爲”。然王《叙》何以屢將鄒德溥稱之爲“吴生”⑤？原來鄒德溥乃江西安福人，秦以前安福舊屬吴，三國時孫吴亦曾於此置安成郡，“吴”乃安福之舊稱，故稱鄒德溥爲“吴生”，而非指吴嘉謨、吴勉學。王重民曾受此誤導，“嘉謨事迹無考，據王世貞序，知爲世貞弟子也”⑥。許瑜翎也誤信此序，認爲王世貞意在提携後輩⑦。

不止如此，此書之《家語》對鄒德溥本亦多有沿襲，以《相魯》爲例，兩者正文差異僅三處，如“不如此盟”，《家語圖》“不”正作“有”；“孔子使兹無還對曰”，《家語圖》“還”誤作“選”；“勒士衆下伐之”，《家語圖》“勒”誤作“勤”。兩者注文亦多相同之處，如“所以掩夫子之不臣”，兩本皆注“所以蔽平子不臣之罪。夫子，指平子也。”元泰定元年蒼岩書院刊王廣謀《標題句解孔子家語》（簡稱“王廣謀本”）同，惟“蔽”字上有一“掩”字，是知此類注文并非鄒本獨創，實源自王廣謀本。此書亦有徑襲王廣謀本者，如《相魯》“制爲養生送死之節”，兩本皆注“定生事、死葬之禮，使無過不及，故謂之節”。除徑引以上三本外，此書又沿襲明正德十六年張公瑞刊何孟春注本（簡稱“何孟春本”）、明嘉靖三十三年黄魯曾刊本（簡稱“黄魯曾本”），如《相魯》“貶君以彰己罪，非禮也”，《家語圖》注“彰己罪即駕鵞所謂自旌之意”，何孟春本同，惟“駕鵞”上有一“榮”字。又如《大婚解》“物耻，則足以振之”，《家語圖》、黄魯曾本皆注“耻事不知，禮足以振救之”。

因而，王鏊《題辭》、王世貞《叙》分别源自陸治本、鄒德溥本。此書并非“文仍王本之舊”，實以陸治本爲底本，兼采王廣謀本、何孟春本、黄魯曾本、鄒德溥本等版本而

---

① 王鏊《孔子家語題辭》云：“一日至書館，有《家語》曰王肅注者，閲之，則今本所無多具焉。”

② 鄭麗華：《王世貞年譜》，上海：復旦大學出版社，1993年。

③ 李國慶：《明代刊本及其刊工題名録》，上海：上海古籍出版社，2014年，第460頁。

④ 張懋學：《明隆慶萬曆間鄒德溥〈新鍥臺閣清謁補注孔子家語〉考述》，《臨沂大學學報》，2021年第4期，第36—43頁。

⑤ 王世貞《孔子家語叙》云：“維時吴生以《家語圖》紹介來謁，且乞之叙”，“或曰吴生是編核而真，詳而有體，王子宜爲叙，……世儒置《家語》而宗百氏，吴生獨否，喋世儒功吴生也。若乃吴生所標次，他叙中論之蓋詳，王子不贅。”

⑥ 王重民：《中國善本書提要》，上海：上海古籍出版社，1983年，第219頁。

⑦ 許瑜翎：《明吴嘉謨〈孔聖家語圖〉版畫研究》，《史物論壇》，2009年第7期，第97—98頁。

成,其中對陸治本沿襲最多,王廣謀本、鄒德溥本次之,何孟春本又次之,黄魯曾本最少,這幾乎是吴嘉謨時代所能見到的所有《家語》版本。此書雖標舉"武林後學吴嘉謨集校",實乃吴氏輯衆書而成。因吴氏急於成書,缺乏認真細緻的校勘,故此書多有訛脱倒衍之處。

後世學人多輕信吴氏之言,將《家語圖》視作善本,而真正"文仍王本之舊",并經陸治考證之本反倒乏人問津,此實爲滅本存末也。清人張鉽云:"《家語解》流傳至今,……莫如明王鏊、金蟠、葛鼒刻本,至廣謀王氏、包山陸氏,皆病在顛倒錯亂。"①張鉽特意將王鏊本與包山陸氏本(即陸治本)相區别,蓋錯將《家語圖》當作王鏊本。時至今日,學界仍然輕信吴氏而盲目抬高此書之價值,錢伯城《孔聖家語圖跋》云:

本書標舉"集校",尚非虚語。如《家語》部分《正論解》"齊國書伐魯",今本王肅注本"國書"誤作"國師","樊遲爲右師"下漏"不逾溝"三字,本書皆爲補正。但也有疏漏處,如同條"樊遲以告孔子",本書却漏"告"字,全句遂不可通,這説明校刻仍未精。但作爲《孔子家語》的校注本,本書則是繼王肅本和明何孟春本後的一個新的本子。(第2頁)②

觀此,錢伯城認爲"本書標舉'集校',尚非虚語",然其所舉《正論解》"齊國書伐魯","樊遲爲右師,不逾溝"兩條,并非吴氏補正,實皆源自陸治本。"樊遲以告孔子"條,《家語圖》闕"告"字,陸治本不誤,蓋吴氏鈔襲脱字致誤。錢氏以"本書則是繼王肅本和明何孟春本後的一個新的本子",更是欠妥。刁忠民《儒藏·孔聖家語圖》卷前識語曰:"嘉謨是書所據爲王鏊家藏本《家語》。"(第396頁)③亦受吴氏誤導。

三、《孔聖家語圖》之《孔子聖迹圖》考

描繪孔子肖像及其相關事迹之圖自漢以來歷代皆有,而運用多幅圖像表現孔子一生事迹的《聖迹圖》,至明代才大量出現。此書《聖迹圖》雖僅具一卷,但絶非《家語》之附庸,吴嘉謨以爲"此圖所繪,與語中所載,大都相表裏,必合圖與語,而大聖人之言、動始全"④。當今學者多將明清《聖迹圖》分爲五種版本系統,而《家語圖》便居其一⑤,由此可見此書《聖迹圖》之地位。然此書既非"文仍王本之舊",其是否"圖按聖迹之遺"仍需確考。

---

① (清)張鉽:《家語集注》之《凡例》第二條,清光緒十五年張鉽手定底稿本。

② 錢伯城:《孔聖家語圖跋》,載《中國古代版畫叢刊二編》第三輯,上海:上海古籍出版社,1994年。本文所引《孔聖家語圖》文皆出自此書,其出處直接標注在正文中的引文後,下同。

③ 刁忠民校點,郭齊審稿:《孔聖家語圖》,載《儒藏·史部·孔孟史志》第5册,成都:四川大學出版社,2005年。本文所引《孔聖家語圖》文皆出自此書,其出處直接標注在正文中的引文後,下同。

④ (明)吴嘉謨:《孔聖家語圖》之《孔子家語圖叙》,明萬曆十七年刻本。

⑤ 許瑜翎依圖像分類,將《聖迹圖》分爲A、B、C、D、O五大系統,《家語圖》屬C系統;陳東認爲,明、清《孔子聖迹圖》可分爲五種版本系統,《家語圖》被列爲第三種。詳見許瑜翎《明代孔子〈聖迹圖〉研究——以傳世正統九年本〈聖迹圖〉爲中心》(臺灣師範大學2010年碩士論文)、陳東《曲阜現存〈孔子聖迹圖〉的幾個細節問題》(《孔子學刊》,2019年第10輯)第234頁、陳東《〈大成至聖文宣先師周流之圖〉初探》(《孔子研究》,2020年第3期)第153頁。

吴氏《孔子家語圖叙》所謂“余師澹所楊公捧册魯藩，過闕里，謁孔林，獲所傳《聖迹圖》，歸而授余”。則此書之圖乃其師楊氏於孔林所獲，但具體版本并未説明。有學者認爲，其圖來源於明成化二十一年何珣增補張楷輯《聖迹圖》①，又有學者進一步指出，其圖“明顯受到孔公才刻本的影響”②，并據此進一步推測“孔公才正德元年本《聖迹圖》正是散在兩廡的舊本之一，是明萬曆二十年孔廟聖迹殿石刻的底本之一”③。斯言似乎皆不够準確，且看此書末幅“漢高崇祀”所附按語：

按湘王《聖迹圖贊》曰：“穆穆廟庭，聖德斯尊。肅肅衣冠，聖澤斯存。漢祖崇儒，躬拜闕里。太牢之祀，百代伊始。”

吴氏按語明引“湘王《聖迹圖贊》”，則此書《聖迹圖》所據或爲“湘王本”，然明湘王朱柏活躍於張楷輯《聖迹圖》之前，且史籍并無其刊刻《聖迹圖》的記載，故此“湘王本”絶非湘王朱柏本。據《明史・諸王傳》記載，明英宗第七子吉簡王朱見浚“成化十三年就藩長沙，刻《先聖圖》及《尚書》於嶽麓書院”④。另據日本寬永七年（1630）翻刻吉府重刊本（簡稱“日本翻刻本”）《聖迹圖跋》落款題“時弘治丁巳年春月朔日，吉府重刊”⑤，則此“湘王本”似指明弘治十年吉簡王朱見浚本（簡稱“朱見浚本”）。因朱見浚就藩湘江流經的長沙，故稱其爲“湘王”。無獨有偶，明蔡復賞輯《孔聖全書》卷三十一所收《聖迹圖贊》題爲“明朝湘王府聖迹圖贊”，亦當指朱見浚本。《家語圖》雖與《孔聖全書》關係密切（詳下文），但《孔聖全書》所録序贊絶大部分爲節録，且與《家語圖》相比，闕“先師遺像”“麟吐玉書”“誕聖降祥”“天樂文符”“觀周欹器”“反蔡問津”六條，并將“季康幣迎”與“删述六經”合爲一條，故吴氏當親見朱見浚本而非沿襲《孔聖全書》。因而，吴師楊氏於孔林所獲本當即朱見浚本，屬何珣增補本系統，明正德元年孔公才本即據此刊刻，明嘉靖二十七年沈藩朱胤移又翻刻孔公才本（簡稱“朱胤移本”）⑥。今朱見浚本、孔公才本皆已亡佚，惟朱胤移本尚行於世，《中國古代版刻叢刊》所收鄭振鐸舊藏本即爲朱胤移本，今謹據此作一考察。

將朱胤移本與《家語圖》對比發現，《家語圖》版畫母題、構圖多能與朱胤移本相應，但非機械沿襲，而經時人重繪，其最大的特點是由横軸改爲直式，畫面多選取、壓縮原圖中的某個畫面，對其進行特寫。鄭振鐸即謂“明萬曆間所刻的幾部《孔子家語》，卷前都附有繪寫孔子一生事迹的插圖，其内容與《聖迹圖》不殊，不過却是由當時的畫師、刻工們别行創作，并不翻刻舊本”⑦。兩本亦有不同之處，《家語圖》多“訪樂萇弘”“觀周欹器”“觀臺釋戮”三圖。據日本翻刻本可知，“觀周欹器”爲朱見浚本所舊

① 許瑜翎在《明吴嘉謨〈孔聖家語圖〉版畫研究》説：“雖然今日已無法確定吴嘉謨所見的《聖迹圖》是怎麽樣的本子，但從吴本的插圖安排看來與鄭藏正統翻刻本相去不大。”

② 陳東：《張楷〈聖迹圖〉的幾個問題》，《孔子研究》，2019 年第 2 期，第 88 頁。

③ 陳東：《曲阜現存〈孔子聖迹圖〉的幾個細節問題》，《孔子學刊》，2019 年第 10 輯，第 237 頁。

④ 《明史》卷一百十九《列傳第七》，清乾隆武英殿刻本。

⑤ 日本早稻田大學藏本，僅存下册，索書號爲“0902944”。版畫從“次乘衛靈”至“漢高崇祀”凡十七事十八圖，其中“觀周欹器”爲一事兩圖。册尾有柯潢《聖迹圖跋》。

⑥ 朱胤移本後附鄧文質《聖迹圖跋》，詳細交代了孔公才偶得朱見浚本後隨即翻刻的情形。從朱見浚本至孔公才本再至朱胤移本，三者遞衍關係頗爲清晰。

⑦ 鄭振鐸：《〈聖迹圖〉跋》，載《中國古代版畫叢刊（一）》，上海：上海古籍出版社，1988 年，第 390—391 頁。

有,乃何珣所增九事之一,爲一事兩圖(圖一、圖二),序文源自《家語·三恕》,第二幅圖有長長的贊詞:

器虛則欹,是謂不及。道義餒然,來此非僻。養吾浩氣,充塞乾坤。卓哉亞聖,大任昆侖。器中則正,不倚不偏。堯舜暨禹,允執相傳。心法在兹,萬事攸係。始終弗渝,家齊國治。器滿則覆,是謂太過。安富尊榮,重璧負荷。奥居動静,禮樂爲閑。小心翼翼,周文且歎。

此與張楷本"述中庸贊"體量一致,但却與柯漢《聖迹圖跋》所謂"新圖皆無贊詞,不惟不能作,而亦不敢作,尚有以俟夫吾黨之善於形容聖人者"相悖[①]。細審贊詞,問題更大,其中"器虛則欹,是謂不及""器中則正,不倚不偏""器滿則覆,是謂太過"六句是此圖贊詞無疑,其餘贊詞似乎均與此圖母題偏離,而"道義餒然,來此非僻。養吾浩氣,充塞乾坤。卓哉亞聖,大任昆侖","安富尊榮,重璧負荷"[②]八句顯然是贊頌"亞聖"孟子之辭。既然何珣所補九事本無贊詞,則此贊恐爲後人"畫蛇添足",這顯然是朱見浚本最大的敗筆。朱見浚本刊行後,這個低級失誤應該很快被吉府人發現,故吉府舊藏彩繪本已將"觀周欹器"二圖删除,諸傳世何珣增補本亦多不見此事,惟日本翻刻本、日本元禄四年(1691)河井德久《新刊聖迹圖》不察,保留此贊。而吴氏曾親見朱見浚本,故"觀周欹器"得以保留,并將兩圖合爲一圖,經其重繪後更具藝術性。

惟"訪樂萇弘""觀臺釋戮"兩圖不知所本,然以明萬曆二十年刻成的曲阜孔府聖迹殿石刻《聖迹之圖》亦有"訪樂萇弘""陵陽罷役"推測,散在各廡的木刻《聖迹圖》或當時流行的其他版本當原有此二圖,故吴氏得以參考。另有九幅畫次有異,此蓋吴氏所謂"其先後則以《孔氏全書》爲據,編年則尊周而次及於魯",其中的《孔氏全書》即《孔聖全書》[③]。經考,《家語圖》畫次與《孔聖歷年事迹》所載完全一致,從"禱嗣尼丘"至"葬魯泗上"之序文亦多徑襲《孔聖歷年事迹》,又以《聖迹圖》序文、《家語》等作補充,吴氏按語則多照搬蔡復賞按語,鮮有發明。不止如此,《家語圖·凡例》前三條都源自《孔聖全書義例》,僅稍作改寫,卷一後之《附歷代贊詠》實襲自《孔聖全書》卷一《歷代御製贊文》及卷三十一《歷代贊詠》,而兩者共同的文獻源是明正德元年刊陳鎬纂《闕里志》之卷八《制敕二》、卷十一《譔述三》。

與朱胤栘本相比,此書之圖皆有吴氏新增的標題,許瑜翎認爲此書"四字標題的設計似乎别有用心,渲染着一層濃厚的文人氣息,……或許與吴嘉謨爲讀書人身份有關"[④]。然據上文所述,此書畫題原本字數不等,後經吴氏修改後才整齊劃一,或别有所本。另據《凡例》第三條"續以《聖迹圖》,彙成四十幅"之"彙",似乎説明其圖所本非一。其實,將《家語》與《聖迹圖》合刊,并非吴氏首創,首開其風者蓋爲鄒德溥。鄒德溥本《聖迹圖》凡十四幅,數量雖遠不及《家語圖》,但兩者關係却頗爲密切,現將鄒本

① 録自日本早稻田大學藏日本寬永七年翻刻吉府重刊《聖迹圖》。

② "道義餒然"出自《孟子·公孫丑上》"配義與道,無是餒也","養吾浩氣,充塞乾坤"出自同篇"我善養吾浩然之氣","則塞於天地之間"。"安富尊榮"出自《孟子·盡心上》"君子居是國也,其君用之,則安富尊榮。"

③ 《孔聖全書·孔聖歷年事迹凡例》第三條:"孔子歷年内必書周天子之紀年者,所以見聖人惓惓尊周之心也。每書在魯、歸魯者,又以見聖人不忘宗國之心也。"據此,是知吴氏所以"編年則尊周而次及於魯"。

④ 《明代孔子〈聖迹圖〉研究——以傳世正統九年本〈聖迹圖〉爲中心》,第87頁。

畫題與通行本《家語圖》對應於下。

表 1 鄒德溥本《聖迹圖》與《孔聖家語圖》畫題對比表

序號	鄒德溥本	《家語圖》	序號	鄒德溥本	《家語圖》
1	先聖像	先聖像	8	禮誘仲由	無
2	親禱尼丘	禱嗣尼丘	9	學琴師襄	學琴師襄
3	麟吐玉書	麟吐玉書	10	問禮老子	問禮老聃
4	聖人降生	天樂文府	11	誅少正卯	誅亂兩觀(異)
5	戲陳葅豆	戲陳葅豆	12	厄於陳蔡	厄陳絶糧
6	昭公賜鯉	賜鯉名兒	13	删述六經	删述六經
7	爲委糧吏	筮仕委吏	14	感麟絶筆	西郊泣麟

如上表所示，兩本畫題多相同或相近，除“禮誘仲由”爲《家語圖》所無，“誅亂兩觀”與“誅少正卯”構圖不同外，其餘版畫幾無差别。鄒本《聖迹圖》雖然也有可能源自何珣增補本系統，但其圖却被吴氏徑襲，這應與鄒本圖爲直式有關，無需吴氏另行創作，《家語圖》四字標題設計的直接靈感來源很可能也來自鄒本。另，《家語圖》首幅“先聖像”按語與鄒本《素王事實》首條同，皆采自《祖庭廣記》；“訪樂萇弘”序文與鄒本《素王事實》次條基本一致，皆出自《孔叢子》。

因而，此書并非“圖按聖迹之遺”，實乃吴氏“彙成”，以朱見浚本爲底本，兼采鄒德溥本《聖迹圖》及當時所流傳的其他版本而成。因《家語圖》以早已亡佚的朱見浚本爲底本，保存了後世删去的“觀周欹器”，使今人能略窺朱見浚本之舊，其所增加的“訪樂萇弘”“觀臺釋戮”，亦能使人推測當時《聖迹圖》的流傳情況，具有一定的文獻價值。其圖除徑襲鄒德溥本外，亦將傳統横式《聖迹圖》重繪并改爲直式，具有較高的藝術價值。錢伯城即謂：“這些圖，構圖匀稱，綫條明暢，刀法細膩。尤其值得一提的，繪刻上已注意人物的喜怒哀樂，使之各具表情，不僅是直綫勾勒而已。”(第 1 頁)許瑜翎説：“吴本可説是孔子聖迹圖表現中的佼佼者，不但是目前所見直式版式中刻工最爲精美的，也是保存最爲完整的本子之一。”[①]刁忠民認爲：“圖繪生動細膩，刻工甚精，爲明本中之上乘。”(第 396 頁)今之《家語》整理本多擇選其圖作爲封面、插圖，如張濤《孔子家語譯注》書前所附“夾谷會盟”“删述六經”兩圖即從之出[②]。

四、結　語

《孔聖家語圖》有初刻與後刻之分，當今之通行本是經吴嘉謨增改的後刻本。此書刊成後，多有衍生本出現。此書之《孔子家語》并非“文仍王本之舊”，實以陸治本爲底本，兼采王廣謀本、何孟春本、黄魯曾本、鄒德溥本等版本而成，其中對陸治本沿襲

---

① 許瑜翎：《明吴嘉謨〈孔聖家語圖〉版畫研究》，《史物論壇》，2009 年第 7 期，第 79 頁。

② 張濤：《孔子家語譯注》，北京：人民出版社，2017 年。

最多,王廣謀本、鄒德溥本次之,何孟春本又次之,黄魯曾本最少。這幾乎是吴嘉謨時代所能見到的所有《家語》版本,因吴氏急於成書,缺乏認真細緻的校勘,故是書多有譌脱倒衍之處。此書之《孔子聖迹圖》亦非“圖按聖迹之遺”,實以明弘治十年吉簡王朱見浚刊《聖迹圖》爲底本,兼采明隆慶嘉靖間鄒德溥《新鍥臺閣清譌補注孔子家語》及當時所流傳的其他版本而成。其圖後序文、按語以及《附歷代贊詠》多徑襲明蔡復賞輯《孔聖全書》,僅少部分序文據《聖迹圖》序文、《家語》補充。

圖一

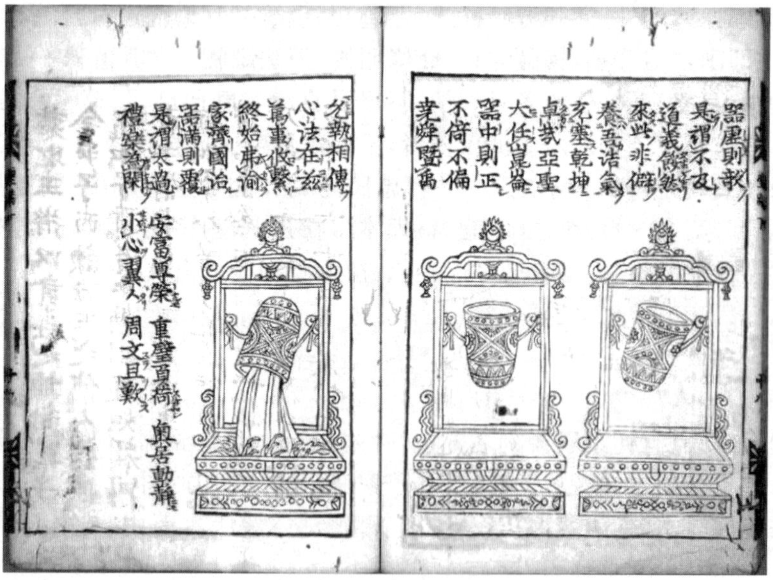

圖二

顧太清《天游閣集》版本探考

夏志穎

摘　要:顧太清"天游閣詩"稿本初由况周頤購藏,以之爲據的徐乃昌刊本保存了顧氏詩集的最初形態。陳士可購於北京廠肆的《天游閣集》與諸宗元舊藏的《東海漁歌》殘卷原係一體,鈔成時間在"天游閣詩"稿本(况藏)之後。日藏本《天游閣集》最晚出,雖收録詩詞最爲全備,但其主體内容并非太清手書,且有多處文字訛誤,應予警惕。對《天游閣集》早期版本的遞衍情况,今人仍有誤判。

關鍵詞:顧太清;《天游閣集》;版本;《顧太清集校箋》

一、引　言

顧太清(1799—1877),本姓西林覺羅氏,名春,字梅仙,號太清、雲槎外史,滿洲鑲藍旗人,是清代文學史上著名的女作家。她的文學創作兼擅諸體,著有"紅樓續書"《紅樓夢影》及劇本《桃園記》《梅花引》等;詩、詞則彙集成《天游閣集》,其詞尤其受到後世好評,以至論清代滿人詞者,有"男中成容若,女中太清春"之説,清末民初的詞學大家况周頤對其詞亦推崇備至。

太清生前,《天游閣集》雖未見刊刻,但其聲名早已播頌人口,晚清以降,衆多文人於太清詩詞勤加搜討,故《天游閣集》流傳漸廣。爲方便下文的討論,兹先略述《天游閣集》的流傳情况如次:

甲、清光緒十五年(1889,己丑),况周頤於北京廠肆得"天游閣詩""手稿"[①],此本僅有詩二卷(以下稱"况藏本")。南陵徐乃昌曾據况藏本過録,是爲積學齋鈔本《天游閣詩集》二卷,現藏中國社會科學院文學研究所。又,宣統元年(1909,己酉),徐乃昌假况藏本原稿校刊《天游閣詩集》二卷(以下稱"徐刊本"),此刊本國内多家圖書館仍有藏。况藏本原件已佚,本文認爲,其内容與徐氏鈔本、刊本一致,因筆者限於條件尚未能一睹徐氏鈔本全貌,故下文述及况藏本時,實以徐刊本爲據。

乙、宣統元年,黄陂陳毅(字士可)於北京廠肆得《天游閣集》(以下稱"陳藏本"),

作者簡介:夏志穎,西南大學文學院副教授,文學博士,主要從事古典詩詞學研究。

基金項目:重慶市社會科學規劃項目"清代詞學經典化研究"(2020YBWX164)

① (清)况周頤:《西泠印社本〈東海漁歌〉序》,(清)顧太清著,胥洪泉校箋:《顧太清詞校箋》,成都:巴蜀書社,2010年,第481頁。

此本原有詩五卷(缺第四卷),詞另題名曰"東海漁歌",原四卷(缺第二卷)。此本多有割裂,吴昌綬借觀後,留有題識,云"蓋未定之本也"①。原件現存中國科學院文獻情報中心,影印本收入《中國科學院文獻情報中心藏古籍珍本叢書(鈔稿本部分)》第二輯,本文之引證皆據該影印本。

丙、《東海漁歌》卷二原稿,紹興諸宗元(字貞壯)舊藏,原件已佚。諸氏過録的副本後歸朱祖謀,龍榆生借鈔一份,并於《詞學季刊》(1933 年)發表。

此後,所謂的"風雨樓本《天游閣集》""西泠印社本《東海漁歌》""竹西館本《東海漁歌》"等皆源出乙、丙,或附以輯佚的零散篇什而已,學界對此已有明晰的梳理②,此不贅言。

以上諸本皆非太清詩詞全貌,這種遺憾直到日本學者内藤湖南舊藏的全帙(以下稱"日藏本")刊佈纔得以彌補。金啓孮撰有《〈天游閣集〉尋訪記》《原本〈天游閣集〉考證》二文,介紹了日藏本的來龍去脉③,其中的不少觀點也隨着《天游閣集》(影印本)與《顧太清集校箋》的出版而廣爲人知。金先生以太清後人的身份從事相關研究,自有得天獨厚的優勢,其意見值得重視,但對二文中的有些判斷,似亦不必盲從,今分而論之。

二、徐刊本并非是陳藏本的"打亂另編"

金先生認爲,上海神州國光社刊本《天游閣集》(即"風雨樓本")來源自陳藏本,而徐刊本則是將"風雨樓本""打亂另編"(第 808 頁)④的。這種表述本身在時間綫上就有舛亂的地方,因徐刊本出現於宣統元年,而"風雨樓本"出現於宣統二年。當然,原金氏初衷,應是謂徐刊本源出陳藏本,然而金適《顧太清集校箋·前言》却又説:"徐本雖然殘缺已甚,但却是最早的刊本,詩中字句已爲手鈔本删改。"(第 9 頁)⑤如依此説,則手鈔本(日藏本)的内容必較徐刊本爲晚出,這與金先生所云——徐刊本"打亂另編"陳藏本,而陳藏本源出日藏本——不免矛盾。

爲了解决這個疑問,以下試對徐刊本與陳藏本的内容作一些比較。

其一,從卷次分合與題名上看。徐刊本的底本,即况藏本,况周頤稱之爲"寫本""手稿",徐刊本牌記既云"假臨桂况氏所藏原稿校刊",則其卷分上、下的體例,也應該

① (清)吴昌綬:《天游閣集題記》,《中國科學院文獻情報中心藏古籍珍本叢書(鈔稿本部分)》第二輯,北京:學苑出版社,2020 年,第 100 册,第 29 頁。

② 参張璋:《顧太清奕繪著作版本考》,(清)顧太清、奕繪著,張璋編校:《顧太清奕繪詩詞合集》附録二,上海:上海古籍出版社,1998 年;柯愈春:《清人詩文集總目提要》卷四十二"《天游閣集九卷》"條,北京:北京古籍出版社,2001 年,第 1342 頁。

③ 二文附載於(清)顧太清著,金啓孮、烏拉熙春編校:《天游閣集》(影印本),瀋陽:遼寧民族出版社,2001 年;(清)顧太清著,金啓孮、金適校箋:《顧太清集校箋》,北京:中華書局,2012 年。

④ (清)顧太清著,金啓孮、金適校箋:《顧太清集校箋》,北京:中華書局,2012 年。本文所引的金啓孮氏論述,如無特别説明,皆出自此書,其出處直接標注在正文中的引文後,下同。

⑤ 案:金適、凱和:《金啓孮先生與顧太清研究》(《滿族研究》2008 年第 2 期):"(徐刊本)雖然殘缺已甚,但應是最早的寫本。原因是:一、它有許多詩已爲風雨樓本和内藤本删去。二、還有許多詩的部分字句在後二本中已删改。"

就是況藏原稿的體例，這與陳藏本分詩爲五卷的體例顯然不合。徐刊本卷首題曰"天游閣詩集"，而陳藏本除卷二首頁題"天游閣詩集"外，卷一、三、五之首頁均題"天游閣集"，命名方式亦不同。所謂的"打亂另編"，既無動機，亦違常理。

其二，從篇目數量上看。徐刊本有《烏反哺》等數十首不見於陳藏本，亦不見於日藏本等其他任何版本，但云"打亂另編"，則這數十首詩從何而來？

其三，從異文上看。同一首詩，徐刊本文字更多更全，如陳藏本卷一《游仙五首》其二、其三、其四，徐刊本較陳藏本每首均多出數句；卷一《題惲南田畫册十絶句》其八，徐刊本於詩後有自注，陳藏本無。同一首詩，文字也有不同，如卷一《回文四首》其二，陳藏本有句"空碧映天雲寂寂"，徐刊本作"空碧映光天寂寂"；卷一《題畫四首》其二，陳藏本有句"高閒誰寓丹青筆"，徐刊本作"消閒誰著丹青筆"。

最後，徐刊本所收之詩，依時序編排，體例井然。例如卷下《癸巳正月十六日次夫子生日原韻》後有《春雪》《二月十五清明前一日雨中作》二首，顯見"春雪"是"癸巳"年事，而陳藏本卷一則將《春雪》改題爲《癸巳春雪》，其原因正在於，陳藏本删除了《癸巳正月十六日次夫子生日原韻》，《春雪》隨之成了繫於本年的第一首詩，故而詩題中補寫干支，以爲標識。

以上幾點均可證"打亂另編"説不成立。對於徐刊本的定位，盧興基認爲"這個本子的原鈔本，是《天游閣集》的最早的一個鈔本"[①]，基本可從。

三、陳藏本非從日藏本鈔出

金先生又謂："所謂陳士可得於廠肆之本，亦當由此本（引者案：即日藏本。）鈔出。"（第 820 頁）此説疑非是。

首先，從篇目上看。陳藏本卷一有題爲《游仙五首》的組詩，實際上只有四首，在第二、三首之間有割裂導致的空白二行，依該本行款計，所闕者必爲原第三首，由此可推知，詩題中的"五首"并非誤題，而是陳藏本原鈔即有五首，鈔成後被删棄一首，却忘改詩題[②]；而日藏本卷一開篇即是《游仙四首》，如果陳藏本是鈔自日藏本，其詩題不應有誤，并且第二首詩後也不應有割裂痕跡。又如日藏本卷一《題畫》後緊接以《落花》，而陳藏本在二詩之間却多出《柳枝詞》十二首，這十二首不見於日藏本各卷。

其次，二本有異文多處。如日藏本卷一《題畫山水二首》其二有句"百道飛泉落屋頭"，陳藏本作"百道飛泉向屋頭"；日藏本卷三《續讀石畫詩十八首同夫子作》其十二有句"應有漁人深樹裏"，陳藏本作"欸乃一聲深樹裏"。在詞（《東海漁歌》）部分，也有類似的情況，如卷三《賀新凉》詞題，日藏本作"夏日余季瑛招飲緑净山房作"，陳藏本作"夏日宴於許少卿青士老兄緑净山房作"。此類異同，皆非"鈔出"所能解釋。

另外，因陳藏本詞（《東海漁歌》）缺卷二，致無法與日藏本詞（《東海漁歌》）卷二作直接比較，但後者中的誤字仍值得留意。如《燭影摇紅・聽梨園太監陳進朝彈琴》有

---

① （清）顧太清著，盧興基編著：《顧太清詞新釋輯評》，北京：中國書店，2005 年，第 633 頁。

② 案：完整的五首見於徐刊本，次序不亂。

句"人間天下",《木蘭花慢·缾花論,劉克莊體》有句作"那怕游蜂細蝶",諸宗元舊藏本於此二處,分别作"人間天上""游蜂戲蝶",顯然是對的。筆者以爲,諸宗元所藏的《東海漁歌》卷二就是陳藏本所缺者,二者同源一體。

以上證據表明,陳藏本係從日藏本鈔出這一判斷難以成立。

四、日藏本之主體非太清手書

金先生曾精查日藏本字跡,認爲確係太清所書,并説:"夫人晚年病目,故前後書體有所不同。"(第813頁)又説:"《詩一》至《詩五》係太清夫人手書,《詩六》《詩七》前半楷書係太清女兒載道代書,後半仍爲太清自書。時夫人已病目,不類中年以前之字,此從暮年所書楹聯對照可知。《東海漁歌六》之後半,亦有人代書。"(第819—820頁)

筆者所見最可靠的太清手跡共有三例:一是《太清病目後書聯》,具體作年不詳;二是《文杏圖》,有道光十七年(1837,丁酉)自題《燕歸梁》詞;三是《太清夫人所書團扇》,時在道光二十七年(1847,丁未)①。後二例筆跡一致,與《詩六》《詩七》中的部分筆跡相同,均爲結體稍扁、豎劃粗而横劃細的字體,書風樸拙有逸趣;而也被指認是太清手筆的《詩四》《詩五》,則作於道光十七年至二十二年,筆跡皆爲秀麗工楷。至於《東海漁歌一》至《東海漁歌五》的前半部,亦爲工楷書法,其中有《長相思·巳酉正月廿四日……》《風光好·同治甲子元日戲題多兒圖》等詞。按金氏的説法,在道光後期,太清已然用兩種截然不同的書體書寫,而遲至同治三年(1864,甲子),太清仍可以工楷作書。如果説後者亦是太清書寫,也就不存在"病目導致書體不同"一事。

見於日藏本《詩六》後半、《詩七》後半的書跡因有太清書法作品印證而毋庸置疑,而由工楷書寫的日藏本《天游閣集》的主體部分(《詩一》至《詩五》,《東海漁歌一》至《東海漁歌五》),却非太清親筆,因其中有多處錯誤,很難諉以作者手寫的疏忽,如:

《詩二》:《既選宋詞三卷,遂以詞中七言者集爲三十九絶句》其十七"東風吹落一庭花"句,自注"唐與之"。案:應作"康與之",爲宋代著名詞人;"唐""康",形近而訛。

《詩三》:《除夕立春》"醉眠且作今霄夢"句。案:"霄"字誤,陳藏本作"宵",是。

《詩五》:《上定郡王筠鄰主人兼次原韻》"澹泊生涯姿味醇"句。案:"姿"字誤,陳藏本作"滋",是。

《東海漁歌》卷四《南鄉子·雲林招游三官廟看海棠,不果行,用來韻答之》四首其一"似帶餘酲晚更奸"句。案:"奸"字誤,陳藏本作"姸",是;又,此處爲韻脚字,如係作者手書,斷不至誤"姸"爲"奸"。

對於形近而訛的原因,對比陳藏本與日藏本的筆跡字形,或許能給我們一些啓示。陳藏本《東海漁歌》卷三有部分詞作是行書字體,而同一詞作在日藏本中的楷書字體則是奇怪的誤字:

① 《太清病目後書聯》與《文杏圖》俱見《天游閣集》(影印本),《太清夫人所書團扇》見《顧太清集校箋》。

《東海漁歌》卷三	陳藏本字形	日藏本字形
日藏本《東風齊著力・水波,得平字》“霧轂太輕盈”句,“霧轂”不詞,應從陳藏本作“縠”。		
日藏本《傳言玉女・雪夜不寐》“稜稜疲骨,顧影翻然成笑”句,“疲骨”“顧影”不詞,應從陳藏本作“瘦骨”“顧影”。	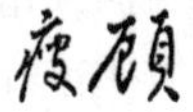	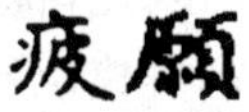
日藏本《祝英臺近》“享林瑟瑟風吹”句,“享林”不詞,應從陳藏本作“穿林”。		
日藏本《菩薩蠻・登石景山天空寺望渾河》“競渡俯長榴”句,“長榴”不詞,應從陳藏本作“長橋”。案:“橋”爲韻脚字。		
日藏本《廣寒秋・題慈相上人竹林晏坐小照》“矓花澗草”句,“矓花”不詞,應從陳藏本作“孋花”。		

作者自書詞作,不應有這些匪夷所思的錯誤,如果僅看楷書字體,恐怕不容易察覺形近的問題,但只要一對照陳藏本的行書筆跡,則日藏本楷書致誤之由,豁然可解;觀以上疲(瘦)、享(穿)、矓(孋)、榴(橋)四例,至爲顯明。日藏本的鈔手誤識行書字體,致有此類錯誤,否則絶不會有如此巧合。

五、對徐刊本(况藏本)、陳藏本、日藏本關係的推測

金先生認爲徐刊本(况藏本)源出陳藏本,而陳藏本係由日藏本鈔出,也即日藏本最早出現,况藏本則最晚;然而,實際的情形可能正相反。

陳藏本有不少塗抹圈改之處,凡屬訂正文字訛誤者,改正後的文字均同徐刊本。如:卷一《九日登後山》“紬蘭爲佩桂爲楹”之“紬”字,圈改爲“紉”,“馬蹄秩水感莊生”之“秩”字圈改爲“秋”,卷二《題惲南田畫册十絶句》“秩雨秋風任憔悴”之“秩”字圈改爲“秋”。以上三例,徐刊本均無誤。“紉”“秋”二字行草書法之字形似“紬”“秩”,由此不難推知,陳藏本所據的底本很有可能是行草書體,鈔手鈔寫時,因不辨底本誤書,而徐刊本之正確則證明其較好地保存了底本的原始面貌。“紉蘭”“秋水”“秋雨”均爲古典詩文中習見之語,此類錯誤似乎也表明陳藏本鈔手文學素養并不高,至於鈔成後的校改,筆跡同太清書法,當是太清自爲之。

更常見的情形是,圈改前與圈改後的異文無所謂正誤,只是對文字表達的斟酌;而且往往都是陳藏本中圈改前的正文同徐刊本,圈改後旁注的文字同日藏本。卷一《戲擬艷體四首》其三,陳藏本圈去“貽我紫羅囊”,旁改爲“去後有餘香”,徐刊本文字同前者,日藏本文字同後者;卷一《題明慈聖李太后像》“無權罷豎璫”句,陳藏本圈去“罷”字,旁改爲“治”,徐刊本作“罷”,日藏本作“治”。卷一《題畫》“老樹連陰飛絳鼠”之“鼠”字,圈改爲“蝠”,徐刊本作“鼠”,日藏本作“蝠”。此例甚多,不備舉。

偶有三本文字皆不同者,如徐刊本卷上《乙渠聯句》“至道無爲驚河伯”句,陳藏本作“歎河伯”,日藏本作“歡河伯”。案:“驚”當爲初稿,後完善文意,改爲“歎”,日藏本鈔寫時,因形近而訛作“歡”。

另外,徐刊本卷上有《東山雜詩九首》,而陳藏本只有一首(原列第九),且詩前無

題,詩上方天頭處,另筆書"山中即事"。筆者推測,陳藏本原鈔有九首,詩題連同前八首均遭割棄,因只留一首,與"東山雜詩"這種詩題不切,故補題"山中即事",其後日藏本沿用《山中即事》詩題,只存詩一首。

總之,從書寫筆跡的先(正文)後(行間旁注)邏輯上説,陳藏本不可能是先鈔自日藏本再校以徐刊本。有無可能是徐刊本(況藏本)自陳藏本鈔出後,再校以日藏本呢?前文在辨徐刊本與陳藏本的異文時,即已指出徐刊本不可能源出陳藏本,又,陳藏本卷一《寒蝶》詩,題下自注"代夫子和潘尚書",日藏本之自注爲"代夫子和潘芝軒尚書",而徐刊本該詩題下無自注,諸如此類,如徐刊本曾校以二本,不應遺漏。故而,徐刊本先成,再校以日藏本的可能性也不大。要言之,徐刊本的底本(況藏本)應是最早出現的,而後纔有陳藏本與日藏本。

六、結　論

綜合以上的分析,本文的結論是:

(一)況藏本"天游閣詩"應是《天游閣集》的最初形態,該本卷首所題之"天游閣詩集",可能即是顧太清詩集的最初命名,其後爲了涵括詞,也爲了與奕繪著作更好地配合①,改以"天游閣集　詩×"方式題端。陳藏本詩卷二題"天游閣詩集卷之二",與其他各卷詩題"天游閣集　詩×"的方式不同,且筆跡與其他各卷亦不同,意味着陳藏本并非鈔於一時,其中詩卷二部分或與況藏本性質接近。

(二)陳藏本是介於況藏本、日藏本之間的版本。在況藏本之後,《天游閣集》的內容一直處於增删潤飾中,此後陳藏本鈔成,并經太清手校,割裂(重新編次)之舉,或亦出太清之意。嗣後,日藏本在陳藏本的基礎上鈔成,二者行款一致。

(三)日藏本最晚鈔成,收録詩詞最全備,頁面改動極少,説是"寫定"本并不爲過;但該本主體内容并非太清親筆書寫,對其中留存的訛誤,應予以充分警惕。

附記:本文的寫作得到李芳、郭文儀等師友的協助,敬致謝忱!

---

① 金啓孮《〈天游閣集〉尋訪記》:"《東海漁歌》是《天游閣集》中的一部分,正像奕繪貝勒的《南谷樵唱》在《明善堂集》中一樣。"《顧太清集校箋》,第806頁。

滿文本《格體全録》成書考述

宫　旭

摘　要:《格體全録》是康熙年間由法國傳教士編譯的重要滿文西方醫學著作,記録 17 世紀西方醫學科技文化,是中國認識西方解剖學的開端。通過相關史料的分析和有效推測,梳理《格體全録》成書時間、編譯過程及重要時間節點,考訂編譯時參考的拉丁文獻及譯著作者背景。并分析《格體全録》滿、漢文書名在不同版本中的不同寫法,比較滿文辭彙的含義,嘗試探尋這部作品背後的文化價值。

關鍵詞:滿文古籍;《格體全録》;歷史考述

明末清初是中西科技文化交流的重要時期,天文學是其中最重要的領域,數學、機械等其他學科也受到重視,西方醫學在這時開始傳入中國。在此期間成書的滿文《格體全録》是一部重要的西方醫學譯著,是西方解剖學和醫藥學傳入中國的開端,具有很高的研究價值。近年學術界對明末清初西學著作的東傳研究頗多,較多關注的是漢語譯著,當時西學著作大多翻譯爲漢語,而此著直接翻譯爲滿文,受到清政府頂層更多注意,影響應該更大。此前的研究多集中在版本收集和樣式對比,如高晞教授分類整理該著作各種版本,詳細比較版本源流和收藏資訊。楊奕望教授不僅對文本背景進行説明,還重點介紹丹麥版本以及多種藏本比較。本文在前人研究的基礎上,更專注於詳細理清《格體全録》的編撰緣起、確切成書時間、譯著文獻來源以及滿漢文書名的具體含義等。這些内容的考證都爲進一步瞭解這部著作提供歷史依據,從而探究這部西方醫學譯著的科技史内涵和文化價值。

一、《格體全録》成書時間考證

最早負責籌備《格體全録》初稿的是法國耶穌會士張誠(Jean-Franois Gerbillon,1654—1707)和白晋(Joachim Bouvet,1656—1730)。據《張誠日記》記載,1690 年 1 月 13 日康熙皇帝與其共同探討了初稿的相關内容:“皇上拿着這份稿子,命令我們靠近他身邊。……皇上仔細翻閲,特别是關於心、胃、内臟、血管等等部分。還拿起稿子

作者簡介:宫旭,中國科學技術大學人文與社會科學學院博士後研究員,主要從事滿族歷史文化、滿族語言、滿語古籍文獻研究。

基金項目:安徽省哲學社會科學規劃項目“《欽定骼體全録》與清初中西科學文化交流研究”(AHSKYY2024D059)。

與一些漢文書籍的有關記述相互對比,認爲兩者頗爲近似。"[①]康熙帝對西方醫學十分關注,還將中西醫學相似内容進行對比,以探究中西醫學的相同之處與各自特點。到了 1690 年 8 月康熙經歷了一場重病過後,又繼續聽取白晋關於解剖學的講稿,無論是白晋記録還是張誠日記,都闡述了關於向康熙講解解剖學的内容,并且這些内容都是在與康熙共同討論的講稿中出現的,但目前并没有明確記録顯示他們在編譯一本書或具體書名等相關方面的工作。最初的參與者是白晋和張誠,雖然具體的分工目前不得而知,但是兩人確實在這本著作的前期翻譯工作中做出很多貢獻。

此後,張誠和白晋各自的工作有了不同方向,到了康熙三十二年(1693),這項工作也停滯下來。直到 1698 年 11 月,白晋以特使身份帶回了第二批到中國的傳教士,巴多明(Dominique Parrenin,1663—1741)就是第二批傳教士中的一員。到達中國後,巴多明很快投入工作,先後學習滿語和漢語,并可以運用滿語進行交流和寫作。他在 1723 年致法蘭西科學院的信中這樣寫道:"皇帝之所以確信我能勝任他委派的任務,是因爲約十年以來,我奉旨把大量韃靼文字譯成了歐洲文字。"(第 289 頁)[②]按照這樣計算,從巴多明到達中國,再到他自己所述約十年時間可以推算,他開始接手并繼續張誠、白晋解剖學講稿編譯時間應爲 1708 年以後。現存法國國家圖書館的版本中,有這樣一段話"《清文鑒》中稱連接股骨之骨謂之脛骨。"《清文鑒》是康熙四十七年(1708 年)修成并投入使用,因此《格體全録》的完成應該至少晚於 1708 年。

巴多明在信中提到,"經過五年的不懈努力,這些譯作方告完成。"(第 300 頁)據此推算,若以信件中提及的完成時間爲基準,則《格體全録》最早應在 1713 年初次完成。然而,法國自然史博物館所藏《格體全録》第八册開篇明確記載了"康熙五十四年正月二十八日降旨巴多明",這個時間標記指向了 1715 年,即康熙五十四年。因此,若將此視爲最終的完成時間,則巴多明開始編譯《格體全録》的時間應爲 1710 年。這與之前的推測并不矛盾,反而進一步印證了巴多明是在 1708 年之後開始了《格體全録》的編譯工作。綜合上述證據,我們可以確定《格體全録》八卷的最終完成時間爲 1715 年,這一結論不僅與巴多明的自述相吻合,也與法國自然史博物館藏本的時間標記相一致,從而爲確定《格體全録》的成書時間提供了堅實的歷史依據。

康熙帝的統治時期正直西學東漸浪潮高漲,《格體全録》的編纂與編譯工作無疑是一項宏偉的學術工程。從 1690 年的初稿討論至 1715 年的終稿編譯完成,該著作跨越了 26 年的時間長河,彙聚了三位傳教士的智慧與努力,以及數十位工作人員的辛勤勞動。據文獻記載,"康熙帝從上書房派遣了三位精幹官員、兩名文筆極佳的司書、兩名擅長插圖的畫師、幾名拉綫工及紙板製造者等。"(第 289 頁)"皇帝還特别任命了二十餘名能幹的司書和校對員,以協助原有的助手團隊。"(第 301 頁)龐大的工作團隊,不僅體現了康熙帝對《格體全録》編譯工作的高度重視,也彰顯了他對西方醫學知識的渴求與推崇。從編寫時間的跨度和參與人員的規模來看,《格體全録》不僅

① [法]張誠著,陳霞飛譯:《張誠日記》,北京:商務印書館,1973 年,第 71 頁。

② [法]杜赫德著,鄭德弟等譯:《耶穌會士中國書簡集:中國回憶録Ⅱ》,鄭州:大象出版社,2001 年,第 289 頁。本文所引《耶穌會士中國書簡集:中國回憶録Ⅱ》文皆出自此書,其出處直接標注在正文中的引文後,下同。

是一次跨文化的學術交流，而且是康熙帝對西方醫學知識系統性引入和本土化的重要嘗試。在此過程中不僅涉及知識的傳遞，還包括對西方醫學術語的翻譯、本土化詮釋以及與中國傳統醫學知識的融合。

二、《格體全録》編譯文獻考證

按照上面推測時間來看，《格體全録》編譯過程共分成兩個階段。第一個階段是前期籌備，由白晉和張誠以論文講稿形式向康熙皇帝講解人體組織和解剖學原理。第二階段是巴多明來到中國之後經過十幾年語言、醫學知識、文化等儲備後，開始進行最後編譯工作。這兩個階段主要參與者不同，時間跨度也較大，前後經歷二十多年，因此在編譯時參考書籍也有很大區別與不同。

（一）白晉、張誠的編譯參考

在 1690 年，白晉與張誠受康熙皇帝之命，着手翻譯并編纂西方解剖學內容。他們彙集了 17 世紀最前沿、最有價值的解剖學發現，以此作爲講稿的基礎。白晉特別參考了"著名的倍爾尼和王室學者學會其他會員的發現"[①]。倍爾尼（Joseph Guichard Duverney）以其在比較解剖學領域的傑出工作而聞名。他不僅在醫學學位上有所成就，還在巴黎以其解剖學知識而著稱，并於 1676 年成爲皇家科學院的解剖學家，與 Philippe de La Hire 一同進行動物解剖和比較研究。白晉將倍爾尼的醫學著作引入講稿中，意在汲取當時歐洲最有價值的科學知識。

倍爾尼對於解剖圖示的展示同樣重視，他與戈蒂爾合著的解剖學醫學教材中，包含了複雜精細的複版美柔汀（multiple-plate mezzotint）插圖，其奢華程度堪稱一絶。這種插圖風格與《格體全録》中的插圖在風格上存在一定的相似性。白晉和張誠的前期工作，不僅讓康熙皇帝認識到西方解剖學的重要性，也展示了西洋醫學的科學性，也爲後來巴多明繼續編譯奠定了堅實的基礎。

（二）巴多明時期的文獻來源

在巴多明編譯《格體全録》的過程中，他經過慎重的甄別與考量，選擇更爲適宜的參考文獻，以達到更高的學術標準。巴多明在致法蘭西科學院的信件中明確指出："我在所知的以拉丁文、法文或義大利文寫作的解剖學家中選擇了迪奧尼斯（Dionis）先生的著作，我覺得他最清楚、最準確。我根據他的順序和方法做瞭解釋。"（第 298 頁）這一選擇不僅基於迪奧尼斯著作的清晰度和準確性，也反映了巴多明對於學術嚴謹性的極致追求。皮埃爾・迪奧尼斯，作爲一位在法國外科和解剖學領域具有舉足輕重影響的學者，其著作《基於血液循環和最新發現的人體解剖學》自 1690 年出版後便廣受贊譽，并被翻譯成多種語言，包括拉丁語，乃至應中國皇帝之命被翻譯成滿語和蒙古語。巴多明以迪奧尼斯的著作爲主要參考文獻，這個決策確保了《格體全録》

---

① ［法］白晉著，趙晨譯譯：《康熙皇帝》，哈爾濱：黑龍江人民出版社，1981 年，第 40 頁。

的科學性和權威性,也使得迪奥尼斯的醫學知識跨越國界,對中國乃至世界的醫學發展産生深遠影響。

在巴多明編譯《格體全録》的過程中,他不僅精心挑選了理論文獻,而且在插圖的選擇上表現出極高的專業眼光。巴多明明確表示:"至於插圖,我則喜歡巴托林(Bartolin)先生的作品,因爲他們比其他的更大、刻印得也更好。"(第298頁)選擇巴托林的解剖插圖反映巴多明對科學準確性和視覺呈現效果的雙重追求。托馬斯·巴托林,作爲17世紀丹麥的傑出醫生、數學家和神學家,以其在人類淋巴系統研究領域的開創性工作而聞名。1652年12月,巴托林發表第一篇完整描述人類淋巴系統的著作。1678年巴托林的著作《新的普遍觀察》問世,這本著作成爲巴多明的又一重要參考文獻。著作中的插圖不僅在視覺上更爲精美,刻印品質也更爲上乘,這對於《格體全録》的學術性和教育價值來説至關重要。巴托林的解剖學圖譜在《格體全録》中的應用,不僅體現了當時西方醫學的科學成就,同時也反映巴多明在跨文化交流中的橋樑作用。他將西方醫學理論引入中國,通過甄選的插圖,使得這些知識得以形象化、具體化,從而更容易被中國讀者接受和理解。現存於丹麥圖書館的《周身血脉圖》正是《格體全録》完整的圖畫版,包括封面在内的共91張圖片,這些圖片繪製清晰,解剖結構明確,并加入了滿語注釋,進一步體現巴多明在編譯過程中對解剖圖片效果的重視和滿文本土化元素的呈現。

巴多明在編譯《格體全録》時,他選擇了迪奥尼斯的解剖學原理作爲主要的參考文本。同時,在插圖方面,巴多明選用巴托林的作品,因其圖版更大、刻印品質更佳而受到青睞。這兩位作者都是當時非常傑出的解剖學家和醫生,在醫學領域享有極高的聲譽,并且都曾獲得過法國國王的肯定與信任。巴多明使用這些歐洲頂尖的解剖學著作作爲《格體全録》的參考書目,其目的在於將17世紀最爲先進、最有價值的解剖學和醫學知識引入中國,使中國人能够瞭解并認識到歐洲醫學與中國傳統醫學的不同之處。巴多明不僅希望展現歐洲醫學的最新成果,還希望借此機會展示西方醫學的先進性,更想借此得到康熙皇帝的賞識和信任。因此,參考文獻的選擇是决定《格體全録》編譯成敗的關鍵因素。

三、《格體全録》滿漢文書名考證

康熙皇帝對於《格體全録》的編譯工作表現出了極大的關注和重視。巴多明在致法蘭西科學院的信件中詳細叙述了康熙皇帝對譯稿的審閲過程:"每當我謄寫十頁左右譯稿,就要送他御覽。必要時他親自修改詞語,潤色文筆,但對理論基礎不做更動。他常做這件事,直至整個工作結束。"(第287頁)這不僅顯示了康熙對西方醫學知識的渴望和尊重,也反映了他對科學翻譯工作的嚴謹態度。康熙的親自參與,確保了譯作的品質和進度,同時也體現了他對中西醫學交流的重視。康熙還親自確定了《格體全録》的書名,從目前公開的幾個版本書名來看,既有中文也有滿文,不同版本所呈現出的文字形式也有所不同。

丹麥版本封面上全部用漢文進行書寫,"周身血脉圖—五臟六腑形",這是《格體全録》部分抄本内容，書稿尺寸 31.5 厘米×24 厘米，共 90 頁，184 幅解剖圖示，現收藏於丹麥哥本哈根皇家圖書館。這一版本考證頗有歷史，1901 年八國聯軍攻入北京之後，丹麥駐中國大使館工作人員 M. P. Kierulf（祁羅弗）購得此版本文稿，并帶回國。祁羅弗還是當時有名的古董收藏家和商人，他將此抄本帶回國後還將其放在展櫃中進行展示，以供朋友們欣賞來自東方的古玩作品。後由丹麥醫史學家漢森（Abraham Clod Hanse）將此抄本收藏，并捐贈給丹麥皇家圖書館東方手稿部。1981 年美國桑德史博士和李瑞爽博士合著的《The Manchu Anatomy》，中文書名爲《康熙朱批臟腑圖考釋》，此書將丹麥本《格體全録》進行英文翻譯，還加入中文注釋，成爲當時廣爲流傳的翻譯版本。丹麥版本并未標注“格體全録”的滿漢文名稱，因此無法對其滿文書名進行考證，但學術界普遍認爲“丹麥版本爲《格體全録》圖畫繪本”[①]。

法國自然史博物館所藏的《格體全録》抄本（簡稱“法自版”），學術價值與歷史意義不容忽視，是現存最完整的八卷本。該抄本每一卷首頁封面均以滿文題寫“ge ti ciowan lu bithe”[②]（此標記爲滿文記音轉寫形式，以下均使用此種滿文轉寫形式），其中“ge”對應的漢字有“格”與“骼”兩種選擇。儘管兩者均爲音譯，且發音相同，但考慮到該著作主要記録人體解剖問題，包括骨骼、血脉等主要内容，使用“骼”字更能體現著作的核心内容。而“格”字則出現在聖彼得堡國立大學東方學系圖書館藏本中的漢文標注中，因此本文採用“格”字。“ge”和“ti”兩個滿文詞均以音譯形式出現，在實際的滿文辭彙中并無對應的漢文意思。至於“ciowan”，在滿文翻譯中具有“全、泉、權”等多種解釋，如名詞“全州”滿文爲“ciowan jeo”，選擇將滿文“ciowan”譯成“全”是因爲二者音近且意思相近，通常與其他辭彙結合使用。而“lu”同樣以音譯方式表示“録”。“bithe”是一個滿語詞匯，具有多重含義，包括書、書本、圖書，書札、書信、書簡、信函，文書、檔等[③]。在奏疏、册本中詞末使用，也在一些翻譯的經典作品中出現，如《中庸》滿文寫法爲“an dulimba bithe”。因此，法自版的滿文書名“ge ti ciowan lu bithe”中，前四個詞爲滿語音譯，最後一個詞“bithe”則用於典籍名稱的末尾，它們共同形成完整的書名。與丹麥版相比，法自版採用全滿文形式，書名、内容、圖片完全以滿文書寫，展現出更强的完整性和統一性。此做法不僅反映了康熙皇帝對《格體全録》編譯工作的重視，也體現了滿漢文化交流與融合的深度。

法國國家圖書館版本（簡稱“法圖版”）。法圖版與丹麥版和法自版書名還有所不同，在封面上使用了滿漢雙語形式，漢語“西醫人身骨脉圖説”。第二頁目録前出現了書名“dergici toktobuha ge ti ciowan lu bithe”，漢語意思爲《欽定骼體全録書》。與法圖版的標題相比，滿文書名中多了 dergici toktobuha，漢語意思爲：欽定。“欽定”在漢語中的解釋爲：由皇帝親自裁定，例如《乾隆欽定傳世藏帖》[④]滿語中的“dergici”一詞，詞根爲“dergi”，其含義爲“上、上層、東”，并引申爲“皇上”，而詞尾的“ci”是格助詞，表示“自、從、由”。但按照清代的命名習慣，與“欽定”相似的詞還有“御製”，滿文

① 高晞：《〈格體全録〉抄本及其流傳辨析》，《國際漢學》，2022 年第 3 期，第 87 頁。

② 滿文翻譯爲《格體全録》。

③ 安雙城：《滿漢大辭典》，瀋陽：遼寧民族出版社，2018 年，第 434 頁。

④ 中國社會科學院語言研究所詞典編輯室：《現代漢語詞典》，北京：商務印書館，2023 年，第 1056 頁。

是 han i,譯爲汗的、皇上的,清代的許多御製文獻用此種形式進行命名。例如清代《御製清文鑒》滿文 han i araha manju gisun i buleku bithe。《欽定骼體全録》可以翻譯爲 han i toktobuha ge ti ciowan lu bithe,事實上這裏的滿語使用與清代御製文獻有些不同,這也是目前唯一使用 dergici 而没有使用 han i 或 hesei(諭旨、敕命)的文獻命名情况。這樣的命名方式更體現出《格體全録》的特殊意義和康熙命名時所賦予的特殊含義。dergi 有"東"的意思,滿文 dergi elhe obure duka 東安門。如果按照這種解釋,此種命名方式是否含有康熙皇帝"西學中源説"或者東方科學并没有落後於西方的含義。

1703 年完成的《御製三角形推算法論》中,康熙帝表達了他對中國科技爲何没有發展的看法:"曆原出自中國,傳及於極西,西人守之不失,測量不已,歲歲增修,所以得其差分之疏密,非有他數也。"①他認爲,中國傳統曆算之所以在某些方面不如西方,并非因爲其本身不足,而是因爲未能很好地繼承和發揚古人留下的曆算傳統。因此康熙帝以滿文"dergi"來命名有"來東方"之意,既包含西學來到東方的意義,又體現中國傳統醫學并不缺乏先進性。當然此譯作没有相對應的漢文譯本,漢文書名也是根據滿文音譯而産生,但這一部著作的滿文名稱確實有它的唯一性和獨特性,也能體現出此著作的非凡價值。

四、《格體全録》成書原因探究

《格體全録》是一部具有深遠影響的滿文科學文化著作,其成書背景與 17 世紀以來歐洲耶穌會傳教士進入中國的歷史事件緊密相關。除了傳播教義,這些傳教士還將西方的科學知識引入中國,對中國學術界産生了深遠的影響。在中西文化交流的背景下,不僅有傳教士的貢獻,還有康熙皇帝的極力推動,才形成獨具特色的滿文譯著。

首先,清代西方傳教士的對外交流角色。《格體全録》在編譯過程中,傳教士們發揮了不可或缺的作用。特别是白晋和巴多明等傳教士,他們不僅致力於宗教傳播,而且成爲文化交流的紐帶。"耶穌會士通曉歐洲科學,又懷着强烈的宗教熱情,欲歸化中國,傳播天主教義。在他們眼裏,科學作爲瞭解上帝的重要手段,在萬物中發現上帝,以愈顯主榮。"②傳教士們在編寫《格體全録》時,展現了極高的熱情和責任感。他們努力使《格體全録》得以在宫廷範圍内傳播,讓康熙皇帝瞭解和接受其中的西學知識。同時,傳教士們在編寫過程中,注重將西學知識與中國傳統文化相結合。他們深

---

① (清)康熙帝:《御製三角形推算法論》,《文淵閣四庫全書》,臺北:商務印書館,1983 年。滿文原文:"hvwangli i sekiyen. dulimbai gurun ci jetere de cendere be dahame. geren i yasai tuwara de endembio. umesi wargi ergi gurun de ulame isinahabi. wargi gurun i niyalma memerefi tuwakiyame. kemneme miyalime nakarakv. aniyadari nonggime dasatahai. tuttu tere jurcere ubui narhvn muwa babe gemu bahabi.. umai gvwa arga akv."

② 鍾鳴旦:《格物窮理:十七世紀西方耶穌會士愈中國學者間的討論》,《哲學與文化》,1991 年第 7 期,第 604—616 頁。

知，要想讓《格體全録》真正被中國人所接受，必須將其與當地文化相融合。不僅在寫作手法和閲讀習慣上與中醫相結合，還在圖片繪畫上儘量符合中國人審美特點。例如圖一是“前身全圖”，展示人體前身樣貌，但巧妙地用布遮蓋住男性生殖部位，這與歐洲十八世紀歐洲雕塑和繪畫有很大不同，更加貼近中國人的審美習慣和文化特徵。圖二中“面部鼻子解剖圖”，人物樣貌和衣着符合東方人特點，服飾是清代人們所穿的旗服立領，寬額、大眼的樣子還有些貼近滿族人長相特徵。

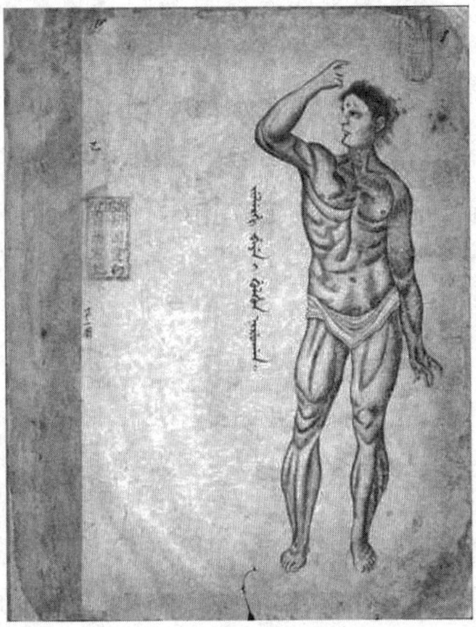

圖一

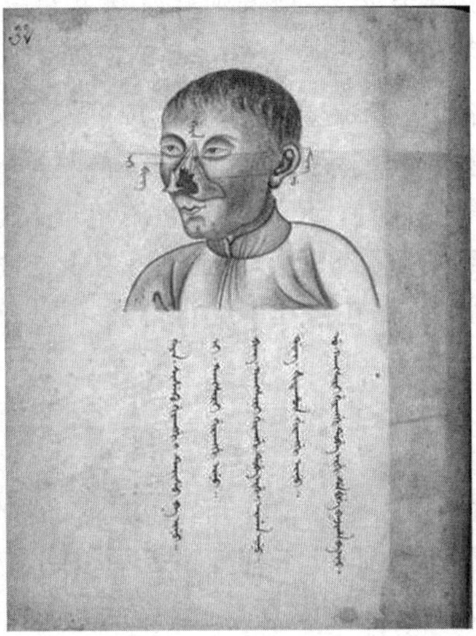

圖二

其次，康熙的濃厚興趣。《格體全録》的編撰，是源於康熙對西方科技的濃厚興趣。這位博學多才的皇帝，不僅在中國傳統醫藥學領域有着深厚的造詣，而且對西方醫藥知識充滿熱情與好奇。康熙帝對於醫學知識的渴求，并不僅僅局限於中國傳統中醫藥學。“當白晋和張誠講解完了十八或二十種主要疾病理論以及在歐洲的治療方法後，這已經構成了一本像樣的書了，皇帝立馬讓人謄寫清楚，裝訂完好，到處隨身携帶，爲他們自己，也爲家中其他官員隨時查閱。”①康熙帝開始積極學習、研究西方醫學解剖學知識。在這個過程中，他接觸到了許多先進西方醫學理念和技術，這些新知識讓他大開眼界，也更加堅定他要將西方醫學編譯成書的决心。

最後，《格體全録》是中西文化融合的産物。康熙帝鼓勵學者們深入研究各個領域知識，提倡實證主義和實驗精神，以期推動中國科學繁榮發展。《格體全録》成書體現中國學者對西方科學技術知識的吸收與創新。在傳教士的影響下，中國學者開始接觸到西方天文學、數學、物理學等學科知識。他們不僅積極學習這些知識，還努力將西方科學與中國傳統學術體系相結合，形成獨特的學術風格。巴多明在將《格體全録》寄給法蘭西科學院時的一封信中寫道：

① 張西平等：《白晋與西醫東漸》，《國際漢學》，2022年第3期，第53頁。

你們或許會感到驚訝:我爲何會從遥遠的地方,用你們陌生的語言寄來一部解剖學論著、一部醫學大全以及一些物理學著作呢?讓我告訴你們,當你們知道這些著作是你們自己的作品翻譯成韃靼文後,你們就不會驚訝了。這些内容承載着你們的思想、機敏的發現以及通過不懈鑽研取得的令人敬佩的成果——正是這些成就推動了科學達到如今的高度。這種發現還激發了衆多民族的研究熱情,既有益又令人愉悦。他們通過翻譯你們的著作,汲取其中一流的成果。隨着著作數量不斷增加,許多人更願意直接學習法文,以便從源頭獲取知識,而不是等待譯者雖勤奮但速度較慢的翻譯來開啓知識的大門。①

《格體全録》就是在這樣背景下誕生,它既包含西方科學技術精華,又融入中國文化的智慧和創新。但遺憾的是,《格體全録》最終没有得以出版,康熙皇帝覺得這部書不能給年輕人看,"這不是公諸於年輕人的書,因此,裏面的插圖只能被和你一起工作的人看到。"(第289頁)這本著作在此後的百年中都被束之高閣,只有皇子和相關的太醫借閲過,僅在宫廷中進行傳播,并没有形成更廣泛的使用群體。

結　語

在對《格體全録》這一滿文醫學文獻的深入研究中,我們可以見證康熙時期中西醫學交流的盛况,并深刻理解這一時期文化交流的複雜性和深遠影響。通過對《格體全録》成書背景、文獻考證、書名滿漢文的細緻分析以及對成書原因的探討,可以更明確地瞭解康熙帝對西方醫學知識的接納態度及其在促進中西醫學融合方面的積極作用。《格體全録》使用滿文進行編纂,不僅記録了當時西方醫學的先進理念,也反映了滿文在清代發展中的重要地位,"清朝作爲實現空前大一統的多民族國家,推廣使用多語種文字,宣導同文之治,彰顯同文之盛,有利於鞏固多民族國家的統一和中華民族文化的繁榮。"②回顧《格體全録》的成書歷程,對於我們理解和推動不同文化之間的交流與融合具有重要啓示意義。同時也提醒我們,在面對外來文化和知識時,應保持開放心態和批判精神,既要尊重和吸收其精華,也要注重本土文化傳承和發展。此部著作的完成"實現了滿族與各民族間的相互交流,也增强了民族間的瞭解與認識,促進了彼此間的文化借鑒"③。文化交流是一個雙向互動的過程,不僅涉及到知識傳播,而且涉及到價值觀的碰撞和融合。通過對《格體全録》的研究,可以更好地理解康熙時期中西醫學交流的複雜性和深遠影響,以及這一時期文化交流的重要性和歷史價值。

---

① 法國自然史博物館圖書館藏《格體全録》第一卷首頁巴多明寫給法蘭西科學院的信(法文),感謝安徽大學法語系朱慧怡的翻譯。

② 吴元豐:《新視域下清代滿文碑刻價值探討》,《滿語研究》,2024年第1期,第31頁。

③ 魏巧燕:《清代滿語文的使用發展與滿漢文化交融》,《滿語研究》,2024年第1期,第23頁。

《瞿安書目》手稿與抗戰前夕的吴梅藏書

杜　雪

摘　要:中國國家圖書館藏吴梅手稿本《瞿安書目》一種,其性質特點、寫成時間等問題目前尚無確論。通過分析該稿本、梳理吴梅日記等文獻,可推定《瞿安書目》成於 1932 年 9 月至 1933 年年底間,是吴梅於上海一·二八戰事後,整理架藏而逐漸寫成的藏書登記目録。全民族抗戰爆發前夕,吴梅藏書不能於時局的動蕩中幸免,其毁於一·二八戰火、避戰播遷的情況見於書目手稿和日記中。《瞿安書目》稿本是吴梅生前對藏書最後的整理記録,也是此後藏書於兵燹戰火中損毁佚失前最完整的吴梅藏書目,尤具價值。

關鍵詞:吴梅;藏書;《瞿安書目》;手稿

吴梅(1884—1939),字瞿安,號霜崖,江蘇長洲(今蘇州)人。吴梅是曲學大家、戲曲教育家,富有戲曲文獻收藏,是近代著名藏書家之一。其書齋名爲"奢摩他室",又因有明代嘉靖本專藏而設"百嘉室"。

前人談吴梅藏書時,多提及吴梅親手編訂的《瞿安書目》,該目無疑是研究吴梅藏書情況的重要文獻。在既有學術研究中,《瞿安書目》的編纂時間存在不同説法:蘇精《近代藏書三十家》標注爲 1936 年[①],而王衛民《曲學大成 後世師表:吴梅評傳》則記爲 1939 年[②],但這兩種論斷均未標注具體的考證依據。蘇精和王衛民是較早關注到《瞿安書目》稿本的學者。蘇精在 1983 年初版的專著《近代藏書三十家》中曾提到未能目驗《瞿安書目》的遺憾[③]。2002 年王衛民主編的《吴梅全集》及專著《吴梅評傳》面世。《瞿安書目》被整理收入《吴梅全集》,整理説明中介紹了書目的大致内容和基本特徵[④];在《曲學大成 後世師表:吴梅評傳》之《藏曲校曲與譜曲唱曲》中又有更詳細的介紹[⑤]。此後徐有富《試論吴梅之藏曲及其利用》也論及《瞿安書目》稿本[⑥]。論者先後指出,《瞿安書目》所載圖書有千種之多、萬册之數,大致反映了吴梅藏書的全貌。上述研究提出了《瞿安書目》的重要價值,但對於其成書時間、編纂過程、書目性質等

作者簡介:杜雪,北京語言大學文學院講師,主要從事戲曲文獻、海外漢學與漢籍研究。

基金項目:教育部人文社會科學研究青年基金項目"近代學者抄校戲曲文獻研究"(22YJC751010)。

① 蘇精:《近代藏書三十家》(增訂本),北京:中華書局,2009 年,第 171 頁。

②⑤ 王衛民:《曲學大成 後世師表:吴梅評傳》,上海:上海古籍出版社,2010 年,第 114 頁。

③ 《近代藏書三十家》,《舊序》第 2 頁。

④ 王衛民主編:《吴梅全集》(理論卷上),石家莊:河北教育出版社,2002 年,《説明》第 9 頁。

⑥ 徐有富:《試論吴梅之藏曲及其利用》,《天一閣文叢》第 9 輯,杭州:浙江古籍出版社,2011 年,第 141—146 頁。

未詳細考證,尤其是《瞿安書目》寫成於1936年或1939年的説法,還存在考證空間。

吴梅親自編寫的藏書目録稿本題名爲"瞿安書目",今藏於中國國家圖書館(善本書號05495),分上、下卷,抄録所用的是"蘇城余茂祥製"本册。據盧前回憶,吴梅在記日記時,"多用賬簿子"[①],從形制看,《瞿安書目》稿本所用也是此類本册。

稿本分上、下兩册,上册爲書目上卷,元號至四十八號;下册爲書目下卷,内容依次是:四十九號至五十四號及"不編字號者";丙字號、丁字號、戊字號、己字號、左字號、右字號、"《四部叢刊》目録";甲字號、乙、庚、辛、壬、癸、呷、吃、"架上目"。

稿本所用本册分上、下兩欄,多於上欄録書名,於下欄記册數。行間間有小注,説明所得書籍足闕情況、版本、稀見與否、刻印精良程度等。從筆蹟看,大多是吴梅親筆,但也有部分内容由他人執筆[②]。《瞿安書目》稿本未題編纂時間,亦無序跋。

今天可見的《瞿安日記》(1931—1937)中,存有數則有關整理書籍、編列書目的記載,與稿本相比對,庶可推定《瞿安書目》的編定過程。在書目的編定時間上,本文考證認爲:并非前人所説的1936年或1939年,而是在1932年至1933年間陸續寫成。

九一八事變爆發,其時吴梅在南京,決定重新記日記。日記卷首,吴梅寫道:"往余主講北雍,嘗成日記四册,癸亥南歸,不復載筆。今歲辛未,東北構兵,天未厭亂,不知所屆,金陵弦誦之地,或有移國瓦解之虞。戢影家衖,時驚風鶴,文人結習,老而彌篤,隨所聞見,疏記於此,不足言文也。"[③](卷上,第1頁)此日記凡十六卷,自1931年10月11日起,至1937年7月7日即七七事變爆發止,反映了全民族抗戰爆發前夕吴梅的生活情況,其中多有關於書籍收藏、整理、購鬻、播遷、損失的記録。

這一時期,對吴梅藏書影響最大的事件應屬1932年的一·二八戰事。其一,戰事中商務印書館及東方圖書館被毁,吴梅存於彼處的《奢摩他室曲叢》底本遭損,將付梓的《遼金元文學》底稿也遭焚毁,已印行的《霜崖曲録》存館中者亦無劫餘[④]。其二,受戰事波及,1932年3月吴梅挈家眷離開蘇州,至上海租界避難,後就王伯元處西席以補開銷[⑤]。避難中,吴梅從蘇州取來12個書箱隨行。[⑥] 後來這部分書籍曾存放王伯元處,吴梅曾囑兒子寫列一書目以便寄存[⑦]。這些書籍一直寄存至1933年8月,方運回蘇州[⑧]。吴梅編寫《瞿安書目》,與先後兩次整理劫後藏書有直接關係。以下,試就《瞿安書目》的編録時間與内容作一詳細考證。

---

① "近七年來,每日作日記……草稿在未寫日記前,多用賬簿子。余輯《曲録》,嘗見辛壬前舊簿子,多已殘破矣。"飲虹(盧前):《奢摩他室逸話》,原載《時事新報》1939年4月16日及23日,引自王衛民編:《吴梅和他的世界》,石家莊:河北教育出版社,2002年,第8頁。

② 按,如《瞿安書目》稿本上册中"卅三號"的部分字體即明顯不同。

③ 王衛民主編:《吴梅全集》(日記卷上、下),石家莊:河北教育出版社,2002年。本文所引《瞿安日記》皆出自此書,其出處直接標注在正文中的引文後,下同。

④ 見吴梅1932年8月3日、8月23日日記,《吴梅全集》(日記卷上),第189、196—197頁。

⑤ 見吴梅1932年3月7日—18日日記,《吴梅全集》(日記卷上)第99—107頁。苗懷明《吴梅評傳》第三章中有相關論述,參見苗懷明:《吴梅評傳》,南京:南京大學出版社,2012年,第168—193頁。

⑥ 按,在命兒子回蘇州取來12箱書籍之前,吴梅還請他人取來過部分書籍,此外衣箱内還有部分書籍。見吴梅1932年4月1日、4日、5日、10日、11日、12日日記,《吴梅全集》(日記卷上),第115—124頁。

⑦ 見吴梅1932年6月4日日記,《吴梅全集》(日記卷上),第159頁。

⑧ 見吴梅1933年8月12日日記,《吴梅全集》(日記卷上),第329頁。

一、1932年9月：編録元號至五十四號及“不編字號者”

按中國國家圖書館藏《瞿安書目》稿本的内容順序，《瞿安書目》第一部分是元號至五十四號及其下的“不編字號者”。將書目稿本與吴梅日記中的記録比對考證，可推知吴梅編寫《瞿安書目》應始於1932年9月前後。

據吴梅日記，1932年8月，吴梅以回中央大學任教爲由，從王伯元家辭館，9月1日回到蘇州家中(卷上第191—192、201—202頁)。此後，吴梅開始整理家中架藏。

1932年9月7日：“午前與大兒整理書……歸仍理書，至傍晚畢。”

9月8日：“及去，余仍整理書卷，録寫所藏書目録。”

9月10日：“余與大兒登樓作書目，天黑始罷，僅録五箱而已。”

9月13日：“傍晚，亂書整理已畢，亦懶於出門矣。”

9月14日：“歸與大兒理書，寫目。”

9月16日：“與賡兒登樓摘書目，方及兩箱，而程木安至。”

9月17日：“客散鈔書目。”

9月19日：“客去，與見兒理書，見《歐陽文忠集》《玉海》《歸震川集》，皆蠹損不堪，擬轉贈水福矣。”

(卷上第203—208頁)

整理工作至9月21日初告段落，吴梅在當天的日記中記録道：“是日理至五十四號，樓上樓下，及古紅梅閣舊藏，皆整頓一新，惟外書房有六號未登記録。又《四部叢刊》鉅帙二千二百十二册，亦未細列目録耳。”(卷上第209頁)

國圖藏稿本《瞿安書目》編目主體部分共計五十四號，其後還有“不編字號者”一類，其下載：“樓上有石印《士禮居叢書》、石印《正續資治通鑑》；樓下有《榆園叢刊》。”①簡要記述了日記中所言“樓上樓下”藏書的情況，未列細目。

則上述日記中記述的，所編書目的體例、内容與今見《瞿安書目》稿本相合。可以確定，《瞿安書目》“元號”至“五十四號”及“不編字號者”，1932年9月已編録完成。

吴梅整理架藏後，在日記中感歎道：

> 余嘗謂老輩中清苦者，輒恨無書可讀，而余則有書不讀。計自弱冠後，即遊藝四方……旅居所閲，轉皆印石劣本，書不負我，我負書矣。自今以後，五十一歲始，閉户不出，日定課程，學温公温經之法，以一、二卷爲日程，迨至六十，或可有所成就，請以此言爲息壤焉。(卷上第209頁)

從中可見吴梅對歲月倏忽、書海無涯的感慨，愛書之心躍然紙上。

---

① 吴梅：《瞿安書目》稿本卷下，藏中國國家圖書館(善本書號05495)，下册。

二、1932年9月至次年1月前後:編録丙、丁、戊、己、左、右及"《四部叢刊》詳目"

在完成《瞿安書目》五十四號及樓上、樓下"不編字號者"的編目後,兩三月間,吴梅日記中間有"整理書籍"的記載。

9月25日:"午刻歸,木安在舍……并與整理書籍。余補作前三日日記畢,即將前書房書目摘録,以《四庫全書》爲最多云。(誤。應書《四部叢刊》)"

9月28日:"《四部叢刊》亦有蟲蛀,大兒爲我剔刷乾净,大是佳事。"

10月20日:"整理破書,直至八時,方小飲就睡。"

10月30日:"早起食麵,理書籍。"

11月1日:"整理書籍,趁十一時快車赴寧。"

1月18日:"早食麵,未出門,整理書籍,作書兩通。"

(卷上第212、214、225、228、229、259頁)

1932年10月5日吴梅赴南京中央大學任教,次年1月17日寒假返蘇州。此間,吴梅因爲三子籌辦婚禮、應邀王伯元等事,往返於寧滬蘇之間。每歸家,即利用閒暇理書。(卷上第219、258—259頁)

此間所作,應是之前"惟外書房有六號未登記録,又《四部叢刊》鉅帙二千二百十二册,亦未細列目録耳"(卷上第209頁)的後續工作。稿本《瞿安書目》中,"不編字號者"目後,有丙、丁、戊、己、左、右字號共六號書目及"《四部叢刊》目録"①,著録有《全上古三代秦漢三國六朝文》《漢書》《楊寶研詩抄本》《文獻通考》《四部叢刊》等,此後録《四部叢刊》目録②。此編目工作,應是1932年9月至次年1月斷續完成的。

吴梅爲何改以天干爲序另作編號?又何以從"丙字號"始?在《瞿安書目》中,吴梅未交代不同編號的含義,但從日記中可推測出分别。吴梅首先整理的元號至五十四號及"不編字號者"主要是藏於奢摩他室樓上、樓下的架藏。而改作天干爲序編列的則是此時外書房的藏書。《瞿安書目》稿本所記録的是吴梅在蘇州家中整理圖書的情况,帶有"藏書登記簿"性質,未在蘇州家中的藏書則暫不列入。而此時,除部分《奢摩他室曲叢》底本尚未歸還外,吴梅避戰上海時携帶的書籍尚寄存王伯元處。戰亂之下轉移的書籍應是家中藏書的精華,故甲字號及乙字號書目此時暫作空闕。

三、1933年8月前後:編録甲、乙、庚、辛、壬、癸、呷、吃

稿本《瞿安書目》在上述内容之後,又録有編列爲甲、乙、庚、辛、壬、癸及呷、吃的書目。據日記推斷,這部分書目的編寫時間在1933年8月前後。

這些書籍可分爲三部分,其一是寄存於上海王伯元處的避戰行篋書籍,其二是商

① 按,此六號内容的位置,《吴梅全集》整理本與稿本不同。稿本緊接在元號至五十四號及"不編字號"之後,整理本則將左字號、右字號及"《四部叢刊》目録"居前,將丙字號以下移至甲字號、乙字號之後,今從稿本。

② 吴梅:《瞿安書目》稿本卷下,中國國家圖書館藏(善本書號05495),下册。

務印書館歸還的《奢摩他室曲叢》燼餘底本，其三則是部分新購書籍。

(一) 避戰行篋書籍

1932年春，日軍進犯，吴梅舉家寓居上海租界避戰。3月9日，吴梅親眷10人携18件行李登船，此時應未携書箱，僅衣箱中存少量書籍。(卷上第100頁)

至4月時局稍穩，寓居上海的友朋開始陸續返蘇取物。吴梅4月1日日記載："畢輔良自蘇取物歸，爲余取到凌濛初《西厢》、元本《西厢》、清輝閣《還魂》《三婦評還魂》《石巢園四種》(《燕子箋》《春燈謎》《雙金榜》《牟尼合》)、顧從敬《草堂詩餘》、沈綺雲《唐宋四婦人集》，實是大大感激。"(卷上第116頁)

此後，吴梅囑其子返家取書。4月10日日記載，共取回行李38件，其中一號至十二號皆書籍。除去第十二號已打開外，將剩餘書箱分兩部分寄存。吴梅在當日日記中言"擬將書箱打開，整理一次，作一目録，俟稍暇爲之"(卷上第121—122頁)。

次日吴梅日記載，晚後取書籍整理，已經打開者(即十二號箱)列目如次，合前畢輔良取來者共記之;12日，從衣箱中取出各書，在日記中列目;15日，開九號書箱列目。17日，開四、五兩號書箱列目;18日，開七、八、十一、十、六號書箱列目;21日，開一、二號書箱列目;27日，開三號書箱列目(卷上第122—139頁)。

吴梅將隨行書籍，在日記中詳列書名、版本、册數、完闕、是否另在别箱等，細緻程度詳於《瞿安書目》。日記中的這些内容反映出除《奢摩他室曲叢》底本外，其時吴梅藏書的精華。

(二)《奢摩他室曲叢》燼餘底本

1932年一·二八事變，吴梅存於上海商務印書館的《奢摩他室曲叢》底本遭損。吴梅在1932年2月1日日記中寫道："又至全城源小飲，談次，謂商務館被焚後，涵芬樓秘笈悉付祝融，吾恐《奢摩他室曲叢》各底本同遭此厄。二十年奔走南北，僅此數卷破書，苟付劫灰，吾心亦灰矣。歸家即睡，不勝憤慨云。"(卷上第83頁)

1932年3月25日，吴梅得張元濟函，囑開《曲叢》細目。吴梅次日覆信，分類列具書籍名目及册數，共計曲109種179册，并附列已印成發回者，計38種61册。他將覆信書目全部録入日記中(卷上第111—114頁)。同年5月8日，商務印書館至吴梅上海寓所交還《曲叢》底本。吴梅於日記中列具書目、版本、册數[①]。并云："按《曲叢》底本，共147種，233册，前已繳還38種，61册，此次續繳80種，109册，尚有27種，則爲日軍焚毁矣。"吴梅將涵芬樓之厄比於"梁元江陵之變"。又"將所焚各書，録一細目，或他日有重購之機。然而孤本居多，可遇不可求矣"。書目詳列名目、版本、册數。其中"如富春六種，墨憨八種，皆世間難得之本"(卷上第146—148頁)。

1932年春，上述兩部分書籍匯集在寓居上海的吴梅身邊。1932年5月底，吴梅携家寓滬已兩月半，戰事漸消，滬寧已恢復通車。吴梅計劃6月返回蘇州，并決定"將

① 按，劉蕊:《試論吴梅〈奢摩他室曲叢〉之編纂及版本選擇——以〈紫釵記〉爲例》，《中華戲曲》58輯，北京:文化藝術出版社，2019年，第144—155頁，曾録吴梅日記中此兩目以考證《奢摩他室曲叢》之編目與選本。

書籍寄至伯元家,輕裝返里"(卷上第 156 頁)。

(三) 再理藏書

此後,吴梅任王伯元家西席直至 1933 年 8 月。此間吴梅曾想出售藏書。如 1932 年 10 月 4 日日記載:"又至集寶齋見孫仲淵,托其將曲目携至海上論值,約下午至舍取去。"(卷上第 219 頁)1933 年 2 月,吴梅與王伯元面晤,慾將藏書售王伯元,期間吴梅連續幾日摘寫書目①。但藏書終未出售,6 月 21 日,吴梅得信"言買書一節,伯元堅决不要"(卷上第 307 頁)。1933 年 8 月吴梅辭館後,這批書籍即由友人協助,寄回蘇州家中。

寄存上海的書籍寄回家中,吴梅開始第二次整理編目,日記載:

1933 年 8 月 12 日:"得君斐書,知書籍已由旅行社寄出,大約三、四日可到。乃下午四時旅行社中人至,云書箱已到,遂陸續搬運至廳事,自有轉運以來,無如此神速矣。擬明日開箱整理,作書謝君斐云。"

8 月 13 日:"將昨寄書箱打開,零亂錯雜,整理良難,尚有多種不全,恐在君斐柳條篋中也……下午仍理書。前因藏曲出售事,曾將各種編號,今反以號數排列,有大索不得者。方知立一法,必有一弊,不獨書然也。"

8 月 14 日:"余與兒輩仍理書籍。……百嘉室空簏,裝置皆滿,合前書房新購各箱,共十四箱,明日起,可寫目録矣。"

8 月 16 日:"偕大、四兩兒摘藏書目。"

8 月 17 日:"仍寫藏書目,外書房已畢事,所有傳奇曲本,泰半在奢摩他室矣。……晚間慾閱《元豐九域志》,遍覓不得,明日當細尋之。"

8 月 18 日:"早起,將樓上書櫃逐一點檢,《九域志》亦尋到。"

(卷上第 329—331 頁)

從以上日記看,此次寫目,書有十四箱之多,書籍中多有曲籍。

由吴梅 1932 年 4 月、5 月日記所記録的行篋書籍目録和商務印書館交還的《奢摩他室》底本目録,可以發現,《瞿安書目》中編列爲甲、乙、庚、辛、壬、癸及呷、吃的書目中,正列有這些書籍。其中,商務印書館交還的《奢摩他室曲叢》底本,除《太霞新奏》一種在"癸"字號内,以及未見合一册的"《風雲會》《寒衣記》《駡座記》《野猿聽經》《藍采和》《赤壁賦》"外,均列在"吃"字號中。其他各字號書目中,則混雜有隨行到滬的 12 書籍中的各箱書②。

四、書目寫訖於 1933 年年底之前:編録"架上目"

《瞿安書目》稿本中最後一個類目是"架上目"。所列應是吴梅爲便閲覽而未藏於

---

① 事見吴梅 1933 年 2 月 3 日—4 日、2 月 6 日—10 日日記,卷上第 265—266 頁。關於吴梅任王伯元西席及售書原委等事,苗懷明《吴梅評傳》第三章中有相關論述。參見《吴梅評傳》,第 177—193 頁。

② 吴梅:《瞿安書目》稿本卷下,藏中國國家圖書館(善本書號 05495),下册。

書箱的書籍。如,架上目中的“明萬曆本《藝苑卮言》八册”①,1934年1月23日日記載:“晚閲《藝苑卮言》,惜爲妄人塗乙,顧不害爲好書也。”(卷上第386頁)1月26日日記載:“人倦慾卧,因取《藝苑卮言》閲之。”(卷上第387頁)又如,《瞿安書目》“架上目”倒數第二則“明隆慶本《文苑英華》”②,吴梅在1933年10月19日、11月9日、11月22日等數則日記中都記録曾閲讀翻檢此書(卷上第354、363—364、367—368頁)。但之後,吴梅將此書出讓,這也成爲推斷《瞿安書目》寫訖時間的重要綫索。

1933年11月24日吴梅日記載:“《文苑英華》一書,既得仲培同意,因作覆書,囑其將款留在渠處,吾歸後見還可矣。”(卷上第368頁)12月4日日記:“歸家檢《文苑英華》百二十册,偕二、四兩兒送至仲培家。”(卷上第371頁)

《瞿安書目》稿本中,“隆慶本《文苑英華》”條,有小字注兩則:其一云“難得之至”,其二云“出讓仲培照原價百八十元”③。條目被墨筆圈出,應是作爲出讓標注。據日記所載出讓時間,小注二的書寫時間應在1933年11月後。在《瞿安書目》稿本中,“隆慶本《文苑英華》”條目在全稿的倒數第三行。其後還有“《史記評林》廿”“《四部續編》”兩條,故“隆慶本《文苑英華》”數字應是書目寫成時既有的。鑒於《瞿安書目》的藏書登記目録性質,只有架藏之書才會被録入此目,則書目寫成時,此部《文苑英華》應尚屬吴梅。而有關出讓的小注應是書目寫訖之後補記的。由此可推測,《瞿安書目》的寫訖時間應早於隆慶本《文苑英華》出讓時間,即應在1933年年底之前。

綜上可知,《瞿安書目》應是1932年9月至1933年年底間陸續編寫而成。其編目過程即是吴梅整理一·二八戰後劫餘藏書、登録造册的過程。據日記所述,除吴梅本人外,協助整理藏書的還有其子弟輩。

從《瞿安書目》稿本看,書目主要由吴梅録寫,亦有少量他人字蹟。每號内書籍種數、册數不等,未按部類或版本分類。對版本的記録較簡略,也没有將其“嘉靖本”專藏單獨列目,一些嘉靖本書籍在著録時,僅以“(嘉)”標注。稿本中亦有草算數量、以墨點清點計數等。《瞿安書目》稿本的特徵反映出其圖書登記目録的性質。

在吴梅日記中,1932年他至上海避戰時,在上海寓所對從蘇州運來的書籍進行了列目,包括書籍名稱、版本、珍稀程度、册數。日記中的記録可與《瞿安書目》互爲補正。此外,《瞿安書目》將涵芬樓罹難後歸還的《奢摩他室曲叢》底本著録於書目“叿”字號之下,可與《奢摩他室曲叢》卷前《草目》及日記中的記録相參照。在《瞿安書目》寫成後,吴梅日記中亦時有購書、抄書及整理圖書的零星記載。現存吴梅日記止於1937年七七事變爆發之日(卷下第906頁)。同年9月吴梅携家人離開蘇州,流寓於武漢、湘潭、桂林、昆明等地,直至1939年3月病逝④。

總體而言,《瞿安書目》反映了全民族抗戰爆發前夕,歷經上海一·二八戰事劫餘的吴梅藏書的總體面貌,反映了吴梅生前最後一次全面整理藏書的情况,是此後吴梅藏書歷經戰火損佚前的完整記録。這部書目的編寫,是吴梅在動蕩不安的時代背景下,苦心搜集、悉心藏書、護書播遷的見證,既藴藏了愛書之情,也飽含了喪書之痛。

---

①②③ 吴梅:《瞿安書目》稿本卷下,藏中國國家圖書館(善本書號05495),下册。

④ 《吴梅評傳》,第359頁。

■校勘與注釋

伯三一二八號背《解座文二首》內容考釋及定名檢討

何劍平　李　超

摘　要:本文在彙集前賢整理校釋成果之基礎上,藉助相關其他敦煌寫卷、傳世文本及佛典注疏,對伯三一二八號寫卷背所抄解座文之屬性及內容作了考釋。認爲伯三一二八號背所書前一首解座文之內容,係檃括後秦鳩摩羅什譯《妙法蓮華經》前十品(自《序品》至《法師品》)大意,當定名爲《法華經解座文》。作爲講唱文學的一體,此《法華經解座文》嘗被普遍用於《太子成道經》系統的韻文傳唱。或全段移抄於文端,成爲講經開題前的押座文;或被裁截首四句("先開有教益群情,此(次)說空宗令悟解。後向靈山談妙法,益今利後不思議")用於文末,成爲講唱者於太子成道故事結束時用以總述迦釋迦牟尼傳法次第的套語。此種雙重運用,反映了敦煌講唱文學韻文傳唱的口頭性和隨意性特徵。

關鍵詞:解座文;法華經;太子成道經;講唱文學

一、問題的提出

敦煌文獻自發現以來,如何爲敦煌寫卷定名,一直是敦煌文獻整理的先行工作之一。前賢已爲許多寫本擬定了適當的名稱,爲後續研究提供極大便利。但隨着研究的進一步深入,以往擬題存在的不足及疑問亦漸次顯現。例如"定名過於寬泛"的問題①實仍有重作研討的必要。兹擬以《敦煌變文校注》卷七所收《解座文二首》爲例來商議定名的情況。作爲討論的底卷編號爲伯三一二八,以北敦六七八〇號(北圖八四三六號;潛字八十號)、俄 Дx 一〇七三、Дx 五八七七與 Дx 二一六九爲參校本。底卷正面抄《大佛名懺悔文》,由其小注"作礼拜""作礼一拜 第三礼""作礼拜""作礼一拜"等,知其用於儀式。背抄《社(齋)文》、敦煌曲子五種(原題作"《曲子〈菩薩蠻〉》"(3)、"《曲子〈浣溪沙〉》"(3)、"《曲子〈望江南〉》"(4)、"《曲子〈浪濤沙〉》"(3)、"《曲子

作者簡介:何劍平,四川大學中國俗文化研究所教授,主要從事佛教文獻、敦煌文學研究;李超,四川大學文學與新聞學院博士生,主要從事六朝佛教文獻研究。

基金項目:教育部人文社會科學重點研究基地重大項目"中國民間佛教信仰及其東傳研究"(16JJD730005)。

① 張涌泉:《敦煌文獻定名研究》,《敦煌文獻整理導論》,杭州:浙江大學出版社,2015 年,第 28—30 頁。

〈感皇恩〉》"前二首)、本篇。本篇分兩首,首尾俱全,無題,起"先開有教益群情",訖"明日聞鐘早聽來",共三十九行,行約二十一字。行楷,字跡普通。本篇前一首《變集》卷四校録入《太子成道經》一卷内,後一首見録於《變集》卷六,題作"不知名變文"(自"娑婆世界,高下不平"訖"明日聞鐘早聽來"),《變集》校記:"本卷編號爲伯三一二八,標題原缺,不知演繹何經,姑擬今題。王重民云:'疑是押座文的另一種體式。'"[①]《新書》亦將伯三一二八號背所抄本篇分作兩首,自"娑婆世界,高下不平"訖"明日聞鐘早聽來"爲一首,題作"不知名變文";自"娑婆世界"之前一首被附録於《八相押座文》之後,題作"伯三一二八押座文"("卷背書。此文前有一段,似亦一押座文,抄入押座文類。")[②]。周紹良謂本篇二首皆屬散座文,謂"從體制審之,應是講經完畢所吟唱之一段韻文",舉伯二一九三號《目連緣起》相同之收尾詞爲其類,認爲本篇《不知名變文》應改題作《散座文》爲是[③];又謂《不知名變文》之前尚有另一篇散座文,從結尾二句("各自念佛歸舍去,來遲莫遣阿婆嗔")可知,亦是講經散座所吟諷者。周氏考定此乃"散座文"二首[④]。周紹良、白化文、李鼎霞《敦煌變文集補編(第二版)》從之[⑤]。《索引》擬名爲"殘贊文一節"[⑥],《索引新編》定名爲"殘齋文一節、散座文",謂此"散座文依周紹良定名"[⑦]。《敦煌寶藏》將伯三一二八號背此部分擬名爲"倒文 太子成道經"[⑧]。謝和耐、蘇遠鳴《法藏敦煌文獻漢文寫本注記目録》將前一首定名爲《太子成道經》,後一首定名爲"通俗文學文本"[⑨]。《法藏敦煌西域文獻》前一首擬題《太子成道經》,後一首擬題"解座文"[⑩]。《校注》從周氏説,據以改題,置於解座文一類[⑪]。是。但本篇爲何種解座文?内容爲何?以上諸家并未明確,這成了本論要解決的第一個問題。

二、寫卷内容的撰造依據及定名

要給一個原有篇題缺失的寫卷擬定準確的名稱,除了根據其内容來確定外,尚須結合相關其他寫卷乃至傳世文本來比定。伯三一二八號背《解座文二首》亦是如此。以下我們在彙集前賢校釋成果之基礎上,藉助相關寫卷、傳世經文及佛典注疏來展開研討。伯三一二八號背所書前一首解座文開首云:

---

① 王重民等編:《敦煌變文集》,北京:人民文學出版社,1957年,第816頁。後文簡稱《變集》。

② 潘重規編著:《敦煌變文集新書》,臺北:文津出版社,1994年,第805頁。後文簡稱《新書》。

③ 周紹良:《〈敦煌變文集〉中幾個卷子定名之商榷》,《敦煌吐魯番文獻研究論集》第3輯,北京:北京大學出版社,1986年,第20—27頁。

④ 周紹良:《讀變文札記》,《敦煌語言文學研究》,北京:北京大學出版社,1988年,第56—61頁。

⑤ 周紹良、白化文、李鼎霞:《敦煌變文集補編(第二版)》,北京:北京大學出版社,1989年,第148頁。

⑥ 商務印書館編:《敦煌遺書總目索引》,北京:中華書局,1983年,第280頁。後文簡稱《索引》。

⑦ 敦煌研究院編:《敦煌遺書總目索引新編》,北京:中華書局,2000年,第269頁。後文簡稱《索引新編》。

⑧ 黄永武主編:《敦煌寶藏》,臺北:新文豐出版公司,1981—1986年,第126册,第352—353頁。

⑨ 謝和耐、蘇遠鳴:《法藏敦煌文獻漢文寫本注記目録》卷三,巴黎,1983年,第101頁。

⑩ 上海古籍出版社、法國國家圖書館編:《法藏敦煌西域文獻》,上海,上海古籍出版社,1995—2005年,第21册,第353頁。

⑪ 黄徵、張涌泉校注:《敦煌變文校注》,北京:中華書局,1997年,第1192頁。後文簡稱《校注》。

先開有教益群情,此説空宗令悟解。後向雪山談妙法,益今利後不思議。

按:"此",《校注》謂當讀作"次",極是。"先開有教益群情"訖"益今利後不思議"四句,又見斯二四四〇號《八相押坐文》,"此"正作"次";"雪山"作"靈山",北敦六七八〇號(北圖八四三六;潛字八十)同。"先""次""後"三個時間詞構成佛陀説法的三時,此種説法當淵源於中土佛教頓漸五時判教論。據隋慧遠《大乘義章》卷一引南齊隱士劉虬説言,釋迦如來一代教法,無出頓漸。《華嚴》等經,是其頓教,餘名爲漸,漸中有其五時七階。五時即佛陀初從鹿苑傳法,終竟雙林涅槃,所傳爲自淺至深之漸教:一、佛初成道時,爲提謂等,説五戒十善人天教門。二、佛成道已十二年中,宣説三乘差别教門。求聲聞者,爲説四諦;求緣覺者,爲説因緣;求大乘者,爲説六度,及制戒律,未説空理。三、佛成道已三十年中,宣説《大品》空宗、《般若》《維摩》《思益》,三乘同觀。未説一乘,破三歸一,又未宣説衆生有佛性。四、佛成道已四十年後,於八年中説《法華經》,辨明一乘,破三歸一,未説衆生同有佛性,但彰如來前過恒沙未來倍數。不明佛常,是不了教。五、佛臨滅度,一日一夜,説《大涅槃》,明諸衆生悉有佛性,法身常住,是其了義,此是五時①。此種五時判教説自慧觀、劉虬之後,一時稱盛,在歷代佛教注疏中得到繼承。如唐窺基《妙法蓮華經玄贊》卷一(本)論及"五時"教學即説:"古有釋言:教有五時。第一時者,佛初成道,爲提謂等五百賈人,但説三歸五戒十善世間因果教,即《提謂》等五戒本行經是,未有出世善根器故。第二時者,佛成道竟三七日外,十二年中唯説三乘有行之教,未爲説空,即《阿含》等小乘經是。第三時者,佛成道竟三十年中,説彼三乘同行空教,即《維摩》《思益》《大品》等是。……依今新經,頓教大乘但唯一時,與一大機,不從小起,教被唯一,故漸次大教,乃有三時。……依此經文(《解深密經》),《阿含經》等爲第一時,總密説有,不明有者,有其何性。《大般若》等爲第二時,總密説空,不明空者,亦空何性。《華嚴經》等爲第三時,顯了説有,有依他、圓成,亦顯了説空,空所執性。……若以偏圓,機宜漸次,教但三時,非一五等,不可難以一雨普潤,三草不同,教唯有一;其頓悟之機,一果之證,即依此理,無三時之教。"依窺基説,"有教"爲佛第二時説,以《阿含》等小乘經爲代表;"空宗"或"空教"爲佛成道三十年中説,以《維摩》《思益》《大品》等爲代表。晚唐栖復《法華經玄贊要集》卷二所謂:"五顯時機者,顯時約法。即是十二年前,大根未熟,且説有教。十二年後,多説空宗,未説此經。四十年後,大根方熟,方説此經。昔日不説,説時未至。因靈山會上説《法華經》,今正是其時,故名顯時約法也。"②伯二〇四四號載《押座文》:"先向鹿薗談四諦,後到靈山説一乘。"當皆師承此五時判教説而來。據上徵引可知:本篇首句"有教"與次句"空宗"對舉,加上第三句之"雪(靈)山談妙法",乃是言其"五時"漸教説中的前三時,其中"雪(靈)山談妙法"對應的經典自然是《法華經》。所謂"益今利後"者,乃言聽聞《法華經》的福祐,見於栖復《法華經玄贊要集》卷二:"四爲利今後者。利今約見,即是靈山現坐一十五類衆,聞此經,皆蒙利益,名爲約現。利後

---

① 《大正藏》,臺北:佛陀教育基金會,1990年,第44册,第465頁上。

② 《卍新續藏》,東京:國書刊行會,1975—1985年,第34册,第198頁中。

約當，即是佛涅槃後，受持此經，皆獲福利，名爲約當也。"①

忽然衆集雨天花，毫光遠照東方界。弥勒共文殊親問答，因兹衆會得聞經。

按此四句，乃概括後秦鳩摩羅什譯《妙法蓮華經》卷一《序品第一》佛欲説大法前所現瑞相，彌勒菩薩有疑以問文殊之事。"忽然衆集雨天花"，即出《妙法蓮華經・序品》："爾時世尊，四衆圍遶，供養、恭敬、尊重、贊歎。爲諸菩薩説大乘經，名無量義，教菩薩法，佛所護念。佛説此經已，結加(趾)趺坐，入於無量義處三昧，身心不動。是時天雨曼陀羅華、摩訶曼陀羅華、曼殊沙華、摩訶曼殊沙華，而散佛上及諸大衆。"②"毫光遠照東方界"，亦化用《妙法蓮華經・序品》："爾時佛放眉間白毫相光，照東方萬八千世界，靡不周遍，下至阿鼻地獄，上至阿迦尼吒天。"③"弥勒共文殊親問答，因兹衆會得聞經"：此二句化用《序品》中彌勒菩薩與文殊師利之問答。其文云："爾時彌勒菩薩，欲自决疑，又觀四衆比丘、比丘尼、優婆塞、優婆夷，及諸天，龍、鬼神等衆會之心，而問文殊師利言：'以何因緣而有此瑞神通之相，放大光明，照于東方萬八千土，悉見彼佛國界莊嚴？'於是彌勒菩薩欲重宣此義，以偈問曰：……爾時文殊師利語彌勒菩薩摩訶薩及諸大士、善男子等：'如我惟忖，今佛世尊欲説大法，雨大法雨，吹大法螺，擊大法鼓，演大法義。諸善男子！我於過去諸佛，曾見此瑞，放斯光已，即説大法。是故當知，今佛現光，亦復如是，欲令衆生，咸得聞知一切世間難信之法，故現斯瑞。'"④

二深先昌(唱)敬(警)群情，秋子上群偏領解。扇拂糟糠令避席，開是(示)悟入説真宗。

按此四句乃對後秦鳩摩羅什譯《妙法蓮華經》卷一《方便品第二》大意的概括。首句"二深先昌敬群情"之"二深"：指諸佛的智慧及其智慧之門皆甚深難解之義。其義源於爲《法華經》造疏者對《法華經方便品》經文的概括。按：《妙法蓮華經・方便品》云："爾時，世尊從三昧安詳而起，告舍利弗：'諸佛智慧甚深無量，其智慧門難解難入，一切聲聞、辟支佛所不能知。'"此段經文中之"諸佛智慧"與"智慧門"二者在天竺大乘論師那裏被概括爲"二種甚深義"。如大乘論師婆藪槃豆釋、後魏菩提留支共沙門曇林等譯《妙法蓮華經憂波提舍》卷上《方便品第二》釋曰："'諸佛智慧甚深無量'者，爲諸大衆生尊重心，畢竟欲聞如來説故。言甚深者，顯示二種甚深之義，應如是知。何等爲二？一者證甚深，謂諸佛智慧甚深無量故；二者《阿含》甚深，謂智慧門甚深無量故。言甚深者，此是總相，餘别相。"⑤元魏勒那摩提共僧朗等譯的另一漢譯本《妙法蓮華經論憂波提舍》之《方便品第二》所論同⑥。逮至唐代，窺基在闡釋《方便品》此段經文時即徵引婆藪槃豆的《妙法蓮華經憂波提舍》。如其所撰《妙法蓮華經玄贊》卷一(本)之《方便品》釋"諸佛智慧甚深無量，其智慧門難解難入"，云："《論》自釋言：'有二甚深：一證甚深，謂佛智慧所證智也。二《阿含》甚深，謂智慧門。'即詮彼教，欲拂二

① 《卍新續藏》第 34 册，第 198 頁中。
②③ 《大正藏》第 9 册，第 2 頁中。
④ 《大正藏》第 9 册，第 2 頁下—第 3 頁下。
⑤ 《大正藏》第 26 册，第 5 頁上。
⑥ 《大正藏》第 26 册，第 14 頁中。

乘,令生驚心故。"[①]又於《妙法蓮華經玄贊》卷三(本)之《方便品》謂曰:"一品之中,今科爲四:初二深先唱,警察群生之心;次四衆驚疑,發揚鶖子之情;三開斯實相,啓彼權門;四勸發喜心,令欣作佛。品末三行頌是。……佛今所以歎二深者,《論》自解云:'爲諸大衆生尊重心,畢竟欲聞如來説故,爲下將説一乘真實,佛所得法甚深難解之由漸故。先歎智深,彰下所歎有所言説,意趣難知,二乘爲權之由漸故;先歎門深,令其發心希所聞也。不爾,唯應歎智慧深,總攬萬德以成佛故。'"[②]顯然,本篇"二深"之義實源於窺基之概括。此外,由窺基之《玄贊》亦可訂正伯三一二八號背"二深先昌敬群情"一句中之兩處訛誤。一是"昌"通"唱",二是"敬"當作"警"或"驚",《妙法蓮華經玄贊·序品》"凡欲説法,必先警覺群情"[③]亦可證。"秋子上群偏領解","秋子",《校注》謂即鶖子,梵語舍利弗多羅的意譯,是。領,《變集補編》及周紹良一九八八録爲"頌"[④],《變集》《新書》《校注》并作"領",按作"領"字是。唐栖復《法華經玄贊要集》卷六:"言智者因喻以領等者。經云:諸有智者,以譬喻得解。亦云領慧,亦云領解。二皆得也。"[⑤]皆作"領"字可證。"秋子上群偏領解"之"偏"者,唐栖復《法華經玄贊要集》卷十五:"三周逗彼三根者,初世尊法説,欲令一切聲聞總解。及至説了,只鶖子一人解。將謂世尊唯爲鶖子一人説,餘五百千二百人總未解,不可還更法説,遂著喻也。"此謂起初佛作法説,唯有舍利弗一人能解,故曰"偏"也。"扇拂糟糠令避席",指《方便品》中佛説大乘經時,會中有五千人等四衆不聽而退事。後秦鳩摩羅什譯《妙法蓮華經》卷一《方便品第二》記世尊説偈言:"比丘比丘尼,有懷增上慢,優婆塞我慢,優婆夷不信,如是四衆等,其數有五千,不自見其過,於戒有缺漏,護惜其瑕疵(玼)。是小智已出,衆中之糟糠,佛威德故去,斯人尠福德,不堪受是法。"[⑥]北敦六〇八一號背《法華七禮文》:"謗經定墜阿鼻獄,出衆比(粃)糠塵□□。""開是悟入説真宗","是",《變集》《變集補編》及周紹良一九八八録作"是",《新書》録作"示",《校注》謂讀作"示",乃開、示、悟、入佛之知見之意。按後二説是。"開是悟入説真宗"句化用後秦鳩摩羅什譯《妙法蓮華經》卷一《方便品第二》記佛告舍利弗:"諸佛如來但教化菩薩,諸有所作,常爲一事,唯以佛之知見示悟衆生。舍利弗!如來但以一佛乘故,爲衆生説法,無有餘乘,若二、若三。"[⑦]

至(智)者因喻曉深宗,説彼如來同長者。火宅門前化諸子,引來齊上大牛車。

此四句實檃括後秦鳩摩羅什譯《妙法蓮華經·譬喻品》情節。首句"至者因喻曉深宗"中之"至者"當作"智者"。按:《妙法蓮華經·譬喻品》云:"諸有智者,以譬喻得解。"引,《變集》録爲"到",《新書》《變集補編》《校注》録爲"引"。"大",《變集》《變集補

---

① 《大正藏》第34册,第658頁上。

② 《大正藏》第34册,第696頁中—第697頁下。

③ 《大正藏》第34册,第660頁中。

④ 周紹良一九八八指所引周紹良説,見北京大學出版社1988年版《敦煌語言文學研究》(第56—61頁),不再贅加書名。

⑤ 《卍新續藏》第34册,第303頁上。

⑥ 《大正藏》第9册,第7頁下。

⑦ 《大正藏》第9册,第7頁上—中。

編》及周紹良一九八八録作“天”,《校議》校“天”爲“大”,《新書》《校注》録作“大”,按作“大”字是。牛車之喻出自《妙法蓮華經·譬喻品》。原文甚長,兹略之。北敦六〇八一號背《法華七禮文》:“至心歸命禮本師釋迦牟尼仏(佛)。火宅焚燒四面起,長者愁惱三車迎。門外唤子不肯出,宅中是父心不驚。”

四大聲聞悟一乘,例皆之心生信解。還似世人無福德,忽因長者付家財。

此四句中首句“四大聲聞悟一乘”,據《妙法蓮華經·信解品》,四大聲聞指須菩提、迦旃延、迦葉、目犍連。例皆,《變文集》《變集補編》《校注》及周紹良一九八八皆録作“例皆”;《新書》校“例”爲“倒”,“皆”作“背”。《校注》云:“例皆,同義連文,表示總括。”然“總括”用於此處,於意仍未明了。《敦煌文獻語言大詞典》上册“例皆”條釋作“都,全都”義[①],當爲副詞。然本篇“例皆”顯非副詞。今按:“例”蓋爲“領”之方音借字,止攝三等與梗攝三等混同;“例皆”也當是“領解”之方音借字,“例”“領”屬止攝與梗攝音近通借,“皆”“解”亦音近通借[②]。領解即領悟。如隋吉藏《法華義疏》卷三《方便品第二》説:“依此意,略説一周正爲菩薩,以菩薩利根,聞略説則便領解;聲聞根鈍,未能了悟,是故三請,聞廣説方解。”[③]而北敦六七八〇號(北圖八四三六;潛字八十)此句則作“領術之生信解”,按:“領術”當讀作“領述”,“術”實有作“述”者,如《三國遺事》卷四《義解第五·圓光西學》,引古本《殊異傳》所載《圓光法師傳》曰:“爲人强猛,好修呪述。”[④]同書同卷《義解第五·寶壤梨木》:“山賊嘯聚于犬城,驕傲不格。太祖至於山下,問師以易制之述。”[⑤]皆其例。“領述”,即“領解”“述成”二者之合稱,當是中土詮解《法華經》者,對《法華經》自《方便品》以下所形成的特有之章品次第的結構分段名義,可細分爲“領解”“述成”及“授記”等三段落[⑥],貫徹於針對上、中、下三種不同根性之衆生所採取的“法説”“譬説”及“宿世因緣説”三周説法中,即每一周的説法中皆可見此分段層次。唐湛然“三周三節説領、述、記”,即此之謂[⑦]。此種程式淵源於梁法雲《法華義記》,在隋唐中土《法華經》權威注疏如隋智顗《妙法蓮華經文句》、隋吉藏《法華義疏》及唐窺基《妙法蓮華經玄贊》中皆有沿襲。如隋吉藏《法華義疏》卷五《譬喻品第三》:“所以有四段者,中根之人聞上法説未解,更轉勢説法,故舉譬喻曉之。既聞前法説,復禀後譬喻即得信解,故有第二《信解品》。以所解是實,故如來舉《藥草喻》述成。領解於前,述成於後,心得决了,行與佛相應,則當果可期,故爲授記。”[⑧]唐窺基《妙法蓮華經玄贊》卷一《序品》:“故次有《方便品》。上根領悟、佛重述成,方有授記,應有領、述及《授記品》,良以鶖子獨穎,不可孤明,領述授記,文小略故,《譬喻品》

① 張涌泉、張小艶、郜同麟主編:《敦煌文獻語言大詞典》,成都:四川辭書出版社,2022年,第1236頁。

② 此據張小艶教授指正,在此致謝。

③ 《大正藏》第34册,第488頁中。

④ 一然:《三國遺事》,漢城明文堂排印本,1993年,第141頁。

⑤ 一然:《三國遺事》,第145頁。

⑥ 有學者分爲正説、領解、述成及授記等四階段,見李幸玲著《中國中古時期〈法華經〉注本研究——以授記主題爲中心》,臺北:文津出版社,2013年,第202頁。

⑦ 唐湛然述《法華文句記》卷九《釋踊出品》:“三周三節説領、述、記。”(《大正藏》第34册,第325頁中)

⑧ 《大正藏》第34册,第519頁中。

初寄其領、述及爲授記。中根之類雖聞法説,猶未能解,不因曉喻,無以解生,故有《譬喻品》。智者因喻領慧隨生,故有《信解品》。"[①]"之心",《校注》謂"之"通"諸","之心"即"諸心"。"付",《校議》謂"'付'爲'得'之誤",《變集》《新書》《變集補編》《校注》及周紹良一九八八録作"付",按底卷作"付"。自"四大聲聞悟一乘"訖"忽因長者付家財"四句,實化用《妙法蓮華經》卷二《信解品第四》記慧命須菩提、摩訶迦旃延、摩訶迦葉、摩訶目犍連四大聲聞白佛言:"世尊!我等今者樂説譬喻,以明斯義。譬若有人,年既幼稚,捨父逃逝,久住他國,或十、二十,至五十歲,年既長大,加復窮困,馳騁四方以求衣食。漸漸遊行,遇向本國。其父先來,求子不得,中止一城。其家大富,財寶無量——金、銀、琉璃、珊瑚、虎珀、頗梨珠等,其諸倉庫,悉皆盈溢;多有僮僕、臣佐、吏民;象馬車乘,牛羊無數——出入息利,乃遍他國,商估賈客亦甚衆多。時貧窮子遊諸聚落,經歷國邑,遂到其父所止之城。父每念子,與子離别五十餘年,而未曾向人説如此事,但自思惟,心懷悔恨,自念老朽,多有財物,金銀珍寶,倉庫盈溢;無有子息,一旦終没,財物散失,無所委付。是以慇懃每憶其子,復作是念:我若得子,委付財物,坦然快樂,無復憂慮。"[②]列一四五六號《王梵志詩·若能無著即如來》即化用此意:"若能無著即如來,身中寶藏自然開。……悟時刹那不移慮,父子相見付珍財。"

一雲使雨閏(潤)万苗,三草閑花皆結實。五性三乘聞妙法,隨根受道谷(各)修行。

"使",《校議》謂應校爲"所",按"使""所"相通,不煩校改。"万",底卷作"方",《變集》録作"方",《新書》録作"万",周紹良一九八八及《變集補編》校"方"爲"万",《校議》《校注》并謂"方"爲"万"字形訛,已據校改,甚是。"一雲使雨閏(潤)万苗,三草閑花皆結實"兩句,化用後秦鳩摩羅什譯《妙法蓮華經》卷三《藥草喻品第五》:"迦葉!譬如三千大千世界,山川谿谷土地所生卉木、叢林及諸藥草,種類若干,名色各異。密雲彌布,遍覆三千大千世界,一時等澍,其澤普洽。卉木叢林及諸藥草,小根小莖、小枝小葉,中根中莖、中枝中葉,大根大莖、大枝大葉,諸樹大小,隨上中下,各有所受。一雲所雨,稱其種性而得生長,華菓敷實。雖一地所生,一雨所潤,而諸草木,各有差别。……譬如大雲,以一味雨,潤於人華,各得成實。"[③]北敦六〇八一號背《法華七禮文》:"至心歸命禮本師釋迦牟尼仏(佛)。一雲含潤遍法界,三草異色瀑□空。"伯三九四四號《妙法蓮華經講經文(六)》:"▨(三)草二木,得潤皆同,天□(花)人花,各得成實。""谷",底卷作"谷",《變集》《新書》徑録作"各",《變集補編》及周紹良一九八八校"谷"作"各",《校注》謂"谷"蓋形誤字,已從周校録正。五性,指衆生之根性,差别不同,佛典謂衆生有五性差别,見於唐實叉難陀譯《大乘入楞伽經》卷二、唐佛陀多羅譯《大方廣圓覺修多羅了義經》等[④]。唐栖復《法華經玄贊要集》卷一:"一切衆生,三乘

① 《大正藏》第34册,第660頁中。
② 《大正藏》第9册,第16頁中—下。
③ 《大正藏》第9册,第19頁上—第20頁中。
④ 《大正藏》第16册,第597頁上—中;《大正藏》第17册,第916頁中—下。

五性，各自修行得果，大小差别，良由種性大小各别也。"[①]亦見於講唱文的運用。如斯四五七一號《維摩詰經講經文(一)》:"往日皆於法會中，親曾聽受如來處。三乘五姓(性)遠流，八難四生令離苦。"

爲彼當來付仏時，國土因緣及名字。十号圓明皆具足，莊嚴世界地瑠璃。

"付"，《變集》《校議》録爲"得"，《新書》《變集補編》《校注》及周紹良一九八八録爲"付"。按：北敦六七八〇號(北圖八四三六；潛字八十)作"得"，當是。"國土"，《校議》謂作"國王"，《變集》《新書》《變集補編》《校注》及周紹良一九八八并作"國土"。"及"，《變集》録爲"歺"，校記疑作"多"，《校議》謂當作"及"，《新書》《變集補編》《校注》及周紹良一九八八録爲"及"。"莊"，《變集》録爲"庄"，《變集補編》録爲"荘"，校爲"莊"，《新書》《校注》徑録爲"莊"。自"爲彼當來付仏時"訖"莊嚴世界地瑠璃"皆檃括後秦鳩摩羅什譯《妙法蓮華經》卷三《授記品第六》的内容，即《授記品》中佛爲大迦葉、須菩提、摩訶迦旃延、大目犍連四人授記之事。如迦葉成佛，名曰光明如來，國名光德，劫名大莊嚴。"國界嚴飾，無諸穢惡"，"琉璃爲地，寶樹行列，黄金爲繩，以界道側"云云[②]。

過去東方万八千，久遠大通智勝佛。我等須更聽法衆，早聞如(妙)理結因緣。

"過去東方万八千，久遠大通智勝佛"句，典出後秦鳩摩羅什譯《妙法蓮華經》卷三《化城喻品第七》:"乃往過去無量無邊不可思議阿僧祇劫，爾時有佛，名大通智勝如來。……大通智勝佛過八萬四千劫已，從三昧起，往詣法座安詳而坐。……彼佛説經已，静室入禪定，一心一處坐，八萬四千劫。""更"，《變集》校爲"爲"，《新書》《變集補編》《校注》及周紹良一九八八録爲"更"。按底卷本作"更"，北敦六七八〇號(北圖八四三六；潛字八十)作"爲"，當以"爲"字是。"如"，《變集》校"如"爲"妙"，《新書》《變集補編》及周紹良一九八八録爲"如"，《校注》校同《變集》。按：底卷作"如"，北敦六七八〇號(北圖八四三六；潛字八十)作"妙"，按：二者皆可。當照録，此其一；其二"如理"當與"捨權以取實"的"化城譬喻"相關。經文"譬如五百"至"至珍寶處"，即化城喻，指變化之城，喻指二乘所得之涅槃。據經文載，有衆人將過五百由旬險難長遠之惡道，以達寶所。但中道疲極，意欲懈退，其導師以方便力於險道中過三百由旬以神力化作一城，令彼衆人於中止息。既得安隱，無復疲惓，導師即滅化城，最終導引衆人趨向寶所。在此，"化城"是權喻，乃佛陀爲下根人以方便先説之小乘涅槃，非爲真實；"寶所"是實喻，即本篇"如理"，一乘教，乃至極之果。"即滅化城"趨向寶所，"譬上正説《法華》示真實相"[③]。據後秦鳩摩羅什譯《妙法蓮華經》卷三《化城喻品第七》所載，往昔三千塵點劫以前，大通智勝佛出世，宣説《妙法蓮華經》。此佛曾爲其出家之十六子講説《法華經》。十六子中之第十六子即爲後來之釋迦佛。此十六子以聽聞大通智勝佛之説法，乃結下聽聞一乘法華之緣，稱爲大通結緣。又參與靈山法華會座之聽衆即爲

① 《卍新續藏》第 34 册，第 183 頁中。

② 《大正藏》第 9 册，第 20 頁下。

③ 天台智者：《妙法蓮華經文句》卷七上，《大正藏》第 34 册，第 102 頁下。

大通結緣衆[①]。梁法雲《法華經義記》卷七《化城喻品第七》:"此《化城品》正明宿世因緣説,化下根人,第二餘二品爲下根人授記。大意正言,我昔日已曾於大通智勝佛所,于時在十六王子數,已爲汝覆講説《法華》,今者復爲汝説,云何三聞不解?是故下經文言'我在十六數,曾亦爲汝説,以是本因緣今説《法華經》',但下根執之,徒聞此往因緣相與解悟。"[②]

三周化利患(悉)周圓,三根惣受如來法。五百高明齊得記,還與親友示衣珠。

"化",《變集》《新書》録作"化",周紹良一九八八及《變集補編》録作"凡",《校議》《校注》録作"化"。按當作"化"。化利,《校注》謂"化謂教化,利謂利益"。"三周化利"指佛三周説法度上中下根之聲聞。按:《校注》説是。"悉",《變集》《新書》録爲"患",周紹良一九八八及《變集補編》録作"悉",《校議》《校注》校"患"爲"悉",按《校注》云"原卷似本作'患',蓋形誤字",甚是。"周",《校議》校"周"爲"潤",《變集》《新書》《變集補編》《校注》及周紹良一九八八并作"周"。按:當以"周"爲是。周者,唐栖復《法華經玄贊要集》卷十五謂:"周者,周圓周足,四分皆足,故名周也。"惣,《變集》《新書》《校注》録作"總",《變集補編》録作"惣",是。三周:指《法華經》針對上中下三類根機之衆生依次開法説、譬説、宿世因緣説而反覆説法三回,稱爲三周説法。隋吉藏《法華玄論》卷五:"次明次第。問:三説有何次第耶?答:法説爲譬説之本,故在第一;譬還借事以喻前法,故在第二;宿世因緣明法譬始終,故在第三。"[③]唐窺基《妙法蓮華經玄贊》卷三《方便品》:"又經下言今此經中唯説一乘,故以破二、會二歸於一乘,爲法華之正主,故三周説逗彼三根。此品初説一乘,爲利鶖子,鶖子上根最初於《譬喻品》中領解,佛爲述成授記,乃至天子説偈竟,是第一周。《譬喻品》中舍利弗請,'我今無復疑悔'下,佛説譬喻,利彼中根,中根四人信解佛説,《藥草喻品》爲重述成,便爲授記,是第二周。《化城喻品》説往結緣,化城不實,利彼下根,滿慈子領、佛印述訖,便授五百及學無學記,是第三周。"[④]北敦〇七八四九號(北六二〇四,制四九)《維摩詰經 妙法蓮華經押座文》:"就此文中又科三段。弟一法説一周,弟二喻説一周,弟三宿世因緣説一周,經説三周。""五百高明齊得記,還與親友示衣珠"二句,齊,《變集》《新書》《校注》録作"齊",《變集補編》録作"斉"。按底卷作"斉",爲"齊"之省寫。"還與",北敦六七八〇號(北圖八四三六;潛字八十)作"還而"。按此二句,典出後秦鳩摩羅什譯《妙法蓮華經》卷三《五百弟子受記品第八》。言"五百高明齊得記"者即如梁法雲《法華經義記》卷七《五百弟子受記品第八》引解釋者言:"五百人得授記,名號、眷屬多少,悉皆是同,復能領解,餘者不爾,是故言《五百弟子受記品》也。"[⑤]亦如唐窺基《妙法蓮華經玄贊》卷一《序品》所謂"經出六處示現授記"中之一的"同記":"富樓那等五百人千二

① 《妙法蓮華經文句》卷七上,《大正藏》第34册,第99頁中。
② 《大正藏》第33册,第651頁下。
③ 《大正藏》第34册,第398頁下—第399頁上。
④ 《大正藏》第34册,第694頁中—下。
⑤ 《大正藏》第33册,第656頁下。

百人,同一名故,俱時與記。”[①]“衣珠”,乃《法華經》“七譬喻”中之“繫寳珠喻”,《五百弟子受記品》云:“譬如貧窮人,往至親友家,其家甚大富,具設諸餚饍,以無價寳珠,繫着内衣裹,默與而捨去,時卧不覺知。是人既已起,遊行詣他國。求衣食自濟,資生甚艱難。得少便爲足,更不願好者。不覺内衣裹,有無價寳珠。與珠之親友,後見此貧人,苦切責之已,示以所繫珠。貧人見此珠,其心大歡喜,富有諸財物,五欲而自恣。”

受學無學亦同愁,上中下品皆蒙記。正法像法經多劫,地平如掌實莊嚴。

“學”,《變集》録爲“斈”,《新書》、周紹良一九八八録爲“學”,《校注》同周校。《變集補編》録爲“斈”,《校議》謂“‘斈’即‘學’之俗字”,甚是。“上中下品皆蒙記”,典出後秦鳩摩羅什譯《妙法蓮華經》卷四《授學無學人記品第九》。學無學,唐窺基《妙法蓮華經玄贊》卷八《授學無學人記品》謂:“趣求進習名學,進習止滿名無學。今佛與彼記,名《授學無學人記品》。”[②]唐栖復《法華經玄贊要集》卷三一:“言進習止滿者,戒定慧正爲學體。進修習解有學義,進習正滿,名無學,解無學義。”[③]此品爲學無學人授記,仍爲品目也。第一佛先爲阿難、羅睺羅受記,第二爲二千學無學人受記。學無學人得受記已,歡喜歎佛。“正法像法經多劫”,“像法”,《變集》録作“像法”,《新書》録作“緣法”,周紹良一九八八及《變集補編》《校注》録作“像法”,按後説是,佛教有正像末三法之説。“地平如掌實莊嚴”,“實”,《變集》録爲“寳”,《新書》及周紹良一九八八録爲“實”,《變集補編》録作“寳”,《校注》同周校,《校議》謂底卷“[illegible]”爲“實”之草書。按:當作“寳”。地平如掌寳莊嚴,當指富樓那彌多羅尼子所成就之佛及佛國。見《妙法蓮華經》卷四《五百弟子受記品第八》:“其佛以恒河沙等三千大千世界爲一佛土,七寳爲地,地平如掌,無有山陵谿澗溝壑,七寳臺觀,充滿其中,諸天宫殿,近處虚空,人天交接,兩得相見。……其佛國土有如是等無量功德莊嚴成就。劫名寳明,國名善浄。其佛壽命,無量阿僧祇劫,法住甚久。”[④]

辟奴(如)鑿井向高源,見彼土乾知水遠。濕土如渥知近水,浄水持取大乘經。

“辟如”,《變集》《校議》録作“[illegible]奴”,校爲“譬如”,《新書》録作“辟如”,周紹良一九八八及《變集補編》録爲“辟奴”,校“奴”爲“如”,《校注》録爲“辟如”,謂“辟”同“譬”,“如”底卷誤作“奴”,已據文意録正。是。“源”,《變集》《新書》、周紹良一九八八録作“源”,《變集補編》録誤作“深”,《校注》謂“源”當讀作“原”,甚是。渥,《變集》《新書》及周紹良一九八八、《變集補編》《校注》并作“渥”,《校議》校爲“遲”,誤。“近”,《變集》録爲“遊”,《新書》録作“近”,周紹良一九八八及《變集補編》録爲“进”,《校議》校作“近”,《校注》録作“近”,謂寫本中“進”不作簡體“进”。按作“近”字是。“辟奴(如)鑿井向高源”以下四句,典出《妙法蓮華經》卷四《法師品第十》記佛復告藥王菩薩:“藥王!譬如有人渴乏須水,於彼高原穿鑿求之,猶見乾土,知水尚遠,施功不已,轉見濕土,遂漸至

① 《大正藏》第34册,第654頁上。
② 《大正藏》第34册,第805頁下。
③ 《卍新續藏》第34册,第836頁上。
④ 《大正藏》第9册,第27頁下—第28頁上。

泥,其心决定,知水必近。"又記世尊所説偈言:"欲捨諸懈怠,應當聽此經。是經難得聞,信受者亦難。如人渴須水,穿鑿於高原。猶見乾燥土,知去水尚遠。漸見濕土泥,决定知近水。"①

適來和尚説其真,修行弟子莫因巡。各自念佛歸舍去,來遲莫遣阿婆嗔。

"修",《變集》《新書》及周紹良一九八八、《校注》録作"修",《變集補編》録作"脩",不妥。因巡,底卷作"巡",《變集》《新書》録作"因巡",周紹良一九八八及《變集補編》校"巡"爲"循",《校注》録作"因巡",謂"因巡"同"因循",馬虎、輕率之意。是。此四句爲講經結束時例有的一段"解座文"作爲結束之語。

通過以上考釋可知,伯三一二八號背所書前一首解座文之内容,係檃括後秦鳩摩羅什譯《妙法蓮華經》前十品(自《序品》至《法師品》)大意,當定名爲《法華經解座文》。前賢擬題皆過於寬泛。

三、與《太子成道經》押座文或解座文的關聯

將作品稍作改動或裁截,又用於另外一篇作品,是説唱文學中的常見現象②。伯三一二八號背所抄第一首起"先開有教益群情"訖"益今利後不思議"四句,又見於多種押座文或解座文。據案檢,見於押座文的有:

(一)斯二四四〇號正面所載《八相押坐文》。該卷正面從右往左分别抄有《維摩經押座文》《三身押坐文》《八相押坐文》《温室經講唱押座文》《維摩經押座文》,前四篇字體相同,抄者爲同一人,卷末《維摩詰經押座文》似爲另一人所抄。本篇位列第三,首尾俱全,首行下有"八相押坐文"的篇題,起"始從兜率降人間,先向王宫示生相",訖"不似聽經求□"。"不似聽經求"下有脱文,《校注》謂"求"下原卷空白未書,應補"解脱,學佛修行能不能?能者虔恭合掌着,經題名字唱將來"等二十三字。這些都是押座文中的套語(《維摩經押座文》及俄藏《押座文》都有這幾句),故抄手省書之也③。所言甚是。如來八相成道的故事,漢譯佛經多有記載。所載八相,本篇所唱已備七相("降胎誕生相、皇宫納妃相、逾城出家相、雪山脩道相、寶坐(座)降魔相、成登正覺相、轉大法輪相")。例如"成登正覺相"以下末段:

鷲領(嶺)峰頭放毫相,鹿苑初度五俱輪。
先開有教益群情,次説空宗令悟解。
後向靈山談妙法,益今利後不思議。
今晨擬説此甚深經,唯願慈悲來至此,
聽衆聞經願罪滅消。

---

① 《大正藏》第9册,第31頁下,第32頁上。
② [日]荒見泰史:《敦煌變文寫本的研究》,北京:中華書局,2010年,第253頁。
③ 《敦煌變文校注》,第1142頁。

不似聽經求□□①

顯而易見,"鹿苑初度五俱輪"下四句與上揭伯三一二八號背所抄首四句大同。這是因爲鹿野説法度五比丘屬第八相("轉大法輪相"),以下可徑直接續佛陀傳教之歷史略説。

(二)斯二四四〇背面所抄《太子成道吟詞》。斯二四四〇號,原卷背面寫,接在押座文(首句"佛世難遇,如憂潭鉢花")後,首尾無殘迹而無篇題,字較小。李正宇擬名爲釋迦因緣,認爲是個劇本②。《校注》謂:此篇乃抄撮《太子成道經變文》或《八相變》中吟詞而成,是一種節本,旨在供變文演説時配合吟唱者執以吟唱,與後世的獨立構思創作的有完整情節的劇本不同。此爲與《太子成道經》等在名稱上協調,姑擬名爲《太子成道吟詞》③。值得注意者,自"長成不戀世榮華"下首六句見於《太子成道經》篇首第一段吟詞,又全段十二句中有十一句亦皆見於斯二四四〇號所抄《八相押座文》:

長成不戀世榮華,厭患深宫爲太子。
捨却金輪七寶位,夜半逾城願出家。
六年苦行在山中,鳥獸同戹(居)爲伴侣。
長飢不食珎(珍)修(羞)飯,麻麥將來便短終。
得證菩提樹下身,降伏衆魔成正覺。
鷲嶺峰頭放毫光,說此三乘微妙經。

按,第十二句"説此三乘微妙經"在上揭斯二四四〇號正面所載《八相押座文》原卷被抄手細筆劃去,而代以"鹿苑初度五俱輪。先開有教益群情,次説空宗令悟解。後向靈山談妙法,益今利後不思議"五句。我們認爲:《八相押座文》的創作者之所以劃去"説此三乘微妙經",乃是因爲此句與上句"鷲嶺峰頭放毫光"組合,表述的是《法華經》的開三顯一之教,而創作者或書手則認爲不當先説《法華經》的"三乘微妙法",按傳法的歷史次第,當是先於鹿苑轉四諦法輪(《阿含經》等),即"有教"時;第二爲説《般若》等,即大乘"空教"時;第三説《法華經》《涅槃經》等,名大乘中道時。

(三)伯二〇九一號《太子成道經押座文(擬)》。正背兩書,正面爲《勝鬘義記》卷下,題作"釋慧遠撰之也"。題記三行:"大隋大業九年八月五日。沙門曇皎寫之流通。後世校竟也。經疏卷之下。"背面所抄爲《无常經疏》("白崖寺僧正演述")、《百法手記》本篇及《讚釋文》。本篇共九行,行約二十五字。原題"俞成日文",《索引》并未著録,《索引新編》擬題:"俞(逾)成日文(首題)"④;曾良録作"俞成日文",并云:"題名原有,根據内容,當是《太子成道變文》。蓋'俞成日'即指逾城日,這裏所謂的'文'實際

① 此句《變集》《新書》前有"今晨"二字,其後補有九個空格,《校注》謂"原卷有'今晨'二字,乃誤書而未抹去者,不當録",甚是。《新書》謂此句後"脱文當與伯二九九九《太子成道經》生相吟詞'不似聽經求解脱'下相同。"

② 李正宇:《晚唐敦煌本〈釋迦因緣劇本〉試探》,《敦煌研究》,1987年第1期,第71—74頁。

③ 《敦煌變文校注》,第482頁。

④ 《索引新編》,第223頁。

是可以演唱的讚文。"[1]張涌泉《新見敦煌變文寫本叙録》謂本卷是在《太子成道經》唱詞的基礎上，糅合《法華經押座文》《維摩詰經押座文》《八相押座文》等其它押座文而成，或可擬題爲"太子成道經押座文"，兹據後者定名。本卷公佈後，日本荒見泰史最先校録[2]；張涌泉《新見敦煌變文寫本叙録》最先介紹，并對部分作校録[3]；後尤澳《日本杏雨書屋藏兩件"太子成道"敦煌變文研究》，在對斯二四四〇、羽六七五 R(下件)與本號作比較時，對本號文字亦作了校録[4]。兹依國際敦煌 IDP 彩色圖版，重新校録如下：

俞成(逾城)日文：
上從兜率降人間，托在王宫爲太子。
捨却一切世間樂，雪山修道證法身。
魔(摩)耶聖主往後園(薗)，綵女頻(嬪)妃奏樂喧。
魚透碧波堪上岸，無憂花色寂(最)宜鮮。
無憂花樹菜(葉)敷榮，夫人彼中援(緩)步行。
舉手或攀枝餘菜(葉)，釋迦聖主袖中生。
牟尼(尼)世尊降生來，還従(從)左脇出神(身)胎。
九龍吐水沐太子，千輪足下瑞蓮開。
阿私陁仙啓大王，此今瑞相極禎祥。
不是尋常等閑事，必□(作)菩提大法王。
先開幼(有)教一(益)群迷，住此法空令悟解。
蹔(暫)向靈山談妙法，利今利後不思議。
今朝希遇大乘經，似現幽談(曇)花益(一)闬(開)。
暫來聴(聽)聞微妙法，斈(學)仏修行能不能？
能者斂心合掌著，清凉高調唱將來。

與伯二〇九一號關係密切的還有羽六七五 R(圖1)，《敦煌秘笈》原題名"聖太子歌"，現題名"太子成道經變文"[5]，不確。當擬題爲《八相押座文》[6]。如：

1 上從兜率降人間，托子王宫爲太子。捨却一切世間事，雪
2 山修道證法身。摩耶世主往後薗，婇女頻(嬪)妃奏樂喧。
……
8 ……是日耶輪再三請，太
9 子當時脱指環。先開幼(有)教一(益)群迷，住此法空令悟解。
10 蹔(暫)向靈山談妙法，利今利後不思議。今朝希遇

① 曾良：《敦煌佛經字詞與校勘研究》，厦門：厦門大學出版社，2010年，第95—96頁。
② 荒見泰史：《二月八日の出家踰城と敦煌の法會、唱導》，《敦煌寫本研究年報》第八號，2014年，第42頁。
③ 《文學遺産》2015年第5期，第148—149頁。
④ 《文津學志》第19輯，國家圖書館出版社2022年，第200—211頁。
⑤ 羽六七五 R+V 見《敦煌秘笈》影片第9册，第33—34頁。
⑥ 尤澳：《日本杏雨書屋藏兩件"太子成道"敦煌變文研究》，《文津學志》第19輯，第200—211頁。

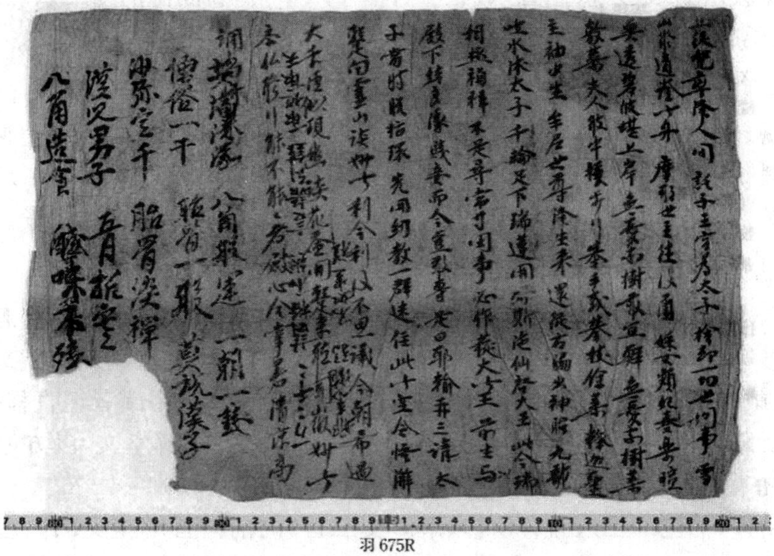
羽675R

圖1　羽六七五號《八相押座文》

11　大乘經，似現幽談(曇)花益開。蹔(暫)來聽聞微妙法，
12　李(學)仏修行能不能？能者斂心合掌著，清凉高
13　調唱將來

見於解座文的，如北敦六七八○號(北圖八四三六；潛字八十)《佛本行集經俗文》①，首尾均殘漏，文末多一段歌吟和"悉達太子贊"一首，惜殘缺甚多，如歌吟：

日食一麻一麦，長齋座禪觀行，成登正[覺]，□氣力劣若。樹神把手引之，出於彼岸。取□利益群座之情，是何人也。最初説法爲五□乘，先明教主：吟

欲知教法之由漸□托蔭王宫爲太子。捨却世間一切事，雪□此(次)説空宗令悟解，後向靈山談妙法□天花。毫光遠照東方界，弥(彌)勒共文殊親□群情。秋子上群偏領解。扇拂糟糠令□因喻曉深宗。説彼如來同長者。火宅□四大聲聞悟一乘，領術之生信解。還□一雲使雨潤芳苗，三草閑花皆結□[受]道各修行。爲彼當來得仏時。國□足，莊嚴世界地瑠璃，過去東方万八□須爲聽法衆，早聞妙理結因緣，三□法。五百高朋斉得記。還而(与?)親友示□下品皆蒙記。正法像法經多劫。地平如□高源，見彼土乾知水遠，濕土如渥□商(適)來和尚説其真，修行弟子莫因巡□莫阿婆嗔。

由"吟"字後"欲知教法之由漸"可知，創作者仍是强調説法的次第；而自"此説空宗令悟解"至"濕土如渥"句與伯三一二八號背所抄第一首大同，説明撰作者爲方便結束當日講座，徑直抄録手頭《法華經解座文》，末兩句"商(適)來和尚説其真，修行弟子莫因巡□莫阿婆嗔"可證。

① 《索引》《敦煌寶藏》均擬題"佛本行集經俗文"，《索引新編》定名爲"佛本行集經變文"。

而與北敦六七八〇號(北圖八四三六;潛字八十)寫卷同源的斯二六八二號,其背面亦抄《太子成道經》[①]:

日食一麻或一麦,長齋座禪觀行,成等正覺,尼連河沐浴。六年苦行,氣力劣若。樹神把手引之,出於彼岸。取吉祥草座爲道場。先開有教,利益群情,是何人也。寂初説法爲五俱輪,此(次)續空宗,便令悟解。欲説大乘,先明教主:

欲知教法之由漸,先明我仏如來。始從兜率降人間,托蔭王官爲太子。捨却世間一切事,雪山修道證蕿(菩提)。

斯二六八二號全文至"捨却世間一切事,雪山修道證蕿(菩提)"即完,無伯三一二八號背所抄第一首的内容。據此亦可推知,北圖八四三六號(潛字八十號)《佛本行集經俗文》所載"先開有教益群情"至"來遲莫遣阿婆嗔"一段乃俗講者徑直移抄,與三一二八號背所載《法華經解座文》同源且屬講經終了所吟諷之解座文,以方便結束太子成道故事之講唱耳。

綜上所述,伯三一二八號背所抄《解座文二首》的前一首解座文的内容係櫽括後秦鳩摩羅什譯《妙法蓮華經》前十品(自《序品》至《法師品》)大意,詮釋了三周説法的内容(即法説、譬説、宿世因緣説),當定名爲《法華經解座文》。作爲講唱文學的一體,此《法華經解座文》嘗被普遍用於《太子成道經》系統的韻文傳唱。或全段移抄於文端,成爲講經開題前的押座文;或被裁截首四句("先開有教益群情,此(次)説空宗令悟解。後向靈山談妙法,益今利後不思議")用於文末,成爲講唱者於太子成道故事結束時用以總述迦釋迦牟尼傳法次第的套話。此種雙重運用,反映了敦煌講唱文學韻文傳唱的口頭性和隨意性特徵。

① 《索引新編》(第82頁)、黄永武《敦煌寶藏》均定名爲《佛本行集經變文》(第22册,第223頁)。

《佛説無量壽經》異文札記四則

邵静遠

摘　要:選取《佛説無量壽經》中的四組異文,再繫聯其他佛經中的相關異文對其進行全面細緻的探討。"尊,遵,道,導"這組異文的混用現象大量存在於佛經文獻中,除"尊—遵""道—導"屬於通用情況外,其餘基本都因形體、語義、使用的語境相近導致訛誤。"曼,遇,勱,勸"這組異文主要出現在《佛説無量壽經》及其同經異譯本中,"曼—遇"的主因是相近的形體和使用的語境;"曼—勱"的主因是相近的語音和形體的移位;"勱—勸""勱—勵"的主因是相近的形體。"揚,暢,楊"主要是由於相近的形體和語音。"忽,忩,悪"主要是由於相近的形體。

關鍵詞:無量壽經;異文;考辨

净土宗是漢傳佛教十宗之一,以阿彌陀佛極樂世界净土爲信仰核心。《佛説無量壽經》爲净土三經之一,經中詳細介紹了净土宗修行方法,共 2 卷。此經爲東晋以前譯經,篇幅合適,版本衆多,異文豐富。其現存五種同經異譯本,在異文校勘的過程中能很好地提供佐證材料,是進行異文研究非常理想的對象。

選取《佛説無量壽經》中的四組異文,以《大正新修大藏經》(以下簡稱《大正藏》)所載《佛説無量壽經》爲底本,整理《大正藏》收録的《思溪藏》(宋本)、《普寧藏》(元本)、《徑山藏》(明本)、宗竇本(流布本)四種異文,《中華大藏經》收録的《高麗藏》《資福藏》《磧砂藏》《普寧藏》《永樂南藏》《乾隆大藏經》六種異文,再加上佛經音義書中輯録的有關《佛説無量壽經》異文的條目,對十餘種異文材料進行窮盡性對勘。再繫聯其他佛經中的相關異文,對其進行全面細緻的探討。旨在創新異文研究的方式方法,加强異文本體研究,促進新型異文理論構建,探索異文研究的新範式。

一、尊,遵,道,導

(一)"尊,遵,道,導"在《佛説無量壽經》中的使用情況

1.《佛説無量壽經》卷一:"制行菩薩、解脱菩薩,皆遵普賢大士之德,具諸菩薩無

作者簡介:邵静遠,中國計量大學人文與外語學院講師,主要從事佛經語言文字研究。

基金項目:國家社科基金青年項目"佛典音義同形字彙釋與研究"(24CYY017);湖南省社科基金項目"漢文佛典異文研究"(23JL004)。

量行願,安住一切功德之法。"(T12p265c)[①]

"遵",《大正藏》《高麗藏》《中華藏》作"遵",《思溪藏》《普寧藏》《徑山藏》《磧砂藏》《永樂南藏》《乾隆藏》作"導"。

按:遵,《説文·辵部》:"遵,循也。从辵,尊聲。"(第33頁)[②]導,《説文·寸部》:"導,導引也。从寸,道聲。"(第61頁)該句意爲,又有賢護等十六名大居士菩薩也來集會了,他們遵循普賢菩薩之德,以其爲榜樣,發下宏大誓願,助佛普渡衆生。聯繫文意可知,此處當爲"遵循"義,而非"引導"義。其異譯本對應處也可爲證。《佛説大阿彌陀經》:"皆尊普賢大士之德。"(T12p327b)《大寶積經·無量壽如來會》:"咸共遵修普賢之道。"(T11p91c)皆其證。"導"當爲形近訛誤。

2.《佛説無量壽經》卷一:"離欲深正念,净慧修梵行,志求無上道,爲諸天人師。"(T12p269b)

"道",《大正藏》《高麗藏》《中華藏》、流布本作"道",《思溪藏》《普寧藏》《徑山藏》《磧砂藏》《乾隆藏》作"尊"。

按:無上尊,《佛學大辭典》:"人天中,佛最尊勝,故號無上尊。"(第2146頁)[③]無上道,《佛學大辭典》:"如來所得之道,更無過上,故名無上道。"(第2146頁)此段是法藏比丘發完四十八大願之後再進一步表達行願。志求"無上尊"和"無上道"都蘊含成佛得道之意,似乎兩可。但就佛經中動賓短語搭配的習慣來看,"志求無上道"更加合適。"無上尊"指佛,爲指人的名詞;"無上道"指佛所求之道,爲指物的名詞。構成動賓短語時,二者在動詞的搭配上有明顯區别。佛經中,表示"志求無上尊"這個含義時,動詞多用"成"或"爲"。如《佛説無量壽經》:"吾當於世爲無上尊,釋梵奉侍。"(T12p265c)《大方廣佛華嚴經》:"一念發道心,必成無上尊。"(T10p124a)《菩薩瓔珞經》:"超過三界,爲無上尊。"(T16p70b)"求無上尊"這一説法衹出現在《無量壽經記》等4個注疏本中,共4次。表示"志求無上道"這個含義時,動詞則多用"求",《大正藏》中完全相同的表達有近20處。如《佛説須真天子經》:"常志求無上道。"(T15p109b)《佛本行集經》:"覩已志求無上道。"(T03p725b)《大寶積經》:"若在阿蘭若,志求無上道。"(T11p524c)而"求無上道"這一結構更是多達400多例。本經中,這段偈頌開頭爲"我建超世願,必至無上道",所以後接"志求無上道,爲諸天人師"合情合理。"無上尊"蓋因形義相近訛誤。

3.《佛説無量壽經》卷一:"以甚深禪慧開導衆人。"(T12p266b)

"導",《大正藏》《高麗藏》《中華藏》《磧砂藏》《思溪藏》《普寧藏》作"導",《徑山藏》《乾隆藏》作"道"。

---

① 文中所引佛經用例,均來自中華電子佛典協會提供的電子佛典資料庫CBETA,且已對校原文。"T(K)12p232a(b,c)","T"表示《大正新修大藏經》中册數,"K"表示《高麗大藏經》(新文豐版)中册數,"p"表示頁碼數,"a,b,c"分别表示具體每頁的上、中、下欄。後文同此,隨文標注册數、頁碼及欄數。

② (東漢)許慎:《説文解字》,北京:中華書局,2013年。後文同此,隨文標注頁碼。

③ 丁福保:《佛學大辭典》,上海:上海書店出版社,1991年。後文同此,隨文標注頁碼。

按：例3文意爲，以精深智慧開化引導一切衆生。經測查，“道”“導”在《大正藏》出現異文的次數多達600餘次。道，《説文·辵部》：“所行道也。”（第36頁）導，《説文·寸部》：“導，導引也。”（第61頁）“導”當爲“道”的增旁分化字，承擔“道”的“引導”義，二者在佛經中可以通用。

（二）“尊，遵，道，導”在《大正藏》中的使用情況

“尊，遵，道，導”四字在佛經中常常混用，形成異文。除《佛説無量壽經》中出現的“遵—導”“尊—道”“道—導”之外，還有“尊—遵”“遵—道”“尊—導”三組異文，且任意兩者或三者之間都會出現相互混用的情況。即“尊，遵，道，導”構成一個完全異文團，任意兩個異文項之間均存在雙向異文關繫。[①] 測查《大正藏》及相關諸本佛經，其中，“道—導”混用609次，“尊—遵”混用134次，“遵—導”混用31次，“尊—導”混用25次，“尊—道”混用8次，“遵—道”混用7次。試舉例如下：

4. “尊—遵”，《正法華經》：“所講演法大聖等心，爲開士歎思奉尊者。”（T09p73b）“尊”，《大正藏》作“尊”，《思溪藏》《普寧藏》《徑山藏》、宫本作“遵”。

5. “尊—導”，《諸菩薩求佛本業經》：“有尊師於諸天、世間人民、蜎飛蠕動之類。”（T10p451b）“尊”，《大正藏》作“尊”，《思溪藏》《普寧藏》《徑山藏》作“導”。

6. “遵—道—尊”，《漸備一切智德經》：“聖達住於此，遵習奉事佛。”（T10p496b）“遵”，《大正藏》作“遵”，《思溪藏》《普寧藏》、宫本作“道”，聖本、聖乙本作“尊”。

遵，《説文·辵部》：“遵，循也。”（第33頁）尊，《説文·酋部》：“酒器也。”（第315頁）段玉裁注：“凡酌酒者必資於尊，故引申以爲尊卑字。”（第759頁）[②]“尊”本義爲一種酒器，後引申有“尊奉，高貴”義。“遵”當爲“尊”的增旁分化字，承擔“尊”的“遵循”義。二者在寫刻本佛經中常常混用，如斯2095號《消災除横灌頂延命真言經》“復不尊敬，更生輕慢”中，“尊”作“遵”（33/309）[③]。值得注意的是，在表示動詞性含義“遵循、尊奉”時，二者基本上可以通用；但在表示名詞性含義的“尊者、世尊”等佛教術語時，二者的混用頻率極低，《大正藏》校勘記中僅出現5例。

據前所論，“導”應爲“道”的增旁分化字，承擔“道”的“引導”義，二者在寫刻本佛經中可以通用。如斯423號《妙法蓮華經》“引導於衆生，説佛智慧故”中，“導”作“道”（6/321）。“道”與“導”的通用不同於“尊”與“遵”的通用，“尊”與“遵”的通用集中於表示動詞性含義時，而“道”與“導”的通用範圍要更大一些。

---

① 真大成：《中古文獻異文的語言學考察》，上海：上海教育出版社，2020年。“異文項”概念可參該書第11頁，“構成異文的A和B可以表述爲‘A—B’，本書將‘A—B’稱爲異文組，其中的成員A和B就是異文項。一個異文組有兩個及以上的異文項。”“異文團”概念可参本人《數據分析視角下的漢文佛典異文本體研究淺探》一文，該文發表於《中國文字研究》第39輯第149頁。“異文團”由兩個或兩個以上的異文項組成，異文團中的任意異文項之間都存在異文關係，異文團根據團内異文項的對應關係是否爲雙向，又可以分成“完全異文團”和“不完全異文團”兩種類型。

② （清）段玉裁：《説文解字注》，北京：中華書局，2013年。後文同此，隨文標注頁碼。

③ 方广錩、［英］吴芳思主編：《英國國家圖書館藏敦煌遺書（全50册）》，桂林：廣西師範大學出版社，2011—2017年。後文同此，隨文標注“（册數/頁碼）”。

除“尊—遵”“道—導”這兩組異文屬於通用情況外,其餘四組由形體、語義和使用的語境三重因素共同導致。且兩兩之間形體結構越接近,相同或相似構件越多,一般相混的頻率越高,詳見表1。

表1

混用形式	組成構件	相同或相似構件數	結構	相混次數
遵—導	辵寸酋—辵寸首	3個	半包圍—上下	31次
尊—導	寸酋—辵寸首	2個	上下—上下	25次
尊—道	寸酋—辵首	1個	上下—半包圍	8次
遵—道	辵寸酋—辵首	2個	半包圍—半包圍	7次

“遵—導”,二者各有三個構件,其中“辵”與“寸”這兩個構件完全相同,“酋”與“首”形體相近。敦煌寫本佛經中,“酋”作爲構件時常寫作形體“首”。斯369號《觀世音經》“具足妙相尊”中,“尊”作“尊”(6/58),其上部構件“酋”作“首”。斯402號《妙法蓮華經》“而今於世尊前”中,“尊”作“尊”(6/176),其上部構件“酋”作“首”。皆其例。又“遵”“導”因其剩餘兩個部件“辵”“寸”完全一樣,且該二字常常出現在佛經褒義、正向的語義環境中,故存在大量相混的情況。

“尊—導”,二者有一個相同的構件“寸”,和書寫時高度相似的構件“酋”“首”,且二者均爲上下結構,相近的形體增强了它們之間相混的可能性。敦煌寫本斯696號有“尊”作“尊”(12/8),斯721號有“導”作“導”(12/168),斯454號有“導”作“導”(7/154)。可見,“尊”“導”形體較近,故“尊—導”這組異文出現的頻率也較高。其中,有13次出現在“尊(導)師”這一名詞性結構中,其餘均出現在動詞性結構中。“尊”有“尊奉”義,“導”有“引導”義。二者在佛經中使用頻率都較高,且都常常出現在語義色彩較爲正向的語境中。二者的區别在於,“尊奉”這個行爲一般由下位者對上位者發出,而“引導”這個行爲則通常由上位者對下位者發出。在考釋與二者相關的異文條目時可以具體問題具體分析。

“尊—道”,二者有一個相似部件“酋/首”。且“尊”爲上下結構,“道”爲半包圍結構。故雖相混,但相混頻率遠低於其餘四組。二者産生異文主要是在一些特殊的佛教語詞搭配中,如“無上尊(道)”“道(尊)慧”等。在特定語境中,二者形體相近,導致訛混。

“遵—道”,二者均爲半包圍結構,有一個相同的構件“寸”,和書寫時高度相似的構件“酋”“首”。斯386號有“道”作“道”(6/103),斯402號有“道”作“道”(6/187)等。斯2095號有“遵”作“遵”(33/309)等。二者語義和使用的語境相比其他幾組相近程度低,主要由於形體相近導致訛混。

總之,“尊,遵,道,導”這一異文團中四個異文項的混用現象,不僅存在於《佛説無量壽經》這一部佛經中,而且存在於所有刻本佛經與寫本佛經,甚至是中土傳世文獻與碑刻文獻中。除“尊—遵”與“道—導”爲通用情況外,其餘基本都因形體、語義、使用的語境相近而導致訛誤。且兩兩之間形體結構越接近,相同或相似構件越多,在同一語境中意義區分度越小，訛誤的頻率越高。“尊，遵，道，導”四字混用之後，有時不會對文本意義産生太多影響，有時又會使文意不通或使語法搭配不當，因此判斷它們是否訛誤時要具體問題具體分析，不能一概而論。

二、曼，遇，勱，勸

1.《佛説無量壽經》卷二：“何不棄衆事，各曼强健時，努力勤修善，精進願度世，可得極長生。”(T12p274c)

2.《佛説無量壽經》卷二：“曼佛在世，當勤精進。”(T12p275b)

例1與例2中，“曼”，《大正藏》《高麗藏》《中華藏》《思溪藏》《普寧藏》、流布本作“曼”，《徑山藏》《磧砂藏》《乾隆藏》作“遇”。

按：在倪小蘭《〈無量壽經〉同經異譯研究》一文中[1]，倪小蘭已經通過《無量壽經》同經異譯本的對勘考釋過“曼”與“勱”的正誤，但其論證過程存在問題，主要有二：

一是語料的引用不够嚴謹。倪文以《大正藏》爲底本，在引用《無量壽經》《佛説阿彌陀三耶三佛薩樓佛檀過度人道經》《無量清净平等覺經》對應處進行比較和佐證時，忽略了《大正藏》校勘記所勘異文。如證明“曼”有介詞用法時，引用《佛説阿彌陀三耶三佛薩樓佛檀過度人道經》“各曼强健時”(T12p312b)爲證，却未考慮其中“曼”有異文。一般來説，引用文句作爲例證時，其中若有異文，就必須先解决異文的問題才可爲證。所引句中未辨析“曼”的異文，該句就不足爲證。

二是論證過程中没有解釋“曼”訛誤成“勱”的原因。

現將《佛説無量壽經》《佛説阿彌陀三耶三佛薩樓佛檀過度人道經》《無量清净平等覺經》中出現了“曼，勱，遇”異文的句段，全部列出如下：

1.《佛説無量壽經》卷二：“何不棄衆事，各曼强健時，努力勤修善，精進願度世，可得極長生。”(T12p274c)“曼”，《大正藏》《高麗藏》《中華藏》《思溪藏》《普寧藏》、流布本作“曼”，《徑山藏》《磧砂藏》《乾隆藏》作“遇”。

2.《佛説無量壽經》卷二：“曼佛在世，當勤精進。”(T12p275b)“曼”，《大正藏》《高麗藏》《中華藏》《思溪藏》《普寧藏》、流布本作“曼”，《徑山藏》《磧砂藏》《乾隆藏》作“遇”。

3.《佛説阿彌陀三耶三佛薩樓佛檀過度人道經》：“當曼佛世，堅持經道，無敢違失。”(T12p315c)“曼”，《大正藏》《思溪藏》《普寧藏》作“曼”，《徑山藏》作“遇”。

4.《佛説阿彌陀三耶三佛薩樓佛檀過度人道經》：“何不棄家事？各曼强健時，努力爲善，力精進，求度世，可得極長壽。”(T12p312b)“曼”，《大正藏》《思溪藏》《普寧藏》作“曼”，《徑山藏》作“遇”。

5.《佛説阿彌陀三耶三佛薩樓佛檀過度人道經》：“曼佛世時，其有信受佛經語深，奉行道德，皆是我小弟也。”(T12p312c)

---

① 倪小蘭：《〈無量壽經〉同經異譯研究》，浙江大學學位論文，2009年，第21頁。

6.《佛説無量清净平等覺經》:“當勱佛世,堅持經道,無敢失也。”(T12p297c)“勱”,《大正藏》作“勱”,《思溪藏》《普寧藏》《徑山藏》作“勵”。

7.《佛説無量清净平等覺經》:“何不棄衆事,各勱强健時,努力爲善,力精進,求度世,可得極長壽?”(T12p294a)“勱”,《大正藏》作“勱”,《思溪藏》《普寧藏》《徑山藏》、聖本作“勵”。

8.《佛説無量清净平等覺經》:“勱佛世時,其有信愛佛經諸深,奉行道德,皆是我小弟也。”(T12p294c)“勱”,《大正藏》作“勱”,《思溪藏》作“勸”,《普寧藏》《徑山藏》作“曼”。

以上出現異文的情况是:《無量壽經》與《佛説阿彌陀三耶三佛薩樓佛檀過度人道經》中,《大正藏》各處用“曼”,異文爲“遇”。《佛説無量清净平等覺經》中,《大正藏》各處用“勱”,異文有“勵、勸、曼”三個。

曼,《説文·又部》:“曼,引也”(第58頁)。佛經中,“曼”常作“㬅”,《新集藏經音義隨函録》卷二《阿彌陀經》下卷音義:“㬅佛,上莫盤反,聞也。高昌國人爲聞爲㬅佛。《無量清净經》作勱。”(K34p690a)可見,“曼”有“聞”義。聞,《説文·耳部》:“聞,知聞也。”(第250頁)唐朝時,“聞”有“趁、正當”義。張相《詩詞曲語辭匯釋》卷五:“聞,猶趁也,乘也。與聽聞之本義異。杜甫《示獠奴阿段》詩:‘郡人入夜争餘瀝,豎子尋源獨不聞。’聞者,趁也。”[①]是其證。例1—例8中,若將所有出現異文處替换成“曼”,取“趁着、正當”義,於文意均可通。如例1“各曼强健時,努力勤修善”意爲“各自趁着身體强健之時,努力勤修善業”。例2“曼佛在世,當勤精進”意爲“趁着佛在世,努力精進修行”。“曼”作“趁着、正當”義解,文意均通暢。

遇,《説文·辵部》:“遇,逢也。”(第34頁)爲相逢、機遇義。勱,《説文·力部》:“勱,勉力也。”(第293頁)爲勤勉、勉力義。勸,《説文·力部》:“勸,勉也。”勵,《廣韻·祭韻》:“勵,勸勉。”(第109頁)[②]“遇”“勱”“勵”“勸”均於文意不符。

那麽“曼”又是如何與“遇”“勱”“勸”“勵”形成異文的呢?“曼”在寫本佛經中常作“”(斯177號,3/197),“遇”常作“”(斯1073號2,17/372),不難看出“遇”的形體“”與“曼”的形體“”上半部分相似度極高。佛經一般爲竪排書寫,“曼”訛誤成“遇”可能是由於“曼”字的草書形體寫得較爲鬆散時,下部構件脱落,再加上“遇佛”“當遇”等組合在佛經中也常常使用,導致將“曼”誤認爲“遇”。至於“曼”與“勱”,首先,“曼”與“勱”均爲明母字,讀音相近;其次,由“遇”的構件“禺”草化之後的形體,可知“勱”左部構件“萬”草寫後的形體同樣與“曼”的草書形體上半部分相似,而“曼”下部構件“又”又常寫成“万、力、方”,與“勱”右部構件“力”極爲相似。佛經在抄寫的過程中常常會出現構件移位的情况,構件移位産生的原因主要有三種:一是因字形本身發生變形,抄經人無意識的誤認導致;二是抄經人未誤認,但抄寫時無意識書寫變形導致;三是抄經人主觀地、有意識地將字形改動而致。“曼”在《日藏唐代漢字鈔本字

---

① 張相:《詩詞曲語辭匯釋》,北京:中華書局,1953年,第623頁。

② (宋)陳彭年等編:《宋本廣韻》,南京:江蘇教育出版社,2008年。後文同此,隨文標注頁碼。

形表》中有字形“曼”①，較之字形“曼”，其頂部多了兩點，可能也正是由於這兩點，導致抄經師認不出此爲何字，此兩點又很像“艸”頭草化之後的形體，於是擅自將此上下結構的字改成了左右結構的“勱”字，以致訛誤。一般來説，這種情况不會作爲常態出現，但是這也可以从另一方面解釋爲什麽衹有《佛説無量清净平等覺經》中出現了這一訛誤。至於“勸”“勵”，實際上應該是“曼”訛誤成“勱”之後，“勱”與“勸”“勵”因形近義通而産生的異文，與“曼”無直接關係。

三、揚，暢，楊

1.《佛説無量壽經》卷一：“宣揚演説一切經典。”(T12p266b)

“揚”，《大正藏》《高麗藏》《中華藏》《磧砂藏》《思溪藏》《普寧藏》《徑山藏》作“揚”，流布本作“暢”，《乾隆藏》作“楊”。

2.《佛説無量壽經》卷一：“亦有自然萬種伎樂，又其樂聲無非法音，清暢哀亮，微妙和雅，十方世界音聲之中最爲第一。”(T12p271a)

“暢”，《大正藏》《高麗藏》《中華藏》《磧砂藏》《思溪藏》《徑山藏》《乾隆藏》作“暢”，《普寧藏》、流布本作“揚”。

按：揚，《説文・手部》：“揚，飛舉也。從手，昜聲。”(第354頁)後引申有“舉起，彰顯，傳播”等義。楊，《説文・木部》：“楊，木也。”(第112頁)段玉裁注：“楊，古假借楊爲揚。故《詩》：‘揚之水。’毛曰：‘楊，激揚也。’《廣雅》曰：‘楊，揚也。’”(第247頁)“揚”“楊”皆從昜得聲，二者音同形近義隔，顯然别爲二字。段玉裁之假借觀真知與不足并存，假借等術語也與我們通常理解的有出入②，不可照搬全信。其謂古假借“楊”爲“揚”，實因古書中“扌”“木”常作一形，又皆從昜得聲，“楊”“揚”形近難辨，故誤言此。暢，《廣韻・漾韻》：“暢，通暢，又達也。”(第123頁)“暢”即爲通達之義。例1中，文意很明顯是“宣揚傳播一切佛之經典”，當爲“揚”，取宣揚傳播義，“楊”與“暢”誤。例2中，“清暢哀亮，微妙和雅”是形容法音悦耳動聽，“暢”指樂聲流暢，在此處合適。而“揚”則指聲音高揚，高揚之聲不一定悦耳動聽，且過於激昂也有失和雅，與文意不符，故例2中“暢”是“揚”非。

在古代文獻中，“揚”“楊”“暢”形音相近，常常相混。據《中國書法大字典・草書》中所録字形，“揚”可作“揚”“揚”(第295頁)③，“楊”可作“楊”“楊”(第454頁)，“暢”可作“暢”“暢”(第358頁)，可見三字形體實難辨别。但因三者字義差别較大，衹要仔細辨别文意也較容易判斷。如：

斯440號《四分比丘尼戒本》：“若比丘尼不受食，及藥著口中，除水，及揚枝，波逸提。”(7/57)此處字形雖作“揚”，實當爲楊樹枝之“楊”。

斯724號《妙法蓮華經》：“於佛宴寂後，宣楊助法化。”(12/43)此處字形雖作

① 臧克和主編：《日藏唐代漢字鈔本字形表》，上海：華東師範大學出版社，2015年，第892頁。

② 鄭賢章：《論段玉裁在〈説文解字注〉中的假借觀》，《古漢語研究》，1998年第2期，第42頁。

③ 孫雋主編：《中國書法大字典・草書》，南昌：江西美術出版社，2012年。後文同此，隨文標注頁碼。

“楊”,實當爲宣揚傳播之“揚”。

四、怱,忩,悪

《佛説無量壽經》卷二:“如是怱務,未嘗寧息。”(T12p278c)

“怱”,《大正藏》、流布本作“怱”,《高麗藏》《中華藏》作“忩”,《磧砂藏》《思溪藏》《普寧藏》《徑山藏》《乾隆藏》作“悪”。

按:“怱”即“悤”也,《説文・囪部》:“悤,多遽悤悤也。”(第 121 頁)爲急速、匆忙義。《廣韻・東韻》:“怱,速也,倉紅切。忩,俗。”(第 6 頁)故“忩”與“怱”同,爲急速、匆忙義。務,《説文・力部》:“務,趣也。”(第 293 頁)“務”爲專力從事義,後引申有追求、謀求某事等義。“怱務”與“忩務”同。“怱務”在佛經中多有用例,如:

《悲華經》:“寒熱飢渴疲極聲,耕犁種殖怱務聲。”(T03p207a)

《悲華經》:“阿蘭若即是助菩提法,離諸怱務故。”(T03p222b)

《中本起經》:“吾今怱務,不能得爲。”(T04p163a)

《佛説菩薩行方便境界神通變化經》:“見無諸怱務,方便智示現。”(T09p304c)

《佛説無量壽經》:“尊卑上下,貧富貴賤,勤苦怱務,各懷殺毒。”(T12p275a)

《佛説阿彌陀三耶三佛薩樓佛檀過度人道經》:“憂念苦多,家事怱務,不暇大齋一心清净。”(T12p311b)

《大般涅盤經》:“其心怱務,不能得定。”(T12p579a)

《大方等大集經》:“若欲離於惡怱務,應當修集於正道。”(T13p141a)

由以上各例可見,在佛經中,“怱務”大致有兩種含義:一指匆忙於各種瑣事,爲動詞性;二指擾亂人心智與修行的凡俗瑣事,爲名詞性。《漢語大詞典》失收該詞。原文大意爲,像這樣匆忙於凡俗瑣事的行爲,從未停歇息止。悪,《説文・心部》:“悪,過也。”(第 221 頁)爲罪過、罪惡義。“悪”當爲“怱”之形訛。《中國書法大字典・草書》中“怱”有“”形(第 309 頁),“悪”有“”形(第 309 頁),皆可爲證。

此外,在佛教中,擾亂人心智與修行之“怱務”,雖可視爲一種“悪務”,但在佛經中“悪務”并無此用法。其連用常如下:

《大方廣佛華嚴經》:“德行兼茂,勇略無虧,爲護衆生,除惡務本,如日照曜,滌闇除昏。”(T10p715b)

《般若波羅蜜多心經幽贊》:“顯正摧邪,除惡務善。”(T33p542a)

該二例中,“悪”并非與“務”連用,而是“除悪”與“務善”連用,“除悪”與“務本”連用,故“悪務”在佛經中并無表“怱務”的用法。

百家注本《柳集》音釋校勘札記

[印尼]陳衍宏(Clement Tanaka)

摘　要: 百家注本是宋刻本《柳宗元集》中的重要版本,但該本多用俗字,文字亦多舛訛,嚴重影響了讀者對文本内容和音釋材料的正確理解。文章運用文本對校、他校等法,參校相關韻書、字書,對百家注本音釋材料進行勘誤,以期恢復音釋最初樣貌,便於後期的語音研究。

關鍵詞: 百家注本;《柳宗元集》;音釋;校勘

引　言

國家圖書館藏《新刊增廣百家詳補註唐柳先生文》(以下簡稱"百家注本")①,凡四十五卷,是《柳宗元集》(以下簡稱《柳集》)的重要版本之一。據吴文治先生的研究,百家注本大約成書於南宋淳熙四年至十六年(1177—1189)之間②。陳杏珍(1992)從刻工姓名、字體刀法出發,對該本《柳集》的出版地進行了考證,認爲百家注本是南宋中期成都眉山地區刻本③。此本《柳集》在當時及後代皆有重要影響,南宋諸本如魏仲舉《五百家註音辯唐柳先生文集》(以下簡稱"魏本")、鄭定《重校添註音辯唐柳先生文集》(以下簡稱"鄭本")、廖瑩中《河東先生集》(以下簡稱"廖本")皆對百家注本有所承襲④。現代《柳集》整理本,如吴文治等點校《柳宗元集》⑤,尹占華、韓文奇校注《柳宗元集校注》⑥也以該本作爲其工作底本,可見百家注本是現存時代較早、注釋最爲豐富、影響最爲深遠的足本《柳集》版本。

百家注本的一個重要特點是保存了宋代文讜、孫汝聽、韓醇、童宗説、張敦頤、王儔、陳鷃等儒者的注釋内容,其中包含了大量的音釋材料。據筆者初步整理,此書收録大約 3500 條音釋(包括反切、直音與標調三種類型),是研究漢語歷史語音的重要資料。筆者最近對百家注本的音釋進行了全面的整理,看到一些注文難以釋讀,特别是其中和語音相關的内容與我們所知的時音不合。我們遂將百家注本中的音釋與

作者簡介: 陳衍宏(Clement Tanaka),復旦大學古籍整理研究所博士生(印度尼西亞留學生),主要從事漢語音韻學、國際中文教育研究。

① (唐)柳宗元:《新刊增廣百家詳補註唐柳先生文》(全八册),上海:上海古籍出版社,2013 年。

②④ 吴文治:《談談〈柳宗元集〉的版本問題》,《零陵學院學報》2002 年第 5 期,第 1—5 頁。

③ 陳杏珍:《宋代蜀刻〈經進詳注韓文〉與〈百家注柳文〉》,《文獻》1992 年第 1 期,第 163—169 頁。

⑤ (唐)柳宗元撰,吴文治等點校:《柳宗元集》(全四册),北京:中華書局,1979 年。

⑥ 尹占華、韓文奇校注:《柳宗元集校注(典藏本)》(全五册),北京:中華書局,2022 年。

魏、鄭、廖三本以及收録童宗説、張敦頤、潘緯音釋的《增廣注釋音辯唐柳先生集》(以下簡稱"音辯本")進行了比對,同時還參校唐宋以來主流字書、韻書,從中看出其中一些音釋上的問題是出於字形訛誤,還有個别例子是奪文、倒文所致。這些文字上的乖互之處當據參校本、辭書校補。另有一些文字齟齬之處,應是昧於俗字字形所致,也當出注説明。本文以百家注本音釋的校勘爲中心,擿發其誤,試舉其中 9 例,就正於方家。

本文使用的百家注本是上海古籍出版社 2013 年影印本,後文各條目所引頁碼皆出自此本。需要注意的是,音辯本的前身可能是《柳集》集注本最早的一種①,筆者選擇現存流傳較廣的《四部叢刊》影元刊本作爲參校本②。由於宋刻魏本僅存卷十六至二十一、卷三十七至四十一,故筆者選擇日本北朝嘉慶元年(1387)俞良甫翻刻本用於參校③。鄭本採用臺灣地區圖書館藏宋嘉定年間姑蘇鄭氏刊本④。廖本則爲國家圖書館出版社據宋咸淳廖氏影印本⑤。

一、訛　文

我們在閱讀百家注本的過程中注意到,一些音釋材料所反映的語音現象既與宋代韻書中的記載大相徑庭,又不符合漢語語音史的一般發展規律。通過對這類材料的進一步分析,我們注意到這些現象應該是被注字或者注音字中存在訛文所致,具體分析如下:

(一) 被注字之訛文

1. 卷一《貞符》:殄厥凶德,乃敺乃夷,懿其休風,是喣是吹。呴,吁句切。(第 122 頁)

按:據一般音釋體例,注文中的被注字當是原文中出現過的字,然而"呴"字不見於原文,字形相近者唯"是喣是吹"之"喣"字。查音辯本、魏本、鄭本、廖本,此句正文皆作"是喣是吹",注文作"喣,吁句切",《新唐書》卷一六八《韋王陸劉柳程傳》引此句亦作"是喣是吹",⑥據體例而言,作"喣"爲長。然而,結合音釋"吁句切"上看,"喣"《王三》⑦《廣韻》⑧皆收麌韻況羽反(切),屬上聲,而切語"吁句切"爲去聲,二者在聲調上有所差異;"呴"字《王三》未收,《廣韻》遇韻香句切屬去聲,却合於注文。故此處的

① 吴文治:《談談〈柳宗元集〉的版本問題》,《零陵學院學報》2002 年第 5 期,第 1—5 頁。

② (唐)柳宗元撰,(宋)童宗説、張敦頤、潘緯音釋:《增廣註釋音辯唐柳先生集》(全八册),上海涵芬樓用元刊本景印。(《四部叢刊》本)

③ 金程宇:《和刻本中國古逸書叢刊》(全 70 册),第 44—46 册:(唐)柳宗元撰,(宋)魏仲舉輯注,(元)俞良甫翻刻:《新刊五百家註音辯唐柳先生文集》,南京:鳳凰出版社,2012 年。(和刻本)

④ (唐)柳宗元撰,鄭定添注:《重校添註音辯唐柳先生文集》,臺北:臺灣地區圖書館藏宋刊本。

⑤ (唐)柳宗元撰,廖瑩中輯注:《宋本河東先生集》(全十一册),世綵堂刻本,北京:國家圖書館出版社,2019 年。

⑥ (宋)宋祁撰,顧頡剛等點校:《點校本二十四史精裝版·新唐書》,北京:中華書局,2011 年,第 5139 頁。

⑦ (唐)王仁昫:《唐寫本王仁昫刊謬補缺切韻》,南京:江蘇鳳凰教育出版社,2017 年。(本文將辭書類書籍在第一次引用時,標出所用版本,下文將不重複引用,特此説明。)

⑧ (宋)陳彭年等:《宋本廣韻》(第三版),南京:江蘇鳳凰教育出版社,2008 年。

参差頗值得玩味。

《玉篇》口部[①]:"呴,呼俱、呼具三切。嘘吹。"《老子》第二十九章云"故物或行或隨,或呴或吹",河上公注曰:"呴,温也,吹,寒也。"[②]又《莊子・刻意》:"吹呴呼吸,吐故納新。"[③]《淮南子・精神訓》:"是故真人之所游,若吹呴呼吸,吐故内新。"[④]可見"呴"字常與"吹""呼""吸"等連用,當訓"嘘吹"之義,結合柳文中的"休風""是吹"等,"呴"字在此合於文義。"煦"字不見於《玉篇》,《廣韻》收麌韻况羽切,注曰:"呈示。"其切語與注文"吁句切"聲調有上去之别,其義又與"嘘吹"不合。但是,我們又注意到《集韻》噳韻[⑤]中有"欨煦呴:吹也。或作'煦',亦省。"音作火羽切,將"煦""呴"等視作"欨"之異體,其義爲"吹也"。又王充《論衡》卷二十五"風猶人之有吹煦也"[⑥]是其證。"呴""煦"既有古文獻通用之例,雖辭書不載,而"煦"之有"呴"音,殆爲事實。故諸本《柳集》作"煦"似又可通。然而,遍查歷代字書、韻書,"煦"字并無去聲讀音,與注文"吁句切"仍不合[⑦]。我們據此推測,或許存在一種可能,諸本之"煦"字蓋本作"呴"。"煦"字《廣韻》注"呈示"本無"嘘吹"義,由於"煦"與"呴""欨"等形音皆近可通,故百家注本在傳抄的過程中將正文之"呴"改作"煦",只在注文中仍保留着原貌,而其餘諸本或據音釋體例,又將注文中的"呴"改爲"煦"。

2. 噫!古之言理者,罕能盡其説。建一言,立一辭,則甈𠑊而不安,童曰:甈𠑊,危也。上音孽,下音兀。(卷三《六逆論》,第214頁)

按:"甈𠑊"之"甈"魏本、廖本同;音辯本、鄭本作"鶂"。

從文義上看,"甈𠑊"不見於典籍,似不詞。"鶂𠑊"《周易・困卦》:"上六:困于葛藟,于鶂卼,曰:動悔有悔,征吉。"孔穎達疏"鶂卼,動摇不安之貌。"[⑧]《朱子語類》卷十四"問:'静而後能安'。曰:'安,只是無鶂卼之意。才不紛擾,便安。'"[⑨]"鶂𠑊"當是"不安"之義,與柳文"甈(鶂)𠑊而不安"之義相合。需要注意的是,"𠑊"字《漢語大字典》尢部注:"同'卼'。"[⑩]兩個字形爲異體關係。再從音釋上看,百家注本引童宗説"甈"音"孽","甈"字《廣韻》霽韻五計切,又祭韻去例切,"孽"《廣韻》薛韻魚列切,被注字與注音字并不同音。而我們在其他典籍上看到的"鶂"字,《廣韻》屑韻五結切,聲母與"孽"相同,韻母同爲山攝的細音入聲,語音相近。由此可知,百家注本、魏本、廖本

① (宋)陳彭年等:《大廣益會玉篇》(三十卷),上海商務印書館縮印建德周氏藏元刊本。(《四部叢刊》本)

② (春秋)老子撰,(漢)河上公章句:《老子道德經》,上海涵芬樓借常熟瞿氏鐵琴銅劍樓藏宋刊本影印。(《四部叢刊》本)

③ (戰國)莊子撰,(西晋)郭象注,(唐)陸德明音義,(清)孫毓修札記:《南華真經》,上海涵芬樓藏明刊本。(《四部叢刊》本)

④ (西漢)劉安撰,(東漢)許慎注:《淮南子》,上海涵芬樓藏景鈔北宋本。(《四部叢刊》本)

⑤ (宋)丁度等:《集韻:附索引》,上海,上海古籍出版社,2017年。

⑥ (東漢)王充:《論衡》,上海涵芬楼藏明通津草堂刊本。(《四部叢刊》本)

⑦ 《漢書》卷五十三《景十三王傳》第二十三"夫衆煦漂山",顔師古注"煦,音許句反,又音許于反。"此音爲去聲與平聲兩種,然此應是地名注音,與柳文不合。(漢)班固撰,(唐)顔師古注,顧頡剛等點校:《點校本二十四史精裝版:漢書》,北京:中華書局,2011年,第2423頁。

⑧ (唐)孔穎達:《影印南宋官版周易正義》,北京:北京大學出版社,2017年,第184頁。

⑨ (宋)黎靖德編,王星賢點校:《朱子語類》,北京:中華書局,1986年,第274頁。

⑩ 漢語大字典編輯委員會:《漢語大字典(第二版)》,成都:四川長江出版集團,2010年。

之“甈”當爲“䑿”之形訛,當據音辯本、鄭本等校證。

備考:據王力先生研究,在宋代通語中《切韻》音系山攝入聲細音大量合并,形成了“月薛部”。在朱熹的音切中就有諸如“厲,叶力桀反”這種“以薛叶屑”的例子。[①]因此注文“䑿”音“孽”很可能是宋代口語音變的反映,留此備考。

(二) 注音字之訛文

1. 天厚黄德,狙獷服。孫曰:唐以土德代隋,故云黄德。韓曰:楊雄《劇秦美新》:肉角之獸,狙獷而不臻。注:狙獷,犬噛人者也。狙,七余切。獷,古孟切。(卷一《唐鐃歌鼓吹曲·唐既受命李密自敗來歸以開黎陽斥東土爲獸之窮第二》,第91頁)

按:注文“獷,古孟切”之切下字“孟”魏本、廖本同;音辯本作“猛”,鄭本“獷”字無注音。

從百家注本内部證據上看,同書卷十《唐故邕管招討副使試大理司直兼貴州刺史鄧君墓誌銘》,有“龙茸之下,直道有立,獷悍之内,義威必行”一句,注曰:“獷,古猛切。”(第436頁)又有同書卷三十八《代韋永州謝上表》“曠牧守於再秋,彌驕獷俗”下注:“獷,古猛切。”(第1480頁)兩處切語下字均作“猛”。再從音釋上看,“獷”《廣韻》梗韻古猛切,切下字與音辯本、百家注本卷十與卷三十八同。“孟”《廣韻》映韻莫更切(去聲),聲調與“獷”(上聲)不同。由此可知,百家注本、魏本、廖本之“孟”當是“猛”之訛,當據音辯本及同書卷十、卷三十八校證。

2. 桑穀生庭而自滅,野雉雊鼎而自息。桑穀、雉雊二事,并見上《貞符》注。雊,古侯切。(卷二《愈膏肓疾賦》,第166頁)

按:注文“雊,古侯切”中的切下字“侯”,音辯本、魏本、鄭本皆作“候”,廖本此處無音釋。

從百家注本内部證據上看,注文提到“并見上《貞符》注”,查卷一《貞符》“商之王以桑穀昌,以雉雊大”句注曰:“雊,鳴也,古候切。”(第120頁)“雊”字切語下字亦作“候”。再從音釋上看,“雊”《廣韻》候韻古候切,切下字都作“候”。“侯”《廣韻》侯韻户鉤切,屬平聲,與“雊”聲調不合。據此可知,百家注本切下字“侯”應是“候”字之形訛,當據音辯本、魏本以、鄭本及同書卷一校證。

二、奪　文

整理百家注本音釋材料的過程中,我們看到個别條目與一般音釋體例有所不同的情況,其字頭原本的讀音與其注音差異較大,通過與《廣韻》《集韻》等韻書進行比對,同時參考注釋内容中提到的異體字綫索,判斷出這些現象應該是注音字中脱去了其字頭,具體分析如下:

(一) 是歲,以踈儁少檢祖峻切,與“俊”同,絶異也。獲訕,出牧邵州,又謫佐永州。(劉禹錫撰《新刊增廣百註音辯唐柳先生文集序》,第2頁)

按:據全書的音釋體例,切語或直音前一般有被注字,若無被注字則默認是對切

① 王力:《漢語語音史》,北京:商務印書館,2010年,第322—323頁。

語之前的一字,即正文最後一字的注音。如,同書卷一《唐鐃歌鼓吹曲·序》載,“負罪臣宗元言:‘臣幸以罪居永州,受食府廩,竊活性命,得視息,無治事,時恐懼,小間,音閑。又盜取古書文句,聊以自娱。元俱切。’”(第 85 頁)又卷四十二《同劉二十八院長述舊言懷感時書事奉寄澧州張員外使君五十二韻之作因其韻增至八十通贈二君子》:“屢歎恢恢網,童曰:《老子》:天網恢恢。音魁。頻搖肅肅罝。”(第 1634 頁)而此處“祖峻切”前無小字,依例則默認是對正文“檢”字的注音。然而,注文又云“與‘俊’同”,“檢”“俊”二字音義相去甚遠,此條注音頗爲可疑。

“檢”字《廣韻》《集韻》皆收琰韻,居奄切,百家注本切語“祖峻切”精母稕韻,音韻地位不同。查正文中有“儁”字,該字《集韻》即“祖峻切”。又《玉篇》人部收“俊”字,下注:“子峻切。才過千人也。”,下有“儁”字,注曰“同上,俗作‘雋’”。音辯本注曰“潘本作‘雋’,徂峻切[①],與‘俊’同,字當作‘儁’。儁,絶異也。”由此可知,百家注本注文中之“祖峻切”當是對“儁”字的注音,此處脱字頭“儁”字,當據《玉篇》《集韻》等校補。

三、倒　文

百家注本中,還存在個别與上述奪文極爲相似的文獻問題,稍有不慎將其歸爲一類,便是注音字同樣缺乏字頭,但注音内容的字頭存在於前一句的結尾之中,與其他字的順序顛倒錯位,具體分析如下:

(一)敢望誅黑蝀,抶陰蜺,韓曰:《春秋元命包》云:“虹蜺,陰陽之精。”又《月令章句》云:“陰陽不和,即生此氣。”蜺見有青赤色,常依陰雲而晝見於日抶衝。擊也。音秩。式乾后土,以廓天倪。(卷四十一《舜廟祈晴文》,第 1588 頁)

按:注文尾“擊也,音秩”似乎是一條音釋,但是釋義、注音前却不見字頭,這與全書音釋體例不符。此外,注文“常依陰雲而晝見於日抶衝”的“日抶衝”三字亦殊不可解,似不詞,此條注文的確存在疑問。查音辯本,此處注文作“抶,音秩,擊也。‘蜺’與‘霓’同,虹也。”魏、鄭、廖三本,此處對百家注本引韓醇注有所承襲,但後半句皆作“……蜺見有青赤色,常依陰雲而晝見於日衝。抶,擊也。音秩。”廖本在“音秩”前又增加了“抶”字頭,同時删去前面“韓曰”二字。

此外,我們還注意到“常依陰雲而晝見……”一句還見諸於其它典籍。例如,唐徐堅等撰《初學記》卷二《虹霓第七》有載:“《月令章句》云:‘夫陰陽不和,婚姻失序,即生此氣。’虹見有青赤之色,常依陰雲而晝見,於日衝無云不見,太陰亦不見。見輒與日相互,率以日西,見於東方。”[②]又宋高似孫《緯略》卷十一中提到,“蔡邕《月令章句》曰:‘虹,螮蝀也,陰陽交接之氣著於形色者也。’雄曰‘虹’,雌曰‘蜺’。虹常依陰雲而

---

① 需要注意的是,音辯本之音釋“儁,徂峻切”音韻地位爲從母稕韻,與百家注本“祖峻切”聲母不同,《廣韻》“儁”字音作“子峻切”,音韻地位與百家注本同。《集韻》“存”(徂昆切,從母魂韻)字之下有:“蹲踆俊,《説文》:踞也。或作踆,古作俊。”《集韻》“俊”字與音辯本之“儁”字雖同爲從母,但韻、等及字義(絶異也)差異較大。因此可斷定,音辯本之切上字“徂”字當是百家注本“祖”字之訛,留此備考。

② (唐)徐堅等輯:《初學記》,北京:京華出版社,2000 年,第 62 頁。

晝見於日衝,無雲不見,太陰亦不見,率以日西見於東方。”[①]參考以上引文可知,《百家注本》中的“抶衝”不詞,而“日衝”則爲詞,蓋指日中之義。那麼,這裏的“音秩”是何字之音釋呢?

“抶”字,《説文》手部:“笞擊也。从手失聲。”徐鉉音“敕栗切”[②]。《廣韻》質韻丑栗切,注曰“打也”。又《漢書》引《左傳·定公十年》“地怒,使其徒抶魋而奪之”顔師古注曰:“抶,擊也,音丑失反。”[③]由此可見“抶”字當有“擊也”之義,只是“勑栗切”[④]“丑栗切”等聲母皆屬徹母質韻,“秩”屬澄母質韻,二者在聲母上清濁有異。又《集韻》質韻直質切,與“秩”同一小韻下亦收“抶”字,注曰“擊也”,其音義皆與百家注本相合。《廣韻》鍾韻尺容切:“衝,當也。向也。突也。《説文》曰:通道也。”“衝,上同。”可見,“衝”字,于義于音與“擊也。音秩。”相差甚遠。因此,該部分“抶”“衝”二字爲誤倒,“抶”作爲字頭更爲合適,當改爲“……常依陰雲而晝見於日衝。抶,擊也。音秩。”

四、俗　字

目前所見的百家注本雖爲刻本,但其中仍存在不少寫本文獻習見的俗字。雖然這些俗字不能徑直看作是訛文,但有時候一些俗字在字形上與其他字相同,産生了混淆,影響了音釋的理解。這類情況就必須指明其正字,并加以説明,做到“剖析毫釐,分别黍累”。

(一) 江漢之阻,都邑固以皃。音完。(卷一《唐鐃歌鼓吹曲·梁之餘保荆衡巴巫窮南越良將取之不以師爲苞枿第六》,第 98 頁)

按:百家注本“都邑固以皃”之“皃”,音釋爲“音完”,廖本同。鄭本在音釋“音完”前有“張曰”二字,意在説明該音釋出自張敦頤,獨音辯本正文之“皃”作“完”。此句出自一段韻文,上下文是:“苞枿黝矣,惟根之**蟠**,彌巴蔽荆,負南極以**安**。冃我舊梁氏,緝綏艱**難**。江漢之阻,都邑固以**皃**。”從韻脚和諧上看,這裏的“皃”字似與“蟠”“安”“難”等字爲韻,查《廣韻》“皃”字效韻莫教切,又覺韻莫角切,而“蟠”“安”“難”屬寒、桓韻系,韻尾皆屬收舌陽聲韻,“皃”字二音皆與“蟠”“安”“難”等相去甚遠,不能押韻。再從對仗上看,“負南極以安”與“都邑固以皃”互爲對文,“皃”與“安”在文義上亦難相對。這個“皃”字音、義皆可疑。

“皃”字音辯本作“完”。“完”字《廣韻》桓韻胡官切,與“蟠”“安”“難”相協,從對文上看,“完”又可與“安”相對,音義皆妥帖,諸本皆作“皃”蓋受俗字之影響。又考:“完”《説文》收宀部,作“𡧑”形。秦漢以降,改篆作隸,部件“宀”一般會隸定爲“宀”形,兩邊

① (宋)高似孫著,王群栗點校:《高似孫集》,杭州:浙江古籍出版社,2017 年,第 752 頁。需要注意的是,今存漢代《月令》單篇别行文本只有蔡邕《月令章句》的輯佚本,其中由清人馬國翰、王謨、葉德輝等人所輯(毋燕燕:《蔡邕〈月令章句〉析論》,《中華文化論壇》2016 年第 11 期,第 141—145 頁)。

② (漢)許慎撰,(宋)徐鉉校定,愚若注音:《注音版説文解字》,北京:中華書局,2015 年。

③ (漢)班固撰,(唐)顔師古注,顧頡剛等點校:《點校本二十四史精裝版:漢書》,北京:中華書局,2011 年,第 1469 頁。

④ “勑”字當是“敕”字之異體。《玉篇》載:“勑,丑力切。誡也。今作‘敕’。”

的豎畫較短，但也有一些字形兩邊的豎畫會寫得比較長，保留著些許篆意。例如：《睡虎地秦簡》中的“完”字有作“”的，西漢《新居延漢簡》中“完”字也有作“”“”等，東漢《山東蒼山元嘉畫象石墓題記》作“”，這些字形與“皃”字已經相當接近了。自魏晋以來，隸書楷化，以上這類“完”字有時就直接寫作“皃”形，例如：北魏《李壁墓誌》中，“完”字作“”。敦煌遺書北敦 140 號（北 6495；黄 40）北凉曇無讖譯《大般涅槃經》（北本異卷）卷三四，“完”字作“皃”：“舍三惡身，得受人身，諸根皃具，生於中國。”[1]在傳世文獻方面，唐顔元孫《干禄字書》平聲“皃完……上俗下正”，[2]唐張參《五經文字》宀部“完，音丸，全也。俗作‘皃’”。[3] 又慧琳《一切經音義》卷一五《大寶積經》第一百九卷音義：“不完，五官反。……有作皃，非也。”[4]由此可知，此“皃”實爲“完”字之俗，并非“容皃”之“皃”（貌），音辯本看出此“皃”即是“完”之俗，而徑直改之。此處需特别出注説明。

（二）紛若喜而佁儗兮，心回互以壅塞。互，音户，俗作“乎”。一本又作“旴”，音支。（卷二《夢歸賦》，第 158 頁）

按：注文“一本又作‘旴’，音支”中的“旴”字頗生僻，該字音辯本相應處恰是奪文。[5] 魏本作“肟”，韓醇《詁訓柳先生文集》[6]本作“盱”注曰“音支，目汁凝也”，這些字形在部件上都略有差異。鄭、廖二本情况較爲複雜，鄭本注作：“互，音户。俗作‘乎’，一本又作‘肟’，音支。〇添註：諸韻皆無‘旴’字，作‘回乎’恐是。章藉、章敦頤《釋音》作‘旴、眩’，二字并音支，目汁凝也。”[7]廖本改鄭本“肟”形爲“旴”并將“目汁凝也”義項移至前句，删去“添註”二字，又在“眩”字下改作“眩，音縣，目無常主也”其餘皆與鄭本同。但“旴”究竟爲何字，諸家解説莫衷一是。

我們認爲“旴”字即“眂”字，理由如下：

首先，百家注本卷十四《天對》中載，“對：禹懲于續，盒婦亟合。胈離厥膚，三門以不眨。與‘眎’同。”（第 619 頁）此處音辯本、魏本、鄭本與廖本正文均作“眂”，音辯本注“‘眂’與‘視’同。”魏本引蔡夢弼注“蔡曰：眂，善旨切。與‘視’同。後同。《孟子·勝文公篇》：‘禹八年於外，三過其門而不入。’”鄭本在魏本基礎上又“重校：‘眂’一作‘眩’”，廖本則改鄭本之“眩”字爲“昡”。此文可見“眨”“眩”“昡”“眂”四字的密切關係。此處還應當注意，“氏、氐”二字，在手書中常常混用不分。

其次，卷二十七《桂州裴中丞作訾家洲亭記》：“忽然若飄浮上騰，以臨雲氣，萬山

---

① 有關敦煌文獻之俗字，本文參考張涌泉、張小艷、部同麟著《敦煌文獻語言大詞典》（成都：四川辭書出版社，2023 年）。

② 施安昌編：《顔真卿書干禄字書》，北京：紫禁城出版社，1992 年，第 23—24 頁。

③ （唐）張參：《五經文字》，清道光十五年朝邑劉氏刊本，哈佛燕京圖書館藏。

④ 徐時儀校注：《一切經音義三種校本合刊（修訂第二版）》，上海：上海古籍出版社，2023 年，第 761 頁。

⑤ 此處日本國立國會圖書館藏元刊本音辯本（殘本，存卷 1 至 41，《别集》卷下，《外集》2 卷，《年譜》1 卷，《附録》1 卷）隱約可看到“互，音護。俗作‘乎’”。或是因爲字跡不清晰，《四部叢刊》影印本成爲奪文。

⑥ （宋）韓醇注：《詁訓柳先生文集》，《景印文淵閣四庫全書》第 1076 册，臺北：臺灣商務印書館股份有限公司，1986 年，第 24 頁。

⑦ 百家注本之《新刊百家音辯詁訓柳文諸儒名氏》以及魏本（《四庫全書》本）之《柳集所收評論詁訓諸儒名氏》中均無姓章者，但有“新安張氏 名敦頤，音辯”，此處“章敦頤”應爲“張敦頤”之訛。

面内,重江東隘,聯嵐含輝,旋視具宜,常所未覯,倏然𤘍見,舊注:倏,走也。音叔。‘𤘍’字,正作‘互’。以爲飛舞奔走,與游者偕來。”(第1098頁)文中,“𤘍”字與“㸦”字筆畫有所不同,音辯本正文作“互”,注曰“‘互’或作‘牙’,同。”魏本將“𤘍”改作“牙”。鄭本與百家注本同。廖本改作“乐”注“‘乐’與‘互’同。”可見,“𤘍”“牙”“乐”均與“互”字相關。

最後,百家注本卷四十《祭李中明文》有“𪀦鵂夜啼,群瞑凝兮。”下文注“孫曰:《莊子》:‘鴟鵂夜撮蚤,察豪末;晝出瞑目而不見丘山。’鴟與鵂鶹,二鳥名,皆惡鳥也。𪀦,音鴟。鵂,音鶚。”(第1582頁)魏本、鄭本將“𪀦”字改爲“𪀫”,廖本改其注“……𪀫,與鴟同。鳶屬。”明三徑草堂本《柳河東集》[①]則將宋本“𪀦、𪀫”字一律改爲“鴟”,同時删其注音。可見,“𪀦”“𪀫”“鴟”是同一個字。

《夢歸賦》中的“𥄎”字不見於歷代字書、韻書。百家注本謂“互”字俗作“㸦”,再有卷二十七的“‘㸦’字正作‘互’。”由此,“𥄎”似可類推作“𥅫”。在抄本文獻中“互”又常“身兼二職”,《龍龕手鏡》一部:“互,古文,音㸦。又都奚反。”[②]又《干禄字書》:“互氏,上通下正。”[③]敦煌遺書北敦1228(北220;列28)《大方等大集經》卷十八:“東方七宿,謂角、亢、互、房、心、尾、箕。”[④]皆可説明“氐”字俗作“互”。百家注本中,還有“互”作爲聲符的“𪀫”字是“鴟”字之俗形。可见“互”字既是“互”字本身的正字,又成爲“氐”字的俗字。[⑤] 因此“𥅫”很可能就是“眡”字之俗。“眡”《廣韻》旨韻承矢切,皆系“視”字之古文,“回眡”即“回視”“回望”之義。

此處“𥄎”字蓋本是“視”之古字“眡”,後者俗作“𥅫”。由於作爲正字的“互”又有俗體“㸦”,加之此段注文前亦有“互,音户,俗作‘㸦’”一句,故“𥅫”涉前又變作“𥄎”形。魏本之“眄”,明代蔣之翹認爲“以㸦而轉誤作‘眄’,音支”。[⑥] 韓醇之“盻”[⑦]皆是“𥄎”之形訛。由於作爲“氐”俗字的“互”又常作“玄”形,《龍龕手鏡》目部“眩,都奚反,視也。”又有百家注本卷四十的“𪀦”字他本改作“𪀫”是其證。我們由此推測,鄭本所引“眩”蓋爲“眩”之訛變,該本引章藉、章敦頤《釋音》,將“𥄎”“眩(眩)”并列,即是其證。至於廖本注“眩,音縣”,此蓋望文生訓,不足爲據。

“𥄎”字自百家注本以降,皆音“支”,但“眡”字旨韻承矢切,又齊韻都奚切,并不同音。韓醇、鄭本又皆訓“𥄎”作“目汁凝也”,然而“眡”字并無此義,查“眵”《廣韻》支韻章移切,與“支”同小韻,注曰“目汁凝”,此似合於音釋。我們推測,或是在百家注本单注“音支”不注其義,此本注音者口音當中“眡”蓋與“支”同音。而其餘諸本昧於字形,不知“𥄎”爲何字,但據“音支”而推測“𥄎”是“眵”,故添注曰“目汁凝也”。

---

① (唐)柳宗元撰,(明)蔣之翹輯注:《柳河東集》,杭州:浙江大學出版社,2021年,第七册,第1962頁。

② (遼)釋行均:《龍龕手鏡》,北京:中華書局,1985年,第525頁。

③ 《顏真卿書干禄字書》,第20頁。

④ 《敦煌文獻語言大詞典》,第470頁。

⑤ 張涌泉:《漢語俗字叢考(修訂本)》,北京:中華書局,2020年,第1頁。

⑥ 《柳河東集》,第1册第240頁。

⑦ 與百家注本卷二十七之“𤘍”字同。蓋從“㸦”形訛變而來。

（三）攢林麓以爲叢棘兮，虎豹咆㘎代狴牢之吠嘷。孫曰：咆㘎，虎豹聲。《博物志》云："狴，獄別名。"嘷，亦咆也。咆，音庖。㘎，虎檻切。狴，音陛。嘷，音豪。（卷二《囚山賦》，第161頁）

按："咆㘎"之"㘎"，魏本同。音辯本正文"咆㘎"之"㘎"同，但注文"㘎，虎檻切"之字頭訛作"嗷"。鄭本注文在百家注本的基礎上"添註"曰："'㘎'一作'闞'，虎檻切，恐是蓋《韻》中無'㘎'字"，廖本與鄭本同，僅删去"孫曰""添註"等字樣。

"㘎"字不見於歷代字書、韻書。鄭本提到"闞"字，查《廣韻》鑑韻許鑑切"犬聲"，與原文"㘎"字音、義皆合。章士釗則認爲："咆㘎即咆哮。《詩》：'闞如虓虎'，闞不加口旁，字書亦未收'㘎'字，子厚蓋隨意連寫成文耳。"[①]查"㘎"字唐代之前早已出現，如（梁）蕭統撰、（唐）李善等注《六臣註文選》：《辨亡論上下二首》載，"哮呼交㘎乎斬之群風驅，熊羆之衆霧集，……翰曰：哮㘎，虎振聲也。言兵勇叫之勢，若虎之振聲，如風之驅走。熊羆，亦猛獸。霧集，言多也。"[②]再如，與柳宗元同時代的李白《分類補註李太白詩》中的《大獵賦》載："而田疆古冶之疇，烏獲中黄之黨，越峥嶸，獵莽蒼。喑嗚哮乎交切㘎乎敢切，風旋電往。"[③]章士釗謂"子厚隨意連寫成文耳"，未必可信。據張涌泉先生總結，俗字形成的一種類型是"給本不需要意符的字加上意符"，[④]羅振玉《面城精舍雜文·乙編》云："�瑑二字，頗不可識，疑用隨侯之珠事，以珠字從玉，隨侯因亦從王旁作璲瑑，六朝人好作別字如此。唐《張興墓誌》'昆吾'字作'琨珸'，與'璲瑑'正相類也。"[⑤]是其證。我們注意到《柳集》中的"㘎"與"咆"聯用，李白詩中的"㘎"與"哮"聯用，應該是"闞"字受到口旁而類化形成的俗字，故而鄭、廖二本謂"《韻》中無'㘎'字"。

百家注本是現存時代較早、注釋最爲豐富、影響最爲深遠的足本《柳集》版本。該本内含唐宋之際豐富的音釋材料，是研究漢語通語史、方音史的重要資料。然而，該本在傳刻過程中遺留的文字疑竇頗多，問題也相對複雜，需要再三校勘加以甄別。古籍的整理永遠處於不斷推進的過程之中，希望本文能爲恢復百家注本音釋的原貌、揭示其所含歷史語音信息貢獻綿薄之力。

本文承蒙導師復旦大學古籍整理研究所劉曉南先生的悉心指導，本所季忠平老師、余柯君老師等也對本文進行過指正修改，本所鄭偉莉博士對本文的數據庫建設提供技術支持。本文初稿曾於2023年7月在遵義師範學院、華中科技大學共同舉辦的第三屆漢語音義學研究學術研討會上報告，與會專家也對本文提出了許多寶貴意見。謹此一并致謝。

① 章士釗：《體要之部》，《章士釗全集》第九卷，上海：文匯出版社，2000年，第60頁。

② （梁）蕭統撰，（唐）李善等注：《六臣註文選》，上海涵芬樓《四部叢刊》景宋本。

③ （唐）李白撰，（宋）楊齊賢集註：《分類補註李太白詩》，上海涵芬樓《四部叢刊》景蕭山朱氏藏明郭雲鵬刊本。

④ 張涌泉：《漢語俗字研究（增訂本）》，北京：商務印書館，2010年，第45頁。

⑤ （清）羅振玉：《面城精舍雜文》，哈佛大學燕京圖書館藏。

《正字通》清畏堂本刊補問題拾零

雷 勵 劉雨絲

摘 要:《正字通》是明代的重要字書,現存的《正字通》版本中,白鹿書院本、劉炳補修本、清畏堂本被認爲有同版關係,都屬於"白鹿書院系版本"。由於印行年代不同,最晚刊行的清畏堂本與白鹿書院本之間有諸多差異,通過對這兩種版本在編排、注音、釋義、引證、標示異體、剜改痕蹟等方面的詳細梳理,可知清畏堂本所改之處係白鹿書院本原板本所有,這些差異反映了廖文英在後續修訂白鹿書院本過程中所作的整理及思考。

關鍵詞:正字通;清畏堂本;版本差異

《正字通》版本衆多,主要有白鹿書院本、弘文書院本、三畏堂本、芥子園本、清畏堂本等。據古屋昭弘考察,"白鹿書院本、劉炳本和清畏堂本基本上是同版的。"[①]白鹿書院本又存有兩種,分别是白鹿内閣本(日本内閣藏白鹿書院本)和白鹿東大本(東京大學圖書館藏白鹿書院本)。古屋昭弘發現這兩個版本的音注之間存在出入,通過考察它們之間的音注差異,得出白鹿東大本是基於白鹿内閣本修改後所刊印的版本的結論。改刻可能是以嵌入木塊的方式,白鹿書院本系版本如劉炳補修本、清畏堂本等都來源於這一修改後的版本[②]。

喻劍庚曾指出,弘文書院本是"現存所見《正字通》諸本中最早的一種版本"[③]。蕭惠蘭又提出新發現的"帶巴樓本"應刊於康熙九年(1670),可證"帶巴樓本"爲最早的本子,"甚至可能就是初版"[④]。而楊義騰認爲"帶巴樓本"不可能是最早的刻本,因爲既然是廖文英首刻《正字通》,則應當要有廖序[⑤]。

我們認爲古屋昭弘觀點可信。爲增補其證據,故將刊行時間最晚的清畏堂本與白鹿書院原本進行對比,試從整體情況、注釋内容、修改痕迹等方面説明對白鹿書院原本所作出的改動,進而探討清畏堂本的版本來源。

作者簡介:雷勵,湘潭大學文學與新聞學院教授、博士生導師,主要從事漢語史、數字人文等研究;劉雨絲,湘潭大學文學與新聞學院博士研究生,主要從事漢語史研究。

基金項目:國家社科基金重大招標項目"《洪武正韵》係韵書與明代字書比較研究及數據挖掘分析"(21&ZD298);湖南省研究生科研創新項目"《洪武正韵》《正字通》'急''迫'義語義網絡構建"(CX20220658)。

① [日]古屋昭弘:《〈正字通〉版本及作者考》,《中國語文》1995年第4期,第306頁。

② [日]古屋昭弘:《白鹿書院本〈正字通〉中最早期的音注》,《漢藏語研究:龔煌城先生七秩壽慶論文集》,台北:"中央研究院"語言研究所,2004年,第695—696頁。

③ 喻劍庚:《張自烈和〈正字通〉》,《南昌大學學報(人文社會科學版)》1989年第3期,第102頁。

④ 蕭惠蘭:《張自烈著〈正字通〉新證》,《湖北大學學報(哲學社會科學版)》2003年第5期,第82頁。

⑤ 楊義騰:《〈正字通〉與歷代重要字書之比較研究》,中國文化大學博士學位論文,2013年,第77頁。

一、從整體情况看清畏堂本與白鹿内閣本之編排

白鹿内閣本封面右上題“廖百子先生輯”,中題“正字通”,左下題“潭陽成萬材梓行”,并押有“白鹿書院藏板”的朱文方印。卷首有張貞生、尹源進、黎元寬、姚子莊、廖文英等五人的序。序文後依次爲《凡例》《正字通總目》《字彙舊本首卷》《十二字頭引》以及滿文《十二字頭》。

清畏堂本分爲清畏堂藏板本和清畏堂原板本兩種,時間上藏板本早於原板本,藏板本是原來的,而原板本是後人用同一套板木印行的,均爲吴源起所購劉炳修補過的白鹿書院本板木重新印行的本子[①]。藏板本收入《續修四庫全書・經部・小學類》第234—235册,共十二卷,封面押有“清畏堂藏板”字樣,序文除吴源起新寫的《序》外,僅保留了廖文英的《序》。并且在《凡例》後,《正字通總目》前還加入《正字通引證書目》,省略了《十二字頭引》以及滿文《十二字頭》。

原板本共十三卷,於日本内閣文庫可見。首卷封面上補有“南昌张爾公,連陽廖百子兩先生仝輯”十五字,改“清畏堂藏板”爲“清畏堂原板”。其次,還將省略的《十二字頭引》和滿文《十二字頭》又重新補進《引證書目》後邊,并將置於藏板本卷十二卷末的《字彙舊本首卷》,改爲附於《正字通總目》之後。

頁面佈局上,清畏堂本與白鹿内閣本基本保持一致,但在具體内容上清畏堂本略作增改。如《正字通總目・子集・一畫 二畫》之“丿部”下,兩種版本均標注有“二十二字”,而清畏堂本於此行第2排中補有“今增大字一”。考其“丿部”收字,實具二十三個字頭。據《字彙》“丿部”收字,《正字通》多增一個大字“乁”,白鹿書院本未在《總目》中反映這一變化,清畏堂本中可見增補文字旁有缺失左邊欄綫的痕蹟,且清畏堂原板中的“大”字樣明顯較小。故當爲在白鹿書院本之後所作的修改。

收字歸部上,清畏堂本也有對個別字條的位置及順序作細微的調整。例如《言部》“諘”字,白鹿内閣本的“諘”字歸入“九”畫,并位於“謅”字之後,順序依次爲“𧨲、(九)謅、諘”。清畏堂本則將“諘”字歸入“八”畫,緊跟“𧨲”字後,順序爲“𧨲、諘、(九)謅”。不難發現,清畏堂本剜改痕蹟明顯,如:“謅”字頭,白鹿内閣本作**謅**,部件“囟”長且寬,清畏堂本作**謅**,部件“囟”短而窄。

説解體例上,清畏堂本也更趨於規範。例如,《瓦部》末“甀”字下,白鹿内閣本爲“甕甀,并俗字。《篇海》瓦部一百八十六字,如……”清畏堂本則在説明俗訛後,增加分隔符號“○”以將“甀”字説解與引用《篇海》的異體字條進行分段。這一點在《田部》末“疃”字下可以得到印證,兩本皆訓爲“石鼓文疃字。……○《訂正篇海》田部一百四十九字,如……”。又如,標注“互見”字例的增加。清畏堂本“齸”字下删掉釋文“羊粻也,當从曳”,改爲“互見前齝註”。“齛”訓“同齝”,“齸”爲唐人諱世改“齝”之字形。還有“䔊,互見木部欃註”及“骬,互見後骭註”等皆爲新增。

---

① 古屋昭弘《〈正字通〉版本及作者考》中提及十八世紀初珂然和尚所作《正字通作者辯》介紹了清畏堂本有兩種。

二、從注釋内容辨清畏堂本與白鹿内閣本之差異

清畏堂本,尤其是原板本,是《正字通》最爲普及的版本①。因此本文採用原板本與白鹿書院原本(即"白鹿内閣本")相對照,發現了不少改動,在釋音、釋義、引證、標示異體等多個方面均有修訂,大致歸納如下:

(一) 釋音

古屋昭弘比較了《正字通》白鹿内閣本與東大本的音注,共找出 630 多處音注差别,其中山、咸兩攝的音注改動最大。并將修改後的音注與《增補字彙》、梅膺祚《字彙》進行對比,發現白鹿内閣本比白鹿東大本以及其他所有的版本更接近明末清初的官話系統②。劉澤民全面梳理了《正字通》中 3834 個常用字反切,統計分析得出其反映了張自烈母語方言江西宜春話的方音特點,而廖文英所作修改偏向於靠攏傳統切韻音系③。

1. 清畏堂本修改音切用字

(1) 反切不同

芙,敷無切,音苻。(白鹿内閣本)

芙,逢無切,音苻。(清畏堂本)

按:白鹿内閣本與清畏堂本反切上字清濁有别。《廣韻》虞韻"芙"字作防無切,本系濁脣音合口三等字,白鹿内閣本爲清脣音敷母字,清畏堂本又改爲濁音奉母字。

(2) 直音不同

瞖,余祭切,音医。(白鹿内閣本)

瞖,余祭切,音意。(清畏堂本)

按:《廣韻》霽韻"瞖"字影母於計切。白鹿内閣本、清畏堂本均以喻三"余"字、蟹攝開口三等祭韻字爲切,其所注直音則有别。《廣韻》"医"爲蟹攝影母霽韻字,與"瞖"同音,而"意"乃止攝影母志韻字。

(3) 反切與直音均有不同

鎞,邊迷切,音篦。(白鹿内閣本)

鎞,篇迷切,音批。(清畏堂本)

按:《廣韻》齊韻"鎞"字作邊兮切,釋作"鎞釵","篦"與"鎞"同音;又齊韻"錍"字釋作"錍斧","鈚"字釋作"鈚箭",均作"匹迷切"。《集韻》齊韻"鎞"字有兩音,作"釵"義時讀作幫母"邊迷切",借用作"箭鏃廣長而薄鎌"義之"錍"時讀爲滂母"篇迷切","錍"又作"鈚","批"亦音"篇迷切"。《説文》"錍"字本作"鍪錍也",《廣韻》讀作支韻"府移切",《集韻》讀作支韻"賓彌切"。朱駿聲《説文通訓定聲》"錍"字注:"按,斧也,假借爲

① 《正字通版本及作者考》,第 310 頁。

② 《白鹿書院本〈正字通〉中最早期的音注》,第 710 頁。

③ 劉澤民:《〈正字通〉作者問題補證》,《中國語文》2010 年第 6 期,第 563—569 頁。

鏑。”很顯然，白鹿内閣本、清畏堂本在“鞞”字音義匹配上均有考證不細致之誤。

（4）反切字與聲調（含聲調字）均有不同

靚，疾郢切，情上聲。（白鹿内閣本）

靚，疾應切，精去聲。（清畏堂本）

按：《字彙》：“靚，疾郢切，情上聲。”白鹿内閣本同《字彙》。《廣韻》去聲勁韻“靚”字作“疾政切”。《洪武正韻》七十六韻本上聲梗韻疾郢切、去聲敬韻疾正切兩收“靚”字，而八十韻本“靚”字僅去聲敬韻疾正切一音。清畏堂本同八十韻本，“精去聲”系濁音清化。又段玉裁《説文解字註》“靚”字云：“按，當依曹憲恥敬切。”

（5）歸屬韻部不同

眼，又阮韻，堄上聲。《考工記》：“輪人爲輪轂也者。”（白鹿内閣本）

眼，又軫韻，魚墾切。《考工記》：“輪人爲輪轂也者。”（清畏堂本）

按：《增韻》上聲很韻“眼”字魚懇切，注：“《考工記》輪人望其轂，欲其眼也。”《洪武正韻》上聲軫韻“眼”字亦作魚懇切，注同《增韻》。《字彙》目部“眼”注“又魚墾切。垠上聲”。白鹿内閣本所注韻部誤，當據清畏堂本正。

2. 清畏堂本換用注音方式

白，蒲格切，絣入声，西方色。（白鹿内閣本）

白，蒲核切，音帛，西方之色。（清畏堂本）

按：《洪武正韻》入聲陌韻“白”“帛”2字作“簿陌切”。“簿”“蒲”2字爲并母字，“陌”“格”“核”3字均爲陌韻字。白鹿内閣本、清畏堂本“白”字所注反切同音。《字彙》“白”字注：“簿麥切，彭入聲，西方色。”《廣韻》“彭”爲庚韻并母字，“絣”爲庚韻幫母字。白鹿内閣本將“彭”改作“絣”系濁音清化。

3. 清畏堂本删略注音數量

聚，又御韻，音聚，注：“晋邑。”（白鹿内閣本）

聚，又《左傳》：“城聚。”注：“晋邑。”（清畏堂本）

按：義項“晋邑”爲《正字通》所增補，《康熙字典》亦收。“晋邑”本出自杜預注《左傳·莊公二十五年》：“乃城聚而處之。”《洪武正韻》七十六韻本“聚”字有上聲語韻慈庾切、去聲御韻族遇切二音。《字彙》“聚”字“慈與切”與“慈庾切”音同。《正字通》白鹿内閣本“聚”字注“七主切，趨上聲”，清畏堂本改作“族遇切，趨去聲”，又增補引文，注案語“舊註：聚，會。徐上聲。聚斂去聲。分二音，誤”，并删掉了注音“御韻，音聚”。

（二）釋義

1. 清畏堂本義項失收

（1）誤漏義項

襵，衣游縫也。又曷韻，音撮。緇布冠也。又王筠《詠裁衣》：“裲襠雙心共一袜，袙複兩邊作八襵。”與撮、緅并通。（白鹿内閣本）

襵，衣游縫也。又曷韻，音撮。衣襞積也。梁王筠《詠裁衣》：“裲襠雙心共一袜，袙複兩邊作八襵。”與撮、緅并通。（清畏堂本）

按：白鹿内閣本“襵”下實收三義，分别爲“衣游縫”“緇布冠”與“衣襞積”義，儘管

“衣襞積”義僅引書證。清畏堂本以爲該條書證誤合義項,而改“緇布冠”義爲“衣襞積”義。吴兆宜注王筠詩云:“褟,音撮,衣襞積也。與撮、緅并通。”故義同此。

(2) 有意删減

砅,水擊石聲。一曰水流激怒聲。(白鹿内閣本)

砅,水擊石聲也。《江賦》:“砅厓鼓作。”(清畏堂本)

按:白鹿内閣本“水流激怒聲”義,清畏堂本無。《韻會》:“砅,水激山也。《文選·郭璞〈江賦〉》:‘砅崖鼓作。’《集韻》:‘或作砰。’《前相如賦》:‘砰旁訇磕。’師古曰:‘水流激怒聲。’”白鹿内閣本所注當源於此,以爲“砅”另有水波激蕩聲之義。而《正字通》諸本皆云《韻會》“合砰砅爲一字,非也”,并釋“砰”爲“與硑同,石聲。《相如賦》:‘砰磅訇磕。’”又《六書故》:“砰,石相擊聲也。《相如賦》曰:‘砰磅訇磕。’”故清畏堂本删去“水流激怒聲”義,改補書證。

2. 清畏堂本義項改正

(1) 調整表述

黵,點黵,艸書勢。(白鹿内閣本)

黵,書勢,黵相連也。(清畏堂本)

按:《集韻》:“黵,點黵,艸書勢。”白鹿内閣本從《字彙》,與《集韵》同。方以智《通雅》:“黝黊點黵,因書勢而造也。衛恒《論書勢》曰:‘黝黊點黵,狀如連珠,絶而不離。點而識之謂之黊。黵,相連也。’”清畏堂本所補當據此。

(2) 重新解説

颸,微風。(白鹿内閣本)

颸,疾風聲。(清畏堂本)

按:《字彙》:“颸,微風曰颸。”白鹿内閣本同《字彙》。《韻會》:“颸,風聲。”清畏堂本所訓當據《韻會》,而又略加調整。

(3) 替換義項

端,又姓。又端木,複姓。又角端,獸名。(白鹿内閣本)

端,又姓。又端木,複姓。又州名,隋置端州。(清畏堂本)

按:“角端”複合詞見於《字彙》,爲白鹿内閣本沿襲。然清畏堂本不收,改以“州名”義替之。《韻會》:“端,又州名,蒼梧郡,地陳高要郡,隋之端州。”此即清畏堂本所本。

(三) 引證

1. 正書目

蘖,又媒蘖。《周禮》:“媒氏。”注:“齊人名麴麩曰媒。”《司馬相如傳》:“媒蘖其短。”注:“虚詞釀成其過如麴蘖之釀酒。”(白鹿内閣本)

蘖,又媒蘖。《周禮》:“媒氏。”注:“齊人名麴麩曰媒。”《史·司馬遷書》:“媒蘖其短。”注:“虚詞釀成其過如麴蘖之釀酒。”(清畏堂本)

按:複音詞“媒蘖”不見於《字彙》,乃《正字通》增補。《正字通》諸本“蘖”字下有注:“司馬遷《報任安書》:‘媒蘖其短。’是也。”故白鹿内閣本將書證來源“司馬遷書”誤記作“司馬相如傳”,清畏堂本校正之。

2. 改書證

(1) 清畏堂本增加書證

礱,《説文》:"礲也。"又《左傳》:"趙文子爲室……吾懼不免,文子令勿礱。"《荀子》:"金必礱而後利。"(白鹿内閣本)

礱,《説文》:"礲也。"又《左傳》:"趙文子爲室……吾懼不免。"《揚子》:"有刀礱諸。"《荀子》:"金必礱而後利。"(清畏堂本)

按:白鹿内閣本注"礱"字引《左傳》《荀子》書證兩條,清畏堂本增引《揚子》"有刀礱諸"條,蓋據《韻會》補。《韻會》:"礱,《説文》:'磨也。从石龍聲。'引'天子之桷,椽而礱之。'亦書作礲。《楊子》'有刀者礲諸。'"

(2) 清畏堂本替换書證

靡,又順也。《周書》:"商俗靡靡。"注:"紂使師延作靡靡之樂,相順從意。"《漢書》:"燕從風而靡。"(白鹿内閣本)

靡,又順也。《周書》:"商俗靡靡。"《史·張釋之傳》:"臣恐天下隨風靡靡,争爲口辯而無其實。"(清畏堂本)

按:《韻會》《字彙》"靡"字下皆收"順"義,皆引《周書》《漢書》書證,白鹿内閣本與之相同,清畏堂本則略去《周書》注釋、《漢書》材料,以《史·張釋之傳》之例替代。

(3) 清畏堂本删减書證

砛,又真韻音珍。石不平貌。《大鉉》:"石砛砛。"(白鹿内閣本)

砛,又真韻音珍。石不平貌。俗譌作珎。(清畏堂本)

按:白鹿内閣本沿襲《集韻》《類篇》,誤以"石不平貌"義與"石砛砛"例相合。《太鉉·難》:"拔石砛砛,力没以引。"范望注:"砛砛,難致之貌。"清畏堂本删此書證,是正。

3. 明來源

鏡,又吕文穆公蒙正爲相,有朝士藏古鏡,能照二百里,欲獻以求知。公曰:"吾面如楪子大,安用照二百里也?"(白鹿内閣本)

鏡,又《名臣録》:"吕蒙正爲相,有朝士藏古鏡,能照二百里,欲獻以求知。公曰:'吾面如楪子大,安用照二百里也?'"(清畏堂本)

按:"鏡"字下引"吕公拒鏡"事,白鹿内閣本未明示書證出處,清畏堂本補之。

(四) 標示異體

1. 白鹿内閣本無而清畏堂本增補

(1) 清畏堂本新增異體字認同

䘯,所交切,音稍,袪也。(白鹿内閣本)

䘯,俗字。舊音稍,袪也,誤。(清畏堂本)

按:楊寶忠先生認爲:此字當是"䙁"之俗訛,釋文"袪"字乃"袩"字之誤。《方言》卷四:"䙁謂之袩。"郭璞注:"袩即衣衽也。"《廣韻》平聲肴韻所交切:"䙁,衣衽。"……《玉篇·示部》之"䘯"又訓"袪","袪"與"袩"亦形近。[①] 杨説當可從信。

① 楊寶忠:《疑難字考釋與研究》,北京:中華書局,2005年,第528頁。

(2) 清畏堂本新增字際關係認同

糣,符寒切,音煩,米汁。(白鹿内閣本)

糣,與潘通。音煩,米汁。(清畏堂本)

按:《韻會》:"潘,《集韻》'或作糣。'"鄭賢章《龍龕手鏡研究》云:"根據《經音義》可以清楚地知道'糣'乃'潘'的異體。'米潘,敷煩反。《字林》:淅米汁也。'江南名潘,關中名泔也。律文作糣、皈二形,非也。(慧琳《一切經音義》卷 58《僧祇律》卷 15 音義)"[①]楊寶忠《疑難字續考》:"'潘''糣'訓[淅]米汁,皆'潘'之後起區別字。"[②]

2. 白鹿内閣本有而清畏堂本改之

(1) 清畏堂本更改字際關係説解

箌,俗字。舊註:"音叨,牛筐。"誤。(白鹿内閣本)

箌,箈字之譌。音叨,牛筐,誤。(清畏堂本)

按:清畏堂本將"俗字"改作"箈字之譌",又在"音叨"前删去"舊註"二字。《篇海》:"箌,他刀切,音叨,牛筐。"即《字彙》所本。又《方言》:"箈、篆也。趙、代之間謂之箈,淇、衛之間謂之牛筐。"箈、箌二字形近義通,易混誤。

(2) 清畏堂本增補字際關係説解

齞,齞齴俗字。(白鹿内閣本)

齞,齞齴并俗齺字。(清畏堂本)

按:《篇海》:"齺,亦作齴齞。"清畏堂本當據此。又《正字通》:"齺,俗作齞、齴。"白鹿内閣本、清畏堂本皆同,故清畏堂本"齞"字下所改是,前後相呼應,以"齺"爲正字,"齞""齴"并爲俗字。

三、從修改痕蹟證清畏堂本與白鹿内閣本之關係

(一) 字詞剜改

字詞剜改這一情况在清畏堂本中較爲常見,主要表現爲對錯訛異文的更正和説解用字的修改。舉例如下:

1. 正俗混用而改

(1) "鈌"字。(《正字通·午集上·玉部》第二叶小字第 5 行)

按:考白鹿内閣本作"鈌",清畏堂本統一字形爲"鈌"。《字彙》:"鈌,缺本字。"《正字通》亦以"鈌"爲字頭詳注其字,而注"缺"字爲"同鈌俗省"。刊刻過程中,清畏堂本"鈌"字字體縮小,且略微靠外,藏板則明顯可見"鈌"字缺失右邊欄綫。據此推斷應是白鹿内閣本原處被挖掉,後來添加所致。

(2) "强"字。(《正字通·午集上·瓦部》第三十七叶小字第 7 行)

按:白鹿内閣本作"强",清畏堂本改作"强"。《正字通》注"强"爲"强"的俗字,白

---

① 鄭賢章:《龍龕手鏡研究》,長沙:湖南師範大學出版社,2004 年,第 107 頁。

② 楊寶忠:《疑難字續考》,北京:中華書局,2011 年,第 155 頁。

鹿内閣本中“强”與“强”的正、俗字體混用，清畏堂本則已變俗字體爲正體。“强”字挖補痕蹟明顯，藏板本中“强”字墨色較濃，且右邊欄綫缺失；原板本中该叶欄綫模糊，但仍可見“强”字與前字“理”擠在一處，應爲後改之字。

2. 形體相誤而改

(1) “斥”字。(《正字通・午集上・王部》第二十四叶小字第15行)

按：白鹿内閣本作“斤”，清畏堂本作“斥”。此字所處前後句爲《離騷》：“欲少留此靈瑣兮。”注：“靈瑣，指楚宫，不敢斥言君，猶後代稱陛下之意。”用“斥”字更符合文意，當爲“斤”“斥”形近而誤。清畏堂原板中“斥”字墨色較周邊稍濃。

(2) “珉”字。(《正字通・午集上・玉部》第十四叶小字第2行)

按：白鹿内閣本作“玳”，清畏堂本作“珉”。《正字通》：“砇，珉瑉并同。”又“珉，或作瑉玟。《集韻》又作砇。”瑉、珉、玟、砇四字同，則“玳”因形似而誤。清畏堂原板中“珉”字小於上下字，修改痕蹟明顯。

3. 説解用字修改

(1) “峻”字。(《正字通・午集上・田部》第六十三叶小字第3行)

按：白鹿内閣本作“祖問切”(問：臻摄三等)，清畏堂本改作“祖峻切”(峻：臻摄三等)。清畏堂本“峻”字與上下文排版不齊，使得兩個反切用字擠在一處。

(2) “世”字。(《正字通・午集中・疒部》第十八叶小字第9行)

按：白鹿内閣本作“持侍切”(侍：止摄三等字)，清畏堂本改作“持世切”(世：蟹摄三等字)。清畏堂本“世”字歪斜，或與嵌入木塊的擺放位置有關。

(二) 句段剜改

(1) “疣”字下(《正字通・午集中・疒部》第二叶)

按：白鹿内閣本注“疣，疣字之譌。舊註：音訓，同瘧，分爲二。从穴非冘音。”白鹿内閣本、清畏堂本皆溝通了“疣”與“疣”的異體關係，但清畏堂本在此基礎上還增補了與“疣”字的關係説明。《龙龕手鑑》：“疣，同疣。”於是，清畏堂本改“从穴非冘音”爲“俗作疣并非”，與該字其他説解迥然不同，字小且偏斜，是後來挖補無疑。

(2) “瞑”字下(《正字通・午集中・目部》第七十二叶)

按：白鹿内閣本注“瞑，莫逼切，音覓，邪視。《王廷壽・王孫賦》：‘眙畹睃而瞑睗。’”“眙畹睃而瞑睗”這一書證照録自《字彙》。清畏堂本則將引證簡縮爲“有‘瞑睗’”，并於後增加“今不必從”四字。清畏堂本訂補後恰多一字，正好填在空處，并未改變版面佈局。剜改之貌顯而易見，字體大小不一，其字整體向下偏移。

(3) “瞧”字下(《正字通・午集中・目部》第七十三叶)

按：白鹿内閣本注“《詩・魯頌》作魚，俗改作瞧”，清畏堂本將最後四字改作“互見前䁱註”五字，其增加一字恰好補入空處。又《正字通》注“䁱”字曰：“引《詩・魯頌》‘本作魚。’俗作瞧。《集韻》改作䁱。并非。”可知䁱、瞧爲異體關係，而白鹿内閣本於“瞧”字下未作説明。“《詩・魯頌》作魚，俗改作瞧”一句，已在“䁱”字説解中出現，故清畏堂本加以訂正。剜改之字明顯較小，藏板本中还可見其左邊欄綫已缺失。

四、結　語

總而言之,將清畏堂本《正字通》與白鹿内閣本進行比對,可以發現大量增删改易的痕迹。釋音上,在注音用字、注音方式、注音數量等均有不同;釋義上,圍繞義項有無出現了不少删減、替换、調整等情况;引證上,對書證的出處、内容、條目等都有所校正;標注異體上,補正了多條異體字訓釋及溝通字際關係的説解。

反映到具體文字上,清畏堂本對白鹿内閣本傳刻錯訛之處也多有糾正。例如,"錯"字下援引了《漢·賈誼策》書證,白鹿内閣本爲"炮火厝之",清畏堂本改誤字"炮"作"抱"。又有"舊"字引用《韋玄成詩》説解,其中"顧我傷墜,爵復我舊"句,白鹿内閣本於下衍"事"字,清畏堂本删之。還有"鞜"字,白鹿内閣本注:"《説文》'蓋杠絲也。'舊註沿《篇海》'札絲名。'"檢《廣韻》"鞜"訓爲"杠絲名",《篇海》訓之"札絲名","札"當是"杠"字之誤。故清畏堂本於所引《篇海》釋文後增"誤"字。這些差異都反映了廖文英在後續修訂《正字通》白鹿書院本過程中所作的整理及思考。

筆者將清畏堂本所改之處與弘文書院本比較後,發現這兩個本子也一致[①]。這説明清畏堂本所改之處系白鹿書院本原板木所有,否則清畏堂本不會與弘文書院本修改内容相同。同時,清畏堂本所呈現的剜改痕迹又説明其板木應爲白鹿書院本原版本,倘若其爲重新刊刻的本子,則必不致版面出現諸多非同質的痕迹。

① 劉澤民《〈正字通〉作者問題補證》也曾指出弘文書院本反切經廖文英修改(第569頁)。

《錢注杜詩》的校勘價值及其意義

郝潤華　司爲麗

摘　要:《錢注杜詩》不僅以獨特的杜詩箋注方法,而且在杜詩校勘方面也具有特色與價值。《錢注》校勘多用對校法與他校法,理校法運用并不多,但只要使用,即能合理解決問題。《錢注》校勘,廣徵博引各類文獻,厘清并糾正宋元本中的諸多文字舛誤,對於杜詩文本的固定與經典化具有重要作用;《錢注》寓注於校、寓校於注,態度謹慎,承先啓後,在繼承宋人校勘成果的同時,對清代杜詩校勘方法也具有重要影響。

關鍵詞:《錢注杜詩》;校勘方法;校注結合;承先啓後

《錢注杜詩》(以下簡稱《錢注》)二十卷是錢謙益晚年心力所注,歷時三十餘年完成全書,錢氏頗引以自豪,認爲其注杜"鑿開鴻蒙,手洗日月"[①],具有鮮明特色與創新性。《錢注》以唐代史事與杜詩互證,考察杜甫所處歷史背景,深刻體會杜甫思想變化,澄清史實,闡明詩意。錢氏注杜使傳統詩史互證方法得以確立,影響極爲深遠,受到近代如陳寅恪等學者的首肯與發揚。其實,錢氏不僅在詮解杜詩方面獨樹一幟,在杜詩校勘方面也甚爲用力,多所發明。關於《錢注》的校勘問題,已有學者做出初步探討[②],如阮麗萍《〈錢注杜詩〉與清代杜詩版本——以杜詩異文爲中心的討論》認爲《錢注》異文勘定對清代杜詩版本的影響表現在異文處理與杜詩後世用字兩方面。陳茳珊《〈錢箋杜詩〉研究》附録三將"《錢箋》所引吴若本注與《趙注》《百家注》《分門集注》《九家注》及《補千家注》比較",按"詩題異文""詩句異文"分別將《錢注》中出現的異文與他本做了梳理比較。此外,還有一些零星論文對此有所涉及。爲了深入全面發抉《錢注》的校勘價值及其學術意義,筆者對此做出進一步系統考察。

一、《錢注》的校勘及校記

《錢注》所據底本有學者以爲是宋代吴若本,也有人以爲是蔡夢弼《杜工部草堂詩箋》本,錢氏據《新定杜工部古近體詩先後并解》《黄氏補千家集注杜工部詩史》《集千

作者簡介:郝潤華,西北大學文學院教授、博士生導師,文學博士,主要從事古典文獻的整理與研究;司爲麗,中國計量大學現代科技學院助教。

① 錢謙益:《錢注杜詩》"序",上海:上海古籍出版社,2009年,第4頁。本文凡引《錢注》皆爲此版本,以下不再出注。

② 阮麗萍:《〈錢注杜詩〉與清代杜詩版本——以杜詩異文爲中心的討論》,《文學遺産》,2021年第6期。陳茝珊《〈錢箋杜詩〉研究》,北京:學苑出版社,2011年。

家注批點杜工部詩集》等杜集主要注本以及宋元時期各類文獻,對底本做出細緻校勘,書中共有1091首詩有異文,計出異文3272處[①]。校勘的緣起,是因古書的失真;校勘的目的,在於恢復古書原貌,錢謙益爲此在《略例》中批評前人杜集文本:

有引用古文而添改者。如慕容寶摴蒱得盧,添"袒跣大叫"四字。《赭白馬賦》用"品藝驍騰"爲句,而《蜀都賦》"觴以縹青""一醉累月",斷裂上下文,以就蜀酒之句也。有引用古詩而竄易者。如庾信"蒲城桑葉落",改爲"蒲城桑落酒";陸機"佳人眇天末",改爲"凉風起天末"是也。此類文義違反,大誤後學。然而爲之者亦愚且陋矣。

這裏雖指的是杜注中的文字舛誤,但也説明錢氏對杜集文字校勘的要求。因此可見,《錢注》校勘的目的是要恢復杜詩的原貌。

錢謙益《略例》説:"杜集之傳於世者,惟吴若本最爲近古,他本不及也。題下及行間細字,諸本所謂公自注者多在焉,而别注亦錯出其間。余稍以意爲區别,其類於自者,用朱字;别注則用白字,從《本草》之例。若其字句異同,則一以吴本爲主,間用他本參伍焉。"錢氏所言"題下及行間細字"即校記,謝思煒《杜甫集校注》引作"錢箋校",但這些校記并非全爲錢氏所手校,有些是吸收過録如蔡夢弼、王洙等宋人的校記[②],筆者將其逐一與《杜工部草堂詩箋》中的異文進行比對,以判斷確定錢氏獨有的校記。根據詳細統計,《錢注》校記與《杜工部草堂詩箋》相同者有1974條,不同者有1298條,可以初步得出結論:《錢注》中的三千多條校勘記至少有1200餘條是錢氏個人校勘成果[③],因此在下文舉例分析時,會避開與《杜工部草堂詩箋》以及其他宋人注杜中相同的校記而盡量選擇《錢注》專屬校記。

《錢注》中的校勘記,大體包括異文式、底本式、傾向式三種,以下分兩類情形以列表形式呈現《錢注》中一些代表性校記,以便讀者能直觀感受《錢注》校勘情況。

(一)異文校(未明確標明校本者)

異文校勘記,即只負責校録校本中的異文,兼及本校及他校的異文,而不作正誤判斷,其基本格式爲"某,一本作'某'",或"某,某本或某書作'某'"。《錢注》校記中未明確標明校本的異文校最多,多作"某,一作'某'",下表中所列校記并非全部。

卷數	詩題	詩句	校勘記	校本推測
卷一	贈李白	亦有梁宋遊	亦,一作"未"	校本不詳
卷二	蘇端薛復筵簡薛華醉歌	坐中薛華善醉歌,歌辭自作風格老。	善,一作"能",歌辭,一云"醉歌"	前句校本不詳,王琦《李太白集》注作"能";後句,宋本《草堂詩話》作"醉歌";《文苑英華》亦作"醉歌",校曰:"集作歌辭。"

① 阮麗萍:《〈錢注杜詩〉與清代杜詩版本——以杜詩異文爲中心的討論》,《文學遺産》,2021年第6期。

② 莫礪鋒先生認爲《錢注》雖批評宋人編注杜甫詩集舛誤較多,但在文本校勘中却吸收了不少宋人校勘成果。參見莫礪鋒:《論宋人校勘杜詩的成就及影響》,《杜甫研究學刊》,2005年第3期。

③ 據謝思煒《杜甫集校注》、蕭滌非等《杜甫全集校注》,《錢注杜詩》中偶有吴若本的原校語。

續表

卷數	詩題	詩句	校勘記	校本推測
卷三	幽人	幽人見瑕疵	見,一作"在"	宋本《分門集注杜工部詩》《黄氏補注杜詩》等均作"在"
卷四	石笋行	雨多往往得瑟瑟	多,一作"來"	校本不詳
卷六	水閣朝霽奉簡嚴雲安	朝旭射芳甸	旭,一作"日"	宋本《黄氏補注杜詩》《分門集注杜工部詩》《集千家注分類杜工部詩》《杜工部詩范德機批選》均作"日"
卷七	贈司空王公思禮	豈述廉藺績	績,一作"跡"	《文苑英華》作"廉頗跡",校:集作"藺績"
卷八	朱鳳行	山巔朱鳳聲嗷嗷	聲,一作"鳴"	《文苑英華》校:集作鳴
卷九	冬日洛城北謁玄元皇帝廟	道德付今王	付,一作"冠"	校本不詳
卷十	奉送郭中丞兼太僕卿充隴右節度使三十韻	詔發西山將	西山,一作"山西"。	《文苑英華》《黄氏補注杜詩》作"山西"
卷十四	哭嚴僕射歸櫬	風送蛟龍雨	送,一作"逆"①。	
卷十七	書堂飲既夜復邀李尚書下馬月下賦絶句	湖水林風相與清	水,一作"月"	明傅振商《杜詩分類》《唐詩品彙》《古今詩删》均作"月"
卷十八	宿白沙驛	隨波無限月	月,一作"景"②	校本不詳

上表中的"一作",雖未標明具體校本,但從中亦可見《錢注》的校勘功夫。將其中校記與現存宋元本杜集及相關文獻做了對比考察,在最後一欄列出對"一作"中校本的初步推斷結果,由於早期杜集亡佚嚴重,此推測不一定準確,姑作參考。

(二)異文校(明確標明校本者)

兹將《錢注》明確標明校本者的異文校舉例如下:

卷數	詩題	詩句	校勘記	校本
卷一	贈李白	李侯金閨彦	彦,陳浩然本作"深"	陳浩然《分類老杜詩》
卷一	兵車行	縣官急索租	急索租,《草堂》本作"云急索"。	《杜工部草堂詩箋》
卷一	麗人行	翠微匐葉垂鬢脣	微,趙注一作"爲"。	《趙次公杜詩先後解》
卷一	大雲寺贊公房四首	慣捷瓶上手	"慣捷",《海録》作"慣健"。	類書《海録碎事》。

① 黄生《杜詩説》卷七"風逆蛟龍雨",注:"諸本'逆'多作'送'。"合肥:黄山書社,2014年,第251頁。

② 按,《讀杜心解》《杜詩詳注》《全唐詩》均爲"一作'景'"。

續表

卷數	詩題	詩句	校勘記	校本
卷二	送從弟亞赴安西判官	蘆酒多還醉	“蘆”,蔡肇作“虜”。	蔡肇[①]編杜集,現存文獻無載
卷二	洗兵馬	詞人解撰河清頌	“解”,《西溪叢語》善本作“角”。	姚寬《西溪叢語》
卷二	閿鄉姜七少府設鱠戲贈長歌	河凍未漁不易得	“未漁”,《潘淳詩話》作“味魚”	《潘淳詩話》
卷三	萬丈潭	孤雲倒來深	“雲”,《方輿勝覽》作“峰”。	《方輿勝覽》
卷六	負薪行	應當門户女出入	“應”,坡作“男”。	坡,即蘇軾,似非指僞蘇注。
卷六	火	河棹騰煙柱	“河棹”,《漢皋詩話》作“河漢”。	《漢皋詩話》
卷六	雨	風吹蒼江樹	“樹”,晦庵作“去”。	《朱子語類》[②]
卷九	重過何氏五首	犬迎曾宿客	顧陶本作“犬憎閑宿客”。	顧陶本,即《唐詩類苑》
卷九	重過何氏五首	天清黄子陂	“清”,《雍録》作“寒”。	程大昌《雍録》
卷十	題鄭縣亭子	雲斷岳蓮臨大路	“路”,蜀本作“道”。	宋闕名編杜詩二十卷[③]
卷十一	贈花卿	此曲只應天上有	“有”,《樂府》作“去”。	《樂府詩集》
卷十三	奉和	更奪蓬婆雪外城	“更奪”,胡三省作“次取”。	胡三省《資治通鑒音注》
卷十四	夔州歌十絶句	白晝攤錢高浪中	江鄰幾《雜誌》作“白馬灘前高浪中”。	江休復《江鄰幾雜誌》
卷十五	喜聞盜賊蕃寇總退口號五首	大曆二年調玉燭	“二年”,鶴本作“三年”。	黄鶴《補注杜詩》
卷十七	江南逢李龜年	正是江南好風景	“是”,《友議》作“值”。	《雲溪友議》
卷十八	燕子來舟中作	穿花落水益霑巾	“落水”,范德機云:善本作“帖水”。	范德機《批選杜詩》

從上表可以看出,《錢注》中明確標明校本或參校本的校記,一般是以“某,某本或某書作‘某’”的形式呈現。這些明確標明校本或參校本的異文校,應當是出自錢謙益手校。遺憾的是《錢注》所引有些校本、參校本今天已無法看到,也難以確考其詳。

① 《兩宋名賢小集》卷一百九《據梧小集》:“蔡肇字天啓,丹陽人,能文,尤長於詩歌。初事王安石見器重,又從蘇軾遊,聲譽益顯,第進士。元祐中爲太學正,通判常州,召爲衛尉寺丞,提舉永興路常平,徽宗初入爲户部員外郎兼編修國史,……有《丹陽集》三十卷。”《景印文淵閣四庫全書》本。

② 按,《錢注》校記引朱熹僅 2 條,此校出自《朱子語類》卷一百四十“論文下(詩)”:“風吹蒼江樹,雨灑石壁來。”(宋)朱熹:《朱子語類》,上海:上海古籍出版社,2022 年,第 4619 頁。按,“去”對“來”,於意爲長。

③ 王洙:《杜工部集序》:“甫集初六十卷,……搜裒中外書,凡九十九卷。古本二卷,蜀本二十卷,集略十五卷,樊晃序小集六卷,孫光憲序二十卷,鄭文寶序少陵集二十卷,别題小集二卷,孫僅一卷,雜篇三卷。除其重復,定取千四百有五篇。”仇兆鰲:《杜詩詳注》附編,北京:中華書局,1979 年,第 2240 頁。

（三）是非校

是非校勘記，指對所校出的異文必須做出明確的正誤判斷，以決定其取捨。兹將《錢注》是非校舉例如下：

卷數	詩題	詩句	校勘記	校本與其他
卷一	秋雨歎三首	闌風長雨秋紛紛	“闌”，一作“蘭”，舊注引“光風泛崇蘭”，非是。	《分門集注杜詩》《黄氏補注杜詩》、佚名《草堂先生杜工部詩集》、萬曆本《事文玉屑》均作“蘭”。形誤。
	秋雨歎	禾頭生耳黍穗黑	“禾”，王原叔作“木”，“木”固有耳，恐非本旨。	王洙本作“木”，形誤。
	贈衛八處士	新炊間黄粱	“間”，一作“聞”，非是。	南宋周紫芝《竹坡詩話》載“晁以道家有宋子京手書杜少陵詩一卷，如……‘新炊間黄粱’乃是‘聞黄粱’”。《唐音癸籤》卷三二作“聞”。形誤。
	同諸公登慈恩寺塔	秦山忽破碎	“秦”，一作“泰”，非。	宋本《黄氏補注杜詩》《分門集注杜工部詩》均作“泰”。形誤。
	夜聽許十一誦詩愛而有作	紫燕自超詣	“燕”，舊作“鷰”，非。	宋本《杜工部集》作“鷰”；《九家集注杜詩》校：一作“鷰”。形誤。
卷二	留花門	千騎常撇烈	“撇烈”，一云“滅没”，《正異》作“撇捩”，舊作“撇烈”，非也。	《草堂詩箋》校：一作“滅没”。錢注以“撇捩”爲是。
	瘦馬行	細看六印帶官字	“六”，一作“火”，非。	《草堂詩箋》：一作“火”。形誤。
卷四	題壁畫馬歌	欻見騏驎出東壁	“騏驎”，晁補之作“驎驎”，非。	校本不詳。涉“驎”而形誤。
	黄河二首	黄河西岸是吾蜀	“西”，一云“北”，一云“南”，俱非。	《草堂詩箋》作“北”，校：一作“南”。
卷七	故著作郎貶台州司户滎陽鄭公虔	簪蕞何技癢	“技”，《草堂》本或作“枝”，誤。	《草堂詩箋》作“枝”，形誤。
	觀公孫大娘弟子舞劍器行	開元三載	“三載”，一作“五載”，《草堂》注云：疑作十二載。誤也。	《草堂詩箋》：一作“五載”，時甫才三歲，當作十二載。
	往在	清旭散錦㡜	“㡜”，一作“幪”，非。	《草堂詩箋》《集千家注杜詩》均作“幪”。形誤。

續表

卷數	詩題	詩句	校勘記	校本與其他
卷九	陪鄭廣文游何將軍山林十首	金魚換酒來	"魚",一作"盤",非。	《草堂詩箋》校:一作"盤";《黄氏補注杜詩》校:洙曰:魚,一作"盤"。
卷十	奉答岑參補闕見贈	我往日華東	"往",一作"住",非。	宋本《杜工部集》:一作"住"。形誤。
卷十二	中丞嚴公雨中垂寄見憶一絶奉答二絶	雨映行宫辱贈詩	"宫",一作"官",一作"雲",非是。	官,形誤。《草堂詩箋》作"雲",涉"雨"而誤。
卷十三	答楊梓州	悶到房公池水頭	"房公池",師古本誤作"楊公"。	師古注誤作"楊公"。按,前首爲《得房公池鵝》。
卷十五	秋日夔府詠懷奉寄鄭監李賓客一百韻	諸儒引服虔	"服",一作"伏",誤。	宋《王狀元集百家注編年杜陵詩史》作"伏"。混淆人名。
	草閣	草閣臨無地	"無",王原叔本作"蕪",非。	王洙本作"蕪"。形誤。

在上表中《錢注》有幾例採納了宋人校本中的異文校,另有幾例則是錢氏自己校出異文,無論是哪種類型,《錢注》都做出了是非判斷。在校勘記的寫法上,根據對訛誤文字的處理方式,是非校勘記又分爲底本式與定本式兩類。《錢注》多採取的是底本式校勘記,爲謹慎起見,不改底本,只是在句中或詩後寫出校記予以説明。因此《錢注》中的異文較爲豐富,這一點或許與錢謙益作爲藏書家身份有關。

還有一種傾向式校勘記,即對所校文字的是非正誤不做出肯定判斷,却又不願只列簡單異文,故將傾向性意見表達出來。這種傾向校勘記,《錢注》中運用不多,但也有幾例。如,卷六《信行遠修水筩》"何假將軍蓋",錢注:

蓋,高麗本作"佩"。"佩"字較"蓋"字爲穩,宜從之。

又如,卷十一《奉簡高三十五使君》"披豁對吾真",《錢注》:"真,吴若本作'君',恐誤。"

"宜從之""恐誤"等,均屬傾向式校勘記的校語,皆體現了錢校謹慎之處。

二、《錢注》校勘的方法與特點

考察上節中的三類校勘記,再依據陳垣校勘四例,發現《錢注》校勘多用對校法與他校法,理校法則偶有使用。可見《錢注》一書,用力全在箋注,本不以校勘取成,但無意中顯示出《錢注》的校勘特點。以下略舉幾例,以便直觀考察錢氏的校勘方法。

對校法:

如,卷一,《醉歌行》"只今年才十六七",《錢注》:"年,浩然本作'生'。"

又如,卷九《陪鄭廣文游何將軍山林十首》"盡捻書籍賣",《錢注》:"'捻',蔡夢弼作‘拈’。”蔡夢弼，指《杜工部草堂詩箋》。

再如，卷十五《諸將五首》其一“早時金碗出人間”，《錢注》：“吴若本注云金作‘玉’。”

他校法：

如，卷三《乾元中寓居同谷縣作歌七首》“黄精無苗山雪盛”，《錢注》：

精，一作“獨”。

山谷曰：陳藏器云：黄獨遇霜雪，枯無苗，蓋蹲鴟之類也，作“黄獨”爲是。王彦輔《麈史》：《藥録》云：黄精止饑。杜以窮冬采此，奚必遷就黄獨耶？又以山雪爲春雪，不知杜在同谷，未嘗涉春也。夢弼曰：公詩每用“黄精”，不必作“黄獨”。東坡詩，亦讀此句爲“黄精”也。

廣徵文獻，融校注於一體，并用他校法指出“黄精”義長。

又如，卷十《行次昭陵》“鐵馬汗常趨”，錢校：

鐵，《英華》作“石”。

鐵馬：《唐會要》：上欲闡揚先帝徽烈，乃令匠人琢石，寫諸蕃君長十四人，列于陵司馬北門内，又刻石爲常所乘破敵馬六匹于闕下也。《安禄山事蹟》：潼關之戰，我軍既敗，賊將崔乾佑領白旗引左右馳突，我軍視之，狀若神鬼。又見黄旗軍數百隊，官軍潛謂是賊，不敢逼之。須臾又見與乾佑鬥，黄旗軍不勝，退而又戰者不一。俄不知所在，後昭陵奏是日靈宫前石人馬汗流。李義山《復京》詩：“天教李令心如日，可要昭陵石馬來。”韋莊詩：“興慶玉龍寒自躍，昭陵石馬夜空嘶。”蓋詠此事也。鐵馬，當從《英華》作“石馬”。

《錢注》引《唐會要》、李商隱與韋莊詩，認爲《文苑英華》作“石馬”爲是。

理校法：

在無本可依的情況下，須用推理的方式校勘，此爲理校法。《錢注》中理校法運用得不算多，但只要使用，便能合理解决問題。如，卷一《驄馬行》“肉駿碨礧連錢動”，《錢注》：

肉駿，東坡曰：余在岐下，見秦州進一馬，鬃如牛，項下垂胡，側立倒傾，毛生肉端，蕃人曰“此肉鬃也”。乃知《驄馬行》“肉駿碨礧”，當作“肉鬃”耳。

引蘇軾《書子美〈驄馬行〉》校出肉駿當作“肉鬃”。在無他本或他書可據的時候，不得不推理判斷。

又如，《麗人行》“背後何所見，珠壓腰衱穩稱身”，《錢注》云：

楊慎曰：古本稱：“身”下有“足下何所著，紅渠羅襪穿鐙銀”。遍考宋刻本，并無。知楊氏僞托也，今削正。

楊慎《麗人行逸句》云：

松江陸三汀深語予：“杜詩《麗人行》，古本‘珠壓腰衱穩稱身’，下有‘足下何所著，紅渠羅襪穿鐙銀’二句，今本亡之。”淮南蔡衡仲昂聞之擊節曰：“非惟樂府《鼓吹》，兼是周昉美人畫譜也。"[①]

"足下何所着,紅蕖羅襪穿鐙銀"一句,《錢注》通過遍考宋元本杜集,慧眼識珠,認識到此句原是楊慎僞托而誤增,并予以削正。

再如,卷八《岳麓山道林二寺行》"細學何顒免興孤",《錢注》:

何,當作"周"。

《文選》李善注引梁簡文帝《草堂傳》曰:汝南周顒,昔經在蜀,以蜀草堂寺林壑可懷,乃于鍾嶺雷次宗學館立寺,因名草堂,亦號山茨。公以顒自喻,言他日雖去蜀,而周顒之興未忘也。

引《文選》李善注引梁簡文帝《草堂傳》中周顒典故史事,校出此詩中何顒當作周顒。

《錢注》校勘有其自身特點,大體表現在三個方面:

第一,《錢注》雖只有對校、他校、理校,幾無本校,但多能判斷是非,辨别正誤。兹舉幾例:

(1) 卷二《留花門》"公主歌黄鵠",《錢注》:

鵠,一作"鶴"。

鵠、鶴通用,不可輕改。《藝文類聚》有"鵠"無"鶴",亦一證也。

(2) 卷六《杜鵑》"西川有杜鵑,東川無杜鵑。涪萬無杜鵑,雲安有杜鵑",《錢注》:

夏竦曰:詩前四句乃序耳,以叶韻,誤以爲詩。本題下甫自注耳。王直方曰:此與古謡語無異,豈復以韻爲限耶。黄希曰:《白頭吟》詞云:"郭東亦有樵,郭西亦有樵。"此詩前四句或本此。吴曾《漫録》曰:樂府江南古詞:"魚戲蓮葉間,魚戲蓮葉西,魚戲蓮葉南,魚戲蓮葉北。"子美正用此格。

《錢注》糾正前人説法,以王直方、黄希、吴曾等人觀點爲旁證,認爲此四句非爲詩序,實是杜詩原文。這是極爲正確的判斷。

(3) 卷十一《客至》"舍南舍北皆春水",《錢注》:

按,"舍南舍北",公之所居也,若云'社南社北',則倡優之所居,安得取以自況乎?

錢氏對唐代掌故制度十分熟稔,故批評楊慎説法,以"舍南舍北"爲不誤。按,據楊慎《升庵詩話》"社南社北"條,社南社北,載於唐韋述《開元譜》,云:"倡優之人取媚酒食,居於社南者,呼之爲社南氏;居於北者,呼之爲社北氏。"楊慎曰:"杜子美詩'社南社北皆春水',正用此事,後人不知,乃改'社'作'舍'。"[②]清末姚瑩贊成錢氏的校正結果:

余謂:杜公卜居浣花溪者,取其偏僻也。故又有詩云"幽棲地僻經過少",與此詩"舍南舍北皆春水,但見群鷗日日來"情景正同。若作"社南社北",則是倡優繁華之地,與幽棲地僻全相反矣,何以云"皆春水",又何以云"但見群鷗"乎?且杜公雖狂放,

① (明)楊慎:《升庵詩話》卷十四,《歷代詩話續編》本,北京:中華書局,1983年,第922頁。

② (明)楊慎:《升庵詩話》卷五,《歷代詩話續編》本,北京:中華書局,1983年,第739頁。

亦何至自托倡優所居間，擇言不倫若此乎！宜爲錢牧齋之所糾也。[①]

(4) 卷十八《清明二首》"虛沾焦舉爲寒食"，《錢注》：

焦舉，當作"周舉"。

《後漢書》：周舉遷并州刺史，移書於子推，書云："春中寒食一月，老少不堪，今則三日而已。"

校勘的任務，就是要去除那些導致文獻失真的訛誤文字。從以上舉例不難看出，錢氏在校勘人名、地名、制度、動植物時，善於運用歷史掌故，以史實、事理進行校勘，糾正了不少杜集舊本中的文字訛誤，可見他不僅精於史事，也精於校勘之學。

第二，《錢注》校勘所利用校本與參校本十分豐富。

由於錢謙益是著名藏書家，私人藏書豐富，故《錢注》廣引各類文獻著述作爲其校本與參校本。首先是宋代杜集白文本或杜集注本，臺灣中研院傅斯年圖書館藏有《錢注杜詩》抄本，存有季振宜刻本未刊部分，其中有"校讎杜集諸本"，下列錢氏所用五種杜集版本及錢氏所撰解題，此五種爲：吳若本、《杜工部草堂詩箋》、陳浩然《分類老杜詩》《黃氏補千家注紀年杜工部詩史》《集千家注批點杜工部詩集》[②]。在此五種以外，筆者以爲錢氏校勘還利用了如下杜集文獻：

王洙本：《錢注》附録王洙《杜工部詩集序》，引王洙(王原叔)本 18 次，校勘記中之"一作"，亦往往與現存宋元杜集中保留之校記"洙曰"相同。

黃山谷注：即黃庭堅《杜詩箋》。今部分存于郭知達《九家集注杜詩》(以下簡稱《九家集注》)，《錢注》所引亦似據《九家集注》本。

僞蘇注：即宋人僞造《東坡事實》，稱"僞蘇注"[③]。《錢注杜詩略例》指出宋人注杜之八種錯誤，謂："一曰僞托故人。世所傳僞蘇注，即宋人《東坡事實》，朱文公云：閩中鄭昂僞爲之也。"[④]據周采泉《杜集書録》"内編"卷十一，是朱熹最早以爲宋人《東坡事實》爲鄭昂所僞造[⑤]，胡仔《苕溪漁隱叢話》則以爲出自宋人李歜。《錢注》中對於前人引僞蘇注多有批評。

蔡興宗注：即蔡興宗《少陵詩集正異》，《錢注》簡稱"正異"。《郡齋讀書志》著録蔡興宗《編杜詩》二十卷，《杜集書録》"内編"卷一著録《重編少陵先生集》二十卷，并認爲《少陵詩集正異》與蔡氏所編《重編少陵年譜》實爲此書之"附録"。《正異》久佚，幸《九家集注》引之頗多，其文乃存於今。《錢注》所引亦據《九家集注》本。

鮑彪注：鮑彪，即鮑文虎，南宋初人，有《少陵詩譜論》，其注杜詩，部分存於《九家集注》，宋人詩話時有徵引，《錢注》或稱"鮑曰"，或稱"鮑彪《詩譜》曰"，疑"鮑曰"爲《九家集注》之文，"鮑彪《詩譜》曰"似引自原書。據《杜集書録》"内編"卷二，鮑彪《詩譜》

---

① 歐陽躍峰整理：《康輶紀行》卷十三，北京：中華書局，2014 年，第 387 頁。

② 芳村弘道撰，富嘉吟譯：《臺灣中研院傅斯年圖書館所藏稿本〈錢注杜詩〉考——李爽氏〈"錢牧齋杜注寫本"考〉補遺》，查屏球主編：《梯航集：日藏漢籍中日學術對話録》，上海：復旦大學出版社，2018 年，第 12—15 頁。

③ 參見莫礪鋒：《杜詩"僞蘇注"研究》，《文學遺産》，1999 年第 1 期。

④ 《錢注杜詩》卷首。

⑤ 周采泉：《杜集書録》，上海：上海古籍出版社，1986 年，第 643 頁。

最早見於《苕溪漁隱叢話》,以後公私書目未見著録,疑亡于元,錢氏或引自他書。

杜田注:即杜時可《注杜詩》十二卷(又稱《注杜詩補遺正謬》),《宋史・藝文志》著録,書已佚,《錢注》亦據《九家集注》引。

師古注:即師古《杜詩詳説》,又稱"蜀人師古"。錢氏所謂師古與《九家集注》之"師尹"實爲二人。師古注杜,謬誤頗多,真僞參半,故《杜集書録》將其列入"僞書類"。《錢注》據《王狀元集百家注編年杜陵詩史》引師古注,《集百家注》稱爲"師先生",《杜集書録》以爲或恐成于師古門人之手。

趙次公注本:宋蜀人趙彦材注,各家轉引皆稱次公,或尊稱趙傻。《錢注》引其文頗多,《述古堂藏書目》著録"《趙次公集注杜詩》三十六卷",近人沈曾植《跋》曰:"錢受之評宋代諸家注云:'……'云云,語若曾見次公書者,然檢《絳雲書目》,無之,而逸詩附録且沿舊本之誤,書'趙次公'爲'趙次翁',則受之固未見也。"①錢曾述古堂既藏有趙注本,錢氏却未見。沈氏之推測不足爲憑。

杜修可注:即杜修可《續注杜詩》,已佚。修可名見《分門集注杜工部詩》"集注姓氏",《錢注》所引當據《分門集注杜工部詩》。

除以上宋人注本外,《錢注》引用杜詩注本尚有:陳浩然注、石林注、鮮于注、向注、朱仲晦注、吴子良注以及明邵寶之杜詩注等。可惜這些注本大多亡佚不存。

其次,《錢注》將經、史、子、集各類文獻作爲参校本,廣征博引。如,經部書有:《玉篇》《廣韻》《説文解字》《方言》等。史部書有:《漢書》《舊唐書》《資治通鑒》《資治通鑒音注》以及《國語注》《聖賢群輔録》《益州記》《水經注》《東都記》《方輿勝覽》《雍録》《輿地廣記》等。子部書有:《朝野僉籤》《演繁露》《能改齋漫録》《邵氏聞見録》《海録碎事》《西溪叢語》《江鄰幾雜誌》《雲溪友議》以及《古今注》《藝文類聚》《麈史》《夢溪筆談》《困學紀聞》等。集部書有:《楚辭補注》《白氏長慶集》《蘇軾文集》《荆公集句》《杜工部詩范德機批選》《文選》《唐詩類苑》《文苑英華》《唐文粹》《樂府詩集》《文苑英華辨證》《瀛奎律髓》等以及《漢皋詩話》《潘淳詩話》《西溪叢語》等。從這些徵引文獻來看,史部書最多,子部書次之,這與錢氏重史學的學識偏好不無關係。

兹舉二例:《秋雨歎三首》其一"禾頭生耳黍穗黑",《錢注》曰:"禾,一作'木'。《朝野僉籤》俚諺云:春雨甲子,赤地千里;夏雨甲子,行船入市;秋雨甲子,禾頭生耳。單父人戴寂云:久雨則禾生耳,謂牙蘖卷攣如耳形也。王原叔以'禾'作'木'。'木'固有耳,恐非本旨。"雖然比《朝野僉籤》更早的《齊民要術》中已有"秋雨甲子,禾頭生耳"的記載,但《錢注》能引《朝野僉籤》、戴寂語、王洙《杜工部詩集》,考出"禾"字爲正確,也算廣征博引了。

又如,其三"闌風長雨秋紛紛",《錢注》:"闌一作'蘭'。長,去聲,一作'伏';荆公作'仗'。闌風長雨,一作'東風細雨'。趙子櫟曰:闌,如謝靈運所謂闌暑之'闌'。伏,如《左傳》夏無伏陰之'伏'也。《東皋雜録》曰:伏乃'仗'之誤。言闌珊之風,冗仗之雨也。胡仔曰:善本作'長雨'。《世説》:恭作人無長物。用'長'字爲是。按,'蘭'字與'闌'通。舊注引'光風泛崇蘭',非是。"《錢注》引王安石、趙子櫟以及《東皋雜録》《苕

① 林繼中:《杜詩趙次公先後解輯校》"附録",下册,第 1533—1534 頁。

溪漁隱叢話》等文獻中的校勘成果，證明"闌風長雨"文本的正確性。

由上可見《錢注》引用了前人許多校勘成果，而這些文獻多已散佚，這些校勘信息即成爲研究杜詩學史的珍貴資料。

第三，校勘與注釋相結合，以校輔注，以注觀校，以確定較正確的文本。茲舉二例：如《飲中八仙歌》"銜杯樂聖稱世賢"一句，《錢注》云：

世，邵刊作"避"。

《舊書》：李適之雅好賓友，飲酒一斗不亂，夜則燕賞，晝决公務。天寶元年，代牛仙客爲左相，與李林甫爭權不叶，爲其陰中。五載，罷知政事，守太子少保，遽命親知歡會。賦詩曰："避賢初罷相，樂聖且銜杯。爲問門前客，今朝幾個來。"七月，貶宜春太守，仰藥而死。《本事詩》：適之罷免意憤，日飲醇酎，且爲詩云云。林甫愈怒，終遂不免。《邵氏聞見録》云：世賢，當作"避賢"，傳寫誤也。

《錢注》雖未改字，但他能够知人論世，引《舊唐書·李適之傳》《本事詩》考證李適之事蹟，再對詩句中"避賢""樂聖""銜杯"與杜詩的關係做出有力詮解，并引《邵氏聞見録》，以"避賢"爲是。又如，《留花門》："渡河不用船，千騎常撇烈。"錢校：撇烈，"一云滅没，《正異》作'撇捩'"。注：

撇烈：《上林賦》："轉騰撇洌。"孟康曰：潎洌，相撇也。《漢皋詩話》：撇捩，病貌。《大食刀歌》："鬼物撇捩辭坑壕。"字意皆同。舊作"撇烈"，非也。

《錢注》在此亦未改字，但他通過校箋判斷認爲"撇捩"於意爲長。再如，《一百五日夜對月》"想像嚬青蛾"，《錢注》："蛾，晋作'娥'。""青蛾，吴曾曰謂蛾眉也。作'娥'，非是。"

以上幾例足見錢謙益校勘時的學風，也可見《錢注》校勘中寓注於校、寓校於注的綜合性文獻研究特點。

三、《錢注》的校勘價值與學術意義

考察《錢注》的校勘内容與特點，其校勘價值與學術意義主要體現在以下幾方面：

第一，《錢注》引用了不少前人校勘成果，尤其是宋元杜詩文獻，這些書雖多已散佚，但其中校勘信息是瞭解杜詩文本嬗變過程乃至研究杜詩學史的珍貴材料。如，《錢注》校記中"刊作"一詞出現了 12 次，除了 2 次有專指外，其餘不詳所出。據筆者所知，宋有兩部《杜詩刊誤》，一爲王欽臣《杜詩刊誤》一卷，另一爲薛夢符（即薛蒼舒）《杜詩刊誤》（又名《補注杜工部集》）。前者，《郡齋讀書志》有著録，後佚，作者王欽臣，字仲至，《九家集注杜詩》《黄氏補注杜詩》中有"王仲至云""王仲至曰"，《錢注》不僅利用其校記，亦通過蘇軾引"王仲至"語評品杜詩。至於薛夢符《杜詩刊誤》，《九家集注》即引其校注語 150 餘條，《錢注》校記也有徵引。此二書均已散佚，通過《錢注》所引，可知其書體例及内容。再如，《錢注》引卞圜校記數條，即源自卞著《杜詩注》。《文苑英華辨證》卷八《避諱》云有《卞氏集注杜詩》。《延祐四明志》卷一載："卞圜，字養直，注少陵集。"宋樓鑰《答杜仲高書》云："《留花門》詩："'連雲屯左輔，百里見積雪。'以趙次公之詳且博,略不注釋。四明舊有卞倅養直圜爲注甚詳,竟不得其書。嘗與之論及此,亦止云意其偶有積雪爾。"①《(民國)浙江通志·經籍志》著録卞圜《杜詩注》。此書已佚,但可自《錢注》知其大概。

第二,《錢注》校勘厘清并糾正了宋本中的諸多舛誤,對於杜詩文本的固定與經典化具有重要作用。"宋人在校刻古書的時候,往往以意改字,對某些認爲存在歧義的字句,根據自己的理解隨意改動。杜詩中許多異文的出現,多是宋人隨意改字的結果,這給後代對杜詩的校勘,製造了很大混亂,造成了很多困難。"②可見,校勘也是《錢注》的重要内容之一,這一内容之所以被學界研究所忽略,主要是被其箋注杜詩成就所蒙蔽,因此,需要在全面考察《錢注》學術成就的基礎上對其校勘學成就做出相應地考察,并對《錢注》的綜合成就進行重新評價。

阮麗萍《〈錢注杜詩〉與清代杜詩版本——以杜詩異文爲中心的討論》一文認爲《錢注》異文勘定對清代杜詩版本的影響有兩個方面:一是確立了杜詩甚至《全唐詩》乃至清代古籍版本異文的處理原則,即以精簡爲上。二是錢注勘定的"正字"影響了清代及後世杜詩版本的用字③。這一看法十分有道理。從清代到當代的杜詩全集整理本與杜詩選本,多在文本上採納《錢注》的文字校勘成果,如前述《麗人行》《杜鵑》等詩,甚至有些杜集文獻即以《錢注》爲底本,如何焯《義門讀書記·杜工部集》、屈復《杜工部詩評》、鄭沄《杜工部集》等,由於《錢注》在清代至近代影響深遠,因此,其校箋成果爲杜詩文本的流傳與經典化發揮了重要作用。

第三,《錢注》校勘具有承先啓後的作用,在繼承宋人校勘成果的同時,對清代杜詩校勘方法具有重要影響作用。

校勘古書是一個不斷積累的過程,無可否認《錢注》對宋人校勘成果有所繼承,其後《杜詩詳注》在文字校勘方面分兩種情況接受了不少《錢注》的校勘記:一是徵引《錢注》的校記,如卷十九《同元使君舂陵行并序》"效漢官(舊作朝)良吏之目",《錢注》:"官,舊作'朝'。"卷十四《懷錦水居止二首》"萬里橋西(一作南)宅",《錢注》:"南,當作'西'。"二是贊同或直接吸收《錢注》的校勘成果,并增補材料依據予以論證,如卷一《夜聽許十損誦詩愛而有作》"紫燕自超詣",《錢注》:"燕,舊作'鸞',非。"《杜詩詳注》:

燕,舊作"鸞"。歐公家本作"驚",《正異》同。

《西京雜記》:文帝自代來,有良馬九匹,其一曰紫燕騮。《赭白馬賦》:紫燕駢衡。《唐六典》:《昭陵六馬贊》:紫燕超躍。

又如,卷十《寄岳州賈司馬六丈巴州嚴八使君兩閣老五十韻》"諸生老伏虔",《錢注》:"伏,當作'服'。"《杜詩詳注》:

伏,當作"服"。

《後漢·儒林傳》:服虔,字子慎,少入太學受業,有雅才,著《春秋左氏傳解》行於世。顧炎武曰:古文經史,皆是寫本,久客四方,未必能攜。一時用事之誤,自所不免。

---

① 曾棗莊、劉琳主編:《全宋文》第二六三册,上海:上海辭書出版社,2006年,第345頁。

② 孫微、張嵐:《杜詩校勘學述略》,《欽州學院學報》,2008年第4期。

③ 阮麗萍:《〈錢注杜詩〉與清代杜詩版本——以杜詩異文爲中心的討論》,《文學遺産》,2021年第6期。

詩云"諸生老伏虔",本用濟南伏生事。伏生,名勝,非虔。後漢有服虔,非伏也。

諸如此類的例子還有很多,可見,《杜詩詳注》對《錢注》校勘成果的認同①。清代注本中如黄生《杜詩説》、周篆《杜工部詩集集解》、張遠《杜詩會稡》等都吸收了不少《錢注》的校勘成果。

校勘的任務,就是盡可能地搜集所校書的不同文字,以期發現并糾正文獻在流傳過程中産生的文字訛誤。因此,原則上講,凡有異文,都當出校説明;凡改動底本的文字,都須出校指出;凡疑有文字訛誤,都可出校存疑。然而,作爲底本式校勘記,校記不能過於冗繁,出校也需要考慮範圍。考察《錢注》的校勘,其校勘記簡明扼要,有些是點到爲止,有些甚至在確認底本不誤的情况下,寧可不出校,如卷一《奉贈韋左丞丈二十二韻》"旅食京華春""常擬報一飯",《杜工部草堂詩箋》中"旅食"作"旅客","報一飯"作"一飯報"。錢注均未出校,説明他認爲"旅食""報一飯"明顯不誤,故不必出校。這就化繁爲簡,減少了讀者的閲讀難度。明清藏書家校書,大部分是仔細過録善本書中的異文,無論對錯,一律出校,稱爲"死校法",錢氏雖是名冠江南的藏書家,在校勘中也以異文校爲主,但他却盡可能用簡明的方法校勘杜詩。這種底本不誤不出校、簡而精要的校勘方法,對於清代乃至現當代學者校書尤其是杜集的校勘整理顯然有所影響,如謝思煒《杜甫集校注》即以"錢箋校"的形式大量吸收採用《錢注》的校勘成果②。

莫礪鋒先生説:"宋人在杜詩的校勘中取得了非凡的成績,正是經過宋人的辛勤勞動,才有一千四百餘首杜詩以比較可靠的文本流傳至今。宋人在杜詩校勘上作出的貢獻,應該在整個杜詩學史上大書特書。"③雖然宋人在杜詩校勘方面做出了很大努力,成就卓著,但《錢注》在宋人基礎上仍然對杜詩校勘有所貢獻和建樹,《錢注》的校勘不僅具有一定特色與承先啓後價值,而且具有十分重要的學術意義。

---

① 毛婷婷認爲《杜詩詳注》的主要異文來源是《錢注杜詩》與《杜工部詩集輯注》。參見毛婷婷:《〈杜詩詳注〉異文來源文獻探析》,《杜甫研究學刊》,2021年第4期。

② 謝思煒:《杜甫集校注》,上海:上海古籍出版社,2015年。

③ 莫礪鋒:《論宋人校勘杜詩的成就及影響》,《杜甫研究學刊》,2005年第3期。

藉是明道與以古爲是:段、顧差異緣由新詮

孫　靖

摘　要:傳統學術至清代達其巔峰的標誌之一,即出現了段玉裁和顧廣圻在校勘學領域關於對待古本的態度、校勘方法的運用以及校勘成果形態的選擇等方面的激烈爭鳴。二人差異的核心是不同學術思想在校勘領域的延展:段氏爲求是明理而校,屬哲學的校勘,强調主觀傳學;顧氏爲復古存真而校,屬史學的校勘,側重客觀呈現。細究之,段、顧差異緣由有三:一是個人學術志趣傾向的不同,段氏以校勘爲方法,以古證是,旨在藉是明道;顧氏以校勘爲目的,存古闕疑,固守以古爲是。二是經學流派淵源的不同,段氏宗師劉向、許慎,而又習得鄭玄神髓,探求"經學"義理;而顧氏則爲更純粹的刻書家,習慣"經籍"考據。三是吴皖師承取法的不同,段氏崇皖,淹博審定而實事求是;顧氏尚吴,好博尊聞而墨守舊説。總之,段氏的校勘理念乃至於學術理想,即是希望通過邏輯推理和知識考據以實現求道明理和經世致用,與顧氏存在本質區别。

關鍵詞:段玉裁;顧廣圻;校勘;目的;方法

有清一代,校勘之業臻於极致,校勘學造詣深厚者輩出。有重對校者如盧文弨,崇古而不佞古,相形而不相掩,後有顧廣圻繼之;有重理校者如戴震,通小學而擅義理,審義例而參衆説,段玉裁、高郵王氏繼之。校勘之争,至段、顧如同水火;校勘之業,亦至段、顧而達其巔峰——段、顧之争始終是研究清代校勘學乃至清代學術史的重要議題。段、顧二人校勘學理論和實踐的差異,主要體現在對待古本的態度、校勘方法的運用以及校勘成果形態的選擇三個方面。至於段、顧差異緣由,先前學者已有觀照①。有學者認爲他們在恢復古書原貌這一校勘目的上是一致的,二人并無本質區别;還有認爲二人的差異主要體現在校勘成果形態的選擇上。但上述説法實有可深化之處:顧氏多局限於文本本身的校正,力圖通過校勘恢復典籍古本面貌,鮮有涉及義理思想之處;段氏則不僅涉及文本校正,更包含對典籍所含義理的發掘,超出一般意義上的校勘學範疇。此外,校勘原則不同於校勘成果形態:前者是校勘活動本身

作者簡介:孫靖,安徽醫科大學講師,文學博士,主要從事中國文獻學與近代思想史研究。

基金項目:教育部人文社會科學研究青年項目"吴皖學派異同視域下的揚州'二劉'家族校勘學研究"(24YJC870010)。

① 撮其要者,有漆永祥《論段、顧之争對乾嘉校勘學的影響》、余敏輝《段、顧之争與校勘原則》、王華寶《論段玉裁校勘學之特色》、薛惠媛《段玉裁校勘學研究》、袁媛《也談"段顧之争"——時代風氣與個人治學的交織》、黄湛《段玉裁顧廣圻争論始末重探》等。另有一些專著亦涉及相關内容,如董蓮池《段玉裁評傳》等。

所依據的法則或標準;後者則關乎校勘意見如何被系統地記録和展示。縱使二者區别明顯,但無論是在段、顧論争時,還是在後世研究中,都有將二者混爲一談的趨勢,這迫切需要修正。實際上,段、顧二人在成果形態上一重定本式、一重底本式的選擇只是校勘理念的外在展現,其背後是學術志趣目的、經學流派淵源以及吴皖師承取法的巨大差異。

一、學術志趣目的差異:校勘的追求

顧氏擅長對校和他校,倡導通過廣泛搜集并比較不同版本、梳理版本源流,在有充足的證據尤其是古舊版本的支持下校改文字,以保證校勘工作的謙抑性。而段玉裁則在校勘實踐中呼籲發明注經義例、總結典籍體例以助校勘,强調充分發揮校勘實踐中校勘者的主觀能動性。可見,段、顧雖均致力於廣泛搜集文獻異文,但其校勘理念與方法却各有側重:顧氏尊版本、重源流,主張存異比較;段氏崇小學、尚考證,强調訂正訛誤——體現在校勘成果形態的選擇上,則是顧廣圻傾向於保持文獻的原貌,旨在展現文獻的歷史變遷與版本差異;段玉裁則勇於對文獻進行校改,以期實現文本的準確性與完整性,進而探求經學義理。這種差異不僅體現在他們對校勘成果形態的偏好上,更深層地反映了他們不同的學術志趣與校勘目的:顧氏存古闕疑而以古爲是,段氏以古證是而藉是求道。

顧廣圻曾總結其校勘乃至學術目的:"事莫大於存古,學莫大於闕疑。"①此雖爲顧氏引吴正傳之言,但同樣也是顧氏的學術自述,更與其主張的"不校校之"理論一以貫之。"不校校之"既有助於保持文本的真實性和客觀性,同時也爲讀者提供了校勘的詳細信息和文本參考;不僅是保護舊本的利器,也是校勘群書的方法。據此,校勘者能够在不破壞原始文獻的前提下,有效地傳達其學術發現和研究成果。顧氏眼中的校勘體用合一,爲校書而校書,是刻書家的校勘。縱觀顧氏一生,其校勘數量之巨、品質之精,當世罕匹。然而在校勘上投入如此的時間和精力,必然限制了他在其他方面取得成果的可能。阮元在編纂《學海堂經解》時,曾希望將顧廣圻未來的學術著作納入其中,但顧氏却回信婉拒。顧氏信中并未囿於校勘本業,而是從更廣闊的經學和小學的研究視野出發,在針砭前人關於《爾雅》和《説文》的研究弊病之後,和盤托出了自己的學術見解和研究構想。可惜的是,躊躇滿志的顧氏在信中描述的宏大壯闊的學術願景始終未能付諸實踐,終其一生都只停留在"紙上談兵"的層面。其中緣由,正如馮桂芬所言:"(顧廣圻)先生讀書之日多,著書之日少,治經有家法,而無所論著。"②所以,拒絶阮元也就成了必然。顧氏回信的時間約在道光元年(1821)③,是年顧氏51歲,雖距其卒尚有14年之久,但他却準確預見了自己學術研究的終局——"究難卒業"。長期從事校勘刻書工作的顧廣圻,研究興趣和時間精力矻矻於訂訛正誤和典章考證之上,此種專注導致其無法完成體系化學術思想構建,缺乏對典籍思想

---

① (清)顧廣圻撰,王欣夫輯:《顧千里集》,北京:中華書局,2007年,第135頁。
② (清)馮桂芬撰,沈雲龍主編:《顯志堂稿》,臺北:文海出版社,1981年,第212頁。
③ 王章濤:《阮元年譜》,合肥:黄山書社,2003年,第698—699頁。

内容的深入認知,未能在文本校正的基礎上實現進一步明確義理、探索更高層次的思想追求。

段玉裁亦曾歸納其校勘和爲學目的:"凡校書者,欲定其一是,明聖賢之義理於天下萬世。"①校書如此,著書亦然:"凡著書者,將以求其是而已。"②段氏校勘理念深受清代"實事求是"學術範式影響,意在借助校勘實現對篇章文字的校正,得古本舊刻而定"底本之是非",以復"著書者稿本"的原貌,憑借對著書者義理的發掘,以及經學義理的探討,實現對明理求道的學術追求。因此,在段氏眼中,校勘如若只能停留在訂正訛誤、恢復原貌的層面,最多只能算作實現"定底本是非"的工具而已。段氏的經學家身份使其秉持校書爲用、明理爲體的核心理念,爲讀書而校書、爲求道而著書,校書爲了注經讀書乃至解經明道掃除障礙。

總之,顧廣圻的校勘以存古闕疑爲核心,强調對文獻的尊重與維護,會傾向於以古文獻爲依據,追求學術研究的客觀性;段玉裁則以理性分析與實證研究爲基礎,希望通過校勘實踐以探索學術真理和經學義理,更側重主觀性的揮發。實踐校勘時,段、顧雖然都認爲應當慎之又慎,并不約而同地奉北朝邢邵爲學術偶像,但二人却同源異流,未在校勘學理論的整體構架上達成一致。顧氏極重古刻,不遺餘力抨擊不識宋本可貴者。與顧氏不同,段氏重古而不佞古:"夫校經者,將以求其是也。審知經字有訛則改之,此漢人法也。漢人求諸義而當改則改之,不必其有佐證。自漢而下,多述漢人,不敢立説擅改。"③此可謂將"漢人"與"後人"等而視之:於先秦經典而言,漢代學者與漢後學者皆爲"後人";漢人可訂前人之誤,後人自可校訂包括漢人在内的所有前人之誤;漢人校改不必有佐證,後人校改前人自然也無需必有佐證。因此,前人在分析段、顧關於"西郊"和"四郊"的論争之後指出,二人在校勘和學術上的差異,"體現了兩種學術方法及解經思路的不同,而非簡單的校勘問題"④。雖然段氏的"還賈還孔"之説,顧氏也有相似論斷⑤,但二人一求"明聖賢之義理於天下萬世"的"經學之是",一求"刊落浮詞,獨求真解"的"經籍之是",自然不可等而論之。

二、經學流派淵源的差異

段、顧二人的差異還可上溯至漢代經學今古文之别。漢代經學所謂"家法",是與"師法"相對的概念,皮錫瑞曾論及二者異同,指出師法、家法本無差别,只是針對同源異流不同學説的區别性稱呼,因而古文經學和今文經學被認爲是最大的師法與家法。接下來,爲邏輯連貫,我們依次梳理劉向、許慎和鄭玄的學術尤其是校勘思想,再分析家法與校讎的關係。

先看西漢中期的劉向。秦火之后,文字殘缺、篇章涣散,劉向統據典籍、部次群

① (清)段玉裁撰,趙航、薛正興整理:《經韻樓集》,南京:鳳凰出版社,2010年,第283頁。
② 《經韻樓集》,第70頁。
③ 《經韻樓集》,第282頁。
④ 華喆:《段玉裁、顧千里"西郊"、"四郊"之争再研究》,《文史》,2018年第4期,第211頁。
⑤ 參《顧千里集》,第104頁。

書,既校文字訛誤,更定篇章書名。孫德謙《劉向校讎學纂微》列舉了劉向所使用的23種校讎方法,其中不少超出了後世所謂的"校勘"範圍,而延伸到"編纂"的層面,很大程度上改變了傳世典籍原貌,以《戰國策》最爲典型。至於"戰國策"之名,更是劉向參考戰國時期諸多書名、依據書籍内容的新創。現存先秦典籍文本,基本都經過漢代官方學者的編校,所以如劉向般對先秦古舊抄本的"深度整理"可以看作是對"原有資料重新編排了"①。這種編校甚至整理所産生的文本差異,在與出土文獻的對照下顯得格外清晰。因此,僅就彙集衆書、勒爲定本這一點來説,段玉裁確實更近劉向。

再説東漢前期許慎。古文經的發現自西漢初年便絡繹不絶,從張蒼所獻《左氏傳》到孔壁發現的《尚書》《儀禮》等經典,從宫廷中秘到民間所習,貫穿整個西漢王朝。作爲古文經學家賈逵弟子的許慎,其《五經異義》直面今古文經中分歧明顯而又意義重大的諸多問題,以古文經觀點爲主,又參之以今文經并斷以己義,實事求是,體現了許慎臧否群經的宏大經學觀。翻檢清人陳壽祺《五經異義》輯本,其中内容多涉聘問、社稷和樂舞等制度考證,然絶少關涉校勘。此外,即使看似與經學義理關係頗遠的文字學專著《説文解字》,也在相當程度上展現了許慎爲古文經正名的構想。《説文》試圖從作爲經義載體的文字出發,通過分析文字構形,追溯造字源流,以達到探析古文經義旨的目的,同時揭露今文經的不合理之處。因此,其在解析字形、訓釋字義時大量直接引用古文經傳原文自不必説,多以古文經義爲準繩更是題中之意。許慎以小學爲門徑的研究方法,的確是古文經學家的看家本領,影響傳統中國學術數千年之久,至清儒時漸臻化境,而尤以戴震爲著。戴震弟子段玉裁《説文解字注》更是步踵許慎、實現經學與小學互證的經典巨著,注中亦時引許慎《五經異義》以明己説。從撰著動機和研究方法來看,段玉裁與許慎如出一轍。

最後論東漢末年的鄭玄。與劉向所處的情況不同,在經過兩漢學者大規模的校理之後,至東漢末年,儒家經典乃至於先秦典籍的基本面貌已大致確定。作爲經學家的鄭玄,他面對的實際上是以今古文差異爲主,不同經學流派之間關於字體、文字、篇章,乃至於解經原則、注疏方法上全方位論争的混亂局面。因此,鄭玄治學選擇了以古文經爲主又兼采今文經,進而遍注群經、綜合百家,一統漢末經學——這正是時代賦予鄭玄的使命。然而鄭學今古文經互解的方法在魏晋之際遭到了王肅的猛烈批判,認爲其有違古文經學家的純正師法。不過時至今日,鄭玄實事求是的通達做法得到了學者的普遍稱頌,歷史已經證明了一切。雖然校勘是鄭玄注疏群經的一個方面,但在張舜徽《鄭氏校讎學發微》總結的12項校勘成就中,與"編纂"相關的内容已無跡可尋——因爲這不僅不被現實所需要,更不被時代所允許。鄭玄的理念更近乎後世純正的校勘:所校《周禮》以今書爲底本,全録今書而不改其原貌,而參之以故書,兼録異文又考訂疑誤并考鏡源流,同時以底本附校勘記的形式展現校勘成果、表達校勘意見,即保存異文異説和申發校勘意見於注文之中②。

段玉裁推崇定本式承載校勘成果。然而一旦勒成定本,文本校改便避無可避,故

① 史常力:《中國早期史書叙事模式的形成及流變》,廣州:中山大學出版社,2019年,第228頁。

② 參楊天宇:《鄭玄三禮注研究》,天津:天津人民出版社,2007年,第332—337頁。

段氏認爲即使面對宋刻古本,當改則改,疑則存之。至於顧廣圻,則傾心底本式,顧氏稱之爲"不校校之",前人多以爲顧氏校勘第一原則。但不必深究即可發現,與其説它是校勘實踐的指導原則,還不如説它是校勘成果的形態選擇。葉德輝曾追溯不改底本的"死校"和改動底本的"活校"淵源至兩漢經學①,所論甚爲精闢獨到。正如葉氏所論,相較於顧廣圻,段玉裁的確更近劉向和許慎;但論及鄭玄,葉氏所言仍可商榷。如僅從校勘成果形態這一視角進行觀察,較之段玉裁,顧廣圻的學術風格似乎與鄭玄頗爲接近。然而,若深入分析其學術思想與研究方法,從破除兩漢經學家的門户之見、顛覆唯古舊説是從,進而彰顯理性精神和科學原則的層面而論,尤其是對識斷和審定乃至於乾綱獨斷、勒爲定本的推崇而言,段氏無疑才是鄭玄的真傳。段氏之所以許鄭玄以"漢代素王孔子"的崇高評價,是因爲鄭玄能够於紛繁複雜的版本異文中憑借綜合分析與獨立判斷以定衆説之是非,而不是僅僅泥於古本舊版作異文異説的羅列。故對於鄭玄在諸説之間所作的觀點變易、是非彌縫進而兼綜獨斷、折衷一是的工作,段氏贊其厥功至偉,"蓋善之善者也"②。

三、吴皖師承取法的差異

顧廣圻與段玉裁的校勘分歧,某種程度上是吴、皖兩派的學術論争在校勘學上的具象體現。顧廣圻作爲吴派大師江聲的弟子,其學術思想深受江聲及江聲之師——吴派公認的創始人惠棟的影響;至於段玉裁,則是皖派的中堅人物,其師戴震更是皖派的開創者,對段玉裁的學術追求和校勘實踐影響至深。戴震曾學於惠棟,學識深得惠棟贊譽,可見戴震對吴派尤其是惠棟的學術思想和研究方法有着深刻的認知。他之所以未固守吴派傳統而是選擇别創新派,必是他在深入瞭解吴派優點的同時,也敏鋭洞察到了其中的不足。一言以蔽之,吴、皖兩派雖均"求是",但對於"是"的具體含義和追求方式,兩派却有着不同的理解和實踐。

吴派所探求者乃"經籍"之是。吴派以爲漢代近古而有家法傳承,謙敬審慎遵從漢人之説而較少決斷,甚至盲從迷信而不免泥古,認爲需要有古人尤其是漢人之論才可立説,解經必有前人依據方可論證是非,所論經義實爲前人"咀嚼"之后的義理,甚至只是經籍所載的義理。與停留在經籍層面的吴派不同,皖派所追索的實爲"經學"之是。皖派在以淹博之功定文字是非的基礎之上,折衷諸説於一是,進而勒爲定本;同時不迷信古人之説,以科學實證方法通過知識考證求真求是,還原孔孟六經,追尋大道義理。戴震曾明言,作爲"搜考異文"的校勘只是研究經學的訓練方法,非爲一種獨立的學術領域。他還曾向段氏稱其平生著述"以《孟子字義疏證》爲第一",以至於後人評價戴震"義理第一、考據第二"③。此種學術思想深刻地影響了包括段玉裁在内的諸多皖派後學,《説文注》因而能突破漢學家法常規引戴震哲學觀點釋義,"使得

① 参葉德輝撰,李慶西標校:《書林清話》,上海:復旦大學出版社,2008年,第308頁。

② 《經韻樓集》,第1頁。

③ 石開玉:《戴震的文獻學理論與實踐成就》,蕪湖:安徽師範大學出版社,2017年,第2頁。

本來是一部以闡釋字的形義爲主旨的著作也閃耀出某些思想家的光輝"[①]。

惠、戴雖然"交相推重",但二人學術思想差異明顯。就校勘而言,惠棟校勘方法多樣而以對校和他校爲主,盡力搜集古刻舊本,廣征博引各類文獻,力求恢復古籍原貌。其《後漢書補注》不僅多用北宋古本對校,還能够從群書中補輯脱佚并訂誤正訛,駁正史實及前人訛誤;在校訂《禮記》時,惠氏主張通過比對不同文本發現異文,進行文獻考辨分析。《九經古義》的校勘彙集衆本又爬梳群籍,廣博徵引又綴次古義,崇敬漢儒而慎下己見。雖然力倡分析致誤緣由并痛斥後人妄改,但却難免凡古必真、博而不精,甚至校改經注以彌縫漢儒古義。至於《惠氏讀説文記》和《春秋左傳補注》,同樣存在不同程度的改今文爲古文、改俗字爲古字現象。至於戴震,本就長於校勘,純熟掌握四種校勘方法,而又以理校、他校(如利用《永樂大典》輔助他校)爲主。戴氏一生傾心水道研究,其校勘《水經》創設離析經、注的四大原則,是本校、理校結合的突出代表。《大戴禮記》的校勘則特重文字考析,尤其是校改俗體"陳"字,更能一睹戴氏關於正俗字之别的語言文字學理念,以及崇古斥今的改字原則。《尚書義考》考論篇目分合、傳授源流,詳辨古本(東晋孔《傳》出現之前所引版本)、今本文字異同得失,而不存今文、古文偏見。戴震的校勘與小學相輔相成,既以小學作爲方法校勘考訂群書,也有如《方言疏證》專校小學典籍的巨著,可謂"字經互考"。戴氏主張"實事求是"原則的同時,又秉持"以古證是"的校勘理念,重古而不泥古,認爲當改則改,其校經如《尚書》《禮記》等雖對惠棟《九經古義》有所承繼,如二人在校勘時都極重版本和他校材料(包括金石),但在涉及校勘時却體現了"求是"與"信古"的原則性差異。

吴派學術精神和研究方法在校勘上的表現,即是重視對校法的運用,主張校改當有版本依據,然有時難免照襲古本之誤而不自知。不過考證精善和邏輯嚴密與否,多有賴實踐中學者所展現出的學識功力,即段玉裁所謂淹博、識斷和審定。至於皖派宣導的所明之理,雖然有一定客觀標準,但同樣難免打上個人思想烙印。戴震曾言:"故訓明則古經明,古經明則賢人聖人之理義明,而我心之所同然者,乃因之而明。"[②]此處"我心之所同然者",與陸九淵"此心此理,我固有之,所謂'萬物皆備於我',昔之聖賢先得,我心之所同然者耳"一脉相承[③]。由此溯源,則可至孟子"心之所同然者何也?謂理也、義也。聖人先得,我心之所同然耳"之言[④]。可見,前代聖賢將其探尋所得義理載於經籍,理義既非往聖所發明創造,亦非爲先賢所獨佔,聞道先後罷了。後人倘若爬梳經典并以此爲階梯而上下求索,則理義不僅可以被"發現",更能被"所有人"發現。那麽,以與我心所同之義理,亦即百代之義、萬世之理作爲校勘標準、校改依據,在段玉裁來看,自然能够完成校勘考證與義理探求的結合,實現真正的學術目標。因而在"四郊""西郊"校勘的討論中,顧氏對段氏"然細按所立之説,絶非其經其注之本旨,又假借於他家之異義者,以斷章取證而不計其爲牽合"的不滿[⑤],乃至時

① 董蓮池:《段玉裁評傳》,南京:南京大學出版社,2011年,第22頁。

② (清)戴震撰,楊應芹、諸偉奇主編:《戴震全書(修訂本)》,合肥:黄山書社,2010年,第6册,第498頁。

③ (宋)陸九淵撰,鍾哲點校:《陸九淵集》,北京:中華書局,1980年,第13頁。

④ 金良年:《孟子譯注》,上海:上海古籍出版社,2004年,第238頁。

⑤ 《經韻樓集》,第280頁。

人、後人對段氏偶有妄改的抨擊,某種程度上恰恰正是段氏孜孜以求的學術執念。

結　語

段玉裁遠紹漢唐、近承戴震,其校勘學思想、理念和方法與整體的學術之道一以貫之。與力主客觀呈現的純粹刻書家顧廣圻不同,包括段玉裁在内的皖派經學家崇尚主觀傳學,對學術有着更爲深邃的思考。段氏的經學研究,甚至是思想脉絡歷程均以實事求是的態度爲精神綱領,以語言文字和典章制度爲根基,經過校勘恢復著者稿本原貌,通過訓詁揭示經典原始含義;再經由邏輯推理和知識考據識斷著書者立説的是非,追溯典籍産生發展的歷史源流,以探求經籍是非和經學義理。這一過程往往循環往復,但絶非簡單重複,而是周期性的迭代與深化。值得注意的是,對於"立説之是非"的探討并非單純依賴於對先賢的認知,而是在批判性分析前人觀點的基礎上,加入研究者的主觀理解,進而實現主客觀相結合的深入闡發和研究。因此,皖派雖然需要借助學術權威來判定"底本是非",但不會也不甘於僅僅固守這些權威的觀點,而是要超越對學術權威的依賴,實現對"立説是非"的獨立判斷。即使是面對以"兼綜獨斷"著稱、在經學史上開創"千古大業"第一人的鄭玄,皖派仍秉持懷疑一切的實事求是態度。因此,理解鄭玄、成爲鄭玄乃至超越鄭玄也就成了皖派學者探索經義和研究經學的重要進階理路。

本文在寫作過程中得到南京大學武師秀成教授、東南大學王華寶教授的悉心指點,在此謹表謝忱!

■文獻輯考

梅曾亮集外詩文輯考

耿　森　歐明俊

摘　要:梅曾亮是中期桐城派的核心人物,嘉道時期的古文巨擘,一生著述宏富。上海古籍出版社2020年版《柏梘山房詩文集》(增補本)是迄今所見收録梅曾亮作品最爲完備的整理本,但載籍浩繁,遺珠難免。兹於清人書畫、别集、方志、尺牘彙編中輯得梅曾亮佚詩四首、佚文十二篇,涉及其生平交遊、詩文理論與家學傳承等方面,具有重要的文獻價值。文章還對其中所涉人物、史實加以考辨,可證來源不虚,亦可備文獻之徵。

關鍵詞:梅曾亮;集外詩文;輯考;桐城派

梅曾亮(1786—1856),字伯言,上元(今江蘇南京)人。道光二年(1822)進士,官至户部郎中,晚年主講揚州梅花書院。他早年師事姚鼐,後居京師多年,廣交文士,獎掖後學,"以桐城文派之説啓導後進"①,成爲桐城派中期的領軍人物,著有《柏梘山房集》。彭國忠、胡曉明以海源閣咸豐六年(1856)刻本爲底本,參校其他十餘種版本,在2012年版《柏梘山房詩文集》的基礎上又補入書信九通,編成《柏梘山房詩文集》(增補本)②,堪稱現今最爲完善的梅曾亮詩文集,嘉惠學林甚多。但梅氏一生交遊廣泛,創作宏富,集外間有失收之作,實屬難免③。兹於清人書畫、别集、方志、尺牘彙編中輯得梅曾亮佚詩四首,佚文十二篇,略加考辨,以期對梅曾亮及桐城派研究有所助益。

一、佚　詩

1.《題灕江泛棹圖》

柳侯遷官日,桂嶺瘴雲深。張子壯游處,清江繞碧岑。山川同極目,光景各隨心。想見乘槎客,高吟楓樹林。

作者簡介:耿森,福建師範大學文學院博士生,主要從事中國古代詩文研究;歐明俊,福建師範大學文學院教授,博士生導師,主要從事中國古代詩文研究。

基金項目:國家社會科學基金重大項目"兩岸現代中國散文學史料整理研究暨數據庫建設"(18ZDA264)。

① (清)王先謙撰,梅季點校:《王先謙詩文集》卷五,長沙:岳麓書社,2008年,第98—99頁。

② (清)梅曾亮著,彭國忠、胡曉明校點:《柏梘山房詩文集》(增補本),上海:上海古籍出版社,2020年。

③ 參見蔣明恩:《梅曾亮集外文二篇及異文對讀札記二則》,《古籍研究》,2021年第1期。

此詩輯自張寶《灕江泛棹圖五集》[①],落款:"題《灕江泛棹圖》,應仙槎先生雅教。上元梅曾亮。"後鈐"梅曾亮印""伯言"印。"張寶,字仙槎,上元人。工山水。性好游覽,足迹歷十數行省,自繪所遇名勝,積至百幅,各系詩詞,附以名流題詠,分刻六集,名《泛槎圖》。"[②]《灕江泛棹圖五集》卷首有張寶自識曰:"道光丁亥長至後五日,余在桂林客館,曾寫《灕江泛棹圖卷》,約長三丈餘。自昭州至桂林二百餘里,萬峰排列,灕水環繞其間,諸名公題詠甚富。今改爲十二册,續於《艤槎圖》後,以誌遊踪。"[③]此詩即梅曾亮應張寶之囑而作,詩前有道光十年(1830)沈惇彝題跋,後有道光十年(1830)蔡世松、李湘茝題跋,可知梅詩或作於同時。

2.《題罷讀圖》

風流别駕貴公子,詞源倒流三峽水。南山霧豹思欠伸,應笑百年鑽故紙。東方千騎君上頭,掃葉寺前花滿頭。却慚乞米東方朔,未得歸迎郭細侯。

此詩輯自陳延恩《罷讀樓彙刻贈言》卷二[④],款署:"登之仁兄公祖大人屬題《罷讀圖》,賦以呈政。愚弟梅曾亮稿。"陳延恩,字登之,一字雲乃,新城(今江西黎川)人。以監生候補通判,歷任江陰知縣、川沙同知等職,編有《罷讀樓彙刻贈言》。是書凡十卷,主要編録陳延恩友人往日所贈詩文。道光十二年(1832),陳延恩以通判分發江蘇,離京前,請托友人繪成《罷讀圖》,并爲此圖廣泛索題。包世臣《書陳雲乃罷讀圖本字登之近改字雲乃》曰:"道光壬辰,雲乃以郡倅簽分江蘇,未出都爲《罷讀圖》徵題詠。中外能詩者,各以詩贈。大抵謂雲乃雄文碩學,屢躓場屋,至以貲進身,出試幕僚,則爲不得其職,宜其憤激慨慷而爲此圖也。"[⑤]此詩即梅曾亮應陳延恩之請而作,創作時間在道光十二年(1832)前後。關於梅、陳二人的交往,以往資料少有提及,此詩可補梅氏年譜及交遊信息。

3.《題博山園雅集圖》

幕府招賢作俊遊,一時樽俎擅風流。得逢名筆開生面,寫出幽居最上頭。結構久非張氏谷,登臨都憶庾公樓。披圖我更追前事,四十年前待月留。

博山園舊名餘霞閣,陶子静始創爲之。陶文毅公於山下建惜陰書院,并修此山,時觴詠賓客,雨村都督與焉。公薨,追憶盛會,圖寫屬題,係之以詩,有吉甫頌山甫之風。而曾亮於子静初建閣時,與管異之、姚石甫諸友人時游衍其上。讀是圖,尤不能無今昔之感矣。

咸豐二年正月,梅曾亮題并識。

此題輯自湯貽汾《博山園雅集圖》拖尾處[⑥],爲梅曾亮墨迹手書,後鈐"曾亮""伯言"印。餘霞閣在今南京,嘉慶十八年(1813)冬,陶熙卿、陶子静"出財飭其敝壞,種卉

① (清)張寶編繪:《泛槎圖》,杭州:浙江人民美術出版社,2012年,下册,第762頁。
② (清)李濬之編,毛小慶點校:《清畫家詩史》己上,杭州:浙江人民美術出版社,2019年,第893頁。
③ 《泛槎圖》,第661頁。
④ (清)陳延恩:《罷讀樓彙刻贈言》卷二,清道光十八年(1838)刻本。
⑤ (清)包世臣撰,李星點校:《藝舟雙楫》卷三,合肥:黄山書社,1993年,第335頁。
⑥ 此畫爲中國嘉德國際拍賣有限公司2023年秋季拍賣會"中國古代書畫"專場第2347號拍品。

木，治石磴，作室爲陶氏讀書之所"[①]，姚鼐名之餘霞閣，并作《餘霞閣記》。嘉慶二十一年(1816)初夏，梅曾亮與姚鼐子及弟子編校《惜抱軒文後集》，期間與管同、姚瑩、馬沅等在此遊宴賦詩[②]。姚瑩《博山園圖記》載："江寧府城西石頭山前小阜曰博山者，舊有四松庵，陶氏構閣讀書其中，家惜抱先生題曰餘霞，爲之小記。嘉慶甲戌年事也。後二年，余同管異之、梅伯言、馬湘帆觴此，作詩而去。二十餘年，頗荒廢。陶文毅公督兩江軍，愛其地，適有御書之賜，乃闢庵址而新之，於閣傍爲惜陰書舍。"[③]道光十七年(1837)九月，陶澍邀請陳鑾、包世臣、齊彦槐、湯貽汾等一行九人集會博山園，此卷正爲本場雅集而作。此圖爲設色紙本，上款人以吴廷颺題引首，後有包世臣、齊彦槐、程川佑、陳鑾、湯貽汾、孔憲彝等三十餘人題跋。此題即梅曾亮應湯貽汾之請所作。是時管同已逝世多年，梅曾亮展卷感慨，追憶往事，不禁愴然。

4.《題積石詩存》

鄉國詩聲久，京華始見君。新能翻樂府，高不襲皇墳。幽怨飄靈雨，清空入妙雲。迷方殊自失，莫厭細論文。

此詩輯自張履《積石詩存》卷首題詞[④]，署"上元梅曾亮"。是集凡四卷，卷首有張海珊、王仲壑序，除此題外，另有顧莼、郭尚先、端木國瑚、徐寶善等諸家評跋。張履(1792—1851)，原名生洲，字淵甫，震澤(今江蘇蘇州)人，嘉慶二十一年(1816)舉人，官句容縣訓導。著有《積石文稿》《積石詩存》等。張履爲梅曾亮摯友，梅曾亮《陳拜鄦詩序》云："歸安孫秋士，震澤張淵甫，會稽陳拜鄦，皆交游中能詩者也。秋士以名公子而絶意科舉；淵甫善説經，志欲得一校官以就其業，故所作或閒冷孤逸，或清醇淡古。"[⑤]

二、佚　文

1.《刊姬傳先生遺書跋》

姬傳先生所著《後集》十一卷、《筆記》八卷，未及刊而卒。華亭姚椿春木以刻資寄曾亮，屬爲刊刻。人事牽繞，家居不恒，閱數載而後成，去先生捐館時已六年矣，可慨也夫。其校是書者，則上元管同異之也。

道光元年春二月，門人上元梅曾亮謹跋。

此跋輯自姚鼐《惜抱軒筆記》卷首[⑥]。"姬傳先生"即姚鼐，姚椿、管同均爲其門人。姚鼐《惜抱軒詩文集》刊刻後，"復有所作詩文，合可十卷。侄意不欲更刻，或待死後，并前更刻一全集耳"[⑦]。嘉慶十八年(1813)秋，姚椿計劃爲其刊刻續集，姚鼐遂

① (清)姚鼐撰，周中明校點：《惜抱軒文集後集》卷一〇，合肥：黄山書社，2021年，第703頁。
② 參見施立業：《姚瑩年譜》，合肥：黄山書社，2004年，第73頁。
③ (清)姚瑩撰，施立業點校：《桐城派名家文集・姚瑩集》，合肥：安徽教育出版社，2014年，第385頁。
④ (清)張履：《積石詩存》，《清代詩文集彙編》，上海：上海古籍出版社，2010年，第574册，第596頁。
⑤ 《柏梘山房詩文集》(增補本)文集卷五，第111頁。
⑥ (清)姚鼐：《惜抱軒筆記》，清光緒三十三年(1907)上海校經山房印本。
⑦ (清)姚鼐撰，周中明校點：《惜抱軒尺牘補編》卷二，合肥：黄山書社，2021年，第458頁。

"鈔取所作古文未入集者,寄松江姚春木"[①]。但因姚椿家境稍窘,所以直到嘉慶二十年(1815)姚鼐去世,此書還未付梓。嘉慶二十一年(1816),姚椿將姚鼐所作古文及刻資寄與梅曾亮,囑其刊刻。隨後梅曾亮與管同等姚門弟子在鍾山書院整理校對姚鼐遺作,至道光元年(1821)二月,刻成《後集》十一卷、《筆記》八卷[②]。此跋雖短,但揭示了姚鼐《後集》與《筆記》的刊刻、校對情況,對研究姚鼐詩文集的編纂刻印有重要價值。

2.《望溪六札跋》

文人著書持論,如參軍登場,袍笏絢爛,儼然矜莊。至尺牘,與親昵述情話,則頽然自放,天真見矣。書中言賣池、買洲、謀生計瑣屑事,亦非遠人情者,率真語當如是耳。然則先生以兄弟墳墓在積水中,至棄官覓地,徘徊空山,不歸受妻子之養。此言亦非有所作而致也,於是乎賢遠於人矣。

道光十二年九月重陽前二日,上元梅曾亮敬識。

此跋輯自復旦大學圖書館藏蕭穆抄本《望溪先生尺牘補遺》文末[③]。蕭穆記曰:"從汪稼門尚書家藏手卷録出。""望溪六札"是方苞致弟子雷鋐的信札,主要言及"賣池、買洲、謀生計瑣屑事"。此六札的流傳情況,蕭穆記載甚詳:"寧化吴賢湘藏望溪侍郎手札數十紙,爲伊墨卿太守分其半,所存十餘紙,嘉慶庚申春又爲我鄉汪稼門尚書揀其六紙,裝潢成軸。咸豐己未,尚書少子厚之翁曾出以示余,余乃展玩數日,録其原文,上元梅郎中曾亮所跋前六札是也。"[④]此文即道光十二年(1832)九月七日,梅曾亮爲汪志伊藏方苞尺牘所作跋語,後經蕭穆抄録至此。尺牘兼顧私密性與實用性,相比於載道的嚴肅文章,更能表現個人情感。梅曾亮將二者對比曰:"文人著書持論,如參軍登場,袍笏絢爛,儼然矜莊。至尺牘,與親昵述情話,則頽然自放,天真見矣。"洵爲確論。

3.《跋種紙山房詩稿》

曾亮交秋士,得讀遲舟先生詩。讀其詩,益以知其人。其生平所得、科第及所履踐,士有以得此爲至足者,而詩殊無沾沾自喜意,悄乎若秋雲之近人也。秋士之高情勝概,詩如其人,其有所自哉!

道光十三年癸巳十二月,上元後學梅曾亮敬跋。

此跋輯自孫辰東《種紙山房詩稿》卷末[⑤]。"遲舟先生"即孫辰東(1736—1780),字楓培,號遲舟,歸安(今浙江湖州)人。乾隆三十七年(1772)進士,官翰林院編修。著有《種紙山房詩稿》。"秋士"是孫辰東之子孫憲儀,字品孺,號秋士,歸安諸生,著有《孫秋士詩存》。孫秋士是梅曾亮舊友。道光十五年(1835),梅曾亮作《贈孫秋士叙》云:"曾亮交先生十餘年,今先生年六十矣。"[⑥]秦文《〈梅郎中年譜〉補正》認爲:"道光

---

① (清)姚鼐撰,周中明校點:《惜抱軒尺牘》卷七,合肥:黄山書社,2021年,第374頁。

② 參見黄漢:《姚鼐詩文集刻印研究》,《文獻》,2023年第4期。

③ 《惜抱先生尺牘》(附《南山尺牘》《海峰尺牘》《望溪尺牘》),復旦大學圖書館藏蕭穆抄本。

④ 王欣夫撰,鮑正鵠、徐鵬整理:《蛾術軒篋存善本書録》,上海:上海古籍出版社,2021年,第318頁。參見馮尉斌:《新見方苞致雷鋐信札二十通編年考釋》,《貴陽學院學報》,2025年第2期。

⑤ (清)孫辰東:《種紙山房詩稿》,《清代詩文集彙編》,第389册,第439頁。

⑥ 《柏梘山房詩文集》(增補本)文集卷三,第54頁。

十三年(1833)癸巳四十八歲:在京,識孫秋士。"[①]此說誤。《贈孫秋士叙》稱二人在道光十五年(1835)已認識十餘年,因此,他們不會在道光十三年(1833)才初見。二人初識應在道光元年(1821),是時,梅曾亮初遊京師,"一時交游多好古博洽之士"[②]。此時距梅曾亮作《贈孫秋士叙》,相隔十四年,時間相合。而且梅氏《題孫秋士小照》詩序云:"秋士之名,余得之管異之詩中。來京師,始得交其人。"[③]因此二人初識應在道光元年梅曾亮初至京師時。作跋時間在道光十三年(1833),梅曾亮此年"在京。與張淵甫、荔門范今甫、王慈雨、楊至堂、朱小坡、孫秋士交,討論文字,甚樂"[④]。此跋即梅曾亮應孫憲儀之請,爲其父《種紙山房詩稿》所作。

4.《重修通州文廟碑記》

聖清之治與至聖之道相爲遠近,雖偏州下邑,莫不崇飾廟學,以修文輔化。况通之爲州,去京師道里,於順天府所隸州縣爲最近,濡染首善,鄰德近光。是宜章章明明,承辟廱之洪流,以膏澤黎庶,洗濯黮昧。宣城李侯宣範以報最晋秩,成政於通,舉典謁廟,伏拜於兩柱之下,乃周覽而稱曰:"兹州之學,創於至元,時則師無常廩,徒無定員,然猶間時舉修,載在舊記。明以州爲縣,學基雖移,制亦克舉。聖朝光宅天下,文思昭融,惟兹上州,典物備飭。自三殿、兩廡、尊經閣、明倫堂外,建聖訓亭者一,東西朝房者六,泮橋者三,東西齋房者十,爲祠者四,爲署者二,禮之器四十二事,樂之器二十三事,官師生徒,員俸有經。考廟於康熙時五修,雍正時一修,乾隆時三修,嘉慶時一修。昔賢紹功,啓佑來軫,整廢復貫,今也其時。爰咨於州之搢紳方聞之士,皆曰:'吾侯之來兹州,子惠𠐀𠐀,美政不瘥,挈無重租,牘無留刑,無小大罔不悦應。况崇極廟學,昭民功以錫祉於藝林,其曷有不承?於是倡輸於官,衆力景從,民無奪時,匠無窳功。凡舊有基,是拓是崇,墉垣周方,芻牧收迹。瞻對棟宇,丹青發神,陛除修平,降登孔嘉。作廟既成,時祭有秩,磬管應節,牲幣如式。觀禮之士,悠遠長衷,允然發容,殊音同儕。請紀歲月於繫牲之碑,以勖後焯勤,侯不可辭。'"乃屬上元梅曾亮爲之詞曰:

聖道行世,如水地中。含津吐景,鍾物而豐。孰有士民,而學勿崇?兹州帶河,萬國棣通。冠冕畿赤,儀形八風。李侯莅止,民和士衷。揭虔庀鳩,樂泮奏功。率其邦人,習禮暢容。豈惟邦人,五民所同。河航海舶,歸功詠功。凡司牧民,視此新宫。

道光十八年九月。

此文輯自《(光緒)通州志》卷一〇《藝文志》[⑤],署"户部郎中梅曾亮,上元人"。《(光緒)順天府志》亦載此文[⑥]。通州文廟在州治西,元大德二年(1298)始建,後世多有修葺,道光十七年(1837),知州李宣範重修[⑦]。清傅雲龍《順天府官師傳下》載:"李

① 秦文:《〈梅郎中年譜〉補正》,《古籍研究》,2015年第1期。
② 《柏梘山房詩文集》(增補本)文集卷三,第62頁。
③ 《柏梘山房詩文集》(增補本)詩集卷五,第528頁。
④ 《柏梘山房詩文集》(增補本)附録一《梅郎中年譜》,第680頁。
⑤ (清)高建勳等修纂:《(光緒)通州志》,清光緒九年(1883)增刻本。
⑥ (清)周家楣等修纂:《(光緒)順天府志》,北京:北京出版社,2018年,第7册,第2139頁。
⑦ 《(光緒)順天府志》,第2137—2139頁。

宣範,字蕚村,安徽宣城人。供事議叙試驛丞,補房山縣丞,調自南昌,徙密雲縣丞……遷通州知州,修文廟,備祭器。"[①]李宣範生平,梅曾亮《李蕚村墓表》記載亦詳。道光十八年(1838)九月,李宣範知通州時,梅曾亮正"服京官"[②],相距"道里",因此有條件爲其主持重修的通州文廟撰寫碑記。此碑記可增補梅曾亮生平交遊材料,對通州文廟研究也有一定價值。另外,《柏梘山房詩文集》中,碑記文僅補遺中有《縉山書院碑記》一篇,故此文對研究梅曾亮碑記文也有助益。

5.《題枕經堂文鈔》

入理深而出筆古,波瀾矩矱,正復森然,此真知震川、望溪、海峰、惜抱諸先生之至味也。由此做去,何患不到古人。道光廿有六年冬日,偕伯魯同讀并書,上元梅曾亮。

此跋輯自方朔《枕經堂文鈔》卷首[③],作於道光二十六年(1846)冬,時梅曾亮在京任户部郎中。是集凡二卷,卷首有沈維鐈序,又有戴鈞衡、梅曾亮、朱琦等人題辭。方朔,字小東,懷寧(今屬安徽)人。"諸生,官江蘇候補同知。私淑歸有光、方苞、劉大櫆、姚鼐等,又與梅曾亮、朱琦、戴鈞衡等以文學相切磋。"[④]"入理深而出筆古,波瀾矩矱,正復森然"是梅曾亮對方文的評價,也是其對桐城文法的體認。即爲文既要根植義理,入理深微,又能出筆古雅,曲折波瀾,謹守矩矱,以達到氣脉貫通,正復森然的至味之境。"伯魯"即舒燾,"字伯魯,溆浦人。諸生,官户部郎中。師事梅曾亮,受詩、古文法。"[⑤]

6.《書張淯墓誌後》

張淯爲唐張柬之子。道光二十一年,桂林唐子實得其墓碑於襄陽峴首北二里,載淯官著作郎及侍父襄陽,皆與史合。惟史言長子愿,次子淯,碑則淯爲長子,愿乃淯之侄,銘其墓者也。史傳與碑刻異文,往往如是。然史之要,在一代之成敗、得失、是非,非爲一人作家傳也。而言金石者,或以是爲史,病矣。

道光二十七年五月九日,上元梅曾亮識。

此文輯自楊翰《粤西得碑記》,有本事曰:"桂林唐子實孝廉華,倜儻多才。粤寇侵疆,軍實悉賴規畫。構園亭,去城數十里,背山臨流,極泉石卉木之盛。余過桂林,以所得唐碑見贈多拓,梅伯言先生記云,(文略)。書法筆筆遒勁,全學褚登善,提頓使轉爲楷法極則。石存唐氏,則桂林唐碑,當以此爲冠也。"[⑥]楊翰晚年遊歷粤西,尋訪碑刻,整理成《粤西得碑記》。此書"非盡記粤西之碑,乃專記粤西難得之碑也。其所記難得之碑,重在唐以前諸刻,其宋以後諸刻,則但取其有風韻、供尋味者,始一一記之"[⑦]。可知此書并非簡單輯録碑文,而是精選而成。且由本事可知,楊翰輯録此文,當非虚構。

---

① (清)傅雲龍著,傅訓成點校:《籑喜廬文初集》卷一五,杭州:浙江古籍出版社,2018 年,第 806 頁。
② 《柏梘山房詩文集》(增補本)附録一《梅郎中年譜》,第 681 頁。
③ (清)方朔:《枕經堂文鈔》,《清代詩文集彙編》,第 668 册,第 456 頁。
④ 劉聲木撰,徐天祥校點:《桐城文學淵源考》卷八,合肥:黄山書社,2012 年,第 292 頁。
⑤ 《桐城文學淵源考》卷七,第 261 頁。
⑥ (清)楊翰:《粤西得碑記》,《清代詩文集彙編》,第 650 册,第 553 頁。
⑦ 中國科學院圖書館整理:《續修四庫全書總目提要》,濟南:齊魯書社,1996 年,第 2 册,第 430 頁。

唐子實即唐啓華，原名岳，字子實，臨桂（今廣西桂林）人，道光二十年（1840）舉人，“師事吕璜，復從梅曾亮學文，盡得古文義法”[①]。《張漪墓誌》出土於襄陽，後被唐啓華購得。况周頤《香東漫筆》卷二載：“張漪墓誌一石，爲吾邑唐子實先生啓華所得，載歸粤中，釋文見楊海琴先生《粤西得碑記》。”[②]張漪爲張柬之子，《新唐書·張柬之傳》載：“子愿、漪。愿仕至襄州刺史。漪以著作佐郎侍父襄陽。”[③]《新唐書》稱張愿爲張柬之長子，但據墓誌，張愿應爲張漪侄，而非其兄。此文可補充梅曾亮交遊，還透露出梅曾亮的“大歷史觀”，即歷史研究不能拘泥於爲“一人作家傳”，而應從宏觀着眼，於“一代之成敗、得失、是非”中汲取經驗，由此可見其開闊的史學觀念。

7.《六九軒算書序》

劉簾舫先生年丈所著《六九軒算書》，星房都轉同年屬曾亮爲之序。先生自縣令至監司，所在以循吏著聲。其行狀所載，嘗書後以發明其守法而不爲法弊之、用心與教人爲吏之意，及所刊他書，益於吏治者，亦皆得而讀之矣。至算學，則雖有家書，而未嘗通曉，於是書之精微，不能窺測而揚搉之。然先生此書皆推廣梅氏之學，而又受業於李雲門侍郎。昔侍郎視學浙江，先君子時在幕中，從之遊。侍郎曰：“算書雖子家學，然習其書，不若受於人之爲捷也。”先君子由是習之。歸以語同邑陳君懋齡，亦能通其學，著《算學天文考》，阮文達公嘗叙而刊之。然則先生與先君子非獨鄉舉之年同也，又有同學於師門之誼。雖先後不相接，其淵源一也。曾亮又與星房同年，同爲户部官，襟期相得，以兩世之義分。而先生之高行淳意，卓爲吏師。雖自愧荒墜家學，不足以知是書之精微，而得挂名其間，非徒義不可辭，亦其所樂而深幸者矣。

咸豐元年三月，年家子梅曾亮撰。

此序輯自劉衡《六九軒算書》卷首[④]，除此序外，另有趙敬襄、楊丕復序。劉衡（1776　1841），字蘊聲，號簾舫，南豐（今屬江西）人，由副貢生起家縣令，“學務經世，明察敏事，爲治有方略，尤嗜尋繹律義……所著《庸吏庸言》《蜀僚問答》《讀律心得》《六九軒算書》五種”[⑤]。道光二十四年（1844），梅曾亮作《劉簾舫先生行狀書後》云：“南豐劉簾舫先生由縣令至監司，以循吏著久矣。”[⑥]與此序合。

“星房”指劉良駒，字星房，衡子。道光九年（1829）進士，由翰林院庶吉士改户部主事，官至兩淮鹽運使。“李雲門侍郎”指李潢，“字雲門，鍾祥人。乾隆三十六年進士，由翰林官至工部左侍郎。博綜群書，尤精算學”[⑦]。梅曾亮之父梅冲，字衷淵，嘉庆五年（1800）舉人，深研曆算之學，有《勾股淺述》傳世。梅冲此書自序云：“予少承庭訓，粗聞先人緒論，未能竟學。歲癸丑，從李雲門先生遊，先生詳加指示，稍得其門徑。因敬奉《御製數理精蘊》言勾股者，反復探索，依題集解，間參取他書，并約其精要，輯

① 《桐城文學淵源考》卷六，第241頁。
② （清）况周頤著，鄧子勉校點：《况周頤全集》，北京：人民文學出版社，2024年，第6册，第2679頁。
③ （宋）歐陽修、宋祁撰：《新唐書》卷一二〇，北京：中華書局，1975年，第4323頁。
④ （清）劉衡：《六九軒算書》，清咸豐五年（1855）陝西長安縣署重刻本。
⑤ （清）柏春等修纂：《（同治）南豐縣志》卷二七，清同治十年（1871）刻本。
⑥ 《柏梘山房詩文集》（增補本）文集卷六，第139頁。
⑦ （清）趙爾巽等撰：《清史稿》卷五〇七，北京：中華書局，1977年，第13973頁。

爲一編,自備省覽。後陳明經勉甫問數學於予,出以相示。"[1]序中"陳明經勉甫"即梅曾亮序中"陳君懋齡","字勉甫,亦上元人。乾隆五十七年,副貢生,官青陽教諭。博聞强記,學曆於里中謝廷逸,得梅氏之傳。著有《經書算學天文考》一卷,爲儀徵阮元所稱"[2]。此序作於咸豐元年(1851)三月,是時梅曾亮主講梅花書院,而劉良駒也在兩淮鹽運使任上[3],二人相距不遠,又有同年之誼,因此,梅曾亮應劉良駒之邀,爲其父《六九軒算書》作序。

8.《評五代新樂府》

殺縛事實,如作己語,此一妙也。直書其事,不著褒貶,而凹凸自見,此二妙也。首尾闕合,在有意無意中,此三妙也。要不外春海侍郎所云"反擊旁證"四字,真道著痛癢處也。

此評輯自徐寶善《五代新樂府》卷首[4]。徐寶善(1790—1838),字廉峰,歙縣(今屬安徽)人,嘉慶二十五年(1820)進士,授編修,歷官御史。著有《壺園詩鈔選》《五代新樂府》等。《五代新樂府》由徐寶善撰,子志導注,卷首有程恩澤、潘德輿、梅曾亮等人評語。"反擊旁證"指程恩澤評語:"其辭語之警策,音節之鏗訇,反擊旁證,不著一平筆,使讀者激發性情。"[5]除此評外,是集中還有梅氏批點數條,如評《長樂老》曰:"歐陽公《馮道傳》直書其自序云云,不著褒貶,以不足污筆墨也。此古人高勝處,此詩亦深得此旨。"[6]此類批點吉光片羽,亦可見其詩學旨趣。

9.《跋枕經堂駢體文》

承示少作駢文數首,格高而韻古,是真能探討於漢魏晋宋,而出以己之鑪錘也。必傳之作,勿懈,勿懈。余少亦耽此,間有存者,然天分不近,未免有雅鄭之分。數讀之餘,佩服曷已。

此跋輯自方朔《枕經堂駢體文》卷首[7],署"上元梅曾亮伯言"。是集凡三卷,卷首除此跋外,另有朱騰、舒燾、鈕福疇等人評跋。梅曾亮曾多次提及自己早年學習駢文經歷,如《馬韋伯駢體文叙》:"余少好爲詩及駢體文,君皆好之。余苦故實遺忘,棄駢體不作。"[8]與此跋中"余少亦耽此,間有存者,然天分不近,未免有雅鄭之分"句相合。"探討於漢魏晋宋,而出以己之鑪錘"是梅曾亮對方朔駢文的評價,也可視爲其對自身創作的總結。梅曾亮少習駢儷,後入姚鼐門,由駢轉古,後以古文名世。雖然梅曾亮多次聲稱自己"棄駢體不作",但他并未真正放棄駢文,其文明顯可見駢散兼行、奇偶并重傾向,這是他自覺援駢入散,於桐城古文法中,"稍參以異己者之長,選聲練色,務

---

① (清)梅冲:《勾股淺述》,清道光十五年(1835)朝邑劉氏《青照堂叢書》本。

② (清)佚名撰,王鍾翰點校:《清史列傳》卷六九,北京:中華書局,1987年,第5593頁。

③ (清)方濬頤等修纂:《(同治)續纂揚州府志》卷六"兩淮都轉鹽運使"條載:"劉良駒,江西人,進士。(道光)三十年任,咸豐三年再任。"(南京:江蘇古籍出版社,1991年,第709頁。)

④⑤ (清)徐寶善:《五代新樂府》,《清代詩文集彙編》,第567册,第65頁。

⑥ 《五代新樂府》,第73頁。

⑦ (清)方朔:《枕經堂駢體文》,《清代詩文集彙編》,第668册,第502頁。

⑧ 《柏梘山房詩文集》(增補本)文集卷五,第110頁。

窮極筆勢"[①]的結果。

10.《致劉毓崧》二則

劉任老爺：

頓首。昨在寶賢堂(金鑑堂對門)買錢竹汀《元史氏族志》,渠不肯單賣,連全集索價四千。今送呈洋元三塊,祈代爲説價。如《養新録》在外,亦祈代賣。此頌元安。即發。

北山賢友：

即交來手。尊處《孟子》祈一借,補數頁,想此時不肄業及此耶。即候近佳,不一。初九日。

此二札輯自劉毓崧《通義堂尺牘》[②]。劉毓崧(1818—1867),字伯山,儀徵(今屬江蘇)人,道光二十年(1840)優貢生,經學家劉文淇之子,從父受經,旁通經史,精於校勘,爲揚州學派代表人物。著有《通義堂文集》等。《通義堂尺牘》係劉毓崧與二百四十一位友朋間的信札合集。此集於二十世紀八十年代由劉氏後人捐至上海圖書館,後經上海圖書館與臺灣古籍保護學會共同整理,編入《稀見清代尺牘》第一輯。此二札對了解梅曾亮與揚州學派的交遊及個人閲讀史均有助益。

11.《評積石文稿》

説理之文能堅凝,宋人所難也;議禮之文不瑣碎,六朝人所難也。曾亮於義理、考證之學,皆未置力,故不能妄有所疑。然行文之難則知之,知其難,益以服斯文之雅健,而少爲作也。上元梅曾亮。

此評輯自張履《積石文稿》卷首[③]。是集凡十八卷,卷首有錢儀吉、孫燮、王寶仁序,除此評外,另有姚椿、毛嶽生、李璋煜等人題跋。張履"於諸經尤精《三禮》,善古文辭。其議禮之文,往往以今之情,酌古之禮,犂然有當於人心,非訓詁名物之學也"[④]。此跋關涉梅曾亮對宋及六朝文之認識,而"堅凝""雅健"等概念别處亦少有涉及。梅曾亮曰:"宋人文明健酣適,然時失之冗。"[⑤]六朝議禮之文,博采數説,文彩彬蔚,姚鼐"古文不取六朝人,惡其靡也"[⑥]。宋及六朝文失於冗雜,因此梅曾亮提出爲文堅凝,避免繁冗,以補其病。"堅凝"强調行文用字當"千錘百鍊以出之,而有貞固不摇之勢"[⑦],這是梅氏對桐城"雅潔"義法的繼承。"梅曾亮之文精悍簡古,已與桐城派標舉之'雅正'有差異"[⑧],而追求雅健,則是其在姚鼐"陰陽剛柔"説的基礎上,折衷二者,

① 《清史稿》卷四八六,第13426頁。

② (清)劉毓崧:《通義堂尺牘》,《稀見清代尺牘》第一輯,臺北:經學文化事業有限公司,2021年,第41册,第2—3頁。按:此二札均印有"梅曾亮"三字。

③ (清)張履:《積石文稿》,《清代詩文集彙編》,第574册,第358頁。

④ 《清史列傳》卷七二,第5971—5972頁。

⑤ 《柏梘山房詩文集》(增補本)文集卷二,第32頁。

⑥ (清)姚鼐編,黄鳴標點:《古文辭類纂·序目》,北京:中華書局,2024年,第14頁。

⑦ 姜證禪:《國文法綱要》,上海:大東書局,1933年,第106頁。

⑧ 蕭曉陽:《近代桐城文派研究》,北京:中國社會科學出版社,2016年,第56頁。

融會己意,以矯正桐城派枯弱之文風。梅曾亮作爲姚門高足,對姚鼐所論義理、考證、文章之説,推重"文章"一端,"向於性理微妙未嘗窺涉,稍知者獨文字耳"①。"義理"是桐城派古文理論的核心概念之一,但梅曾亮却論之較少,而獨以文章自期,可見其自覺將文章與義理剥離的思想傾向。

結 語

作爲姚鼐之後的桐城派大師,梅曾亮居京城多年,奬掖後學,傳播文法,"京師治古文者,皆從梅氏問法"②,遂使桐城之學流衍全國。在桐城文統的傳衍上,梅曾亮發揮了承上啓下的關鍵作用。以上新見梅曾亮集外詩文所藴含的信息十分豐富。首先,這些佚作多有明確的撰寫時間,可作編年,亦可補充交遊,對完善梅曾亮年譜大有裨益。其次,梅曾亮是桐城古文大家,詩文造詣精深,以上數則佚文都可見其詩文理論。雖爲零篇斷簡,但也是碎金片玉,彌足珍貴。最後,這些佚作可補文獻之缺,有助於推動梅曾亮的深入研究。例如,《書張漪墓誌後》涉及梅曾亮的史學觀念;《六九軒算書序》提及"梅氏家學",這些在梅曾亮集中少有論及。因此,上述佚作不僅可補《全集》之缺,而且對研究梅曾亮生平交遊、詩文理論與家學傳承等,具有重要價值,未來增補《柏梘山房詩文集》時應予以採録。

① 《柏梘山房詩文集》(增補本)文集卷二,第 41 頁。

② 《清史稿》卷四八六,第 13426 頁。

近代佚名日記十三種作者考

周昕暉

摘　要:李德龍、俞冰主編《歷代日記叢鈔》收録了大量近代日記,其中有作者不明之日記若干種。據文獻考證其中十三種之作者,分别爲杜翰《己酉日記》、綿善《棧程隨筆》、寶康《好學深思之齋日記》《蜚皋齋日記》、翁同龢《查倉日記》、王崇烈《蘇園日記》、陳礽壽《退廬老人隨筆記》、劉保慈《庚子辛丑日記》、姚錫光《東行日記》、金紹城《遊美受虐日記》、何長慶《醫逸日記》、童賡年《戌溪日記》、李德儀《東華日記》。

關鍵詞:近代;日記;佚名;《歷代日記叢鈔》

李德龍、俞冰主編《歷代日記叢鈔》(學苑出版社,2006年)收録了國家圖書館所藏宋元至近代日記共五百餘種,其中不乏稀見稿鈔本,實爲嘉惠學林。但尚有若干種日記,因未詳作者姓名,故暫署爲"佚名",或用書中别號繫之。今考證其中十三種近代佚名日記的真實作者信息,札記如下,以供研究者參考。

杜翰《己酉日记》

《己酉日記》稿本一册,今藏國家圖書館,未題撰人姓名,《歷代日記叢鈔》第49册影印收録。

日記記事起自某己酉年九月初九,止於同年十一月十六,無間斷。《歷代日記叢鈔提要》著録版本爲"道光二十九年(一八四九)稿本"[①],但提要正文却説"日記起自民國某年"云云。今按道光二十九年之説是也,日記中九月十一日有"徐蔭軒中式""徐四兄中式,改名瀛錫也"[②],查徐桐、徐瀛錫於道光二十九年己酉科中舉,可知此日記所謂己酉即道光二十九年(1849)無疑。

作者之身份,首先,應是宦門子弟,其父在京任職且幾乎日日"赴園"。祖父應亦曾爲官,因十月二十三日日記有"宴丁未及祖嚴門生共七十餘人"[③]之語。

其次,作者籍隸山東。十月初八日記:"陪吃點心後嚴親始起,隨侍進内謝東省緩

作者簡介:周昕暉,首都師範大學文學院講師,文學博士,主要從事近代日記文獻、古典文獻學等相關研究。

基金項目:國家社科基金重大項目"中國近代日記文獻叙録、整理與研究"(18ZDA259)。

① 李德龍、俞冰主編:《歷代日記叢鈔提要》,北京:學苑出版社,2006年,第145頁。

② 李德龍、俞冰主編:《歷代日記叢鈔》第49册,北京:學苑出版社,2006年,第320頁。

③ 李德龍、俞冰主編:《歷代日記叢鈔》第49册,第319頁。

徵恩"[①],東省即山東。又同日"同鄉四位公請徐梅橋制軍",徐梅橋即徐澤醇,本年由山東巡撫遷四川總督。知作者應是山東人。

又見十一月十三日:

嚴親回,以六阿哥所内不戒於火,時六爺入城,四爺率人撲滅,延燒西厢三間,連灰棚三間。四爺竟夜未歇,故次日無書房。[②]

據此,知作者之父乃"四爺"之師傅,四爺即日後之咸豐帝奕詝。據《清宣宗實録》道光二十九年二月十二日:"祁寯藻、杜受田均著充上書房總師傅,杜受田著仍授四阿哥讀。"[③]按杜受田爲山東濱州人,咸豐帝師,謚文正。其父杜堮,仕至禮部侍郎。杜受田有二子:杜翰、杜翻。查杜翰兄弟所編其父年譜,道光二十九年條有:"九月派閱順天鄉試覆試卷。是年家祖重宴鹿鳴。"[④]《己酉日記》九月十七日有:"心梅自園來,知嚴親派閲卷"[⑤],即杜受田閱覆試卷之事;九月初九日"晚鶴溪送鹿鳴宴儀注來"[⑥],初十日"早侍重闈飯,酌定鹿鳴宴可以不到"[⑦],即杜堮重宴鹿鳴之事。據日記知作者在京城,道光二十九年杜翻任江南鄉試副主考,此時不應在京,故日記作者即杜翰。

杜翰(1805—1866),字繼園。道光二十四年進士,選庶吉士,授翰林院檢討。二十九年,出督湖北學政。杜受田逝世,杜翰丁憂免。服闋,任右庶子。咸豐三年,任内閣學士兼禮部侍郎,旋遷工部侍郎,同月入直軍機。咸豐十年,隨扈熱河。十一年,清文宗崩,杜翰爲八位贊襄政務大臣之一。辛酉政變,議革職戍新疆,後免發遣。

此《己酉日記》雖僅兩月内容,但逐日記載無遺,涉及杜堮、杜受田、李鴻藻、崇厚等重要歷史人物的相關信息,亦具有較高史料價值。

綿善《棧程隨筆》

《棧程隨筆》稿本一册,今藏國家圖書館,未題撰人姓名,《歷代日記叢鈔》第97册影印收録。

此日記爲行程記,起自光緒四年十月十八自京啓程,十二月二十一日抵達四川成都,止於十二月二十九日。其第一日所記稱:

未正,四十里,至長新店,見恩、童兩堂,同謝惺齋、剛子良二秋曹,金忠甫吏部、許清臣同年,早飯頗好。飯後,與清臣候延松崖到店同行。[⑧]

讀日記全文,作者及此日所提及諸人皆隨同恩、童二人前往四川。據《清德宗實録》光緒四年十月:

① 李德龍、俞冰主編:《歷代日記叢鈔》第49册,第333頁。
② 李德龍、俞冰主編:《歷代日記叢鈔》第49册,第354頁。
③ 《清實録》第39册,北京:中華書局,1986年,第858頁。
④ (清)杜翰、(清)杜翻編:《杜文正公年譜》,清咸豐九年刻本,頁18B。
⑤ 李德龍、俞冰主編:《歷代日記叢鈔》第49册,第323頁。
⑥⑦ 李德龍、俞冰主編:《歷代日記叢鈔》第49册,第319頁。
⑧ 李德龍、俞冰主編:《歷代日記叢鈔》第97册,第542頁。

四川東鄉縣一案，前諭令丁寶楨復覈，并令李宗羲查明具奏。玆據該督等先後覆奏，此案關係綦重，丁寶楨、李宗羲所奏情節不符，亟應確切查明，以成信讞。李宗羲請交刑部提審。四川道途遥遠，案内人證衆多，未便提京，致多拕累。其所請飭下六部九卿會議，亦屬難於懸斷。著恩承、童華即將此案詳細查訊，秉公議結，據實具奏。務使水落石出，情真罪當，不得稍有含混。①

故知"恩、童兩堂"，即恩承、童華，於本年十月奉命前往四川查辦案件。此條日記中其餘諸人分别是：謝鉞、剛毅、金保泰、許道培、延茂，在到達成都後，日記云：

至公堂後復有清白堂，即辦公處所，東厢兩進屋，大辦場時爲監臨住屋，大、二欽差居之。清白堂後兩旁有院，東爲提調處，余與松崖各住三間；西爲監視、彌縫各所，子良、清臣、惺齋、忠甫居之。（十二月廿一）②

則知謝鉞等五人與作者同是恩承、童華之隨員。

作者姓名則可從其他材料中尋得佐證。《棧程隨筆》十一月初三日："巳初三刻，卅五里，至什貼鎮，榆次令吴師祁拜會行館。"③時任榆次知縣吴師祁有《雨生日記》存世，其十一月初二日記録恩承、童華之隨員名單：

隨帶禮部郎中宗室綿善壬戌舉人、延茂漢軍，癸亥進士、許道培乙丑進士，湖北，以上禮部。謝鉞浙江，己未進士，刑部。外護軍二員不知名姓。此王静老親筆開來。④

名單中延茂、許道培、謝鉞皆已在《棧程隨筆》中出現，則日記作者應是宗室綿善。

此外又有二旁證：一則《棧程隨筆》十月二十日云："至北河行館，系滿漢分住，余與松崖同住。"⑤延茂爲内務府漢軍正白旗，作者亦應是旗人。二則《棧程隨筆》中稱許道培爲同年，許道培乃同治元年壬戌科舉人、同治四年乙丑科進士，而綿善恰是壬戌科舉人。作者途中與延、許二公同食同住，應緣於皆是禮部官員之故。

恩承、童華赴川之行，曾爲閻敬銘參劾，檢得光緒五年五月十七閻敬銘《奏爲奉使大臣過境罔知時艱擾累殊甚恭摺直陳仰祈聖鑒事》：

乃禮部尚書恩承、吏部侍郎童華上年冬間奉使四川，沿途經過，有足異者。……臣與恩承、童華曾有一日之識，其行過西安，始聞前事，民怨煩興。臣曾馳函告以官民萬分不堪，屬其嚴束家丁，勿事過累災區。得其答書，似不鄙斥臣言。乃聞其行至漢中，諸更加厲，是其聞過不改，非人言所能入。⑥

《棧程隨筆》十二月初六："燈下同清臣、松崖起欽差復閻丹初信稿"⑦；十二月初十：

① 《清實録》第53册，北京：中華書局，1987年，第230頁。

② 李德龍、俞冰主編：《歷代日記叢鈔》第97册，第598頁。

③ 李德龍、俞冰主編：《歷代日記叢鈔》第97册，第555頁。

④ 李德龍、俞冰主編：《歷代日記叢鈔》第60册，北京：學苑出版社，2006年，第345頁。

⑤ 李德龍、俞冰主編：《歷代日記叢鈔》第97册，第544頁。

⑥ 中國社會科學院近代史研究所編：《近代史所藏清代名人稿本抄本》第1輯第2册，鄭州：大象出版社，2011年，第540—541頁。

⑦ 李德龍、俞冰主編：《歷代日記叢鈔》第97册，第586頁。

"赴大公館封發覆閻丹初信。"[①]閻敬銘之參摺,正可與綿善日記對讀。

寶康《好學深思之齋日記》《螘皋齋日記》

《好學深思之齋日記》稿本一册,今藏國家圖書館,未著録作者。《歷代日記叢鈔》第125册影印收録。

本册日記起自光緒十五年四月廿六,止於同年十月十九。首先,日記卷首鈐"我思古人""宗室盛昱"兩方白文印,則作者是否即盛昱?按此日記五月廿一日有作者赴北京國子監參加録科考試的記載,但盛昱早在光緒十年已任國子監祭酒,斷不會在此時録科,作者定非盛昱。又於日記中尋得如下綫索:

(一)五月初八日:

> 韓源來函,探得八旗録科在五月廿一日。炎天漠漠,又將行役,塵夢勞人,顧煩躁如是也。[②]

作者應是旗人。

(二)五月十五日:

> 是日保定早發,天氣頗凉,擁綿衣坐車中。至安肅尖,七十里,至北河宿。[③]

此時作者家居保定。

(三)五月廿一日記録科事:

> 聽點名,須臾唤至康,遂同介竹二兄入監。季雲夫子示所領卷處,康領卷即還簽入號。[④]

又六月十八日:

> 早至絳雲齋沐髮,閲古流金壺。時家大人亦至,携《毛詩》至,與康同觀,謂康曰:"葛之覃兮,葛無乃藤否?"康對以非是。[⑤]

作者名"康"。

(四)七月十三日、十四日:

> 聞漕運總李瀚章已開府兩廣,所遺缺未放,人心殊懸懸。(十三日)[⑥]
> 得知家大人已遷漕運總督。(十四日)[⑦]

作者之父於光緒十五年七月遷漕督。

---

① 李德龍、俞冰主編:《歷代日記叢鈔》第97册,第590頁。
② 李德龍、俞冰主編:《歷代日記叢鈔》第125册,北京:學苑出版社,2006年,第307頁。
③ 李德龍、俞冰主編:《歷代日記叢鈔》第125册,第309頁。
④ 李德龍、俞冰主編:《歷代日記叢鈔》第125册,第311頁。
⑤ 李德龍、俞冰主編:《歷代日記叢鈔》第125册,第330—331頁。
⑥⑦ 李德龍、俞冰主編:《歷代日記叢鈔》第125册,第344頁。

查《清代職官年表》，光緒十五年七月十四，直隸布政使松椿遷漕運總督[①]。松椿，字峻峰，馬佳氏，滿洲鑲藍旗人。光緒十二年至十五年任直隸布政使，駐保定。松椿妻喜塔臘氏，名多敏，頗有詩才，有《逸蕎閣遺詩》刻本一卷，卷首有劉可毅序，稱：

吾友吕幼舲亟稱其門人滿洲寶康賢，學馴而卺也，識博而能文也，行淵淵而益光也。而喜塔臘太夫人亦賢寶康，勖之詩。太夫人歸今漕運總督松椿……他日寶康名位通顯，接踵松公而起，其學其識其行足以傾賢士大夫，而賢士大夫讀太夫人之詩，益可信聖善之母之必有子，而争惜太夫人之不逮見也。[②]

據此知松椿與多敏二人生子名寶康，與上述信息一一吻合，日記作者即寶康無疑。

寶康生平事跡不多見，然今於宋刻本《古三墳》、明鈔本《北堂書鈔》《玉壺清話》上可見其跋語，知其或頗富藏書。傅增湘《藏園群書題記》卷五《宋刊殘本西漢會要跋》：

此書壬申二月女弟子寶文仙書持以見示……文仙女士爲松峻峰制軍之女。……其兄寶康字孝劼，盛伯羲祭酒之女夫，官福建武定府知府，履任未久遂卒。緣意園館甥之誼，濡染雅尚，收羅古本書籍甚富，中多驚人秘笈，如紹興本《古三墳》、程舍人本《東都事略》、紹興本《徐公文集》、宋本《新雕白氏六帖事類》。[③]

傅增湘指出，寶康乃盛昱(伯羲)女婿，日記卷首有盛昱鈐印，或緣於此。福建并無武定府，此處當爲筆誤。今檢得光緒二十八年寶康履歷：

寶康，現年三十二歲，係鑲藍旗滿洲四甲喇斌秀佐領下人，由貢生報捐員外郎，指分六部行走，并報捐花翎四品銜。十二年五月，簽分禮部行走。二十三年十一月，經禮部奏保，俟奏留後，無論咨留，遇缺即補。二十五年十一月，遵昭信股票移獎報捐郎中，不論雙單月選用。是月呈請離署，回旗候選。十二月，報捐分缺間選用。二十七年十月，選補盛京刑部郎中。二十八年正月，由户部報捐知府，遇缺先選用。三月，選補福建興化府知府。四月初二日，經吏部帶領引見，奉旨照例用。[④]

據此光緒二十八年時三十二歲，則寶康記《好學深思之齋日記》時乃十九歲。

《好學深思之齋日記》篇幅較短，僅五月餘，其信息量有限，但仍有一定意義。寶康此時尚需赴國子監録科，應只是一監生。日記中記載其入塾讀書、撰作詩文、友朋往來，即此可窺見滿洲貴介子弟家庭教育及日常生活之一斑。

此册日記封面有寶康自題，稱"此爲自四月十六日記起，至十月十九日止。十一月之清江及十月下旬事，皆詳五卷内"[⑤]，又自題署"好學深思之齋日記 四"，知"好學深思之齋日記"非僅此一册而已，其餘諸册若尚存天壤間，應能提供更多史料文獻。

《鼇皋齋日記》稿本一册，今藏國家圖書館，書衣題"鼇皋齋日記 弍"，國圖目録著

① 錢實甫編：《清代職官年表》，北京：中華書局，1980年，第1491頁。
② (清)多敏：《逸蕎閣遺詩》，清光緒刻本，卷首序。
③ 傅增湘：《藏園群書題記》，上海：上海古籍出版社，1989年，第256—257頁。
④ 秦國經主編：《清代官員履歷檔案全編》第7册，上海：華東師範大學出版社，1997年，第70頁。
⑤ 李德龍、俞冰主編：《歷代日記叢鈔》第125册，第377頁。

録此日記名爲“蒨樹日記”,乃是據日記稿紙版心上方所題“蒨樹日記”四字,未署作者。《歷代日記叢鈔》第155册影印收録。

日記起自光緒三十年八月初十,止於光緒三十一年十二月初八,中有間斷。通過日記内容可考證:

(一) 作者的身份和所在地區:

中秋令節,各屬吏來賀,皆謝之。(卅·八·十五【引者按:即光緒三十年八月十五,下皆用此類簡稱】)①

仙遊請兵,惟恐其少;莆田尼之,惟恐其多。(卅·八·十六)②

新莆田令陸藻章來見。(卅·八·十九)③

覆道台電報,約百字。(卅·九·三)④

予近日興致大減,亟思回莆藏拙,以待明年北歸。(卅·九·廿九)【引者按:此時作者在省城】⑤

陸令稟辭。(卅·十一·三)⑥

早行香各廟。(卅一·正·一)⑦

據以上引文可知:(1) 作者常駐莆田縣;(2) 有“屬吏來賀”“行香各廟”之事,知應是地方官員;(3) 作者非知縣,亦非道員,官階應高於知縣。按莆田乃興化府首縣,故極有可能爲興化知府。又光緒三十一年,作者調任“建郡”,即建寧府,七月十九日記稱“建郡大火,府屬亦被延燒,遂居考棚暫住”⑧,亦可見其大概率屬知府班。

(二) 作者應是京城人:

少良饋醬肉、川東菜、洱茶。醬肉係京城物,予覩之鄉思頗動。(卅·十一·十八)⑨

(三) 作者之名:

李悝著述,研究窮□,申韓論難,流傳政界。以康粗才,何堪搜討?亦盡官中之義務云爾。(卅·十二·七)⑩

袁、唐兩君付廈祝黄宫少保壽,屬員媚上司,久爲外省積習,何足怪也?惜康之不諳此也。(卅一·正·七)⑪

查此兩處引文,“康”應是作者自稱。

---

① 李德龍、俞冰主編:《歷代日記叢鈔》第155册,北京:學苑出版社,2006年,第309頁。
② 李德龍、俞冰主編:《歷代日記叢鈔》第155册,第310頁。
③ 李德龍、俞冰主編:《歷代日記叢鈔》第155册,第311頁。
④ 李德龍、俞冰主編:《歷代日記叢鈔》第155册,第315頁。
⑤ 李德龍、俞冰主編:《歷代日記叢鈔》第155册,第327頁。
⑥ 李德龍、俞冰主編:《歷代日記叢鈔》第155册,第340頁。
⑦ 李德龍、俞冰主編:《歷代日記叢鈔》第155册,第355頁。
⑧ 李德龍、俞冰主編:《歷代日記叢鈔》第155册,第374頁。
⑨ 李德龍、俞冰主編:《歷代日記叢鈔》第155册,第345頁。
⑩ 李德龍、俞冰主編:《歷代日記叢鈔》第155册,第349頁。
⑪ 李德龍、俞冰主編:《歷代日記叢鈔》第155册,第358頁。

(四) 光緒三十一年,作者自興化府調任建寧府:

電來,予與春谷對調。……縣考在即,予得卸此仔肩,可喜之甚。蓋此等行尸走肉之知縣,考場時無不僨事者,記以待之。莆地斷不可居,予之去,予之幸也,如之何不喜!(正・廿二)①

毛電張公初四起身。(二・二)②

午見諸客,談建陽事。(二・四)③

往接張太尊,未見至,雁初何姍姍其來遲耶?(二・六)④

往拜接雁初於三亭。(二・七)⑤

按,"春谷""雁初"者,皆是此時福建地方官員:謝啓華字春谷,廣西臨桂人,光緒六年進士;張澂字雁初,甘肅古浪人,光緒十五年進士。謝啓華於光緒二十七年任建寧知府,中國第一歷史檔案館有光緒二十七年二月十一日閩浙總督許應騤《奏請以謝啓華補授建寧府知府事》。今又檢得光緒三十一年二月初二魏光燾《奏報揀員署理發州知府片》:

興化府知府員缺,查有建寧府知府謝啓華,才具安詳,留心治術,堪以調署;所遺建寧府缺,查有興化府知府寶康,精明幹練,講求吏治,堪以調委署理。⑥

此處所説建寧與興化知府對調,與日記中所言正同,日記作者與"春谷"對調,則作者即興化知府寶康。但實際來興化者却是張澂,今見中國第一歷史檔案館藏録副奏片有光緒三十一年六月初九署閩浙總督崇善《奏爲遵察建寧府知府謝啓華才具平庸辦事寡斷人地不宜請開缺另補事》,則謝啓華未赴興化即由於此。

前揭寶康履歷,光緒二十八年三月選補福建興化知府,四月初二引見。《蜚皋齋日記》版心上方題"倩樹日記",寶康之母喜塔臘氏之詩集名《逸蒨閣遺詩》,"蒨樹"蓋出於此。《蜚皋齋日記》乃寶康入仕後之日記,内文可見其與官場實相扞格,在官情緒甚顯消極,時發北歸之思:

約新舊兩令、蕤舲、未田同飲於北學齋。吴令老奸巨猾,陸近紈絝,蕤則頭巾氣,三語評定,可謂窮神盡象。(卅・八・廿八)⑦

予近日興致大減,亟思回莆藏拙,以待明年北歸。骯髒皮氣,不合時宜,天下滔滔,吾將焉往也?滿腹中經史,無用著處。(卅・九・廿九)⑧

寶康雖官居知府,但日以讀書、治印爲樂,日記中品藻書藝、講求金石之語頗多。其思想則偏保守一路,於康、梁諸人大加詆斥,以"逆"呼之,而對當世之"新學",亦諸多不滿:

① 李德龍、俞冰主編:《歷代日記叢鈔》第155册,第365頁。

②③④ 李德龍、俞冰主編:《歷代日記叢鈔》第155册,第368頁。

⑤ 李德龍、俞冰主編:《歷代日記叢鈔》第155册,第369頁。

⑥ (清)魏光燾著,杜宏春、高彬彬整理:《魏光燾集》第6册,長沙:嶽麓書社,2021年,第181頁。

⑦ 李德龍、俞冰主編:《歷代日記叢鈔》第155册,第315頁。

⑧ 李德龍、俞冰主編:《歷代日記叢鈔》第155册,第327頁。

今日之自命爲開化者何等虜?彼蓋以爲脱離舊學之奴隸,而日進於新學界之文明程度人也。然以予看之,彼雖不爲舊學之奴,而反爲新學之奴隸也。彼雖不在周孔脚下盤旋,而反在康梁脚下盤旋。欲深反淺,欲高反卑,且居於卑而不自知其卑也,可慨矣夫!(卅·十·十五)[①]

讀此日記,一位宦門出身,在地方任中級官員的保守士人形象躍然紙上。

翁同龢《查倉日記》

《查倉日記》稿本一册,今藏國家圖書館,未題著者姓名。《歷代日記叢鈔》第135册影印收録。

此日記開篇稱:

十六年八月十二日,御史良奏參禄米倉虧缺米石太多,軍機面奉諭旨:户部速議具奏。十四日封奏上,是日軍機大臣密寄户部:光緒十六年八月十四日奉上諭……。是日巳刻,余退直,與福、崇兩君面商,即派人□拏花户郭姓,獲之。午後同到署,發文知照倉場派司員廿人隨同盤查。[②]

是爲查倉之緣起,據此作者應是户部堂官。光緒十六年八月,户部滿漢尚書分别爲福錕、翁同龢,滿侍郎爲續昌、崇禮,漢侍郎爲孫詒經、徐用儀。作者是翁同龢可能性最大。將《翁同龢日記》與《查倉日記》對比,内容雖不完全相同,記事却合若符節:

《查倉日記》八月十九日:未赴倉。聞是日開倉,并無揭封情形。晚間知會,共盤得一萬七百四十五石。[③]

《翁同龢日記》八月十九日:晴,風。照常入,看四川教官陳夔麟《歷代籌邊略》,八十四卷。尚有深意,惜文筆稍冗。……抵家日甫落,晚飯。今日未赴倉,覺少安閒。[④]

《查倉日記》八月廿三日:入直退,午初接班,續、孫二君交卸,孫君與福相同勘工,故福亦來此。崇君來談甚洽。聖字廒西北危,將落,架以木柱之。聖廒底無板,米皆黑,擬留勿起,姑封之。酉初封倉。是日盤一萬九百石。早間枷號九名□□[⑤]瓦匠六人修初字廒塘。[⑥]

《翁同龢日記》八月廿三日:陰欲雨,午晴。上詣壽皇殿行禮,户部值日站班。來時晚,照常退,朝房小憩。午初赴倉,續、孫二君交班,福君亦在彼,因偕孫君勘工也。諸公皆去,崇君來,坐語三時頗洽。聖字廒西北隅後簷將塌,以三木支之,此廒廒底無板,黑米有三寸許,約百餘石,令監斛明日來與後班監斛商酌收儲之。酉初封倉,歸日

① 李德龍、俞冰主編:《歷代日記叢鈔》第155册,第331—332頁。
② 李德龍、俞冰主編:《歷代日記叢鈔》第135册,北京:學苑出版社,2006年,第17頁。
③ 李德龍、俞冰主編:《歷代日記叢鈔》第135册,第23頁。
④ (清)翁同龢著,翁萬戈編,翁以鈞校訂《翁同龢日記》第五册,中西書局,2012年,第2434頁。
⑤ 引者按:原稿本此二字辨認不清。
⑥ 李德龍、俞冰主編:《歷代日記叢鈔》第135册,第24頁。

落矣。[①]

前揭光緒十六年八月，户部六堂官，《查倉日記》中出現其五：福、續、崇、孫、徐，所餘只翁同龢一人，而對比《查倉日記》與《翁同龢日記》，後者中凡涉及查倉之事，皆與前者相合，則《查倉日記》作者定是翁同龢無疑。

此《查倉日記》起自八月十二日，止於九月初八日，完整記録了查倉之始末。後附嘉慶十四年以來之相關文獻檔案，皆具有較高史料價值。

王崇烈《蘇園日記》

《蘇園日記》稿本一册，今藏國家圖書館，未署作者姓名，目録著録爲“亞壺公撰”。《歷代日記叢鈔》第136册影印收録。

書衣題“蘇園日記/冤孽簿/亞壺公自署”，内頁開首又題“聽猿實下三聲淚，仰曦主人自題。此七字有三昧，亞壺公又志”[②]。其作者亦可考知：

首先，書衣“亞壺公自署”一行上鈐“王崇烈印”朱文方印，今檢得王懿榮次子名崇烈。但日記是否即此王崇烈所撰，則須細察内文。

《蘇園日記》云：

辛卯八月初八。余進鄉試場，室人張氏薨於申、酉之際。[③]

後文又於次年壬辰出現閏六月，清代壬辰年有順治九年(1652)、康熙五十一年(1712)、乾隆三十七年(1772)、道光十二年(1832)、光緒十八年(1892)。查陳垣《二十史朔閏表》，此五年中有兩閏，道光十二年閏九月，光緒十八年閏六月。作者於辛卯年八月在京鄉試，有“座師徐公字壽蘅”[④]之語，按徐樹銘字壽蘅，爲光緒十七年順天鄉試副考官，故知此日記所涉時間爲光緒十七年至十八年。

查王懿榮年譜光緒十六年有：

爲次子崇烈授室，娶南皮張氏，爲湖北督糧道蓉江觀察之淵女。[⑤]

光緒十七年：

公長孫福垚生，爲次子崇烈婦張氏所出……崇烈婦張氏亦以产病歿於京宅。[⑥]

與《蘇園日記》作者之妻張氏於光緒十七年逝世之記載正合。

又日記於光緒十八年六月初八日有“爲家君壽辰”[⑦]之語，據王懿榮年譜，其生於道光二十五年六月初八日寅時[⑧]。綜合上述證據，知《蘇園日記》作者應是王懿榮之次子王崇烈。王崇烈(1870—1919)，字漢輔，山東福山人。光緒二十年舉人，以候補直隸知州任職天津，官至直隸候補道。王崇烈傳其家學，篤嗜金石，長於賞鑒。其著

---

① (清)翁同龢著，翁萬戈編，翁以鈞校訂《翁同龢日記》第五册，第2435—2436頁。

② 李德龍、俞冰主編：《歷代日記叢鈔》第136册，北京：學苑出版社，2006年，第54頁。

③④ 李德龍、俞冰主編：《歷代日記叢鈔》第135册，第57頁。

⑤⑥⑧ (清)王懿榮：《王懿榮集》，濟南：齊魯書社，1999年，第478頁。

⑦ 李德龍、俞冰主編：《歷代日記叢鈔》第135册，第74頁。

作有《殷墟文字解》《種瓜亭筆記》《智雨齋文集》等。第一任妻子張氏,乃張之淵女、張之洞侄女。今見王崇烈藏印有一方鎸"蘇園所藏"[①],知其又號蘇園。

《蘇園日記》書前有王崇烈自書識語,述日記緣起。正文起自光緒十七年八月初八,止於次年閏六月廿三,較簡略,以日常生活、交遊等爲主,非逐日記載,其時王崇烈年方二十二三歲。日記中屢見"夢室人"字樣,亦足見拳拳顧戀之情。

陳礽壽《退廬老人隨筆記》

《退廬老人隨筆記》一册,今藏國家圖書館,著録爲鈔本,作者題"退廬老人",未署真實姓名。《歷代日記叢鈔》第 140 册影印收録。

此日記起自光緒二十二年(1896)三月初一,止於光緒二十四年閏三月十四日。後附履歷單一份,據其内文字跡似應定作稿本爲宜。據此履歷可考知作者姓名。録如下:

同知銜候補知州陳〇〇謹稟呈。今陳卑職現年五十歲,係直隸易州人。由廪膳生考取咸豐辛酉科拔貢,同治壬戌科考取八旗漢教習,三年,充補正紅旗官學漢教習,期滿引見,奉旨:著以知縣用,欽此。候選三年,遵例呈請分發,指分山東試用。十二年十二月初十日,吏部帶領引見,奉旨:著照例發往,欽此。由部領照,同治十三年二月二十七日到省。光緒二年閏五月十五日,聞訃丁父憂。四年九月初一日,服滿。十二月,在協黔局報捐同知升銜。五年三月初七日,起復回省,遵即補行驗看甄别在案。……前撫憲周給予儘先拔補一次。又因在高密縣任内勸捐積穀出力,蒙前撫憲任給予新□□委一次。壬午科鄉試派闈□巡查出力,蒙前撫憲任給予儘先拔補一次。十二年奉藩臬憲會委入府縣讞局幫審案件。十月十二日,奉委代理歷城縣印務,遵於十三日接印,十三年正月二十四日交卸。十五年正月十九日,奉委署理兖州府曲阜縣印務,遵於二月初三日接印,十六年正月年六日交卸。三月,奉藩臬會委入府讞局幫審案件。是年因順直賑捐,賞戴花翎。又於七月二十七日,因十三年修培黄河堤埝出力,蒙前宫保撫憲張覆奏請免補本班,以知州補用。七月初十日,奉旨:依議,欽此。十九年,遵例驗看甄别留東各在案。二十年六月二十八日,聞訃丁母憂,不計閏扣至二十二年九月二十八日服滿。[②]

此人姓陳,直隸易州人,拔貢出身,曾在山東任知縣,有"在高密縣任内勸捐積穀"之事,又曾署任歷城、曲阜。今查《(光緒)高密縣志》所載知縣有"陳礽壽,易州拔貢,光緒六年任"[③],而卷十有"七年秋霪雨,知縣陳礽壽奉札勸捐積穀"[④]。再查《(民國)續修歷城縣志》載知縣有"陳礽壽,直隸易州拔貢,十二年代理"[⑤];《(民國)續修曲阜縣志》載知縣有"陳礽壽,直隸易州人,拔貢,光緒十五年到任"[⑥]。與履歷所開一一對

① 見鍾銀蘭主編、何鴻執行主編:《中國鑒藏家印鑒大全》上册,南昌:江西美術出版社,2008 年,第 121 頁。
② 李德龍、俞冰主編:《歷代日記叢鈔》第 140 册,北京:學苑出版社,2006 年,第 578—579 頁。
③ (清)羅邦彦、(清)傅賚予等修,(清)李勤運等纂:《(光緒)高密縣志》,光緒刻本,卷六頁 14B。
④ (清)羅邦彦、(清)傅賚予等修,(清)李勤運等纂:《(光緒)高密縣志》,光緒刻本,卷十頁 42B。
⑤ 滕鴻嘉等修,毛承霖等纂:《(民國)續修歷城縣志》,民國十五年鉛印本,卷三十三頁 14B。
⑥ 孫永漢修,李經野等纂:《(民國)續修曲阜縣志》,民國二十三年鉛印本,卷三頁 15A。

應,可知此人爲陳礽壽無疑。

然履歷單作者與日記作者是否同一人?於日記中檢得此語:

余自出仕以後,帶家銀項撥公中項總計二萬二千有餘矣。余三任下來,除高密外,歷城、曲阜所得無幾,余少留有餘以備自己花用,似於理説的下去。而家中人忌我,人人聲口皆謂我有錢,不想余入公已不爲少矣。(光緒二十一年十月初三)①

此處言歷經高密、歷城、曲阜三任,與陳礽壽正同,又日記中屢次提及山東官場、易州士人等相關信息,更可確證日記作者即陳礽壽。

《退廬老人隨筆記》所記以日常爲主,如家庭生活、有朋往來等,亦間及時事見聞。可借此瞭解晚清中下層官員的日常生活及内心世界。

劉保慈《庚子辛丑日記》

《庚辛顧氏日記》一册,今藏國家圖書館,本無題名,館藏目録擬爲"庚辛顧氏日記",作者著録爲"顧忞齋"。所謂"忞齋",應是據書後跋語:

此册從灞口鎮以百文買得,自灞口至鄭州,折而西,直至西安。正月至八月廿四,隨蹕而東至大梁,後北渡河回京。隨日筆記,日之所至,亦附書之。頗多諧語,間示朋友,以爲笑樂。此行幾四千里,馬足車塵,差增閲歷。暇日頗思補作紀游詩數首,以志鴻爪,姑預書數語於此。忞齋。②

此"忞齋"顯爲别號而非真名。《歷代日記叢鈔》第149册影印收録,《歷代日記叢鈔提要》稱著者"生卒年不詳,事跡闕考"③。

作者姓名、身份可借助日記内文考知。日記起自光緒二十六年庚子(1900)十二月二十六,如跋語所言在灞口,此時作者正在前往西安行在途中。止於光緒二十七年辛丑十二月二十九,此時作者已經隨同兩宫鑾駕還京。於日記中抽繹出以下信息:

(一) 作者任職於户部

作者於光緒二十七年二月廿九日抵達西安行在,隨即"到户部公所報到"④。五月廿五日"入公所,到王相處畫事"⑤,王相即管户部大學士王文韶。六月初十"王相調外部,榮相調户部,昆調兵部"⑥,分别指王文韶、榮禄、昆岡。十一日"諸公均至榮相處謁見"⑦。

(二) 作者爲江蘇人

據光緒二十七年八月日記:

鳳丈處送知單來,十四日同鄉赴宫門謝恩,因今日奉賞江蘇賑米,有朝廷眷念東

① 李德龍、俞冰主編:《歷代日記叢鈔》第135册,第539頁。
② 李德龍、俞冰主編:《歷代日記叢鈔》第149册,北京:學苑出版社,2006年,第162頁。
③ 李德龍、俞冰主編:《歷代日記叢鈔提要》,第345頁。
④ 李德龍、俞冰主編:《歷代日記叢鈔》第149册,第33頁。
⑤ 李德龍、俞冰主編:《歷代日記叢鈔》第149册,第69頁。
⑥⑦ 李德龍、俞冰主編:《歷代日記叢鈔》第149册,第73頁。

南字樣。江蘇京官在此者不多,堂官只鳳丈一人,司官不過十人。書銜於知單内,付來人攜去。(十二日)[①]

晨赴官門,隨同陸鳳石侍郎在官門外謝恩,同鄉官八人。(十四日)[②]

陸鳳石即元和陸潤庠,所謂"江蘇京官"云云,可證作者亦江蘇人。

(三)作者名中有"慈"字

日記中有"和局成,二聖還鑾,慈從諸君子後隨侍"之語,又十月之日記有:

康民丈從慶邸來二次,精神尚好。初七隨慶邸回京,約慈至京暫住伊處。[③]

又日記中有:

出城拜客,見穎師、伯齊,餘皆未見。(十一月初十)[④]

訪穎師,談少頃。(十二月廿一)[⑤]

午後訪穎芝師,師以上年代爲收存之《長江一覽圖》見還,余乞師題以志之。(十二月廿七)[⑥]

"穎芝師"疑即吴蔭培(1851—1831),號穎芝,江蘇吴縣人。庚子、辛丑間任職於翰林院,居京師。查《吴蔭培日記》,辛丑十二月廿七日記殘,其餘兩日都出現了同一人,稱"劉少楠":

姚稷臣、劉少楠……[⑦]楠來自行在,曾登華山之頂,不負此行矣。(十一月初十)[⑧]

午前,劉少楠來。(十二月廿一)。[⑨]

劉少楠自西安行在來,途中曾遊華山,而此日記作者自行在返程途中,亦有華山之遊:

赴公所,與新甫談華山之勝,神往久之。鹿丈有遊山之興,約同往。(八月十八)[⑩]

少頃,小川、鹿賓、蘭秋、子嘉均到,晚定遊華山之約。(八月廿三)[⑪]

到華陰甚早,卸車於一店内,雇轎,各帶一僕,裹糧三日遊山。(八月廿六)[⑫]

《吴蔭培日記》中提及劉少楠之處,又另有可與此日記作者行跡對應者,如辛丑十二月十二日,此日記作:

赴江蘇館,同鄉請陸少司空,余與子嘉配享。[⑬]

---

① 李德龍、俞冰主编:《歷代日記叢鈔》第149册,第88頁。
② 李德龍、俞冰主编:《歷代日記叢鈔》第149册,第90頁。
③ 李德龍、俞冰主编:《歷代日記叢鈔》第149册,第109頁。
④ 李德龍、俞冰主编:《歷代日記叢鈔》第149册,第132頁。
⑤ 李德龍、俞冰主编:《歷代日記叢鈔》第149册,第150頁。
⑥ 李德龍、俞冰主编:《歷代日記叢鈔》第149册,第152頁。
⑦ 引者按:此處日記原稿殘缺。
⑧ (清)吴蔭培著,潘振方整理:《吴蔭培日記》,南京:鳳凰出版社,2023年,第69頁。
⑨ (清)吴蔭培著,潘振方整理:《吴蔭培日記》,第73頁。
⑩ 李德龍、俞冰主编:《歷代日記叢鈔》第149册,第94頁。
⑪ 李德龍、俞冰主编:《歷代日記叢鈔》第149册,第96頁。
⑫ 李德龍、俞冰主编:《歷代日記叢鈔》第149册,第97頁。
⑬ 李德龍、俞冰主编:《歷代日記叢鈔》第149册,第148頁。

而《吴蔭培日記》此日：

午前到省館……公請陸鳳老，汪範卿、王仲彝、彭子嘉、劉少楠。

則此日記作者大概率即是"劉少楠"。

然劉少楠究是何人？檢得劉保慈，字少楠，江蘇江寧人，貢生。查《庚子事變清宫檔案彙編・隨扈各衙門人員清單》中正有户部主事劉保慈[①]，其經歷與前揭日記作者信息全同，日記作者應即是劉保慈，原著録所稱"顧悫齋"者實誤也。今據日記内容，權擬書名爲《庚子辛丑日記》。

劉保慈其人，又見於《江標日記》光緒十四年六月二十七日條："見劉少楠江寧人，文楠觀察子。"[②]知其父乃劉文楠，即劉傳楨(1838—1891)。據《縉紳全書》，劉保慈於光緒末年一直官户部，爲員外郎銜主事，民國間任職於財政部，卒年不詳。

劉氏《庚子辛丑日記》乃庚子、辛丑間赴行在直至隨鑾回京的全過程，記載行在户部日常公務，在西安的見聞，以及與諸大臣如王文韶、陸潤庠等往來，頗具價值。

姚錫光《東行日記》

《東行日記》稿本一册，今藏國家圖書館，其中多增删改乙痕跡，應是作者原稿。題爲"東行日記"，下注"乙巳"，未署撰人。《歷代日記叢鈔》第155册影印收録。

日記第一日稱："晨七點鐘，自京師起程，同行者爲文潤齋協領文哲渾，各帶僕人兩名。"[③]按文哲渾即文哲琿，滿洲正藍旗，綏遠協領，光緒三十一年(1905)八月任歸化城副都統，光緒三十四年因與綏遠城將軍貽穀互劾而削職。又五月二十六日："方行及王爺地時，葉黼臣刺史大匡支棚以候……葉刺史者，四川人，久京師，今歲喀喇沁王招致來旗，而予舊識也。"[④]葉大匡，字黼臣，四川人，清末長期從事蒙古事務，民國元年(1912)任熱河赤峰縣知事。知此乙巳年應即是光緒三十一年，則日記起自光緒三十一年五月十八日，止於六月二十二日，内容乃作者自京赴内蒙古喀喇沁旗之經歷。

作者五月十八日自北京起程，途經熱河，二十六日抵達内蒙古喀喇沁王府，住永慧寺。五月二十七日至六月二十二日之間，未記載具體内容，只言：

凡二十六日，皆住喀喇沁王府西之永慧寺。蓋蒙地查考事件，最屬爲難，言人人殊。無可征信。而喀喇沁王府一帶，爲左近蒙古最開通之地，因决計駐此，將應查之事考求大概。雖未必盡足征信，然究勝於執途人而詰之，轉滋瞀惑也。稍有端緒，再往他旗，以相印證，故淹留最久。[⑤]

① 李國榮主編，中國第一歷史檔案館編：《庚子事變清宫檔案彙編》第8册，北京：中國人民大學出版社，2003年，第496—501頁。

② (清)江標著，黄政整理：《江標日記》，南京：鳳凰出版社，2019年，第319頁。

③ 李德龍、俞冰主編：《歷代日記叢鈔》第155册，北京：學苑出版社，2006年，第583頁。

④ 李德龍、俞冰主編：《歷代日記叢鈔》第155册，第605—606頁。

⑤ 李德龍、俞冰主編：《歷代日記叢鈔》第155册，第607—608頁。

據以知此次赴喀喇沁,乃是爲"查考蒙地事件"。光緒三十一年、三十二年,練兵處軍政司副使姚錫光、肅親王善耆先後赴蒙古考察。據《光緒朝上諭檔》,光緒三十一年十月二十八日軍機處交片:"著派肅親王善耆前往蒙古部落查辦事件。"①又檢得光緒三十一年十一月善耆"奏爲遵旨籌辦蒙古情形恭摺覆陳仰祈聖鑒事"一折,稱"本年五月,曾由練兵處派有軍政司副使姚錫光,考察内蒙古情形"②。查姚錫光光緒三十一年八月上練兵處王大臣《查覆東部内蒙古情形説帖》:

> 竊錫光前於五月初十日奉札開前據喀喇沁郡王呈稱籌辦該旗練兵及學堂等項事宜,請由本處派員次第興辦等情。查蒙旗情形各不相同,所有擬辦各事,本處礙難遥度,兹派員先行前往考察,據實稱覆等因。承此當於四月十八日起程前往,二十六日抵該王旗,先行查閲學堂校,視操練,并嚴密詢問蒙漢各户暨往來各部官民。將該郡王所呈各節反復推究,兹得其實在情形,應即馳回具覆。③

此引文據光緒三十四年刻本姚錫光《籌蒙芻議》,其中實有誤字。説帖稱"於五月初十日奉札開"云云,而稱四月十八日起程前往喀喇沁,竟早於奉派之時,顯然有誤。參考前揭光緒三十一年十一月善耆摺,及《籌蒙芻議》卷下《再上練兵處王大臣箋》所稱"錫光前於上年五月出關"④,應作五月十八日起程是也。五月十八自京起程,二十六日抵喀喇沁,姚錫光赴内蒙之日程、地點、行跡、事由,與《東行日記》所載全同,此日記應即姚錫光所作。又國家圖書館藏有光緒二十一年至二十二年姚錫光手書日記稿本四册,將其與《東行日記》對比,其筆跡及文字修改方式皆極相類,應同出一手。

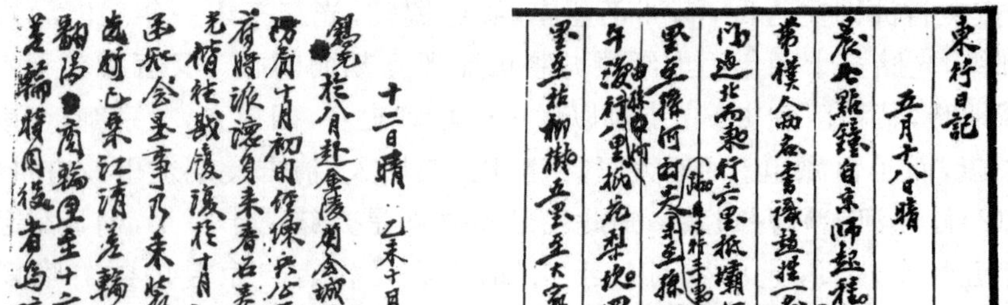

圖1 左《姚錫光日記》稿本,右《東行日記》稿本

① 中國第一歷史檔案館編:《光緒朝上諭檔》第31册,桂林:廣西師範大學出版社,2009年,第190頁。

② 張文喜等整理:《蒙荒案卷·辦理圖什業圖蒙荒案卷》,長春:吉林文史出版社,1990年,第26頁。

③ (清)姚錫光:《籌蒙芻議》,光緒三十四年刻本,卷上頁1A—B。

④ (清)姚錫光:《籌蒙芻議》,光緒三十四年刻本,卷下頁65A。

姚錫光(1856—?),字石泉,江蘇丹徒人。光緒三年隨何如璋出使日本。光緒十四年中舉,曾入李鴻章、李秉衡、張之洞幕府,後任職安徽,累保道員。光緒二十九年,任京師大學堂副總辦。三十年,署軍政司副使,三十三年,授陸軍部左丞,後任陸軍部侍郎。辛亥革命後任蒙藏事務局副總裁、口北宣撫使、參政院參政等職。

此《東行日記》以記載其自北京赴喀喇沁之路程爲主,於沿途所見山川形勢多有留意,尤其如五月二十四日條下有對於蒙地田畝之觀察,提出了"修治溝洫、清理水道,的爲口外第一要政"①的方案。此日記是姚錫光考察内蒙的第一手記録,可與《籌蒙芻議》對讀。

金紹城《遊美受虐日記》

《歷代日記叢鈔》第155册據國家圖書館藏《遊記叢鈔》影印收録《遊美受虐日記》,《遊記叢鈔》本未署作者姓名,《叢鈔》亦著録爲佚名,其作者實可考知。

今按:《遊美受虐日記》原刊於1905年7月11日至13日(光緒三十一年六月初九至十一)《時報》,前有主筆陳冷(陳景韓)附言:

> 得金君鞏伯惠贈《遊美受虐日記》一則,記事雖僅一周,而其中困難之況,無盡言外,讀之而不色然動者,天下之無人心者也。……金君鞏伯,浙人,此次由英卒業歸國,共兄妹四人。弟號仲廉,季弟號叔初。金君等留心國事,且能親身至美,實事考驗,以惠我人居國者之盲聾,故并誌數語於此。附言(冷)。②

據此附言知《遊美受虐日記》作者爲金鞏伯,又見日記中作者自稱爲"城",如"險兒遲遲至九句五十分始來告城等可登岸矣"③。按金紹城(1878—1926),又名金城,字鞏伯,又作拱北,號北樓、藕湖,浙江歸安(今湖州)人。出身南潯富商,光緒二十八年(1902)留學英國,光緒三十一年,任上海會審公廨襄讞委員,後受沈家本賞識,聘爲編定法治館協修,奏補大理院刑科推事、監造法庭工程處會辦,充民政部咨議。宣統二年(1910)至三年,法部派充美洲萬國監獄改良協會代表,赴歐洲考察監獄。民國後,任内務部僉事,被選爲衆議院議員,歷任國務院秘書、蒙藏院參事等職。又工畫,所謂"山水花鳥無一不能"④,爲民國初年北京畫壇領袖之一,於1920年創辦中國畫研究會。

金紹城自英國畢業後,"遍歷歐羅巴諸國,考求其人文學術,攬其山川,泛大西洋,遊美利堅而歸"⑤。《遊美受虐日記》即其返程途經美國期間之日記,起自光緒三十一年農曆四月十二,金紹城兄妹一行自英國起程,四月廿九日抵達美國,進關時遭遇重

---

① 李德龍、俞冰主編:《歷代日記叢鈔》第155册,第600頁。

② 金鞏伯:《遊美受虐日記》,《時報》1905年7月11日,第2頁。

③ 李德龍、俞冰主編:《歷代日記叢鈔》第155册,第617頁。

④ 陳寶琛:《金拱北先生事略》,見金紹城著,譚苦盦整理:《十八國遊歷日記 十五國審判監獄調查記 藕廬詩草》,南京:鳳凰出版社,2015年,第249頁。

⑤ 袁榮法:《金北樓先生家傳》,見金紹城著,譚苦盦整理:《十八國遊歷日記 十五國審判監獄調查記 藕廬詩草》,第255頁。

重阻礙;止於五月初四離開美境,北上加拿大温哥華。此日記反映了二十世紀初美國政策排華之事實及美國社會之實際態度,而光緒三十至三十一年,正是“反美華工禁約運動”時期,此日記亦可反映中國士人對美國歧視和排擠的反抗。

何長慶《醫逸日記》

《醫逸日記》稿本六册,今藏國家圖書館,未署撰人姓名。《歷代日記叢鈔》第169—170册影印收録。稿本可分爲日記和雜鈔兩部分,除了雜鈔部分時文若干篇爲正楷外,其餘皆小字行楷,應出同一人之手。日記部分最早起自丙辰年二月廿六日,經丁巳、戊午、己未、庚申、辛酉、壬戌、癸亥,止於甲子年末。其中己未年日記有閏七月,参以日記内容,知己未年應是民國八年(1919),則日記所涉時間乃民國五年至民國十三年。雜鈔文本多樣,如史事、時文、公文,而醫書驗方最多。

可通過日記及雜鈔諸處細節推知作者。《歷代日記叢鈔提要》已據稿本中《醫逸何氏所得經史子集書總目》推測作者姓何,其説是也[①]。至於作者名字,亦見日記中,如曾出現作者自稱的“稼孫曰”字樣[②],雜鈔部分之“晋史選閱”天頭有“何稼孫曰”之批語[③]。雜鈔醫書之末尾又有識語:

宣統三年辛亥夏秋京口何稼孫於粤東廣雅書局手録。[④]

辛亥八月稼孫從《十萬卷樓叢書》中録出,時方議裁圖書館委員,此本乃圖書館藏本,檢出亟録之。八月廿七日下午録起,三十日申刻録畢。八月三十日自記。[⑤]

清宣統三年,余在粤東充圖書館委員,日翻醫籍。繼收千金方一種,他書無有。因閱叢書各種,手録出之。然館中諸書,實調自廣雅書院,書缺不完。……壬子秋八月下旬,過趙森甫家,假得此書歸,亟録之,數日而畢。……稼孫自記。[⑥]

據此知日記作者及雜鈔鈔録者應是鎮江人“何稼孫”。又細察日記部分,其中有作者所撰其父行述,稱:

嗚呼,不孝長慶等不獲瞻先君子色笑,於今二十七年矣。回憶長慶生甚晚,十齡遠就傅江南,又十年乃歸,於先君子懿行無所聞知。[⑦]

則作者應名爲“何長慶”,稼孫似是其字。恰於《江蘇藝文志 鎮江卷》中檢得:“何長慶,字稼孫,清鎮江人。爲民國《續丹徒縣志》協修。”《醫逸日記》中確有若干與《丹徒縣志》有關之記録,如民國九年五月十五條:

---

① 李德龍、俞冰主編:《歷代日記叢鈔提要》,第418頁。
② 李德龍、俞冰主編:《歷代日記叢鈔》第169册,北京:學苑出版社,2006年,第181頁。
③ 李德龍、俞冰主編:《歷代日記叢鈔》第170册,北京:學苑出版社,2006年,第371頁。
④ 李德龍、俞冰主編:《歷代日記叢鈔》第170册,第441頁。
⑤ 李德龍、俞冰主編:《歷代日記叢鈔》第170册,第592頁。
⑥ 李德龍、俞冰主編:《歷代日記叢鈔》第170册,第646頁。
⑦ 李德龍、俞冰主編:《歷代日記叢鈔》第170册,第313頁。

丹徒縣志局會議之期……隨步入城，過豫大，坐良久，天開日朗，乃步到局。①

又丹徒柳詒徵《京口書人述》②一文中提及"何稼孫長慶"，至此可確證《醫逸日記》作者乃丹徒何長慶。

何長慶之功名仕宦皆不顯，生平事跡可徵者無多。日記中有其曾祖、祖父、父親之字號，及曾祖母、祖母、母親之母家姓氏。其父名榮甲，字醴塘，有《雲香閣漫鈔》。何長慶母氏姓高，丹徒高觀昌《葵園遯叟自訂年譜》於光緒九年(1883)條下有"是年院試，門下士何長慶表弟入學"③，知何長慶幼時曾從學於高觀昌，於光緒九年成秀才。又據前引雜鈔醫書後之識語，宣統末年在廣雅書局充圖書館委員，鼎革之後歸丹徒。

童賡年《戍溪日記》

《戍溪日記》鈔本五册，今藏國家圖書館，未題著者姓名。《歷代日記叢鈔》第173册影印收録。

此日記分爲兩部分，一爲某年四月初一至十月初二，未記年份；另一爲丙辰正月初一至二月三十日。

首先考察日記寫作時間，第一部分中有如下文字：

今閱大總統公佈褒揚略例，其第一條、第二條款婦女節烈，貞操可以風世者，大總統給予匾額式題字，并金質或銀質褒章等語。由是觀之，其與前清旌表條例，似有過之無不及也。(五月廿九)④

此處"大總統""前清"云云，顯然已入民國。

第二部分之年份記有"丙辰"干支，其内容有：

余將自營生壙，托沈君占蘭書石，字極雄健。今年五十五歲，辰戌相沖，恐壽元有礙，不得不防。(正月初八)⑤

據此知"丙辰"年作者五十五歲，又因作者得見民國，則知此丙辰當是民國五年(1916)，而非咸豐六年(1856)，則此兩部分日記之寫作時間應皆在民國初。

作者籍貫亦見於日記：

余記甲午春明試罷，寓居東華門外小甜水井慈溪試館。同邑王竹孫孝廉時館肅親王府，與雪樵君往訪，不得入。(正月初六)⑥

按王竹孫即王錫璋，號竹孫，浙江慈溪人，知作者應亦是慈溪人。

---

① 李德龍、俞冰主編：《歷代日記叢鈔》第170册，第148頁。

② 柳詒徵：《京口書人述》，《書學》1945年第5期，第2頁。

③ 高觀昌《葵園遯叟自訂年譜》，見北京圖書館編：《北京圖書館藏珍本年譜叢刊》第184册，北京：北京圖書館出版社，1999年，第489頁。

④ 李德龍、俞冰主編：《歷代日記叢鈔》第173册，北京：學苑出版社，2006年，第386頁。

⑤ 李德龍、俞冰主編：《歷代日記叢鈔》第173册，第569頁。

⑥ 李德龍、俞冰主編：《歷代日記叢鈔》第173册，第567頁。

日記中稱其族人,有"慧照公諱文燈",查《(光緒)慈溪縣志》"童文燈,字慧照"①,知作者應屬慈溪童氏。日記中還有作者家世信息:

先祖笠村公交游最廣,逝世時喪車填門。(二月十六)②

今檢得國家圖書館藏童賡年《慈溪童柘叟遺著》中《梓里遺聞》記載慈溪童氏之事跡,有:

先祖笠村公,幼嗜學,爲趙九杜先生高足弟子,工詩賦文章。③

《戍溪日記》作者與童賡年皆是慈溪童氏,又皆有"先祖笠村公"之言,則或爲一人,或是同祖之孫。《戍溪日記》中丙辰二月廿六條:

長兒課青今日辰刻先我而逝,心腸欲裂。④

據《慈溪鴻門童氏宗譜》,童賡年有二子,長子童慎樞,字星垣,號課青,卒於1916年⑤,與日記正相合,則可證《戍溪日記》作者爲童賡年無疑。

童賡年(1862—1930),譜名勤輔,字佐宸,又字瑞芝,號柘叟。光緒十七年(1891)舉人,曾任太平縣學教諭、黄岩縣學訓導、臺州府學教授等。其著作今見者即國圖藏《慈溪童柘叟遺著》稿本十三種,《戍溪日記》或是與此稿本一同入藏國圖。

李德儀《東華日記》

《東華日記》稿本,今藏國家圖書館,未題著者姓名。《歷代日記叢鈔》第174册影印,《歷代日記叢鈔提要》著録爲"民國七年(1918)鈔本"⑥,此説誤,考證如下。

《東華日記》字跡爲行草,辨認較難,其中又多有影響文字實際意義的增删改乙,故此本應爲作者稿本。此日記共涉及乙卯、丙辰、丁巳三年之内容。於日記中檢得一條,可同時解決作者及年份之疑問。乙卯年四月二十日:

十八日奉旨:著賈楨保舉品學兼優翰林官四員。今日奏保,奉旨:廿二日、廿三日預備召見。同保者殷譜經、孫琴西、李蘭孫。⑦

據此知作者與殷、孫、李三人同被賈楨保舉,三人分别爲殷兆鏞、孫衣言、李鴻藻。今查殷兆鏞《殷譜經侍郎自定年譜》卷上咸豐五年乙卯(1855)四月:

二十一日,養心殿引見。先期賈筠堂相國奉旨:擇翰林官品學兼優者四員,以鏞及編修李德儀、孫衣言、李鴻藻保奏,二十二、二十三日分起召見養心殿西書房。⑧

① (清)楊泰亨、(清)馮可鏞纂:《(光緒)慈溪縣志》,光緒二十五年刻本,卷三十二頁18A。
② 李德龍、俞冰主編:《歷代日記叢鈔》第173册,第622頁。
③ (清)童賡年撰:《梓里遺聞》,國家圖書館藏稿本。
④ 李德龍、俞冰主編:《歷代日記叢鈔》第173册,第635頁。
⑤ 此節承獨立學者童惠平先生賜告,謹致謝意!
⑥ 李德龍、俞冰主編:《歷代日記叢鈔提要》,第427頁。
⑦ 李德龍、俞冰主編:《歷代日記叢鈔》第174册,北京:學苑出版社,2006年,第14頁。
⑧ (清)殷兆鏞:《殷譜經侍郎自定年譜》,宣統三年鉛印本,頁23A—B。

兩相對照,見此日記作者應是李德儀,而乙卯、丙辰、丁巳三年,即咸豐五、六、七三年。

再將《清實録》中咸豐七年涉及李德儀之記載與日記對比:

四月十九:

翰林院侍講李德儀,著照料恭親王奕訢讀書。(《清實録》)[①]

上諭著照料恭王讀書,吴竹言於十七作古。[②](《東華日記》)

九月廿一:

以翰林院侍讀學士宜振、侍講學士李德儀、檢討徐嵩生署日講起居注官。(《清實録》)[③]

巳正,勤政殿引見講官兩排,名列第三,共三缺。得旨:以宜振、李德儀、徐嵩生充署。回園具摺。[④](《東華日記》)

二者合若符節,知此日記確爲李德儀所作。

李德儀(1823—1860),字吉羽,號小響,又號筱綸,江蘇新陽(今昆山)人。道光二十七年(1847)進士,選庶吉士,散館授編修。充國史館協修、《實録》館纂修、《聖訓》總校。咸豐五年,充《實録》館提調。六年,教習庶吉士,《實録》慶成,進侍講。七年,上書房行走,照料恭親王讀書,充日講起居注官。八年,京察記名,以道府用,旋進侍講學士,轉侍讀學士,任四川鄉試正考官,同年督學四川。咸豐十年,病逝於四川。《東華日記》所涉咸豐五、六、七三年,恰是李德儀任職翰林院,纂修《實録》、入上書房行走、充起居注官時期。雖字跡潦草,但内容較爲豐富翔實,具有較高的史料價值。

① 《清實録》第43册,第497頁。

② 李德龍、俞冰主編:《歷代日記叢鈔》第174册,第92頁。

③ 《清實録》第43册,第671頁。

④ 李德龍、俞冰主編:《歷代日記叢鈔》第174册,第112頁。

■古文字研究

家父盤自名□新解

楊　菁

摘　要： 根據《襟帶河汾：晋國博物館陳列與精品》公布的清晰銘文照片，天馬—曲村墓地出土的西周早期家父盤自名之字□當釋“孟”，从皿子聲，應讀爲“盤”。此外，清華伍《命訓》簡 9 □字釋“孓”讀“叛”的意見是正確的。

關鍵詞： 家父盤；自名；孟

1986 年，山西省曲沃縣天馬—曲村墓地 M6384 出土了一件西周早期青銅盤。家父盤銘文拓片最早由《天馬—曲村(1980—1989)》[①]一書公布(圖一)，盤銘爲：“家父乍(作)寶□，甘(其)萬年子₌(子子)孫₌(孫孫)永寶。”

圖一

其中自名之字□，至今没有很好的解釋。本文擬就□字釋讀提出新觀點，求正於方家。爲方便論述，下文統一用△代表該字形。

一

原報告將△隸定爲“盃”，無説[②]。何琳儀先生將△隸定爲“盅”，認爲其从皿从

作者簡介： 楊菁，蘇州工學院師範學院副教授，主要從事出土文獻與古文字研究。

基金項目： 國家社科基金青年項目“西周金文分域整理研究及數據庫建設”(24CYY009)。

① 北京大學考古學系商周組、山西省考古研究所編著，鄒衡主編：《天馬—曲村(1980—1989)》(第二册)，北京：科學出版社，2000 年，第 505 頁，圖七〇二・6。

② 《天馬—曲村(1980—1989)》(第二册)，第 501 頁。

虫,是"蠱"的省文,可讀爲"盉"①。陳英傑先生認爲該字从皿巳聲,可讀爲"盤"②。鄔可晶先生將△字"皿"内"○"下的筆畫視爲泐痕。他將△之字形復原爲,認爲其是甲骨卜辭中常見的"盄"字。从皿,皿亦可能是聲符③。鄔先生認爲"盄"是自名修飾語,其後省略器名,或已由修飾語轉化爲器名,其爲血祭之義或虛化成較籠統的"祭祀""享祀"義④。鞠焕文先生認爲△是(監祖丁觶,《銘圖》10296)的截除性簡化,應釋爲"監",讀爲"鑑"。△字"皿"中所从是俯身人形在水中的倒影,"圓圈"對應人的腦袋,"尾巴"對應探出的人身。鞠焕文先生以衵伯庸盤自名"鑑"爲例,説明家父盤器形爲盤而自名爲"鑑"是青銅器自名代稱現象⑤。石小力先生認爲△字"皿"中所從爲"○",△當釋"皿"⑥。湯志彪先生認爲△可隸定爲"昷","旦"是聲符,可讀爲"盤"⑦。

二

從以上諸説可知,學界關於家父盤自名之字△的釋讀未能形成統一意見,其主要原因是未能明確△字"皿"内究竟是何字。鞠焕文先生曾説:"在没有真正目驗原器或是有其他可靠依據證明它是泐筆或誤鑄的情況下,將字形中的某部分去掉,是一種不嚴謹的做法。"⑧筆者十分贊同此觀點。

2023年出版的《襟帶河汾:晉國博物館陳列與精品》一書公布了家父盤銘文的高清彩色照片(圖二)⑨,清晰的字形爲我們解決此問題提供了可靠的材料。

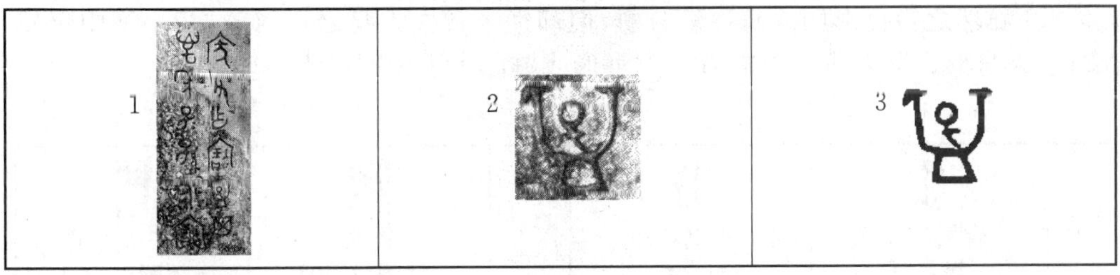

圖二

① 何琳儀:《説"盤"》,《中國歷史文物》2004年第5期,第31頁。

② 陳英傑:《西周金文作器用途銘辭研究》,北京:綫裝書局,2008年,第198頁注釋5。其後改變意見,表明△不可識,參陳英傑:《青銅盤自名考釋三則》,《中國文字研究》第十九輯,上海:上海書店出版社,2014年,第27—28頁。

③ 鄔可晶:《釋青銅器銘文中處於自名位置的"盄""盟"等字》,《出土文獻與古文字研究》第四輯,上海:上海古籍出版社,2011年,第59—60頁。

④ 《釋青銅器銘文中處於自名位置的"盄""盟"等字》,第64—66頁。

⑤ 鞠焕文:《金文形義通解訂補(上編)》,東北師範大學博士學位論文,2014年,第129—135頁。

⑥ 石小力:《〈商周青銅器銘文暨圖像集成續編〉釋文校訂》,《商周青銅器與先秦史研究論叢》,北京:科學出版社,2017年,第151頁。

⑦ 湯志彪:《晉系銅器銘文考釋五則》,《中國文字研究》第二十七輯,上海:上海書店出版社,2018年,第16—18頁。

⑧ 《金文形義通解訂補(上編)》,第129頁。

⑨ 晉國博物館編:《襟帶河汾:晉國博物館陳列與精品》,太原:三晋出版社,2023年,第149頁。

通過照片上的字形,可以清楚地看出△从皿無疑。但皿中所从非諸位學者所説的“虫”“○”“㔾”“旦”,而是。類似“子”形,但不是“子”字。同篇銘文有“子”作,左右手臂形清晰完整,而則明顯一側横筆稍短。我們將字形左右翻轉之後變爲,可見像右臂一側有所缺失的人形,當是“孑”字。

上文所舉諸説中釋“盂”、釋“蛊”、釋“盈”、釋“盅”、釋“昷”皆與△實際字形不符,故本文不再加以討論。唯鞠焕文先生對△的字形分析與實際字形有所關聯。但仔細對比相關字形,便可知家父盤△不能釋爲“監”,也不能讀爲“鑑”。

其一,鞠焕文先生認爲“監”寫作△屬截除性簡化。他指出銘文辭例和銅器器形構成了文字存在的特定“語境”。△處在這種特殊“語境”中,其文字形體簡省得厲害,也并不影響其意義。△省去俯身人形依然能够表達“監”這個概念①。

其實林澐先生在談及截除性簡化時已明確指出:

> 我們知道有這種破壞文字原結構的“截除性簡化”,衹是增加了考釋古文字時的一條思路,一種可供選擇的可能性。而且主要限於研究這種簡化較爲流行的東周後期文字時。在辭例和其他證據允可的情况下,纔可能肯定某個字形是哪個已識之字的“截除性簡化”。②

漢字的發展有其内在邏輯性,截除性簡化有其便捷性和經濟性的特點。目前可見的截除性簡化例子,如與、與、與等,簡化後的字形在古文字中大量存在。但縱觀商代至戰國文字中的“監”(表一),幾乎不存在所謂的省略人身形的經過截除性簡化的“監”字,更談不上“較爲流行”了。甲骨文、金文中的“監”字像人俯首於皿而自監③。雖然之後目形與人身逐漸分離,但却從未省去人身之形,《説文》小篆中仍然保留了人身形。這大概是由於省去人身形或難以表示彎腰以水爲鑒之義。

表一

商代	 《合集》27742 無名組	 《小屯》779 無名組	春秋	 監戈 《銘圖》16407	 吴王夫差鑑 《銘圖》15063
西周	 應監甗 《銘圖》03268	 頌鼎 《銘圖》02492	戰國	 清華一·皇門 12	 郭店·語叢二 33

其二,鞠焕文先生援引陳劍先生觀點認爲盤自名可代稱爲“鑑”④,可能也是有問題的。春秋早期的昶伯庸盤(《銘圖》14460)自名之字作,目前有釋“盤”、釋“監

---

① 《金文形義通解訂補(上編)》,第133—134頁。

② 林澐:《古文字研究簡論》,長春:吉林大學出版社,1986年,第78頁。

③ 商承祚:《説文中之古文考》,上海:上海古籍出版社,1983年,第79頁。

④ 陳劍先生之説參陳劍:《青銅器自名代稱、連稱研究》,《中國文字研究》第一輯,南寧:廣西教育出版社,1999年,第352頁。

(鑑)”、釋“舟”等觀點[①]。蘇建洲先生將■釋爲“盤”,他指出:“比對‘監(鑑)’作■(《集成》10296,吴王夫差鑑),■上部與‘臣’形不類,且未見‘人’旁”[②]。蘇先生的觀點很值得注意。上文已指出“監”字没有省略人身形的寫法,■字上部字形也確與春秋時期的“臣”字不符。

從表二所列“臣”字字形可以看出,古文字“臣”作豎目形而突出其瞳孔,而在■中却看不出突出的瞳孔之形。雖然■與商、西周時期個別“臣”字(如■、■)較接近。但從春秋時期開始,“臣”字中間象徵瞳孔的部分尤爲突出,戰國時期部分“臣”字更是增加竪筆貫穿瞳孔。總體而言,東周時期寫作■形的“臣”字極爲少見。從共時角度看,■與同時期的“臣”字存在差距。

表二

商代	 《合集》217 賓組	 《合集》5602 賓組	 《合集》21532 子組	 《合集》36420 黄組
西周	 盂簋 《銘圖》05175	 静簋 《銘圖》05320	 公臣簋 《銘圖》05185	 中臣鼎 《銘續》0093
春秋	 曾季关臣盤 《銘圖》14496	 長子驥臣瑚 《銘圖》05973	 侯馬盟書 156:23	 君臣戈 《銘續》1132
戰國	 郭店・緇衣 22	 清華三・芮 9	 《璽彙》2601	 上郡守錯戈 《銘圖》17284

兩周時期的“般(盤)”字形作■(番昶伯者君盤,《銘圖》14480)、■(旅盤鎣盤,《銘續》0917)、■(■人屖石盤,《銘三》1200)、■(欒伯盤,《銘圖》14527)、■(晋姞盤,《銘圖》14461)、■(魯伯者父盤,《銘圖》14416)。張懋鎔先生已指出:“在金文中,‘盤’字通常寫作‘般’或‘盤’,所謂的‘舟’字原本是‘盤’的象形,後來訛變而爲‘舟’。”[③]現將以上“般”字所从盤之初文(表三)與■相對照:

表三

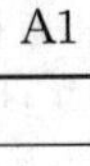 A1	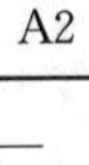 A2	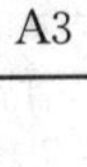 A3	 A4	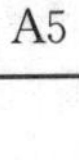 A5	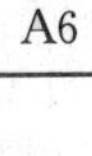 A6

① 諸家觀點可參汪威:《兩周青銅水器自名、功用整理與研究》,吉林大學碩士學位論文,2021年,第15—17頁。

② 蘇建洲:《論新見楚君酓延尊以及相關的幾個問題》,《出土文獻》第六輯,上海:中西書局,2015年,第65頁注釋5。

③ 張懋鎔:《蘇公盤鑒賞》,《收藏界》2007年第4期,第100頁。

兩周時期“盤”字初文變化多樣。A1、A2類字形上端連接處變圓形成A3類字形,變尖則形成A4類字形,下端筆畫相連接則形成A5類字形,上下端筆畫都以尖角的方式相連就呈現A6類字形的狀態。A6與基本一致,區别僅在於字上端更加尖鋭,下端筆畫延伸更長。

通過上述分析可知,字更接近同時期的“盤”字初文而非“臣”字。故筆者贊同蘇説,認爲字上部更可能是“盤”字初文訛寫。上部从“盤”之初形訛體,下部“皿”爲追加的意符。昶伯庸盤器形是盤,自名也是“盤”。由此可知,在目前可見的兩周金文中,仍不存在盤自名爲“監(鑑)”的代稱現象。因此鞠先生的觀點恐不能成立。

三

筆者認爲家父盤自名之△當釋爲“孓”,从皿孑聲,可讀爲“盤”。《説文・了部》:“孑,無右臂也。从了乚,象形。”[①]《字彙》:“孓,吉屑切,音孑,齊謂盤曰孓。”[②]《重訂直音篇》:“孓,音結,盤也。”[③]《篇海類編・皿部》:“齊人謂盤曰孓。”[④]“盤”屬并母元部,“孑”屬見母月部。兩者韻部相近,聲母一屬唇音,一屬牙音。雖然唇音與牙喉音發音部位不同,但兩者却存在特殊諧聲現象[⑤]。如郭店《五行》簡32:“顔色伀(容)佼(貌)悃(温)變也,以其审(中)心與人交兑(悦)也”中“佼”可讀爲“貌”[⑥]。“佼”屬匣母宵部,“貌”屬明母藥部。出土文獻中亦存在牙音與唇音通假的例證[⑦]。

傳世典籍中有并母字與見母字相通之例。如《戰國策・秦策二》“有兩虎争人而鬥者,管莊子將刺之”,《史記・張儀列傳》作“卞莊子”。“卞”屬并母元部,“管”屬見母元部[⑧]。《吕氏春秋・孟夏紀》“王菩生”,高注云:“菩,或作瓜,瓠瓠也。”[⑨]“菩”屬并母之部,“瓜”屬見母魚部。從諧聲現象看,并母與見母亦有關聯,如“交”屬見母,而从交得聲的“縣”屬并母。出土文獻中亦有并母與見母相通之例。清華二《繫年》簡56:“王會者(諸)侯于友,𨟻(將)以伐宋。”黄傑認爲“友”可讀爲“厥”。“友”屬并母月部,“厥”屬見母月部,韻部相同,聲母可通。“友”爲地名,《左傳》作“厥貉”,《公羊》

---

① (漢)許慎:《説文解字》,北京:中華書局,1963年,第310頁。

② (明)梅膺祚:《字彙》,上海:上海辭書出版社,1991年,第309頁。

③ (明)章黼撰,(明)吴道長重訂:《重訂直音篇》,《續修四庫全書》第二百三十一册,上海:上海古籍出版社,2002年,第70頁。

④ (明)宋濂撰,(明)屠隆訂正:《篇海類編》,《續修四庫全書》第二百三十册,上海:上海古籍出版社,2002年,第203頁。

⑤ 關於此問題學者多有研究,可參鄭妞:《上古牙喉音特殊諧聲關係研究》,北京:北京大學出版社,2021年;李國:《〈説文通訓定聲〉通假字的聲母(唇、牙喉音)研究》,首都師範大學碩士學位論文,2009年;田瑩瑩:《〈説文解字〉諧聲類型與上古聲母研究》,浙江財經大學碩士學位論文,2020年。

⑥ 白於藍:《簡帛古書通假大系》,福州:福建人民出版社,2017年,第216頁。

⑦ 趙彤在《戰國楚方言音系》一書中專門討論了9組楚系出土文獻中的見系字與幫系字交替的例子。參趙彤:《戰國楚方言音系》,北京:中國戲劇出版社,2006年,第52—55頁。

⑧ 黄傑:《據清華簡〈繫年〉釋讀楚簡二則》,簡帛網,2011年12月27日。

⑨ (清)王念孫撰:《廣雅疏證》,北京:中華書局,1983年,第328頁。

作“屈貉”,“友[illegible]”“厥貉”“屈貉”三者是一地異名[1]。

將家父盤銘文中的“孟”讀爲“盤”十分直截。《字彙》《篇海類編》記載齊人謂盤曰“孟”,西周晋國銅器家父盤亦用“孟”表示“盤”。以“孟”爲“盤”或許不限於齊地。

出土文獻中并母與見母相通還存在一例例證。清華伍《命訓》簡 9 有一字作[illegible],辭例爲:“亟(極)佴(恥)則民₌[illegible]₌(民[illegible],民[illegible])則瘍₌人₌(傷人,傷人)則不罚(義)”。今本作:“極醜則民叛,民叛則傷人,傷人則不義。”簡本[illegible]對應今本之“叛”。

關於該字釋讀,學界有不同意見[2]。金宇祥先生認爲[illegible]是“孓”字,可讀爲“叛”[3]。徐在國師認爲[illegible]是“孓”字訛體,[illegible]右下多出的一小横筆是爲起到與“只”形區别作用的區别符號或飾筆。上古音“孓”“叛”音近,故“孓”可讀爲“叛”[4]。筆者認爲徐在國師與金宇祥先生之説正確可從。“孑”與“孓”屬一字分化,聲韻相同。“盤”與“叛”皆是并母元部字。出土文獻與傳世文獻中“盤”“半”“反”相通之例不勝枚舉[5]。既然家父盤銘文中从孑得聲的“孟”可讀爲“盤”,那麽《命訓》中的“孓”自然可讀爲“叛”,與今本對應之字密合無間。

附:引用書目簡稱與全稱對照表

《合集》:《甲骨文合集》

《小屯》:《小屯南地甲骨》

《銘圖》:《商周青銅器銘文暨圖像集成》

《銘續》:《商周青銅器銘文暨圖像集成續編》

《銘三》:《商周青銅器銘文暨圖像集成三編》

---

① 《據清華簡〈繫年〉釋讀楚簡二則》,簡帛網,2011 年 12 月 27 日。

② 諸家觀點可參高佑仁:《〈清華伍〉書類文獻研究》,臺北:萬卷樓圖書股份有限公司,2018 年,第 648—651 頁。

③ 參金宇祥在簡帛網簡帛論壇“清華五《命訓》初讀”第 18 樓發言,2015 年 4 月 17 日。

④ 徐在國:《清華伍〈命訓〉“[illegible]”字試析》,《“清華簡〈繫年〉與古史新探學術研討會”會議論文集》,2015 年 10 月 30 日—31 日,第 91—92 頁。後收入李守奎主編:《清華簡〈繫年〉與古史新探》,上海:中西書局,2016 年,第 494—496 頁。

⑤ 《簡帛古書通假大系》,第 1163—1165 頁。

韓魏金文考釋兩篇

孟 嬌

摘　要: 本文對兩篇戰國時期的銘文進行了考證。二十五年京令戈是韓昭侯二十五年(前338)鑄造的韓國兵器,戈銘“京”地位於今河南滎陽東南一帶,本文對該戈銘文中“令十造”這一特殊格式的韓國兵器銘文進行了探討。三年匽令皿屬於魏國,皿銘“匽”地爲今河南延津之南燕的可能性較大,皿銘顯示,銅器校量也是魏國縣令的職責之一。

關鍵詞: 二十五年京令戈;三年匽令皿;戰國青銅器

一、二十五年京令戈考

盛世收藏網站曾公布過一件有銘銅戈(圖一),該戈内上有一穿,刻有銘文13字(其中“二十”作合文形式),可隸定如下:

二十五年,京令鼉均之𧶠(造),冶□戟

圖一

從文字風格、監造制度來看,這件戈應是戰國時期的三晋兵器。《左傳·隱公元年》“請京,使居之”,杜預注:“京,鄭邑,今滎陽京縣。”①銘文中的“京”即上述京邑,位於今河南滎陽東南一帶。京本屬鄭,後入韓。《史記·六國年表》載韓景侯元年:“伐鄭,取雍丘。鄭城京。”②《史記·韓世家》載韓哀侯二年:“滅鄭,因徙都鄭。”③由此看來,京入韓的時間在前408年至前375年之間。銘文中的“造”字是韓國兵器銘文的特殊寫法,二十五年京令戈的國别應是韓國。

“京”作爲地名,又見於三晋兵器九年京令戈(《銘圖》17099)和京左庫矛④。不過以往這些兵器或無紀年,或是低紀年兵器,無法準確判斷年代。新見二十五年京令戈是高紀年兵器,符合

作者簡介: 孟嬌,復旦大學歷史地理研究中心博士生,主要從事先秦歷史地理、出土文獻研究。
基金項目: 古文字與中華文明傳承發展工程規劃項目“戰國文字所見地理資料整理與研究”(G1926)。

① (晋)杜預:《春秋左傳集解》,上海:上海人民出版社,1977年,第7頁。
② (漢)司馬遷:《史記》,北京:中華書局,1982年,第708頁。
③ 《史記》,第1868頁。
④ 湯威、陳盡忠:《鄭州博物館藏商周有銘銅器》,《文物》2013年第11期,第75、77頁。

這個紀年數字的韓國君主只有韓昭侯、韓桓惠王。從戈銘爲"令+冶"二級監造制度、監造者没有"司寇"來看[①],二十五年京令戈的鑄造年代只能是韓昭侯二十五年(前338)。

韓國兵器銘文一般將"造"字贅於冶工之後,如王三年馬雍令戈(《銘圖》17329)、二十七年安陽令戈(《銘圖》17361)等。二十五年京令戈的辭例則很特殊,即"造"字贅於監造者"令"之後。石小力先生新近公布了一件七年京令戈:

七年,京令韓榣造,右庫工師成憲,冶驩[②]

這兩件京令戈共同揭示了一種特殊的韓國兵器銘文格式,爲學界瞭解韓國兵器銘文提供了新的認知。

以往學者已注意到一些特殊格式的韓國兵器銘文,今總結如下:

1. 令+地名:

(1) 四年,令韓誁宜陽,工師播憙[③],冶庶(《銘圖》17167)

(2) 二年,令鄙誁宜陽,右庫工師張圤,冶瘍(《銘圖》17213)

(3) [二年,令鄙]誁宜陽,[右]庫工師張埔,冶市(《銘圖》17214)

(4) 二年,令鄙誁宜陽,右庫工師張埔,冶兑(《銘圖》17215)

(5) 十一年,令少曲[④]慎录,工師□□,冶鵬(《銘圖》17201)

(6) 七年,令韓隊雍氏,右庫工師備所造集戟[⑤]

2. 地名+修飾語+令

(1) □□[年],上皋落大令少曲夜,工師高慭,冶午(《銘圖》17304)

(2) 八年,新城大令韓定,工師宋費,冶褚(《銘圖》17206)

(3) 二年,梁大令韓誰,工師□敬,冶目(《銘三》1504)

(4) 十一年,皋落會令[⑥]少曲咴,工師舒憙,冶午(《銘圖》17303)

(5) 四年,咎奴蓸令[⑦]卅□,工師賈疾,冶問(《銘圖》17194)

---

① 以往或認爲韓國最早由"司寇"監造的兵器是八年陽城令戈(《銘圖》17346),其鑄造年代在前265年(吴良寶:《談韓兵監造者"司寇"的出現時間》,《古文字研究》第二十八輯,北京:中華書局,2010年,第347—350頁)。然據桓惠王時的六年高都令戈,由司寇監造韓兵的時間可提前至公元前267年(崔松林:《三門峽市博物館藏戰國"高都令戈"考》,《中原文物》2023年第4期,第102—105頁)。

② 石小力:《新見七年京令戈小考》,《"語言學視閾下的古文字研究——第六届出土文獻與上古漢語研究學術研討會"論文集》,2024年8月23日—24日。

③ "宜陽"等釋文意見可參吴振武:《東周兵器銘文考釋五篇》,《容庚先生百年誕辰紀念文集》,廣州:廣東人民出版社,1998年,第553—554頁。

④ "少曲"釋字見李家浩:《楚王酓璋戈與楚滅越的年代》,《文史》第二十四輯,北京:中華書局,1985年,第16頁注釋②。

⑤ 戚鑫:《南山博物館收藏一件秦始皇平定嶺南的兵器》,《中國文物報》2017年5月30日,第7版;銘文補釋可參李家浩:《七年令韓隊雍氏戟銘文補釋》,《中國文字研究》第二十八輯,上海:上海書店出版社,2018年,第11—13頁。

⑥ "會令"等釋字意見可參李家浩:《十一年皋落戈銘文釋文商榷》,《考古》1993年第8期,第758—759頁。

⑦ "咎奴"釋字、地望等可參吴良寶:《古幣三辨》,《古文字研究》第二十四輯,北京:中華書局,2004年,第335—336頁。

3. 地名+庫+令

(1) 莆子左庫嗀令褱,工師□瓙,冶□[①]

(2) 六年,莆子右庫令□□、工師邯丹□、冶侖[②]

4. 地名+令+造

(1) 七年,京令韓榣造,右庫工師成憲,冶黝

(2) 二十五年,京令豎均之造,冶□戟

上述"曹令""會令"或爲一種縣令的名稱,其義待考。或有學者認爲"曹令"之"曹"可讀爲"造"[③],但所謂"地名+造+令名"的銘辭格式僅此一例,這種觀點需要更多出土材料的印證。

關於韓國兵器銘文屢見特殊格式的原因,有學者認爲是漏刻所致,如吴振武先生在論及四年宜陽戈時認爲:"根據韓國兵器銘文的一般格式來看,戈銘'宜陽'二字原應刻在'命(令)'字之前,估計當時可能因爲漏刻,所以補在'命(令)臥(韓)訷'之後。"[④]李家浩先生則認爲其并非偶然因素,可能是由於韓國倒文的語法特點:"以上所説諸兵器的國别都屬韓國。在古代漢語中,有'倒文以成句之例'。這些兵器銘文所記的地名位於令名之後,顯然不是誤刻所致,可能反映了韓國倒文的語法特點……這些語言文字現象,值得我們研究古代漢語言文字的學者注意,希望能作進一步研究。"[⑤]

二、三年匽令皿考

《正寧文史資料選輯(第七輯)》披露了一件所謂戰國"區豆"銅量壺,該器是1987年甘肅慶陽正寧縣西坡鄉石窪村村民挖田發現後上交的。該器無蓋,侈口束頸,鼓腹圈足,足沿下折,肩上鉚接獸面銜環鋪首,器身素面無紋飾,肩腹部刻有兩處銘文,共21字。資料發布者將銘文釋讀爲"二年區。命,墩歷嗇夫或栗豆大歷嗇夫趙弁之所",并認爲銅壺是戰國中晚期晉國的標準量器[⑥]。這件銅壺後來又收録進《慶陽博物館文物精品圖集》(圖二)[⑦]。近來先後有學者撰文對其進行了研究[⑧],但仍有可資

① 吴良寶:《莆子戈與郚戈考》,《中國文字學報》第五輯,北京:商務印書館,2014年,第138—142頁。

② 孟嬌:《新見三晉兵器選介》,《中國文字研究》第四十輯,上海:華東師範大學出版社,2024年,第38—42頁。

③ 趙堉燊:《四年咎奴曹令戈"曹"字小考》,《中國文字研究》第三十六輯,上海:華東師範大學出版社,2022年,第50—53頁。

④ 《東周兵器銘文考釋五篇》,第554頁。

⑤ 《七年令韓隊雍氏戟銘文補釋》,第13頁。

⑥ 劉生濤、郭東民:《戰國"區豆"銅量壺考》,《正寧文史資料選輯(第七輯)》,慶陽:正寧縣文化教育印刷有限責任公司,2007年,第1—4頁。按,劉文認爲"銅壺的年代應在頃公二年(前523)、定公二年(前510)或出公(前473)之間,即戰國中晚期。"

⑦ 慶陽市博物館編:《慶陽博物館文物精品圖集》,蘭州:甘肅興業印務有限公司,2012年,第128—129頁。

⑧ 徐俊剛:《三年匽皿地名、國别、年代及工官問題芻議》,《"時空變遷與人類家園——2024年中國歷史地理學術年會"論文集》,2024年7月27日—28日,第922—934頁;陳冠宇:《隴藏銅器銘文拾遺》,《中國人民大學第二屆"樹人杯"未來古文字學者學術徵文大賽獲獎作品選》,2024年11月2日—3日,第124—128頁。

討論之處。

在吸收了已有釋讀意見的基礎上，該器銘文可隸寫如下：

三年，匽令師、府嗇夫惑校皿，大府嗇夫肖共之所匽，皿

圖二

該器自名爲“皿”，故可更名爲“三年匽令皿”。由形制、銘文内容及文字風格來看，該器國別可限定在三晋範圍之内。又，目前已知出現“令”的三晋兵器、銅器時代約在戰國中期左右[①]，故該器年代應不早於戰國中期。

皿銘刻有地名“匽”，徐俊剛先生據山西垣曲北白鵝村春秋早期墓地出土了大量匽氏銅器，認爲這個“匽”在垣曲。然而北白鵝墓地時代爲春秋，而目前尚未發現戰國時期這一帶存在一個“匽”的證據，故本文對這種觀點持保留意見。另外，陳冠宇先生直接將地名“匽”與延津之“燕”對應，亦是存在風險的。傳世文獻中，戰國時期與“匽”相關的地名其實有兩個。一是《漢志》潁川郡之郾[②]，位於今河南漯河市郾城區一帶。二是《漢志》東郡之南燕[③]，《史記》作“燕”[④]，位於今河南新鄉市延津縣一帶。皿銘中的“匽”又見於珍秦齋所藏郾戈（《銘圖》16427），董珊先生認爲戈銘之“郾”指的既有可能是郾，也有可能是南燕[⑤]；吴良寶先生則認爲其大概率爲南燕[⑥]。

漯河郾城一帶之郾，見於《史記·蘇秦列傳》：“又説魏襄王曰：大王之地，南有鴻溝、陳、汝南、許、郾、昆陽、召陵、舞陽、新都、新郪，東有淮、潁、煑棗、無胥，西有長城之界，北有河外卷、衍、酸棗，地方千里。”[⑦]又見於《水經·汝水注》：“汝水又東南流徑郾

① 參《談韓兵監造者“司寇”的出現時間》，第 347—350 頁；楊坤：《戰國晋系銅器銘文校釋及相關問題初探》，吉林大學碩士學位論文，2015 年，第 178—188 頁。

② （漢）班固：《漢書》，北京：中華書局，1962 年，第 1560 頁。

③ 《漢書》，第 1557 頁。

④ 古“燕”“匽”可通。匽侯旨鼎、陳璋壺、中山王方壺等以“匽”“郾”記録“燕”，見王輝：《古文字通假字典》，北京：中華書局，2008 年，第 701 頁。

⑤ 董珊：《讀珍秦齋藏吴越三晋銘文札記》，《珍秦齋藏金·吴越三晋篇》，澳門：澳門基金會，2008 年，第 175—177、297—298 頁。

⑥ 吴良寶：《珍秦齋藏郾戈、鍾戈考》，《出土文獻》第四輯，上海：中西書局，2013 年，第 136—140 頁。

⑦ 《史記》，第 2253—2254 頁。

縣故城北。故魏下邑也。《史記》'楚昭陽伐魏取郾'是也。"[①]郾在戰國中期一度處於楚魏的交界地帶。新鄉延津一帶之燕,見於《左傳·隱公五年》"衛人以燕師伐鄭",杜注:"南燕國,今東郡燕縣。"[②]又見於《史記·秦始皇本紀》:"五年,將軍驁攻魏,定酸棗、燕、虚、長平、雍丘、山陽城,皆拔之,取二十城。"[③]由此可見,戰國時期南燕一度屬魏,秦始皇五年(前242)入秦。綜上,無論是漯河之郾還是延津之南燕,戰國時期只屬於過三晋中的魏國,所以三年匽令皿國别應爲魏國。三年匽令皿不早於戰國中期,這一時期楚國北部疆域變動頻繁[④],而三年匽令皿是低紀年銅器,無法判定具體王世及年代,所以皿銘和兵器銘文中的"匽"究竟爲漯河之郾還是延津之南燕,目前仍然無法確定,不過爲南燕的可能性要更大一些。

三年匽令皿屬於以往學者所説的校量銘文[⑤]。以往所見韓魏銅器中,從事校量的機構/職官爲"府嗇夫""乳子"[⑥]等(見表)。三年匽令皿顯示,銅器的校量在縣令的職責範圍之内。縣令主管銅器校量,是首次出現的與校量活動有關的新信息。

韓魏校量銅器職官表

	時代	校量職官	器物及出處
韓國	桓惠王十年(前263)[⑦]	府嗇夫	滎陽上官皿(《銘圖》14085)
	桓惠王十年(前263)	府嗇夫	安邑下官鍾(《銘圖》12419)
	桓惠王、韓王安時[⑧]	春成乳子	春成乳子鼎(《銘圖》2255)
魏國	不晚于前289年[⑨]	/	三年垣上官鼎(《銘圖》2068)
	魏昭王十六年(前280)	/	十六年邢丘令鼎蓋[⑩]

① (北魏)酈道元:《水經注校證》,北京:中華書局,2007年,第503頁。

② 《春秋左傳集解》,第33頁。

③ 《史記》,第224頁。

④ 徐少華:《周代南土歷史地理與文化》,上海:中西書局,2021年,第393—416頁;趙炳清:《楚國疆域變遷之研究——以地緣政治爲研究視角》,復旦大學博士學位論文,2013年,第179—191頁。

⑤ 李學勤:《滎陽上官皿與安邑下官鍾》,《文物》2003年第10期,第77—81頁;吴良寶:《戰國中晚期魏、韓銅器的置用與斠量——從刻銘順序説起》,《青銅器與金文》第九輯,上海:上海古籍出版社,2022年,第110—125頁。

⑥ "乳子"釋文意見參郭永秉:《從戰國楚系"乳"字的辨釋談到戰國銘刻中的"乳(孺)子"》,陳致主編《簡帛·經典·古史》,上海:上海古籍出版社,2013年,第349頁;郭永秉:《戰國工官屬吏中的成童——再談三晋銘刻中所見"孺子"的身份》,《嶺南學報》2018年第2期,第109—128頁。

⑦ 《滎陽上官皿與安邑下官鍾》,第80頁。按,或有學者認爲滎陽上官皿、安邑下官鍾的年代爲韓釐王十年,參周波:《安邑下官鍾、滎陽上官皿銘文及其年代補説》,《復旦學報(社科版)》2017年第3期,第9—16頁。

⑧ 按,鄭韓故城出土兵器有"春成君"與"春成□相邦"銘文,"春成君"應爲韓國封君(參黄盛璋:《三晋銅器的國别、年代與相關制度》,《古文字研究》第十七輯,北京:中華書局,1989年,第1—66頁)。又,澳門珍秦齋藏有一件三十一年鄭令郭涽戈(《銘圖》17343),該戈反面銘文爲"四年春成左庫",可見該戈由鄭地武庫所鑄造,韓王安四年被置用於春成君的封君武庫。鄭令"郭涽"屢見於桓惠王、韓王安時期兵器(參蘇輝:《秦三晋紀年兵器研究》,上海:上海古籍出版社,2013年,第158頁),春成君應是桓惠王、韓王安時的貴族,則春成乳子鼎的年代亦在桓惠王、韓王安時。

⑨ 《三晋銅器的國别、年代與相關制度》,第28—29頁。

⑩ 吴良寶:《九年承匡令鼎考》,《古文字研究》第二十九輯,北京:中華書局,2012年,第430—433頁。

續表

	時代	校量職官	器物及出處
魏國	魏安釐王二十二年(前 255)①	皮嗇夫、乳子	二十二年邵陰下官銅箍
	魏安釐王二十八年(前 249)	坪安邦	二十八年坪安君鼎(《銘圖》2389)
	魏安釐王三十二年(前 245)	坪安邦	三十二年坪安君鼎(《銘圖》2429)
	魏安釐王時②	宜信乳子	梁上官鼎(《銘圖》2015)
	待考	右乳子	六年工師楊鼎(《銘圖》2067)
	待考	匽令、府嗇夫	三年匽令皿

確認了三年匽令皿的國别爲魏,還可以反過來檢討以往對於三晋文字内部特徵字的認識。學者或認爲"觔"是韓國特徵字,其實"觔"也見於趙國陶文。③ 今據三年匽令皿可知,"觔"又見於魏國器物,所以"觔"字不能作爲韓國器物特徵字。只有"斱(斟)"字是魏國和東、西周文字的特徵字。④

附:引用書目簡稱與全稱對照表

《銘圖》:《商周青銅器銘文暨圖像集成》

《銘三》:《商周青銅器銘文暨圖像集成三編》

① 夏楠:《臨潼新豐秦墓出土的"嗇夫"銘文銅器及相關問題》,《黑龍江史志》2014 年第 21 期,第 68—69 頁。

② 李學勤:《論梁十九年鼎及有關青銅器》,《考古與文物叢刊》第 2 號《古文字論集(一)》,1983 年,第 1—3 頁,又見於李學勤:《新出青銅器研究》,北京:文物出版社,1990 年,第 206—210 頁。

③ 董珊:《内蒙古卓資縣城卜子古城遺址出土陶文考》,復旦大學出土文獻與古文字研究中心網站,2010 年 10 月 28 日;徐在國編著:《新出古陶文圖録》,合肥:安徽大學出版社,2018 年,第 503 頁 006 號。

④ 吴振武:《新見十八年冢子韓矰戈研究——兼論戰國"冢子"一官的職掌》,《古文字與古代史》第一輯,臺北:中央研究院歷史語言研究所,2007 年,第 323 頁注釋 33;吴振武:《古文字考釋與人工智能》,《光明日報》2020 年 11 月 7 日,第 12 版。

羕陵公戈銘文補考

徐加躍

摘　要:本文旨在探討羕陵公戈銘文前兩字的釋讀問題。第一字,學者多釋爲"膚",讀爲"吕",此説可從。第二字,過去多釋爲"鼒",本文提出、應爲一字,作,釋作"履",讀爲"禮"。至於,乃"之歲"之合文。

關鍵詞:羕陵公戈;履;禮

羕陵公戈(《殷周金文集成》11358)始見於上世紀八十年代,由武漢文物商店徵集入藏。此器時代屬戰國晚期,銘文於楚國兵器銘文中别具一格,格式頗爲特殊,故廣受學界關注。本文擬先依現今通行的意見録寫釋文(儘量採用寬式),進而就相關問題展開深入探討。戈銘釋文如下:

膚鼒之歲,羕陵公伺之巽所造,冶己女。

本文主要討論前兩個字的釋讀。關於此二字,歷來學者頗多論述。公布者釋爲"獻鼎",此説影響廣泛,多爲後續工具書所採納①。劉彬徽先生在文章中將第一字釋作"膚"并讀作"擄",第二字仍釋作"鼎"②。黄錫全先生釋作"膚鼒",讀作"擄熊",認爲"擄熊之歲"是以"獲熊"這件難遇或者特别之事作爲紀年③。此説獲湯余惠先生贊同④。尤仁德先生曾專門撰文討論此戈,釋首字爲"罵",讀作"禡",認爲"禡鼎歲"即用征行之鼎作禡祭之年⑤。鄒芙都先生從其説⑥。董珊先生在《向壽戈考》一文中贊同"膚鼒"的釋文,并在注釋中做出了如下推測:

疑戈銘人物"膚鼒"是先爲秦臣、後做過齊相的吕禮,"卲鹿"爲楚臣昭雎(文獻中字或誤作"睢"),若此,該戈亦屬於楚懷王晚期。

作者簡介:徐加躍,吉林大學考古學院"古文字與中華文明傳承發展工程"協同攻關創新平臺博士生,主要從事商周金文、古文字與人工智能研究。

基金項目:國家社科基金專項項目"基於金文資料的中國先秦語言文化研究"(23VRC033);古文字與中華文明傳承發展工程規劃項目"古文字人工智能識别系統的建設"(G3829)。

① 武漢市文物商店:《武漢市收集的幾件重要的東周青銅器》,《江漢考古》1983 年 2 期,第 37 頁。

② 劉彬徽:《湖北出土兩周金文國别年代考述》,《古文字研究》第十三輯,北京:中華書局,1986 年,第 263 頁。據該文注釋 74 所言,此釋文是承李家浩先生函告。後來劉彬徽先生似乎放棄了之前的意見,而在其著作中釋作"膚(盧)鼒(贏)",參劉彬徽:《楚系金文彙編》,武漢:湖北教育出版社,2009 年,第 468 頁。

③ 黄錫全:《湖北出土商周文字輯證》,武漢:武漢大學出版社,1992 年,第 39 頁。

④ 湯余惠:《戰國銘文選》,長春:吉林大學出版社,1993 年,第 72 頁。

⑤ 尤仁德:《楚伺巽戈考釋》,《考古與文物》,1996 年第 4 期,第 36 頁。

⑥ 鄒芙都:《楚系銘文綜合研究》,成都:巴蜀書社,2007 年,第 218 頁。

董珊先生認爲“膚𦣞”爲人名，戈銘首句“膚𦣞之歲”這一紀年方式是戰國楚地以事紀年的省略格式，“之歲”前面都是人名[①]。隨着新材料的公布，對於此戈的研究也愈趨深入，學界近來公布了一件羕陵攻尹戈，其銘文如下：

郘豊之歲，羕陵攻尹僕昜所造，冶己女。

此戈的公布者吴良寶先生對銘文做了細緻的研究，并且對羕陵公戈和羕陵攻尹戈做了對比，其論證如下[②]：

有意思的是，《集成》17・11358 羕陵公戈可與這件羕陵攻尹戈的銘文作對比。比如，鑄造地都是羕陵、冶工的名字相同，而紀年資料中的人名，一爲“郘豊”，一爲“膚𦣞”，上古音膚、吕音近可通，豊在來母、脂部，从𦣞得聲之字在來母、歌部，聲母相同而韻部旁轉，所以“郘豊”“膚𦣞”很可能是同一個人(原注：董珊《向壽戈考》曾推測“膚𦣞”就是吕禮，説見《考古》2006 年第 3 期第 69 頁注釋 12)。如此則這兩件楚國兵器可能是同一年鑄造，監造者一是羕陵縣的縣公、一是羕陵縣的攻尹，只是銘文刻寫者不同，所以“郘豊”的寫法有差别。

可見關於“膚𦣞”的釋讀，吴良寶先生贊同董説，并與新見羕陵攻尹戈銘進行了比對，又從音理上加以論證。

從目前的古文字學研究進展來看，戈銘首字當以釋“膚”最爲可信，次字釋作“𦣞”也較他説爲優。依楚國銘文紀年格式研判，銘文“膚𦣞之歲”應屬於大事紀年，其中“膚𦣞”爲人名。董珊先生的推測確具先見之明，從後來公佈的羕陵攻尹戈銘來看，“膚𦣞”極有可能就是“吕禮”，“膚”“吕”二字相通自無問題。關於“𦣞”與“豊”的讀音關係，雖經吴良寶先生論證，但深入探究後，仍存在一些值得商榷的問題。“豊”爲來母脂部字，从“𦣞”得聲之字多歸在來母歌部。雖然兩者聲母相同，韻部旁轉，讀音關係密切，但旁轉關係本就不如對轉關係緊密，而且脂部字與歌部字屬於旁轉，但并不意味著兩部字中的所有字都可相通。以“𦣞”“豊”二字爲例，這兩聲系字似乎未見相通之例，在傳世典籍和出土文獻的通假工具書中都未列出兩聲系字相通之例。從字形角度考慮，戈銘次字釋“𦣞”也不無疑問。

基於羕陵攻尹戈銘文之佐證，本文認同羕陵公戈銘文前兩字讀作“吕豊”，首字釋作“膚”。然而，對於銘文的次字，除了釋“𦣞”外，仍有别的可能。該字字形作：

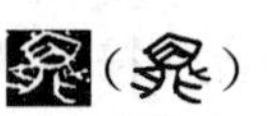

形體比較清晰，與“𦣞”字頗爲相似，不過尚有另一種可能。過去都把()割裂爲“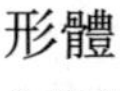”與“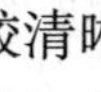”二字，但細察字形，“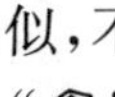”“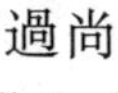”二形極爲緊密，極可能本爲一字。據此，也可將“”釋爲“履”。《説文・履部》：“履，足所依也。从尸从彳从夊，舟象履形。一曰尸聲。，古文履从頁从足。”楚文字“履”有如下二種形體：

① 董珊：《向壽戈考》，《考古》2006 年第 3 期，第 66 頁。

② 吴良寶：《新見羕陵攻尹戈及相關問題研究》，《吉林大學社會科學學報》2015 年第 1 期，第 151 頁。

A類					
出處	包山 57	包山 54	包山 163	安大一 100	清華四・别卦 01
B類					
出處	包山 6	上博二・子 12	上博七・吴 8	清華一・祭公 15	清華五・三壽 18

A類形體乃《説文》"履"字古文所本。

與楚文字"履"B類形體相近。所从應爲"舟"之訛,所从與楚文字"履"B類形體所从"止"形音俱近,所从,與常見的楚文字"頁"形體不同,這也是導致此字誤釋的原因之一。關於,可視爲"頁"之訛變。不過考慮到曾侯乙墓簡"緄(紕)"或作(曾乙 10)、(曾乙 46),所从"比"與下部形近,也可分析爲从"舟""之""首",加注"比"聲。上古音"比"爲并母脂部,"履"爲來母脂部,兩者韻部相同。

總之,可釋爲"履"。戈銘"膚履",應讀爲"吕禮"。"履""禮"上古音均屬來母脂部,二字相通的例子非常多,如《説文・示部》:"禮,履也。所以事神致福也。从示、从豊,豊亦聲。"這屬於典型的聲訓。《易・離・初九》:"履錯然。"漢帛書本"履"作"禮"。《詩・商頌・長髮》:"率履不越。"《韓詩外傳》三、《漢書・宣帝紀》《蕭望之傳》并引"履"作"禮"。[①] 清華五《三壽》簡18"憙神而履人",讀爲"喜神而禮人"。"禮人"一詞亦見於《穀梁傳・僖公二十二年》:"禮人而不答,則反其敬;愛人而不親,則反其仁;治人而不治,則反其知。"[②]從古文字構形資料看,也能找出兩者相通之明證。應侯視工簋(《商周青銅器銘文暨圖像集成》05231):"唯正月初吉丁亥。王在䮺。饗。應侯視工侑。"其中形,裘錫圭先生分析成从酉、从履,讀作"醴"。[③] 該説可信,則應隸定作"䤼",从履得聲,而"醴""禮"均從豊聲,因而"履"自然可以讀成"醴"。

(),乃"之歲"合文。楚文字或作:

出處	望山 1・8	包山 221	包山 267	新蔡甲三 1	安崗 1・1	唐維寺 3	新蔡甲三 259

字所从"月"下似乎是合文符號"="。即便不是,合文也有不帶合文符號的。

釋爲"虒",應是錯誤的。羕陵公戈銘文"膚",可釋作"膚履",讀爲"吕禮"。

附記:本文初稿完成後,蒙李春桃師審閲并悉心修改。承其告知,銘文次字,程鵬萬先生也曾懷疑是"履"字,特志於此。

① 高亨纂著,董治安整理:《古字通假會典》,濟南:齊魯書社,1985年,第544頁。

② 段凱:《〈清華藏簡(伍)〉拾遺》,《簡帛》第十四輯,上海:上海古籍出版社,2017年,第28頁。

③ 裘錫圭:《應侯視工簋補釋》,《文物》2002年第7期,第72頁。

殽之戰後秦國的内政改革與邦交轉向
——以清華簡《子儀》《繫年》爲中心的考察

代　生

摘　要:據清華簡記載,殽之戰後秦穆公圍繞内政邦交進行了一次重要改革,先是做好戰後的撫恤,聚攏民心,改革舊的職屬;與大臣"三謀"謀劃國事;考辨官吏,搜羅人才,爲强兵强國積聚力量。與此同時,穆公會見楚使、釋放子儀求好楚國,共同抗擊晉國。傳世文獻有關秦穆公改革的記載僅有隻言片語,《子儀》篇有清晰完整的記録,彌補了史料的不足。結合《繫年》相關記載可以瞭解殽之戰的來龍去脉,秦晉關係破裂後秦國轉向楚國,對春秋争霸乃至戰國初的政局有重大影響。

關鍵詞:清華簡;《子儀》;《繫年》;殽之戰;秦穆公

清華簡《子儀》記載了殽之戰後,秦穆公勵精圖治進行改革,進而與楚國聯絡,欲建立"南北"關係而抗衡晉國的史事[①]。《繫年》完整記録了秦晉交惡、邦交關係破裂的過程以及影響。兩篇文獻的記載對瞭解殽之戰的背景、戰後秦國的内政改革和邦交轉變以及對春秋政局的影響等問題有十分重要的價值。

一、殽之戰後的改革

秦穆公改革的記載見於《子儀》篇首段。但學者們對竹簡的排序還有争議,子居編聯如下:

既敗於殽,恐民之大病,移易故職,欲民所安,其旦不更,公益及三謀輔之,靡土不飭。耄幼【1】在公,陰者思陽,陽者思陰,民恒不寘。乃毁常各務,降上品之,辨官相代。乃有見功,公及三【15】謀慶而賞之。乃券册秦邦之賢餘,自蠶月至於秋日備焉。取及七年,車逸於舊數三百【2】,徒逸於舊典六百。以視楚子儀於本會。[②]

這一編聯得到了較多學者的認可。由於簡序重新排列,加之學者對句讀以及部分字

作者簡介:代生,山東師範大學歷史文化學院副教授,主要從事出土文獻與先秦史研究。

基金項目:國家社科基金一般項目"清華簡所見春秋史事研究"(21BZS043);國家社科基金冷門絶學研究專項學術團隊項目"基於全新紅外影像的走馬樓吴簡綜合整理與研究"(23VJXT006)。

① 李學勤主編,清華大學出土文獻研究與保護中心編:《清華大學藏戰國竹簡(陸)》,上海:中西書局,2016年,第128頁。

② 子居:《清華簡〈子儀〉解析》,中國先秦史網站,2016年5月11日。

句含義的理解不同,此段的解讀可謂衆説紛紜。即使在整理者的注釋中也可看到有不少"一説……"的意見,表明他們在釋讀過程中也有不同見解。

1. 移易故職

整理者對此有兩種解讀意見:第一種是句讀爲"既敗於殽,恐民之大病移易,故職欲",認爲"'戠',讀爲'職'或'持'"。第二種觀點認爲"當從戠字斷開。職,《周禮·大司馬》'施貢分職',鄭注:'謂賦税也。''移易故職'句意爲改減民衆的賦税負擔。"[①]這是將"職"理解爲"賦税",即通過減免賦税的辦法穩定民心。

子居認爲該句指"變動舊有的職司,這裏代指弃舊職而另謀"[②],王寧認爲"即改换原來的職位或職責"[③]。他們把"職"理解爲"職位"或"職責"是正確的。但"移易故職"的主語是"民"還是秦穆公?整理者的第二種意見認爲是秦穆公,而兩位學者認爲是"民"。如果是秦穆公,則是他擔心人民疲敝不穩,采取的措施是"移易故職";如果主語是民,則是統治者擔心的是民心不穩,失去舊有的職責。我們認爲"移易故職"的主語是秦穆公,這是秦穆公進行改革的重要内容,具體詳下討論。

2. 其旦不更,公益及三謀輔之

"其旦不更"句,整理者也有兩種不同意見:

> 上博簡《三德》有"檣旦毋哭,明毋訶(歌)","檣旦"即"平旦",一日當中十二時之一,指凌晨三至五點。"平旦"本爲動賓結構,因此可以説"其旦不平",表示還不到"平旦"的意思。一説"旦"讀爲"亶",《爾雅·釋詁》:"誠也。"在此指對秦國的忠誠。檣,即'梗'字,在此讀爲"更",義爲變更。[④]

第一種意見認爲指時間段是合理的。由於秦穆公没有聽取百里奚、蹇叔意見而去偷襲鄭國,返程經過晉國又不假道,招致晉人襲擊而致幾乎全軍覆没。此役秦國受創極大,面對此形勢,秦穆公自然是戰戰兢兢,夜不能寐,在"平旦"(凌晨三至五點)即與大臣們謀劃國事,表明穆公對朝政用力甚勤。《後漢書·光武帝紀》有"每旦視朝,日仄乃罷"的記載可相參照。

3. 耄幼在公,陰者思陽,陽者思陰。民恒不寘,乃毁常各務

此句恰好是第1簡和15簡的銜接,學者間分歧較大。"耄幼在公"當指老幼也都爲公家辦事,《詩經》有"夙夜在公"的説法,可以參照。"陰者思陽,陽者思陰",王寧認爲是"居住在背陰的地方的想去向陽的地方,居住在向陽的地方的想去背陰的地方"[⑤],把此句具象化,這一解讀可信度不高。子居認爲"這句是指秦穆公的臣屬相對於秦穆公,如同陰陽相求,當臣屬久無適當的職位,就會放弃常行而追求各自的私業。"[⑥]羅運環則認爲"陽者,指活着的民衆;陰者,指在殽之役死去的將士。即所謂陰陽相思"[⑦]。籠統而言,此説并無不妥,但説活着的人思念死去的親人没有問題,陰者

① 《清華大學藏戰國竹簡(陸)》,第129頁。

②⑥ 《清華簡〈子儀〉解析》。

③ 王寧:《清華簡六〈子儀〉釋文校讀》,復旦大學出土文獻與古文字研究中心網站,2016年6月9日。

④ 《清華大學藏戰國竹簡(陸)》,第130頁。

⑤ 《清華簡六〈子儀〉釋文校讀》。

⑦ 羅運環:《清華簡〈子儀〉篇發微》,《出土文獻》2018年第1期,第151頁。

思陽，若指死去的人思念活着的親人則很難説通。筆者以爲，這裏的陰陽相思是强調人心不穩，不能專注於自己的職守，故而産生“民恒不寘，乃毁常各務”的後果。

4. 降上品之，辨官相代。乃有見功，公及三謀慶而賞之

子居認爲：“降當讀臨，品當訓等級，弋當讀爲試，工當讀爲功，慶當訓爲慶賀。這裏是説由上位者來劃分等級，以不同的職司來測試能力，如果有見到功績者。秦穆公和三位謀臣，就慶賀且賞賜他。《大戴禮記·文王官人》：‘變官民能，歷其才藝。’與此處的‘辨官相試’類似。”[①]他將“弋”讀爲“試”有待商榷，但引《大戴禮記》來解讀則是十分恰當的。有關“降上品之”，我們認可王寧的意見：“降，《玉篇》：‘下也，落也’，‘降上’是從上而降，即今言從上往下的意思。”[②]降上品之，應當是從上至下進行品評、評比，辨識官員的工作能力使之互相替代，對有功績的進行獎賞。這是秦穆公在殽之戰後官僚改革的重要内容，也是一場較爲系統的、自上而下的改革，這種改革打破了西周時代以來的世襲官制，以“功”作爲官吏考核的重要標準，對後世秦國的發展以及王朝統一奠定了良好的基礎。前面談到的“移易故職”是和“降上品之，辨官相代”密切聯繫的，殽之戰後，民衆對統治者喪失信心，很重要的一個表現就是對官吏及現實政治的不滿，要穩定民心，秦穆公不得不進行改革，其重要舉措就是官吏遴選。

5. 乃劵册秦邦之賢餘

關於此句，整理者認爲“劵、册近義連用，指封賞而言。餘，遺留、留存。……一説‘关’讀爲‘簡’，表示簡選；‘册’表示登記。”[③]問題的關鍵是“賢餘”一詞的解讀，馬楠認爲是“羡餘”：

羡餘，見《周禮·小司徒》“凡起徒役，毋過家一人，以其餘爲羡”。賈疏以爲一家正卒一人，其餘爲羡卒。[④]

相對整理者的意見，這是另外一條解讀思路，在此基礎上，羅運環認爲：“與下文言秦國徒卒、車乘增加相應，‘賢餘’只能指秦國的軍需人等。但先秦時代尚無作爲複合詞的‘羡餘’，簡文‘賢餘’當即鄉賢及羡卒，正卒的登記有常制，故不在此强調之列。”[⑤]按，《説文解字》釋“賢”爲“多才也”，《莊子·徐無鬼》載：“以財分人之謂賢”，因此，應當考慮“賢餘”兩種指向兼備，一種是後面提到的兵車等物資的積聚，一種是秦國改革後的“人才儲備”，包括軍事人才、士卒等等。

通過對以上關鍵字句的解讀可以看出，殽之戰後，秦穆公針對民情進行了一次重大改革，在這次改革中穆公積極做好殽之戰後的撫恤。具體體現在：聚攏民心，改革舊的職屬讓民衆安心；兢兢業業，信任大臣，積極與“三謀”謀劃國事；吏制改革，考辨官吏，搜羅人才，積聚國力。《子儀》篇對秦穆公的改革記載清晰，彌補了史料的不足，

---

① 《清華簡〈子儀〉解析》。

② 《清華簡六〈子儀〉釋文校讀》。

③ 《清華大學藏戰國竹簡(陸)》，第 130 頁。

④ 清華大學出土文獻讀書會：《清華六整理報告補正》，清華大學出土文獻研究與保護中心網站，2016 年 4 月 16 日。

⑤ 《清華簡〈子儀〉篇發微》，第 152 頁。

具有重要的價值①。

二、會見子儀的時間和人物

學者對《子儀》篇的"取及七年"具體所指、與子儀對話的是秦穆公還是秦康公以及有没有隨會參與典禮等問題都有異議。李學勤提出:

秦穆公在位共39年,這裏説的"七年"是他自殽之戰後的最後七年。不過《子儀》的主要内容并不是概述穆公這七年的事迹,而是集中描寫他在殽之戰後,爲了要對抗晋國,轉而謀求與南方的楚國聯盟,他將長期囚禁在秦國的楚國重臣申公鬥克(字子儀,簡文作子義)釋放,舉行隆重的禮儀送回楚國,以此向楚成王示好。②

趙平安認爲"秦穆公放歸子儀的時間是殽之戰後的第七年,即秦穆公三十九年,楚穆王五年,公元前621年"。此外該篇"乃張大侯於東奇之外,禮子儀,無禮隋貨,以䜌"一句,趙先生認爲"隋貨"是晋之隨會,即士會;隨會在秦國滯留的時間爲晋襄公七年至晋靈公七年,前後長達八年,而非傳世文獻所説從晋靈公元年算起③。這一看法亦有學者提出質疑,如馬楠認爲篇中并無"隨會"之名,其説值得重視④。王紅亮對"取及七年"提出了新的看法。他先對李學勤和趙平安的説法進行了分析,認爲兩種説法都不正確,"根本原因就在於他們對《子儀》篇所載内容之誤判,實際上此篇所載是僅及'七年'後秦康公又一次與子儀相會事,與《繫年》等所載殽之戰後秦穆公放歸子儀求成事,是不在同一年的兩件事"⑤。他提出了兩條理由,第一條是"取及七年"不能以殽之戰來算,"而應以秦國施行這種惠民政策來起算":

二年春,秦孟明視帥師伐晋,以報殽之役。二月,晋侯禦之。先且居將中軍,趙衰佐之。王官無地禦戎,狐鞫居爲右。甲子,及秦師戰於彭衙。秦師敗績。晋人謂秦"拜賜之師"。……秦伯猶用孟明。孟明增修國政,重施於民。(《左傳》文公二年)

王先生認爲"孟明增修國政,重施於民"才是改革的起點,應該從此年算起⑥。筆者以爲,這一解讀是對文本的誤解,《説文解字》:"增,益也",《廣雅·釋詁一》:"增,加也。"孟明增修國政,是在原來"修國政"的基礎上,更加重視國政之修而已。不能説明之前(殽之戰後)未修國政。《左傳》文公元年載:

殽之役,晋人既歸秦帥,秦大夫及左右皆言於秦伯曰:"是敗也,孟明之罪也,必殺

① 如前所引,在整理者的解讀中,認爲"職"和"土地賦税"有關,馬楠認爲"靡土不飭"是"盡地力",其説都有啓發意義,可作參考。本文認爲"靡土不飭"是强調改革的全面性。

② 李學勤:《有關春秋史事的清華簡五種綜述》,《文物》2016年第3期,第82頁。

③ 趙平安:《秦穆公放歸子儀考》,《新出簡帛與古文字古文獻研究續集》,北京:商務印書館,2018年,第295—305頁。

④ 馬楠:《清華簡〈子儀〉相關史事與簡文編連釋讀》,《簡帛》第二十輯,上海:上海古籍出版社,2020年,第34—35頁。

⑤ 王紅亮:《殽之戰後秦楚結盟與春秋争霸格局變遷新探》,《軍事歷史研究》2021年第2期,第35頁。

⑥ 《殽之戰後秦楚結盟與春秋争霸格局變遷新探》,第36頁。

之。”秦伯曰：“是孤之罪也。周芮良夫之詩曰；‘大風有隧，貪人敗類，聽言則對，誦言如醉，匪用其良，覆俾我悖。’是貪故也，孤之謂矣。孤實貪以禍夫子，夫子何罪？”復使爲政。

這裏的“復使爲政”，就是讓孟明重新主持政局，其實已經包含孟明的修國政行爲。這與文公二年記載孟明伐晉是相聯繫的。總的來看，殽之戰後秦穆公主持的改革，包含了孟明的“增修國政，重施於民”。

王氏所舉的第二條理由是“史實進一步證明，‘取及七年’不是指殽之戰後第七年即秦穆公三十九年（前621），而是指秦康公二年（前619）”。他所言的“史實”有兩個：一是“禮子儀，無禮隨貨以韱”是指秦公對楚使者以禮相待，而對晉國人隨會不施禮以使其恐懼。秦公此舉是做出一副架勢來給子儀看，目的是向子儀表明他聯楚抗晉之决心。”二是“秦晉關係完全破裂是以令狐之役爲標誌，因而秦康公會見子儀也應是在令狐之役之後”①。這兩點都不可信。按照其説，對隨會不禮用來表明秦聯楚抗晉决心，這純屬臆測，如上引馬楠所言，簡文中并没有“隨會”之名。而退一步講，即使隨會在秦，此時的隨會也并不代表晉國，他是從晉國逃出來的，站在晉國的對立面，也正是因爲此而受到秦國的重視。隨會爲人甚剛，他與先蔑因迎立公子雍失敗而逃到秦國，隨會却因二人犯有“同罪”而一直不與其相見。試想一下，如果秦君故意得罪隨會，隨會肯定要逃離秦國，更不會爲秦賣命。

王紅亮認爲秦晉關係“完全破裂”是在秦康公時，此時秦康公會見子儀更“合理”。其實這是他先預設是秦康公會見子儀，從《左傳》《繫年》記載來看，秦早已放歸子儀，文獻并未記載秦康公見子儀之事。殽之戰後秦晉關係破裂，邦交事務中“朝秦暮楚”的做法早已存在，秦穆公在殽之戰後多次討伐晉國，既然有直接的軍事衝突，結好楚國等就是很自然的事情，何必等到秦康公時。

除了以上幾點商榷意見外，還可舉出如下理由：

首先是對《子儀》首段敘事結構分析。該段并非綫性敘事，而是先談秦穆公的改革。至於改革的成效以及取及七年，爲何談及“七年”而非六年或者八年，筆者以爲是因爲《子儀》的“作者”瞭解這是秦穆公的最後七年（或者説是第七年，但并不一定第七年送歸子儀）。送歸子儀的事情應該發生在第一件事即秦穆公改革過程中，但敘述起來并無時間着落，所以作者選擇了先敘述改革及成效，然後再談送歸子儀的事情，這也是該文的主要内容。王先生將之作爲連續性的綫性敘事，所以送子儀的年代不斷後推而至秦康公統治時期，是對敘事結構理解有誤造成的。清華簡《繫年》“周亡王九年”有關問題也是如此，只有理解了敘事的模式才能更好地理解該段文義②。

其次，《子儀》篇中的“公”能分别指代秦穆公、康公兩人嗎？按照王氏的説法，與子儀對話的“公”就是秦康公。而首段中“公益及三謀輔之”“公及三謀”的“公”，無疑是殽之戰失敗的秦穆公，絶非秦康公。一篇之中，未提及秦穆公辭世，而將之區别爲秦穆公和康公，并不合理，容易引發讀者認知上的混亂，相信《子儀》的作者不會如此

① 《殽之戰後秦楚結盟與春秋争霸格局變遷新探》，第36—37頁。

② 代生：《也説清華簡〈繫年〉“周亡王九年”》，《中國社會科學報》2020年11月25日，第9版。

大意。

從秦公與子儀的對話内容來看,如果指秦康公,會有難以調和的矛盾,如對話中提及:

公曰:"儀父,昔縞之行,不穀欲列救兄弟,以見東方之諸侯,豈曰奉晋,軍以相南面之事?先人有言曰:咎者不元,昔縞之來也,不穀宿之靈陰,厭年而見之,亦唯咎之故。"①

馬楠認爲"縞"是楚人②。可以信從。從行文上看,縞第一年來没有受到秦康公的接待,而是被安排在靈陰居住,"厭年而見之"指"隔一年",以秦康公剛即位的元年來説,縞來到秦國,第二年受到接見,那和子儀豈不是同時?楚人每年都派使者來秦,而在同一年秦康公接待兩批使者,這種可能性不大。

三、殽之戰的背景與影響

《子儀》篇中,秦穆公與子儀的對話表達了穆公對晋國發動殽之戰的痛恨,對秦、楚合作抗擊晋國的前景展望。釋放子儀開啓了秦與楚合作的第一步,也是對春秋政局具有重大影響的舉措。有關殽之戰的歷史背景以及後續的發展走向,《繫年》篇有詳細記載,如第八章説:

晋文公立七年,秦晋圍鄭,鄭降秦不降晋,晋人以不慭。秦人舍戍於鄭,鄭人屬北門之管於秦之戍人,秦之戍人使人歸告曰:"我既得鄭之門管也,來襲之。"秦師將東襲鄭,鄭之賈人弦高將西市,遇之,乃以鄭君之命勞秦三帥。秦師乃復,伐滑,取之。晋文公卒,未葬,襄公親率師禦秦師於崤,大敗之。秦穆公欲與楚人爲好,焉脱申公儀,使歸求成。秦焉始與晋執亂,與楚爲好。③

此章講述秦晋關係的破裂以及影響,從秦晋圍鄭説起。由於"燭之武退秦師",鄭與秦達成一致,鄭國單獨向秦投降而不投降晋國,引發晋國不滿。秦國還留下軍隊幫助鄭國戍守,戍守之人以取得鄭城鑰匙而招徠秦軍,於是秦師趕來準備偷襲鄭國,遇到了鄭商人弦高,秦人以爲鄭國早有防備,就取消了偷襲的計畫,取滑而還。此時晋文公已死未葬,襄公率師在殽地大敗秦師。秦穆公爲了報復晋國,與晋的仇敵楚人交好,釋放申公儀,讓他回去成全秦楚之好。

此前,秦穆公支持了晋惠公、晋文公即位,其目的是扶植親秦勢力,獲得圖霸資本。自晋文公即位後,秦晋關係得到了新的發展。但是在合作過程中,秦人出兵出力,却没有得到什麽實際好處,因此,面對氣勢洶洶的秦晋聯軍,鄭國請出了能言善辯的燭之武出使秦軍進行分化。燭之武的分析觸到了秦人的痛處,秦人跟在晋人後面

① 《清華大學藏戰國竹簡(陸)》,第128頁。

② 《清華簡〈子儀〉相關史事與簡文編連釋讀》,第36頁。

③ 李學勤主編,清華大學出土文獻研究與保護中心編:《清華大學藏戰國竹簡(貳)》,上海:中西書局,2011年,第155頁。

始終占不了大的便宜,有感於此,秦人單獨與鄭媾和,這引發了晋人的不滿。因爲這是違背當時的聯盟關係的事情,故而有大臣向晋文公勸諫攻打秦國,但并未得到晋文公同意。

秦穆公單獨講和,還派兵幫助鄭人守城,實際有險恶用心,即借機取鄭。在秦人守鄭第三年,守城之人與秦人勾結,準備聯合偷襲鄭國。此時,在是否襲鄭的問題上,秦君臣内部進行過激烈的争辯。反對者是見多識廣的蹇叔,但秦穆公看到晋、鄭國君新喪,又有鄭國内援,想到自己多年的苦心經營未能建立大功,故而奮起一搏。事情最終未能如秦穆公所設想的那樣順利,居喪的晋襄公率軍與秦戰於殽,從而造成了秦晋關係的破裂。

《左傳》僖公三十二年記載説:"楚鬥章請平於晋,晋陽處父報之。晋、楚始通。"根據這一記載可知,晋文公去世前,晋楚城濮之戰後的結下的仇恨關係已經好轉。在秦晋關係破裂之後,秦主動與楚結好,形成反晋聯盟,春秋形勢開始了新的變化。有關此事,清人顧棟高對"燭之武退秦師"的評價可作參考:

> 世多稱燭之武退秦師,謂與展喜犒齊同,能不戰而屈人之兵。以余考之,良不然,燭武特戰國策士之先聲,偷取一時之利,其實兆鄭二百年晋、楚之禍者,燭武爲之也。……一自殽之師起,而秦、晋之仇不解,楚且乘間以合於秦,使晋力疲於西,不得復致力於東,楚得日翦東諸侯而無忌,鄭且駸駸日逼矣。夫秦、晋、楚,匹也。燭武第知當日説秦可以紓二患,不知啓秦窺覦之心,而又多一秦患。幸而殽師扼之而秦患不至。而晋勢孤力分,不能抗楚,而楚禍方深。厥後秦、晋之仇二百年不解,而鄭國晋、楚之禍亦二百年不息。①

顧氏的話有偏激的成分,如他站在視楚國爲蠻夷的立場,處處維護中原各國利益;又如他把秦晋關係破裂歸因於燭之武。其實秦晋關係是很脆弱的,"聯合"只不過是在維護各自利益下的"表象",秦穆公與晋文公之間保持着一種妥協的關係。利益的争奪是秦晋關係恶化的根本原因。從《春秋》經傳記載看,秦晋關係破裂後雙方進行了多年的征戰,其間夾雜着晋、楚、秦之間的博弈,這是春秋政局的重大變化。秦晋關係的變化對春秋乃至戰國初的政局影響巨大,其後果是,晋人受到秦、楚兩面攻擊,霸權受到威脅,只能靠着餘威統領着北方的宋、魯、衛等小國。又據《繫年》記載"申公……自晋適吴,焉始通吴晋之路,教吴人叛楚"②,楚人申公巫臣因在本國受到迫害,出奔至齊國、晋國,後來到了吴國,教給吴人使用兵車,教吴人如何攻打楚國。巫臣使吴,得到了晋人的支持,於是吴國與晋國聯合起來,共同對付楚國。這樣,楚國和晋國一樣都陷入了腹背受敵的境遇,晋楚争霸變成了秦楚與吴晋的對峙,其後又有越國的加入,使得政治局勢更加複雜,頗有後世的"合縱連横"之勢,成爲諸侯争霸的新特點③。

---

① (清)顧棟高:《春秋大事表》,北京:中華書局,1993年,第2622—2623頁。

② 《清華大學藏戰國竹簡(貳)》,第170頁。

③ 有關殽之戰的背景和影響的詳細討論,可參本人國家社科基金結項成果《清華簡〈繫年〉與東周國别史研究》,2020年12月,第55—64頁。

虎溪山漢簡《食方》篇校釋(十四則)

王凱博

摘　要:湖南沅陵虎溪山一號漢墓出土的《食方》篇竹簡殘損嚴重,作者通過核校竹簡圖版、參驗相關辭例,對整理者釋文提出一些校釋意見。本文改釋、新釋的竹簡字形包括:簡19“栬”,簡20“脊”“浥漬以水煮”,簡31“進”,簡40“入橿木闌”,簡58“浥刀靡”“腸”,簡72“刀”“浥”“煮”,簡97“去”“洎”,簡125“過”,簡131“然”,簡161“足”,簡212“桊”,簡215“殺”,簡254“稍”,簡255“富”“肉”“撓”。

關鍵詞:虎溪山漢簡;《食方》;校釋

2020年11月,湖南省文物考古研究所編著的《沅陵虎溪山一號漢墓》由文物出版社出版,該書公佈了虎溪山一號漢墓所出一千多支竹簡的圖版,附帶釋文。其中《食方》篇是漢代多種菜餚烹飪製作方法的詳細記録,爲中國古代飲食史研究提供了新資料。可惜《食方》簡殘損嚴重,整理者不少釋字有待校正。筆者研析《食方》後撰寫出一批校釋札記,現從中選録數條,祈望得到大家的批評、指正。

一

《食方》19號簡原釋文作:

☑七升漬潤析榣令清如水出浚炊之餔勿脩緤出□釀采上令其□□(第145頁)①

“釀”前一字,整理者闕而未釋。姚磊考釋云:

“釀”上一字整理者未釋,該字圖版作:,知其右側殘缺,疑“去”字殘筆,《食方》中“去”字作:(7號簡)、(10號簡)、(12號簡),可參。從文意看,“緤出去”《食方》亦常見……②

作者簡介:王凱博,鄭州大學漢字文明研究中心、“古文字與中華文明傳承發展工程”協同攻關創新平臺副教授,主要從事戰國秦漢簡帛字詞考釋研究。

基金項目:古文字與中華文明傳承發展工程規劃項目“河南古文字資源調查研究”(G1426);國家語委科研規劃重點項目“河南藏先秦兵器、貨幣、璽印文字資料的搜集整理與研究”(ZDI145-88)。

① 湖南省文物考古研究所編著:《沅陵虎溪山一號漢墓(上)》,北京:文物出版社,2020年。本文所引《食方》釋文皆出自此書,其所出、頁碼直接標注在引文後,下同。

② 姚磊:《讀虎溪山漢簡〈食方〉札記(一)》,簡帛網,2021年3月3日。

觀察該簡圖版,左右兩側皆有殘缺。按此殘字與同篇所見“去”寫法差異很大,釋爲“去”不可信。筆者認爲它是“梔”字之殘筆。《食方》中“梔”見於簡 11、57,分別寫作、,其字形隨書寫者不同而略有變化。仔細觀察,殘字原來應與簡 11 寫法一致。

簡 11“☐裝之令黍一[梯]棗膏一梔蓋以巾”,可見“梯”與“梔”皆應是盛裝黍、棗膏的器具名稱。簡文“勿脩𦅾出梔”與簡 208“勿脩𦅾出梯”辭例相似,也可證明釋“梔”是可取的。

二

20 號簡原釋文作:

☐長尺者廿四以酒和湯苦洎之鱗去其鱗及翼尾頭[脊]□復以酒苦□□□□□之段橿☐(第 145 頁)

“脊”後一字,圖版作。右側墨蹟有脱落,整理者未釋。我们認爲當釋爲“膂”。《食方》中“膂”見簡 52、98,分別作、,殘筆與之相合。《説文・吕部》:“吕,脊骨也。象形。……膂,篆文吕,从肉从旅。”《素問・瘧論》“循膂而下”,王冰注:“膂,謂脊兩傍。”《急就篇》卷三“尻髖脊膂腰背吕”,顏師古注:“膂,夾脊内肉也。吕,脊骨也。”《玉篇・肉部》:“膂,脊骨也。”簡文中“膂”與“脊”相連,意義正合。

“苦”下兩字,圖版如下 A 所示:

A

兩字左側皆從“水”旁。A 下之字特徵明顯,當釋“漬”。《食方》中“漬”作(簡 2)、(簡 3),左下曳筆與之相合。A 上之字當爲“洳”。“洳漬”還見於簡 41、44、96、111 等。

“漬”下三字,其右大部分墨迹也已脱落,圖版如下 B 所示:

B

中間一字易識,當爲“水”。《食方》中獨體“水”屢見,如(簡 6)、(簡 10)、(簡 13),可資參比。B 之上字當爲“以”之殘筆,同簡“以”作,可資參比。B 下之字乍看似從“亻”旁,其實乃“煮”字之殘。《食方》中“煮”作(簡 28)、(簡 31)、(簡 50)、(簡 93)。“以水煮”也見於簡 75、104,可資參比。

三

31 號簡原釋文作:

☐☐☐☐煮之潰釀☐撓☐☐肉醬汁鹽醯段橿并和以爲芮緤出肉入芮中撓☐(第146 頁)

“釀”後殘字與第一個“撓”後闕字,姚磊分别釋、補爲“肉”“之”[①],正確可從。第二個“撓”後之字,圖版作,未見有釋[②]。此當是“進”字之殘。粗略觀察字蹟,《食方》蓋非由一人書寫完成,因而同一字書寫風格有所差異,不足爲怪。《食方》“進”字寫法,一類書風較爲典雅凝重,如(簡 6)、(18)、(簡 26)、(簡 40),也有另一類作(簡 14)、(簡 30)、(簡 49)、(簡 55),相比較而言,明顯後者書寫速度要快,書風放逸。殘字與後一類“進”寫法當似,尤與簡 49 所從“隹”寫法接近,且其連筆潦草的程度似更過之。

《食方》各條的末尾多見以“進”“進之”“乃進之”等表示製作食物完成後呈進,例多不舉[③]。因此,從辭例對比看,將此殘字釋爲“進”也是合適的。

四

40 號簡前小段原釋文作:

☐洎鼎富之潰釀肉☐……(第 146 頁)

“肉”字下殘餘有幾字墨迹,其圖版如下 C 所示:

C

C 第二字,姚磊據殘墨釋爲“撓”[④],高一致從之[⑤]。按《食方》中“撓”作(簡 17)、(簡 31)(簡 83)、(簡 86)[⑥]。左半無一例外皆從“扌”旁,而該字顯然從“木”旁,故釋“撓”不可信。另外,可以推測姚磊釋“撓”,很可能是將單獨視作一字。

其實“木”旁竪筆正下方的殘點也是此字自有蹟墨,此字應釋爲“橿”。《食方》中“橿”作(簡 31)、(簡 46)、(簡 93)、(簡 97),那一點正是“橿”下部長橫左端之殘墨。“橿”下面兩字,其圖版如下 D 所示:

 D (簡 33) (簡 81) (簡 106)  E

① 姚磊:《讀虎溪山漢簡〈食方〉札記(三)》,簡帛網,2020 年 3 月 8 日。

② 該條簡文除姚磊討論外,高一致曾引及,也以不識字符號☐表示,參高一致:《試説虎溪山漢簡〈食方〉中“富”及相關内容》,簡帛網,2021 年 3 月 22 日。

③ 參《沅陵虎溪山一號漢墓(上)》,第 145—153 頁;姚磊:《虎溪山漢簡〈食方〉釋文考訂》,《出土文獻綜合研究集刊》第十五輯,成都:巴蜀書社,2022 年,第 141—154 頁。

④ 姚磊:《讀虎溪山漢簡〈食方〉札記(三)》,簡帛網,2021 年 3 月 8 日。

⑤ 高一致:《試説虎溪山漢簡〈食方〉中“富”及相關内容》,簡帛網,2021 年 3 月 22 日。

⑥ 此“撓”右下與“衣”下同,可能受下文“裝”字寫法影響而發生訛變。

應即"木闌"殘筆。《食方》中屢見"橿""段橿"與"木闌"組合出現,如簡 33、81、106、110、124 等。截取其"木闌"文字圖版於上,以便對比。又,簡 100"取肉醬脺[①]段橿□□以齏魚烝之",闕釋兩字圖版如 E 所示,對比有關字形、辭例,顯然也當釋"木闌"。

再看"肉"上一字,圖版作 ,即"入"字殘筆。"入"作 (簡 83)、 (簡 103),可資參比。簡 93"入酒鹽肉醬汁橿木蘭其中",亦可證。

五

58 號簡原釋文作:

〼……□□□之清□去其素復洒□□□〼(第 147 頁)

此簡左右側緣有不同程度的劈裂殘缺,上部尤甚。"□□之"三字,圖版如下 F 所示:

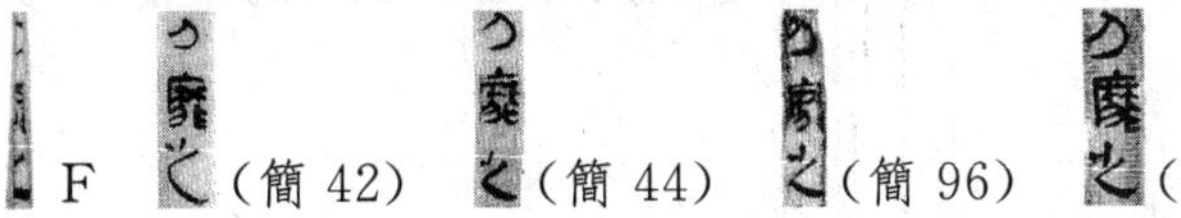

F　(簡 42)　(簡 44)　(簡 96)　(簡 111)

其上兩字不易辨識。按 F 上一字外形輪廓似"刀",查《食方》中"刀×之"的辭例,唯有"刀靡之""以刀靡之",見於簡 36、42、44、47、96、111 等,擇其字迹清晰者列於上,以便參驗。對比可知,F 第二字中部殘筆也與"靡"相合。

"刀"上之字作 ,結合簡 47"〼……以水洒[②]乚刀靡之清乚腸復洒即體解材之皮□二□〼",當爲"洇"之殘筆。除了簡 47,上舉簡 36[③]、44、96、111"刀靡之""以刀靡之"前也是"以水洇",簡 42 前是"以水苦洇",皆有"洇",可證。"洇"前幾字已不可辨,據其他辭例,可補以"以水(苦)"。

"清"下之字,圖版作 ,即"腸"右半殘筆。《食方》中"腸"作 (簡 47)、 (簡 89)、 (簡 111),可參比。

六

72 號簡原釋文作:

〼□□□靡之清以水□即入段橿半兩木闌一兩瀆以〼(第 147 頁)

"靡"上之字作 ,左半殘去,當爲"刀"字殘筆。《食方》中"刀"作 (簡 42)、 (簡 44)、 (簡 111),可參比。"刀靡之""以刀靡之"見於簡 36、42、58、96 等。細察圖版,"靡""之"之間還有一字,釋文漏掉,其圖版作 ,唯餘右部中間,比較難辨。結合辭例,應是"洇"字殘筆。《食方》中"洇"作 、 (簡 44)、 (簡 47)、 (簡 260),

① 原釋文作"肛",改釋"脺",參姚磊:《讀虎溪山漢簡〈食方〉札記(五)》,簡帛網,2021 年 3 月 12 日。

② 整理者釋文中"灑",實皆當改釋"洇",參網友"落葉掃秋風"在簡帛網簡帛論壇"《沅陵虎溪山一號漢墓》初讀"第 4 樓發言,2021 年 3 月 7 日。

③ 參姚磊:《讀虎溪山漢簡〈食方〉札記(四)》,簡帛網,2021 年 3 月 10 日。

“囟”内兩筆相交作“×”形或“十”形,尚隱約可見乃“×”形之“囟”。“洇之清”見於簡98、260。

“水”後之字,圖版作,左邊脱墨殆盡。筆者認爲此字應爲“煮”。《食方》中“煮”作(簡 28)、(簡 31)、(簡 93)、(簡 94),可資參比。“以水煮”也見於簡 20、75、104。

七

97 號簡原釋文作:

▨□其□更以水洎鼎富瀆入穤米半升肉醬脺∟橿瘍復中乃釀之瀆和以美酒∟醬∟鹽∟棗嘗其味美□▨(第 148 頁)

“半”字以上竹簡的左右兩側劈裂殘去,所餘墨蹟大都是原字形的中部。“其”後一字,圖版如下 G_1 所示:

 G_1　 G_2

整理者釋文闕釋。我们認爲 G_1 可釋爲“洎”。同簡下文“洎鼎”的“洎”如上 G_2 所示,可参比。因 G_1 所從“自”左側筆墨脱落,遂造成辨識困難。上臨“其”字圖版作,中間也有筆墨脱落後的一道白,那道白貫穿“其”“洎”。

“其”前之字,圖版如下 H_1 所示:

 H_1　 H_2　(簡 41)　(簡 98)　(簡 103)

僅剩少量筆蹟,辨識不易。簡 93 部分釋文作“復洎煮孰𢃄出去其洎[枝][擇]肉更以牛甘洎＝入酒鹽肉醬汁橿木蘭其中”,“更以……洎”前也有“去其洎”。據 H_1 殘蹟,再結合簡 93 辭例,則可推測 H_1 很可能是“去”字之殘。“去其洎”還見於簡 39,其“去”如 H_2 所示。再擇《食方》中幾個“去”字列於上以便對比,如簡 41、98、103,可知 H_1 所餘墨蹟是“去”上“大”形右下捺殘筆與下“厶(凵)”的右筆,即如上 H_2 用綫條圈住的部分①。

八

125 號簡原釋文作:

▨段橿一兩其中復洎□鐵(第 148 頁)

此簡左半不存,“鐵”前一字,圖版作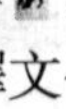,應是“過”字之殘。簡 81、106 有兩“過”字,圖版各作、,可以參比。簡 81 釋文作“▨□段橿二果木蘭二寸其中瀆復洎過

① 此外,簡 39 還有“棄其洎”,與“去其洎”意同。簡 41“棄其”後殘斷,後面應也是“洎”。此兩“棄”字寫作(簡 39)、(簡 41),與 H_1 殘墨不合,因而 H_1 不會是“棄”。

瀸緤[1]⧄",簡 106 釋文作"⧄□復洎之過瀸緤出去橿木闌及萃靡者",辭例與之相似,證明釋"過"不誤。另外,根據兩條簡文,簡 125"鐵"的完整之形很可能也當是"瀸"。

九

131 號簡原釋文作:

⧄□浚裝之偏烝緤⧄(第 149 頁)

首字殘缺不全,圖版作,當釋爲"然"。《食方》中有"阿然""榮然"。"阿然"見於簡 6,"榮然"見於簡 108、212。三個"然"字作(簡 6)、(簡 108)、(簡 212)。仔細觀察對比,殘筆與之相合。其中,簡 6 釋文"以手□其米阿然浚裝之偏烝反之復烝緤出",辭例相似,亦佐證釋"然"不誤。

十

161 號簡原釋文作:

⧄□去其⧄(第 149 頁)

首字圖版作,此是"足"字殘筆。《食方》中"足"作(簡 41)、(簡 44)、(簡 96)、(簡 111),可以參比。簡 39、44、96、111 釋文皆有"斷其頭足去其素腸"。與之比勘,也證明釋"足"不誤。

十一

212 號簡原釋文作:

⧄□□□然以清湅洎毚瀸即入酒半升段⧄(第 151 頁)

"然"上一字,圖版作,大部分筆墨已經脱落。此字應釋"榮"。簡 108、127"榮"寫作、,可以參比。簡 108"數撓勿令焦候其洎榮然以清湅毚鐵即入酒半升段橿",辭例相同,可資比勘。"榮"前兩字,筆墨脱落殆盡。根據簡 108 與簡 127 釋文"⧄□數撓勿令焦[2]候其洎榮⧄",補以"其洎",當問題不大。

十二

215 號簡原釋文作:

① 末字釋爲"緤",參姚磊:《讀虎溪山漢簡〈食方〉札記(五)》,簡帛網,2021 年 3 月 12 日。

② "焦",釋文原作"膲",或據簡 108 改釋,參姚磊:《讀虎溪山漢簡〈食方〉札記(九)》,簡帛網,2021 年 3 月 17 日。

□□方先薄刺□(第 151 頁)

所謂“刺”字,圖版作,右側殘損。按《食方》中真正的“刺”寫作(簡 16)、(簡 28)、(簡 266)。馬王堆帛書“刺”寫法如、、①,均與之不似。整理者釋爲“刺”不可信。

筆者認爲應釋爲“殺”。《食方》多條辭例中出現“殺”字,寫法如(簡 16)、(簡 34)、(簡 36)(簡 266),尤其是簡 36 ,其左旁與此殘字十分肖似。《食方》篇中“刺殺”多見,如簡 16“爲豚胾方先刺殺”、簡 53“爲雞脩炙方先刺殺”。“殺”與“刺”意近連言。改釋爲“殺”,仍然合乎辭例語境要求。

十三

254 號簡原釋文作:

□□洎□洎毚□(第 152 頁)

“洎”上一字,圖版作。此應是“稍”字殘餘的“肖”旁。《食方》中還有兩個“稍”字,寫作(簡 10)、(簡 76)。其中簡 76 辭例也是“稍洎毚瀸”,説明釋“稍”不誤。

十四

255 號簡原釋文作:

□□釀□□□(第 152 頁)

“釀”前之字,圖版作。簡右不存,且左有筆墨脱落,可釋爲“富”。《食方》中“富”字作(簡 41)、(簡 83)、(簡 89),可以參比。“釀”下之字,圖版作,實不難識,即“肉”。

末一字圖版作,則是“撓”之殘筆,上面所從“土”形仍清晰可見。“撓”作(簡 17)、(簡 31)(簡 83),可參比。簡 23、94、195+24② 等皆有“乃清閭(濾)水以洎鼎富釀肉撓之”。比勘辭例,亦佐證所釋不誤。

① 劉釗主編:《馬王堆漢墓簡帛文字全編》,北京:中華書局,2020 年,第 488—489 頁。

② 簡 195 與簡 24 當綴合,參姚磊:《讀虎溪山漢簡〈食方〉札記(二)》,簡帛網,2021 年 3 月 7 日。

■年譜與傳記

《江蘇藝文志(增訂本)》蘇州卷人物生平與著述訂補
——以《龔又村自怡日記》所涉史料爲中心

許　勇

摘　要:中國國家圖書館藏《龔又村自怡日記》,乃清代常熟人龔繙熙(1811—1874)所撰的一部記載時間長達六十餘年的日記,詳細記録了他在嘉慶、道光、咸豐、同治時期的生活、著述及見聞,其中涉及同時代蘇州人物,特别是常熟人物的史料頗多。《江蘇藝文志(增訂本)》蘇州卷作爲一部詳細著録江蘇蘇州地區歷代人物與著述的專著,因所收人物與著述繁多,不可避免地存在缺漏與訛誤之處。現據《龔又村自怡日記》所涉史料,對此書中所收龔氏家族及相關蘇州人物43人進行訂正與補充,一方面呈現《龔又村自怡日記》的史料價值,另一方面也可爲《江蘇藝文志(增訂本)》的後續完善提供借鑒。

關鍵詞:龔繙熙;《龔又村自怡日記》;《江蘇藝文志(增訂本)》;人物生平;著述

《江蘇藝文志(增訂本)》自2019年出版以來,深受學界肯定與贊譽,被譽爲"從事江蘇文獻史乃至中國學術文化史研究者的案頭必備之書"①。此書以市爲單位,分爲13卷,全書收録作者29617人,著作85309種,作者人數與著述數量都極爲豐富。要將近三萬人、八萬多種著述都登記在册,確保信息無誤無漏,很難做到。筆者因研究所需,經常查閱此書,一方面爲此書的詳細資料所折服,另一方面也發現了一些文獻可以對此書的某些條目進行訂補。本文即以常熟龔繙熙《龔又村自怡日記》所涉史料爲中心,對《江蘇藝文志(增訂本)》蘇州卷人物生平與著述略爲訂補。

作者簡介:許勇,江蘇鳳凰出版社副編審,江蘇鳳凰出版傳媒集團、南京大學聯合培養博士後,主要從事中國古典文獻研究。

基金項目:2021年度江蘇省社科基金文脉基金一般項目"《江蘇文庫》文獻研究"(項目編號:21WMB040)。

① 徐雁:《體現"江蘇文脉"的〈江蘇藝文志(增訂本)〉》,《新世紀圖書館》,2021年第8期。

一、"龔縉熙"條訂補

龔縉熙所撰《龔又村自怡日記》所記時間始於嘉慶十五年,終於同治十二年,詳細記録了他在嘉慶、道光、咸豐、同治時期的生活、著述及見聞,是瞭解龔氏生平與創作的第一手資料。結合龔氏現存著述如《鏡塀軒稿》等一手文獻,可以進一步修訂和完善《江蘇藝文志(增訂本)》蘇州卷"龔縉熙"條(以下簡稱"龔"條)。

1. "龔"條著録:龔縉熙(1810—?),字純甫,一字又村。縉熹弟。諸生。[①]

按,龔氏生年,可據其日記記載得到明確時間。《龔又村自怡日記》卷一載,嘉慶十五年,"余以是年十二月二十二日申時生於常熟南鄉四萬蕩祖居"[②],可知,龔氏生年爲嘉慶十五年十二月二十二日,轉换爲公元紀年則爲1811年1月16日,因此,龔氏生年當爲1811年。又龔氏卒年,據龔氏後人龔新受所藏《四萬蕩龔氏之譜》記載,龔氏"同治十三年甲戌二月初八日亥時卒",轉换爲公元紀年則爲1874年3月25日[③]。因此龔氏的生卒年可明確著録爲"1811—1874"。

又按,龔氏"一字又村"之説,源於《民國重修常昭合志》卷十八《藝文志》的記載:"龔縉熙,字純甫,一字又村。"[④]此説不確。"又村"當爲其號。楊希濲輯刊《琴水弦歌集》前有龔氏小傳云:"龔縉熙,字純甫,號又村。"[⑤]同治八年(1869)十一月十九日,受龔氏本人所邀,張鳳圖爲其所作生傳《司理加二級龔又村先生傳》云:"先生姓龔氏,名縉熙,字純甫,號又村。"[⑥]又海虞外史所撰《龔又村小傳》亦云:"君姓龔氏,名縉熙,字純甫,又村其别號也。"[⑦]據龔氏日記"自序"落款云:"咸豐元年辛亥十有二月既望,又一村人自識於鏡塀軒。"[⑧]可知其號"又村",當爲"又一村人"之省稱。又龔氏《龔又村日記世系》記載其父棨"字執信,號杏村",其兄縉熹"字社卿,號後村"[⑨],可見其父子兄弟三人皆以"村"字爲號。

---

① 江慶柏主編:《江蘇藝文志(增訂本)》蘇州卷(《江蘇文庫·書目編》版),南京:鳳凰出版社,2019年,第4866頁。以下所引《江蘇藝文志(增訂本)》皆據此本,隨文標明頁碼,不另出注,又本文所引内容,略調整原文標點,以便行文。

② (清)龔縉熙:《龔又村自怡日記》,中國國家圖書館藏稿本。以下所引《龔又村自怡日記》皆據此本,不另出注。

③ 《蘇州歷代人物大辭典》亦著録其卒年爲1874年。參李峰、湯鈺林編著:《蘇州歷代人物大辭典》,上海:上海辭書出版社,2016年,第887頁。

④ 張鏡寰修,丁祖蔭等纂:《民國重修常昭合志》,《江蘇文庫·方志編·府縣志》第57册,南京:鳳凰出版社,2023年,第169頁。

⑤ 《琴水弦歌集》,附於《虞邑幽光集》之後,常熟市圖書館藏清道光八年至二十二年楊氏念八居刻本。據《龔又村自怡日記》卷二記載,《琴水弦歌集》刻於道光二十一年(1841),龔氏時年三十二歲。

⑥ 《鏡塀軒稿》第二十六册《鏡塀軒日記摘要·司理加二級龔又村先生傳》,臺灣"國家圖書館"藏稿本。以下所引《鏡塀軒稿》皆據此本,不另出注。《龔又村自怡日記》卷二十八記載,同治八年十一月十九日,龔氏"將平生事實丐張賓青作生傳"。"賓青"爲張鳳圖之字。

⑦ 《鏡塀軒日記摘要·龔又村小傳》。

⑧ 《龔又村自怡日記》卷首"自序"。

⑨ 《龔又村自怡日記》卷首《龔又村日記世系》。

2. "龔"條著録:鏡塀軒誦芬録1卷,史部傳記類。清龔繙熹、龔繙熙輯撰。清咸豐四年(1854)刻本,附於其父《杏花村詩集》後。南京圖書館藏。

按,《龔又村自怡日記》卷二十八載,同治八年十一月二十二日,"喜《杏花村詩草》梓成,得二詩,丐吴學師題簽於首",十二月二十九日,"唯《杏花村詩集》,梓未告竣";又卷二十九載,同治九年六月二十二日,"走訪金景岩,贈《杏花村集》"。由此可知,《杏花村詩集》刊刻於同治八年,至九年方刻竣流傳。

又按,《鏡塀軒誦芬録》一卷,《龔又村自怡日記》卷二載,道光二十一年六月,"又編龔氏族譜及高祖母節孝事迹、曾王父恩旌題詞,他如祖父母、父母壽挽詩、文序、詩序,彙爲一卷,顏曰《誦芬録》,周介然奉政爲之跋,予紀三言一章";又卷十二載,咸豐三年十二月二十二日,"《誦芬録》刻竣,苦資乏,以書院膏火銀佐之"。可知,《誦芬録》二卷本編撰始於道光二十一年,至咸豐三年末方刻竣。《鏡塀軒稿》第一、二册爲《鏡塀軒誦芬録》稿本,分爲兩卷,卷一爲龔氏族譜、高祖母節孝事迹、曾王父恩旌題詞、祖父母壽挽詩、文序、詩序等,卷二爲父母壽挽詩、文序、詩序等。今檢南京圖書館藏《杏花村詩集》後附《鏡塀軒誦芬録》一卷,書口標有"卷二"字樣,可知此本實際上爲二卷本《誦芬録》的卷二,因爲此卷内容主要與龔棨有關,故而附在龔棨《杏花村詩集》之後。由此可知,《鏡塀軒誦芬録》全本當以稿本二卷本爲是,并無一卷本的《鏡塀軒誦芬録》。

3. "龔"條著録:龔又村自怡日記32卷,史部傳記類。稿本,國家圖書館藏。自嘉慶十五年(1810)至同治十二年(1873)。自怡日記32卷,史部傳記類。(1)清鏡塀軒抄本,國家圖書館藏。(2)中國史學會主編《中國近代史資料叢刊·太平天國》本。龔又村自怡日記不分卷,史部傳記類。稿本,南京圖書館藏。自道光二十年(1840)至咸豐二年。

按,《龔又村自怡日記》只有兩個版本,一爲國家圖書館藏鏡塀軒稿本,共24册,32卷,自嘉慶十五年(1810)至同治十二年(1873)。"鏡塀軒抄本"不確。《中國近代史資料叢刊·太平天國》本根據此本節選與太平天國相關年份整理而成,非全本。另一爲南京圖書館藏鏡塀軒稿本,共3册,不分卷,自道光二十年(1840)至咸豐二年(1852)。南京圖書館藏本有大量修改痕迹,當爲初稿本。國家圖書館藏本是修改之後謄清的稿本,當爲清稿本。

二、龔氏家族人物訂補

《江蘇藝文志(增訂本)》蘇州卷除了著録龔繙熙,還著録了其祖父龔灝、父龔棨、仲父龔棨、兄龔繙熹四人的生平與著述,形成了一個小型的家族群體。與《江蘇藝文志(增訂本)》所著録龔氏家族人數一致,《龔又村自怡日記》也對四人多有記載,這些記載可以補充《江蘇藝文志(增訂本)》著録之不足。

1. 龔灝

《江蘇藝文志(增訂本)》蘇州卷著録:"龔灝,字海濤,號葦江。"(第4730頁)

按,龔灝爲繙熙之祖父。《龔又村自怡日記》卷一載,道光元年(1821),"夏秋之交,大父偶染暑邪,兼患外症……延至九月八日不起",可知龔灝卒於此年。《鏡塀軒誦芬録》卷上《葦江公挽詩》有句云:"六十三年成小謫,玉樓待招正題糕。"注云:"存年六十三歲,未嘗一日廢學。"又《葦江公行略》云:"終於道光元年九月初八日辰時,年六十有三。"知龔灝年六十三,可推其生年爲乾隆二十四年(1759)。此與《四萬蕩龔氏之譜》記載龔灝"乾隆二十四年己卯八月二十四日□時生,道光元年辛巳九月初八日辰時卒"相合。故此條當增加龔灝生卒年爲"1759—1821"。

又著録其《葦江詩鈔》,并云有清道光二十年(1840)家刻本、清咸豐元年(1851)刻本。

按,《龔又村自怡日記》卷二載,道光二十年八月,"念先大父《詩鈔》,先君欲鋟板未果,余與兄丏江雲艇師作傳,翁遂盦少廷尉爲序,兼集敕命、祭文、挽章、行略,同付梓行,欲終先人未竟之志"。可見此年有刻《詩鈔》之志,并請人作傳、作序,但并未刊刻。著録爲"道光二十年(1840)家刻本",可能因序跋時間而誤。《龔又村自怡日記》卷十載,咸豐元年十二月,"尤静囦將解館,來年寓滸關,不能常聚矣,乃舉鏡塀軒各種,浼其篆簽"。今所見龔緡熙著作多爲尤燮鼎(静囦)咸豐元年所題,《葦江詩鈔》亦不例外。著録爲"咸豐元年(1851)刻本"或是受題簽時間之誤導。

2. 龔棨

《江蘇藝文志(增訂本)》蘇州卷著録其《杏花村詩集》有"清咸豐四年(1854)刻本"。(第4782頁)

按,據前文所考,《杏花村詩集》刊刻於同治八年,至九年方刻竣流傳。檢南京圖書館藏《杏花村詩集》,前有錢泳題簽"龔杏村先生詩鈔",又有强溱序、道光二十三年周榮鼎序、咸豐四年趙同鈞序。錢泳題簽、强溱序未署時間,但《龔又村自怡日記》卷二有明確記載,道光二十一年(1841)七月,"將先君詩稿浼其乞序於强沛崖師……又求錢梅溪參軍丈(泳)隸先嚴詩簽,以小稿爲媒,蒙丈契賞,援筆立書"。可知,錢泳題簽、强溱序皆作於道光二十一年。一簽三序以趙同鈞咸豐四年序時間爲最晚,因此將此本誤著録爲"清咸豐四年(1854)刻本"。《杏花村詩集》後又有"附降鸞詩",并小字注云:"同治六年六月三日,杏村公降鏡塀軒。"可知此本定刻於同治六年之後。

又著録其"杏村詩鈔2卷試帖2卷附1卷",并云"稿本,南京圖書館藏"。

按,檢南京圖書館所藏《杏村詩鈔》字迹,與《龔又村自怡日記》《鏡塀軒稿》字迹一致,可知爲龔緡熙所抄,非稿本。凡抄本所圈紅之詩文,皆見於刻本,未圈紅者,皆不見於刻本,因此此抄本爲刻本《杏花村詩集》所據底本。

3. 龔棨

《江蘇藝文志(增訂本)》蘇州卷著録:"龔棨,字爾軒,號柳香。"(第4799頁)

按,龔棨爲緡熙二叔。《龔又村自怡日記》卷十四載,咸豐五年(1855)七月二十七日,"驚接先叔柳香公凶耗……年六十有九",則龔棨當生於乾隆五十二年(1787),此與《四萬蕩龔氏之譜》記載龔棨"乾隆五十二年丁未十一月二十三日子時生"相合。又其字,《江蘇藝文志(增訂本)》據《民國重修常昭合志》卷十八《藝文志》著録爲"爾軒",誤,應以《龔又村日記世系》記載"爾輔"爲是。故此條當改爲:"龔棨(1787—1855),字爾輔,號柳香。"

又其著述,著録爲:"蕉窗吟咏,集部别集類,佚。見《續海虞藝文志》。"此據《民國重修常昭合志》卷十八《藝文志》著録:"蕉窗吟咏,黄廷鑒、邵淵耀選。《續海虞藝文志》。"《龔又村自怡日記》多次提及此書,皆作"蕉窗閑咏"。卷首《龔又村日記世系》:"著有《蕉窗閑咏》。"道光十八年:"予酷好諸詩人名句,如……柳香仲父《蕉窗閑咏》……"道光二十四年五月十三日:"二叔以《蕉窗閑咏》命校,附呈三律。"咸豐五年七月二十七日:"有《蕉窗閑咏》數卷,是心血所存。"同治五年九月初三日:"得仲父《蕉窗閑咏》及王魯園《一日三省軒遺草》,藏以待刊。"又《鏡塀軒日記摘要·甦叟自叙》云:"僅刻大父《葦江詩鈔》、先父《杏村詩草》,現行於世。"可知在縉熙生前,《蕉窗閑咏》未能刊刻。所謂"黄廷鑒、邵淵耀選",即指楊希濂等輯《虞邑幽光集》所選龔棨之詩。《龔又村自怡日記》卷二載,道光二十一年(1841)六月,"楊湍飛丈有《虞邑幽光集》之刻,予……又以柳香仲父……囑其選入附集"。檢南京圖書館所藏《虞邑幽光集》(索書號 GJ/116043),其附集選入龔棨詩數首,然并未提及詩集之名。

4. 龔縉熹

《江蘇藝文志(增訂本)》蘇州卷著録:"龔縉熹(1809—?),字社卿。清常熟人。棨子。"(第 4858 頁)

按,龔縉熹爲縉熙之兄。《龔又村自怡日記》卷一載,嘉慶十五年,"次兄名縉熹,字社卿,長余二歲";卷十九載,咸豐十年十二月初九日(1861 年 1 月 19 日),龔縉熹逝世,"念兄長予二歲,同處五十年,怡怡無間"。縉熙生於嘉慶十五年,縉熹長其兩歲,當生於嘉慶十三年,與《四萬蕩龔氏之譜》記載縉熹"嘉慶十三年戊辰十一月二十七日未時生,咸豐十年庚申十二月初九日未時卒"相合,不過"嘉慶十三年戊辰十一月二十七日"轉换爲公元紀年爲 1809 年 1 月 12 日。因此,龔縉熹的生卒年當定爲"1809—1861"。

又,龔縉熹之號,《龔又村自怡日記》卷首《龔又村日記世系》記載爲"號後村",《江蘇藝文志(增訂本)》可據此補。

三、蘇州卷其他人物訂補

《龔又村自怡日記》廣泛記録了龔縉熙在蘇州,特别是常熟地區的交游,父輩、師輩、同輩、後輩,凡有交集,多有記載姓名字號,凡是知交零落,多有感慨繫之,所以對《江蘇藝文志(增訂本)》所涉人物生卒年、字號以及著述等多有補充。

1. 郭轍

《江蘇藝文志(增訂本)》蘇州卷著録:"郭轍,字季蘇,號眉峰。清長洲人。監生。書學顔平原。年 93 卒。"(第 1586 頁)

按,《龔又村自怡日記》卷四載,道光二十五年(1845)八月三日,"静岩言郭眉峰上舍(轍)楷書爲吴門之冠,分居師弟可任取求,代索題賤照簽,見骨秀神清,不似八十四老手筆,喜愛逾常,鳴謝一律";卷十載,咸豐元年(1851)六月十四日,"吴門郭眉峰丈九十,祝以七古一章"。可知,郭氏當生於乾隆二十七年(1762),若以 93 歲計,其卒年爲 1854。

2. 嚴良杕

《江蘇藝文志(增訂本)》蘇州卷著録:"嚴良杕,字左生。清吴縣人。與張爾旦等善。妾翁素鸞,亦擅詩。"又著録其《冰甌館詩存》:"王仁福抄本,見《鄉志類稿·藝文》。"(第 1703 頁)

按,嚴良杕爲縉熙之友。《龔又村自怡日記》卷二十七載,同治七年(1868)七月十九日,"快遇王默卿少府(仁福),因其題過小詩,贈以刻本,據云,洞庭周藹雲(彝祥)已殉難,嚴左生(良杕)已物故,貢監生員死節者,新例得邀恩騎尉。予囑其探訪故人,搜羅遺什,叙事迹函寄,以備彙刊"。可知嚴氏當殁於 1868 年前。

3. 余希嬰

《江蘇藝文志(增訂本)》蘇州卷著録:"余希嬰(1780—?),字筠雪,號淡如。清昆山人。……許字常熟朱子欽,以家貧親老,矢志不嫁,以孝養父母爲事。……卒年 80 餘。"(第 3583 頁)

按,余希嬰被縉熙引爲忘年知己。《龔又村自怡日記》卷四載,道光二十四年(1844)五月十三日,"偕時已生謁陳芹齋,晤其西賓余筠雪女史,時年六十五矣,煮茗談詩,引爲知己";卷十六載,咸豐七年(1857)二月十五日,"聞余筠雪女史館陳秉遠上舍(國良)家,往謁談詩。詢知其年已七十八矣,耳目尚聰明,具見涵養";卷十八載,咸豐九年(1859)十月十四日,"舟下姚家橋,祝余筠雪女史八十,賓朋雲集,鼓吹雷轟"。可推知余氏當生於乾隆四十五年(1780)。關於其卒年,江鶯華《一編嘸殺酸辛甚,不比温柔風雅詩——略談昆山女史余希嬰及其詩作》一文,據其事迹推測是在 1860 年後[①]。《龔又村自怡日記》卷二十明確記載了余氏去世時間,咸豐十一年(1861)四月初七日,"聞余筠雪女史於三月十一日病故,年逾八秩,詩集已刊,亂世得以令終,尚屬有福……予傷知己,有欲言之事,不及面陳,徒增惆悵"。可知余氏卒於 1861 年,年 82 歲。

4. 陸宗泰

《江蘇藝文志(增訂本)》蘇州卷著録:"陸宗泰(? —1861),字耿文。清太倉沙溪人,僑寓常熟。咸豐二年(1852)副貢生。少負雋才,工詩文。十一年,太平軍陷州城,與昭文諸鄉鎮聯絡抵抗太平軍,作討賊檄,人争誦之。事敗,憂憤成疾,九月二十七日絶粒死。"(第 4133 頁)

按,陸宗泰爲縉熙之友。《龔又村自怡日記》卷二十五載,同治五年十月二十九日,"見故人陸燮堂上劉中丞前令滬瀆時兩書,薛中丞、龐督辦兩禀,痛快異常,已刻於忠義局,其略云:陸宗泰,太倉州沙溪鎮人。咸豐壬子副貢,就職直隸州州判。咸豐十年,在沙溪辦理附近民團。八月,州城失陷,後率團打仗,幾被賊戕。意在規復,旋詣璜涇局,會商赴滬乞援。十一年春,聯絡昭邑諸鎮,擬大舉剿賊。在局往來籌議,極見周密,其忠義之氣,尤能固結衆心。後以事潰,憂憤疾發。有僞官慕其才,知其貧而且病,送米以籠,遂大聲呼曰:'何以污我!'令擲門外,絶食而死。時咸豐十一年九月二

① 江鶯華:《一編嘸殺酸辛甚,不比温柔風雅詩——略談昆山女史余希嬰及其詩作》,載李小榮主編:《細讀》第三輯,北京:人民文學出版社,2020 年,第 68 頁。

十七日,年四十九。有討賊檄,萬口流傳”。可知陸氏卒於咸豐十一年(1861),時年四十九,推知其當生於嘉慶十八年(1813)。

5. 宗成鈞

《江蘇藝文志(增訂本)》蘇州卷著録:“宗成鈞,字稼梅。清常熟人。工書,善寫真。”(第 4600 頁)

按,宗成鈞爲繆熙之友,曾爲繆熙繪《晝壁圖》《蓼莪輟讀圖》。《龔又村自怡日記》卷二載,道光二十二年(1842)五月初四日,“同里宗稼梅於是日病歿,蘭契早凋,西莊減色,吾虞斷一畫手,大可惜也”。可知宗氏卒年爲 1842。

6. 平鍾豫

《江蘇藝文志(增訂本)》蘇州卷著録:“平鍾豫,字介石。清常熟人。居顧涇。”(第 4601 頁)

按,平鍾豫爲繆熙之表弟。《龔又村自怡日記》卷一載,道光十八年,“予酷好諸詩人名句,如……平君子遷《鳴春草》”;卷二載,道光二十一年,“楊滮飛丈有《虞邑幽光集》之刻,予以……平子遷……囑其選入附集”;卷五載,道光二十六年(1846)四月十五日,“平子遷病没。慈親在堂,有女無子,詩畫星卜,無一不工,乃天奪才人,飲恨泉壤。幸其著作已刻入《幽光》,或得附以不朽”。可知平氏卒年爲 1846,又字子遷。

7. 沈毅

《江蘇藝文志(增訂本)》蘇州卷著録:“沈毅,清常熟人。諸生。”(第 4668 頁)

按,《龔又村自怡日記》卷十八載,咸豐九年(1859)十二月二十四日,“予兄於書肆得沈華驎孝廉(毅)殘稿,擇其尤入《西窗詩話》,歸之其孤朗寰(書來),不使其先人手澤流落塵壥焉”。可知沈氏字華驎,咸豐九年已卒。

8. 潘潤

《江蘇藝文志(增訂本)》蘇州卷著録:“潘潤,字鐵塘。清常熟人。能詩,兼擅醫術。”(第 4607 頁)

按,潘潤爲繆熙之友。《龔又村自怡日記》卷一載,道光十八年,“予酷好諸詩人名句,如……潘君鐵塘(潤)《獨吟草》”;卷六載,道光二十七年八月二十四日,“醉過潘鐵塘家茗話,出《隱閑小草》見商”;卷九載,道光三十年(1850)七月初七日,“知老友潘鐵塘已故,城南少一詩人矣”;卷十載,咸豐元年十二月十二日,“送城南詩老潘鐵塘葬,哀以薤歌”。可知潘氏卒年爲 1850。

9. 言朝標

《江蘇藝文志(增訂本)》蘇州卷著録:“言朝標(1755—1837),字皋雲。清常熟人。如泗次子,朝楫弟。乾隆五十四年(1789)進士。改刑部湖廣司主事,升員外郎。六十年典試廣東,升郎中,總辦秋審。後補柳州知府,攝右江道。善詞賦,兼工篆隸。”(第 4720 頁)

按,言朝標與龔棨交好,曾受棨之請,爲龔灝之詩集作序。《龔又村自怡日記》卷四載,道光二十四年(1844)七月六日,“言皋雲太守九十壽,復撰句祝之”;道光二十五年(1845)正月初七日,“吊言皋雲太守之喪”。可知言氏卒年當爲 1845。

10. 張豐玉

《江蘇藝文志(增訂本)》蘇州卷著録:“張豐玉,初名承煥,字子謙,一字小庚。清

常熟人。"(第4771頁)

按,張豐玉爲縉熙之友。《龔又村自怡日記》卷十九載,咸豐十年(1860)十一月初五日,"予赴朱塾,晤邑中相好,知……張子謙貳尹(豐玉)……俱因驚病故"。可知張氏當卒於1860年。

11. 胡慶齡

《江蘇藝文志(增訂本)》蘇州卷著録:"胡慶齡,清常熟人。"(第4774頁)

按,胡慶齡爲縉熙之友。《龔又村自怡日記》卷二十四載,同治四年(1865)三月十五日,"胡希九少尉(慶齡)來謁,予陪茗話多時"。可知胡氏字希九。

12. 張繼英

《江蘇藝文志(增訂本)》蘇州卷著録:"張繼英,字君才。清常熟人。豐玉弟。"(第4786頁)

按,張繼英爲縉熙之友。《龔又村自怡日記》卷十七載,咸豐八年(1858)六月,"聞張君才文學歿於上海,其出繼女正在吾家誦佛,倉猝喚回"。可知張氏卒年爲1858。又《鏡塀軒同人集》卷一"張繼英"小傳云:"張繼英,字君才,號劍卿。昭文諸生。能醫,工詩。"

13. 楊希溁

《江蘇藝文志(增訂本)》蘇州卷著録:"楊希溁,字遄飛。"(第4791頁)

按,楊希溁嘗選刻縉熙詩《琴水弦歌集》。《龔又村自怡日記》卷九載,道光三十年十二月二十六日(1851年1月27日),"聞楊遄飛丈以背疽不起,雖年逾古稀而書籍飄零,嗣孫罔知寶守,恐臨去難瞑目耳"。可知楊氏卒年當爲1851年。

14. 陳憩亭

《江蘇藝文志(增訂本)》蘇州卷著録:"陳憩亭,清常熟人。住虞山墩頭丘。墩頭陳氏素善外科,醫者甚衆。其方案皆從游者記録。"(第4792頁)

按,陳憩亭爲縉熙之友。《龔又村自怡日記》卷十六載,咸豐七年二月十五日,"到墩頭丘,陳憩亭上舍(士鍈)留飲";咸豐九年元月十日,"下南鄉拜年,見陳憩亭、毛卓齋等門庭如市,可見醫道之隆"。可知龔縉熙所交陳憩亭與《江蘇藝文志(增訂本)》所著録之陳憩亭爲同一人,憩亭爲字,士鍈爲名。

15. 龐大堃

《江蘇藝文志(增訂本)》蘇州卷著録:"龐大堃(1787—?),字厚甫,號子方。"(第4804頁)

按,龐大堃爲縉熙之師友。《龔又村自怡日記》卷十七載,咸豐八年(1858)九月十一日,"龐子方榮禄丈吊期,予往唁"。可知龐氏卒年爲1858年。《重修常昭合志》卷二十《人物志》有龐氏小傳,稱其"卒年七十有二",亦與《日記》所記相合。

16. 楊希銓

《江蘇藝文志(增訂本)》蘇州卷著録:"楊希銓,字硯芬。清常熟人。"(第4808頁)

按,楊希銓爲龔棨之友。《龔又村自怡日記》卷十四載,咸豐五年(1855)七月,"聞楊硯芬年伯病,即往問,不意其於廿二日已逝矣,不及送殮,爲之悵然"。可知楊氏卒年爲1855年。又《翁心存日記》載,咸豐五年,"南中信來,知楊研芬於六月廿三日卒,可勝感嘆"[①],所記楊氏去世日期與龔氏所記有一日之差。

17. 錢廷栻

《江蘇藝文志(增訂本)》蘇州卷著録:"錢廷栻,字伯仁。清常熟人。"(第 4808 頁)

按,錢廷栻爲緡熙之師友。《龔又村自怡日記》卷一載,道光九年二月,"同人仍舉會課……次期聚天竺庵,題爲《君使臣以禮》,錢伯誠明經(廷栻)取余卷第三";又《鏡塀軒日記摘要・甦叟自叙》紀念師恩,列"錢伯誠明經(廷栻)"於"文社見賞者"。兩處皆記錢廷栻之字爲"伯誠"。

18. 象賢

《江蘇藝文志(增訂本)》蘇州卷著録:"象賢,字素庵。清常熟僧人。"(第 4811 頁)

按,象賢爲緡熙之友。《龔又村自怡日記》卷十六載,咸豐七年(1857)九月二十六日,"存仁堂素庵禪師六十慶辰"。可知象賢當生於嘉慶三年(1798)。

19. 沈英

《江蘇藝文志(增訂本)》蘇州卷著録:"沈英,字梅卿,别號鐵瓢。清常熟人。"(第 4811 頁)

按,沈英爲緡熙之友。《龔又村自怡日記》卷十九載,咸豐十年(1860)十一月初五日,"予赴朱塾,晤邑中相好,知……沈梅卿上舍(英)……俱因驚病故"。可知沈氏卒年爲 1860 年。

又據《重修常昭合志》著録其著作六種,中有"生香閣集 4 卷"。然檢《民國重修常昭合志》卷二十《人物志》,當作"生春閣集"。《龔又村自怡日記》卷十七載,咸豐八年(1858)二月二十一日,"訪沈梅卿丈於長春衖,見示《生春閣集》及和拙詩,并惠《醫品》一部",亦作"生春閣集"。

20. 俞芝軒

《江蘇藝文志(增訂本)》蘇州卷著録:"俞芝軒,清道光間常熟人。"(第 4813 頁)

按,俞芝軒爲緡熙之友。《龔又村自怡日記》卷二十三載,同治三年(1864)四月二十六日,"陪俞季興布經(大昕)、芝軒學博(挺芳)觀水社";卷二十八載,同治八年(1869)七月二十三日,"俞芝軒學博(挺芳)以生挽詩見寄,囑爲壽言"。可知俞氏名挺芳,字芝軒。

21. 楊希鈺

《江蘇藝文志(增訂本)》蘇州卷著録:"楊希鈺,字硯培,清常熟人。希銓弟。……年 75 卒。"(第 4818 頁)

按,楊希鈺爲緡熙之友。《龔又村自怡日記》卷二十五載,同治五年(1866)九月九日,"適楊咏春觀察(沂孫)、鍾魯奉常(泗孫)扶封翁硯培先生柩自京回葬"。可知楊希鈺當卒於之前。關於楊氏的確切卒年,祁寯藻《皇清誥封通奉大夫右常寺少卿硯培楊公傳》記載:"以同治四年十一月初六日卒於京師,年七十有五。"[②]由上可知,楊氏同治四年卒於京師,次年歸葬常熟。由"年七十有五",可推知楊氏當生於乾隆五十六年

① (清)翁心存著,張劍整理:《翁心存日記》,北京:中華書局,2011 年,第 1046 頁。

② (清)祁寯藻著,任國維主編:《祁寯藻集》,太原:三晋出版社,2015 年,第 378 頁。

(1791),其生卒年爲"1791—1865"。

22. 徐寶商

《江蘇藝文志(增訂本)》蘇州卷著録:"徐寶商,字子瑜。清常熟人。"(第4831頁)

按,徐寶商爲繆熙之友。《龔又村自怡日記》卷十六載,咸豐七年十二月初十日(1858年1月24日),"徐子瑜上舍(寶商)以喘逆疾亡,曷勝鄰笛之感,爲挽長歌"。可知徐氏卒年爲1858。

23. 程端楷

《江蘇藝文志(增訂本)》蘇州卷著録:"程端楷,字貢植。清常熟人。"(第4838頁)

按,程端楷爲程天燾之父,程氏父子皆爲繆熙之友。《龔又村自怡日記》卷八載,道光二十九年(1849)九月九日,"偕程繪詩(瑞[①]楷)、瞿仲儕、季茀卿及瞿生静香赴省";卷十四載,咸豐五年(1855)二月初三日,"晤程映榴(天燾),驚悉其父繪詩已作古兩載,追念舊游,曷勝感喟"。可知,程氏又字繪詩,當卒於咸豐三年(1853)。

24. 張元齡

《江蘇藝文志(增訂本)》蘇州卷著録:"張元齡,字介眉,號約軒。"(第4839頁)

按,張元齡爲繆熙之友。《龔又村自怡日記》卷十三載,咸豐四年(1854)四月二十七日,"致故友張約軒吊期,遣伻代赴"。可知張氏卒年爲1854。

25. 景堉林

《江蘇藝文志(增訂本)》蘇州卷著録:"景堉林,字瑶圃。清常熟人。"(第4839頁)

按,景堉林爲繆熙之師友。《龔又村自怡日記》卷二載,道光二十年(1840)三月,"聞景瑶圃世丈没於京師,哭以長歌。猶憶去秋書來,略言病况,然而猶下鄉闈,竊意其精力尚旺,詎意甫逾六月,竟赴修文,未識旅魂,何日能歸"。可知景氏卒年爲1840。又龔氏《西窗詩話》卷五"景瑶圃"條云"以病卒於京邸,春秋四十有五",可推知其生年爲1796年。

26. 陶霞標

《江蘇藝文志(增訂本)》蘇州卷著録:"陶霞標,字吟湘。清常熟人。"(第4845頁)

按,陶霞標爲繆熙之友。《龔又村自怡日記》卷十九載,咸豐十年(1860)十一月初五日,"予赴朱塾,晤邑中相好,知……陶吟湘副車(霞標)……俱因驚病故"。可知陶氏卒年爲1860年。又《鏡墀軒同人集》卷六"陶霞標"小傳云:"陶霞標,字煉霞,號吟湘,昭文人。廪生。道光甲辰副貢。"

27. 俞大球

《江蘇藝文志(增訂本)》蘇州卷著録:"俞大球,字岫仙,號仲安。清常熟人。布政司理問銜。"(第4846頁)

按,俞大球爲繆熙之友。《龔又村自怡日記》卷十九載,咸豐十年(1860)十一月初五日,"予赴朱塾,晤邑中相好,知……俞岫仙奉直(大球)……俱因驚病故"。可知俞氏卒年爲1860年。又《鏡墀軒同人集》卷二"俞大球"小傳云:"俞大球,字仲安,號岫仙。常熟監生。候選布政司經歷加二級。殉難。世襲雲騎尉。"

---

① 《日記》作"瑞",當爲形近而誤。

28. 王憲成

《江蘇藝文志(增訂本)》蘇州卷著録:"王憲成,字仲文,號蓉洲。清常熟人。……外擢福建汀漳龍道,未抵任,中途疾卒。"(第4846頁)

按,王憲成爲翁熙之友。《襲又村自怡日記》卷二十六載,同治六年(1867)三月十一日,"知王蓉洲觀察(憲成)才放汀漳龍道,而病故京邸,公子葆史光丞(恩載)扶柩回籍……知交零落,可嘆"。可知王氏卒年爲1867年。

29. 歸章

《江蘇藝文志(增訂本)》蘇州卷著録:"歸章,字欽譽,號問軒,晚號懶庵。清常熟人。……卒年55。"(第4853頁)

按,歸章爲翁熙之師友。《襲又村自怡日記》卷十四載,咸豐五年(1855)十月二十八日,"念今歲癘氣流行,邑中固喪三進士,而孝廉中如……歸問軒……俱已委化"。可知歸章當卒於此年,推知其生年當爲嘉慶六年(1801)。故歸氏生卒年爲"1801—1855"。

30. 蘇景韓

《江蘇藝文志(增訂本)》蘇州卷著録:"蘇景韓,清常熟人。諸生。"(第4853頁)

按,蘇景韓爲翁熙之友。《襲又村自怡日記》卷一載,道光十三年十一月,"與城中諸君子聯文社……在會者如……蘇德卿(景韓)";卷九載,道光三十年六月初九日,"予與蘇德卿(景韓)……坐於白蘇祠";卷二十五載,同治五年除夕,"挑燈覽《殉難賜恤録》:……附生蘇德卿(景韓)"。由上可知,蘇景韓歿於太平天國之亂,其字爲德卿。

31. 陳如山

《江蘇藝文志(增訂本)》蘇州卷著録:"陳如山,清常熟人。住虞山墩頭丘。憩亭子。"(第4855頁)

按,陳如山爲翁熙之表侄。《襲又村自怡日記》卷二十五載,同治五年十月十三日,"表侄陳如山翰詔(政)將合卺,爲賀以四絶";十九日,"赴陳氏道喜,係如山合巹吉辰,尊人憩亭上舍留予鎮日"。可知陳氏名政,字如山。

32. 楊英類

《江蘇藝文志(增訂本)》蘇州卷著録:"楊英類,清常熟人。"(第4855頁)

按,楊英類曾與翁熙等人結詩文會。《襲又村自怡日記》卷一載,道光九年五月,"與……楊君錫堂(英類)……結詩文會"。可知楊氏名英類,字錫堂。

33. 單恩蘭

《江蘇藝文志(增訂本)》蘇州卷著録:"單恩蘭,字魁香。"(第4857頁)

按,單恩蘭爲翁熙之友。《襲又村自怡日記》卷二十三載,同治三年(1864)四月二十日,"有人來報錢生竺卿自賊逃回,其父被賊開棺,業已重斂,爲之喜慰。唯單魁香、顧德卿、范慶門等俱故,未免哀傷",可知單氏卒年爲1864。

34. 周壬福

《江蘇藝文志(增訂本)》蘇州卷著録:"周壬福,清昭文人。磏子。附貢生。道光二十年(1840)任山東博興知縣。"(第4857頁)

按,《襲又村自怡日記》卷八載,道光二十九年(1849)十月十一日,"又聞方子華大令(鉞)歸里旋亡,周鶴儕司馬(壬福)殁於山左,俱有挽章”。可知周氏字鶴儕,卒年爲1849年。

35. 王恕

《江蘇藝文志(增訂本)》蘇州卷著録:“王恕,字亦周。清常熟人。諸生。工詩文。死於咸豐年間。”(第4865頁)

按,《龔又村自怡日記》卷十九載,咸豐十年(1860)中秋,“驚悉曾仲才助教在家被刺死,蔣引之副車在街被砍死,屈小農明經(茂曾)受創投水死,姚小園州判被掠旋因墜馬殺死。謝蘭荘孝廉(鴻恩)絶粒而死,王□□上舍(□基)自縊死,程蕙南上舍(□□)被斫,王亦周茂才(恕)及其子鴛珊茂才俱以不屈而死”。可知王氏卒年爲1860年。

又著録其著作爲:“萊巨初稿,集部别集類,佚。見《續海虞藝文志》。翁同書題詞。”

按,《龔又村自怡日記》卷二載,道光二十二年(1842)十二月,“王亦周茂才(恕)以《萊臣初稿》示予,見其筆如游龍,輒驚服,一辭莫贊”。檢《民國重修常昭合志》亦著録作“萊臣初稿”,并小字注“翁同書題詞。《續海虞藝文志》”。可知“萊巨初稿”當爲“萊臣初稿”之誤。又,《龔又村自怡日記》卷三載,道光二十三年(1843)三月末,“歸誦亦周《紅樹村吟稿》,書七古一首”,或王氏另有《紅樹村吟稿》,今佚。

36. 范璣

《江蘇藝文志(增訂本)》蘇州卷著録:“范璣,初名用琛。字引泉。清常熟人。”(第4877頁)

按,范璣爲緡熙之友。《龔又村自怡日記》卷十九載,咸豐十年(1860)十一月初五日,“予赴朱塾,晤邑中相好,知……范引泉(璣)……俱因驚病故”。可知范氏卒年爲1860年。

37. 趙同鈞

《江蘇藝文志(增訂本)》蘇州卷著録:“趙同鈞,字子衡,號宜園。清常熟唐市人。道光二十六年(1846)舉人。性孝,咸豐十年(1860)太平軍破城,奉母居僻壤以卒。”(第4878頁)

按,趙同鈞爲緡熙之友。《龔又村自怡日記》卷二十載,咸豐十一年(1861)十一月二十九日,“駭悉趙宜園孝廉之耗,其太君亦繼亡。慨自爲文章友幾三十年,性情契合,非直杯酒殷勤也,乃一載不逢,遽成永訣,傷何如矣”。可知趙氏卒年爲1861。

38. 翁同福

《江蘇藝文志(增訂本)》蘇州卷著録:“翁同福(1817? —1860?),字子攸,號雲樵。清常熟人。……太平軍攻占常熟,憂憤卒,年54。”(第4880頁)

按,翁同福爲緡熙之友。《龔又村自怡日記》卷二十一載,同治元年(1862)八月,“遇寶山李潔莼茂才(寶生),爲言沈寶三茂才(溱録)前年破城時投水死,其父史痴茂才(型)病故,胡雪岑孝廉(蘭枝)、翁雲樵學博(同福)……均亡”。可知翁卒年爲1860年,其生年可推知爲1807年。

39. 季成銑

《江蘇藝文志(增訂本)》蘇州卷著録:“季成銑,字礪之。清常熟人。”(第4894頁)。

按,季成銑爲縉熙之友。《龔又村自怡日記》卷十二載,咸豐三年十二月十七日(1854 年 1 月 15 日),"聞季礪之文學病没,吾邑失一文人矣,爲之嘆惋"。可知季氏卒年爲 1854 年。

40. 徐兆豐

《江蘇藝文志(增訂本)》蘇州卷著録:"徐兆豐,清常熟人。醫家。"并著録《徐氏第二世醫案》:"清徐兆豐撰,徐士玉等輯。"(第 4897 頁)

按,《龔又村自怡日記》卷二十九載,同治九年四月十五日,"遇徐實函(兆豐)、朗卿(士玉)兩茂才暨曾毅甫(景澄),彼此叙闊";卷三十二載,同治十二年(1873)六月二十二日,"遇徐朗卿秀才(士玉),知尊甫實函先生(兆豐)尚健在,係嘉慶庚辰入泮"。可知徐兆豐於 1873 年仍健在,其字實函。

41. 毛守仁

《江蘇藝文志(增訂本)》蘇州卷著録:"毛守仁,清同治間常熟人。"(第 4915 頁)

按,《龔又村自怡日記》卷十九載,咸豐十年(1860)十月初八日,"知鄒慶和受派軍帥,朱養正、蔣致和、毛蓉江(守仁)、滕春岩(元顧)受派師帥,李庭鈺、朱自成(正域)、顧秋穀(敦智)、朱雲鶴、俞韞山受派旅帥,因城匪要收糧,選公正者作鄉官,辭則招害,一時不得却也。爲賦《僞周官》一首";卷二十一載,同治元年(1862)閏八月,"近又得蔣卓齋之秏,詢知被徐局爪牙劉澮園逼死也。海塘紳董徐少蘧與常熟海塘董事毛蓉江,皆通於佐將錢,錢臨去任,將海塘銀款盡屬毛付徐,徐因令劉逼迫,共欠一千三百六十千,蔣已付交一千矣,劉與毛日日逼索,蔣乃服毒死";十二月,"聞徐勇已潰而回,幸毛蓉江能聚村團,一心報效,稍激士心","時毛蓉江已賞五品翎頂,受派練董";卷二十二載,同治二年(1863)十一月二日,"適毛蓉江采辦石灰,據云,無錫可破,備灰修城"。可知毛氏字蓉江。

42. 陸懋宗

《江蘇藝文志(增訂本)》蘇州卷著録:"陸懋宗,字雲生。清常熟人。……民國後數年卒,卒年 79。"(第 4931 頁)

按,《龔又村自怡日記》卷十二載,咸豐三年(1853)二月二十七日,"晤新進陸雲笙(懋宗),年十六,丰秀無似"。可推知陸氏當生於道光十八年(1838),若卒年 79,則卒年爲 1916 年。

43. 徐士玉

《江蘇藝文志(增訂本)》蘇州卷著録:"徐士玉,清常熟人。醫家。"(第 4945 頁)

按,《龔又村自怡日記》卷三十二載,同治十二年(1873)六月二十二日,"遇徐朗卿秀才(士玉),知尊甫實函先生(兆豐)尚健在,係嘉慶庚辰入泮"。可知徐氏字朗卿,爲兆豐之子。

■皖籍文獻專題

地域詩集與桐城詩歌傳統的建構
——徐璈《桐舊集》的編纂及其意義

蔣明恩

摘　要:《桐舊集》作爲一部地方詩歌總集,展現出强烈的地域文學意識,寄寓了系統性構建桐城詩歌傳統的理想訴求。整體而言,該建構過程體現在保存地方文獻、確立詩學審美範式、塑造地域文化認同三個維度。首先,《桐舊集》採用"分姓列卷,依世系編次"的獨特體例,形成了家族與地域聯動的文獻架構,這不僅能全面呈現桐城詩歌的創作譜系,還能凸顯桐城文學承傳與變化的具體路徑。其次,《桐舊集》憑藉穿插詩人小傳、詩話、詩歌本事、評註等信息,總結了桐城詩歌的創作經驗和理論軌迹,進而提煉出其中的詩學審美共性,并加以標榜。最後,《桐舊集》通過選詩與詩評等方式,來强調桐城本土詩學的内部共流,同時與時代中大的文學傳統相對照,以此塑造桐城地域文化認同。可以説,徐璈《桐舊集》的編纂是對桐城詩歌傳統的一次系統性梳理,具有重要的建構意義。

關鍵詞:徐璈;《桐舊集》;桐城派;詩歌傳統

明清時期,地域文學意識凸顯出來,標榜鄉賢、彰揚鄉邑文化之風蔚然興起,"地域性"逐漸成爲劃分文學類型的一大特徵。而作爲地域文學的典型,桐城一邑之文學向來爲研究者所重視①。桐邑自明開國始,名臣、碩儒、文人、畸士甚多,詩文之風鼎盛,且尤重傳承。至清一代,桐城文化發展至極盛,影響深遠,催生出一系列桐城作家群,并且建立了清季文壇影響最大的文學流派——桐城派。桐城文人具有濃厚的鄉邦情懷和强烈的地域意識,爲發揚本邑文化,構建地域文化傳統,一大批彰顯地域特色的文學總集應運而生,其中詩歌總集尤多,最具有代表性的是《龍眠風雅》和《桐舊集》。潘江所輯《龍眠風雅》(正續集)雖卷帙浩繁,但由於編成於康熙年間,未及收録桐邑後賢諸多精粹佳作,故不能依之見得桐城詩歌全貌,而徐璈所編《桐舊集》刊成於咸豐元年(1851),選録了自明初迄清道光庚子近五百年桐城籍一千二百六十餘人、七

作者簡介:蔣明恩,安徽大學古籍整理辦公室編輯,主要從事近代文學研究、桐城派研究。

基金項目:安徽省高校哲學社會科學研究重點項目"桐城派理學文論研究"(2023AH050014)。

① 代表性研究如徐雁平《桐城可作爲清代地域文化研究的範本:以世家聯姻與文獻編刊爲例》(《安徽史學》2019年第4期),該文指出桐城可作爲清代地域文化研究的範本,并從桐城地方世家大族密集的聯姻網絡與文獻編纂活動,揭示桐城文化的形成并非自然發生,而是具有明顯的建構意識。

千七百餘首詩作,幾乎包羅了桐城一邑明清兩代詩歌之盛景。因此可以説,《桐舊集》是研究桐城詩歌以及桐城地域文學重要的文獻基礎,值得深度關注。目前,《桐舊集》的整理本(楊懷志、江小角等點校,安徽大學出版社 2016 年版)已經面世,有關《桐舊集》的研究也已展開,如宋豪飛、周成强等以《桐舊集》來切入桐城家族文學研究;康閣、姜萍等則從編纂情況、編纂特色、文獻史料價值等方面對《桐舊集》進行詳細闡述。綜合來看,這些研究側重於探討《桐舊集》的文本特色與文獻價值①。另外,還有部分研究注重發掘《桐舊集》刊刻背後的文化意圖,如許結《〈桐舊集〉與桐城詩學》一文探究《桐舊集》的編選内涵,指出其有意彰顯桐城詩歌的風雅傳統;徐雁平、史哲文等學者則關注到《桐舊集》對桐城地域文學發展的助推意義②。其實,從《桐舊集》的編纂策略來看,其梳理桐城詩脉譜系、確立地域詩學審美範式,是在自覺建構地域詩歌傳統,而這種建構旨在塑造桐城地域文化共同體。本文即通過探析《桐舊集》的編纂體系,來考察其建構桐城詩歌傳統的具體路徑與文化意義。

一、《桐舊集》的編纂體系與文獻建構

比較《桐舊集》和《龍眠風雅》可發現,二者在分卷體例、選録、詩人小傳、評點等方面有很大區别。《桐舊集》是徐璈仿照清代王豫《江蘇詩徵》之例,"以姓列卷"而編定。這種以姓氏分卷的體例,絶非徐璈臨時起意,更不是對《江蘇詩徵》的隨意仿效,而是有着一定的目的性和指向性。其實,這種以姓分卷的布排,意在從空間層面搭建桐城詩歌據點。於《桐舊集》中,徐璈共收録桐城地區八十五姓詩人一千二百餘人、詩作七千餘首,幾乎囊括桐城一地家族姓氏,呈現這種星羅棋布的詩歌樣態,正能彰顯桐城一地詩人之衆、詩歌之盛,"風、騷、樂府户習家傳"③的特點。"以姓列卷"在强調"衆"這一特征之外,也凸顯出桐城詩歌的"重"的一面。在《桐舊集》收録的八十五種姓氏中,尤其顯眼的是方、吴、張、姚、馬五姓,此五姓爲桐城望族大姓,家族文學傳統薪火相繼、成就卓著,爲桐城詩歌重鎮所在。因此,於《桐舊集》中收録此五族詩歌尤多,如收録方姓詩人一百三十四人,計詩一千零四十六首,占四卷;吴姓詩人一百一十人,計詩七百零八首,占三卷;張姓詩人一百零一人,計詩七百零一首,占三卷;姚姓詩人九十九人,計詩七百零三首,占三卷;馬姓詩人七十人,計詩六百四十七首,占兩卷。此五姓所選録詩歌加起來,占全編篇幅的近二分之一。這一現象充分説明了,正是因爲有這幾個重要望族大姓的支撑與引領,才有桐城地方詩歌的繁盛。因此可以説,《桐舊集》是有意在呈現這樣一種衆星拱月式的地域詩學格局,其目的正是爲構建整體桐

① 詳見宋豪飛《明清桐城桂林方氏家族及其詩歌研究》(中山大學 2010 年博士學位論文)、周成强《明清桐城望族詩歌研究》(山東師範大學 2013 年博士學位論文)、康閣《徐璈〈桐舊集〉研究》(安徽師範大學 2016 年碩士論文)、姜萍、姜趙治《一部展現桐城地方特色的詩歌總集——〈桐舊集〉編後瑣談》(《古籍研究》2019 年第 1 期)等文。

② 參見許結《〈桐舊集〉與桐城詩學》(程章燦主編《中國古代文學文獻學國際學術研討會論文集》)、徐雁平《論桐城可作爲清代地域文化研究的範本:以世家聯姻與文獻編刊爲例》(《安徽史學》2019 年第 4 期)、史哲文《論清代桐城詩歌總集的體派意識與文學權力互動》(《蘇州大學學報》2020 年第 6 期)。

③ (清)潘江輯,彭君華主編:《龍眠風雅全編》(一),合肥:黄山書社,2013 年,第 6 頁。

城地域文學系統。

與《江蘇詩徵》每姓以科第排序不同,《桐舊集》在以姓分卷的同時,又以時間爲脉絡,對每一姓氏人物按時間先後順序編排。《桐舊集》這一編排,是以歷史綫條貫穿各家族詩學,以呈現桐城各家族的詩歌發展史。而在歷史的軌道之中,血脉與詩脉的代際傳遞,藉助文獻載體被清晰展示出來,家族内部文學的承傳與創變痕迹也因爲文獻而被記録下來。爲了延續本族詩歌傳統,諸多家族詩歌總集被編選,如方于穀編《桐城方氏詩輯》、馬樹華編《桐城馬氏詩鈔》、劉叢蘭等輯《澄響堂五世詩鈔》、周方林輯《周氏清芬集》、姚永概編《桐城姚氏詩鈔》等。集中到《桐舊集》,這種家族文學的承傳與嬗變也有着清晰的脉絡可尋,如《桐舊集》中所展示的桐城巨族方氏,詩歌發展脉絡完整。《桐舊集》選録桐城方氏家族詩歌,遠追明建文時期的方法而止於道光時的方傳馨,跨度達四百餘年,期間桐城方氏詩學由起而興、由興而盛,逐漸形成體系,湧現出諸多名詩人。其中,如方文、方以智成就卓犖,開一代之風氣。方文取法樂天,創"嵞山體",多爲後代效法,《桐舊集》選其詩六十九首,清晰呈現了其詩歌風貌。方以智則取法魏晋古調,有所創變,《桐舊集》選録其詩達八十四首,加以標榜。又有方大美、方拱乾諸人,雖選詩不多,但通過詩話、詩評等形式確立其在家族詩學中的地位,如《桐舊集》引《蘭叢詩話》云:"先太僕公好爲七律,鴻意壯采,全得《秋興》八首之遺。先宫詹公集杜學之大成,晚年批杜集章法、句法、字法,皆有指授。"(第 1 册第 293 頁)[①]。可見,桐城方氏詩學宗杜傳統淵源有自。再發展到方中履、方貞觀、方世舉、方觀承、方績諸人,桐城方氏詩學體系已經基本成熟,并編有《輟鍛録》《蘭叢詩話》《桐城方氏詩輯》等反應和總結桐城方氏家族詩歌作品及詩學理論的著作。正因如此,方授、方觀承等方氏家族詩人皆以"詩是吾家事"(第 1 册第 13 頁)相砥礪。方氏如此,桐城其他氏族亦然。

在家族詩學展開的同時,《桐舊集》又在縱向維度構建起"家族詩學"與"地域詩學"的雙層叙事結構,形成家族與地域之間的雙向互動,借用朱爲弼序《桐城馬氏詩鈔》中一句話:"豈惟一家之美,實足徵一邑文學之盛"[②]。徐璈在《桐舊集》中不斷强化地域意識,即便是諸如許多桐城詩人後徙居南京,仍被納入"桐城"範疇。這種跨越地理界限的"大桐城"概念,正是桐城家族文學與地域文學聯動的結果。爲此,《桐舊集》在編纂策略上做了大量工作。一方面,在詩歌選録時,尤其側重於收録桐城各家族詩人間交遊酬答之作,如張聰咸收詩三十二首,其中與桐城文人間的交遊詩便佔有三分之一;另一方面則通過詩人小傳等來記載桐城各家族文人之間的交往,以形成桐城各家族間縱横交錯的交遊網絡。這一編纂策略使得《桐舊集》動態式記録了桐城各家族文學的交融與共生,尤其是大家世族間頻繁地交流與往來,使得相互間的文學觀念逐漸同質化、統一化,這也便是桐城地域文學傳統形成的重要前提條件。而在家族詩學視域之外,特别值得注意的是,《桐舊集》還於後兩卷分録"列女"與"方外"兩卷,這種安排并不只是爲了"以詩存人",更多是一種"以地係人,以人係詩"的編纂策略,

① (清)徐璈輯録,楊懷志、江小角、吴曉國點校:《桐舊集》,合肥:安徽大學出版社,2016 年。本文所引《桐舊集》文皆爲此版本,後文直接標註册數及頁碼。

② (清)馬樹華編:《桐城馬氏詩鈔》,卷首朱爲弼序,道光十六年刻本。

由此也便在强化桐城詩學多樣性的同時，從空間層面使離散的個體創作走向一個有機的整體。

除詩歌編排、選録頗有特色之外，《桐舊集》中還穿插有詩人的小傳、詩話、詩歌本事、評註等信息。如卷一"方文"，名下附小傳："字爾止，號明農，崇禎間諸生，有《爾止集》"（第1册第70頁）。小傳之後又附有鄭方坤《詩人小傳》、吴德旋《聞見録》、王士禛《池北偶談》《漁洋詩話》《分甘餘話》《感舊集》《居易録》、李調元《雨村詩話》、施閏章《嵞山遊草序》、張英《贈方明農詩》、方觀承《宜田彙稿》，以及陳僖之言等，這些文獻或品評方文詩歌，或評價方文爲人。再看所選詩作，凡是被通行選本如《明詩綜》《御選明詩録》《别裁集》《國朝詩品》《列朝詩集》《感舊集》《篋衍集》等收録，或被著名詩話如《雨村詩話》《隨園詩話》《静志居詩話》《拜紅樓詩話》等收録，皆於詩作題目之下或詩後有作標註。部分詩作後還附有詩歌本事及相關評註。詩歌本事介紹，如卷一録方孔一《泊高郵有懷》詩，詩後附云："冒辟疆，號樸巢，居如皋，故泊高郵而憶其人"（第1册第65頁）。詩作評註方面，如録方文《贈徐五善生》詩後評曰："格意律調，闖然蘇、黄之室，固可平揖晁、張，俯視秦、米"（第1册第76頁）。録方文《揚州别王貽上司理》詩後註明方文與王士禛，雖出處道殊，但交情甚篤。又有借用他人之評語，如卷一方學漸《東征》詩後有朱彝尊之評語云："宛然空同華泉遺響"（第1册第27頁）。還有值得提及的是，《桐舊集》注重地理、歷史考據，如卷三録方中發《魯衖》詩，詩題下注："縣東北十五里，吴魯肅鎮地"（第1册第239頁）。除此之外，《桐舊集》還運用摘句法來突破選録限制，這樣既彌補了選詩之不足，又使得一些可傳諸後世的佳句得到保存。如卷三方貞觀録詩三十九首，又於《與潘凡民夜話有懷大司馬一齋範公》一詩後附有摘録七言十句。從《桐舊集》採用詩人小傳、詩話、詩歌本事、評註、摘句等格式和方法來看，《桐舊集》體現了很深刻的編纂思路和選録觀念，這些文獻史料不僅呈現了桐城詩歌的特色，還清晰地展示了編者構建桐城詩歌傳統的意圖和過程。

綜合來説，《桐舊集》是在桐城詩歌創作中爬梳詩歌發展的綫索，也是在桐城詩學觀念的演進中，整合桐城詩學的特質。它將桐城詩歌與詩學傳統相結合，用詩總集的形式，完整而清晰地展現出來。從兹集的選録、編排，到人物小傳、詩話、評註等，無不見編選者用心之精、思慮之深。可以説，《桐舊集》不同於桐城其他選集的地方在於，它不僅是一部地方詩歌總集，還是一部系統梳理桐城詩歌傳統的詩歌批評史文獻。

二、《桐舊集》與桐城詩歌譜系建構

尋究《桐舊集》編選之旨，可見其高度的地域文化自覺性。於《桐舊集引》中，徐璈追蹤地方集編纂的歷史，從而爲自己編選《桐舊集》尋得背景依據。他又借阮元之言："誠懼前言之易墜、往緒之難尋，而溯典型於異世之間、發幽潛於朽骨之後"（第1册第9頁），點明自己當盡鄉里後學之責，採萃鄉邑先輩詩集，以備一邑之風。實際上，徐璈是以編選《桐舊集》來梳理桐城詩脉，進而建構桐城詩歌譜系。整體來説，這一建構主要圍繞三個方面：一是在時間叙事裏反復塑造桐城詩歌的"地理基因"；二是在詩脉演進中注重梳理桐城家法與師承；三是在時間與空間雙重維度上不斷建構桐城詩人群體。現圍繞這三個方面,進一步伸述。

《桐舊集》作爲一部鄉邑詩歌總集文獻,地域性自然是其所需要去標榜的,爲彰顯地域詩學個性,其不斷强化自身"地理基因"。從詩歌選録來看,一些描寫桐城山水景物、風俗人文的詩作被大量選録進來,如吟詠投子山、投子寺、龍眠山、桐山、浮山、魯谼、孔城、挂車河等具有桐城地標性景物的詩歌多見載於集中,構成了獨特的地域意象群。而勾連地理意象與詩歌文化之間的,除了反復道及的家鄉情感之外,還有古人所謂的"江山之助",即所謂"桐城山水炳靈,人文輩出"(第3册第409頁)。另外,集中的序言、詩人小傳、詩評則從話語層面去申説"吾鄉""吾邑""吾桐"等的地域文化認同。如姚瑩在《桐舊集》序中所云:"吾桐則不然,竊當論之:自齊蓉川廉訪以詩著有明中葉,錢田間振於晚季,自是作者如林。"(第1册第1頁)這裏"吾桐則不然"的話語策略,將桐城一邑的詩歌風采拔高於其他衆邑之上,自帶有本土文化的價值體認。又如倪蔭南《題山如集》:"吾鄉詩人何纍纍,鳳躍龍翔不一體"(第8册第131頁),則塑造的是桐城一地百花綻放式的文學盛景。之所以如此强調這種"地理基因",是因爲其是地域文學的載體所在,是建構地域詩歌譜系的重要前提。正是因爲有得天獨厚的地理條件,才實現了詩人如林的盛況,才形成獨具一格的詩歌格局,進而塑造出"吾鄉""吾邑""吾桐"的地域文化認同感。

在《桐舊集》縱横交叉的編纂框架之下,家法與師承兩條綫索共同編織了桐城詩歌的譜系結構。所謂家法,也便是指桐城各家族,尤其是名門望族内部的家庭教育,體現在詩學方面,即是家族内部所秉承的詩學宗旨、路徑和方法。而詩學傳家的途徑,大致有二:一是家族内部所編家集,如上文所提及的《桐城方氏詩輯》《桐城馬氏詩鈔》等;二是家族内部的批註文獻,即所謂秘本。如果説家集文獻能够從創作實踐層面將家族詩學傳承後代,那麽家族内部的秘本則是從理論與方法角度爲後來者指點門徑。如《桐舊集》引方世舉《蘭叢詩話》云:"先太僕公好爲七律,鴻意壯采,全得《秋興》八首之遺。先宫詹公集杜學之大成,晚年批杜集章法、句法、字法,皆有指授。望溪兄、宜田侄實確守之,宜田詩表見於世,望溪以文勝,而詩居功半。"(第1册第293頁)這裏通過梳理桐城方氏詩學承傳脉絡,指出方大美、方拱乾所構建的宗杜傳統爲後來者方苞、方觀承所繼承,這種繼承是理論與方法的繼承,而途徑正是藉助於家族内部所傳承的批註文獻。除了桐城方氏之外,《桐舊集》還通過這種家法綫索梳理了桐城張氏、馬氏等的詩歌傳承譜系。《桐舊集》中對張氏"一門七貴""四世三公"的盛況多所褒揚,不僅在詩歌選録上凸顯張英、張茂稷、張廷璐、張若需諸人,還不斷强調其家族内部的承傳譜系,如引用《詞林典故》中御賜張氏句:"便將翰苑登瀛譜,唤作卿家世系圖"(第5册第123頁)。《桐舊集》對桐城馬氏的詩歌成就也極爲推崇,如引用姚通意《賴古居詩話》,對桐城馬氏詩歌譜系進行了清晰梳理。先是追述馬氏"怡園六子"的騷壇地位,再確立馬之瑛爲馬氏標桿詩人,進而以馬敬思、馬鳳翥、馬樸臣、馬春田諸人接續之,"扶風詩推正誼先生爲極盛,虎岑先生繼之,恒齋先生又繼之,才力既富,意境皆深"(第5册第431頁)。《桐舊集》對《賴古居詩話》所建構的馬氏家族詩學譜系顯然是認可的,如選録馬氏詩人詩數量二十首以上者近十人,其中選録馬之瑛詩達八十四首,選詩數量與方以智相同,可見推崇盛隆。其實,回到歷史現場會發現,馬之瑛在仕進上只以知縣任，且在當時詩名并不顯著。《桐舊集》爲何推之甚隆？結合方東樹對馬之瑛的評價便能發現端倪，"其五律絶句兩體皆佳，同時諸公未之或逮，而顧不甚有詩名，可謂藝林怪事"（第5册第337頁）。可知，在桐城地域内部，馬之瑛的詩學成就是人所共知的，只因爲韞藏過深，不以詩示人，故而名爲所掩，不足爲外知。而《桐舊集》有著建構桐城詩歌譜系的目的，故而需要從傳承的譜系中去著力塑造馬之瑛的詩學地位。

家法之外，桐城人也尤爲强調師法，除好師古之外，桐邑内部縱横交織的師承關係也是師法的重要内容。如姚興泉《龍眠雜憶》云："桐城好，鄉校頌聲傳。都堂繼志開家塾，南路延師啓後賢，膏火給良田。""桐城好，課子重名師。四時八節情義重，兩飯三茶恐怕遲，學俸好元絲。"[①]《桐舊集》對桐城内部的這種師承關係有著較爲清楚的呈現，除了在詩人小傳、評點等方面直接梳理師承關係外，還通過選詩方式體現這種承傳性，尤其是以建立標桿詩人來建構鄉邑詩歌圖譜。如將詩名顯著的齊之鸞、錢澄之作爲桐邑詩歌之起興人物，又以劉大櫆、姚鼐來譜寫桐城詩歌繁盛之景象。在《桐舊集》中選録劉大櫆詩最多，達九十首，之所以推崇如此，是因爲劉大櫆在桐邑詩歌的譜系上作用非凡，正如姚鼐所言："自劉海峰先生晚居樅陽，以詩教後進，桐城爲詩者，大率稱海峰弟子"[②]。此言并非虚妄，《桐舊集》中所梳理的劉大櫆弟子群便有姚鼐、王灼、李仙枝、左堅吾、方績、陳家勉、朱雅、張水容、吴逢盛、謝庭諸人，其中姚鼐、王灼、方績、朱雅等卓犖爲名家，選詩皆四十首以上，可見中間的承續關係。《桐舊集》對劉大櫆與姚鼐之間的承續關係尤爲强調，除了收録姚鼐緬懷、推尊劉大櫆詩作之外，還以第三者身份强調中間的承繼，如録疏枝春《呈姚夢穀夫子》詩其一："憶訣劉公（海峰夫子）語泫然，樅陽夜雨一燈前。即今江左無遺獻，須識吴興有大賢。耆舊風流歸馬帳，古文真學在龍眠。瓣香敬爲南豐設，一夢坐春風已十年"（第8册第234頁）。同時，姚鼐作爲桐城德言并佳、詩文雙絶的大師，自然也是《桐舊集》所推尊的，除了選録姚鼐詩歌七十九首外，還突出姚鼐弟子譜系，對張聰咸、劉開、左眉、疏枝春等人詩歌加以標榜。此外，編者徐璈即爲姚鼐弟子，其詩學觀及《桐舊集》編纂皆能反映姚鼐的文學影響。其實，徐璈編《桐舊集》正是對姚鼐"承一綫未絶之緒，倔然以興"[③]的理想踐行。

此外，《桐舊集》還由桐城詩人的結社活動及各家族之間的聯動綫索，在不同的歷史階段建構桐城詩人群體。一方面，《桐舊集》通過收録桐城詩人間交遊酬答之作，來梳理其交遊網絡，進而建構同類詩人群。如明末清初時，方文、錢澄之、方以智、周岐、吴道凝、孫臨、潘江、馬之瑛、姚文燮等人多以氣節相尚，詩歌則崇尚古意，關注家國民物，《桐舊集》中便反復呈現這些詩人間的聯動關係。其他如，清初的張英、張廷玉、方苞、馬敬思、方貞觀、方世舉、方觀承諸人講理學、經學，詩歌多宗唐而偏清真雅正一路；乾嘉時期的劉大櫆、姚範、倪之鐕、王灼、姚鼐、馬春田、朱雅、左叔固、方績等好詩、古文詞，桐城詩歌由是走向鼎盛并逐漸形成範式；至道咸則又有姚瑩、劉開、方東樹、

① （清）姚興泉：《龍眠雜憶》卷四《學校》，清刻本。

② （清）姚鼐撰，周中明校點：《姚鼐詩文集》（上），合肥：黄山書社，2021年，第673頁。

③ （清）姚鼐撰，盧坡點校：《惜抱軒先生尺牘》，合肥：安徽大學出版社，2014年，第5頁。

徐璈、光栗園、張聰咸、胡方朔、李海帆等起而繼之,地域詩學範式由此進一步深化。另一方面,《桐舊集》還將那些爲時所忽視的詩人重新拉入譜系,除上文提到的馬之瑛之外,還有吴道約、倪之鐕、祝祺、戴宏烈等,尤其是對倪之鐕、祝祺的再塑造。除選録倪、祝二人詩五十首以上之外,還將倪、祝置於當時詩壇環境下討論,如將倪之鐕與劉大櫆并提,"詩則并劉先生而無愧"(第 6 册第 248 頁)。

總的來説,《桐舊集》通過梳理桐城詩歌文獻,自覺構建了桐城詩歌譜系,確立了桐城詩歌内部承傳統緒。這一建構使得桐城後學者能更加系統全面接受到前賢們的詩學思想,因爲只有當地域傳統在這些文獻中浮現出來,并被人們所接受時,它纔能够對一個地方的文學創作和批評産生巨大影響,使當地士人的師法、寫作和評論有一個更切近的參照系①。

三、《桐舊集》與桐城詩學體系建構

潘江編撰《龍眠風雅》概括了桐城詩學傳統中,崇尚"風雅"的特點,但是"風雅"傳統不是桐城詩學的唯一特質,并不能涵蓋桐城詩歌的全部内涵。况且,《龍眠風雅》成書於清初,雖收録桐邑詩人及詩歌作品衆多,但桐城詩在當時的詩歌大環境中,并未形成獨具特色的地域詩學個性。雖然已有方文、方以智、錢澄之這樣聞名四海、獨當一面,且具有開派氣象的大詩人,但是整體來説格局尚未打開,詩學觀念還未成熟。而在方、錢等名詩人之後,桐城詩人如林,成就愈加卓犖,詩學思想更加系統化、理論化。因此,《桐舊集》的編纂在延續桐城詩歌"風雅"特色的同時,還對桐城詩學理論體系有著更全面的總結。

通讀《桐舊集》會發現,與桐城詩學伴隨始終的是立身敦品根柢之學,且二者是根與苗、源與流的關係,也就是説根柢之學是桐城詩學的基礎所在,故而桐城詩人以培養根柢爲第一要義。這也是爲何《桐舊集》會在選詩之前附上一段人物小傳,其目的正是使讀者"知人論世",從而理解詩人詩歌之根柢所在。桐城詩人的根柢之學取徑廣泛,重要者有三,即"有師法一也,尚實學二也,親閲歷三也"(第 6 册第 277 頁)。這三點與桐城詩學發展之間關係緊密,同時也塑造了桐城詩學獨特的詩學個性。《桐舊集》中對此三點多所闡發,并以之作爲建構桐城詩學體系的重要落脚點。

首先,以師法作爲詩學入門之階。《桐舊集》在介紹或點評每位詩人之詩歌風貌時,喜點明詩人門徑之所在、師法之所出,如在潘江小傳下云:"江爲詩學少陵、昌黎,晚涉香山、劍南"(第 7 册第 215 頁)。《桐舊集》的這一做法正是桐城文人重師法的體現。桐城詩人尤好師古,上自風騷,下及元、明,皆爲桐城詩人所取咨,如姚瑩所言:"蓋漢、魏、六朝、三唐、兩宋以及元、明諸大家之美無不備矣"(第 1 册序言第 1 頁)。雖然桐城文人在師法路徑上較爲廣闊,幾無門户之見,但却有宗旨在。梳理桐城詩人師法宗尚會發現,清以前大抵學三唐爲多而及漢、魏,主要師法陶淵明、杜甫、白居易及古樂府等,如方文、方以智、錢澄之諸人;清初時尚唐音,王維、韓愈、孟郊、李商隱之

① 蔣寅主編:《中國古代文學通論·清代卷》,瀋陽:遼寧人民出版社,2005 年,第 303 頁。

外，尤推崇杜甫，如方貞觀、方世舉、馬敬思諸人；乾嘉後則由唐而及宋，宗法杜甫、韓愈、蘇軾、黄庭堅、陳師道等人，走向熔鑄唐宋的詩學理路，如姚範、姚鼐、方績諸人。可見，杜甫一直是桐城詩人所師法的對象，這也是桐城詩學一以貫之的傳統所在。桐邑詩人善學古人，但不泥古，講求與古人神合，如《桐舊集》選録方苞《將之燕别弟撍室》後附評語曰："是學古而得其真精神者也"（第1册第294頁）。在學古的基礎上還需追求更高的境界，即超越古人，能自成一家，如《桐舊集》中評劉大櫆詩云："海峰五言古詩原本魏晋，出入於陳拾遺、李供奉之間，而自成一家。七言淋漓激昂，擺脱常格。五七律亦各入妙品，不愧作者"（第6册第34頁）。此外，桐城詩人學古也自有路徑在，由《桐舊集》的編録與評點看，這一路徑可概括爲"登高自卑"法，即先規模古人"章法句法字法，用意用筆用典"，進而揣摩音韻神致，漸入古人之堂奥，與古人會心而合軌。桐城文人的這一師法理路，促成了諸多批註文獻問世，這些評註文獻中的圈點評論，正是桐城文人敲章摘句、窮竭精思、追模古人的印記所在，是師法古人的經驗總結。另外，正因爲桐城文人注重法度，又講求義理，故而提出了"義法"結構，而這結構與桐城詩學之間亦有著一定聯繫①。在桐城文人看來，"詩者，文事中之最精者"（第3册第30頁）故而"詩之與文，固是一理"②。正因爲詩文的用法取境相同，因此桐城詩人多講求"以文爲詩"，《桐舊集》中便收録有諸多長篇且叙事性强的詩作。

其次，以實學作爲詩學拓展之基。《桐舊集》中對"黜虚崇實"多有推崇，如引用潘江、姚文燮之言多次强調吾鄉尚實學不賈虚名之意（第5册第336、406頁）。對於桐城人尚實學，陳焯在撰《龍眠風雅序》時也曾道及：

> 龍眠之爲山深秀而迴複，嬗蜒百里爲奥區，於天柱諸峰無所附麗，士生其間，稟山川蒼迴沉鬱之氣，人尚實學，不競浮名。尚實學則含英咀華，先求根柢，風、雅、樂府，户習家傳，雖閨閣童孺之言，必無粗俚寒儉之態；不競浮名，則適性緣情，各攄才致，外誘莫奪，世趨莫移，故有明三百年來詩體三變，龍眠之名卿碩士與四方分壇立墠者，未嘗不聲光相接，而堅守樸學，一以正始爲歸，固自如也。③

這裏陳焯道出了桐城實學與詩學之關係，正是因爲桐城人重實學，所以所爲詩皆言之有物，且正而純、雋而厚，不流於"膚擬剽竊""浮艷俗淺"之屬。對於何爲實學以及實學的内容包括哪些，《桐舊集》亦有呈現，如藉助詩人小傳、詩評及選詩等方面，《桐舊集》將桐城實學整體概括爲兩個方面，即讀書修身、經時濟世。"經時濟世"自不待言，明代時桐城地區便湧現了一大批重氣節、經濟的詩人，如方文、方以智、錢澄之等，他們的詩歌關心民瘼，書寫易代之悲思，以詩歌爲心史、爲社會史。及至晚清，又有如姚瑩、劉開、方東樹等桐城詩人皆講求經世致用之學，他們以詩歌承載經時濟世理想。可見，桐城詩人這一"經世實學"精神是一以貫之的。

桐城文人尤以讀書爲立身之本，在《桐舊集》中這種讀書文化俯拾皆是，不僅在詩

① "義法説"由方苞提出，方苞雖以文名世，但其文法理路却也多取源於桐城詩學傳統。如方世舉指出，桐城方氏祖方大美、方拱乾詩宗杜甫并以章法結構批註杜詩，方苞多所取益，其古文思想與方氏詩學自有淵源。

② 《姚鼐詩文集》（上），第290頁。

③ 《龍眠風雅全編》（一），第6頁。

歌選録上選摘出許多題如“秋日讀書”“夏日讀書”“四時讀書”“客中讀書”“秉燭讀書”之作,還塑造諸多如“讀書萬卷”“讀書不輟”“性喜讀書”“刻苦讀書”“折節讀書”“讀書成誦”等讀書人形象。桐城文人的讀書門徑廣博,“於書無所不窺”(第2册第192頁),經、史、諸子、百家藝術皆手批句録,沉潛體悟。而對於讀書與詩學的關係,方苞之父方仲舒所言具有代表性:

> 詩之爲道,無異於文章之事也。今夫能文者,必讀書之深而後見道也明,取材也富,其於事變乃知之也悉,其於情僞乃察之也周,而後舉筆爲文,有以牢籠物態、包孕古今。詩之爲道亦若是而已矣。吾未見夫讀書者之不能爲詩也,吾未見夫不讀書者之能爲詩也。世之不於讀書中求詩,而第於詩中求詩,其詩豈能工乎?(第1册第210頁)

方仲舒指出讀書是學問的門徑,讀書深自然學養厚,如此也便能察見事物之理,舉筆爲詩而包羅衆有。其實,這裏方仲舒所討論的是學問與性情的關係,讀書是學問之基,不讀書自然根柢不深,根柢不深,性情焉得厚?性情不厚,立於根柢土壤上的詩歌自然缺乏滋養。爲了説明這一點,《桐舊集》中還將劉開作爲反面教材予以批評,在編者徐璈看來,劉開之詩雖然馳騁暢達,但“浮淺湊率所短亦自難掩”(第6册第83頁),而造成這一原因的,正是劉開讀書不深,故而醖釀不厚。桐城詩人對於學養與性情的討論由來已久,自錢澄之起便認爲“詩有其才焉,有其學焉”“故詩人者,不惟有别才,抑有别學焉”(第3册第30頁)。而後方貞觀、姚範諸人進一步申説,至劉大櫆、姚鼐而體系完備,“學問與性情合”成爲桐城詩學的重要特色。

當然,讀書首要之義在修身養性,只有立身敦品才能去俗歸雅。基於此,《桐舊集》特别强調詩品與人品的統一。在《桐舊集》中注重提及詩人的品行、氣節與人格,所選詩人或儒或俠、或忠烈或孝友、或幽人或逸士,皆志行操守純正無滓。在編者徐璈看來,詩歌是發乎性情、標舉性情、吟詠性情的,“詩之爲言,持也。所以持,性情也。性情不存,是詩之末流也”(第6册第172頁)。而只有品誼高潔,性情才能醇厚,性情醇厚詩才能雅正。因此《桐舊集》標榜那些“本於性情,原於孝悌,含英咀華”(第2册第123頁)的詩人,高度贊揚那些“不以顛沛失性情之正”(第1册第249頁)的詩人。《桐舊集》所體現的這一詩學觀念是繼承了《龍眠風雅》的風雅精神。雖然徐璈所選録的詩歌審美多樣,既有清奇之作,也有雄傑之作,既有和平温厚之作,也有雄渾頓挫之作,但總體上皆符合“雅正”“敦厚”的審美標準,而這正是桐城詩歌的總體基調。

最後,親閲歷也是桐城人文的風尚所在。與一般傳統知識分子局限於書齋一隅,只知埋頭讀經不同,桐城文人多喜遊歷,即便身無一錢,也好遊走於名山大川之間。《桐舊集》中不僅重視對詩人遊歷之書寫,還選録了大量吟詠山川人文、景物風俗之作,如收録方觀承的《卜魁竹枝詞》《從軍雜詩》等,收録孫元衡《赤嵌集》中吟詠台灣風土民物之詩。何以桐城人如此重視閲歷呢?因爲在他們看來“‘閲歷即學問’,歷覽‘山川風物之變’便是詩料”①。這一點,在石文成小傳中體現得更爲明顯,小傳引用

① 蕭華榮撰:《中國詩學思想史》,上海:華東師範大學出版社,1996年,第308頁。

陳浩序云:"曉堂昔在余西吴幕中,暇時每以詩酒自娱。及後一官小試,佐邑長沙,不獨放衙清暇,以詩自遣,而凡攝篆之邦,于役之地,道里山川、景物風俗,莫不有吟詠以紀之。其詞温柔敦厚,中心泊如。蓋閱歷有得,而詩律之細更與年俱進也"(第7册第242頁)。可見,桐城詩人將遊歷作爲一種生命體驗,在他們看來,遊覽名山大川,所見瑰瑋俶詭之景,能够"佐其藻思而發揮其情狀",如此詩歌出之口必親切而有餘味,即所謂"江山悦性情"(第5册第312頁)。

通過以上分析可知,"師法、實學、閱歷"三要素共同構建了桐城詩學之特性,使桐城詩學逐漸系統化、理論化。整體來説,師法確立了桐城詩學之統緒,實學夯實了桐城詩歌創作之根基,閱歷則拓展了桐城詩學的審美空間。而這種理論建構,與姚鼐所提出的"義理、考據、詞章"三要素有諸多吻合之處。如此也證實了,姚鼐的文學觀念正是承繼桐城文學傳統而來,是對桐城文學傳統的一大總結。

四、餘　論

如果説方東樹的《昭昧詹言》是從文學批評的角度對桐城詩學進行系統總結,那麽徐璈所編的《桐舊集》則是從文獻建構的角度對桐城詩歌進行全面梳理,二者雙軌并進,共同構成了桐城詩歌理論與創作實踐的完整詮釋體系。但從地域詩學體系建構的整體意義來説,《桐舊集》明顯比《昭昧詹言》更爲重要,這主要體現在兩個方面:一是相較於《昭昧詹言》,《桐舊集》的編纂彰顯出更加鮮明的地域詩學建構意識,其編纂既爲彰顯本土詩風,更懷有"綜録海内之詩者取資"(第1册序言第5頁)的宏大願景,這種通過文獻選編確立文學正統的方式,實爲突破地域文學自限性,謀求海内影響力的典範。二是《桐舊集》通過編纂體例設計和地域意識自覺建構,嘗試將桐城詩學所呈現的家法與師傳特徵進行整合,從而使得家法與師法合流,促成了"大桐城"家法模式,這也是桐城派形成的一大原因之一。然而,《桐舊集》没有《昭昧詹言》那般幸運,其成書僅兩年即遭兵燹毁版,致使其所建構桐城詩歌傳統的核心價值未能充分彰顯。若《桐舊集》能如《昭昧詹言》《桐城耆舊傳》《桐城文學淵源考》等桐城文獻那樣得到傳播和保護,其影響當不止於此,至少桐城有無詩派之争可偃旗息鼓。《桐舊集》便是桐城本有詩派最有力的證據,并且就《桐舊集》來看,桐城詩學成就足以與其文章學成就相頡頏。當下桐城派研究已成熱門,對桐城詩歌的研究也漸成氣候,然而如何更好地去把握桐城詩歌發展之脉絡,如何去理解桐城詩歌之精神特質,毫無疑問《桐舊集》是繞不開的重要著作。

清代筆記小説家齊學裘經歷述略
——基於太平天國運動爆發前後的考察

張　芳

摘　要:齊學裘生活於嘉慶、道光、咸豐、同治、光緒五朝,身歷百年未有之大變局,其遭际及感慨大都記録在他的著述中。齊學裘晚年作《遣懷》詩慨叹其"坎壈多纏身"的遭際,據詩中所述,其經歷可略分爲六個階段。考察齊學裘在太平天國運動爆發前和他困處蘇州近十個月而死裏逃生的行迹、交游以及内心波瀾、家國情懷等,其所具"典型性"或可映射出清代中晚期江南地方士人的普遍情態。

關鍵詞:齊學裘;太平天國運動;江南文人;士人情態

一、引　言

齊學裘(1803—1883),字子冶,號玉溪,安徽婺源(今屬江西)人。祖齊翀,乾隆二十八年(1763)進士,官至廣東嘉應知州。父齊彦槐,嘉慶十四年(1809)進士,授江蘇金匱知縣,官至蘇州府同知。齊學裘生母余氏早卒,其九歲即隨侍父親齊彦槐宦游江蘇。後因病棄科舉,專心經營家業。太平軍席捲江南,年届耳順的齊學裘遭兵難,脱險後居揚州婿家。年七十餘,仍奔走揚州、上海間,籌資刊刻家集。齊學裘工詩,能書畫,喜收藏,著有《見聞隨筆》《見聞續筆》《蕉窗詩鈔》《劫餘詩選》等傳世。

齊學裘身處晚清百年未遇、風雲變幻的時勢,遭遇太平天國引發的江南戰亂,相關情況在其著述中多有反映。齊學裘《遣懷五首》其四慨嘆:"我生胡不辰,坎壈多纏身。弱冠病魔擾,廢學六七春。琴畫以養疴,撫摩逢异人。三十家難興,垂釣桃溪濱。弦歌樂山居,梨花香滿林。中年悲風木,四十入吴門。先集付剞劂,鴻寶壽貞瑉。先志能克成,全憑書畫船。交游遍湖海,揮灑如雲烟。東南好山水,一一紀詩篇。西寇一朝至,鼓鼙聲厭聞。汗牛充棟物,半遭劫火焚。萬死不得死,呵護如有神。一葦浮江去,婿鄉居七年。石港菊三徑,揚州月二分。風驅楚氛净,重作無懷民。"[①](《劫餘詩選》,第455—456頁)據詩中所述,齊學裘的一生大致可分爲六個階段,今爬梳相關著述,對太平天國運動爆發前後齊學裘的行迹、交游以及内心波瀾、家國思考等略加

作者簡介:張芳,江蘇第二師範學院外國語學院講師,主要研究晚清民初翻譯史、認知語言學。

① (清)齊學裘:《劫餘詩選》,《續修四庫全書》第1531册,上海:上海古籍出版社,2002年。本文所引《劫餘詩選》諸條皆出此書,其出處直接標注在正文中的引文後,下同。

考察,期望藉此"典型"映射出清代中晚期江南地方士人的普遍情態。

二、太平天國運動爆發前齊學裘經歷考述

(一) 道光元年(1821)前後隨家人居金匱官舍、宜興春輝堂,此一時期齊學裘多病廢學,以琴詩書畫養心安神。

齊學裘九歲隨侍其父齊彦槐,先是居江蘇金匱官舍八年。道光元年齊彦槐卸任,全家遂移居宜興城東撒珠巷春輝堂,陳希祖爲書匾額,并書廳聯:"守祖宗一脉真傳,曰勤曰儉;教子孫兩行正路,惟讀惟耕。"齊學裘作爲家中長子,在勤儉耕讀的家風認同中,分擔着父親的重任,然緣於疾病困擾、家庭多故,其經受了難以避免的苦痛。

關於自己的病患,齊學裘并不諱言,其在詩文中屢有記述。上引《遣懷五首》其四云"撫摩逢异人",齊學裘在《見聞隨筆》中詳述此事經過,恰可作爲箋證:"道光初年,余患喀血遺精癆瘵之症,百藥無效,偶遇張二於鄰人周三裱畫店中。……余延之緑天小構,坐卧與俱,飲食同席。子午二時,令卧桌上,以手摩余腹,離腹數分,推左扳右,覺腹内輪轉有聲,運氣置腹,臟腑調和,漸能食飯。又治遺精之症。……月餘諸症皆愈。"[①](《見聞隨筆》,第207頁)

在宜興春輝堂居住十餘年間,齊學裘經常瀏覽家藏書畫,取名家作品臨摹以增技藝,曾臨摹其父重價購買的黄子久溪山圖長卷,當時書畫名家朱青笠見之,稱嘆其"形神畢肖"(《見聞隨筆》,第512頁)。家居之外,齊學裘間或訪友,"曾載詩書,訪盛淮城,與家藥潯兄三人暢叙十日,談詩論畫,快慰平生"(《見聞隨筆》,第507頁)。養心安神的閑情逸致與家庭生活的悲歡交織在一起,齊學裘與弟妹們隨同父親、繼母奉養太祖母曹氏、祖母俞氏,道光八年曹氏九十壽慶,"唱戲稱觴,賓客極盛"(《見聞隨筆》,第22頁),一派和樂的景象,但當年年底俞氏、曹氏相繼病故,合家陷入哀慟氣氛中。

(二) 道光十四年(1834)因家難避居宜興綏安山中雲留軒,此一時期齊學裘山居寂寥,長子又不幸病歿,乃游歷山水以遣懷。

道光十四年齊學裘遭家難,不得不携家眷寄寓宜興西南綏安山中(今張渚鎮)釣橋村雲留軒(《見聞隨筆》,第64頁)。經營家産、收租飽食之餘,齊學裘時或抒發"山居落寞少人過"[②](《見聞續筆》,第175頁)、"空山苦寂寥,默默我何堪"(《見聞續筆》,第178頁)的孤苦心緒。爲了排解山居生活的百無聊賴,齊學裘或是讀書以銷永日,《山中讀書》詩云"何以破寂寞,閉户抱書讀。日長如小年,讀書苦不足。何以補不足,日盡繼以燭"(《見聞續筆》,第169頁);或是臨帖佐酒、賦詩排悶,《山居偶成》詩云"細界烏絲臨古帖,沈酣緑蟻破愁顔。東軒延佇頻搔首,一卷新詩待友删"(《見聞續筆》,

① (清)齊學裘撰,林日波整理:《見聞隨筆》,北京:文物出版社,2022年。本文所引《見聞隨筆》諸條皆出此書,其出處直接標注在正文中的引文後,下同。

② (清)齊學裘撰,林日波整理:《見聞續筆》,北京:文物出版社,2023年。本文所引《見聞續筆》諸條皆出此書,其出處直接標注在正文中的引文後,下同。

第168—169頁);或是與訪客清談盡興、論詩較藝,《清談》詩云"忽聞佳客來,快與爲清談。今宵好風月,前山橫夕嵐。各將近作詩,津津道再三"(《見聞續筆》,第178頁)。

齊學裘曾於"山居無一事,獨坐雲留軒"(《見聞續筆》,第177頁)之際反躬自省,作《遣懷》七首吐露胸臆,其談交友云:"人心不可測,君子貴擇交。我生好交游,至契在衡茅。"(《見聞續筆》,第182頁)山居期間他與徐伯宏、潘曉村結識,三人父輩均沉淪下僚,家世相似,性情意氣亦相近,遂成爲摯友,時常"登皋以舒嘯,臨流而賦詩"(《見聞續筆》,第183頁)。綏安山中多梨樹,每當花時,"連天雪白香成國"(《見聞續筆》,第268頁),齊學裘則置酒高會,良朋歡聚,賞花賦詩,"如徐祖香、伯宏、慕雲、朱橘亭、崔仲綸、戴柳堂、陳文俊、文新、文耀、蔣安壽諸君,飲酒賞花,同吟香雪,不工詩者,罰之以酒,作十日游。長夜飲,互爲主賓,詩箋滿壁,五色琳瑯,顔之曰'詩世界',即余所居雲留軒也"(《見聞隨筆》,第213頁)。

短暫的歡鬧之後,山居生活復歸清寂難耐。約在道光十八年(1838)初春,長子齊功忠病故,齊學裘抑鬱難遣,"遂束裝同鄉友余某茂才回婺源掃墓,遍游黄山、白岳、天鄣、靈岩,得詩一卷而歸釣橋"(《見聞隨筆》,第103頁),記録途中所見所遇和所思,與族人聚談時一再表達"待到携家返鄉國"(《見聞續筆》,第258頁)的葉落歸根的願望。道光十九年(1839)底,齊學裘曾離家往西湖游覽,屢訪友人陸璣而不遇(《見聞隨筆》,第147頁),次年早春游西湖,其有詩題云"二月初五日,康爾九子静招同伯宏、陶珠泉并其子侄游西湖"(《見聞續筆》,第219頁),即興作絶句八首吟唱西湖名勝。二月下旬返程至魏塘(今屬浙江省嘉興市嘉善縣),齊學裘前往拜謁其父同年好友黄安濤,"敬奉壽星竹杖一枝、石章兩方、長歌一章。年丈見而愛之,大開小竹林園,下榻水月窗,接宴息耕草堂,縱談穩泊處"(《見聞隨筆》,第189頁)。齊學裘此番西湖行,或許是爲離開綏安山做準備。

(三)道光二十年(1840)移居蘇州,此一時期齊學裘父親去世,他繼承父志整理家集及藏帖等,并往來蘇杭等地籌資刊印。

道光二十年夏,齊學裘移家蘇州,結束了七年的山居生活。"余於道光乙未寄居綏安山中雲留軒,庚子出山,寓居蘇臺三太尉橋,後遷麒麟巷、友來巷。"(《劫餘詩選》,第390頁)爲此他作詩四首"留别綏安",其中"家寒頻學葛仙移,無怪人呼作大癡。數口倘能足生計,此身誰願客天涯"(《見聞續筆》,第199頁)沉痛地抒寫了爲生計所迫而遷居的窘境。道光二十一年(1841),六十八歲的齊彦槐"忽冒暑氣而遂見背"(《見聞續筆》,第397頁)。齊學裘服喪期滿,返蘇後患病瀕死,但因刊刻家集等心願未了,竟轉危爲安(《見聞隨筆》,第28頁)。咸豐元年(1851)齊學裘曾作詩回憶往事,詩題稱:"裘寄寓吴門,爲刻先人遺集、法書以及歷代名人墨迹,於今已十二載矣。"(《見聞續筆》,第217頁)咸豐元年上溯十二年爲道光二十年,結合《遣懷》詩中"先志"云云以及包世臣《寶褉室法帖序》的記述(《見聞隨筆》,第221—222頁),可推知齊學裘在移居蘇州前後,其父已開始整理家藏書帖,彙編家集,彌留之際囑托齊學裘完成其心願。

關於整理過程和刊印所費,徐慎獨《寶褉室帖序》略有言及:"余自道光癸卯燕冀南旋,至甲辰秋過吴門天空海闊之居訪玉溪,適見其爲乃祖雨峰先生、乃父梅麓先生合刻《雙溪草堂全集》六十卷，鎸《雙溪草堂遺墨迹》九卷，晝夜校勘，晷刻不暇，費數百萬錢。或質産典衣，勉力蕆事。”(《見聞隨筆》，第484頁）道光、咸豐間，齊學裘編刻《寶禊室法帖》三集二十四册而缺乏資金，遂往來蘇杭一帶，“出賣書畫爲刻資”(《見聞隨筆》，第557頁)；或有慷慨解囊爲齊學裘紓困者，如浙江巡撫常大淳敬重其“繼志之苦衷”，贈予百金，“助爲刻帖之資”(《見聞隨筆》，第112頁)。

以蘇州爲中心，依托縱横交織的水路，齊學裘經營着他的書畫船。道光二十九年(1849)冬，齊學裘裝束書畫，乘船出游淮安，返程經過泰興，遂便道拜訪友人吴存義編修，“留談兩日，吟詩讀畫，樂不可言”；挂帆啓航之際，吴存義又偕朋友“同來畫舫作竟日談，暢觀書畫”，并爲齊學裘所仿黄公望畫卷題詩作跋，齊學裘“倒次其韵奉答”，賓主盡歡而散(《見聞續筆》，第1—2頁)。咸豐初年，齊學裘重到杭州，拜謁常大淳，“談論金石書畫”，宴會暢飲之際，得識應寶時父親應菊裳，二人“一見如故，把臂訂交”。言談間，應菊裳得知齊學裘“籌資刻《寶禊室法帖》，出賣書畫爲刻資”，遂“代爲吹植，極費心神，令人深感”(《見聞隨筆》，第557頁)。

三、太平天國運動爆發及江南兵燹時期齊學裘經歷考述

(一) 咸豐元年(1851)太平天國運動爆發，三年(1853)太平軍攻占金陵，江浙震動，此一時期齊學裘先携家到宜興避禍，局勢稍緩後返蘇州。

太平天國運動爆發之初，江浙一帶社會氣氛仍平和如昔，齊學裘於咸豐元年冬十月再游西湖，與戴熙暢談書畫，其間“高小垞、朱子庚、程蘭圃、羅鏡泉、趙次閑、魏滋伯、周澹園、應敏齋、王小鐵、周存伯諸君互爲東道主，西湖吟雪，西溪看梅，極一時湖山詩酒之樂”(《見聞隨筆》，第114頁)。難忘之情景，齊學裘多形諸詩歌，如《辛亥十月十四日，高小垞招同魏滋伯、項建霞、邵子舫西溪泛棹，止宿護生庵，得詩四首》《臘月十二日，夏静甫參軍、周存伯豪士、錢耐青少尉邀同應敏齋孝廉孤山探梅，作歌紀之》等。十五年後，齊學裘在通州(今江蘇南通)作詩懷念舊游應寶時，仍記憶尤深，其詩注稱“辛亥臘月十四日，余舟次錢塘，承招同王小鐵孝廉、夏静甫鹾使、周存伯太守湖山探吟，分韵賦詩，極一時文宴之樂”(《劫餘詩選》，第429頁)。齊學裘往來蘇杭時期仍設法籌資刊印家集，咸豐二年(1852)他舟行至高郵，訪知州左仁，小住十餘日，作詩留别，稱左仁“復邀至金陵，承助刻帖之資”(《見聞續筆》，第240頁)。

咸豐三年二月初十日太平軍攻占金陵，并建都於此，稱爲“天京”，在金田起義後“不過兩年三個月，便以疾風迅雷之勢席捲了東南”[1]。“金陵失守，吴門摇動”，面對這一緊迫局勢，齊學裘“携眷避地宜興和豐橋大亨醬園内”(《見聞隨筆》，第65頁)。闊别宜興十餘年，重回舊地，齊學裘儘管處於避難境地，但興致不減，舊雨新知結伴游，“烟霞變幻徵新句，風雨漂摇繫小舟”(《見聞續筆》，第187頁)。其少時結交之友楊振藩隨孔繼鑅到宜興籌捐軍餉，公餘訪齊學裘，邀其“游銅官、離墨、龍池、善卷、蜀

① 羅爾綱:《太平天國史綱》，上海:商務印書館，1947年，第61頁。

山、張公洞、玉女泉、南岳寺、祝英臺讀書處,觀國山碑,泛東西兩氿而回和豐橋,舟中紀游、倡和詩各成一卷”(《見聞隨筆》,第61頁)。翌年七月二十六日,齊學裘從桃溪放棹至祝陵,又與孔繼鑅、楊振藩一道“游善權寺,觀六朝石幢、唐宋古柏、碧蘚岩碣、《祝英臺近》詞牌,飲泉食瓜,尋九斗洞、仙李岩”(《見聞續筆》,第188—189頁),夜幕乃返,作詩記述所見所聞所感,不無今昔之慨。

太平軍定都“天京”後,與清軍形成對峙局面,蘇州暫無兵燹之虞,齊學裘遂於咸豐六年(1856)返回蘇州寓所“天空海闊之居”,日常生活中依舊不乏賓朋往來,歡飲唱和。咸豐八年(1858)夏初,網師園芍藥盛開,齊學裘應銘岳之托,邀客赴寓公陳某賞花宴,“樊曉堞、吴香岩、黄秋士、周存伯,緑酒紅燈,美人名士,笙歌未終,書畫間作”(《見聞隨筆》,第93頁)。是年,蔣敦復來蘇州,下榻齊氏寓齋,二人“暢談古今,遍游花柳,吟詩達旦,和韵連篇,相叙百日而去”(《見聞隨筆》,第102頁)。咸豐九年(1859)春,瞿園芍藥盛開,“張子畏銘、東屏、左清石諸君載酒邀客,暢飲花間,極一時文宴之盛”,齊學裘“即席賦詩,和者甚衆”(《見聞續筆》,第283頁)。

(二)五十八歲遭遇兵難,此一時期齊學裘先是被困蘇州,幾乎喪命,脱險後逃至陽湖,其間回宜興探弟妹消息而無所得。

咸豐十年(1860)三月初,太平軍再次擊破江南大營,并乘勢東進,四月十三日攻克蘇州。齊學裘陷城中不能出,數月間耳聞、目睹、身遭太平軍的燒殺搶掠,其作詩紀實,有“遇賊必死三,不死亦偶耳”句,自注稱:“一從樓屋推倒在地,手足未損;二以黄石舂腦,腦骨不碎;三欲吊打割耳,忽聞廳堂喧鬧,六賊驚散,因免於難。”(《劫餘詩選》,第389頁)十月初旬,太平軍至友來巷强占民居,齊學裘遂移寓大石頭巷,已在太平軍中任護將的舊鄰蔡藴三(一作蔡允三)力勸其出城,齊學裘“心然其言,猶不肯抛弃先人手澤,且盼大軍指日克復金閶,庶乎書畫碑帖一板一石皆可無恙”(《見聞續筆》,第484頁),但苦等月餘,清軍未至,不得已只能携家人乘間出城,“負先大夫梅麓公小像、遺墨”(《劫餘詩選》,第540頁),對於多年積累的收藏,“獨携書畫古帖、秦丞相府壺漏一器、漢玉一件,餘皆不問”(《劫餘詩選》,第389頁)。不意衰年而經歷刀兵、骨肉離散的齊學裘一再慨叹“萬死竟不死”“萬死不得死”,慶幸自己能虎口脱險。

齊學裘一家四口逃離危難的大概,其在紀念蔡藴三、唐文學、趙長子高義的短文中記述稱:“西寇犯蘇城,余陷城中九閲月,全仗蔡藴三。十一月二十二日,引我出危城。十二月二十二日,趙長子代我買舟,送我到陽湖東洲村。十一年正月初七日,唐文學爲我過江北送信至通州石港,與吾婿于漢卿通消息,問兒子功成下落。漢卿得信,即著舊僕平福同唐文學來陽湖接我到石港。”(《見聞隨筆》,第552頁)齊學裘一家四口輾轉抵達陽湖東洲村時已是歲末,“陳姬於是市牲醴以祀先人,共慶一門得出坎窞”(《見聞續筆》,第485頁)。近十個月的漂泊流離,倏至新年,齊學裘念及兒子功成下落不明,難免悵惘,鄰舍熱情招飲以寬其心。咸豐十一年(1861)正月初七日,齊學裘急忙托唐文學過江給倆女婿于昌遂、王端麟送信,一則詢問兒子消息,二則讓他們知道自己尚在人世。

兒女之外,讓齊學裘牽挂的還有居留宜興老宅的弟妹,所以初七日他又急急地在東洲村雇小舟前往宜興打探消息。《辛酉正月初旬陽湖東洲後村買棹歸宜興,往返三日,作詩紀事》稱:"倏忽到和橋,月已出東山。兩岸焦土場,場中白骨填。族人病欲死,卧床殘喘延。裴嫗見我來,悲喜言便便。四弟六月至,赤脚無衣穿。五弟七月逢,喪馬手執鞭。皆從賊中出,遁迹在山間。其餘諸弟妹,能否俱保全。"(《劫餘詩選》,第388頁)《寄懷二弟子弓申江需次九首》其四注則稱:"辛酉人日往宜興和橋訪諸弟妹不見,城中春輝堂久爲賊據,和橋坊店房屋盡爲土匪燒毁,一片荒烟蔓草間,累累白骨而已。"(《劫餘詩選》,第390頁)齊學裘冒險尋訪弟妹而未見,聞裴嫗所言四弟、五弟淒慘情狀如在目前,令人鼻酸,其睹街市滿目瘡痍,舊居春暉堂爲太平軍頭目占據,黯然神傷,最終悵悵而返。

(三)五十九歲渡江至通州石港,此一時期齊學裘寄住女婿于昌遂家,劫後餘生,不免感時傷世。

經由女婿于昌遂的一番催促,正月二十二日齊學裘携側室陳氏、任金寶等乘船渡江至石港(今屬江蘇南通),親朋弦歌相迎,"骨肉重團圞,酒肴供飽醉。是耶抑非耶,相對如夢寐"(《劫餘詩選》,第389頁)。自咸豐十一年(1861)到同治六年(1867),齊學裘"一葦浮江泊港陂"(《劫餘詩選》,第540頁),寄居女婿家七年,眠食無憂,他心下明白女婿于昌遂在兵戈擾攘之世的艱難周旋,贊嘆其賢能真誠,尤其是于氏對齊功成"教養恩兼備",口授作文妙法,而不以异姓輕忽之,令他銘感不忘,曾作長詩題稱"乙丑十一月二十七日,成兒及冠,于婿漢卿以《天下才子必讀書》爲賀,并雲婿所望于小玉者,不但功名,祖武克繩即不愧此佳名。感其盛意,作詩酬之,二十叠前韵,用示成兒,無忘厚誼,發憤爲雄,以副期望,則幸甚幸甚"(《劫餘詩選》,第430頁)。

七年的時間裏,齊學裘在女婿、女兒經營的一片大地中平静地生活着,間或與身邊親朋游走山川、吟咏題贈,間或寄懷遠方親友,然劫後餘生,多發危苦之音,但亦不乏傷時感事之情。他以杜甫自况,以"詩史"自期:"後之作者出,必目爲詩史。近作劫餘吟,閲歷同杜甫。流離困苦中,不敢忘君父。"(《劫餘詩選》,第397頁)《紀事述懷用于婿漢卿聞官軍收蘇州八首原韵,癸亥十二月初十日作》其二云:"杜陵辛苦賊中來,回首風塵信可哀。……寇來如入無人境,事去猶思拯世才。四郡一州天下賦,可憐俄頃化爲灰。"(《劫餘詩選》,第415頁)齊學裘化身杜甫,抒發感慨。太平軍在江南攻城略地,勢如破竹,數年間生靈塗炭;清軍收復蘇州後,亟需濟時救世之才經營此國家賦税仰賴的富庶之地。

同治三年(1864)六月十七日,曾國藩、曾國荃兄弟率湘軍攻克"天京",太平天國覆滅。齊學裘聽到捷報,作《同治三年六月十七日,曾相國、曾中丞克復江寧,生擒渠賊李秀成、洪仁達,紅旗捷報,作詩八章,以志大喜》抒懷,結句云"而今好作歸家計,二水三山奏凱歌"(《劫餘詩選》,第416頁),表達出希望及早返鄉的喜悦心情。經過一番準備,九月十二日到焦山,訪定慧寺僧芥航,喜晤金石名家吴雲,"生存相對互相慶,名山名士談收藏"(《劫餘詩選》,第418頁),又晤友人許樾身,"酒酣耳熱時,慷慨談世事"(《劫餘詩選》,第418頁)。十月下旬與三弟、五弟兩家人團聚,作《十月下澣,吴門北街寓中與三弟小麓、五弟樸齋小酌,時汪氏妹、二弟媳、侄功炎、侄女瑞萸皆在室,回舟口占一律》,表達干戈平定後“骨肉相逢喜异常”的歡欣之情(《劫餘詩選》,第419頁)。同治四年(1865)正月,齊學裘返宜興故居,料理田宅,“修造和豐橋市廛數間”(《劫餘詩選》,第425頁),與暌違六年的四弟同舟歡聚,晨夕暢談,勉勵他説“丈夫事業期千載,努力前程快着鞭”(《劫餘詩選》,第422頁)。然而久經兵亂,“訪舊多爲鬼,同誰話暖寒”(《劫餘詩選》,第420頁),齊學裘兄弟聯床風雨的欣喜之餘,難掩心中知交零落的悲凉。

四、餘　緒

咸豐十一年(1861)年初,身歷劫難的齊學裘在女婿家安頓後,曾寫詩給已至上海謀生的二弟齊學箕,抒發“一切皆堪捨,難忘是兄弟”(《劫餘詩選》,第390頁)的情懷。次年,齊學箕遽然離世,年僅三十歲,齊學裘有感於時勢艱難,兄弟生離死別,作《哭二弟子弓》深表悲慟,切盼“江南賊速平,爲弟妥安置”(《劫餘詩選》,第403頁)。同治六年(1867)五月下旬,齊學裘乘船到上海收拾二弟骸骨,乘間訪故友應寶時,兩人雖十年未見,交談仍投契,遂有校讎宋儒陳亮文集及亡友蔣敦復文集之約定。《申江記游》載:“同治六年五月,余從泰州來申,盤二弟小梅靈柩歸葬宜興鴉臼崗。應敏齋觀察約到申代爲校刊宋儒陳龍川文集并故人蔣劍人文集。”(《見聞隨筆》,第456頁)六月十七日,齊學裘抵達宜興,安葬二弟靈柩,遂了却一樁心事。十月中旬,齊學裘按約赴上海,被安排住在也是園(亦名南園),開始了一段“識分安貧自樂天”“論交湖海存知己”(《劫餘詩選》,第443頁)的新生活。

齊學裘一生歷經嘉慶、道光、咸豐、同治、光緒五朝,在國勢日益頹敗的時局中,遭受了家世衰落、兄弟離散、朋舊喪亡等現實悲苦,尤其是被困蘇州近十個月,劫後餘生而身心俱受創傷。隨着江南社會秩序的重建、經濟的復蘇,齊學裘六十五歲後的暮年時光復歸於平静,但他依舊爲維持一家生計、爲編刻先人文集籌資奔勞,往來於江南北,周轉於親朋間。綜言之,齊學裘在太平天國佔據江南前後,作爲無法通過科舉進入仕途的普通地方官宦子弟,他没有光彩奪目的形象、令人稱羡的功業,却有豐富的、獨有的人生閱歷和感悟,具有較爲典型的“樣本”價值,能映射出晚清江南普通士人的共同情態。

■學術叢札

《新撰字鏡》反切訛誤類型研究

孫　磊

摘　要:天治本《新撰字鏡》是古漢語研究非常重要的一部工具書,該書不僅參引了大量中國古代文獻,還收録了早已散佚的唐代韻書資料,對於考察中古音系具有很高的學術價值。然其編撰時代較早,又書成衆手,内中俗字異文混雜,反切訛誤較多。今考其誤音,大致歸爲八類:一、反切訛衍脱倒;二、反切俗寫錯訛;三、反切襲舊失校;四、反切妄增重音;五、反切求簡臆省;六、反切錯置誤配;七、反切誤抄音訛;八、反切涉義竄亂。

關鍵詞:《新撰字鏡》;反切;訛誤類型

《新撰字鏡》(下稱《字鏡》)爲日本沙門昌住所作。昌住生當中國唐代,生約公元9世紀,卒年不詳。《字鏡》書成於日本平安時期(794—1192)昌泰年間(898—901)。天治本是目前所見該書的最早版本,爲寫本材料。據卷末題名,知由法隆寺數位僧人於天治元年(1124)間分卷抄寫完成。全書分12卷,依部首編排,凡115部,另有5個其他類别[①],收字共計兩萬餘條。觀其體例,每條大都先羅列字頭,次出反切,再給釋義及引證。據其自序,此書以玄應《一切經音義》爲底本,同時參考了顧野王原本《玉篇》及陸法言《切韻》諸書編撰而成。今考其反切,據《玉篇》《切韻》系列文獻與《字鏡》相互比勘,以考其訛誤,同時參校中古其他韻書字書如《經典釋文》《篆隸萬象名義》《干禄字書》《五經文字》等以證其所謬。後文分類探討并舉例爲證,詳參下。

一、反切訛衍脱倒

(一) 切上字訛

1. 卷二皮部:“皻,方居反。肥也,皮膚。”(140/1/4)卷二皮部:“**皻**,上字作,未

作者簡介:孫磊,中國人民大學國學院博士研究生,主要從事漢語史和音韻學研究。

基金項目:教育部人文社會科學研究規劃基金“《唐寫全本王仁昫刊謬補缺切韻》多音字研究”(19YJA740055);安徽省哲學社會科學規劃一般項目“宋元切韻學視閾下《四聲等子》綜合研究”(AHSKF2022D12)。

① 這五個其他類别不按部首編排,而是秉承“以類相從”的原則,如卷二設“親族部”,卷十二設“雜字、重點、連字、臨時雜要字”四部。

詳。”(140/1/5)[①]

按:《説文・肉部》[②]:“臚,皮也。从肉。盧聲。膚,籀文臚。”徐鉉音:“力居切。”(第 167 頁下)又《字鏡・肉部》:“臚,或作皾。力居反。皮也。”(第 31 頁)比勘之,知“皾、臚”互爲異體字,“皮、肉”義通,换旁無别。皾爲“膚”字之增旁俗寫,與“皾、臚”皆可視爲一字之變。然“皾”從“盧”聲,“盧”聲之字例不諧唇音,且此字《説文》《字鏡》肉部并音“力居切”,比勘之,則疑此處切上字“方”即爲“力”字之形訛。當據改。

2. 卷八鳥部:“鷝,畢吉反。鴗。”(463/6/5)

按:“鷝、畢”二字音同不必出反切,故疑此反切上字恐有訛誤。貞苅伊德《新撰字鏡の研究》[③]謂此條爲《字鏡》引用《切韻》之文(第 81 頁),然檢《王二・質韻》[④]罕吉反下作“鷝鴗,鳥”(第 792 頁),《切三》[⑤]同(第 142 頁),《唐韻殘卷・質韻》罕吉反下增訓作“鷝鴗,鳥名,白面,青色”(第 694 頁),考諸書形訓均與例中文義相合,唯音不符。又《字鏡》引《切韻》同紐有“蹕、蓽”二字亦音“罕吉反”(第 135、419 頁),比勘之,則知《字鏡》此切上字“畢”即“罕”之形誤。當據正。

(二) 切下字訛

3. 卷二目部:“睖睖,二同。褚麻反。直視之皃。”(96/2/1)

按:依字形,睖字從“夌”得聲,“夌”聲之字蓋不入麻韻,此切下字恐誤。《廣韻・蒸韻》[⑥]丑升切:“睖,睖瞪,直視。”(第 57 頁下)《集韻・蒸韻》[⑦]同《廣韻》,又增“閭承切”一讀,亦訓“直視”(第 250—251 頁)。又檢《字彙・目部》[⑧]:“睖,丑成切。音稱。睖瞪,直視也。又力膺切。音陵。義同。”(第 314 頁下)比勘之,諸書“睖”字皆入蒸韻,并可證《字鏡》此處之誤。今疑此切下字“麻”蓋“成”字形近而訛也。當據改。

4. 卷三毛部:“毻,徒唐反。毦也,蜀曲毛。”(142/7/1)

按:反切上下字“徒、唐”同紐,二者必有一誤。又據“毻、唐”同音不必出反切,可知此切下字“唐”恐誤。據貞苅伊德《新撰字鏡の研究》,“毻”字乃《字鏡》引用《玉篇》之文(第 60 頁),今檢《篆隸萬象名義》脱此字,唯《宋本玉篇・毛部》[⑨]大當切下訓作

---

① 本文所用《新撰字鏡》爲日本天治元年本,日本先後所出整理本不易得見,幸得《佛藏輯要》,此書第 33 册曾收入巴蜀書社於 1993 年影印出版的天治本《新撰字鏡》,今據以爲底本。引文用仿宋標示,且隨文加註頁碼。如(140/1/5)即表示第 140 頁,第 1 行,第 5 個字頭,後同。

② (清)段玉裁注:《説文解字注》(第 2 版),上海:上海古籍出版社,2004 年。

③ [日]貞苅伊德:《新撰字鏡の研究》,京都:汲古書院,1988 年。

④ (隋)陸法言撰,(唐)王仁昫補,徐朝東點校:《切韻彙校》,北京:中華書局,2021 年。本文所引《王一》《王二》《王三》,悉出此書,後同。

⑤ 周祖謨編:《唐五代韻書集存》,北京:中華書局,2005 年。本文所引《切三》《唐韻殘卷》及帶編號的《切韻》系韻書殘卷皆出此書,後同。

⑥ (北宋)陳彭年:《宋本廣韻・永禄本韻鏡》,江蘇:江蘇教育出版社,2002 年。

⑦ (南宋)丁度等:《集韻》,上海:上海古籍出版社,1985 年。

⑧ (明)梅膺祚著,(清)吴任臣補:《字彙・字彙補》,上海:上海辭書出版社,1991 年。

⑨ (北宋)陳彭年:《宋本玉篇》,北京:中國書店,1983 年。

“氀毦，罽曲文者”(第 479 頁)，故疑切下字“唐”蓋“當”字之形誤，又此或是涉字頭“氀”從“唐”而誤寫。當據改。

5. 卷五角部：“觛，欣瓦反。角匕也。”(260/4/4)

按：《説文・角部》：“觛，角匕也。从角。亘聲。讀若讙。”徐鉉音：“况袁切。”(第 187 頁)據讀若音，疑《字鏡》切下字“瓦”恐誤。《廣韻》“觛”字凡兩見，《廣韻・元韻》况袁切作：“觛，角匕。又許羈切。”(第 32 頁)又《廣韻・支韻》許羈切：“觛，角匕。又火元反。”(第 10 頁)《宋本玉篇・角部》亦“欣奇、欣元”二切，注云：“觛，角匕。”(第 481 頁)諸書所訓并與《字鏡》合，比勘音注切下字，“瓦、元”二字形近，疑《字鏡》“瓦”殆“元”字之訛誤。當據改。

6. 卷八鳥部：“鷻，達朝反。上同。”(460/4/2)

按：貞苅伊德謂“鷻”字出從《切韻》引文(第 81 頁)，然檢《王一》《王二》《王三》直由反并作：“鷻，南方名雉”。(第 275 頁)又《字鏡》所引《切韻》同紐有“紬、檮、薵”三字皆音“直留反”(第 209、379、413 頁)，《字鏡》此音與上述皆不合，疑非《切韻》音也。又見《名義・鳥部》①：“鷻，逵輈反。四方雉名也。”(第 244 頁)比勘之，疑此條當出原本《玉篇》，《名義》切上字“逵”即“達”之誤，《字鏡》切下字“朝”即“輈”之訛。《字鏡》此條上有“鶅、鵗、鷷、鵗”四字，分別對應“東方名雉、南方名雉、西方名雉、北方名雉”四義，遂知例中所云“上同”即指“四方雉名”而言。故此處蓋《字鏡》在輯引《切韻》條目時受義訓影響，以類相從，不慎混入的原本《玉篇》音切，非《切韻》音也。當據改。

(三) 反切上下字皆訛

7. 卷三女部：“妜，汁尤反。鼻目間恨也；憂也；媚也。”(180/5/3)

按：《説文・女部》：“妜，鼻目閒皃。从女。夬聲。讀若煙火炔炔。”徐鉉音：“於説切。”(第 623 頁)比之《字鏡》，《説文》所訓“鼻目間皃”，似有脱誤。《廣韻・薛韻》：“妜，鼻目間輕薄曰妜也。於悦切。”(第 147 頁)《廣韻》釋文與例中文義相合，或可參。然以音觀之，“妜”從“夬”聲，當諧牙喉音，此讀“汁尤反”恐誤。《名義・女部》：“妜，汙穴反。憂；媚。”(第 27 頁)比勘之，疑《字鏡》反切上下二字皆誤，“汁尤反”當即“汙穴反”之誤。此反切上下字蓋涉字形相近致轉寫訛誤也。

8. 卷五車部：“輷，采明反。軥也；車聲也。”(273/5/2)

按：《説文・車部》：“轟，群車聲也。从三車。”徐鉉音：“呼宏切。”段注：“古字作軥，今字作輷，《玉篇》作輷。”(第 730 頁)考“輷”從“訇”聲，當諧牙喉音，《字鏡》音“采明反”，恐誤。《原本玉篇・車部》②：“輷，呼萌反。《史記》：‘輷輷殷殷，若有三軍之衆。’《蒼頡篇》：‘輷輷，聲也。’《聲類》亦轟字也。”(第 341 頁)考“軥、輷、輷、轊”四字通，皆“轟”字或體。比勘之，知《字鏡》反語上下字皆誤，“采明”疑“乎萌”之省訛，當

① (唐)釋空海：《篆隸萬象名義》，北京：中華書局，1995 年。

② (南朝梁)顧野王：《原本玉篇殘卷》，北京：中華書局，1985 年。

據改。

9. 卷八鳥部:"鸛,呼官反。平:鴘。"(460/7/2)卷八鳥部:"鳨,呼官反。人面鳥喙。"(460/7/3)

按:此條貞苅伊德謂引自《切韻》平聲(第81頁),然檢《王一》《王三》"鸛"字并音"巨負反"訓"鵂鶹"(第167頁),唯與例中音切不合。又《字鏡》[①]引《切韻》同紐有"觠、豩、蠸、踡、瘔、惓、齤、鬈"八字皆音"巨負反",比勘之,疑《字鏡》此處亦原當作"巨負反"。誤作"呼官反"者,蓋涉下"鳨"字音"呼官反"而誤寫。當據改。

(四)反切衍誤

10. 卷五車部:"輔,扶高禹反。上:萬相也;助也;補也;頰輔者。加波知。"(269/6/2)

按:此處反切衍一"高"字,正當作"扶禹反"。《名義·車部》:"輔,扶禹反。助;相。"(第183頁)《宋本玉篇·車部》:"輔,扶禹切。相也。"(第338頁)比勘之,可知《字鏡》此處誤衍也,當據删。

(五)反切脱誤

11. 卷六三水部:"澅,胡反。水名也。"(337/3/5)

按:此處脱反切下字,《王一》《王二》《王三》"澅"字并注"胡卦反"(第602頁),《廣韻》"胡卦切"(第110頁)音同,可據補。又《字鏡·糸部》有"絓"字云出從《切韻》去聲字,注"胡卦反"(第207頁),同上。《切韻》系諸書"絓、澅"二字屬同紐,爲同音字,亦可證切下字當作"卦"。當據補。

(六)反切倒誤

12. 卷八竹部:"等,怠都反。比也;類也;齊也;階級也;輩也。荨字。"(458/2/6)

按:"怠都反"當是"都怠反"之誤倒,《名義·竹部》:"等,都怠反。猶;差;比;間;輩。"(第140頁)《宋本玉篇·竹部》:"等,都肯、都怠二反。類也;輩也。"(第271頁)此二書音義皆與例中文義相合,并可證《字鏡》此誤也,可據乙。

二、反切俗寫錯訛

13. 卷二言部:"訆,公予反。忌言也。叫字。嘷也。"[②](161/2/2)

按:《原本玉篇·言部》:"訆,公予反。《説文》:'訆,忌言也。'《春秋傳》曰:'或訆

---

① 《字鏡》引《切韻》此八字分别對應《字鏡》第261、471、134、134、146、256、124、191頁。

② "訆"字,原本《玉篇》引《説文》釋作"忌言也",今本《玉篇》作"妄言也","忌、妄"二字形近,當有一誤。然今本《説文》"訆"字訓"大呼也",與"叫"同,與《玉篇》所載殊異。或顧野王《玉篇》所見《説文》版本與今有别,未詳孰是。存疑。

宋大庙。'是。《字書》或叫字也。叫，嘷也，在口部。"（第21頁）依文義，"訆"即"訆"字，"叫"同"叫"。檢《説文·言部》："訆，大嘑也。从言。丩聲。《春秋傳》曰：'或訆於宋大廟。'"（第99頁）又《説文·口部》："叫，嘑也。从口。丩聲。"（第60頁）《説文》"訆"與"叫"音義并同，古今字耳。然此字從"丩"聲，與反切"公予"不合，恐誤。《五經文字·口部》[①]："叫嘂，二同。并工弔反。"（第73頁）《廣韻·嘯韻》古弔切："訆，《説文》曰：'大呼也。'"（第119頁）綜上，疑切下字"予"蓋"弔"字之俗訛。考"弔"字俗書或作"吊"，見《干禄字書·去聲》[②]："吊弔，上俗下正。"（第26頁）又"吊"字省作"𠮩"，繼誤與"予"同。其字形訛誤過程爲："弔"—"吊"—"𠮩"—"予"。此反切俗書錯訛所致音誤也。

14. 卷五馬部："騑，逬肥反。莬，馬而兔走。"（253/7/1）

按：《説文·馬部》："騑，馬逸足者也。从馬、飛。"段注："飛亦聲。"（第463頁）比勘例釋，知《字鏡》此處所訓有誤，釋文"走"即"足"字形訛。又檢《宋本玉篇·馬部》："騑，不韋切。騑兔，古之駿馬也。"（第422頁）《切三·微韻》匪肥反："騑，騑兎，馬而兎足。"（第109頁）據此二書，疑例中"莬"爲"兎"字之誤，此字當連字頭訓，正當作"騑：騑兔，馬而兔足。"以音觀之，"騑"從"飛"聲，諸書所注皆爲唇音，唯《字鏡》切上字"逬"，不相合。《龍龕手鑒·辵部》[③]："逬，相承。堆、惟、裴、匪四音。"（第538頁）此字不習見且異讀甚多，不宜作切上字，恐誤。《王一》[④]《王三》并注"騑"音"匪肥反"（第82—83頁），故今疑"逬"即"匪"字之訛。考唐人從"匚"部字俗書改從"辶"，如"匹"字俗書或作"辶匹"，見《干禄字書》："辶匹匹，上俗下正。"（第29頁）類推之，則"匪"字俗書可作"辶非"，後訛省即誤作"逬"也。其字形訛誤過程爲："匪"—"辶非"—"逬"。《字鏡·牛部》："犕，匪肥反。平：似牛，一目白首也。"（第257頁）亦可證此反切上字即"匪"字之誤也，當據改。

15. 卷五見部："覦，庚俱反。欲也；覬也。"（284/3/1）

按：《説文·見部》："覦，欲也。从見。俞聲。"徐鉉音："羊朱切。"（第409頁）《廣韻》"覦"字凡兩見，《廣韻·虞韻》羊朱切："覦，覬覦，欲得。"（第20頁）又《廣韻·遇韻》羊戍切："覦，覬覦。又音俞。"（第105頁）《五經文字》："覦，羊朱反。"（第67頁）諸書所訓并與例中文義相合，然并諧以母，音與《字鏡》異。考"覦"從"俞"聲，"俞"聲之字例不諧牙喉音，切上字"庚"恐誤。《名義·見部》："覦，庾俱反。欲。"（第39頁）《宋本玉篇·見部》："覦，庾俱切。欲也。"（第91頁）"庾"即"庾"字俗書，見《正字通》[⑤]："庾，俗譌省作庾，誤。"（第331頁）又"庾、庚"形極近，故訛省"庾"作"庚"也。其字形訛誤過程爲："庾"—"庾"—"庚"。又《字鏡·木部》："榆，是珠、庚珠二反。白粉也。尓礼也。"（第385頁）切上字作"庚"，誤同"覦"字，并當改作"庾"。

---

① （唐）張參：《五經文字》，北京：中華書局，1985年。
② （唐）顔元孫：《干禄字書》，北京：中華書局，1985年。
③ （遼）釋行均：《龍龕手鑒》，北京：中華書局，1991年。
④ 《王一》"騑"字頭誤奪，可據其義補出。
⑤ （明）張自烈，（清）廖文英編：《正字通》，北京：中國工人出版社，1996年。

三、反切襲舊失校

16. 卷六木部:"榠,冝鼎反。木似楟也。茗字。"(390/7/1)

按:依字形,"榠"字蓋從木冥聲,"冥"聲之字例不讀疑母,此切上字"冝"恐誤。《名義·木部》:"榠,冝鼎反。木似樣,爲茗草。"(第 125 頁)比勘之,疑《字鏡》《名義》皆誤抄自《原本玉篇》,例中"楟"當即"樣"字之訛。《宋本玉篇·木部》:"榠,亡零切。榠樝果也。"(第 242 頁)《集韻·迥韻》:"茗榠,母迥切。茶晚取者。或作榠。"(第 427 頁)諸書所注皆諧明母,與"冥"聲合,故今疑"冝"蓋"冥"字之誤。[①] 因"冝、冥"二字形近,遂有此誤。《名義·艸部》:"茗,冥鼎反。荼字。"(第 136 頁)亦可證切上字當作"冥"也。《字鏡》襲用舊切未校,當據改。

17. 卷六艸部:"蕉,子婔反。平:芺也;蕉也。"(402/5/4)

按:《説文·艸部》:"蕉,生枲也。从艸。焦聲。"徐鉉音:"即消切。"(第 44 頁)考"蕉"從"焦"得聲,"焦"聲之字例不入微韻,切下字"婔"恐誤。《名義·艸部》:"蕉,子婔反。生枲,芭蕉。"(第 136 頁)比勘之,知《字鏡》此襲用《名義》舊切,遂誤此。古籍中從"兆"聲之字因形近常誤從"非",如《正字通》:"䪼,頫字之譌。"(第 1286 頁)故疑切上字"婔"即"姚"字之誤。今檢慧琳《一切經音義》[②]有"芭蕉"條,注云:"上補加反,下子姚反。"(第 566 頁)故可知切下字"婔"即"姚"之訛,當據改。

四、反切妄增重音

18. 卷三言部:"謥,丁弄反。詷也;言急也。"(156/6/1)卷三言部:"[illegible],且送反。詷也;獪。悤字。"(159/1/2)

按:比勘例中二條音義,"[illegible]"即"謥"字。《原本玉篇·言部》:"謥,且送反。《蒼頡篇》:'謥,詷也。'《聲類》:'謥,獪也。'今亦爲悤字,在心部。"(第 42 頁)又《名義·言部》:"謥,且送反。詷;獪。悤。"(第 86 頁)考《廣韻》"謥"字俗作"謥",《字彙》"謥"字又俗作"謥",則"謥、謥、謥"三字通。又《玉篇》《名義》所訓與例中文義皆相合,且反切用字全同,疑《字鏡》此條音義蓋抄自《玉篇》系字書。另一疑抄自《切韻》系韻書,敦煌 P. 3696 送韻:"謥,詷;言急。千弄反。"(第 201 頁)《王一·送韻》:"千弄反。謥詷;言急。"(第 521 頁)《王二·送韻》:"謥,千弄反。謥詷,急言。"(第 521 頁)諸書所載可據證。綜上,首條反切之"丁弄反"之"丁"當爲"千"字之訛,"丁、千"二字形近,遂致誤。然不論"千弄反",亦或是"且送反"[③],音韻地位全同,反切用字不同也。其意

---

① 吕浩:《篆隸萬象名義校釋》,上海:學林出版社,2007 年,第 204 頁。"榠"字,吕氏切上字直接校録作"冥",未加説明。

② 徐時儀:《一切經音義三種校本合刊》,上海:上海古籍出版社,第 2 版,2023 年。

③ "且"在《玉篇》中有"精、清"母兩讀,但其作反切上字時,或只取其常讀音清母一讀。

義不別且非異讀,恐《字鏡》此不辨來源,妄增重音耳。

19. 卷二耳部:"聋,不搕反。大耳。"(119/8/4)卷十大部:"聋,都盍反。大耳。"(590/2/1)

按:依字形及文義,"聋"乃會意兼形聲字,字從耳從大,大亦聲。考"大"聲之字皆諧舌音,例不讀唇音,首音切上字"不"或有誤。《名義·耳部》:"聋,丁搕反。大聲。"(第41頁)《宋本玉篇·耳部》:"聋,丁盍反。大耳也。"(第94頁)比勘《字鏡》,則知反語"不搕"即"丁搕"之誤,《名義》釋文"聲"疑"耳"字之增訛。諸書"聋"字并置於耳部,唯《字鏡》大部又重出,且"丁搕、都盍"二切聲韻全同,只反切用字有異,恐來源不一。《王三·盍韻》都盍反:"聋,都盍反。大耳。"(第884頁)《王二》同。據此疑後條"都盍反"蓋出從《切韻》系韻書,首音"丁搕"則源自《玉篇》系字書,此不辨來源,妄增重音耳。又《字鏡》分部而抄寫成書,此又或係抄者不同而致重音也。

五、反切求簡臆省

20. 卷五舟部:"艀,夫九反。小艜也。桴。"(268/1/1)

按:《名義·舟部》:"艀,扶留反。小艜。"(第185頁)《廣韻·尤韻》縛謀切:"艀,舟也。"(第61頁)《宋本玉篇·舟部》:"艀,父尤切。小艜也。亦作桴。"(第341頁)《字彙·舟部》:"艀,房鳩切。音浮。舟也。"(第391頁)綜上,諸書所載義相通,皆音平聲尤韻且無異讀,聲韻并與《字鏡》異。又《博雅音》[①]:"艀,扶鳩(反)。各本扶譌作狀,今訂正。"(第1571頁)據此條音注,今疑《字鏡》反切"夫九"恐"扶鳩"字之人爲臆省,當據改。

21. 卷五車部:"斬,阻咸反。上。"(274/2/5)卷九斤部:"斬,日減反。斷也;病滅也;截也;伐裂也;斫裁。"(506/7/1)

按:《説文·車部》:"斬,截也。从車斤。斬法車裂也。"徐鉉音:"側減切。"(第730頁)《名義·斤部》:"斬,俎減反。斷也;滅;伐;裂;破。"(第167頁)《宋本玉篇·斤部》:"斬,俎減反。斷也。"(第315頁)據上,因"斬"爲會意字,故諸書或從《説文》放"車"部,或置於"斤"部,而《字鏡》則兩部兼收。依文義,諸本所訓皆互通,然比勘其音,《字鏡·斤部》斬音"日減反"與諸書皆異,恐誤。據其義推蓋抄自《名義》,則切上字原當作"俎",今作"日"蓋人爲臆省作"且"後又訛變所致。又《字鏡·車部》斬音"阻咸反"蓋亦有誤,據其義標明"上"聲,知其音當出從《切韻》系韻書,然《王一》《王二》皆作:"斬,阻減反。"(第510頁)《切三》音同上(第139頁)。《字鏡》例中自標爲"上"聲,而切下字"咸"又爲"平"聲,前後自相矛盾,遂疑切下字"咸"亦"減"字之臆省。此二音并當據改。

① (唐)曹憲撰,(清)王念孫疏證:《廣雅疏證》(附《博雅音》),北京:中華書局,1936年。

六、反切錯置誤配

22. 卷一人部:"企,許延反。平。又袪鼓反。字從止。輕去宜也;舉皃也。"[①](57/6/1)卷一人部:"𠈌,上古文。"(57/6/2)

按:《説文·人部》:"企,舉歱也。从人止。𠈌,古文企。"徐鉉音:"去智切。"(第365頁)引文與例中文義相近,古文"𠈌"即《説文》"𠈌"之異寫,"輕去宜"三字義不詳,恐有訛誤。《經典釋文·爾雅音義下》[②]:"企,去豉反。字或作跂。"(第435頁上)《名義·人部》:"企,去豉反。望。𠈌,古文。"(第15頁)比勘《字鏡》,知此切下字"鼓"當即"豉"字訛寫。又諸書所注皆非平聲且無異讀,此條首音"詐延反"蓋有誤。《説文·人部》:"仚,人在山上皃。从人山。"徐鉉音:"許延切。"(第383頁)考"山、止"二旁形近常相混,如"辿"字又作"延"。故今疑首音"詐延"即"許延"之形誤,字頭亦當從《説文》作"仚"。因字頭"仚、企"二字形近,故錯收二字而爲一條,導致音義錯亂也。《廣韻》《玉篇》皆分"仚、企"爲二,合於《説文》,并可證《字鏡》此反切錯置誤配也,當據改。

23. 卷六三水部:"涷,多貢、力見二反。去:暴雨也。波夜佐安女。"(330/3/2)卷六三水部:"湅,上字。瀾也。練字也。"(330/3/3)

按:《説文·水部》:"湅,瀰也。从水。柬聲。"徐鉉音:"郎甸切。"(第566頁)又《水部》:"涷,涷水。出發鳩山。入河。从水。東聲。"徐鉉音:"德紅切。"(第516頁)比勘之,知《字鏡》所訓之"瀾"當即"瀰"之訛。《説文》"涷、湅"異字,"涷"從"東"聲,故其音"多貢反",訓爲"暴雨";"湅"諧"柬"聲,故讀來母,訓爲"瀰"。"涷、湅"二字形極近,《字鏡》誤合二字爲一條,遂致反切錯置誤配。《名義·水部》:"涷,都貢反。"(第185頁)又《名義·水部》:"湅,力見反。煮。"(第194頁)《宋本玉篇·水部》:"涷,都聾切。露皃;又水名。又都弄切。"(第360頁)又《水部》:"湅,力見切。煮絲絹熟也。"(第353頁)《五經文字·水部》:"涷,音東。又都弄反。見《爾雅》。"(第59頁)又《水部》:"湅,音練。見《考工記》。"(第59頁)諸書皆分"涷、湅"爲二,并可證《字鏡》此處之誤。可據改。

七、反切誤抄音訛[③]

24. 卷十一穴部:"窕𥦖,二同。正:秦堯反。平:細不滿也;肆也。又胡了反。上:間也;美也;深也;淫也;好也;寬也;佻。"(635/3/3)

按:此條貞苅伊德謂《字鏡》引《切韻》之文(第95頁),然檢《王一》《王三》"窕"字

---

① "輕去宜"之"宜"諸本臨摹不清,此義未詳,不知所出。或"去宜"二字即"舉"一字之誤分。

② (唐)陸德明:《經典釋文》,北京:中華書局,1983年。

③ 因反切誤抄而音訛者,情况比較複雜。此限於篇幅,略舉一例,詳參孫磊《〈新撰字鏡〉輯引〈切韻〉反切指誤》,《皖西學院學報》2024年,第6期。

皆音“徒了反”(第 437 頁),P. 3693《切三》亦同(第 193、135 頁),且“窕”從“兆”聲,“兆”聲之字例不諧齒音或喉音,遂疑《字鏡》“秦堯、胡了”二音恐皆誤。今考諸本《切韻》系韻書“窕”小韻上接“皛”小韻,而“皛”字恰音“胡了反”,故知此蓋《字鏡》抄者誤以鄰字又音爲正切者,遂有此誤。又“秦堯反”者,此音疑非出《切韻》。檢《名義·穴部》:“窕,敕堯反。肆也;疾也;極也;間也;容也;寬也;好也;淫也;美也;隙也。”(第 114 頁)比勘之,疑《字鏡》切上字“秦”即爲“敕”之省訛。并當據正。

八、反切涉義竄亂

25. 卷二口部:“噆,聲荅反。衆也。”(117/2/4)卷二口部:“哈,啓合、吐合二反。啗、噉同。魚多皃也。”(117/2/5)卷五石部:“碟,磬合反。入:磼碟也。”(300/5/1)

按:此三條貞苅伊德皆謂《字鏡》引《切韻》之文(第 57 頁、73 頁),檢《王二》《王三》[①]《唐韻殘卷》合韻此三字確爲同紐,然三書并音“五合反”(第 884 頁/716 頁),與例中音切不合。因“噆”爲小韻首字,比勘此三條音注,疑《字鏡》後兩條切上字“啓、磬”二形蓋皆爲“聲”字之訛寫,《字鏡》“噆”字切下字“荅”即“合”字之誤。然考之於音,“噆”字《切韻》系諸書皆音“疑”母,《名義》《宋本玉篇》亦同,故切上字作“聲”恐亦誤。又“聲”字筆畫繁雜,不宜作反切用字,且《切韻》系韻書未見作切上字者,遂疑“聲”字蓋非反切用字。又考之於義,上舉諸書皆訓“噆”作“衆聲”,唯《字鏡》此處義訓奪“聲”字,或非偶然。《切三·合韻》此條作:“噆,衆聲。五合反。”(第 147 頁)據此料想,是《字鏡》作者昌住所據《切韻》底本此義原有“聲”字,然反切涉義誤竄,切上字“五”被誤奪,遂生“聲荅、啓合、磬合”等誤音也。并當據改。

本文所列《字鏡》反切錯訛僅是舉例性質的,原書音誤可見一斑。《字鏡》原爲寺廟僧衆識讀佛經而撰,側重於對字形和釋義的整理,對於音注便有所忽略,以致原書反切訛、衍、脱、倒等文字問題觸目皆是。又受限於編者和抄者的文化背景,因缺乏專業理論知識的支撐及書寫規範的嚴格要求,在抄録時既不能有效排除文本中音注原有的舊誤,又人爲主觀地將一些不相干的字條混而爲一,有時甚至爲求簡便隨意臆省反切,遂造成《字鏡》音切的混亂局面。又因《字鏡》是分人分卷抄寫,囿於反切用字之别而不知其源,遂多妄增重音。一言以蔽之,就《字鏡》反切而言,雖一定程度上承襲前代文獻之舊誤,然多是編撰抄寫者人爲之失。

① 《王三》“噆”小韻本脱“哈”字,可參照《王二》補出。

《宋本建康實録》所載職官補正十則

韋統順　張金銑

摘　要:唐人許嵩所著《建康實録》注引古籍六十餘部,除所涉九部正史外,其餘多已散佚。然許嵩本人并不具備“銓次舊聞,裁成義類”之才,故《建康實録》存在諸多錯訛之處。近年諸多校本對此多有校正,然仍有遺漏之處。本文徵諸相關史料,對其所載李矩、劉超、劉休若、蔡興宗、任農夫、蕭道成、褚彦回、元樹、侯安都等九人職官以及宋孝武帝改革官職名稱進行補正,共補正十則。

關鍵詞:許嵩;《宋本建康實録》;職官;補正

許嵩著有《建康實録》二十卷,叙述六朝史實,保存豐富史料,其中不少爲正史所未載,然其中亦存在多處錯訛。今存最早版本爲南宋紹興十八年(1148)翻刻本,爲後世諸本之源。清乾隆時期編纂《四庫全書》時,亦將《建康實録》收入其中。晚清學者甘曾沂曾對《建康實録》進行校訂,民國學者酈承銓著有《建康實録校記》兩卷,《金陵全書》將二者收入其中,2010 年由南京出版社發行。近年學界對《建康實録》有三種點校本,1986 年中華書局點校本(張忱石點校,2009 年、2024 年再版)、1987 年上海古籍出版社點校本(孟昭庚等人點校)、2020 年南京出版社點校本(張學鋒、陸帥整理)①,另有多篇校證《建康實録》的論文②。然以上諸本《建康實録》與相關文獻比對後可發現,《建康實録》一書仍存在諸多謬誤,今以南宋紹興本《建康實録》爲底本③,

---

作者簡介:韋統順,安徽大學歷史學院博士研究生,主要從事史學理論及史學史、文獻學研究;張金銑,安徽大學歷史學院教授、博士生導師,主要從事元史及元代文獻研究。

① 以下分别簡稱中華書局本、上海古籍本、南京本。

② 相關論文有鮑良紅《〈建康實録〉標點質疑》,《南京師大學報》(社會科學版)1988 年第 2 期;丁福林《點校本〈建康實録〉卷十一標點質疑》,《鎮江師專學報》(社會科學版)1989 年第 2 期;陳勇《〈建康實録〉點校商榷》,《史學月刊》1989 年第 3 期;張琪敏《〈建康實録〉校勘札記》,《南京師大學報》(社會科學版)1991 年第 1 期;蔣宗許《〈建康實録〉標點獻疑》,《古籍整理研究學刊》1991 年第 4 期;劉浦江《〈建康實録〉校點本訾議》,《古籍整理研究學刊》1991 年第 4 期;方一新《〈建康實録〉釋詞》,《杭州師範學院學報》1995 年第 1 期;吴金華、季忠平《〈建康實録〉校議》,《古籍研究》2000 年第 3 期;季忠平《〈建康實録〉宋本校勘芻議》,《文獻》2001 年第 3 期;季中平《〈建康實録〉校勘札記》,《古籍整理研究學刊》2002 年第 3 期;謝秉洪《〈建康實録〉校讀札記》,南京師範大學 2003 年碩士論文;周斌《〈建康實録〉所引〈宋略〉“司馬休之論”勘誤》,《中國史研究》2004 年第 2 期;謝秉洪《〈建康實録〉作者與成書時代新論》,《南京師大學報》(社會科學版)2004 年第 5 期;吴金華《〈建康實録〉十二題》,《南京曉莊學院學報》2006 年第 3、5 期;張徽《〈建康實録〉校勘二則》,《中國地方志》2019 年第 6 期;吴龍傑《〈建康實録〉獻疑三則——兼論〈宋略〉所載史事的可靠性》,《南京學研究》(第五輯),南京出版社,2022 年;吴葆勤《〈三國志〉〈建康實録〉互校舉隅》,《江海學刊》2023 年第 3 期;韋統順《〈建康實録〉職官校訂九則》,《文化學刊》2023 年第 8 期;韋統順、朱寒冬《〈建康實録〉史實糾謬十二則》,《南京學研究》(第八輯),南京出版社,2023 年。

③ 《宋本建康實録》,國家圖書館出版社,2017 年影印本,爲《國學基本典籍叢刊》系列書目。

就《建康實録》各本涉及到的職官之訛十處,進行考訂。

一、"河南"當爲"河東"

《建康實録》卷六《晋肅宗明皇帝》載"(李)矩……以滎陽守隨中宗,加冠軍將軍,領河南平陽太守。"(第1册第235頁)[①]

史籍對於李矩官職記載不盡相同,按《晋書·李矩傳》載:"李矩,字世回,平陽人也……及(荀)藩承制,建行臺,假矩滎陽太守……(荀)藩表元帝,加矩冠軍將軍……領河東、平陽太守。"[②]按《晋書》之意,李矩任河東、平陽兩郡太守。《册府元龜》所載與《晋書》一致,按《册府元龜·推誠》載:"假矩滎陽太守,尋表元帝加矩冠軍將軍,領河東、平陽太守。"[③]但《武經總要》却記載:李矩爲冠軍將軍,"領河東平陽太守。"[④]按《武經總要》之意,李矩僅擔任平陽太守,而"河東"則泛指黄河以東區域。由於今人對文獻的句讀不同,從而造成現存史籍對李矩官職記載的不同。但三本史籍皆載"河東",而非"河南"。

西晋時河南郡、河東郡及平陽郡同屬司州,且河南郡爲司州首郡。唐初河南郡改名爲洛州,"開元元年,改洛州爲河南府"[⑤],屬於河南道。許嵩此處應當受唐朝"河南道"觀念的影響,誤將"司州"等同於"河南道",故才出現"河南平陽太守"之誤。

故此處"河南"應爲"河東"。

二、劉超未曾任"侍中"一職

《建康實録》卷七《劉超傳》記載晋成帝即位後,劉超"與鍾雅俱爲侍中"(第2册第15頁)。

按《建康實録·晋顯宗成皇帝》中記載咸和四年(329)蘇峻叛亂時,劉超爲右衛將軍,鍾雅爲侍中(第2册第14頁),如此《建康實録·劉超傳》中記載與之相互矛盾。且《晋書·劉超傳》云:蘇峻叛亂時"超代趙胤爲左衛將軍",而後"王導以超爲右衛將軍,親侍成帝"(第1786頁)。《晋書·鍾雅傳》記載鍾雅在抵抗蘇峻失敗後"拜侍中。尋王師敗績,雅與劉超并侍衛天子。"(第1878頁)從《晋書》所載可知,蘇峻之亂時,鍾雅爲侍中,劉超先爲左衛將軍,而後爲右衛將軍。司馬光在《資治通鑒》中沿襲《晋書》之言,《資治通家·晋紀十六》:"右衛將軍劉超、侍中鍾雅與建康令管旆等謀奉帝出赴

---

① (唐)許嵩:《宋本建康實録》卷六《晋肅宗明皇帝》,北京:國家圖書館出版社,2017年影印本。本文所引《建康實録》皆出於此書,其出處直接標注在正文中的引文後,下同。

② (唐)房玄齡等:《晋書》卷六三《李矩傳》,北京:中華書局,1974年,第1706頁。本文所引《晋書》皆出於此書,其出處直接標注在正文中的引文後,下同。

③ (北宋)王欽若等:《册府元龜》卷四二二《推誠》,北京:中華書局,1960年,第5019頁。本文所引《册府元龜》皆出於此書,其出處直接標注在正文中的引文後,下同。

④ (北宋)曾公亮、丁度:《武經總要》後集卷一,北京:商務印書館,2017年,第363頁。

⑤ (後晋)劉煦等:《舊唐書》卷三八《地理志一》,北京:中華書局,1975年,第1422頁。

西軍;事泄,蘇逸使其將平原任讓將兵入宫收超、雅。"①

蘇峻之亂發生於咸和二年(327)至咸和四年(329),清代學者萬斯同在《東晋將相大臣年表》中記載咸和二年(327)東晋任侍中者爲褚翼、蔡謨、丁譚三人;咸和三年(328)東晋任侍中者爲褚翼、蔡謨、丁譚、鍾雅四人,除此四人者,祖約拜太尉兼侍中;咸和四年(329)東晋任侍中者爲褚翼、蔡謨、荀奕三人,除此三人者,陶侃拜太尉兼侍中,郗鑒拜司空兼侍中②。如此,咸和二年(327)至咸和四年(329)任侍中者并無劉超。

由上述可知,蘇峻之亂時任劉超先後爲左衛將軍及右衛將軍,未曾任侍中一職。

三、"左右將郎官"當爲"左右中郎將官"

《建康實録》卷十三《宋世祖孝武皇帝》載:孝武帝於大明六年(462)春正月"置五官中郎將、左右郎將官。"(第4册第25頁)

按,《宋書·孝武帝紀》記載大明六年(462)正月孝武帝"置五官中郎將、左右中郎將官"③。《南史·宋本紀中》亦載孝武帝於大明六年(462)正月設置五官中郎將及左右郎將官④。且查閲史籍可發現,東晋南朝時期有"左右中郎將"官職,并無"左右郎將"官職。左右中郎將本爲秦官,漢因之,"晋武帝省。宋世祖大明中,又置"(第1248頁)。杜佑亦沿襲《宋書》觀點,《通典·職官典》記載到:"五官、左、右中郎將,皆秦官,漢因之并領三署郎從……魏無三署郎,猶置左右中郎將。晋武帝省左右中郎將官。宋孝武大明中,復置,銀章青綬,武冠絳朝服,佩水蒼玉。"⑤

《建康實録》此處記載失誤,當與許嵩受唐代官制影響有關。唐代於左、右中郎將之外另設左、右郎將,《唐六典·太子左右衛及諸率府》載:"左右率府·親府·翊府中郎將各一人,從四品上……左、右郎將各一人,正五品下。"⑥《新唐書·百官志》中又載:"左右翊中郎將府中郎將各一人,左郎將各一人,右郎將各一人。"⑦

故,此處"左右郎將官"當爲"左右中郎將官"。

四、"鎮軍將軍"當爲"鎮東將軍"

《建康實録》卷十四《宋太宗明皇帝》:"(泰始)二年春正月……鎮軍將軍巴陵王休

① (北宋)司馬光著、(元)胡三省注:《資治通鑒》卷九四,晋成帝咸和四年春正月條,北京:中華書局,2013年,第3060頁。

② (清)萬斯同著:《東晋將相大臣年表》,二十五史補編編委會編:《兩晋南北朝十史補編》,北京:國家圖書館出版社,2005年,第1册,第41—42頁。

③ (南朝梁)沈約:《宋書》卷六《孝武帝紀》,北京:中華書局,1974年,第129頁。本文所引《宋書》皆出於此書,其出處直接標注在正文中的引文後,下同。

④ (唐)李延壽:《南史》卷二《宋本紀中》,北京:中華書局,1975年,第64頁。本文所引《南史》皆出於此書,其出處直接標注在正文中的引文後,下同。

⑤ (唐)杜佑:《通典》卷二九《職官典十一》,北京:中華書局,2016年,第2册,第801—802頁。本文所引《通典》皆出於此書,其出處直接標注在正文中的引文後,下同。

⑥ (唐)李林甫:《唐六典》卷二四《諸衛》,北京:中華書局,1991年,第717頁。

⑦ (北宋)歐陽修、宋祁:《新唐書》卷四九《職官四》,北京:中華書局,1975年,第4册,第1283頁。

若統衆軍東討。"(第4册第42頁)

明帝弑殺後廢帝繼位後,四方皆叛,故明帝命劉休若率軍東討。《宋書》兩處皆載劉休若軍職爲鎮東將軍,按,《宋書·明帝紀》記載泰始二年(466)正月,顧琛、王曇生、劉延熙、袁摽、程天祚五人舉兵反叛時,"鎮東將軍巴陵王休若統衆軍東討"(第156頁)。《宋書·孔覬傳》亦載王曇生、劉延熙等人叛亂時,"太宗遣建威將軍沈懷明東討,尚書張永系進,鎮東將軍巴陵王休若董統東討諸軍事"(第2156頁)。《南史·宋本紀下》記載泰始二年(466)正月,顧琛、王曇生等人舉兵叛亂時,"鎮東將軍巴陵王休若統軍東討"(第78頁)。王欽若等人在《册府元龜》中沿襲《宋書》及《南史》觀點,《册府元龜·將帥部》記載:"巴陵王休若,爲鎮東將軍。明帝即位……覬與吴郡太守顧琛據郡同反,吴興太守王曇生義、興太守劉延熙、晋陵太守袁標,一時回應。"(第4950頁)

鎮軍將軍爲中央軍職,"魏以陳群使之"(第1225頁),"晋南北朝沿置,爲優待武臣的榮銜"①。"東"之繁體與"軍"之繁體外觀相近,故此處當是許嵩撰史時誤將"東"寫爲"軍"。故,此處"鎮軍將軍"當爲"鎮東將軍"。

五、"秘書監"當爲"中書監"

《建康實録》卷十四《宋後廢帝》載,泰豫元年(472),"八月戊辰,新除秘書監、左光禄大夫、開府儀同三司蔡興宗薨"(第4册第55頁)。

張忱石及張學鋒皆指出此處"戊辰"應當改爲"戊午"②,但兩人均忽略此處蔡興宗官職記載同樣有誤。按,《宋書·後廢帝紀》記載:"八月戊午,新除中書監、左光禄大夫、開府儀同三司蔡興宗薨。"(第179頁)《南史·宋本紀下》亦載:"八月戊午,中書監、左光禄大夫、開府儀同三司蔡興宗薨。"(第85頁)又,據《宋書·蔡興宗傳》,宋明帝崩,王道隆不欲蔡興宗掌兵,"改(蔡興宗)爲中書監、左光禄大夫,開府儀同三司、常侍如故"(第1584頁)。《南史·蔡興宗傳》亦載:"道隆等以興宗强正,不欲使擁兵上流,改爲中書監、左光禄大夫、開府儀同三司,固辭不拜。"(第7721頁)

清代學者萬斯同在《宋將相大臣年表》中指出:"太豫元年壬子,四月帝殂,太子昱即位……(中書監)景文二月賜死,蔡興宗七月命,固辭不拜,八月卒。"③

秘書監與中書監執掌不同,晋時秘書監"掌三閣圖書","宋與晋同,梁曰秘書省"(第2册第727頁)。從秘書監的職掌可知,其文化職能更爲顯著。魏晋以來,中書令及中書監掌王命文書,"以其地在樞近,多承寵任,是以人固其位,謂之'鳳凰池'焉"(第2册第560頁)。蔡興宗既爲明帝托孤重臣,則爲中書監更爲合理,而非文化職能較爲顯著的秘書監。

故此處"秘書監"應改爲"中書監"。

---

① 季德源:《中華軍事職官大典》,北京:解放軍出版社,1991年,第427頁。本文所引《中華軍事職官大典》皆出於此書,其出處直接標注在正文中的引文後,下同。

② 參見1986年中華書局本第565頁第54條札記,南京本第273頁。

③ (清)萬斯同著:《宋將相大臣年表》,二十五史補編編委會編:《兩晋南北朝十史補編》,北京:國家圖書館出版社,2005年,第2册,第193頁。

六、“車騎將軍”當爲“驍騎將軍”，“護軍將軍”當爲“鎮軍將軍”

《建康實録》卷十四《宋後廢帝》載，元徽四年(476)，“秋七月戊子，征北將軍、南徐州刺史建平王景素據京反。乙亥，内外纂嚴。遣車騎將軍任農夫、冠軍將軍黄回北討，護軍將軍蕭道成總統全軍”(第4册第58頁)。

按，《宋書·後廢帝紀》記載，元徽四年(476)，“秋七月戊子，征北將軍、南徐州刺史建平王景素據京城反。己丑，内外纂嚴。遣驍騎將軍任農夫、領軍將軍黄回北討，鎮軍將軍齊王總統衆軍”(第186頁)。這裏載任農夫爲車騎將軍，蕭道成爲鎮軍將軍。而《南史·宋本紀下》云，“秋七月戊子，建平王景素據京城反。己丑，内外纂嚴。遣驍騎將軍任農夫、冠軍將軍黄回北討，蕭道成總統衆軍”(第87頁)。雖未載蕭道成軍職，但統領諸軍，位在車騎將軍任農夫之上。

據《南齊書·高帝紀上》記載，蕭道成在劉景素叛亂前，因平定桂陽王劉休範之亂，“遷散騎常侍、中領軍、都督南兖徐兖青冀五州軍事、鎮軍將軍、南兖州刺史，持節如故。進爵爲公，增邑二千户”①。元徽四年(476)，“加太祖(蕭道成)尚書左僕射，本官如故”(第9頁)。《南史·齊本紀上》亦載，平定桂陽王劉休範之亂後，蕭道成“遷散騎常侍、中領軍、都督、南兖州刺史、鎮軍將軍，進爵爲公”(第100頁)。至於蕭道成擔任護軍將軍之職，未見正史記載。

據此，元徽四年(476)，任農夫軍職當爲驍騎將軍，蕭道成爲鎮軍將軍。

七、“衛軍將軍”當爲“衛將軍”

《建康實録》卷十四《宋順帝》載，昇平元年(478)秋七月丙申，“以司徒褚顔回(褚淵)爲衛軍將軍、開府儀同三司，以扶軍將軍劉彦節爲尚書令，加中軍將軍”(第4册第65—66頁)。

按，《南齊書·褚淵傳》載，宋順帝繼位，褚淵“改號衛將軍、開府儀同三司，侍中如故”(第428頁)。李延壽《南史·宋本紀下》亦載，昇明元年(478)秋七月“以褚彦回爲衛將軍，劉彦節爲尚書令，加中軍將軍”(第90頁)。萬斯同《宋將相大臣年表》亦云，昇明元年(478)七月，褚淵“拜衛將軍、開府儀同三司”②。

東晋南朝并無衛軍將軍之號，而“衛將軍”之職置於西漢，歷代相沿。南朝時，“衛將軍多省稱作衛軍”③。元嘉五年(428)，王弘爲衛將軍，宋文帝稱其爲“衛軍”(第1317頁)臨川王劉義慶任衛將軍，袁淑奏稱:“衛軍臨川王義慶雅好文章，請爲咨議參軍。”(第1853頁)這種習俗一直延續至唐代，如王述任衛將軍，唐修《晋書》記載:“衛

---

① (南朝梁)蕭子顯:《南齊書》卷一《高帝紀上》，北京:中華書局，1972年，第9頁。本文所引《南齊書》皆出於此書，其出處直接標注在正文中的引文後，下同。

② 《宋將相大臣年表》，《兩晋南北朝十史補編》，第2册，第193—194頁。

③ 柳向春:《中華本〈南齊書〉校勘記失誤舉隅》，《古籍研究》2003年第2輯，第29頁。

軍王述等二十五人云'成帝不私親愛,越授天倫,康帝受命顯宗。社稷之重,已移所授,纂承之序,宜繼康皇。'"(第616頁)也正是因爲時人口語通常將"衛將軍"簡稱爲"衛軍",故史家撰寫史書時也會出現將"衛將軍"誤寫爲"衛軍將軍"的情況,如柳向春便指出《南齊書·王儉傳》中"衛軍將軍"當爲"衛將軍"①,而《建康實録》此處記載失誤原因當與《南齊書》記載失誤原因一致。

據此,褚淵由司徒改爲衛將軍。"衛軍將軍"應爲"衛將軍"。

八、"兖州刺史"當爲"南兖州刺史"

《建康實録》卷十五《齊太祖高皇帝》載,蕭道成平桂陽王劉休範之亂,"振旅凱入,百姓聚觀曰:'全國家者,此公也。'遷鎮軍將軍、兖州刺史,進爵爲公,邑三千户。"(第4册第135頁)

考,《南齊書》卷一《高帝紀上》云,蕭道成平定劉休範之亂後,"遷散騎常侍、中領軍、都督南兖徐兖青冀五州軍事、鎮軍將軍、南兖州刺史,持節如故。進爵爲公,增邑二千户"(第9頁)。《南史·齊本紀上》記載宋廷平定劉休範之亂後,蕭道成"遷散騎常侍、中領軍、都督、南兖州刺史、鎮軍將軍,進爵爲公"(第100頁)。《資治通鑒》沿襲《南齊書》《南史》之記載,元徽二年(474)六月庚子,"以平南將軍蕭道成爲中領軍、南兖州刺史,留衛建康,與袁粲、褚淵、劉秉更日入直决事,號爲'四貴'"②。

兖州漢時便已存在,東晋末年,劉裕北伐平河南,復置兖州,治所爲滑臺(今河南滑縣)。宋文帝時期兖州行政區劃變動較爲頻繁,元嘉十三年(436),兖州治所移至鄒山,"又寄治彭城"(第1059頁)。元嘉二十年(443),宋文帝罷黜兖州,以其地分屬徐州及冀州,元嘉三十年(453)復置兖州,治所爲瑕丘。宋末失淮北,宋廷於淮陰僑置兖州。

與兖州不同,南兖州是在東晋時期才開始出現。晋室南渡後,晋元帝於京口僑置兖州。晋明帝時期,"以郗鑒爲刺史,寄居廣陵,置濮陽、濟陰、高平、太山等郡。後改爲南兖州,或還江南,或居盱眙,或居山陽"(第420頁)。宋文帝時期,南兖州行政區劃變動較爲頻繁,元嘉八年(431),宋文帝"始割江淮間爲境,治廣陵"(第1053頁)。元嘉二十八年(451),南兖州治所遷至盱眙。元嘉三十年(453),宋文帝撤銷南兖州,以其地并入南徐州。而後南兖州復置,治所仍爲廣陵。

魏晋南北朝時期由於戰亂頻繁,因此各政權的行政區劃變動較爲頻繁。因此,史家在撰史時如不仔細觀察,往往會出現筆誤現象。

故元徽二年(474)六月,蕭道成以平亂之功,授"南兖州刺史",此處"兖州刺史"當誤。

九、"征北將軍"當爲"平北將軍"

《建康實録》卷十七《梁高祖武皇帝》載,普通五年(524)六月乙酉,"征北將軍元樹

① 《中華本〈南齊書〉校勘記失誤舉隅》,第29頁。

② 《資治通鑒》,第4311頁。

率衆侵魏”(第5册第26頁)。

張忱石及孟昭庚等人根據《梁書》《魏書》及《北史》等史籍指出此處的“元澎”記載有誤,當爲“元樹”[①],但却忽略此處元樹官職的記載同樣有誤。按,元樹北伐時軍職當爲平北將軍,而非征北將軍。

《梁書》《南史》皆載,元樹北伐時軍職爲平北將軍。《梁書・武帝紀下》載,普通五年(524)六月庚子,“以員外散騎常侍元樹爲平北將軍、北青、兖二州刺史,率衆北伐”[②]。《南史・梁本紀中》亦載,普通五年(524)六月庚子,“以員外散騎常侍元樹爲平北將軍、北青、兖二州刺史,率衆侵魏”(第203頁)。

又,《册府元龜》沿襲《梁書》《南史》,兩處皆載元樹北伐時軍職爲“平北將軍”。《册府元龜・選將》載:“(普通)五年六月庚子,以員外散騎常侍元樹爲平北將軍、北青、兖二州刺史,率衆北伐。”(第2399頁)《册府元龜・交侵》亦載:“(普通)五年六月,以員外散騎常侍元樹爲平北將軍、北青、兖二州刺史,率衆北伐。”(第2602頁)

征北將軍及平北將軍在魏晋南北朝時期皆爲重號將軍,但征北將軍位在平北將軍之上,南梁時征北將軍位在第二十三班,平北將軍則位在第二十班[③]。兩者地位雖存在差别,執掌却是相似,征北將軍“掌征伐背叛,抵禦入侵”(第316頁),平北將軍“掌征討或鎮戍一方”(第315頁)。也正是因爲兩者執掌類似,故而許嵩在撰史時誤將“平北將軍”錯認爲“征北將軍”。

由上述可知,《實録》此處“征北將軍”當爲“平北將軍”。

十、“江吴二州刺史”當爲“江州刺史”

《建康實録》卷十九《陳世祖文皇帝》云:“崇雲殿災,(侯)安都帶甲而入,帝惡之,出爲江吴二州刺史、征南大將軍。”(第5册第127頁)

按,侯安都外放發生在天嘉四年(563),《陳書》有兩處記載。《陳書・世祖紀》載,天嘉四年(563)二月庚戌,“以侍中、司空、征北大將軍侯安都爲征南大將軍、江州刺史”[④]。《陳書・侯安都傳》亦載:“世祖慮其(侯安都)不受制,明年春,乃除安都爲都督江吴二州諸軍事、征南大將軍、江州刺史。”(第148頁)《南史・侯安都傳》删去“都督江吴二州諸軍事”,僅記載:“帝慮其不受召,明年春,乃除安都爲征南大將軍、江州刺史。”(第1613頁)

據上可知,侯安都所授官職,實爲“江州刺史”。

① 參見1986年中華書局本第708頁,上海古籍本,第496頁。

② (唐)姚思廉:《梁書》卷三《武帝紀下》,北京:中華書局,1974年,第68頁。

③ (唐)魏征等:《隋書》卷二六《百官志上》,北京:中華書局,2020年,第816頁。

④ (唐)姚思廉:《陳書》卷三《文帝紀》,北京:中華書局,1972年,第56頁。本文所引《陳書》皆出於此書,其出處直接標注在正文中的引文後,下同。

《拙庵韻悟》編撰與價值考論

劉 巍

摘 要:《拙庵韻悟》成書於清康熙甲寅年,是一部重要的等韻學著作,對清代韻書發展史和清代語音史的研究都具有重要價值。該書音理闡釋完備,韻圖製作多樣,在漢語音節結構分析方面頗有創見,體現了作者獨到的音學思想。該書首次明確記録兒化音,語音上南北兼采、雅俗無遺,從中可考察十七世紀漢語語音的特點。

關鍵詞:《拙庵韻悟》;等韻學;清代語音;兒化音

《拙庵韻悟》成書於清康熙甲寅年間(1674),是第一個明確將兒化韻列出的等韻文獻,其音理闡釋完備,韻圖製作多樣,在漢語音節結構分析方面頗有創見。趙蔭棠曾説:"其實它(即《拙庵韻悟》)所體現的,比老守着等子門法而不敢改變的價值更高。設若我們要編一部公平的音韻史,它無論如何也該佔點篇幅。"[①]李新魁、麥耘也認爲:"趙氏此書反映實際語音,南北兼采、雅俗無遺,且又分析精細、纖毫必辨。"[②]

一、作者及成書過程

《拙庵韻悟》只有稿鈔本,現藏於中國國家圖書館,善本書號爲"字 158 - 82465:122"[③]。該書曾收入《續修四庫全書》經部小學類[④]和《明、清、民國時期珍稀老北京話歷史文獻整理與研究》叢書[⑤]。該書前有作者自序,詳細地交代了作者對音韻的學習歷程、編撰此書的目的。自序中明確記録了成書時間"康熙甲寅歲中秋日",作者乃"燕人趙紹箕寧拙"(第 641 頁)。由此可知,趙紹箕是河北易水人。清雍正十年查遴等纂修《宜君縣志》記載:"趙紹箕,直隸人,以邠州判來蒞。"[⑥]可由此推斷,趙紹箕應是在陝西生活過。序後空白處抄録者自記其事:"康熙歲次丙申菊月既望,古豳庠廩

作者簡介:劉巍,瀋陽大學文法學院教授,文學博士,主要從事音韻文獻研究。

基金項目:全國高等院校古籍整理研究項目"《拙庵韻悟》整理研究"(1739)。

① 趙蔭棠:《清初審音學家趙紹箕及其貢獻》,《輔仁學志》,1932 年,第 1 頁。

② 李新魁、麥耘:《韻學古籍述要》,陝西:陝西人民出版社,1993 年,第 150 頁。

③ (清)趙紹箕:《拙庵韻悟》,中國國家圖書館藏稿鈔本。

④ (清)趙紹箕:《拙庵韻悟》,《續修四庫全書》第 257 册,上海:上海古籍出版社,2002 年。本文所引《拙庵韻悟》原文皆出自此書,引文頁碼直接標注在引文後。

⑤ (清)趙紹箕:《拙庵韻悟》,《明、清、民國時期珍稀老北京話歷史文獻整理與研究》(周建設主編),北京:首都師范大學出版社,2015 年。

⑥ (清)查遴等纂修:《宜君縣志》,《中國方志叢書》,台北:成文出版社有限公司,1970 年,第 90 頁。

生治生楊作棟柱卿氏録於克己堂中。”(第 641 頁)查檢《陝西志輯要》等文獻,未有作者趙紹箕和抄録者楊作棟的其他相關信息。

從趙氏自序中可約略窺其生平。趙氏年幼時,四聲無法辨別,音韻不知,反切之法尤其不曉。但趙氏家學淵源深厚,“一日,大人呼余與且愚弟而訓之”,趙父傳授給其兄弟“分聲之法”“析音别韻之方”“取切調反之訣”(第 641 頁)。趙紹箕才知道了音韻竅門,明白了“聲之爲聲,音之爲音,韻之爲韻”(第 641 頁)。

此後趙氏潛心音韻,在不斷質疑和請教思考中,“疑團既釋,從事益殷”,領悟到“人之聲音,悟其吐茹之闔辟”“又悟其聲之經緯”“更悟其聲之成字”,遂有“十要”“六呼”“八應”“八吸”。(第 641—642 頁)趙氏又繪製了《韻綱圖》《韻目圖》《會聲圖》韻圖,并利用這些韻圖,“縱横推演,上下參詳”,表中諸字“位次天然,莫能移易,包羅萬響,不漏不支”。(第 641 頁)最終編成一部音理闡釋完備、韻圖製作多樣的綜合型等韻著作。趙氏字寧拙,此書是其“緣由悟而編也”,故將其定名爲《拙菴韻悟》。

二、編撰體例與内容

《拙庵韻悟》全書可分爲音理闡釋與韻圖兩部分:

(一) 音理闡釋

卷首“十要”是《拙庵韻悟》全書的理論基礎,對“呼”“應”“吸”“聲”“音”“韻”“經”“緯”“分”“合”十個重要概念作了細緻闡釋。“十要”的核心是“呼”“應”“吸”。

在這一部分,趙氏對書中的重要術語作了簡明精到的闡釋,由此形成了音理闡釋的“十要”“六呼”“八應”“八吸”的音理體系。

1. 呼

趙氏認爲“呼者,聲之發端也”。(第 642 頁)《拙庵韻悟》中,“呼”指聲介合母,可分爲六種:合口、撮唇、開口、啓唇、齊齒、交牙。前四種是沿用《韻法直圖》等文獻的稱呼,後兩種“齊齒、交牙”疑爲趙氏自創。趙蔭棠認爲:“齊齒,專指 tʂ,tʂ‘,ʂ 之開口而言,交牙乃指 ts,ts‘,s 之開口而言。”[①]李新魁和應裕康也認爲趙氏是將[ʅ][ɿ]韻字獨立分呼,明示其時[ʅ][ɿ]二韻母已經成立。[②] 耿振生則認爲《拙庵韻悟》中“齊齒呼”“交牙呼”不能代表[ʅ][ɿ]。[③] 儘管前賢學者意見并不統一,但都認爲趙氏的六呼分析非常獨特。

2. 應

“應”與“呼”對應,“應者,聲之承轉也”,(第 642 頁)表示主要元音的不同發音狀態。此術語當爲趙氏首創,應口有八種:如呼、口舒、口展、口張、口弛、口放、口縱、口揭。在隨後的“應字提綱”中,趙氏列出了 90 個例字。其中第一排“迂”“司”“而”等爲如呼;第二至五排“氳”“淵”“雍”“桑”等爲口舒;其後每兩排分别爲口展、口張、口弛、

① 《清初審音學家趙紹箕及其貢獻》,第 5 頁。

② 李新魁:《漢語等韻學》,北京:中華書局,1983 年,第 360 頁。

③ 耿振生:《明清等韻學通論》,北京:語文出版社,1992 年,第 182 頁。

口放、口縱、口揭的代表字。

3. 吸

"吸者，聲之收煞也。"(第 642 頁)與應口一致，吸口也分爲八種：運腭、逆鼻、順鼻、斂齶、伸齶、抑嗓、揚嗓、曲咽。吸字有對應的提綱，分别是"烏""阨""依"等 13 個代表字。在這些代表字後，趙氏常附有"讀作陰平""借其尾音"等標注。

"吸字提綱"中有兩處值得注意的地方：一個是提綱裏有兩個相同的均讀作陰平的"阨"字，對此，趙蔭棠認爲是爲了維持"六奇韻、六偶韻"奇偶系統的完整性而設置。另一個則是增加了兒化韻尾，與其他韻尾并列。

"十要"是理論的根基，而韻圖則是這一理論得以貫穿的渠道。

(二) 韻圖

《拙庵韻悟》裏的韻圖共有四種：韻綱圖、韻目圖、會聲圖、會韻圖。從趙氏製作的初衷來看，其目的是想通過韻圖來實現一種"位次天成，莫能移易，包羅萬響，不漏不支"的理想語音境界。

如此精心且繁複的韻圖製作，充分展現了作者在審音方面的精細程度，也與明清時期韻圖形式創作呈現多樣化的大環境相關。

1. 韻綱圖

韻綱圖包括韻綱總圖和入聲韻綱圖。韻綱總圖只有一圖，却是全書的核心，現抄録如下：

				羽	徵		角	商	宮					韻綱總圖
				撮唇	交牙	齊齒	斂唇	開口	合口					
				音清 聲低	次濁	次高	次清 次低	音濁 聲高	音平 聲中					
				居	咨	支	基	格	姑					
				●	◯		⊙	○	◓					
太極	運腭	音平	◓	居	咨	支	基	格⃝	姑	◓	聲中	如呼	宮	
太陰	逆鼻	至清	●	君	先	真	巾	根	昆	●	至低	口舒	羽	
太陰	斂齶	至清	●	(居戚)	則⃝	摘⃝	(基厄)	(華)	規	●	至低	口張	羽	
太陰	抑嗓	至清	●	(居哰)	(咨阨)	(支阨)	(基阨)	格	蟈	●	至低	口放	羽	
少陽	順鼻	次濁	◯	扃	曾	征	京	庚	公	●	次高	口展	徵	
少陽	伸齶	次濁	◯	(居攸)	陬	周	鳩	鉤	(姑歐)	●	次高	口弛	徵	
少陽	揚嗓	次濁	◯	(居倭)	作	灼	角	歌	戈	●	次高	口縱	徵	
	曲咽			〈居兒〉	〈咨兒〉	〈支兒〉	〈基兒〉	〈格兒〉	〈姑兒〉			口揭		
少陰	逆鼻	次清	⊙	涓	贊	占	堅	甘	官	○	次低	口舒	角	
少陰	斂齶	次清	⊙	(居歪)	哉	齋	皆	該	乖	○	次低	口張	角	
少陰	抑嗓	次清	⊙	厥	(咨耶)	遮	迦	(格耶)	(姑爬)	○	次低	口放	角	
太陽	順鼻	至濁	○	(居汪)	臧	張	姜	岡	光	○	至高	口展	商	
太陽	伸齶	至濁	○	(居幺)	遭	招	交	高	(姑爊)	○	至高	口弛	商	
太陽	揚嗓	至濁	○	(居哇)	帀	查	加	閣	瓜	○	至高	口縱	商	
	曲咽			〈厥兒〉	〈帀兒〉	〈查兒〉	〈加兒〉	〈閣兒〉	〈瓜兒〉			口揭		

仔細觀察上圖,可以看出,表格中間是 90 個例字。上列共 5 行,分别是五音“宫商角徵羽”“六呼”“清濁”“代表字”和“圓形符號”。這些不同形態的圓形音類符號,是作者趙氏借由“陰”“陽”兩儀化生“四象”的觀念,借有陰黑陽白的顏色特性,以此來統整和表現音類。圓形符號在《拙庵韻悟》的“四經聲”“四緯聲”“五音分配”“直韻分配”“横韻分配”和“韻目圖”中也反復出現。這是趙氏傳統哲學觀的體現,正如自序開篇即點明“人稟陰陽五行之氣,即具陰陽五行之聲”,也與當時的時代背景有關,和《拙庵韻悟》成書時代相同的韻書、韻圖,如《切韻正音經緯圖》《等韻切音指南》等也多用此類符號來表示音類。

趙氏在韻綱圖中交代“上下按格直看,左右按格横看,則知縱横之統屬矣”“上五層名目俱直統十五韻,左右各四層名目俱横統六韻”。(第 649 頁)趙氏對韻圖的設計,既有沿襲舊制,也有革新和調整。這些設計,凸顯了韻圖的功用,更體現了作者的音學思想。

2. 韻目圖

韻目圖中共計 21 個圖,包含宫音天聲圖、宫音平聲圖、宫音上聲圖、宫音去聲圖 4 個圖,代表六獨韻“姑”,商音天、平、上、去 4 圖代表六獨韻“格”,角音 4 圖代表六獨韻“基”,徽音 4 圖代表六獨韻“支和咨”,羽音 4 圖代表六獨韻“居”,外加 1 個入聲韻目圖。

以宫音上聲圖爲例。該圖列出了[u]韻的 96 個上聲調字。横行第一排在韻綱總圖“五音”外增加了變宫、變羽;第二排則用伯、仲、叔、季配以喉、齒、牙、舌、唇,代表聲母的發音部位。第三排和第五排爲不同形態的圓形符號。第四排則羅列了“古、苦、虎、五”等 21 個本韻的聲母字。第六行列出代表一獨韻的字,七至二十行則列出十四通韻的字。并且上層第五排的“苦、主、祖、堵”等二十一字代表呼聲,最右列的“五、吻、委”等十五字爲應聲,最左列的“倚、始、庀”等十五字爲吸聲。

趙氏交代“其用法爲,將呼應吸縱衡對準,以便讀取各聲。比如,要取規韻,按照方法讀‘姑威衣’,就可得到‘規’字的讀音……在呼字依次更替時,應、吸二字保持不變,其他情况均如此。并且,這三個字會隨著四聲的改變而變更。”(第 650 頁)所以,若要查詢宫音上聲圖中“悔”字的讀音,則要找出豎行對應的呼“虎”,横行對應的應“委”“吸”“倚”三字,然後迅速將它們相拼,即可得出其發音。

3. 會聲圖與會韻圖

獨韻會聲圖僅有一圖,名爲“太極運齶”,是將六獨韻按照天、平、上、去、入五聲編爲一圖。通韻會聲圖則有十二個圖,是將“昆”“官”“公”“光”等十四通韻除去其中兩個兒化韻,每韻一圖,分别命名爲“太陰逆鼻”“少陰逆鼻”等。

獨韻會韻圖則是將六獨韻列爲一圖,命名爲“齶韻四聲”。通韻會韻圖共計十二個,分别爲“鼻韻天聲”“鼻韻平聲”等。入聲會韻圖是將入聲單列一圖。

這四種韻圖,代表趙氏從不同的角度對音類進行分析,對字音進行排列。這些韻圖既包含了傳統的元素,也展現了創新的特色。保留入聲是傳統的一部分,而三切法的運用、兒化韻的單列,則體現了作者對時音的敏鋭反應。

三、《拙庵韻悟》價值

在音韻文獻蜂出的清代，趙紹箕的《拙庵韻悟》雖未正式刻版、印刷，但其影響與價值却不容忽視。

1. 三切法的編排

趙氏實事求是地記録了語音實際變化，在反切方法的運用上，進行了改良，將三合切法從理論上運用到韻圖的編撰中。採用"聲介合母"的方法，將介音歸入字頭，而"應"已包含韻腹和韻尾，因此在形式上"吸"顯得有些冗餘。然而這樣的處理實際上是爲了强調韻尾，具有獨特風格。

反切上、下字的搭配和選擇，也能反應出趙氏在審音方面的精細。據筆者統計，在《拙庵韻悟》中，陰聲的反切上字以"遇"攝字最多。以韻目圖爲例，共有 170 個反切上字，其中"遇"攝字有 83 個，幾乎占了一半。在《拙庵韻悟》中，模、虞、魚韻系的字經常被用作反切上字，這與《論語音義》等情況非常相似[①]。

反切下字的聲母主要來源於"影母、日母、雲母、以母、疑母"，其中喉音影母佔據了一半以上的比例，而影母原本就是零聲母。這清楚地表明，趙氏在選擇反切上下字時追求協調性，傾向於選擇容易省略的聲母。由此可見，趙氏的音理觀念已經超越了傳統音韻學家對音素層面不進行細分的認識。耿振生曾説："漢字不是純粹的音標，所以用漢字作爲拼音工具始終有其局限性。雖然等韻學家苦心積慮改良反切，始終克服不了反切方法的根本局限。但是我們不應該因此而否定那些等韻學家的歷史功績，他們對反切的改進也是對中國歷史文化的貢獻。"[②]

2. 兒化韻記録

趙氏兒化音意識非常强，能够根據實際語音來編寫韻圖。麥耘説："最早的兒化音記録這頂桂冠還是應該戴到趙紹箕《拙庵韻悟》的頭上。"[③]前賢學者也對趙氏書中的兒化韻現象給予了很高的肯定與贊揚。

兒化韻在《拙庵韻悟》中主要出現在以下 7 處：

《拙庵韻悟》	兒化韻
八十四偶韻	姑兒 俗　格兒 俗　基兒 俗　支兒 俗　咨兒 俗　居兒 俗 瓜兒 俗　閣兒 俗　加兒 俗　查兒 俗　帀兒 俗　厥兒 俗

① 陸志韋：《陸志韋集》，北京：中國社會科學出版社，2003 年，第 365 頁。

② 《明清等韻學通論》，第 30 頁。

③ 麥耘：《〈西儒耳目資〉没有兒化音的記録》，《語文研究》，1994 年，第 49 頁。

續表

《拙庵韻悟》	兒化韻
二十八通韻	格兒　基兒　閣兒　加兒
十四通韻	姑兒　閣兒
應字提綱	鳥兒　阨兒　依兒　而兒　司兒　迁兒 蛙兒　始兒　丫兒　髻兒　垂兒　胒兒
韻分奇偶獨通圖	姑兒　格兒　基兒　支兒　咨兒　居兒 瓜兒　閣兒　加兒　查兒　帀兒　厥兒
吸字統聲	姑兒　格兒　基兒　居兒　瓜兒　閣兒　加兒　支兒　查兒　玦兒
韻綱總圖	姑兒　格兒　基兒　支兒　咨兒　居兒 瓜兒　閣兒　加兒　查兒　帀兒　厥兒

《拙庵韻悟》中首次出現"姑兒""格兒""基兒"這十二個韻時,趙氏將其用紅色菱形框框出,并在菱形框右下方加上帶圓圈的"俗"字,可見這十二個字,作者認爲是與其他韻字有不同的。趙蔭棠曾認爲:"現在要注意的一點,是姑兒、閣兒……作者竟正式把它列爲韻了。這是他頂大膽的地方,雖然在下邊注一個俗字。"①李思敬認爲:"這個'俗'字,對我們考察兒化現象是個很重要的綫索……作者注明'俗'字,并不是降低了'兒'字作爲韻母的地位,而是以一種認真嚴肅的態度來記録兒化現象的。"②所以"俗"字凸顯出兒化韻是普遍流傳於大衆的口語形式,而這正是兒化韻的一個顯著特徵。即便現今,從使用頻率來看,兒化韻在基層民衆中的使用仍然比知識階層更爲普遍。

3. 反映清前期語音特點

《拙庵韻悟》揭示了 17 世紀北方官話的發展軌跡,爲研究清代語音提供了寶貴資料,同時也爲探索北方語音的歷史變遷提供了綫索。趙氏在該書中以呼字統聲,將聲

① 《清初審音學家趙紹箕及其貢獻》,第 7 頁。

② 李思敬:《漢語"兒"[ɚ]音史研究》,北京:商務印書館,1986 年,第 32 頁。

母細分爲多個類别,其特點包括“全濁聲母消失,知莊章合流,微母獨立存在”等,韻母方面體現出四呼確立、閉口韻尾消失等特點①。這些特點都與明清時期的語音系統相吻合。

由於趙氏是河北人,書中音系也帶有了河北方言的特色。如“德”“雷”“非”“塞”等字在《拙庵韻悟》中出現在不同的韻圖位置裏,這與現代河北方言中這些字的多音現象相呼應。然而儘管《拙庵韻悟》主體音系與北方官話十分接近,但它所反映的音系不是單一的。《拙庵韻悟》中一些例字下分别標著注南音、北音、俗音,顯示出音系的多元性。張玉來以爲:“這類音系往往是作者根據某一權威方言而斟酌其他一些方言或書面音系而審定的音系。”②這雖然給瞭解當時的實際語音帶來了困難,但也反應了趙氏的語音觀,即創造一個超越方言、涵蓋古今的標準語音體系。李新魁亦認爲:“趙氏此書反映了三百年前漢語語音的許多重大變化……他所表現的語音,可以説是比較精細、準確的實際口語標準音系統。”③

四、結　語

趙氏打破了傳統韻書的框架限制,採用横列聲類,縱有五音進行韻圖製作,巧妙地分析和處理各種音素,以簡馭繁,便於我們辨明音值,發現音變的痕跡。《拙庵韻悟》中的“三切法”和兒化韻的編排既有突破又實事求是地記録了時音。既反應了清代的語音發展規律,也體現了編纂者趙紹箕個人對音韻不斷地追求和探索。當然,《拙庵韻悟》也存在一些不足,如在字腹分析上,過於追求精細,反而顯得有些多餘,但這不能掩蓋《拙庵韻悟》在漢語語音史和漢語韻書史上的重要地位。

① 劉巍:《〈拙庵韻悟〉研究》,鄭州:中州古籍出版社,2012 年,第 123—125 頁。

② 張玉來:《近代漢語官話入聲消亡的條件問題》,《古漢語研究》,1996 年第 3 期,第 25—26 頁。

③ 《漢語等韻學》,第 365 頁。

禪籍"鉢囉娘"考
——兼論梵文音譯詞的世俗化

周　正

摘　要:"鉢囉娘",禪籍中又作"八囉娘""鉢囉穰"等,其他佛典中異形更加豐富。該詞不是"羅裏吧嗦"的婆娘之義,而是梵文 prajñā 的音譯。禪籍中將"鉢囉娘"等梵文音譯詞從教門引入宗門,這些音譯詞經歷了"本我"—"超我"—"無我"三個發展階段,逐漸虚化。在宗門站穩脚跟後,又擴展到各類文學體裁中,逐步完成世俗化,被普通百姓接受和使用。禪宗在佛教語言中國化的過程中扮演着重要角色。

關鍵詞:禪籍;梵文音譯詞;鉢羅娘;世俗化

一、引　言

禪籍中有不少奇特語,這些奇特語無法揆之常理去理解,是禪林機鋒施設的一種。本文探討的"鉢囉娘"就是突出的一例,請看下面的例句:

(1) 問:"一代時教是箇切脚,未審切那箇字?"師曰:"**鉢囉娘**。"(宋普濟《五燈會元》卷十九《五祖法演禪師》)

(2) 上堂:"慈雲山中打鼓,觀音庵裏上堂,拄杖子踔跳上搕𢶍堆頭,撞着峨嵋普賢願王,説些老婆禪,壘壘堆堆使多聞。阿難陀結集不來,賺得昔年譯經底鳩摩那翻梵語爲唐言,報道囉囉哩哩**鉢囉娘**。"(清如純《黔南會燈録》卷八《貴陽觀音普濟大闡禪師》)

上揭例(1)"鉢囉娘"禪籍中有異文,分别作"鉢囉穰""八囉娘""盋囉孃""鉢羅娘""鉢囉嚷",舉例如次:

(3) 上堂。僧問:"一代時教是箇切脚,未審切那箇字?"師云:"**鉢囉穰**。"學云:"學人秖問一字,爲什麽却答許多?"師云:"七字八字。"(宋才良《法演禪師語録》卷二)

(4) 舉僧問五祖:"一大藏教是箇切脚,未審切那箇字?"祖云:"**八囉娘**。"師云:"迅雷不及掩耳。"(宋紹隆《圓悟佛果禪師語録》卷十六《拈古》)

(5) 上堂。舉僧問五祖:"一大藏教是箇切脚,未審切甚麽字?"祖曰:"**盋囉孃**。"(清性統《續燈正統》卷二十四《寧波府育王月江正印禪師》)

作者簡介:周正,安徽師範大學文學院講師,主要從事漢語文字詞彙研究。

(6) 僧問五祖:“一大藏教是個切脚,未審切那個字?”祖云:“**鉢羅娘**。”(清海楝等《浦峰法柱楝禪師語録》卷一)

(7) 師落堂,示衆。舉五祖演禪師因僧問:“一大藏教是個切脚,未審切那個字?”演云:“**鉢囉嚷**。”(清元説等《一初元禪師語録》卷一)

例(3)(4)“鉢囉穰”“八囉娘”,雷漢卿將其列入《禪籍方俗詞待問録》[①],釋義待考。例(2)“鉢囉娘”,任連明釋爲“羅裏吧嗦的婆娘”。[②] 該釋疑有望文生訓之嫌,義例實難相符。例中“鉢囉娘”前有“囉囉哩哩”“翻梵語爲唐言”,應是梵文經咒的音譯。進一步檢尋佛典,發現其異形多多,還可作“八羅娘”“叭羅娘”“盋羅孃”“般囉娘”“叭囉娘”“哘囉娘”,“鉢囉曩”,“般羅若”“般囉若”,“般剌若”等異形。概括而言,“鉢(鉢)”一作“盋”“般”“哘”“八”“叭”,“囉”一作“羅”“剌”,“娘”一作“孃”“穰”“嚷”“曩”“若”。細究文獻用例,禪籍中“鉢囉娘”末音節一般使用宕攝字,而其他佛典中用假攝字。

二、“鉢囉娘”的語源和釋義

以上是“鉢囉娘”在傳世文獻中使用情況,實際上出土文獻中也有使用,敦煌寫卷中作“鉢囉穰”“鉢羅攘”。敦煌遺書 S. 3178《梵語般若多心經》:“鉢羅攘,播羅弭多,纥哩那野,素怛囕。”S. 5627《梵語般若波羅蜜多心經》:“鉢囉穰,婆囉迷馱,阿栗那衣,素怛囕。”據此二例,“鉢囉穰”“鉢羅攘”當是梵文《般若波羅蜜多心經》經文的漢譯,又“鉢囉穰”“鉢羅攘”位於《般若波羅蜜多心經》篇首,應是經文首句,即梵文 prajñā 的音譯。明此,上揭“鉢囉娘”諸形皆是 prajñā 的不同音譯形式[③]。

(一) prajñā 的翻譯問題

關於 prajñā 的翻譯,丁福保《佛學大辭典》:“(般若)術語,prajñā,又作班若、波若、鉢若、般羅若、鉢剌若、鉢羅枳娘、般賴若、波賴若、鉢賢禳、波羅娘。譯曰慧、智慧、明……”[④]該梵文的翻譯形式繁多,現引唐代以來的佛經音義文獻,試作相關討論:

般若波羅蜜多:般,音鉢,本梵音云鉢囉(二合)。囉:取羅字上聲,兼轉舌即是也。其二合者,兩字各取半音,合爲一聲。古云般者,訛略也。若,而者反,正梵音枳孃(二合)。枳,音雞以反。孃,取上聲。二字合爲一聲。古云若者,略也……(唐慧琳《一切經音義》卷一《大般若波羅蜜多經》)

般若:上波末反。亦云波若。(後晋可洪《新集藏經音義隨函録》卷九)

般羅若:上音鉢,梵語訛也。正梵音云鉢囉(二合)枳孃(二合)。唐言慧,古譯云

---

① 雷漢卿:《禪籍方俗詞研究》,成都:巴蜀書社,2010 年,第 632—633 頁。

② 任連明:《〈五燈會元〉文獻語言研究》,北京:中國社會科學出版社,2023 年,第 245 頁。

③ 本文在第 17 届漢文佛典語言學國際學術研討會上宣讀,蒙羅建宏、李家傲兩位博士指出董志翹《〈禪籍方俗詞研究〉序》中曾論及“八囉娘”,同持此觀點。

④ 丁福保:《佛學大辭典》,北京:文物出版社,1984 年,第 920 頁。

智慧，義無不明也。(唐慧琳《一切經音義》卷十二《大寶積經》)

漢譯佛經的早期對音比較簡略，prajñā 對音成“般若”“波若”等；到了唐代，人們對梵文瞭解加深，對音逐漸精審，prajñā 對譯成“般羅(囉)若”“鉢囉(二合)枳孃(二合)”等。具體而言，pra 對音時拆分成 pa＋ra，pa 對音用“般”“鉢”“缽”等字，使用入聲末韻字；禪籍中作“八”“叭”，使用入聲黠韻字，二者同屬幫母山攝，音近可通。ra 的對音，文獻中用“囉”“羅”二字，其中對音“囉”爲是[①]。jñā 拆成 jā＋ñā 對音，聶鴻音認爲 jñā 對音成“攘”[ȵa]字，其中梵文複輔音起首的 j-没有翻譯[②]。“孃(娘)”對音 ñā，因爲唐西北方音漢語宕攝字一律無鼻韻尾[③]。李建强指出“攘”“穰”，《廣韻》衹有日母讀音，《集韻》中有日母、娘母兩讀[④]，娘母是庚韻尼庚切，由於庚韻的主元音很少對長元音 ā，恐不應取娘母。“攘”“穰”也有可能是“孃”的誤字[⑤]。

李建强認爲“攘”“穰”有可能是“孃”的誤字，檢電子佛典 cbeta2018，禪籍中“缽囉娘(孃)”諸形，“娘(孃)”凡 102 次，“穰”僅 2 次[⑥]。從使用次數上看，作“娘(孃)”具有壓倒性優勢，李文所言是否正確？我們的答案是否定的，第一，與 jñā 對音的必須是日母字，“攘”“穰”“孃”三字均屬《廣韻・陽韻》“穰”小韻，衹要符合對音規則，三者均可，不必非得用“孃”字。第二，從字形上看，李先生并未給出足够的證據。漢文佛典中“穰”常與“攘”“壤”“禳”三字易混，例如唐波羅頗蜜多羅譯《寶星陀羅尼經》卷七：“衆生受用隨時飽滿，倉廩地窖悉皆盈積，乃至畜生所食之物亦令豐穰，以此善根令我具足般若波羅蜜。”其中“穰”字異文作“壤”。唐玄奘《大唐西域記》卷十二：“大崖東北，踰嶺履險，行二百餘里，至奔穰舍羅(唐言福舍)[⑦]。”其中“穰”字異文作“攘”。東晉帛尸梨蜜多羅譯《佛説灌頂經》卷七：“尼羅攘。”“攘”字一作“穰”。宋法雲《翻譯名義集》卷五：“初人名梵天造一韋陀，次有儸名自净，變一爲四：一名讀誦，二名祭祀，三名歌詠，四名穰災。”其中“穰”明本作“禳”。另檢碑别字、敦煌遺書俗寫、書法作品中均未見“孃”“穰”相混的例证。因此，“穰”不應是“孃”的形近誤字，敦煌寫卷和禪籍中作“穰”有其合理性。

另外，李文指出 prajñā 在 S. 2464、S. 5648、P. 2322 中還對音作“鉢囉(二合)誐攘(二合)”，唐不空對音作“鉢囉(二合)枳孃(二合)”，宋慈賢對音作“鉢囉(二合)倪也

---

① 周正：《禪籍“蘇嚕”考》，《漢語史學報》，2020 年第 23 輯，第 173 頁。

② 梵語輔音 j-屬齒音，對音時漢語一般用章組字，不用日母字。而 jñā 對音成“穰”“攘”等字，這些字正是日母字，所以“穰”“攘”等字對音的是 ñā，第一個輔音 j-没有對音。

③ 聶鴻音：《prajñā 的對音》，《語言研究》，2008 年第 4 期，第 15 頁。

④ 實際上“攘”中唐時已有娘母的讀音。例如慧琳《一切經音義》中“攘”有如羊反、若羊反、而羊反、壤章反、汝羊反、穰上反、讓羊反諸切，這一類反切上字屬日母。同書卷十二《大寶積經》：“攘：孃養反。”反切上字“孃”是娘母字。

⑤ 李建强：《從〈心經〉音譯本及其他文獻看梵文 jñā 的發音》，《西域歷史語言研究》，2018 年第 10 輯，第 159 頁。

⑥ 兩例均作“鉢囉穰”，一例是上引例(3)，另一例見《古尊宿語録》卷二十一《舒州白雲山還會演和尚語録》，書證内容相同，不贅引。

⑦ “奔穰舍羅”《大唐大慈恩寺三藏法師傳》卷二作“達摩舍羅”，對應的梵文是 puṇyaśālā，其中 puṇya 是吉祥的、神聖之義，śālā 是房屋、堂舍、圍欄之義。ṇya 應用娘紐字對音，《大唐西域記》中用日紐字。一種觀點認爲奔穰舍羅是今新疆喀什地區的佈崙木沙(Beremsol)，地名讀音相近。

(二合)"[1]。聶鴻音曾指出梵文詞根√jñā在我國有多種譯法：唐慧琳《一切經音義》將prajñā譯作鉢囉(二合)枳孃(二合)，sarvajñā譯作薩嚩吉娘(二合)，其中"枳"和"吉"是見母字[2]，照例應是譯k-。宋法天譯作"哦也"，是讀作gyā。祇有智廣《悉曇字記》譯作"社若(二合)"與梵文相符[3]。换言之，關於詞根√jñā的對音，慧琳和法天的對音并不是據梵文，祇有智廣纔是。據此，再返觀李文提供的三種對音，不空三藏作"鉢囉(二合)枳孃(二合)"，對音的應是praknā。敦煌遺書中作"鉢囉(二合)誐攘(二合)"、宋慈賢作"鉢囉(二合)倪也(二合)"，其中"誐""倪"是疑母字，對音的應是pragñā。

(二) "鉢囉娘"釋義

禪籍中"鉢囉娘""鉢囉穰""八囉娘"等是梵文prajñā的音譯，意譯作"智慧"，而不是言語囉嗦的婆娘之義。例(1)學僧問五祖法演禪師一代時教(一大藏教)是個切脚字，不知切什麽字？法演禪師回答道"鉢囉娘"。从教門的角度説，"鉢囉娘"指般若智慧。佛教普度衆生，終極目標是到達智慧的彼岸。佛經開啓智慧之門，閲讀佛經可增長智慧。因此，一切智、智慧往往是佛經的代名詞，進而"鉢囉娘"可局部代替整體，指佛經。禪籍中不乏這樣的例子，例如明德然等《松隱唯庵然和尚語録》卷二《送端藏主之靈隱》："五千餘卷鉢囉娘，潦倒東山舌欠長。後夜鷲峰重揭示，猿啼松頂月蒼蒼。"例中"五千餘卷鉢囉娘"指五千多卷佛經。例(2)"鉢囉娘"與"囉囉哩哩"合用，如果作"智慧""佛經"等義解，則與句意扞格難通。句中前有"譯經""翻梵語爲唐言"，可知"囉囉哩哩""鉢囉娘"應同屬梵文音譯。

三、禪籍中梵文音譯詞的使用情况

禪籍中除了"唵""鉢囉娘""囉囉哩哩"外，還有哪些梵文音譯詞，有什麽用法？由於禪籍浩瀚如煙，不可能將其搜羅殆盡，我們以點代面，選取兩宋時期較重要的四部禪宗典籍，分别是《景德傳燈録》《續古尊宿語要》《五燈會元》《古尊宿語録》，對其中梵文音譯詞的使用情况進行梳理，以窺一斑。

(一) 禪籍中梵文音譯詞的數量

禪籍中的梵文音譯詞源自漢譯佛經，多數是耳熟能詳的。有佛名和佛經名，例如"摩訶薩""阿彌陀佛""般若波羅蜜""摩訶般若波羅蜜"；也有常見的經文(咒語)，例如"唵""吽""嗳""部(嘟)啉""蘇嚕"等。其中以佛經開頭或結尾的音譯詞居多，因其常被諷誦，有助禪師用以接引學人，如句首之"唵"，句末之"吽""薩婆訶""娑婆訶"等。當然，也有較少見，甚至是陌生的音譯詞，如"阿盧勒繼""部唵嘿伽多哩""嚩呢嗟哩吽

---

① 《從〈心經〉音譯本及其他文獻看梵文jñā的發音》，第158頁。

② 另《廣韻・紙韻》："枳，諸氏切。"這裏"枳"是章母字。"枳孃"之"枳"讀見母還是章母，李文已論述。我們同意李文的觀點，讀見母字，詳見第159—160頁。

③ 聶鴻音：《慧琳譯音研究》，《中央民族學院學報》，1985年第1期，第70頁。

嚟吒”等。上述四部著作中梵文音譯詞的使用情況見下表①:

序號	梵文音譯詞		景德傳燈録	續古尊宿語要	五燈會元	古尊宿語録
1	阿彌陀佛(amitābha)	阿彌陀	/	/	2	/
2		阿彌陀佛	1	1	1	2
3	嚩啉(bhrūṃ)	部臨	/	2	/	2
4		嚩啉	/	/	/	4
5	怛薩訶竭(tathā-gata)	怛薩阿竭	/	/	/	1
6		怛薩訶竭	/	2	/	/
7	摩訶薩(mahā-satva)	訶薩	/	/	/	1
8		摩訶薩	/	/	/	1
9	摩訶般若波羅蜜(mahā-prajñā-pāramitā)	波羅蜜	/	/	/	1
10		摩訶般若	/	/	/	1
11		般若波羅蜜	/	/	/	2
12		摩訶般若波羅蜜	1	2	1	12
13	囉哩②	囉邏	/	3	3	/
14		邏囉	/	1	/	/
15		哩囉	/	2	/	2
16		囉哩	/	2	/	/
17		囉囉哩	/	3	3	3
18		囉邏哩	/	2	/	4
19		囉哩哩	/	2	/	/
20		邏囉哩	/	/	2	/
21		邏邏哩	/	/	/	1
22		囉哩囉	/	/	2	/
23		哩哩囉	/	1	1	/
24		羅羅李	/	/	/	1
25		哩哩㑩	/	/	/	1
26		囉唻哩	/	/	/	1
27		㑩㑩哩	/	/	/	1
28		囉囉哩哩	/	/	1	/
29		邏邏哩哩	/	/	/	1

① 本表未統計“缽囉娘”及其異形,其中《景德傳燈録》0次,《五燈會元》《古尊宿語録》各1次,《續古尊宿語要》2次。

② 饒宗頤認爲“囉哩”源自梵文的流音“魯流盧樓”,後文有述。據對音擬爲 rari。

續表

序號	梵文音譯詞		景德傳燈録	續古尊宿語要	五燈會元	古尊宿語録
30	菩提薩摩訶(bodhi svāhā)	薩訶[①]	/	1	/	3
31		娑訶	/	/	1	2
32		薩婆訶	3	1	3	9
33		娑婆訶	/	2	6	1
34		菩提薩摩訶	/	/	/	1
35	蘇嚕(suru/srū)	蘇嚕	1	3	7	7
36		蘇嚧	/	/	1	1
37		蘇盧	/	2	/	2
38		噓嚧	/	/	5	/
39		噓嚕	/	2	/	/
40		蘇嚧哩	/	/	/	1
41	唏唎(śiri/siri)	悉哩	/	1	1	/
42		悉利	/	1	/	/
43		唏唎	/	1	3	/
44		唏哩	/	/	4	/
45	嚕(blu)		/	/	/	1
46	噘(phaṭ)		/	/	/	1
47	吽(hūṃ)		10	7	16	26
48	唵(oṃ)		1	6	1	8
49	齒臨(chrūṃ)		/	2	/	2
50	胡盧(hru)		/	2	/	2
51	歷細(*risi/riśi)		/	2	2	/
52	阿斯吒(*asiṭa)		/	/	1	/
53	薩婆若(sarva-jña)		/	/	/	1
54	阿盧勒繼(*arolake)		/	/	/	1
55	蜜怛哩孤(*mitrigu)		/	/	/	2
56	蜜怛哩智(*mitriṭī)		/	/	/	2

① 《續古尊宿語要》卷二《天衣懷和尚語》:"唵! 部㖿嘿伽多哩! 薩訶!"《古尊宿語録》卷十七《雲門匡真禪師廣録》:"蘇嚕薩訶",卷十八"蘇盧! 薩訶!""蘇嚕! 蘇嚕! 悉哩! 薩訶!"三例"薩訶"位於句末,據此認爲是"薩婆訶"的省略。

續表

序號	梵文音譯詞	景德傳燈録	續古尊宿語要	五燈會元	古尊宿語録
57	部咘嘿伽多哩①	/	1	/	/
58	嚤呢噠唎吽嗳吒②	/	/	1	/
59	嚤呢噠哩吽嗳吒	/	/	/	1
總計		17	57	68	116

表格説明:

1. 本統計僅限經咒類梵文音譯詞,其他音譯詞無涉。爲方便統計,取常见形體以賅諸形。有梵文原文的,標註梵文;没有梵文原文的,暫付闕如;* 後是構擬的梵文。

2. 著作下標數字是音譯詞的使用次數,0次用"/"表示。

從上表可得出以下兩點認識:第一,四部著作中梵文音譯詞共24類,59種。其中"吽(59次)""囉哩(42次)""菩提薩摩訶(33次)""蘇嚕(32次)""摩訶般若波羅蜜(20次)"五類是禪林的寵兒,占總數的72.09%。第二,梵文音譯詞從進入禪林,再到叢林中盛行,有一個逐步發展、日益豐富的過程。北宋初《景德傳燈録》中衹有17例,到了南宋末《古尊宿語録》中已逾百例。一些音譯詞經歷了從無到有,如"囉哩"類;還有一些從零星幾例增長至十幾例,如"摩訶般若波羅蜜"。

(二)禪籍中梵文音譯詞的用法

通過對以上四部禪籍的梳理,依據梵文音譯詞在文中出現的位置情況,歸納出三種主要用法,分述如下:

第一,用在禪師所説的話(偈語)中,單獨成句。這種用法是最常見,也是用例最多的。具體又可細分爲兩類:一是禪師的話中衹有梵文音譯詞,二是禪師説完一句或幾句話後,接獨立成句的梵文音譯詞。例如:

(8) 問:"萬丈井中如何得到底?"師曰:"**吽!**"僧再問。師曰:"脚下過也。"(宋普濟《五燈會元》卷七《巖頭全奯禪師》)

(9) 示衆云:"大方無外,大圓無内。無内無外,聖凡普會。瓦礫生光,須彌粉碎。無量法門,百千三昧。"拈起拄杖云:"總在這裏,會麽?**蘇嚕!蘇嚕!嚤哩!嚤哩!娑訶!**"(宋普濟《五燈會元》卷十九《保寧仁勇禪師》)

上揭例(8)"吽"屬於第一類,衹有梵文音譯詞,獨立成句。例(9)"蘇嚕""嚤哩""娑訶"接在禪師之語後,單獨成句,屬第二類。

第二,用在禪師所説的話(偈語)中,句中充當賓語。例如:

(10) 隱山今朝,因晚禾可望,戲作一頌……蟻穴百年能幾久,龜腸一飽更何求。

① 出自《續古尊宿語要》卷二《天衣懷和尚語》,未詳梵文。

② "嚤呢噠唎吽"和"嚤呢噠哩吽"疑與六字真言的後五字"嘛呢叭咪吽(maṇi padme hūṃ)"相關,再加"嗳""吒"。

大衆拍手唱**囉哩**,筭得生來不解愁。(宋師明《續古尊宿語要》卷二《隱山璨和尚語録》)

(11) 鍾不聞,虛度日。唯聞老鼠鬧啾唧,憑何更得有心情,思量念箇**波羅蜜**。(宋賾藏主《古尊宿語録》卷十四《趙州真際禪師語録》)

例(10)"囉哩"出自偈頌,句中作動詞"唱"的賓語。例(11)"波羅蜜"作動詞"念"的賓語。

第三,用於一句之中,凑成音節以達到句式整飭的效果,起足句的作用。例如:

(12) 竪拳下喝少賣弄,説是説非入泥水。截斷千差休指注,一聲歸笛**囉囉哩**。(宋普濟《五燈會元》卷二十《覺阿上人》)

(13) 夜半子,一輪明月**蘇嚧哩**。人定亥,老鼠牀頭作隊隊。(宋賾藏主《古尊宿語録》卷十一《慈明禪師語録》)

例(12)是一首七言偈語,"囉囉哩"的作用是凑足七字音節。例(13)"一輪明月"爲了能與後文"老鼠牀頭作隊隊"七字相對,使用"蘇嚧哩"凑足音節,不構成句意。

四、從禪籍看梵文音譯詞的世俗化

禪宗主張不立文字,講求頓悟,對經教典籍嗤之以鼻,而"鉢囉娘""囉囉哩哩"等教門音譯詞却被引入叢林,究竟意欲何爲?進入禪宗後,是否會發生變化?帶着這些疑問,細繹禪籍用例,根據詞義的實虛變化和上下文中起到的作用,將梵文音譯詞世俗化的過程分爲四個階段:"本我"—"超我"—"無我"—由禪及俗,下予以分述:

(一)"本我":經咒與借代

梵文音譯詞剛進入禪宗,保留了作爲佛教經咒的本色,按梵文音譯詞使用。有的例子中詞義有引申,可代指佛經。例如:

(14) 陳與明還《佛頂心經》願,云:"**唵!齒臨!唵!齒臨!唵!部臨!唵!部臨!**"大衆,此是甚麽言語,義理如何?(宋師明《續古尊宿語要》卷三《佛眼遠禪師語録》)

(15)(僧)曰:"優曇華拆人皆覩,向上宗乘意若何?"師曰:"闍黎若問宗乘意,不如静處**薩婆訶**。"(宋普濟《五燈會元》卷八《僊宗清法禪師》)

上揭例(14)信徒陳與明還願所念"唵""齒臨""部臨",是《佛頂心經》的經咒。例(15)清法禪師回答學僧提問説,如果要問宗門意旨,不如"静處薩婆訶"。"薩婆訶(svāhā)"本是佛教結句煞尾之真言,這裏代指佛經,"静處薩婆訶"指安静之處誦經。至於"薩婆訶"等音譯詞爲何能指代佛經?那是因爲這些音譯詞原本是真言咒語,一般而言,真言咒語就等同於佛經。

(二)"超我":"奇特"無義語

1. "無義語"義界

周裕鍇認爲:"'無義語'三字本出自《維摩經·香積佛品》:'是無義語,是無義語報。'"[①]實際上,比姚秦稍早的東晋時期,佛陀跋陀羅譯《華嚴經》《摩訶僧祇律》中已有"無義語"三字,例如《華嚴經》卷二十四《十地品》:"離無義語,常自守護,所可言説,應作不作,常知時語、利益語、順法語、籌量語……"教門中的"無義語"一般指一種惡口業,北凉曇無讖譯《大方等大集經》卷八《海慧菩薩品》:"所謂遠離六十四種惡口之業:麁語、濁語、非時語、妄語……無義語、無護語……"

宗門中的"無義語",周裕鍇認爲:"它是指一種有語言的形式而無語言的指義功能的句子,宗門或稱之爲'無義語'。"[②]雷漢卿、王長林論述"俗成語的語義"時指出:"零語義是禪義的一種特殊表現形式,之所以稱爲'零語義',是指這類俗成語在禪宗會話語境中衹有語言形式而無特定的表義功能,在宗門中被稱爲'無義語'。"[③]也就是説,無義語是宗門中衹有語言形式而没有表義功能的語句。例如:

(16) 問:"如何是祖師西來意?"師曰:"爛炒浮漚飽滿喫。"(宋道原《景德傳燈録》卷二十《草庵法義禪師》)

例(16)當面對學人"如何是祖師西來意"的提問,禪師回答"爛炒浮漚飽滿喫","浮漚"是浮在水面上的氣泡,無法"爛炒",更不能"飽滿喫"。禪師的答語不合常理,無法理解,這種答語就是宗門無義語。禪宗認爲言不一定有所述,無義語空有語言"外殼",禪師旨在截斷學人的言語情解,跳出邏輯的"桎梏",脱離世俗知見,當下領悟。

2. 梵文音譯詞作無義語

梵文音譯詞被叢林經常拈提後,其經咒和引申義逐漸消亡,由實變虚,禪師用作截斷學人言詮的無義語。用法有新突破,超越"本我"。例如:

(17) 師行脚時,有官人問:"還有定乾坤底句麽?"師云:"**蘇嚕!蘇嚕!悉哩!薩訶!**"(宋賾藏主《古尊宿語録》卷十八《雲門匡真禪師廣録下》)

例(17)面對學僧的提問,雲門禪師用"蘇嚕""悉哩""薩訶"等作答,意在通過這些無義語,截斷學僧的言路,讓他們當下領悟。拙文曾指出"'蘇嚕'源於梵語真言的音譯,作爲佛教咒語的一部分(或是省略形式),禪師常用作無義語來煞尾……它與其他佛門咒語、道家咒語一樣,它們都是禪家用來接引學人的方便法門,是機鋒施設的一種。"[④]

宗門無義語以其不合常理、跳躍式的言辭等特點,讓人難以捉摸。梵文音譯詞作無義語,給禪宗語録蒙上了一層神秘的宗教色彩,這種神秘性跟世俗的隱語、黑話等有着相通之處,非本行業内的人無法理解。事實上,作爲一種機緣施設,梵文音譯詞本質上與其他宗門無義語無别,僅僅是語言"外殼"不同而已。

---

①② 周裕鍇:《禪宗語言》,上海:復旦大學出版社,2017年,第280頁。

③ 雷漢卿、王長林:《禪宗文獻語言論考》,上海:上海教育出版社,2018年,第65頁。

④ 《禪籍"蘇嚕"考》,第175頁。這裏補充説明梵文音譯詞作賓語和作無義語的區别:第一,從語法分析的角度看,梵文音譯詞作賓語,充當句法成分,是句子的一部分;而梵文音譯詞作無義語,往往是獨立成句。第二,從語義上看,梵文音譯詞作賓語,語義指向音譯詞本身;而梵文音譯詞作無義語,則没有語義。

(三)“無我”:和聲之襯字

隨着禪林的普遍使用,梵文音譯詞被禪師呼之即來,“喝”之即去,在無義語的基礎上繼續演變,虚化成祇有音節形式的和聲襯字,輔以助聲或足句的作用。因此,這個階段梵文音譯詞已與經咒無關,即所謂“無我”。例如:

(18) 不動居士馮公檝隨至方丈,曰:“某理會得和尚適來所舉公案。”慧曰:“居士如何?”曰:“恁麽也不得,**嚇嚧!娑婆訶!** 不恁麽也不得,**嘫哩!娑婆訶!** 恁麽不恁麽總不得,**嚇嚧!嘫哩!娑婆訶!**”(宋普濟《五燈會元》卷二十《資壽尼無著妙總禪師》)

例(18)“嚇嚧”“嘫哩”“娑婆訶”置於句中,起助聲作用,方便語言的過渡或轉换。前引例(12)(13)亦即其例。

饒宗頤指出:“可見北宋以來禪師使用囉哩,每於上堂作偈語、製頌贊,都用之作爲助聲,已成爲非常流行的習慣。”[①]饒先生所言甚是。實際上,這種唱“囉哩”的習慣,南宋僧人早已指出,宋普濟《五燈會元》卷六《茶陵郁山主》:“百尺竿頭曾進步,溪橋一踏没山河。從兹不出茶川上,吟嘯無非囉哩囉。”其中“吟嘯無非囉哩囉”,説明叢林中唱“囉哩”是一種司空見慣的現象。换言之,梵文音譯詞作助聲的用法宋代業已普遍。

(四)由禪及俗:梵文音譯詞的世俗化

諸佛子等,合掌至心聽!我今欲説《大乘楞伽悉談章》。《悉談章》者,昔大慧在楞伽山,因得菩提達摩和尚元嘉元年從南天竺國將《楞伽經》來至東都,跋陀三藏法師奉詔翻譯……又嵩山會善沙門定惠翻出《悉談章》,廣開禪門,不妨慧學,不著文字,并合秦音,亦以鳩摩羅什法師《通韻》魯流盧樓爲首。(唐裒中《佛説楞伽經禪門悉曇章》序)

從這段文字可知,《楞伽經》是菩提達摩從南天竺國傳至東土,跋陀三藏法師奉詔翻譯,沙門定惠翻出《悉談章》,禪宗僧人頌習悉曇字母,“魯流盧樓”等梵文音譯詞被用在歌辭之中。换言之,中土禪僧藉助梵文音譯詞作爲和聲編作歌辭(《禪門悉談章》),用來闡揚禪宗教義。饒宗頤指出梵語流音“魯流盧樓”是“囉哩嗹”的來源[②],嗣後,季羡林、任二北、袁賓、徐時儀等學者從不同方面研究和論述“囉哩嗹”,進一步梳理“囉哩嗹”的用法。今從歷時發展的角度再爲闡發:

(19) 旋擘黄柑簪白墮,哩喻囉,從他擾擾如旋磨。(宋郭應祥《漁家傲·丁卯生日自作》)

(20) 賈島云:“盡道豐年瑞,豐年意若何?兩個風魔漢,舞個囉哩囉。”(元馬致遠《踏雪尋梅》第二折)

(21) 予聞清源,西川灌口神也。爲人美好,以遊戲而得道,流此教於人間。訖無

---

① 饒宗頤:《梵學集》,上海:上海古籍出版社,1993年,第212頁。

② 《梵學集》,第187—198頁。

祠者,子弟開呵時一醪之,唱囉哩嗹而已。(明湯顯祖《玉茗堂全集》卷七《宜黄縣戲神清源師廟記》)

(22) 唐梨園歌有囉哩嗹,以五七言整句須有襯字,乃可歌也。疑古之妃呼豨、伊何那亦即此意,如此則不求宋詞元曲之順喉矣。(清吴喬《圍爐詩話》卷一)

例(19)"哩唵囉"是"囉哩"進入宋詞的典型例證,例(20)"囉哩囉"爲跳舞時所吟,是"囉哩"進入元雜劇之例。例(21)"囉哩嗹"爲明代戲神清源祀典中所唱,是"囉哩"用在戲曲之證。例(22)"囉哩嗹"是清人所記唐人在梨園歌中使用"囉哩"的論述。此後,全國各地的戲劇、民歌、山歌等中,作爲襯字和聲的"囉哩"普遍使用,至今仍然活躍在曲藝舞台上。例如央視音樂頻道播出曲比阿烏演唱的民歌《趕圩歸來阿哩哩》,歌名中"阿哩哩"就是和聲的襯字。

禪宗從教門中引進梵文音譯詞,以接引學人。在宗門站穩脚跟後,梵文音譯詞又逐步擴展到各類文學體裁之中,逐步完成中國本土化和世俗化,日益貼近百姓的實際生活,而不是高深玄奥、被束之高閣的經咒。

五、結　語

"蘇嚕""囉哩""缽囉娘"等梵文音譯詞進入禪宗後,從最初的經咒,到成爲接引學僧的無義語,直至淪爲助聲的襯字。在這個過程中,被佛教徒視爲神聖的梵文經咒,經過禪宗僧人的使用,一步一步地去神聖化、趨世俗化,逐步應用於各類文學作品中,從而被普通民衆接受和使用,成爲中國話。王邦維指出:"禪宗僧人在語言文學方面的創造不僅限於語録,他們在其他方面往往也有各種形式的創造和貢獻。悉曇歌辭就是其中之一。"[①]誠如王先生所言,禪宗對語言的貢獻,不局限於禪宗語録。它不僅保留了唐宋時期鮮活的口語,更多的還在於禪宗語言的創造。禪宗是中國化最成功的佛教,禪宗在佛教語言的中國化方面扮演着重要角色,這也是一個全新的研究領域,亟待學者們開發和研究。

本文在寫作過程中承蒙儲泰松老師多次提出修改建議,在此謹致謝忱!文中疏漏,概由本人自負。

① 王邦維:《〈楞伽經禪門悉曇章〉與"楞伽人"》,《少林學輯刊》,2021年第1輯,第115頁。

■文獻學評論

論乾嘉漢學的代表性古文選本《湖海文傳》

張海沙　張　凱

摘　要:乾嘉時期,漢學如日中天,時人争以漢學考據爲尚。漢學逐步滲透科舉,導致漢學文章成爲乾嘉時期典型的官樣文章。《湖海文傳》是王昶彙集生平師友之作所纂輯的選本,頗能體現乾嘉文壇的學術風尚。不同于姚鼐所代表的桐城派,王昶的古文態度更傾向于漢學考據,因而對“以古文爲時文、復以時文爲古文”的做法不以爲然,其所編選的《湖海文傳》成爲漢學古文的典型選本。《湖海文傳》代表了乾嘉古文選本的另一種風貌,展現了乾嘉時期選本生態的多樣性,在清代選本史上具有重要地位。

關鍵詞:乾嘉時期;古文選本;漢學思想;《湖海文傳》

王昶與姚鼐生活在同一時期,劉聲木《桐城文學淵源考》將王昶視爲桐城派中人——“師事沈彤,受古文法,其爲文規矩謹嚴,典贍詳實;議論考核甚辨而不煩,極博而不蕪,精到而意不至于竭盡,頗有古人高韵逸氣”①,但從王昶晚年所編選本《湖海文傳》來看,王昶與姚鼐的桐城派古文觀實有較大差别。以往研究已經初步注意到了王昶《湖海文傳》的編選及古文觀,但没有深入編選體例,落實其漢學本位和漢學性質。論及《湖海文傳》的價值也僅涉及輯佚、校勘及社會史料三方面②。王昶《湖海文傳》的存在可以説明桐城派内部古文觀念存在差异性,桐城派與漢學派的關係也是渾融互動的,二者之間的關係界限并非那麽清晰斬然。《湖海文傳》的價值也不僅僅限于輯佚、校勘、社會史料方面,更在于其“入乎桐城”又“出乎桐城”的選本生態意義。將《湖海文傳》與《古文辭類纂》做對比,更顯二書立足之不同。在已有研究的基礎上,本文將王昶與《湖海文傳》放在與桐城派姚鼐對照之中、放在乾嘉時期古文選壇的生

作者簡介:張海沙,暨南大學文學院教授,博士生導師,主要從事佛教文學及古文選本研究;張凱,暨南大學文學院中國古代文學專業博士生,主要從事歷代古文選本及明清文章學研究。

基金項目:國家社科基金重大項目“歷代古文選本整理及研究”(17ZDA247)

①　劉聲木:《桐城文學淵源考》,合肥:黄山書社,1989 年,第 114 頁。

②　王慧華初步涉及《湖海文傳》的編排體例,但非專書研究,僅一帶而過。見王慧華:《王昶的文學文獻學研究》,上海:華東師範大學碩士論文,2006 年;阮紅環、武海軍注意到了王昶《湖海文傳》中的古文觀,但僅僅涉及“經史爲本、考據爲文”與“對文體與學問考據關係的辨析”兩方面,失之簡略。見阮紅環、武海軍:《〈湖海文傳〉與清代漢學家的古文理論》,《新聞愛好者》,2010 年第 8 期;石帥對《湖海文傳》的文章進行了分類,總結了體現的文章學思想,并指出了《湖海文傳》在輯佚、校勘、社會史料三方面的價值,相較于阮、武二人更進了一步,但仍就事論事,没有注意到乾嘉時期文壇的互動及古文選本的複雜樣貌,對《湖海文傳》意義的揭示是粗淺層次的。見石帥:《王昶〈湖海文傳〉研究》,桂林:廣西師範大學碩士論文,2016 年。

態環境下進行研究,揭示其漢學性質,指出《湖海文傳》代表了乾嘉時期古文選本的另一面相。

一、王昶的生平及《湖海文傳》的編印流傳

(一) 王昶的生平

王昶,字德甫,號述庵,江蘇青浦縣(今上海青浦區)人。雍正二年甲辰(1724)生,嘉慶十一年丙寅(1806)卒。高祖王懋忠,曾祖王之輔,祖父王璵,父親王士毅。王士毅四十五歲時老來得子[①],故而對王昶的教育十分上心,王昶十八歲應院試、以第一名入學,正式成爲秀才,開始了自己的科舉之路;乾隆十八年,王昶三十歲鄉試中式,成爲舉人;乾隆十九年,三十一歲時,中會試,成爲進士。乾隆二十二年,乾隆帝南巡召試,王昶獻賦,欽定一等第一,賜内閣中書舍人,開始踏入仕途,時年三十四歲。

乾隆二十二年至乾隆三十三年是王昶仕途的上升期。在乾隆三十三年,王昶四十五歲之時,這一切都發生了變化。七月,兩淮鹽使提引事發,"先後究出向與盧見曾認爲師生之候補中書徐步雲、伊戚、翰林院侍讀學士紀昀、并軍機處行走中書趙文哲、軍機處行走郎中王昶,漏泄通信,應照例擬徒。[②] 其時雲貴總督阿桂奏請將王昶調至雲南征緬前綫,職掌書記、戴罪立功,因而王昶從軍雲南,從輕發落。從軍九年,王昶"一切奏摺文移,皆由承辦,頗爲出力",議叙軍功,累加勛績,因而乾隆皇帝諭旨:"吏部郎中王昶久在軍營,著有勞績,著升授鴻臚寺卿,賞戴花翎,在軍機處行走"[③]。

軍旅生活結束後,五十三歲的王昶又開啓了自己的第二段仕宦生涯。在京期間他先後任《金川方略》總修官、《大清一統志》總修官、政史司副使、大理寺卿、都察院左副都御史等職。後又任職地方,爲江西按察使、陝西按察使、雲南布政使、江西布政使。乾隆五十四年又奉調入京,爲刑部右侍郎。乾隆五十七年又任順天鄉試副主考,時"有貴介子擯斥,忤當軸旨,遂乞假南歸,有終焉之志也矣。"乾隆五十八年冬"遂以精神日減,不能供職"[④]請求致仕。"上鑒其老病,允之。謂在侍郎中頗爲出力,遂以原品休致。"传諭:"歲暮苦寒,宜俟明歲春融回籍"[⑤],留王昶在京過冬。時人以爲這是自蔡世遠之後十餘年間難得的殊榮。乾隆五十九年,王昶回原籍,正式退休。此後除了乾隆六十年赴乾隆帝千叟宴和嘉慶四年爲乾隆帝吊喪外,王昶再没有任何政治事務。退休後的王昶所從事的主要活動爲整理文集、編修圖書,《湖海文傳》就是王昶晚年所編成的一部當代古文選本。

---

① 據《青浦縣志》卷十七所載:"士毅年四十五無子,禱于西湖,徵蘭而生昶。"(清)汪祖綬修、熊其英纂:《青浦縣志》,清光緒四年刊本。

② (清)董誥等:《高宗純皇帝實録》卷 815,乾隆三十三年七月己酉條,《清實録》第 18 册,北京:中華書局,1986 年,第 1037 頁。

③ (清)嚴榮:《述庵先生年譜》五十三歲條。《春融堂集》附録,上海:上海文化出版社,2013 年,第 1153 頁。

④ (清)嚴榮《述庵先生年譜》七十歲條。見陳明潔、朱惠國、裴風順點校:《春融堂集》附録,上海:上海文化出版社,2013 年,第 1171 頁。

⑤ (清)江藩:《漢學師承記》,上海:上海書店,1983 年,第 58 頁。

（二）《湖海文傳》的編印流傳

《湖海文傳》編選於王昶晚年，成書於嘉慶十年（1805），第二年（1806）王昶便逝世，此書王昶生前没有刊刻。王昶去世後，其子王肇和"以《文傳》諸書謀欲付梓，而卷帙繁重，力未逮也"①。王肇和臨終之時，將刊刻《湖海文傳》的遺願托付給其子王紹基和王紹濬。至道光十四年甲午（1834），王紹基赴省試，拜訪梅曾亮和阮元，謀求將此書付梓，請求阮元作序。"（道光十五年）乙未（1835），得相國賜書，謂此書與《詩傳》並重，而尤重于詩，有明三百年無此作也。倡助刻資，促早蕆事，垂諭敦摯"（第 6 頁）。王紹基開始張羅具體出版，至道光十七年此書刊刻完成，這便是道光十七年經訓堂刻本，也是《湖海文傳》惟一流傳的刊本，《續修四庫全書》第 1668、1669 册有收②。

經訓堂本《湖海文傳》刊刻後，"風行海内三十餘年"（第 3 頁），至同治年間，内憂外患接踵而至，"潢池告警，三吴郡縣連陷"（第 3 頁）。當時《湖海文傳》刊成後，板片由負責刊印的陳鏻保管，藏于尊經閣，至咸豐十年庚申（1860），烽烟告警，爲避戰亂，于是陳鏻之子陳作霖、陳作揖便把板片從尊經閣取出、轉移他處。後來陳作霖、陳作揖在戰亂中死去，其家人便將《湖海文傳》板片"質板濟急"，王紹基"以不克取歸爲憾"。此種情况下，《湖海文傳》有失傳的危險。幸好李鴻章平定叛亂，任職南京，"慨念先朝文獻散佚民間，廣爲搜輯"（第 3 頁）。《湖海文傳》也在搜輯之列。經過調查"知是書尚存，板質他姓"（第 3 頁）。因而李鴻章令觀察應寶時"以百金贖還原板，以五十金印釘百部"，"俾是書得還王氏家塾，以廣流傳"（第 3 頁）。可以説李鴻章在《湖海文傳》的流傳上扮演了重要的角色，正是李氏在戰後"搜輯先朝文獻"的這一舉動，保障了《湖海文傳》傳播的根基。正如王紹基所説"板藏家塾，傳播藝林，不獨爲紹基一家祖孫幸，當亦海内文人睹此書而興大雅扶輪之頌也夫"（第 4 頁）。

二、《湖海文傳》的編選體例及漢學特色

（一）《湖海文傳》的編選體例

王昶編輯《湖海文傳》的初衷在于仿照吕祖謙編輯《宋文鑒》之例，廣輯本朝古文，保存本朝文獻，以廣流傳，目的在于編纂一代文章之總集。恰逢政府官方主持編纂了《皇清文穎》，"足爲模楷"。珠玉在前，王昶認爲没有必要再"重蹈覆轍"，于是按照其此前編纂的《湖海詩傳》用意，僅取"交游之所贈，性情之所嗜"③，"就生平師友及門下士所作"（凡例一），彙爲《湖海文傳》。由于其具有"交游録"之性質，于是在作家作品

① （清）王昶：《湖海文傳》，上海：上海古籍出版社，2013 年，第 6 頁。本文所引《湖海文傳》文皆出自此書，其出處直接標注在正文中的引文後，下同。

② 另有上海古籍出版社 2013 年出版單行影印本，亦據清道光十七年經訓堂刻本影印，内容與《續修四庫全書》本完全一致，僅在書前綴有鄔國平《王昶與〈湖海詩傳〉〈湖海文傳〉》一文。鄔文簡述了王昶的生平及兩書的價值。

③ （清）王昶：《湖海詩傳》，上海：上海古籍出版社，2013 年，第 1 頁。

的編選上有“人不必取其全,詩不必求其備”[①]的特點,因而“往時名手及當世盛有文名而爲投契所未及者,姑恝置焉”(第4頁)。推原王昶的編選宗旨,我們可以發現與普通的選本大相徑庭,其具有明顯的“交游録”“知見録”性質。據此我們是否就可以認爲《湖海文傳》不是選本呢?這是不可以的。王昶自言其編選宗旨有异於一般的選本,但仍然是選本的一種,其所選作家和作品亦是經過了自己的價值判斷和價值選擇。其在《湖海詩傳》序言中説道:

古人選詩者有二,一則取一代之詩,擷精華,綜宏博,并治亂興衰之故,朝章國典之大,以詩證史,有裨于知人論世。如《唐文粹》《宋文鑒》《元文類》所載之詩,與各史相爲表裏者是也。一則取交游之所贈,性情之所嗜,偶有會心,輒操管而録之,以爲懷人思舊之助。人不必取其全,詩不必求其備,如元結、殷璠、高仲武、姚合之類。所謂“唐人選唐詩”者是也。[②]

《詩傳》如此,那“本《詩傳》之例”的《文傳》也是如此。從根本上來説,《湖海文傳》是王昶仿照“唐人選唐詩”的做法所編選的一部“清人選清文”的古文選本。具體而言,王昶所選《湖海文傳》總共收文774篇,作家182人,涉及文體34種,先後順序爲:賦、頌文、講義、論、釋、解、答問、對、考、證、辨、議、説、原、序、記、書、碑、墓表、墓碣、墓志、塔銘、行狀、述、傳、書事、祭文、哀詞、誄、贊、銘、書後、跋、雜著。王昶將所選34類文體分爲十個大類,并分别擬定了十條凡例,説明了選録原因和選文重點。經王昶《凡例》指示,34類文體細目被歸納爲賦;進御之作(頌文、講義);説經論史之文(論、釋、解、答問、對、考、證、辨、議、説、原);序(書序、贈序、壽序);記(學記、廟記、游記);書牘;碑傳(碑、墓表、墓碣、墓志、塔銘、行狀、述、傳、書事);哀祭銘贊;題跋(書後、跋);雜著(未能分類之文)。這十大類文章按照先後順序排列,其序列暗含了王昶對文體主次之考量。可以看到,除了基于文體接受史的“賦”列首位,和具有政治意味的進御之作頌文、講義而外,《文傳》所選第三至第十類的文章絶大多數爲文獻考證、説經論史之類的文章,這使得《湖海文傳》相較于同時期的其他古文選本具有典型的漢學特色。

《湖海文傳》的編選體例分爲三個層級,分别是:文體的選録及文體的先後順序、選録文章時的題材傾向以及文體内部的題材順序。文體的先後順序代表不同文體在《文傳》中的地位,題材的選取與否表明《文傳》的選材傾向,同體不同類文章的先後排列則表示著不同題材的輕重。在《湖海文傳》之中,王昶對不同的文體有著不同的好惡。相對來説,王昶更喜歡經史考證之類的文章,而排斥文學性古文。對于説經論史之文,王昶“不敢執一見以爲去取”(凡例四);對于“所録往還書牘”,認爲“惟其人文不多見,間爲録入”(凡例七);對于“經、傳、碑版、題跋”,認爲“言簡而賅,皆于本文互相發明,尤足資經文考證”(凡例十);對于碑傳類古文,王昶認爲“我朝鉅公,長德後先相望。凡史宬所藏,外間無由窺見,惟藉碑、狀、誌、傳,得以稍知崖略。至績學獨行之儒,循覽遺徽,亦足風世勵俗”(凡例八),因此其“所采以事功、學問、内行、文詞爲類”

①② (清)王昶:《湖海詩傳》,上海:上海古籍出版社,2013年,第1頁。

（凡例八）；另外還有進御之作，王昶也認爲其“體尚莊嚴，辭歸典雅，實足備一朝掌故，非苟爲炳炳琅琅者”（凡例三）。對于這五大類文章，王昶給予毫不吝惜的肯定。然而對于哀誄祭文，王昶便充滿了批評。在王昶看來“哀誄祭文，近世視爲應酬之作，過情之譽，幾同諛墓。求其情文相生、詞無溢美者，百不得一”（凡例九）。另外對于贊和銘兩種文體，王昶也寧缺勿濫，認爲“必句奇音雅，方合體裁”（凡例九）。因而這五小類文章僅“各取數篇，以備一格”（凡例九）[①]。而對于序和記這兩種數量最多的文體，王昶則對其進行了揚弃，肯定書序、學記、廟記等偏重于漢學考據的文章，而對以“贈行壽言”“寺院園亭”爲代表的贈序、壽序和游記類文章十分輕視，這一做法大大降低了《文傳》中文學性古文的占比，使得經學類、學術類古文成爲《文傳》的主體，導致《湖海文傳》帶有鮮明的漢學特色。

（二）《湖海文傳》的漢學特色

《湖海文傳》的漢學特色首先體現在數量上。我們可以從所選文體的篇數上來看。經統計，《湖海文傳》所選篇數最多的前十七類文體的數量如下：

排名	1	2	3	4	5	6	7	8	9	10	11	12		13			14
文體	序	書	記	墓志	傳	跋	説	論	書後	碑	考	講義	議	賦	辨	行狀	解
篇數	200	88	58	48	46	43	37	32	30	24	17	15	15	13	13	13	12

這17類文體，占總數34類文體的二分之一，但是總數已經達到704篇，約占全書總篇數的91%。除少量贈序、壽序、游記類文章和賦外，其餘的全部是學術類文章，這充分説明了《湖海文傳》的漢學本位。如果按照王昶在《湖海文傳凡例》中的指示，將34類文體分爲十大類的話，數量上看起來更加明顯：

排名	文體	篇數
1	序	200
2	碑傳（碑、墓表、墓碣、墓志、塔銘、行狀、述、傳、書事）	153
3	説經論史之文（論、釋、解、答問、對、考、證、辨、議、説、原）	138
4	書牘	88
5	題跋（書後、跋）	73
6	記	58
7	進御之作（頌文、講義）	22
8	哀祭誄銘贊	21
9	賦	13
10	雜著	8

① 具體數量爲：祭文2篇，哀辭3篇，誄1篇，贊9篇，銘6篇。

無論是按照34種文體小類,還是按照王昶凡例中大致區分的十大類,《湖海文傳》中占比最多的都是經學類、學術類古文。任意一種統計方式,數量居于前列的也都是學術類古文。按照小類來説,數量最多的前五類文體分别是序、書、記、墓志、傳。除去序、記中的文學性文章①,其餘的413篇均爲學術類文章。按照王昶所劃分之十大類,全書文學性古文②和學術類古文的數量分别爲63篇和711篇。文學性古文占全書的比重僅爲8.1%,學術類古文則占91.9%。由此可見《湖海文傳》是以學術類古文爲主的,文學性文章很少。

上述判斷也可以從所選作家的角度進行印證。《文傳》所選作家共計182人,數量十分龐大,但主要集中在錢大昕、杭世駿、沈德潛、袁枚、王元啓、戴震、顧棟高、盧文弨、洪亮吉、阮元、魯九皋、朱筠、吴省欽、沈大成、厲鶚、汪由敦、韋協夢、彭紹升、錢塘、孫星衍、陸燿這21位作家之上。《文傳》所選這21位作家的文章篇數均≥10篇,21位作家的文章總數爲364篇,約占全書的47%。前11.5%的作家文章數量竟然約占全書總數的一半③,可見這21位作家在《湖海文傳》中具有典型的代表性。

上述21位作家,絶大多數都以漢學成名。如錢大昕、杭世駿、王元啓、戴震、顧棟高、盧文弨等人,在漢學考據上的成就可謂非凡。其中,沈德潛和袁枚是兩個特殊的例子。今人一般將沈、袁二人看作文學家,看重其文學性詩文方面的成就。王昶則正好相反,從《湖海文傳》中所選篇目來看,沈、袁二人完全是漢學家的面目。爲便于分析《文傳》中二人的文章體類,列表如下:

沈德潛	**袁枚**
講義	論
1. 唐高祖武德九年置宏文館—沈德潛	1. 高歡宇文泰論—袁枚
2. 唐太宗貞觀六年冬大有年—沈德潛	2. 徐有功論—袁枚
3. 唐貞觀六年秋閏七月宴近臣于丹霄殿—沈德潛	釋
論	3. 釋名—袁枚
4. 裴行儉知人論—沈德潛	原
5. 王安石論—沈德潛	4. 原士—袁枚
序	記
6. 地理折中序—沈德潛	5. 所好軒記—袁枚
7. 衛文節公奏議序—沈德潛	書
8. 重刊黄陶庵先生全集序—沈德潛	6. 答金震方先生問律例書—袁枚
9. 王侍御詩文集小序—沈德潛	7. 與某刺史書—袁枚
10. 沈冠雲文集序—沈德潛	8. 答友人某論文書—袁枚
11. 李客山文稿序—沈德潛	9. 答友人論文第二書—袁枚
12. 李玉洲太史詩序—沈德潛	10. 答門生王禮圻問作令書—袁枚
	11. 答滋圃中丞論推命書—袁枚

① 序12篇,記15篇,共27篇。

② 包括:賦、雜著、贊、銘、贈序、壽序、游記。

③ 21位作家的具體篇數如下:錢大昕38篇、杭世駿36篇、沈德潛27篇、袁枚27篇、王元啓23篇、戴震22篇、顧棟高20篇、盧文弨17篇、洪亮吉15篇、阮元14篇、魯九皋14篇、朱筠13篇、吴省欽13篇、沈大成13篇、厲鶚12篇、汪由敦10篇、韋協夢10篇、彭紹升10篇、錢塘10篇、孫星衍10篇、陸燿10篇。

續表

墓志 沈德潜	碑 袁枚
13. 李逸民墓志銘—沈德潜	12. 太子少傅工部尚書裘文達公神道碑—袁枚
14. 王耕烟墓志銘—沈德潜	13. 文華殿大學士太傅朱文端公神道碑—袁枚
15. 黄尊古墓志銘—沈德潜	14. 文華殿大學士尹文端公神道碑—袁枚
16. 唐太孺人墓志銘—沈德潜	15. 經筵講官兵部尚書彭公神道碑—袁枚
行狀	墓志
17. 詹事府詹事兼翰林院侍讀學士張先生行狀—沈德潜	16. 原任禮部侍郎齊公墓志銘—袁枚
傳	行狀
18. 李文襄公傳—沈德潜	17. 光禄寺卿沈公行狀—袁枚
19. 黄太常傳—沈德潜	傳
20. 明學博劉先生傳—沈德潜	18. 勇略將軍趙襄忠公傳—袁枚
21. 三孝子傳—沈德潜	19. 威信公岳大將軍傳—袁枚
22. 葉先生傳—沈德潜	20. 文淵閣大學士太倉王公傳—袁枚
23. 征士翁霽堂傳—沈德潜	21. 内閣學士原任直隸總督臨川李公傳—袁枚
書後	22. 適園蔣公傳—袁枚
24. 書瑣綴録後—沈德潜	銘
25. 書徐文長集後—沈德潜	23. 鍾研銘—袁枚
26. 書壬申文選後—沈德潜	24. 井田研銘—袁枚
27. 書范文正公手書伯夷頌後—沈德潜	書後
	25. 讀胡忠簡公傳—袁枚
	26. 書權文公郅都論後—袁枚
	雜著
	27. 自撰古文凡例—袁枚

由上表可知,《湖海文傳》所選録沈德潜文章數量最多的文體是序 7 篇、傳 6 篇、書後 4 篇,袁枚則是書 6 篇、傳 5 篇、碑 4 篇。其中碑傳、書序、題跋,都是王昶所看重的漢學文體。沈德潜所作墓志銘,也完全不以文采見長,而側重於考證。最典型的是袁枚,王昶對其代表性小品文竟一篇不收,所收記文僅一篇——《所好軒記》,是袁枚爲其藏書樓所作之記文。袁枚此篇收起了獨抒性靈的主張,反而嚴肅認真地説明其所好惟書爲最——"余之他好從同,而好書從獨,則以所好歸書也固宜"(卷三十七,第 341 頁)。袁枚此文不失爲一篇優秀的藏書樓記,但若將此作爲袁枚的代表作,便是"買櫝還珠"了。"畢衆好而從書",從中根本看不到袁枚張揚性靈的影子。王昶之所以進行"片面報導",非是"有眼無珠",實是"别有用心"。在《湖海文傳》中,經過王昶的有意選編,袁枚古文的真實面目和真實價值遭到了遮蔽。王昶對袁枚爲代表的性靈派采取了"隱其真詣,離其將帥"的做法[①],這在《湖海文傳》和《湖海詩傳》之中是一致的。王昶與袁枚早歲相識,三十四歲時,王昶便與袁枚相見。早期王昶對袁枚一片欽佩之情,但等到王昶從軍歸來,再次任職中央時,其對袁枚的態度發生了變化。經歷的增多和文學觀念的變化,年過半百的王昶對袁枚這一文壇前輩進行了調侃和挖苦:

少小聲華遍浙西,石城端合鳳鸞栖。窺窗曼倩工調笑,鬥酒淳于善滑稽。

① 李文玉:《〈湖海詩傳〉研究》,蘇州:蘇州大學碩士論文,2013 年,第 54 頁。

花月隨時誇寫韵,湖山到處愛留題。後堂緑竹誰人共,羡煞門生玉筍齊。[①]

王昶借"戲言"的名義,對袁枚的所作所爲進行了針砭。袁枚所自恃的獨抒性靈,在王昶看來不過是風流輕薄、誇大好名而已。王昶從根本上不認同袁枚的文學觀念,因而無論是《文傳》還是《詩傳》都對袁枚的作品進行了"特殊處理",以自己之標準衡他人之文章,從而抹去了性靈,選入了"平正"之文。《詩傳》和《文傳》都編選於王昶晚年[②],此時袁、王二人的文學觀念已經大相徑庭,王昶甚至視袁枚爲"輕清魔"[③],因此二書對袁作的選删便可以理解了。可以想見,如果《詩傳》《文傳》編選於王昶早年,書中對袁枚的性靈文章絶不會是此種態度。

另外,學者劉奕將《湖海文傳》看作是經學家的文選,其言:"經學家對學術文體的自覺,他們對古文諸體的認識,以及一些普通文體在清代演變爲標準學術文體的情形,都在這部文選中獲得了集中的反映。"[④]劉奕認爲此書不是以辭章爲出發點的文選,而儼然是乾隆朝經學家文選。劉奕將《湖海文傳》的文體分類與《古文辭類纂》作比,指出了二者最大的不同在于序跋類的分合上。具體做法是姚鼐將序跋合爲一類,但分出贈序單獨成類;王昶則將序跋分開,轉而取消了贈序的獨立性。兩相比較,我們可以發現,姚鼐更重視贈序,而王昶更重視題跋。二人通過文體的不同分類清晰地展示了其各自的側重點。

相較而言,序與跋的雙峰并峙,體現的是學術文體的自覺;贈序與書序的有意區别,體現的是對文學文章的重視。古文家擅長的是贈序,漢學家擅長的是書序和題跋,其各自的優勢不言自明。姚鼐作爲古文家,特别説明"撰次古文辭,不載史傳"[⑤],"不可勝録"[⑥]只是其藉口,背後隱藏著古文家不擅書序的事實。對于目録序,也采取"揚長避短"的策略,僅"著其概"[⑦]。序體文中,姚鼐最看重的是史書論序,其認爲司馬遷、歐陽修序論最工,而馬、歐二人的史序特以文學見長,這一選擇正符合姚鼐古文家的基本立場。王昶一方面將題跋之文從序類中獨立出來,認爲"經、傳、碑版、題跋,或究其原,或正其失,言簡而賅,皆于本文互相發明"(凡例十),應該占有一席之地。對題跋類文章的選取也是多多益善,并且説"翁閣學方綱、錢少詹大昕、阮撫軍元諸君所撰金石跋尾,尤足資經文考證。予所輯《金石萃編》中業經收采,兹不更録。"(凡例十)推原王昶的本意,要不是《金石萃編》中已經收采過,《湖海文傳》中題跋類文章的數量只會更多。另一方面,在充分肯定題跋文章的同時,王昶又將贈序合并到序的大類之中。經史子序,因爲其"皆能于本書推見原委,是以所收較夥"(凡例五)。對于詩文集序,王昶便嚴加選擇了,"必于原流派别,與其人之性情學問有所發明,方始登載。"(凡例五)而在姚鼐那裏單獨成類的贈序,王昶則僅僅認爲"昔賢集中不廢,斯作故亦間爲采録。"(凡例五)從上述分析可以看出,王昶編選的《湖海文傳》有着鮮明的

① (清)王昶著,陳明潔、朱惠國、裴風順點校:《春融堂集》,上海:上海文化出版社,2013年,第321頁。

② 《湖海詩傳》編刻於嘉慶癸亥(1803),《湖海文傳》編選於嘉慶乙丑(1805),其時王昶已經八十多歲。

③ 江藩《國朝漢學師承記》卷四《王蘭泉先生》:"後先生因袁大令枚以詩鳴江浙間,從游者若鶩若蟻,乃痛詆簡齋,隱然樹敵,比之輕清魔。"(清)江藩:《漢學師承記》,上海:上海書店,1983年,第60頁。

④ 劉奕:《乾嘉經學家文學思想研究》,上海:上海古籍出版社,2012年,第93頁。

⑤⑥⑦ (清)姚鼐纂集,胡士明,李祚唐标校:《古文辞类纂》,上海:上海古籍出版社,1998年,第3頁。

漢學特色，對詩文集序、贈序的輕視和對經史子序、題跋的側重是其鮮明表徵。

三、《湖海文傳》的選本生態價值

《湖海文傳》是漢學選本的代表，代表了乾嘉古文選本的另一種風貌，這也是其最重要最大的價值。《文傳》所選録的文章完整展現了乾嘉漢學風行一時的鼎盛風貌，是乾嘉時期典型的官樣文章。《文傳》與《詩傳》的相互補充正顯示出乾嘉漢學詩文的整體風貌。劉世南曾在《清詩流派史》中批評《湖海詩傳》"爲格調説進行創作示範，强人從己，千篇一律，散發出官方文學觀點的氣味"①。《湖海文傳》的缺點也在此，只不過换以學術文章爲標準了。

王昶一生"兩仕江西，一仕秦，三年在滇，五年在蜀，六出興桓而北，以至青、徐、兖、豫、吴、楚、燕、趙之境"②。所到之地，則提倡風雅，與當地賢士大夫"攬環結佩，多以詩文相質證"，交游十分廣泛。另外王昶十分留意人才，對後進多加援引，"聞人有一才一藝，輒録其姓名、籍貫。細書小摺，盛以錦囊，各分門類。宴談之頃，一聞佳士，即取錦囊補之。"③這導致"後進執經請業，舟車錯互，户外屨恒滿。士藉品藻以成名者，不可勝數"④，時人對此稱之"自古憐才愛士之誠，未有如先生者也。"⑤王昶的這一做法，使得其在廣大士子之中有著良好的口碑，使其密切掌握著文壇的動態，這也爲編選《湖海文傳》打下了堅實的文獻基礎。《文傳》所收一百八十二位作家中，不僅有師友，還有所謂"門下士"，這其中有不少人就是王昶所賞識之文學青年。《湖海文傳》的價值之一便體現在其搜羅的廣泛性和真實性上，一些少見作家的作品得以存留，具有珍貴的文獻價值和輯佚價值。王昶本人也十分重視這一點"《文傳》所録，有集行世者十之四五。其或有集未刊，或刊而未見，則皆録其平昔寄示之作，至其人本無專集，偶見他書，必急爲采録。蓋吉光片羽，彌足寶貴"(凡例十四)。鄔國平曾説："《湖海文傳》的文獻價值還遠没有引起大家足够的重視"⑥，也是此意。

《湖海文傳》除了具有一般的輯佚價值、校勘價值和社會史料價值之外，更重要的是開創了漢學古文選本這一全新的類别，這在古文選本史上具有重要意義。而傳統的古文學者并没有認識到這一點，反而多加責難，這是有失偏頗的。如朱一新《無邪堂答問》認爲"國朝古文選本通行者，如《二十四家文鈔》《湖海文傳》之類均不佳"⑦；謝章鋌在《賭棋山莊詞話》續編卷二中説道："大抵司寇所著書，當以《湖海文傳》爲善，其餘雖采摭繁富，謂爲宏獎風流則可，謂爲精於鑒别，似尚須論定也"⑧，二人都是没

---

① 劉世南：《清詩流派史》，北京：人民文學出版社，2004年，第293頁。

② (清)王昶著，陳明潔、朱惠國、裴風順點校：《春融堂集》，上海：上海文化出版社，2013年，第679頁。

③ (清)陳康祺：《郎潛紀聞四筆》，北京：中華書局，1990年，第7頁。

④ 易宗夔著，張國寧點校：《新世説》，太原：山西古籍出版社，1997年，第94頁。

⑤ (清)錢泳《履園叢話》，上海：上海古籍出版社，2012年，第99頁。

⑥ 見《湖海文傳》書首，鄔國平所作《王昶與〈湖海詩傳〉〈湖海文傳〉》一文，上海：上海古籍出版社，2013年，第4頁。

⑦ (清)朱一新著，吕鸿儒、张长法點校：《無邪堂答問》，北京：中華書局，2000年，第89頁。

⑧ (清)謝章鋌著，劉荣平校注：《賭棋山莊詞話校注》，厦門大學出版社，2013年，第292頁。

有看到《湖海文傳》的特殊性。相較而言,近人胡玉縉和胡適的觀點則較爲融通,胡玉縉所言:"《湖海文傳》七十五卷,青浦王昶編。昶有《金石萃編》等。案,是集繼《湖海詩傳》而作,《詩傳》以交游所及者爲限,自序甚明,此編蓋亦同之。甄録甫竟,將付剞劂而昶殁,邑人醵貲刊之。前有朱琦序,稱'詳核其人,皆先生所及接,中惟數鉅公科目稍前,而通顯實當乾隆間,餘大抵係丙辰建元以後,是先生裒集者,固乾隆一朝之文',其説是也。昶意主考證掌故,所采大率義據閎深,事實詳核,而掉弄詞鋒之作,在所必屏,與古文家之必立間架、必分流派者不同,而論者往往弗喜。朱一新《無邪堂答問》直以爲不佳,譚獻《復堂日記》亦云'文多可傳,不盡可讀',不知此非選本,不過藉以存故舊之文。其時考據之學正盛,如日中天,故所録皆炳炳琅琅,并以見國家之氣運,阮元推爲有明三百年來所無,此蓋提倡實學者之言,實未足爲論古文者之標準,而議者必欲以古文派相責難,則於知人論世之識,抑何缺如也?"①而胡適則在《一個最低限度的國學書目》中指出《湖海文傳》所選爲"清朝極盛時代的文章,最可代表清朝'學者的文人'的文學。"②

總而言之,文獻價值還是其次,漢學選本的定位和特色才是《湖海文傳》的根本價值。《湖海文傳》的出現,在傳統古文選本中開闢了一個新的類别,學術古文的出現也突破了傳統古文的藩籬,展示了乾嘉時期明顯的學術風氣,具有鮮明的時代風貌,我們不應當用老眼光去看待它。

■古籍書訊

《述本堂詩全編》(《安徽古籍叢書》第二十五輯)

(清)方觀承等著,李霜琴校點,蔣明恩編輯,黄山書社 2025 年 10 月版。

《述本堂詩全編》含《述本堂詩集》《述本堂詩續集》兩種,爲方登峄、方式濟、方觀承祖孫三代人之詩總集。其中,《述本堂詩集》乃方觀承輯,計十八卷,除收録方登峄、方式濟全部詩作及方觀承前期詩作共一千七百餘首外,還收録方式濟的《龍沙紀略》一書。《述本堂詩續集》則爲方觀承之子方維甸所編,收録方觀承詩五卷,四百餘首。兩部詩集前後接續,不僅生動呈現了桐城方氏家族詩歌的發展脉絡與代際傳承,亦爲觀照桐城地域文化的發展以及社會生活變遷提供了重要參考。另外,整理本還將方氏祖孫三代之行述、事略、傳記、譜牒等材料及方維甸所撰《心蘭室賸稿》附諸集後。

《述本堂詩集》《述本堂詩續集》乃遞增刊刻,前者最早爲清乾隆二十年方氏家刻本,後者爲清嘉慶十四年續刻於家刻本後。整理本即以桐城方氏家刻本爲底本,其中《述本堂詩集》以乾隆二十年本爲底本、《述本堂詩續集》以嘉慶十四年本爲底本。

① 胡玉縉:《續四庫提要三種·許廎經籍題跋》,上海書店出版社,2002 年,第 773、774 頁。
② 胡適:《一個最低限度的國學書目》,見胡適《讀書與治學》,北京:三聯書店,2013 年,第 250 頁。

佛典音義文獻校勘芻議
——兼談黄仁瑄教授《大唐衆經音義校注》

張　義

摘　要:佛典音義文獻是一種類型特殊的小學著作,其體量龐大,經千年流布,加之以出於不同目的的節録、删改、再創作,傳世諸本差異頗大,魯魚亥豕之處甚多。若不加勘正,難以遽用。佛典音義文獻校訂廣涉文字、音韻、訓詁、辭書、輯佚等諸多方面,校勘難度大,專業性强。文章結合黄仁瑄教授《大唐衆經音義校注》,討論此類文獻校注之得失。

關鍵詞:佛典音義;《玄應音義》;《大唐衆經音義校注》

佛典音義是訓解佛教典籍中疑難字詞的一種特殊的小學著作。自北齊沙門道慧《一切經音》始,下逮遼僧希麟《續一切經音義》,凡500餘年,訓釋經文達一千三百餘部五千餘卷,保存了大量著述時期及前代的語文信息。長期以來,這些文獻只在佛門之内流布,儒門之中鮮有利用。至乾隆年間任大椿、孫星衍、莊炘等人鉤沉起滯,校正刊行,其價值始爲儒士所重。又至二十世紀初,鋼泰和、汪榮寶、馬伯樂等人創造性地利用梵漢對音材料探討古韻音值問題,佛典音義文獻在音韻學方面的價值开始逐漸凸顯出來。一方面佛典音義的學術功用得到了拓展,另一方面,也使音韻學研究的材料、方法、理論及旨趣都發生了根本性的變化。相比傳統音韻學較爲倚重的韻書、韻圖及詩文韻脚材料,佛典音義材料至少有如下幾點優勢和價值:

其一,時間地域信息標注明確。傳統音韻學的研究主要建立在韻書切語所構建的語音框架之上,雖另有詩文韻脚材料爲輔,但詩文用韻多以官韻爲準,無非韻書音讀之演繹,與韻書材料并無本質差别,其所出之結論大同小異實在情理之中。基於韻書的語音研究,千百年間經無數鴻學碩儒之研究,已至極致,然在很多根本性問題上,至今仍有争論。考其原因,主要是因爲韻書切語的時間地域信息不够明確。若不加檢討,貿然使用,或有危險①。後代學者於此類材料多有用之可疑,棄之可惜的困境。

作者簡介:張義,淮北師範大學文學院副教授,主要從事漢語史、數字人文研究。

基金項目:2024年安徽省高等學校人文社會科學重大科研項目"《經典釋文》所録音切之注者考辨"(2024AH040363);2024年安徽省中青年教師培養行動項目(DTR2024014)。

①　楊逢彬《真力彌滿,萬象在旁——玄應〈一切經音義〉研究讀後》指出:"現行的漢語史的研究方法是先確立共時平面進行描寫研究,然後將各個共時的描寫串聯起來,從而展現歷史發展的面貌,似乎面臨着釜底抽薪的危險。顯而易見,如果原來依賴着確切成書年代的從而被認爲反映着成書年代語言面貌的典籍,實際是在一個漫長的時空中形成的,如何還能確立共時與歷時?如何能在此基礎上展開研究呢?這對迄今以來的漢語史研究是個巨大挑戰。"

王力先生的中古音研究捨棄《切韻》,轉而選擇《經典釋文》及《玄應音義》等音義材料大約就是這種困境的表現。佛典音義材料没有這方面的問題。佛經的性質決定了譯音必須高度忠實原典讀音,佛教密宗甚至將其提升到入道成佛之門徑的高度。唐代經師譯經工作亦能恪守此規,在材料取捨上頗爲慎重,對於儒家經典,没有儒士之桎梏,皆以實際語音爲準,符合就用,不符合就加以改造,甚至捨棄不取。儒生於此或多有指責[①],殊不知其取捨之準皆唯準確譯音是用,即《大唐衆經音義》序中所謂"隨字删定,隨音徵引,并顯唐梵方言。翻度雅鄭,推十代之紕紊,定一朝之風法"。這裏"唐梵方言,一朝風法"即説明佛經音譯須以一時一地之方言語音爲準。《慧琳音義》與《玄應音義》時間相距不遠,却差異較大,甚至被冠以"吴音"與"秦音"之别,可爲此論之注脚。語音研究材料的時間地域信息標注明確有助於正確考訂音系,而譯注對象之穩定,亦可使我們在討論不同時間地域的語音差異時,有一個相對固定的參照,甚至傳統韻書中很多疑難問題的解釋,如異讀的性質,亦可從佛典音義中找到一些綫索或以之進行核準,這對於漢語語音研究可謂善莫大焉。

其二,能够提供豐富的音值信息。只知音類、不知音值是傳統音韻研究最大的不足。段玉裁以"朝聞夕死"的虔誠仍抱憾而終,鋼泰和、汪榮寶對譯音文獻的運用使我們終得以窺其機倪。佛典音義的語音材料分注音和譯音兩大類,其中譯音從輔音、元音、音長、音量、音色、發音部位及發音方法等多角度對源語言進行分析與描寫,其内容主要涉及真言、密咒、譯名、悉曇等。據校者統計,《玄應音義》中的譯音材料達1900餘條[②],包含大量著述時期的語音信息。若對此類信息善加利用,於漢語中古音音值考訂堪爲無上之法門。有了音值信息,古音之系統及其演化之脉絡亦能昭然若揭。黄侃《六祝齋日記》曾指出:"譯外國語有時可以證此土音之變遷,又可以見聲類之分合……用以明音韻時地不同,亦不可忽也。"中古音很多疑難問題,如知、章、莊的分合,唇音與舌音的分化,曉、匣、泥、孃、日諸母的音值,重紐問題等都因有了梵漢對音的音值材料的佐證得到了較好的解釋。

佛典音義經過近百年數代學者的研究,在文獻整理、材料使用、方法歸納以及學術觀點等方面有了長足的發展,其領域也廣涉文字、音韻、訓詁、輯佚等諸多方面。隨著研究的深入,佛典音義文獻自身的一些問題也不斷被發現并且引起關注。這些問題主要表現爲以下兩點:

其一,譯音準確性問題。譯音準確是經師追求的目標,亦是漢語音韻學利用之前提。但是梵漢兩種語音系統,音節結構差異較大,往往存在因遷就譯入語言而不能準確反映源語言真實音讀的困難。早期學者對於譯音材料的利用較爲謹慎。羅常培在漢文典籍與對音文獻的關係上,非常重視漢文典籍中音韻系統的參照作用,不是一味相信對音。凡是對音與文獻材料相矛盾的,有必要從對音的不確定性上找原因,不能輕易否定漢語文獻的音類劃分。當然經師亦會藉助一些特殊手段對這些齟齬加以描述,而這些手段往往没有以凡例形式表述出來,需要研究者結合具體材料歸納梳理,

---

① (清)莊炘《唐一切經音義》序批評説:"其説字則以異文爲正,俗書爲古,泥後世之四聲,昧漢人之通假。"

② 黄仁瑄:《唐五代佛典音義研究》,北京:中華書局,2011年,第246頁。

總結成對音條例。對音條例的歸納是一項艱苦而細緻的工作，它需要在對所有對音材料進行窮盡性考察的基礎上，細緻分析反復比較，釐清哪些是譯者疏漏，哪些是傳抄訛誤，哪些是個别例外和偶然現象，哪些是帶有普遍規律性的東西[①]。這項辛苦活需要對洋洋數百萬字的佛典音義文獻進行細緻的校勘爬梳，學者除了需要有專門的知識儲備外，更需要具備非常的毅力才能堅持完成。

其二，底本問題。玄應、慧琳等人雖然號稱通曉儒術，博覽群籍，作爲學問僧參與譯經，但對於儒學典籍，較之儒士總會存在一些隔膜，這一點不能太加苛求。而且儒典中漢字音義關係複雜，又音又切性質不明，很多音義關係之匹配即便是儒士亦難免出錯，更何况由梵譯華，音義又加輾轉，很容易出現訛誤。于亭曾指出玄應所引的部分小學書和儒家經典注釋可能非一一翻閲爬梳而得，而是直接從《玉篇》中轉引的[②]。辭書材料非第一手資料，往往是引文之大忌，更何况從辭書轉引其他辭書。此外，有些佛經源語言可能并非梵語，而是中期印度語或者中亞語，經師不辨，如黄注 2.336 條[③]"究究羅"和"鳩鳩吒"實爲同一詞之巴利文與梵文的不同音譯，慧琳不考而重收。另外，經千年流布，筆受者肆其胸臆，謄流者弄厥槧毫，難免造成經文魯魚亥豕，加之以出於不同目的的節録、删改、再創作，傳世諸本差異頗大。這些差異中有的甚至能够完整地體現"吴音"與"秦音"之異。

以上兩點均關係到佛典音義對音材料的可靠性。不少研究者，甚至名家在對音文獻的運用上都難免出錯。儲泰松曾批評水谷真成、蒲立本、柯蔚南等人過分相信材料，把有些可能是校勘上的問題極力解釋成漢語語音上的某種特殊現象，大大降低了結論的可信性[④]。可見，没有建立在文獻學基礎之上的對音研究是相當危險的，誠如《希麟音義》序所言"謬誤定繁，若不討詳，漸乖大義"。

近期翻看黄仁瑄教授《大唐衆經音義校注》，深有感觸。現結合黄校本，簡單談談佛經音義文獻的校注問題。

一、要注重校勘的學術性

校勘是一項學術性很强的工作。歐陽修指出："校勘之職，是正爲難，委方册於程文，折群疑於獨見。"段玉裁亦認爲："校書之難，非照本改字不訛不漏之難，定其是非之難。"廣聞淹博之於學術研究固然重要，但在數字化學術研究的大背景下，窮考衆經、排比異文已非難事。相比而言，能别擇去取，精審識斷，折群疑於獨見，不以人説蔽我，不以己説自蔽，則更爲可貴。佛典音義是一類比較特殊的文獻，它内典外典并重，音譯意譯兼有。譯經之師亦是内持密藏，外究儒流。這也要求研究者會梵文，究文獻，通訓詁，精音韻，四者融會貫通，方能有所得。

---

① 尉遲治平：《對音還原法發凡》，《南陽師範學院學報(社會科學版)》，2002 年第 1 期，第 12 頁。

② 于亭：《玄應〈一切經音義〉研究》，北京：中國社會科學出版社，2009 年，第 216 頁。

③ 此爲黄仁瑄教授《大唐衆經音義校注》發明的一種新的詞條索引方式，即卷次＋條目數＋詞條。後文有詳細介紹。下文不再説明。

④ 儲泰松：《梵漢對音與中古音研究》，《古漢語研究》，1998 年第 1 期，第 45 頁。

佛典音義梵漢通涉，文字、音韻、訓詁兼具，甚至還旁涉文獻、地理、職官、風俗等諸多領域，對校注者的學術水平要求很高。加之經歷代學者不懈努力，成果已蔚爲可觀，要想進一步拓展，實非易事。有些問題的發現甚至需要站在學術史的高度加以觀照。

如玄應音與慧琳音的語音性質問題。《慧琳音義》雖相對於磧藏、麗藏本更多地保留了原本信息，然校之以《玄應音義》，亦能發現不少切語改易之處。過去一般認爲這些改易是慧琳對玄應注音錯誤的修改。然通過對全部校釋材料的梳理可以發現很多慧琳修改之處都有一個共性特點：這些改易多發生在上聲與去聲之間，有時甚至在同一字頭之下反復出現。如4.049與4.128之“軻”，玄應作“口溪反”，慧琳改作“珂我反”（清去：清上）；再如12.200與14.218之“禱”，玄應作“都導反”，慧琳改作“都禫反”（清去：清上）。尉遲治平曾列舉過24條類似材料，這些材料都能指向一個語言事實：玄應音與慧琳音在上聲與去聲上存在一定的對應關係。尉遲先生指出：與唐代三種聲調系統加以比照，可以非常清晰地看出，這種現象反映的就是（秦音）六聲系統和（吴音）八聲系統之間上聲和去聲的對應規律。慧琳師從不空三藏，其譯音以秦音韻書元庭堅《韻英》及張戩《考聲切韵》爲準，當爲秦音。而玄應譯音則多涉吴音[①]。顧齊之序言有“秦人去聲似上，吴人上聲似去”的説法，這是站在漢音的立場上臧否秦音與吴音的。根據釋了尊《悉曇輪略圖鈔》“八聲事”對吴漢兩音八聲調值對應關係的描述，站在秦音的立場上觀察吴音，大約也有類似的音感。進一步考察發現，《慧琳音義》明確指明吴音與秦音的材料中，不是聲母不同，就是韻母不同，或者涉及到平聲或入聲的聲調不同，没有一例是上聲與去聲之間的對應關係。尉遲先生將其解釋爲從慧琳立場上看，吴音與秦音中的上去對應實際上應該是同一組詞彙在兩個不同語音系統中的反映，玄應的切語和他改易的切語的齟齬表現的是同一個詞在不同方言中的讀音差異，而非歷時音變或者其他訛誤所致[②]。從這個意義上説，慧琳轉録的《大唐衆經音義》文本經過慧琳的改造，已經納入秦音系統，與《玄應音義》的吴音性質已經不同了。這一點其實很容易理解，佛經音譯追求準確標音，不同方言語音系統不同，作爲翻譯者，自然必須對原切語系統加以改造，以期能够準確記音。而作爲研究者，能够通過校勘手段從大量的改易事實中發掘兩種譯音系統的差别及其對應規律，這也彌足珍貴。需要説明的是，這些規律并不是顯性存在的，如果僅限於一詞一字的校注很容易迷失在勘誤的層面上而不逮深義，在校勘過程中能够將具有相同指向的材料匯集起來考察討論，這是研究性校勘。黄仁瑄教授的工作實際上擴充了傳統校勘方法的價值，賦予了校勘以更高的學術性。

再如譯音材料中存在一些對音例外的情况，這些例外現象一部分是歷時音變的前兆，但是亦有很大一部分是文字訛誤所致。若不悉心勘正，很容易對後期音系研究産生誤導。如玄應音系中梵音[k]的對音例外現象有初紐“叉”、書紐“翅”、曉紐“呵”、溪紐“詰”及以紐“鴹”。其中初、書兩例是順古譯，而曉紐字“呵”（upāsikā 優婆

①② 尉遲治平：《玄應音義性質辨正——黄仁瑄〈大唐衆經音義校注〉序》，《國學學刊》，2016年第3期，第128、131頁。

斯呵)、"訶"(Puṣyaka 普莎訶),溪紐"詰"(Vimalakirti 維摩詰),以紐"鵜"(karketana 鵜雞怛諾迦),對譯牙音[k]於音理不合。這其中曉紐字可以解釋爲塞音易發作擦音,而溪紐"詰"對譯梵音[k]就非常奇怪,因爲這種解釋還需要經過送氣不送氣的轉换。其實梵音[k]的擇字空間比較大,完全没有必要如此轉輾,相比而言將其解釋爲文字"柯"之形誤可能更好。以紐"鵜",在慧琳轉録本中就作"羯",不誤。5.395"羯隨"條甚至明確指出:"或作羯毗,或作迦毗,或作加毗,皆一物也。此云好聲鳥也。經文從鳥作鵜,非也"。從某種意義上可以説,校勘手段一方面有助於發現一些新的語言事實,另一方面也能够對既有對音條例進行補充修正。看似不經意的校正,其背後往往藴含豐富的學術信息。黄仁瑄教授《唐五代佛典音義研究》一著中對此類對音例外現象進行過不少討論,這其中校勘手段功不可没。

二、須注意識斷與精審的統一

古人對於校讎工作的原則與態度多有分歧。有人謹慎有餘,識斷不足;有人倚重義理,而失之精審。校勘工作既要勇於改正訛文誤字,又不能顯得冒險、武斷,要做到識斷與精審的統一是相當困難的。即便是戴震、段玉裁及顧炎武這樣的大家都時有困惑①。佛典音義經過徐時儀先生校勘整理②,比較明顯的訛誤均已得到訂正,要想再有所推進,極有可能陷入斷識與精審的二難困境。作爲後校者,下面幾點須尤其注意:

第一,不能妄逞己見,輕改經文。古籍校勘本質上就是論證,論證須有證據,證據有直接間接之分。對於《玄應音義》而言,麗藏本、磧砂藏本以及慧琳轉録本均可作爲直接證據,相比而言其他引文及異文材料只能算作間接證據。謹慎的校讎者往往更加看重版本依據,没有版本依據的情況下,絶不輕改經文。段玉裁有言:"校書之難,非照本改字,不僞不漏之難也,定其是非之難。是非有二,曰底本之是非;曰立説之是非。必先定其底本之是非,而後可斷其立説之是非,二者不分。"黄校本以麗藏本爲底本,慧琳轉録本作爲校本,磧砂藏本作爲参校本。這樣的擇本是有所講究的。麗藏本顯然是注意到了早期佛典音義的系統性,慧琳本是注意到了傳承過程中的時間性,磧砂藏本是注意到了版本的多樣性。在具體校勘過程中,黄校本非常注重版本依據,每校之下,一般都先列其他版本情況,再以内典或外典材料加以佐證。如14.031"吹毳"條之"細毛也"黄校本先依據慧琳本、磧藏本證麗藏本此處脱"羊"字,然後再以《玄應音義》卷二"毳衣"條、卷二十二"持毳"條、卷十五"栟毳"條釋文作爲脱字的旁證③。6.044"無礙"條"外閡"之"閡",黄校本先依據慧琳本、磧藏本訂正爲"閉",然後以外典《説文》材料加以旁證④。

如磧砂藏本與慧琳本有所齟齬,黄校本往往旁求内外,雜涉儒釋,沿流溯源。若

---

① 余敏輝:《段、顧之争與校勘原則》,《社會科學戰綫》,1997年第3期,第228頁。
② 徐時儀:《一切經音義三種校本合刊》,上海:上海古籍出版社,2012年。
③ 黄仁瑄,聶宛忻:《〈四分律〉之玄應"音義"校勘舉例》,《語文研究》,2013年第3期,第29頁。
④ 黄仁瑄:《〈妙法蓮華經〉之玄應"音義"校勘舉例》,《漢語學報》,2013年第4期,第48頁。

校勘對象存在多種解釋的可能,則非常謹慎,不輕改經文。如前文所提到的梵音[k]的對音例外用字曉紐"呵、訶",此二字存在兩種解釋:其一,塞音易發作擦音;其二,"柯"之形誤。依筆者看解釋爲"柯"之形誤可能更好。但是校者非常謹慎,不輕易改字,以免誣古人,惑來者。校者的謹慎態度無處不在,如校勘之凡例上亦明確指出文字處理遵循"存真與規範結合"的原則,異文或體,減筆俗寫,多仍其舊,這也是一種尊重底本的態度,亦合顧千里"以不校校之"之理論。

第二,對待異文材料須分佈與質量并重。異文在中國早期文本流變過程中是一個非常常見的現象。佛經文獻累世傳承,雜出衆手,特别是譯音文本,擇字空間廣,其異文更加龐雜。佛典音義文獻的校勘自然需要重視異文。異文産生的原因十分複雜,有轉録訛變,有通假異體,亦有因對音方言差異而作的改易。校者對待異文材料應該分佈與質量并重。對異文材料的運用,既要看重多種異文材料的旁證,還要辨正異文之是非。如《慧琳音義》轉録之《玄應音義》"福伽"條,注:"經論中或作富伽羅,或作富持伽耶。舊譯云人。應云補特伽羅,此云數取趣也。"①黄校本依麗藏本、磧藏本異文"福伽羅"指出脱"羅"字,然後以本校其梵詞詞源 pudgala 加以佐證。對於"富持伽耶",黄校本依次引"補特伽羅、富特伽耶、富伽羅"等異文,指出"持"當爲"特"之訛,更以玄應音系定紐字對譯梵音[d]的音理加以佐證。很明顯這裏校者既注重了異文材料的分佈,亦對異文材料的質量進行了辨正。

第三,須善用理校。理校是一種最高妙亦是最危險的校勘方法,運用得當往往能够收到意想不到的效果。佛經音義征引材料廣博,由於早期文獻亡軼,其中不少條目缺乏直接參證。這個時候就需要使用理校之法。相對於其他校勘方法,理校的使用更須功力。黄校本中,校者對理校的運用非常嫻熟。如 2.015"逮得"條之"逯非經音"②,無版本及異文材料支撑,校者統計"X 非經旨"結構在《玄應音義》共計八例,多表示"X"的音義跟經文語境不符,這是玄應注經術語,并以"X 非經義、X 非經用、X 非經意、X 非字體"一系列類似術語佐證"經音"乃"經旨"之訛。這是非常典型的理校,"X 非經旨"術語的數量統計及其表達功能的分析是理校準確性之保證。

此外,佛經音義中大量問題須據梵文源詞及對音原則進行校注,也是理校的一個方面。譯音詞條的訛誤,不像漢文文本,可以通過上下文語義關係發現,其校勘尤爲困難。這要求校者必須提前做好對音條例歸納以及梵文源詞標注工作,這些工作專業性很强,也非常繁瑣。很顯然黄校本校者在這方面有所準備。如 5.369"須摩提"條之"應云須摩耶"③,校者先以其對音梵詞 sumanas 爲據,指出"耶"與梵音不對,後依次以"須摩提、須摩那、蘇摩那、蘇磨那華、蘇摩那"等爲據揭示"耶"有"那"之異文,據對音條例,最後一個音節[n],漢語一般用泥紐字對譯。這樣論證就非常嚴密了。而對於"須摩提"之異文,其實亦可從長安方言濁音聲母帶有同部位鼻音音色這一特點得到解釋。

第四,盡可能多種校勘手段并用。校勘實踐中往往需要多種校勘手段綜合使用,

① 黄仁瑄:《慧琳〈一切經音義〉校勘十例》,《語言研究》,2014年第3期,第75頁。

②③ 黄仁瑄:《玄應〈大唐衆經音義〉校勘舉例(續一)》,《語言研究》2016年第2期,第101、102頁。

以提升説服力。唐五代佛典音義文獻存在同一文字甚至詞條在不同章句中復現的情況,也存在同一經文不同時代注家多次承襲或施注的情況,亦存在同一文字反復征引同一文獻的現象。基於上述文本特征,校者可以通过對校法,發現各版本之間的差異;使用本校法,從本文其他詞條或釋文中尋找依據;使用他校法,匯集内典外典文獻證據;最後運用理校法,結合對音條例或者其他推理手段,全方位、多角度地進行論證。這樣做的本質是使用不同類型材料,從不同角度,最大限度地逼近事實。如下例:

5. 369 須摩提　應云須摩耶。此譯云好意,或云好智。(《須摩提經》)

案:須摩耶是梵詞 sumanas(巴利詞 sumanā)的對音,然"耶"字跟梵音不相對應。考須摩提是菩薩名。《佛説須摩提菩薩經》:"有長者號曰郁迦。郁迦有女,名須摩提。"須摩提又名須摩那。《佛本行集經》卷四十三:"其王初夜喚諸大臣,第二大臣名蘇摩那。"須摩那亦作花名。《玄應音義》卷三"須摩那"注:"或云蘇磨那華。其色黄白,亦甚香,不作大樹,纔高三四尺,四垂似蓋者也。"《慧苑音義》卷下"蘇摩那花":"此云悦意花。其花形色俱媚,令見者心悦,故名之也。"又考梵音[n]玄應音系一般以泥紐字對譯,那讀泥紐,正合此例,知麗藏本"耶"爲"那"訛,宜據改。①

此校中,麗藏本"須摩耶"與慧琳本"須摩提"屬於對校,《佛説須摩提菩薩經》《佛本行集經》的材料屬於本校,《玄應音義》以及《慧苑音義》的材料屬於他校,而依據對音源詞以及對音條例的論證則屬於理校。四種校勘手段能够從不同角度説明麗藏本"耶"爲"那"訛。多種校勘手段的綜合使用極大地提高了校勘的可信度。

第五,要注重對征引文獻的核查。唐五代佛典音義引書範圍廣博,内外典并重。據初步統計,《玄應音義》引書凡 241 種(篇),其中内典 74 種,《慧琳音義》引書凡 425 種(篇),其中内典 96 種。這些文獻很多今天已經亡軼,後世學者據此幸能窺得吉光片羽。清人任大椿、孫星衍等人就從中輯得《字林考逸》《倉頡篇》等作,段玉裁注《説文解字》,阮元校勘《十三經注疏》,都曾據之正譌補闕,獲益良多②。然唐人征引之文辭,每多臆改,妄自增損,甚至還有直接從他書轉引的情況。唐五代佛典音義中,很多時候即便是同人同經同字同詞條,其征引之辭也往往多有差異。這又對校者增加了核查、比較、判定征引文獻準確性的要求。黄校本中,校者亦特别重視對這些引文重加核查,且多有所獲。據校者所案,五家音義的引書不同程度地存在一些訛錯,有的訛脱倒衍,有的張冠李戴,有的甚至正文釋文不辨。如"欱取"條,注:"上呼恰反。張衡《西都賦》云'欱澧吐滈也。'《説文》云'欱,啜也。從欠合聲。'"然《西都賦》乃漢班固所作,"欱澧"句見於張衡《西京賦》:"連岡乎嶓冢,抱杜含鄠,欱澧吐鎬,爰有藍田珍玉,是之自出。"可見《西都賦》乃《西京賦》之訛③。又如"一巷"條,注:"行降反。《毛詩》云'里間道也。'《史記》云'永巷者,邑中及宫内小道。'《説文》從二邑從共作䢽,隸

① 黄仁瑄:《玄應〈大唐衆經音義〉校勘舉例(續一)》,《語言研究》,2016 年第 2 期,第 102 頁。

② 尉遲治平:《玄應音義性質辨正——黄仁瑄〈大唐衆經音義校注〉序》,《國學學刊》,2016 年第 2 期,第 131 頁。

③ 黄仁瑄:《唐五代佛典音義引〈文選〉述》,《古漢語研究》,2010 年第 4 期,第 78 頁。

書從省。”此例中“永巷”釋義引《史記》,然考今傳本《史記》,有“永巷”記載的自見於《史記·吕太后本紀》“迺令永巷囚戚夫人”,而“永巷者,邑中及宫内小道”之説不知所出,疑爲後世注家之言。唐五代佛典音義引《史記》正文的標識一般是《史記》《史記》曰、《史記》云、《史記》是也等,此例徑言《史記》云,顯然是將注文訛作正文①。再如“明練”條,注“《珠叢》曰‘鎔金使精曰鍊,煮絲令熟曰練也。’今謂善知儀式分明精熟,故云明練也。又李善注《文选》曰‘練,萠也。’謂簡分明也。”此例引《文選》李善注釋“練”,然考李善注《文選》并無此條,“練”之訓“萠也”當見於王逸注《文選·屈平〈離騷經〉》,誤以王逸注爲李善注,這是著者有誤②。

正常情况下,引文頂多會出現訛脱倒衍等不察之誤,而出現張冠李戴,甚至正文注文不辨的情况,我們推測引述者很可能不是直接引自原始文獻,而是據其他文獻轉引。前文提到過,于亭曾指出過玄應所引的部分小學書和儒家經典注釋可能不是直接引自原文,而是轉引自《玉篇》。佛門人士出現此類問題,不能太加苛求,但是對於校訂者,當溯流窮源,还其本真,這才是對校本負責任的態度。

三、校注體例上應該便於利用

佛經音義體量龐大,校者花費巨大精力,往往是希冀能够成爲佛學以及小學領域經常使用的工具書。對於一般校本而言,直接按照文本順序呈現即可,而作爲工具書,則需要最大程度考慮其他研究者使用的效率和效果的問題。因此,在體例上要加以考慮。基於翻譯類音義書的特點,標注譯音成分梵文(或者巴利文)源詞的拉丁文轉寫,同時標注詞條索引應該是最爲必要的。

佛經漢譯是人類歷史上歷時最長、工作量最大、成果最豐富的翻譯活動。翻譯實踐中,需要有明確的翻譯原則和實施方案,以協調衆多經師,處理好兩種甚至多種差異較大的語言(或者方言)之間的轉换。這其中“五種不翻”就是一種明確提出來的翻譯原則。“五種不翻”即唐奘法師所謂:“一秘密故不翻,陀羅尼是。二多含故不翻,如薄伽梵含六義故。三此無故不翻,如閻浮樹。四順古故不翻,如阿耨菩提,實可翻之,但摩騰已來存梵音故。五生善故不翻,如般若尊重,智慧輕淺,令人生敬,是故不翻。”這些不翻譯的内容,在佛經中的表現就是音譯詞條。據校者統計,玄應《大唐衆經音義》中的音譯詞達1900餘條,占全著的五分之一强。這要求研究者須懂梵文(甚至巴利文),明詞源,方得利用這些豐富的語音材料。否則,難免會望文生訓,主觀臆測,甚至以梵詞爲漢詞,徒生虚妄之解。然在目前來看,梵文作爲一種已經不在口語中使用的異邦語言,對於今天很多學者而言已難成必備之素養。文獻工作的宗旨很大程度上在於疏解文意,校訂訛誤。如果能够標注譯音成分梵文(或者巴利文)源詞的拉丁文轉寫,研究者自可據原詞讀音對對音字的擇取情况加以二次利用。這也是校注本學術性的一個重要體現。

---

① 聶宛忻、黄仁瑄:《唐五代佛典音義引〈史記〉述》,《南陽師範學院學報》,2013年5期,第37頁。

② 黄仁瑄:《唐五代佛典音義引〈文選〉述》,《古漢語研究》,2010年第4期,第78頁。

黄校本中,校者給《玄應音義》中的近兩千條譯音詞條注明了梵文(有部分詞目還標明了巴利文)源詞的拉丁文轉寫,找不到源詞的也加以了説明。甚至連《〈大般涅槃經〉第八卷》所列的梵文根本字字母表,如 2.186“文字品”、2.187“字音十四字”、2.188“菴惡”、2.189“比聲二十五字”,校者都給出了相應的梵文轉寫。有了這些拉丁文的轉寫,與譯音詞條進行對照,可以據以勘正《玄應音義》中詞目用字訛誤,亦可揭示對音形式參差背後語源的不同。如 4.407“揵度”條,注:“此言訛也。正音娑揵畐。此云聚也。佛去世後别有姓迦旃延婆羅門道人作《發智經》,有八揵度是也。”此例中“揵度”當爲巴利文 khandhaka 的對音,而玄應所謂正音“娑揵畐”實乃梵詞 skandha 對音。再如 18.120“首陁”條,注:“應言戍達羅。謂田農官學者也。此等四族,國之大姓也。”此例中“首陁”是巴利詞 sudda 的對音,而玄應譯“戍達羅”是梵詞 śūdra 的對音。上述兩例對音用字差異實際上是不同語源的表現,無所謂正誤。學者如果不明其中參差,極易出錯。黄仁瑄教授的這些工作是前人不願做,或者做起來比較困難的。校者不以獨佔材料專美,與他人分享了佛典音義中最有價值的内容,一方面大大提升了《玄應音義》的學術價值,另一方面又掃清了攔路虎,大大降低了材料的準入門檻,爲學者研究工作提供了極大方便。相信假以時日,佛典音義材料的研究和利用會更加興盛。

詞條索引的標注也是一項非常有用的工作。玄應《大唐衆經音義》訓釋詞條達九千餘條,傳統征引某詞條採用的方式極爲繁瑣。如“僧那僧涅”(《放光般若經》卷第四,9,57p0559a)括弧中文字表示被釋詞條的出處,“p”前數字分别指《玄應音義》的卷次和中華書局版《中華大藏經》的册數,“p”後數字指頁碼,a、b、c 分别表示上、中、下欄。這種征引方式包含《中華大藏經》中的出處、卷次、册數、頁碼、欄位等複雜信息,然定位的對象不是詞條,而是詞條所在的頁面,研究者尚需在具體欄位中尋找,指稱討論詞條也多有不便。黄校本採用了一種新的詞條索引方式,即卷次+條目數+詞條,如“1.001 摩竭提”表示的是“摩竭提”詞條是《大唐衆經音義》第一卷第一條。這樣做最大的好處就是給雜亂無章的詞條一個唯一的、有序化的索引號,簡潔明了。研究者可以在索引號與其對應詞條之間隨意指稱,從而使得討論有了一個精確的、共同的標準和話題指向。

佛經音義校注難度極大,學術性很强。需要校者有深厚的文獻與語言學功底,還要能够忍受寂寞,十數載之内或能有所突破。黄校本校勘精審,信而有徵,各方面都能體現文獻學以及漢語史之旨趣,算得上近年來佛典音義研究領域的一部扛鼎之作,對此類文獻的校注亦有較强的方法論價值。

CONTENTS

Monograph of Literature and History

Catalog and Version

Emendation and Annotation

Textual Collection and Research